21世紀
フランス語表現辞典

―日本人が間違えやすいフランス語表現356項目―

Dictionnaire de l'anti-faute
à l'usage des apprenants japonais

Claude ROBERGE　　加藤　雅郁
Solange　内藤　　　小林　正巳
Fabienne GUILLEMIN　中村　典子

駿河台出版社

前　書　き

　辞典にはさまざまな種類がある。古語辞典や現代語辞典もあれば、類義語・反意語辞典、ある特定の学問分野や技術のための専門辞典もある。また二カ国語辞典や、昨今流行りの三カ国語辞典もある。しかし、エンコーディング辞典 (encoding dictionary) となるとほとんどないのが現状である。
　「エンコーディング辞典」とはなにか？　A言語の使用者が、B言語で――話しことばであれ、書きことばであれ――文やテクストを作る時に助けとなる辞典のことである。こうした目的を持ったエンコーディング辞典は、B言語の文法を、B言語のシンタックスや語彙と関連づけることを目指すものだ。原則として、エンコーディング辞典は、文を作るときに有益なあらゆるものを提供しなければならない。多種多様な構文を提示し、適切な例文を挙げ、同意語・反意語、注意すべき点などにも言及しなければならない。さらに、母語であるA言語に対してある種の影響があると思われる他の言語との比較――日本語の場合は、英語との比較がこれにあたる――も挙げるべきであろう。
　私は大学の一年生にフランス語を教えて四十年以上になるが、例年、同じような間違いが繰り返されていることに気付かずにはいられなかった。学生たちの答案から、そうした間違いをひとつひとつ収集してきた私は、日本人学習者のための辞典を編纂することを決意したのである。しかしながら、この辞典では、形態論的間違いや限定詞の用法の間違いについては扱っていない。そうした点までも考慮にいれた辞典を編纂するには、非常に先端的な研究が要求されるであろうし、実際、用法は、そこで用いられている名詞グループや動詞グループの研究と密接に関係しているからだ。
　語学の勉強においては、なんとしても学習者を励ますことが必要である。そうである以上、「間違いから学ぶ」ことは、学習者の意気を阻喪させるとまではいかなくても、ある種の劣等感を生み出すかもしれない、と私は十分に認識している。しかし、繰り返される間違いについての書物がまったく存在しない状況において、どのように学習者を助けることができるのであろうか？　日本人学習者が、フランス語にエンコードしたい――フランス語で表現したい――と思った時に浮かぶさまざまな疑問について、相応の答えがこの辞典に含まれているよう願うものである。
　「アンチ・間違い（フォット）」の辞典（「間違いから学ぶ」ための辞典）の編纂にあたって、温かく、辛抱強く、常に私を励ましてくれた共著者である５人の協力者たちに感

謝の意を表したい。また、館野由紀氏には原稿の入力に協力していただいたことを感謝する。そして、この辞典の出版を快く引き受けてくださった駿河台出版社には厚くお礼を申し上げたい。最後に、この研究を行なうのに必要な経済的援助を長年にわたって提供してくれたＳＪハウス研究基金（SJ Research Fund）にも心から感謝の意を表する。

2002年　春

上智大学名誉教授
クロード・ロベルジュ

この辞典の活用の仕方

　基本的には、各項目の最初にある確認問題に取り組んだ上で、できるだけ多くの例文に触れることをお勧めする。学習者の目的や語学力により、いろいろな利用法が考えられるが、参考までにいくつかの例を挙げておこう。

1　特定の語（句）について調べる。
　(1)　巻頭の**見出し語の目次（フランス語・日本語）**から捜す。
　(2)　巻末の**見出し語索引（フランス語・日本語）**から捜す。
　(3)　巻末の**キーワード索引（日本語）**から捜す。

2　試しに《確認問題》を解いてみる。
　　a　全問正解の場合　　(1)　問題がないものとして次の関連項目に進む。
　　　　　　　　　　　　　(2)　正解の根拠を明確にするために適宜、例文を参照する。
　　b　間違えた場合　　　(1)　解答で示された参照すべき小見出し（「cf. 数字」で指示）にある例文を参照する。
　　　　　　　　　　　　　(2)　他の類似の表現と混同がないか、他の小見出しについても確認する。

3　例文をどんどん読み進める。
　(1)　例文は原則として、簡単なものから複雑なもの、明快なものから慣用表現に近いものという順で並んでいる。
　(2)　本書の特長は、**例文を多く読むうちに自然に語法が身に付くように編集されている点にある**。よって、日本語の説明は煩瑣にならぬよう必要最小限にとどめた。

4　《比較》に挙げられている例文を読む。
　　類似した表現や誤用の例が示されているので、各項目のポイントが理解しやすい。

5　《使い方》等の指示を確認する。
　　用法上の指示や限定を確認してから、今一度例文を参照する。

凡　　例

1　項目の配列

　日本人のフランス語学習者、とくに初学者や中級学習者が、語法やニュアンスの点で間違えやすい表現を356項目選んだ。

　各項目の冒頭に挙げられている語句を《見出し語》と呼ぶ。巻頭の《見出し語の目次》からもわかるように、「フランス語による見出し語」と「日本語による見出し語」は区別して配した。

　各項目の中には、意味上あるいは用法上、類似する表現が挙げられているが、対立する表現が同時に示されている場合もある。

2　見出し語

　各項目に、複数の《見出し語》がある場合がほとんどである。原則として、その項目で取り扱われる順に並べられている。

　例　**119**　dormir / endormir / s'endormir / avoir sommeil

　ただし、実際にその項目で取り扱われる表現は、その使用条件や構文の違いから、さらに《小見出し》により分類されている。たとえば、上記の項目 **119** の場合、次のように8つの《小見出し》に分けられている。

　1- dormir
　2- SN (物) + faire dormir [+ SN (人)]
　3- SN (人) + laisser + SN (人) + dormir
　4- SN (人) + endormir + SN (人)
　5- être endormi
　6- s'endormir
　7- laisser + SN (人) + s'endormir
　8- avoir sommeil

3　索　引

　巻末には、《見出し語索引》(フランス語・日本語) と《キーワード索引》(日本語) を付した。

　前者の《見出し語索引》(フランス語・日本語) は、各項目の見出しにある語句や表現を個別に取り出し、アルファベット順に並べ替えたものである。

　後者の《キーワード索引》(日本語) は、ほぼすべての項目に日本語のキーワー

ドを付した上で、五十音順に並べ替えたものである。フランス語で作文するときなどに活用してほしい。

4　項目の構成
各項目は以下の順に構成されている。
(1)　**確認問題**（囲みの枠内）
　　各項目の「間違えやすい点」を問題の形で提示し、わかりやすいように問題のすぐ後に解答を載せた。参照すべき《小見出し》の番号を「cf. 数字」で示してあるので、適宜該当する《小見出し》を参照してほしい。確認問題の形式は空所補充・語句の選択・正誤問題、ときに和訳問題となっている。

(2)　**《小見出し》にある例文と和訳例**
　　a　番号表示は、1、1）の順に細かな区分となる。1）、2）等の最下位区分は、とくに記載がない限り、意味上、用法上の若干の差異に基づいている。また、このほかに最上位区分としてⅠ、Ⅱ等のローマ数字を用いた場合もある。
　　b　名詞については、必要に応じて、(人)、(物)、(動物)などの指定のほか、(単数形)、(複数形)といった文法的事項も示した。また、その表現が使われる状況について、(くだけて)、(あらたまって)、(会話)等の説明を加えた場合もある。
　　　　例　4- 限定詞 + affaire (単数形)　　（項目7の4の場合）
　　c　省略可能な表現が続く場合は [　] の形で示した。
　　　　例　1- les affaires (複数形) [+ de + SN (人)]　（項目7の1の場合）
　　d　表現の選択肢がいくつかあり、その意味あるいは用法が類似していると考えられる場合には、縦棒によって選択肢を示した。
　　　　例(1)　1- |agréable　　　　（項目10の1の場合）
　　　　　　　　|plaisant
　　　　例(2)　1- 数形容詞 + 時の名詞 + |avant
　　　　　　　　　　　　　　　　　　　|plus tôt
　　　　　　　　　　　　　　　　　　　|auparavant (あらたまって)
　　　　　　　　　　　　　　　　　　　　　　　　（項目30の1の場合）
　　e　各々の《小見出し》ごとに、例文と和訳例を配し、補足的説明は、原則として以下の順に並べた。
　　　　①　**特定の語・言葉**（名詞・動詞・形容詞など）：《小見出し》に含まれる

「特定の語句」を具体的に列挙した.
　　例　（項目 16 の 5- prendre + 限定詞 + 特定の名詞　の場合）
　　　　特定の名詞：affaires, manteau, canne, serviette, parapluie, sac, gants, chapeau など

ただし，こうした語句の列挙の最後に「など」という表示がある場合は，他にも可能な語句が有り得ることを示し，「など」という表示がない場合は，可能な語句は列挙した語句に限られていることを示す．

②使い方：使い方に何らかの限定がある場合，それを明示した．
　　例　（項目 16 の 4- |emporter| + SN（物）　の場合）
　　　　　　　　　　　|prendre |
　　　　使い方：porter, apporter は使わない．

③説明：用法上あるいは意味上の説明が必要と判断される場合，これを加えた．
　　例　（項目 41 の 1- SN（人）+ battre + SN（人・動物）　の場合）
　　　　説　明：1）身体に及ぼされる暴力行為について用いる．
　　　　　　　　2）身体の部位を明らかにしない場合に用いる．

④強調：《小見出し》で示された表現が，強調した形でよく使われる場合，その形を示した．
　　例　（項目 11 の 8- SN（人）+ être bien　の場合）
　　　　強　調：SN + être très bien

⑤注意：使用に際して，特に注意が必要な場合，これを加えた．
　　例　（項目 35 の 2- par avion　の場合）
　　　　注　意：par avion は手紙，はがき，小包など物に対して用いられる．

⑥反意：反意となる表現がよく使われる場合，これを示した．
　　例　（項目 19 の 5- après que + 節（直説法）　の場合）
　　　　反　意：avant que[+ne] + 節（接続法）

⑦同意：《小見出し》で示された表現以外にも，同意となる表現がよく使われる場合，これを示した．

例　（項目 45 の 1- **bien des** ＋ 特定の名詞（複数形）の場合）
　　同　意：un grand nombre de ＋ 特定の名詞；un bon nombre de ＋ 特定の名詞

⑧**参考**：理解するための一助となるように、必要に応じて、(E) という記号の後に、英語での同意の表現や語を示した。
例　（項目 46 の 1- **billet**　の場合）
　　参　考：1〜2, (E) ticket

⑨**慣用**：慣用としてよく使われる例を示した。
例　（項目 19 の 1- **après** ＋ **SN**　の場合）
　　慣　用：Après vous, après vous, je vous en prie.
　　　　　　どうぞ，どうぞ，お先に．

⑩**比較**：ほかの表現と比較することでより理解しやすくなると思われる場合、様々な比較例を示した。また、誤用の例も示し、その場合、表現の最初に×印を付けた。
例　比　較：Hiroshi est allé en Amérique
　　　　　　　　　　　　　　　　｜il y a cinq ans.
　　　　　　　　　　　　　　　　｜il y a quelques années.
　　　　　　　　　　　　　　　　｜×il y a cinq années.
　　博史は｜5年前に　　｜アメリカに行った．
　　　　　｜何年か前に｜

＊同一の指示が複数の小見出しに該当する場合は、該当するすべての小見出しの番号を初出の際に「1〜5」のように記し、それ以降の該当個所での指示は省略した。したがって、ある項目の何番目かの小見出しを見る場合でも、最初の小見出しから目を通し、このような指示の有無を確認していただきたい。

5　記　号

本書に使われている記号は、以下の基準で用いた。

（　　）：(1)　例文と和訳例において、（　　）内の語句が付く場合と付かない場合の両方があり得ることを示している。例えば「彼（女）」など。
　　　　(2)　名詞について SN（人）、（物）、（動物）、（単数形）、（複数形）などと指定したり、（くだけて）、（あらたまって）、（会話）など、表現が使われる状況や、語句の用法等に関する補足的説明に用いた。

[　　]　：[　　] 内の語句が省略可能であることを示す。
　　　　　　例　jusqu'à [l'âge de] 50 ans
/　　　：(1)　各項目の《見出し語》を / によって区切った。
　　　　　　例　abandonner / quitter / laisser / laisser tomber
　　　　(2)　選択できる同意の表現について、数が非常に多い場合、縦棒によって選択肢を示さずに、/ を用いて列挙している場合もある。
縦棒　　：(1)　《小見出し》において、意味上ほぼ同意の場合や用法が類似している場合、その語句や表現は縦棒を付して並置した。
　　　　　　例　4-│abandonner（会話）
　　　　　　　　　│laisser tomber（くだけて）
　　　　(2)　例文および和訳例において、選択可能な語句・表現は、縦棒を付して並置した。意味が異なる場合、表現と訳例は対応する順に並べた。
　　　　　　例　比較：Attention, tu es│en train de t'asseoir│sur ma
　　　　　　　　　　　　　　　　　　　│assise　　　　　　　│montre !
　　　　　　　　気を付けて，僕の時計の上に君は│座ろうとしているよ．
　　　　　　　　　　　　　　　　　　　　　　　│座っているよ．
　　　　(3)　《比較》において、比較すべき例文や訳例の冒頭に縦棒を付し、比較対象であることを明示した。
　　　　　　例　比較：│Je vais te présenter à elle.
　　　　　　　　　　　│Je vais te la présenter.
　　　　　　　　　　　│君を彼女に紹介しましょう．
　　　　　　　　　　　│彼女を君に紹介しましょう．
SN　　：Syntagme Nominal の省略記号。名詞とその限定詞（数形容詞も含む）および修飾語からなる一連の語を示す。限定詞＋名詞、数形容詞＋名詞、限定詞＋名詞＋修飾語等はいずれも SN に含まれるほか、さまざまな代名詞も SN に含まれる。
限定詞　：名詞を限定する語のうち、冠詞、指示形容詞、所有形容詞、数形容詞を指す。
×　　　：その表現や語句が文中で誤用であることを示す。
cf. 数字　：参照すべき《小見出し》の番号を示す。
(E)　　：「参考」などにおいて、英語での言い換えを示す。

見出し語の目次

1. 特定の動詞 + à manger, dîner, déjeuner, boire など ……………1
2. 人称代名詞（間接目的補語）/ à + 人称代名詞（強勢形） ………2
3. abandonner / quitter / laisser / laisser tomber（人・動物に関して） 4
4. abandonner / quitter / laisser tomber / renoncer / arrêter（物に関して） ………………7
5. accompagner / conduire / raccompagner / reconduire ……11
6. actuel / présent / d'aujourd'hui / de notre époque / de nos jours 13
7. affaires / affaire / choses à faire ………………………… 15
8. âge ………………………………18
9. agréable / plaisant / amusant / aimable / intéressant（人に関して） ……………………… 19
10. agréable / plaisant / amusant / intéressant（物に関して）………20
11. agréable / détendu / à l'aise / bien / confortable ……………21
12. y aller / aller quelque part / aller ……………………………… 25
13. amener / emmener / ramener …26
14. bien s'amuser / passer un bon moment / passer un moment agréable / avoir du bon temps / se donner du bon temps / se payer du bon temps………29
15. an / année ………………………31
16. apporter / rapporter / emporter / prendre / porter ……………38
17. apprendre / enseigner / montrer / expliquer ……………41
18. approcher / s'approcher / rapprocher / se rapprocher ……45
19. après ……………………………48
20. après / plus tard / dans ………49
21. asseoir / s'asseoir ………………52
22. attendre avec impatience / s'en réjouir à l'avance / désirer / tenir à ………………………54
23. au + 季節名／en + 季節名 ………55
24. aucun / rien ……………………56
25. aussi / non plus ………………59
26. autant / aussi …………………60
27. autre（形容詞）…………………62
28. autre（代名詞）/ autrui ………65
29. autre chose / autres choses …68
30. avant / plus tôt / auparavant / il y a + 時を示す表現 …………70
31. avant + 時を示す表現 / jusque + 時を示す表現 …………71
32. avant de + inf. / avant que + 節 ………………75
33. avenir / futur / plus tard / à venir ………………………… 76
34. avion ……………………………81
35. avoir + 数形容詞 + an / avoir + 数形容詞 + mois ………82
36. avoir / mettre au monde / accoucher de / accoucher / faire + 数形容詞 + enfant / mettre bas ………………………83
37. avoir + 定冠詞 + 身体の名詞 / avoir + 不定冠詞 + 身体の名詞 ……84
38. bague / diamant など ………86
39. prendre + 限定詞 + bain / se baigner ………………………87
40. baisser / diminuer ……………88
41. battre / frapper / taper / donner une fessée………………90
42. battre / gagner…………………92
43. avoir besoin de + 名詞 / avoir besoin de + SN………94
44. bibliothèque / librairie / maison d'édition / éditeur ………95
45. bien des (du / de la / de l') + 名詞 /

	beaucoup de + 名詞 ············96
46	billet / ticket ················99
47	bon / beau / bien ············100
48	bruit / bruits ················107
49	ça / ce / il（主語として）······109
50	ça / c'est ce que / comme ça ·· 115
51	ça / le（直接目的補語として）······116
52	cadeau / présent / souvenir ···121
53	caractéristique / caractère / trait / tempérament / particularité / caractériser ······122
54	à cause de / par / pour ·········125
55	causer / donner / procurer / faire ································129
56	causer / produire / provoquer ···132
57	ce + 名詞 + -ci / ce + 名詞 + -là ································134
58	ce + 名詞（時）+ -ci / ce + 名詞（時）+ -là ·········136
59	ce + 名詞（時）/ 名詞（時）+ prochain / pendant + 名詞（時）/ à la + 名詞（時）·········138
60	ceci / ce qui suit / de la manière suivante / de la façon suivante / comme ceci / comme cela / comme ça / comme + 指示代名詞 ···········140
61	celui de + SN / le sien / le + 形容詞 / en ... un + 形容詞 ···143
62	SN, c'est + 形容詞 + à + inf. / SN + être c'est + 形容詞 + de + inf. ······148 il est
63	c'est + 限定詞 + 名詞 / 主語人称代名詞 + être + 形容詞 ···150
64	c'est + 限定詞 + 職業名, 続柄, 国籍など ·············155
65	c'est + 形容詞 / ça + 動詞 / cela + 動詞 ···············158
66	c'est + SN + 関係代名詞 + 節 + 最上級 / 指示代名詞 + 関係代名詞 + 節 + 最上級, c'est + SN ···········162

67	chacun / chaque + 名詞（単数）/ tous les + 名詞（複数）········163
68	chance / occasion ···········166
69	changer ·····················169
70	chant / chanson ···········173
71	châtain / brun / marron / basané ································175
72	cher / élevé / coûteux / coûter ···177
73	pas cher / bon marché ·······181
74	chercher / trouver / retrouver ···182
75	aller chercher / venir chercher / envoyer chercher / passer chercher / passer prendre / avoir été chercher ·········185
76	chez + 限定詞 + 名詞（職業）/ à + 限定詞 + 名詞（店）·······187
77	chez + SN（人）/ 前置詞 + 限定詞 + maison / au domicile de + SN ·········188
78	特定の動詞 + un choc / recevoir un choc / choquer / être choqué ···············191
79	chorale / chœur ···········193
80	cigarette / tabac ···········194
81	circuler / rouler / faire / marcher / avancer / couler / courir ·······195
82	comme ·····················198
83	congé / vacances ···········203
84	contraire ·····················206
85	côté ·························207
86	coucher / se coucher / 動詞 + au lit / s'allonger / s'étendre ·····················209
87	cours / leçon / classe ·······212
88	faire + 限定詞 + cuisine / servir + 限定詞 + cuisine / cuisiner / préparer ···········214
89	cuisine / repas / plat / menu / spécialité ·····················216
90	dans / à（場所を示す）·······221
91	de + inf. / inf. ···············227
92	SN + de + inf. / SN + pour + inf.

	233	121	économie / sciences économiques / économie politique 308
93	SN + de + 地名 / SN + 固有名詞（地名以外）........235	122	effort / s'efforcer 309
94	特定の代名詞 + de + 形容詞 238	123	employer / dépenser / consommer 312
95	SN + de + SN / bien de + SN / SN + de + 名詞 / 数量を示す副詞 + de + 名詞 240	124	employer / se servir / utiliser / user / avoir recours 314
96	de / avec............................242	125	emprunter / prêter / louer 317
97	SN + 言語の形容詞 / SN + de + 言語名 244	126	en (中性代名詞) 319
98	de + 数形容詞 + 名詞 / 数形容詞 + de + 特定の名詞 247	127	ne pas ... encore 320
99	décider / fixer............................248	128	endroit / place / espace / lieu / ailleurs / quelque part / nulle part 322
100	déjà 252	129	enfant / bébé / fils / fille 328
101	demain / lendemain 254	130	s'ennuyer / ennuyé / ennuyeux / ennuyant 331
102	département / préfecture........255	131	ensemble / avec 332
103	depuis / à partir de 256	132	entendre / écouter 334
104	depuis que / depuis quand 260	133	entendre dire / entendre parler 339
105	dernier / précédent / d'avant / avant 262	134	s'entraîner / faire / faire de l'exercice / prendre de l'exercice / travailler / s'exercer / répéter / pratiquer / mettre en pratique 341
106	devant / avant 269		
107	devenir / 特定の動詞 / il fait ... / aller / tomber 271		
108	dieu 273		
109	différent / divers 275	135	entreprise / société / maison / compagnie 345
110	difficile 277	136	entrer à / entrer dans 348
111	dire / parler / raconter 279	137	environ / vers 351
112	ce que + SN + dit / mot / parole / vocabulaire 287	138	envoyer 354
		139	espérer 355
113	discuter / disputer............290	140	être étonné / ça m'étonne / s'étonner 357
114	dissertation / devoir / composition / rédaction / mémoire / compte rendu / rapport 293	141	étranger (人に関して) 360
		142	étranger / pays / pays étranger 361
115	divorcer 295	143	être / devenir [+ 限定詞] + 名詞（職業・国籍・血縁関係）............362
116	c'est dommage / je regrette / regrettable / tant pis............296		
117	on donne / recevoir 300	144	être / devenir + 名詞 （職業・国籍・血縁関係など） （品質形容詞などと共に）........369
118	dont 301		
119	dormir / endormir / s'endormir / avoir sommeil 304		
120	drôle de + 名詞 307		

145	être + 形容詞 + que + SN + 動詞（接続法）/ être + 形容詞 + que + SN + 動詞（直説法） ……373		170	avoir un don pour / avoir la bosse de ……422
146	étroit / petit ……375		171	grand / gros（人間・動物）……425
147	études / étude / étudier ……376		172	grand / gros / long（物，身体の部位）……429
148	extérieur / dehors / hors de ……378		173	grand / haut / élevé ……433
149	facile ……380		174	grand / large / vaste ……436
150	façon / manière ……382		175	grave / sérieux ……439
151	faire + inf. ……383		176	s'habiller / être habillé / mettre / porter ……443
152	se faire + inf. ……386		177	s'habituer / être habitué / avoir l'habitude / prendre l'habitude ……446
153	faire + inf.（料理）/ faire + SN（料理）/ mettre + SN + à + inf.（料理）……389		178	heure ……448
154	faire / être / avoir（天候）……390		179	heureux / content / joyeux / gai / de bonne humeur ……449
155	il faut ... pour ... / il faut compter / prendre ... pour ... / durer / demander / en avoir pour ... / mettre ... pour ... ……394		180	incident / accident / affaire / événement ……453
156	faux / mauvais ……396		181	individuel / personnel / particulier / privé ……455
157	femme / épouse ……397		182	動詞 + 限定詞 + influence / influencer / influer ……459
158	femme au foyer / femme sans profession / ménagère / femme de ménage ……398		183	insensible / distant / réservé / froid / sans cœur ……460
159	la + 祝祭日の名前 / la fête de + 祝祭日の名前 / le [jour de] + 祝祭日の名前 ……399		184	ne ... jamais ... / ne ... jamais l'expérience ……463
160	jeune fille / fille ……401		185	jeunes / jeunes gens / jeune homme / garçon ……464
161	film / cinéma ……402		186	jouer / faire ……466
162	fleuve / rivière / ruisseau ……405		187	jouer + 副詞 + SN（スポーツ）/ c'est un + 形容詞 + 名詞（スポーツをやる人）/ être + 形容詞 + en/pour + SN（教科，技術）……471
163	fort / à haute voix / tout haut / à tue-tête / appeler ……406		188	journal ……473
164	fumer ……408		189	laisser ……474
165	gare / station ……409		190	se laisser + inf. ……479
166	gens / habitants / peuple / hommes ……410		191	le / c'est ce que / en / y ……482
167	gens / personne / individu / peuple ……413		192	lequel / quel / qui ……487
168	gens / personnes / monde ……419		193	leur / leurs（所有形容詞）……489
169	goût / avoir le sens de / être doué pour /			avoir lieu / se tenir / arriver / se passer / se produire /

	se faire / se donner ……491	
194	linge / lessive ……496	
195	long / du temps / longtemps / longuement ……496	
196	manquer de ……501	
197	se marier / marier / être marié / épouser ……502	
198	mathématiques ……504	
199	médecin / docteur ……505	
200	membre ……507	
201	même que / identique à / semblable à ……508	
202	ménage / travaux ménagers / tâches ménagères ……509	
203	mer ……510	
204	mieux / meilleur ……512	
205	mille / million / milliard ……517	
206	mince / svelte / élancé / maigre / fin / maigrir ……518	
207	moment / époque / temps ……520	
208	monde ……523	
209	monsieur / madame / mademoiselle / dame / demoiselle ……526	
210	monsieur / madame / mademoiselle / professeur ……527	
211	montagne / mont / sommet ……529	
212	morceau ……530	
213	morceau / musique / œuvre / composition / air / mélodie ……531	
214	名詞 ＋ natal / région / campagne ……532	
215	ne … pas du tout / ne … rien / ne … aucun / ne … jamais ……534	
216	nouveau / neuf ……538	
217	nouvelle / nouvelles / informations ……541	
218	s'occuper / soigner ……543	
219	on ……544	
220	on ＋ 動詞 ＋ SN ……547	
221	on ＋ 特定の動詞 ＋ que ＋ 節 / on ＋ 動詞 ＋ 疑問詞 ＋ 節 ……549	
222	on permet / il est permis / on demande / on dit など ……551	
223	opinion / avis / idée ……553	
224	où / que ……558	
225	où / quand / que ……559	
226	où ＋ être / où ＋ se trouver / où ＋ être situé ……563	
227	feuille de papier / papier / copie / document / carte ……565	
228	il paraît / on dit / il semble ……568	
229	parler [le] ＋ 言語名 / parler ＋ 限定詞 ＋ 言語名 / 特定の動詞 ＋ en ＋ 言語名 / 特定の動詞 ＋ le ＋ 言語名 ……570	
230	parmi ＋ SN / dans ＋ SN / de ＋ SN / entre ＋ SN ……571	
231	特定の言葉 ＋ parmi ＋ 人称代名詞強勢形 / 特定の言葉 ＋ d'entre ＋ 人称代名詞強勢形 / 特定の言葉 ＋ de ＋ 人称代名詞強勢形 / 特定の言葉 ＋ de ＋ SN ……578	
232	最上級 ＋ parmi ＋ SN / 最上級 ＋ d'entre ＋ 人称代名詞 / 最上級 ＋ de ＋ SN ……581	
233	quelque part / ne … nulle part / n'importe où / partout / endroit / là où ……584	
234	faire partie / participer / appartenir ……586	
235	partir / s'en aller / disparaître / aller / sortir ……588	
236	passer / avoir / réussir / obtenir / être accepté / être reçu / être admis ……593	
237	passer / se présenter / subir / suivre ……596	
238	payer / dépenser ……597	
239	pêcher ……599	
240	pendant / durant ……600	
241	pendant ＋ 所有形容詞 ＋ 特定の名詞 / dans ＋ 所有形容詞 ＋ 特定の名詞 ……603	
242	pendant / au cours de /	

		dans le cours de /		
		dans le courant de / dans	······	604
243		penser / songer / réfléchir	······	607
244		penser à / penser de	······	611
245		se perdre	······	614
246		petit / enfant / jeune	······	614
247		peu / un peu	······	615
248		peut-être / sans doute / probablement / environ / je pense / je crois	······	618
249		pièce / théâtre	······	621
250		動詞 + à pied / marcher	······	623
251		à la place de / au lieu de	······	625
252		plaindre / se plaindre	······	627
253		à plaindre / pauvre / malheureux	······	629
254		pluie / neige	······	632
255		la plupart / la majorité / une majorité / la plus grande partie	······	633
256		plusieurs / quelques / quelque	······	636
257		poisson / poissons / 魚の名	······	639
258		動詞 + pour + 人称代名詞（強勢形）/ 人称代名詞（間接目的補語）+ 動詞	······	642
259		pour + SN（時）/ jusqu'à + SN（時）	······	644
260		préféré / favori	······	647
261		préférer / aimer mieux	······	648
262		prendre / manger / boire	······	650
263		prendre / manger / déjeuner / dîner / luncher / souper	······	652
264		près / proche	······	655
265		présenter / introduire	······	657
266		problème	······	658
267		prochain / ce / suivant	······	659
268		programme / émission / télévision / téléviseur	······	663
269		projet / plan	······	664
270		puisque / comme / parce que / car	······	667
271		quel / ce que / qu'est-ce que / comment	······	669
272		quel / que / comme / ce que / qu'est-ce que / combien（感嘆文）	······	672
273		quel est / ce que / qu'est-ce que c'est / qu'est-ce que / ce que c'est que / ce qu'est	······	676
274		quelqu'un	······	679
275		poser + 限定詞 + question / questionner / interroger / demander	······	679
276		qui（強調構文）	······	682
277		qu'il（非人称）/ qui	······	683
278		de quoi + inf.	······	685
279		avoir raison / être juste / être correct / être exact	······	686
280		raison pour laquelle / pour + 限定詞 + raison / pour quel motif / pourquoi / voilà pourquoi	······	690
281		rapide / tôt / vite	······	693
282		récemment / dernièrement / ces jours-ci / ces temps-ci / ces derniers temps / ces derniers jours	······	695
283		recevoir / obtenir / gagner / remporter / se faire / accepter	······	697
284		regarder / voir (1)	······	703
285		regarder / voir (2)	······	707
286		régime / diète	······	708
287		rembourser / rendre / retourner / renvoyer / rapporter	······	709
288		rendre / faire + inf. / faire de + SN + SN / faire + 特定の言葉	······	712
289		se reposer	······	717
290		faire des reproches / reprocher	······	718
291		rester / demeurer	······	720
292		réveiller / lever / 動詞 + debout / veiller / ne pas être couché /		

	ne pas dormir ……723	
293	revenir / rentrer / retourner ……727	
294	rue ……731	
295	sans ……732	
296	santé ……735	
297	en bonne santé / bien portant / en forme / vigoureux / sain ……737	
298	sauf / excepté / à part / mis à part / à l'exception de ……739	
299	savoir + 疑問詞 + 節 ……741	
300	savoir / connaître ……743	
301	savoir + inf. / pouvoir + inf. ……748	
302	sciences / science ……750	
303	soi ……751	
304	soir / soirée / nuit ……752	
305	hier soir / la nuit dernière / cette nuit / la veille [au soir] ……757	
306	souvenir / mémoire ……759	
307	sport ……760	
308	strict / exigeant / astreignant / dur / sévère ……761	
309	sucré / doux ……764	
310	être suffisant / être assez nombreux / il y a assez de + 名詞 / suffire ……765	
311	sur / dans ……767	
312	動詞 + tard / 動詞 + en retard / retarder ……772	
313	tellement / si / tant ……776	
314	avoir le temps / avoir du temps ……780	
315	le temps de + inf. / du temps pour + inf. / du temps à + inf. / 限定詞 + temps à + inf. ……781	
316	temps libre / libre / le temps de + inf. / loisirs ……784	
317	terrain / terre ……786	
318	le ... tout / le tout ……788	
319	tout / tout ce + 関係代名詞 / toute chose ……789	
320	tout / ne ... rien ……792	
321	tous / tout le monde / personne ... ne / aucun ... ne ……794	
322	travail / travaux / tâche ……796	
323	très / bien / beaucoup ……799	
324	動詞 + bien / 動詞 + beaucoup ……803	
325	très / absolument / tout à fait / vraiment ……807	
326	se tromper ……808	
327	trop ……809	
328	trouver / penser / croire / estimer / pour moi / selon moi / à mes yeux / d'après moi / à mon avis ……812	
329	unique / seul ……816	
330	université / faculté / lycée / collège / école ……817	
331	valise / bagages ……820	
332	venir / aller ……821	
333	venir / arriver ……824	
334	en venir à + inf. / en arriver à + inf. / arriver à + inf. / parvenir à + inf. / réussir à + inf. ……827	
335	vieux monsieur / monsieur âgé / vieille dame / dame âgée / vieil homme / vieille femme / gens âgés / vieilles personnes / personnes âgées / vieilles gens / gens du troisième âge / gens du quatrième âge / homme âgé / femme âgée / vieillard / vieux / vieille ……829	
336	vif / vivant / en forme / plein de vie / plein de vitalité ……832	
337	rendre visite / faire une visite / visiter / aller voir / passer voir / venir voir / aller à l'étranger ……833	
338	vitre / carreau / fenêtre ……836	
339	prendre le volant / être au volant / conduire ……837	

340	vouloir / vouloir de / en vouloir ……………………………838		348	月名 …………………………857
341	week-end ……………………840		349	SN ＋ 形容詞（国名）/ SN ＋ de ＋ 国名 ……………858
342	部分冠詞 / 不定冠詞 / 定冠詞 ＋ 不可算名詞 …………841		350	所有形容詞 …………………862
343	部分冠詞 / 不定冠詞 / 定冠詞 ＋ 特定の抽象名詞 ………845		351	複合過去 / 半過去 / 大過去 / 単純過去 ……………………………865
344	定冠詞 / 部分冠詞 ＋ スポーツ，学科，娯楽などを示す名詞 ……847		352	動詞と副詞の位置 …………875
345	定冠詞 ＋ 役職名 ＋ 固有名詞 …849		353	前置詞と前置詞句の反復 …880
346	外来語の性 …………………850		354	助動詞の反復 ………………882
347	定冠詞 ＋ 身体の名詞 / 所有形容詞 ＋ 身体の名詞 ………852		355	疑問詞のある疑問文の語順（主語が名詞の場合）…………883
			356	間接疑問 ……………………887

1 特定の動詞 + à manger, dîner, déjeuner, boire など

> **確認問題**
>
> 次の文の誤りを正しなさい.
> A. Il y avait très peu pour manger dans la forêt.
>   森の中ではほとんど食べ物がなかった.
> B. Ils ne m'ont pas offert quelque chose à boire.
>   彼らは私に飲み物をくれなかった.
>
>   解答：A. pour → à cf. 1
>   　　　B. → Ils ne m'ont pas offert à boire. あるいは Ils ne m'ont rien offert à boire. cf. 1, 2

1- 特定の動詞(1) + 量を表わす特定の言葉 + à + 特定の動詞(2)の inf.

Tu n'aurais pas quelque chose de froid à boire ?	何か冷たい飲み物はないかなあ？
Je n'ai absolument rien à leur faire boire.	彼らに飲ませるものなど何もない.
J'ai tout ce qu'il faut. Vous aurez tous les quatre quelque chose à manger.	必要なものはみんなある．4人みんなに，食べ物をあげましょう．
Il y avait très peu à manger dans la forêt.	森の中ではほとんど食べる物がなかった．
On ne nous avait rien donné à manger, pas même un morceau de pain.	私たちは食べ物は何も，パンひとかけらさえももらえなかったのでした．
Je ne sais pas ce qu'il reste à manger.	どんな食べ物が残っているか知らない．
À la réception, il y avait peu à boire.	パーティーではほとんど飲み物がなかった．
Il faut apporter des provisions pour que nous ayons tous assez à manger.	みんなに食べ物が十分あるように，食糧を持っていかなくてはね．
On leur a donné aussi un peu à manger.	彼らに少し食べ物も出しました．

　　特定の動詞(1)：avoir, il y a, il reste, il faut, donner など
　　特定の動詞(2)：manger, boire
　　量を表わす特定の言葉：quelque chose, ne ... rien, peu [de choses], pas grand-chose, un peu, assez, trop, suffisamment, beaucoup [de choses], encore, ce que (+ SN +動詞), qu'est-ce que (+ SN +動詞) など

2- 特定の動詞(1) + à + 特定の動詞(2)の inf.

Je vous sers à boire ?	何か飲み物を出しましょうか？

Nous sommes partis au village voisin pour acheter à manger et à boire. 私たちは隣り村に、食べ物と飲み物を買いに出かけた。

Ils se sont fait servir à manger à souhait. 彼らはうまいぐあいに食べ物を出してもらった。

Arlette, sois gentille, prépare-nous à dîner. アルレット、お願いだから、晩ごはんをわしらに作っておくれ。

Ils sont venus parce qu'on leur avait dit qu'il y aurait à manger. 彼らは、何か食べ物があると聞いてやって来たんです。

　特定の動詞(1)：servir, acheter, réclamer, offrir, donner, payer, préparer, procurer, apporter, il y a, demander など
　特定の動詞(2)：boire, manger, dîner, souper, déjeuner, goûter など
　使い方：2～3, à + 不定法の前の quelque chose や rien は省略されることが多い.

3- 特定の動詞(1) + à + 特定の動詞(2) の inf.

Attendez, je vais vous faire à manger. 待って下さい。何か食べ物を作ってあげます。

Qu'est-ce que nous pourrions bien nous faire à souper ce soir ? Tu n'as aucune idée ? 夜食は何にしようかしら。何でもいい？

　特定の動詞(1)：faire （くだけた表現）, se faire
　特定の動詞(2)：manger, dîner, déjeuner, souper
　比　較：Cet enfant | voudrait [quelque chose] à manger, je crois.
　　　　　　　　　　 | voudrait manger quelque chose, je crois.
　　　　　この子は | 食べ物をほしがっている | と思うよ.
　　　　　　　　　 | 何か食べたいんだ |

2　人称代名詞（間接目的補語）/ à + 人称代名詞（強勢形）

―― 確認問題 ――

次の文の誤りを正しなさい。
A. Marc a offert un gros bijou à elle comme cadeau, tu sais.
　　マルクは大きな宝石を彼女にプレゼントしたんだってさ。
B. Ta maman te pense toujours. Mais toi, tu ne penses jamais à elle.
　　お母さんはいつも君のことを考えているんだ。でも君は全然彼女のことを考えない。
C. Ne lui fais pas confiance, et fais-lui attention !
　　彼(女)を信用するな、彼(女)に注意しろよ！

　　　　　解答：A. à elle を取って lui a offert にする。cf. 1
　　　　　　　　B. te pense toujours → pense toujours à toi cf. 2

> C. fais-lui attention → fais attention à lui/elle cf. 2

1- 人称代名詞（間接目的補語）＋ 動詞

Je lui ai offert une montre pour Noël.	私はクリスマスプレゼントとして彼(女)に腕時計をあげた.
C'est Georges qui m'a donné ce porte-bonheur.	このお守りをくれたのはジョルジュです.
Tu ne dois pas lui faire trop confiance.	あまり彼(女)を信頼しすぎないようにね.
Venez, je vais vous présenter Lucienne.	こちらにどうぞ. リュシエンヌを紹介しましょう.

使い方：間接目的補語である人称代名詞の通常の位置について．
 2にあるような特定の動詞以外では，人称代名詞の間接目的補語は動詞の前に置かれる．ただし，肯定命令の場合は次のようになる．
  × Lui remets ce message.
  Remets-lui ce message.
  彼(女)にこのメッセージを伝えて下さい．

比　較：Je vais te présenter à elle.
　　　　Je vais te la présenter.
　　　　君を彼女に紹介しましょう．
　　　　彼女を君に紹介しましょう．

2- 特定の動詞 ＋ à ＋ 人称代名詞（強勢形）

Je dois faire attention à elle, elle court partout.	あの子は目が離せないんだ．そこらじゅう走り回るから．
— Pense à moi et je penserai à toi. — Entendu.	—私のことを考えてね．私もあなたのこと考えるから． —わかったよ．
— J'ai repensé à eux, la nuit dernière. — Quelle coïncidence, moi aussi !	—昨日の夜，またあの人達のことを考えちゃった． —偶然だね．僕もなんだ．
J'ai songé à Arnaud pour le poste de sous-directeur.	副所長にはアルノーあたりがどうかと思ったんだが．

特定の動詞：penser, faire attention, repenser, songer, recourir, faire appel など
使い方：この用法は，ほぼ前出の動詞のみに限られる．

3- 代名動詞 ＋ à ＋ 人称代名詞（強勢形）

Je me recommande à toi pour ce petit service.	こんな仕事は僕にまかせてくれよ.
Je ne me suis jamais habitué à eux.	あの人たちには全くなじめなかったなあ.
Il a dit qu'il voudrait bien se joindre à nous, mais il n'a pas d'argent.	彼は私たちと一緒に行きたいと言っていたが，彼にはお金がない.
Adressez-vous à lui, il est plus compétent que moi.	彼に聞いて下さい．彼の方がよく知ってますから.

4- 人称代名詞（間接目的補語）＋ 動詞 ＋ à ＋ 人称代名詞（強勢形）

Je te l'avais donné à toi, pas à ton frère.	私がそれをあげたのは君にであって，お兄さんにではないよ.
Il m'avait confié son secret à moi personnellement.	彼は，彼の秘密をこの私に個人的に打ち明けてくれた.
Je lui ai remis la lettre à elle en mains propres.	彼女本人に手紙を渡しましたよ.

使い方：人称代名詞を強調する場合，あるいはあいまいさを避ける場合に用いられる.

3 abandonner / quitter / laisser / laisser tomber （人・動物に関して）

確認問題

次の文の（ ）の中から最も適切な語句を選びなさい．

A. Réfléchis, si on (s'abandonne/se quitte/se laisse tomber), on va faire le malheur des enfants.
   よく考えてごらん．もし僕たちが別れたら，子供たちを不幸にしてしまうよ．

B. Elle (a abandonné/a quitté/a laissé) sa famille pour être plus indépendante.
   彼女はもっと自立するために家族と離れた．

C. Il (a abandonné/a quitté/a laissé) sa femme et ses enfants pour partir avec une jeune femme.
   彼は若い女とかけおちするために，妻子を見捨てた．

解答：A. se quitte cf.6　B. a quitté cf.3　C. a abandonné cf.1

1- abandonner ＋ SN（人・動物）

Nos voisins ont abandonné leur chien quand ils sont partis en vacances.

隣の家では，ヴァカンスに出かける時に飼っていた犬を捨てました．

Le docteur Aubineau n'abandonne jamais ses malades même quand leur cas est désespéré.

オビノー先生は，最悪の事態でも決して自分の患者を見捨てない．

Monsieur le Juge, mon mari s'est enfui en m'abandonnant.

判事さん，夫は私を捨てて逃げたんです．

- Et puis, un jour, elle a abandonné son mari et ses enfants à leur sort.
- Pour quel motif ?

—そしてある日，彼女は夫も子もどうにでもなれとばかりに見放してしまった．
—どういう動機で？

説　明：「見捨てる」という意味が強い．
参　考：(E) forsake; abandon; give up

2- laisser + SN (人)

1) Jeanne refuse de se marier pour ne pas laisser ses parents.

ジャンヌは両親と離れたくないので結婚しない．

2) Nous sommes revenus hier à Paris et nous avons laissé les enfants à la campagne chez leurs grands-parents.

私たちは昨日パリに戻ってきた．子供たちは，田舎のおじいちゃん，おばあちゃんのところに預けてきた．

説　明：confier（預ける）という意味で用いる．

3) Laissez-moi devant la gare d'Ogikubo.

荻窪駅の前で私を降ろして下さい．

同　意：faire descendre + SN (人)
慣　用：À sa mort, Monsieur Gendron a laissé sa femme, deux enfants et quatre petits-enfants.
　　　　ジャンドロン氏は，妻と二人の子供と，四人の孫を残して死んだ．
参　考：2〜5, (E) leave

3- quitter + SN (人)

Quand son mari a été muté, le plus dur pour elle a été de quitter ses amies.

夫が転勤した時に，彼女にとって最も辛かったのは，友だちと別れることだった．

Après avoir quitté Yuko, Hiroshi s'est marié avec une Américaine.

宏は優子と別れた後，アメリカ人女性と結婚した．

Madame Leduc ne travaille plus ici. Elle nous a quittés il y a un mois.

ルデュック夫人はもうここに勤めていません．一カ月前にやめました．

比　較：À 40 ans, Monsieur Fève a | laissé
　　　　　　　　　　　　　　　　　　| quitté
　　　　　　　　　　　　　　　　　　| abandonné | sa femme et ses enfants
pour aller vivre avec une femme plus jeune.
　　　40歳にして，フェーヴ氏は妻と子供たち｜と別れて
　　　　　　　　　　　　　　　　　　　　　｜と別れて
　　　　　　　　　　　　　　　　　　　　　｜を見捨てて｜もっと若い女との暮らしに走った．

4- je | te |＋| laisse |（会話）
　　　　| vous | | quitte |

Bon, je vous laisse, il faut que je parte, les enfants m'attendent.
では失礼します．私は行かなければなりません．子供たちが待っていますから．

Je te quitte, je dois me rendre chez Claire.
ここで失礼するよ．クレールの家に行かなきゃならないんだ．

5- laisser tomber ＋ SN（人）（会話）

1) Il est trop gentil pour laisser tomber sa femme sans aucun revenu. Ça ne se fait pas.
彼は優しすぎるので全く収入のない妻を見捨てられない．そんなことはしてはならない．

Raynald voulait l'épouser mais elle l'a laissé tomber.
レイナルドは彼女と結婚したかったのだけれど，彼女の方が彼をふったのさ．

　　使い方：恋人同志の間などで用いる．abandonner のくだけた言い方．
　　同　意：SN（人）＋ plaquer ＋ SN（人）（くだけて）

2) — Ce n'est pas la peine d'attendre. À cette heure-là, il ne viendra plus.
　 — Bon, on le laisse tomber, et on rentre.
—待たなくていいよ．この時間だと，もう彼は来ないよ．
—じゃあ，放っておいて帰ろう．

Finalement, Jacques nous a bien laissés tomber pour le projet.
結局，ジャックは私たちをこの計画からはずした．

6- se quitter

Écoute, on ne va pas se quitter pour une petite dispute.
ねえ，ちょっと口論したくらいで別れたりしないでしょう？

Nous nous sommes quittés vers 23 h.
私たちは23時頃別れた．

Il vaudrait peut-être mieux qu'ils se quittent, leur mariage n'a vraiment pas l'air de marcher.
あの二人は別れた方がいいのかもしれない．結婚生活はまるでうまくいっていないようだし．

　　同　意：se séparer

4 abandonner / quitter / laisser tomber / renoncer / arrêter （物に関して）

― 確認問題 ―

次の文の（　）の中から最も適切な語句を選びなさい．

A. À cause de son âge, Madame Veilleux a (abandonné de / renoncé à / arrêté de) faire un voyage en Australie.
自分の歳を考えて，ヴェイユーさんはオーストラリア旅行をとりやめた．

B. Il a l'intention (d'abandonner de / de renoncer à / d'arrêter de) fumer.
彼は禁煙するつもりだ．

C. (J'abandonne / J'arrête / Je laisse tomber), je suis à bout de souffle.
もうやめた．力尽きたよ．

D. Le chômage oblige les jeunes à (abandonner / quitter / renoncer) leurs villages.
職がないので若者たちは自分の村を離れなければならない．

解答：A. renoncé à あるいは arrêté de cf.11　B. de renoncer à あるいは d'arrêter de cf. 11
C. J'abandonne あるいは Je laisse tomber cf.4　D. quitter cf.3

1- abandonner ＋ 定冠詞 ＋ 特定の名詞

Finalement, la police a abandonné les recherches.
結局，警察は捜査をあきらめた．

Quand Marie a épousé Ahmed, un musulman, elle a abandonné la pratique de la religion catholique.
マリーは，イスラム教徒のアーメドと結婚した時，カトリックの信仰の実践を断念した．

　特定の名詞：lutte, combat, partie, course, poursuites [judiciaires], recherches など
　同　意：cesser＋定冠詞＋特定の名詞
　慣　用：― Moi, j'abandonne la partie !
　　　　　― Mais pourquoi ? Tu ne devrais pas te décourager aussi vite.
　　　　　―僕はやめるよ．
　　　　　―でもどうして．そんなに早くめげちゃだめだよ．

2- abandonner / laisser / quitter ＋ 限定詞 ＋ 特定の名詞

Il a dû quitter l'université pour raisons de santé. 健康上の理由で彼は大学をやめなければならなかった．

Monsieur Dulac, quand est-ce que vous avez laissé l'enseignement ? デュラックさん，いつ教職をおやめになったのですか．

Georges a quitté l'habit pour suivre une carrière médicale. ジョルジュは還俗して医学の道に進んだ．

Il a quitté son travail et il s'est reconverti dans la bijouterie. 彼は（前の）仕事をやめて今の宝石店に就職した．

特定の名詞 : études, école, université, habit, robe, sacerdoce, lycée, travail など

3- quitter + SN (場所)

Dès qu'il a pu quitter l'hôpital, il a dû recommencer à travailler. 退院できるようになると，すぐに彼は仕事をまた始めなければならなかった．

Quand Monsieur Lemercier a été muté, la famille a dû quitter sa ville qu'elle aimait tant. ルメルシエ氏の転勤にあたって，一家はあれほど気に入っていた町を離れねばならなかった．

— François n'a pas quitté la maison depuis trois jours.
— Il est malade ?
—フランソワは三日前から家に閉じ込もっている．
—病気かな？

Mon frère quitte la table au milieu du repas pour ne pas manquer un feuilleton à la télé. 兄はテレビの連続ドラマを見逃さないようにと，食事の途中で席を離れる．

Le tableau en question ne doit pas quitter l'Italie. 問題の絵はイタリアから外に出してはならない．

参 考 : (E) leave + SN (場所)

4- abandonner (会話)
laisser tomber (くだけて)

— On abandonne ?
— Alors tu laisses tomber ?
—これまでにしようか．
—じゃあ，やめちゃうの？

— J'en ai assez de mon travail.
— Laisse tomber, tu en trouveras un autre.
—僕はこの仕事うんざりだよ．
—やめてしまったら？ 別の仕事が見つかるよ．

Ma fille faisait du ballet autrefois, mais elle a dû laisser tomber en grandissant. 娘は昔バレエをやっていたが，大きくなるにつれてあきらめざるを得なくなった．

参　考：**4〜6**, (E) give up

5- abandonner + SN（物）
laisser tomber + SN（物）（くだけて）

Après avoir passé vingt ans aux États-Unis, il a abandonné sa situation pour revenir en France.　　アメリカで20年過ごした後，彼は職を捨ててフランスに戻った．

- Il a énormément de mal à décrocher sa licence.　　―彼は大学を卒業するのにひどく苦労しています．
- Pourquoi il ne laisse pas tomber ses études ?　　―どうして彼は勉強をやめてしまわないのだろう．
- Il a laissé tomber le violon.　　―彼はヴァイオリンをやめちゃったんだ．
- Il n'aurait pas dû, il jouait si bien.　　―もったいないね，あんなにうまかったのに．

使い方：学業，スポーツ，職などに用いる．
説　明：この二つの動詞は，quitter よりも強い意味を持ち，批判的なニュアンスを伴う．
同　意：délaisser + SN（物）
比　較：Après avoir abandonné l'école, il est devenu menuisier.
　　　　Après avoir quitté le collège, il est entré au lycée.
　　　　小学校をやめた後，彼は木工職人になった．
　　　　中学校を終えた後，彼は高校に入った．
慣　用：Pardon, Monsieur, vous avez laissé tomber ce mouchoir.
　　　　失礼ですが，このハンカチを落とされましたよ．

6- abandonner
renoncer

Je l'ai encouragé à ne pas abandonner.　　僕はあきらめないようにと彼を励ましたんだよ．

Il est tard, il vaudrait mieux que nous renoncions.　　もう夜遅いよ．やめにしておこうよ．

Maurice et Paul-André voulaient traverser l'Atlantique en planche à voile, mais ils ont abandonné au bout de deux jours en raison du mauvais temps.　　モーリスとポール＝アンドレは，ウィンド・サーフィンで大西洋を横断したいと思っていたが，二日後に悪天候のため断念した．

Si on veut réussir dans ce qu'on a entrepris, il ne faut jamais renoncer.　　やり始めたことをやり遂げたかったら決してあきらめてはならない．

使い方：目的語なしで用いる．

7- abandonner / renoncer à + 限定詞 + projet

Puis il est tombé malade et il a dû renoncer à son projet.
その後彼は病気になり、計画をあきらめなければならなかった。

Finalement, j'ai renoncé à mon projet de voyage au Tibet.
結局、私はチベット旅行の計画を断念した。

8- renoncer à + SN

Mina a renoncé au mariage pour s'occuper de ses vieux parents.
美奈は、自分の年老いた両親の世話をするために、結婚をあきらめた。

Pour ne pas se disputer avec ses frères et sœurs, Siméon a renoncé à sa part d'héritage.
シメオンは、兄弟姉妹と争いたくないので、自分の相続分を放棄した。

Quand son père a été licencié, elle a dû renoncer à la voiture dont elle avait rêvé.
彼女は、自分の父親が解雇された時、夢見ていた車を買うのをあきらめなければならなかった。

比 較：Il a | abandonné | la couronne.
　　　　　 | renoncé à |

彼は王位を | 投げ出した。（すでに王であった）
　　　　　| 断念した。（まだ王ではなかった）

9- renoncer à + inf.

Il a renoncé à aller passer un an en Europe : il n'avait pas assez d'argent.
彼は、ヨーロッパに行って一年過ごすのはやめにした。お金が足りなかったから。

Elle espérait continuer sa carrière; elle y a renoncé quand elle a eu son troisième enfant.
彼女は仕事を続けたいと願っていたが、三番目の子供が生まれた時あきらめた。

参 考：(E) give up [all thought of] doing

10- arrêter (会話)

J'ai assez travaillé pour aujourd'hui, j'arrête.
僕は今日は十分働いた。もうやめにしよう。

Vous avez tout mis en désordre, les enfants. Alors, arrêtez et remettez-moi tout ça en ordre.
全部散らかしてしまったね。いい加減にして全部片付けなさいよ。

Il joue de la guitare toute la nuit. S'il arrêtait, on pourrait dormir en paix.

彼はギターを一晩中ひく。もしやめてくれたらみんな静かに眠れるのになあ。

参　考：(E) stop

11- renoncer à + inf.
　　 arrêter de

J'ai arrêté de regarder la télévision parce que je considère que c'est une perte de temps.

私はテレビを見るのをやめた。時間の無駄だと思うから。

Quand son père est mort, Kenji a renoncé à poursuivre ses études de médecine.

健二は、父親が死んだ時、医学の勉強を続けるのをあきらめた。

Le médecin a dit à Monsieur Leverrier que, s'il voulait éviter la cirrhose du foie, il fallait qu'il renonce à boire.

医者はルヴェリエ氏に、肝硬変になりたくなければ、酒を断たなければならないと言った。

12- arrêter de + inf

Arrêtez-vous donc de vous chamailler, les enfants !

さあ、みんな、けんかはやめてちょうだい。

Arrêtons de courir, le train est déjà parti.

走るのはよそう、電車はもう出ちゃったよ。

Quand vont-ils arrêter de faire du bruit, ces gens-là ?

あの人たちは、一体いつになったら騒ぐのをやめるつもりか。

Sophie n'arrête pas de parler de son chien.

ソフィーは自分の犬の話ばかりしている。

5　accompagner / conduire / raccompagner / reconduire

─── 確認問題 ───

次の文の（　）の中に accompagner, raccompagner, conduire, reconduire の中から適切な語を選び、活用させて入れなさい。

A. Après la soirée, Pierre (　　　) Louise chez elle en voiture.
　　パーティーの後、ピエールはルイーズを車で家まで送った。

B. ─ Je vais au cinéma ce soir.
　　─ Alors, je pourrais vous (　　　) ?
　　─今晩映画に行くんですよ。
　　─じゃあ、ご一緒してもいいですか。

解答：A. a raccompagné あるいは a reconduit cf.4, 6　B. accompagner cf.1-1)

1- SN (人) + accompagner + SN (人)

1) Elle voudrait accompagner son mari pendant son voyage en Australie.　彼女は夫のオーストラリア旅行に同行したがっている。

J'ai l'intention de les accompagner au concert de Placido Domingo.　彼らと一緒にプラシド・ドミンゴのコンサートに行くつもりです。

- Nous allons dîner au restaurant ce soir.
- Bon, je vous accompagne, si vous n'y voyez pas d'objection.
　―私たちは今晩レストランに夕食を食べに行きます。
　―もしお邪魔でなければご一緒します。

2) Je l'ai accompagné jusqu'à sa voiture. Il avait l'air parfaitement normal à ce moment-là.　私は車のところまで彼を送って行った。その時はとても元気な様子だったよ。

On leur a proposé de les accompagner jusqu'à Narita mais ils ont refusé.　私たちは彼らに成田まで見送ろうかと提案したが、断わられた。

Il m'a accompagné jusqu'à l'entrée de l'édifice.　彼は私を建物の入口まで見送ってくれた。

2- SN (人) + être accompagné | par | + SN (人)
　　　　　　　　　　　　　　　　　　　　| de |

Il était accompagné par sa femme et ses deux fils.　彼には妻と二人の息子が付き添っていた。

3- SN (人) + se faire accompagner par + SN (人)

Le premier ministre s'est fait accompagner par le ministre des Finances.　首相には財務大臣が随行してきた。

4- SN (人) + raccompagner + SN (人)

Attendez, je vais vous raccompagner à la gare en voiture.　待って下さい。(帰りは)駅まで車でお送りしましょう。

Elle m'a demandé de la raccompagner après la soirée.　彼女は、パーティーの後（帰りは）送ってほしいと私に頼んだ。

説　明：帰る人を送っていくことを意味する。
比　較：Je vais vous | raccompagner | jusqu'à la porte.
　　　　　　　　　　 | accompagner |

玄関までお送りしましょう（来客を見送る時）。
玄関までご一緒しましょう。

5- SN（人）+ conduire + SN（人）

C'est son grand-père qui le conduit à l'école maternelle.
彼を幼稚園に連れて行くのはおじいちゃんです。

Je vous conduis d'abord chez vous, et ensuite je rentre. Votre maison se trouve sur ma route.
まず、あなたをお宅までお送りして、それから帰ります。お宅は通り道ですから。

比　較： Veux-tu que je | te conduise / t'accompagne | chez le médecin ?

医者の所まで連れて行こうか？
医者に付いて行こうか？

6- SN（人）+ reconduire + SN（人）

- Comment vas-tu faire pour rentrer chez toi ?
- Je trouverai bien quelqu'un pour me reconduire en voiture.

―帰りはどうするの？
―車で送ってくれる人を誰か見つけるよ。

Dans ce restaurant, on reconduit chez eux les clients qui ont trop bu.
このレストランでは、飲み過ぎたお客さんを家まで送ってくれる。

6　actuel / présent / d'aujourd'hui / de notre époque / de nos jours

――― 確認問題 ―――

次の文の（　）の中から最も適切な語句を選びなさい。

A. Quelle est votre adresse (actuelle / présente / d'aujourd'hui) ?
現住所はどちらですか。

B. Dans l'état (actuel / présent / d'aujourd'hui / de notre époque) des choses, il est impossible de régler le problème de la guérilla urbaine.
現状では都市ゲリラの問題を解決するのは不可能だ。

C. Les gens (actuels / présents / de nos jours / de notre époque) sont encore menacés de famine.
現代の人々もまだ飢餓におびやかされている。

6 actuel / présent / d'aujourd'hui / de notre époque ...

解答：A. actuelle cf.2　B. actuel cf.2　C. de notre époque cf.5

1- SN + actuel（人に関して）

Cette orpheline a changé de "parents" plusieurs fois ; ses parents actuels la traitent comme leur véritable fille.
このみなし児は何度も「親」が変わった。現在の両親は彼女を本当の娘のように扱っている。

Beaucoup de collègues plus âgés ont pris leur retraite : mes collègues actuels sont beaucoup plus jeunes que moi.
年上の同僚の多くは退職してしまった。現在の同僚達は私よりずっと年下だ。

慣用：À l'heure actuelle, il y a des enfants qui meurent de faim un peu partout dans le monde.
現在、世界中の至る所で餓死する子供がいる。

2- 限定詞 + 特定の名詞 + actuel

Dans les circonstances actuelles, je ne peux rien faire, mais absolument rien pour eux.
現状では私には何もできない。彼らのためには全く何もできないのだ。

La situation politique actuelle invite au pessimisme.
政治の現状を考えるとどうしても悲観的になってしまう。

Peut-on attribuer plus de valeur à l'époque actuelle qu'à celle d'autrefois ?
昔よりも今の方がすぐれているとみなしてよいのだろうか。

特定の名詞：adresse, circonstances, état, situation, époque, siècle など

3- 定冠詞 + 特定の名詞 + présent

Le psychologue nous a invités à vivre dans le moment présent.
その心理学者は私たちに今この時を生きるようにすすめた。

特定の名詞：moment, instant など

4- 限定詞 + 特定の名詞 + actuel / d'aujourd'hui

Dans les sujets de conversation actuels, c'est presque toujours l'économie qui domine.
昨今まず話題に上るのはたいてい経済のことだ。

Les idées actuelles sur la religion ne semblent plus être les mêmes qu'autrefois.
宗教に関する今日の考え方は、昔のものとはもはや同じではないようだ。

Le cours actuel du dollar est de 108 yens pour un dollar.
ドルの現在の相場は1ドル108円だ。

Les guerres d'aujourd'hui sont beaucoup plus dangereuses que celles d'autrefois.	現代の戦争は昔の戦争に比べてより一層危険になっている。
Il est difficile de comprendre la famine de bien des pays dans le monde d'aujourd'hui.	今日，世界の多くの国が飢餓に頻しているとは理解し難い。

　特定の名詞：monde, sujets de conversation, idées など
　反　意：d'autrefois
　参　考：(E) present, (E) today

5- SN (人) + | d'aujourd'hui
　　　　　　　　| de notre époque
　　　　　　　　| de nos jours

Les femmes de notre époque sont-elles vraiment plus libérées que celles d'autrefois ?	現代の女性は昔の女性よりも本当に自由になっているのでしょうか。
Les jeunes d'aujourd'hui ont beaucoup d'occasions de voyager.	今日の若者は旅行をするチャンスがたくさんある。

7　affaires / affaire / choses à faire

―――― 確認問題 ――――

次の文の誤りを正しなさい．
A. Aujourd'hui, j'ai mille et une affaires à faire.
　今日はやらなければならないことが山ほどある．
B. Émile, range ton affaire, veux-tu ?
　エミール，持ち物を整頓しなさいね．

　　　　　　　解答：A. affaires → choses cf.6　　B. ton affaire → tes affaires cf.1

1- les affaires (複数形) [de + SN (人)]

1) Si elle s'occupait de ses affaires et non de celles des autres !	彼女が他人のことにかまけずに自分のことに取り組んでくれればよいのだが。
Je déteste les gens qui s'intéressent trop aux affaires des autres.	他人の問題に興味を持ちすぎる連中は嫌いだ。
Mêle-toi donc de tes affaires.	人のことに口出しするな。

Viens, on va discuter tranquillement de toutes nos affaires. おいでよ，僕たち二人のことをゆっくり話そうよ．

使い方：1) この場合，affaires は常に複数形で用いる．
2) 普通，次のような表現と共に用いられる．se mêler de ..., s'initier à ..., s'intéresser à ..., discuter de ...

参　考：(E) business

2) Prenez vos affaires et ne remettez plus les pieds ici. 自分の荷物をまとめて出て行け．そして二度とここに足を踏み入れるな．

Sébastien, range tes affaires. セバスティアン，おかたづけしなさい．

J'ai invité les copains à venir à la maison pour jouer aux cow-boys. Et ils sont tous venus avec leurs affaires. カウボーイごっこをやるためにうちに来るよう仲間たちを誘った．彼らは皆自分たちの遊び道具を持ってきた．

Il a laissé derrière lui toutes ses affaires personnelles. 彼は自分の持ち物を一切合財置いて行ってしまったよ．

参　考：(E) things, belongings

2- affaires (複数形)

Les affaires marchent bien en ce moment. 商売は今のところうまくいっている．

Le représentant des hommes d'affaires a dit qu'il rencontrerait les autorités municipales. ビジネスマンたちの代表が，市のおえら方に会う予定だと言った．

Ils ont fait d'excellentes affaires en Chine. 彼らは中国でとびきりいい商売をした．

参　考：**2〜3**, (E) business, deal

3- | faire | affaires (複数形)
　　 | parler |

Viens, allons dans un café. Nous serons mieux pour parler affaires. さあ，仕事の話がしやすいように喫茶店に行きましょうよ．

Papa, un Américain t'a demandé au téléphone et il a dit que ça l'intéressait de faire affaires avec ta société. パパ，あるアメリカ人からパパに電話があって，パパの会社と取引してみたいと言ってたよ．

4- 限定詞 + affaire (単数形)

1) Cette affaire me concerne, moi uniquement. それは私に，私だけに関する問題だ．

7　affaires / affaire / choses à faire

C'est une affaire d'argent, c'est tout. | それは金の問題にすぎない.

Je dois me rendre à Osaka. J'ai une affaire urgente à régler. | 私は大阪に行かなければならない. 早急に解決すべき事があるので.

Je ne comprends rien à cette affaire d'héritage. | この相続争いのことは全くわからない.

Vous avez fait une très bonne affaire en achetant cette maison. | この家を買うとは, いい買い物をなさいましたね.

2) À l'époque, l'affaire Dreyfus a divisé les Français en deux camps. | 当時, ドレフュス事件はフランス国民を二分した.

Si vous avez du nouveau, faites-le-moi savoir et nous examinerons votre affaire. | もし変更があれば知らせて下さい. それについて検討しましょう.

L'affaire est entre les mains de la police qui a décidé de faire une enquête. | その事件は, 捜査をすると決定した警察の手中にある.

参　考：(E) case, lawsuit

3) Attends, c'est l'affaire d'une minute. | 待って. すぐ終わるから.

4) Ce dictionnaire fera l'affaire. | この辞書で間に合いそうだよ.

5- 所有形容詞 + **affaire** (単数形)

C'est un bonhomme sérieux qui connaît bien son affaire. | 彼は, まじめないい男で, 自分の仕事がよくわかっている.

Monsieur Paiement, voilà, j'ai [trouvé] votre affaire. | ペマンさん, ご注文の品が手に入りました.

Il m'a dit que ce n'était pas son affaire, et je crois qu'il a raison. | 彼は, そんなことは自分の知ったことじゃないと言ってたけど, 彼の言う通りだと思うよ.

C'est son affaire, laisse-la, elle va la régler. | それは彼女の仕事だから放っておけばいい. 自分で解決するでしょう.

- Alors qu'est-ce que tu me proposes de faire ?
- C'est ton affaire. | ―君は, 僕が何をしたらいいと思う？
―僕の知ったことじゃないよ.

慣　用：Tout à son affaire, il n'avait pas remarqué que sa cigarette était tombée sur le plancher.
　　　　(好きなことに)熱中していて, 彼はたばこが床に落ちたのに気がつかずにいた.

6- 限定詞 + **choses à faire**

Il a tellement de choses à faire qu'il ne sait pas par où commencer.	やらなければならないことがあまりたくさんあるので，彼は何から手をつけてよいかわからないでいる．
Toutes ces choses à faire, je les ferai demain ... ou après-demain !	やらなければならないこれらのことは全部，明日か，明後日にやることにしよう．
Le ménage, la vaisselle, les achats, les comptes, surveiller les devoirs des enfants, écrire des lettres, ça fait beaucoup de choses à faire.	掃除，洗い物，買物，それに家計簿をつけて，子供に宿題をやらせて，手紙を書いて…やらなければならないことで一杯よ．

使い方：「やるべきこと」の意味では affaire(s) あるいは affaires à faire という表現は用いない．

参　考：(E) things to do

8　âge

確認問題

次の文を和訳しなさい．
Elle fait de l'anglais depuis six ans.

　　　　　　　解答：彼女は 6 年前から英語をやっています．　cf. 2

1- 特定の前置詞 ＋ [l'âge de ＋] 数形容詞 ＋ an

Je n'avais jamais fait l'expérience d'un tremblement de terre jusqu'à [l'âge de] dix ans.	私は10歳になるまで一度も地震というものを経験したことはありませんでした．
À partir de [l'âge de] deux ans, l'enfant se trouve en mesure de produire des petites phrases comme "Maman, dodo", "Bébé a faim".	子供は 2 歳になると「ママ，ねんね」，「おなかすいた」というような短い文を作ることができるようになります．
Monsieur Martin n'avait pas été malade jusqu'à [l'âge de] 82 ans.	マルタン氏は82歳まで病気にかかったことがなかった．
Si le chômage continue, on sera obligé de prendre sa retraite à [l'âge de] 50 ans.	失業が続けば，50歳で定年退職しなければならなくなろう．

特定の前置詞：à partir de, jusqu'à, à など

2- depuis l'âge de ＋ 数形容詞 ＋ an

Mathilde apprend l'allemand depuis l'âge de quatre ans.　　マティルドは4歳からドイツ語を習っている。

比　較：Je joue du piano depuis ｜ l'âge de dix ans.
　　　　　　　　　　　　　　　　｜ dix ans.

私は ｜ 10歳から ｜ ピアノを弾いています。
　　　｜ 10年前から ｜

9　agréable / plaisant / amusant / aimable / intéressant（人に関して）

---- 確認問題 ----

次の文の（　）の中から最も適切な語を選びなさい。
Il raconte toujours des blagues; il est vraiment (agréable / amusant / intéressant).
彼はいつも冗談を言っているの。本当におもしろいわ。

解答：amusant cf. 2

1- agréable （特定の名詞に関して） plaisant

Il a un genre plaisant.　　彼は人当たりのよい人だよ。

　特定の名詞：genre, caractère, nature など

2- amusant

Josiane ne parle que de sa santé et de ses problèmes : elle n'est pas amusante.　　ジョジアンヌは自分の体調や心配事ばかり話すの。つまらない人だわ。

Hier, au pique-nique, Alain a fait le clown toute la journée. Il était amusant.　　昨日のピクニックでアランは一日中ふざけていた。彼には笑っちゃったよ。

　使い方：おもしろいことを言って（して）笑わせる人について用いる。
　参　考：(E) funny, fun

3- aimable （人に関して）

C'est une personne aimable. Elle nous accueille à bras ouverts.　　いい人ですよ。彼女は私たちを大歓迎してくれるんです。

　同　意：gentil

4- intéressant

J'aime bien parler avec Madame Duverger : c'est quelqu'un de très cultivé qui a beaucoup lu et voyagé. En fait, c'est une des personnes les plus intéressantes que je connaisse.

私はデュヴェルジェ夫人と話をするのが好きです。彼女はとても教養があって、本もたくさん読んでいるし、随分旅行もしています。つまり、私の知っている中ではとびっきりのおもしろい人なのです。

10 agréable / plaisant / amusant / intéressant (物に関して)

―― 確認問題 ――

次の文の（　）の中から最も適切な語を選びなさい．

A. Je pense que la télévision est un passe-temps (agréable/amusant/intéressant).
テレビは楽しい娯楽だと思います．

C. Ce n'est pas la peine de regarder la télé; à cette heure-là, il n'y a rien d'(agréable/amusant/intéressant).
テレビは見なくてもいいよ．この時間帯は何もおもしろいのをやっていないんだ．

解答：A. agréable cf.1　B. intéressant cf.3

1- agréable / plaisant

Garder des animaux chez soi, cela ajoute quelque chose de plaisant à la vie quotidienne, mais cela coûte cher.

自宅で動物を飼うと，日常生活が何かしら楽しくなるものだが，お金がかかる．

Nous avons fait un bon voyage. Mais si nous avions su parler italien, il aurait été encore plus plaisant.

私たちは良い旅行をしました．でも，もしイタリア語が話せたなら，より一層楽しい旅行だったでしょう．

Chacun veut vivre dans un environnement qui serait le plus agréable possible.

だれもができるかぎり快適な環境で生活したいと思っている．

Nous avons fait un séjour plaisant à Saint-Tropez.

私たちはサン＝トロペで楽しんだ．

L'excursion du mont Fuji a été très plaisante.

富士山への遠足はとても楽しかった．

説　明：「快い，感じがよい，楽しい」などの意．
反　意：désagréable

参　考：(E) pleasant; nice

2- amusant

Je viens de lire un roman amusant mais je ne me souviens plus du titre.
おもしろい小説を読み終えたところなんだけど，もう題名を思い出せない．

Il n'est pas facile de faire un film intelligent et amusant à la fois.
知的でかつ笑わせる映画を作るのは簡単ではない．

Taper à la machine toute la journée, ce n'est pas amusant du tout.
一日中タイプを打っているのは本当につまらない．

説　明：本，映画，劇，話，アイデア商品，ゲームなど人を笑わせるような行為や製品について用いる．
同　意：drôle, rigolo（くだけて）
反　意：2～3, ennuyeux
参　考：(E) amusing; funny

3- intéressant

- Tu as lu quelque chose d'intéressant, récemment ?
- Oui, Bourdieu. Ce qu'il dit, c'est intéressant, mais s'il pouvait le dire plus simplement ...

―最近，何かおもしろいもの読んだ？
―うん，ブルデューをね．彼の話はおもしろいんだけど，もう少し簡単に言ってくれたらなあ．

Le travail à la chaîne n'est pas intéressant. Mais, au fond, peu de personnes peuvent faire un travail vraiment intéressant.
流れ作業はおもしろくありません．でも，つまるところ，本当におもしろい仕事ができる人などほとんどいないのです．

Certains professeurs sont enthousiastes, dynamiques et font des cours intéressants ; d'autres sont mornes et ennuyeux.
熱意があって，精力的で，おもしろい授業をする先生もいますが，陰気で，つまらない先生もいます．

説　明：intéressant には「注意を引き，知性を夢中にし，何かを教えてくれる」という意味が含まれる．
参　考：(E) interesting

11　agréable / détendu / à l'aise / bien / confortable

――― 確認問題 ―――

次の文の（　）に agréable / détendu / à l'aise / (très) bien / confortable の中から最も適切な語句を選んで入れなさい．
A. Mettez-vous (　　), faites comme chez vous.

どうぞくつろいで、お楽になさって下さい。
B. On était ( ) dans ce petit hôtel, tu te souviens ?
あの小さなホテルは快適だったね、覚えてる？
C. Garder des chiens, c'est ( ), mais cela coûte cher.
犬を飼うことは楽しいことですが、お金がかかります。
D. Prenez ce fauteuil, il est plus ( ).
このソファーにおかけ下さい。こちらの方が快適ですよ。
E. Pour un enfant, une page blanche est ( ) à gribouiller.
子供は白い紙が一枚あれば、楽しくお絵かきする。

解答：A. à l'aise cf.6 B. (très) bien cf.8 C. agréable cf.2
D. confortable cf.9 E. agréable cf.3

1- agréable

Nous avons fait une excursion agréable. Nous avons eu la chance d'avoir du beau temps.
楽しい遠足だった。好天に恵まれた。

Notre vie devient facile et agréable grâce à des produits de haute civilisation.
私たちの生活は高度な文明の産物のおかげで楽で快適になります。

C'est impossible de mener une vie agréable dans une atmosphère polluée.
汚染された環境で快適な生活を送ることなど無理です。

注 意：1〜8, confortable は用いられない。
参 考：(E) pleasant

2- il est / c'est agréable de + inf.

Selon vous, pourquoi est-ce qu'il est agréable de vivre au Japon ?
あなたのお考えでは、どうして日本で暮らすことは快適なのですか？

- Il sera de plus en plus agréable de vivre sur la terre.
- Tu es utopique.
—この世の生活はますます快適になるだろう。
—そんなの夢だよ。

C'est très agréable de se coucher sur le sable et de prendre un bain de soleil.
砂の上に寝ころんで日光浴をするのはとても気持ちがいいよ。

3- agréable à + 特定の動詞の inf.

Les chansons sont agréables à entendre.
歌が聞こえてくるのは楽しいね。

Pour les bébés, tous les objets sont agréables à toucher. 　　赤ん坊は，何でもさわってみるのが楽しいんです。

特定の動詞：voir, entendre, toucher, goûter, respirer など
比　較：Ces beaux paysages sont agréables à voir.
　　　　Il est agréable de voir ces beaux paysages.
　　　　こうした美しい景色は見ていると気持ちがいいね。

4- détendu

Il y a eu une atmosphère détendue pendant toute la réunion. 　　会議中はずっと和やかな雰囲気だった。

Avec un esprit détendu, on vit mieux. 　　のびのびした気持ちでいると，よりよく生きられる。

特定の名詞：ambiance, atmosphère, esprit など
参　考：(E) relaxed

5- SN (人) + se sentir détendu

Après le bain, je me sens calme et détendu. 　　風呂上がりは，落ち着いてリラックスした気分になる。

Beaucoup pratiquent certaines activités pour se sentir détendus. 　　リラックスするために何か活動をする人が多い。

— Les membres de cette équipe se sentent toujours détendus. 　　—このチームのメンバーはいつもリラックスしているね。
— Ça se comprend. Ils éprouvent une véritable amitié les uns pour les autres. 　　—そりゃそうさ。みんなお互いに本当に友情を感じているんだよ。

参　考：(E) feel relaxed

6- SN (人) + se mettre à l'aise

Vous avez trop chaud avec votre veston; enlevez-le, mettez-vous à l'aise. 　　上着を着ていては暑すぎますよ。お脱ぎになって楽にして下さい。

7- SN (人) + 特定の動詞 + | à l'aise
　　　　　　　　　　　　　　　 | très bien
　　　　　　　　　　　　　　　 | à + 所有形容詞 + aise

Prenez ce fauteuil, vous serez | plus à | l'aise.
　　　　　　　　　　　　　　　　　　　　　 | votre aise.
mieux. 　　このソファーにおかけ下さい。もっとゆったりできますよ。楽ですよ。

Hiroki se trouve très à l'aise dans ce milieu. 広樹はこういった環境ではとても落ち着くんだ。

Dans un pays où la culture est très différente de la sienne, on se sent souvent mal à l'aise. 自分の国と文化がかけ離れた国では, 居心地の良くないことがある。

　特定の動詞：être, se sentir, se trouver など
　慣　用：Prenez vos aises, vous êtes chez vous ici.
　　　　　どうぞお楽にして下さい, お宅にいるのと同じですよ。
　　　　　－ Tous les gens aiment leurs aises.
　　　　　－ C'est normal, non ?
　　　　　―だれしも自分の快適な暮らしが好きなんだよ。
　　　　　―そりゃ当然じゃない？

8- SN (人) + être bien

－ Tu es bien dans cet appartement.
－ Oui, et j'ai une belle vue.
―このマンションなら君は快適だね。
―うん, それに見晴らしもいいんだ。

Les croisières ont de plus en plus de succès parce que les voyageurs pensent qu'on est bien dans un bateau. 旅行者たちは船が快適だと思っており, そのためクルージングはますます人気が高まっている。

－ On est bien chez toi !
－ Pourtant, il n'y a rien de spécial.
―君の家は気持ちがいいね！
―でも何も特別なものはないんですよ。

　強　調：SN + être très bien
　同　意：se sentir bien
　参　考：**8～10**, (E) comfortable

9- confortable

J'avais un lit très confortable et j'ai très bien dormi. とても寝心地がよいベットだったので, ぐっすり眠りましたよ。

Leur voiture était très confortable, nous avons fait un excellent voyage. 彼らの車はとても快適だったので, 私たちは素晴らしい旅をしました。

　使い方：ソファー, 椅子, ベッド, 寝室, ホテル, 家, マンション, 車などに用いる。
　注　意：1) 英語とは異なり, comfortable ではなく confortable と綴る。
　　　　　 2) 人や天候, 雰囲気には用いられない。
　　　　　 3) confortable à (または pour など)＋inf. という形は用いられない。
　　　　　　│ C'est un appartement confortable.
　　　　　　×C'est un appartement confortable à habiter.
　　　　　　住み心地がいいマンションだ。

10- une vie confortable

Avec leurs revenus, ils peuvent mener une vie confortable. 彼らの収入だと，ゆとりある生活が送れるよ。

Adolescent, il tenait déjà à avoir une vie confortable. 若いのにもう彼はなんとか楽な生活をしたいと思っていた。

　同　意：une vie aisée

12 y aller / aller quelque part / aller

┌─── 確認問題 ───
│ 次の文に誤りがあれば正しなさい。
│ A. On peut admirer le mont Fuji sans vouloir nécessairement aller.
│ 　　富士山は必ずしも行こうとしなくとも眺められます。
│ B. Je vais, autant que possible.
│ 　　できる限り行きます。
│ C. Isabelle n'est pas allée chez toi ? C'est bizarre. Hier, elle m'a dit qu'elle irait.
│ 　　イザベルが君のうちに行かなかったって？　変だな。昨日僕には行くって言ってたよ。
│ 　　　　　　　　　　解答：A. aller → y aller cf.1　B. Je → J'y cf.1　C. ○ cf.3

1- y aller

Allons-y, leurs pâtisseries sont succulentes. 行こうよ。あそこのケーキは美味なんだ。

— Hier, c'était le dernier concert de Michael Jackson; tu y es allé, toi aussi ?
— J'y serais bien allé si j'avais eu assez d'argent.
— Tu aurais dû y aller, je t'assure que ça en valait la peine.

―昨日はマイケル・ジャクソンの最終公演だったね。きみも行った？
―お金があれば行ったんだけどね。
―行くべきだったよ。それだけの値打ちがあったのに。

— Tu es retourné dans ta province récemment ?
— Je n'y suis pas allé depuis cinq ans.

―最近田舎に帰った？
―もう5年も帰ってないよ。

慣　用：Vas-y, n'hésite pas.
　　　　さあ、やりなさいよ。
　　　　Allons-y, il n'y a pas de temps à perdre.
　　　　さあ、始めましょう。ぐずぐずしている時間はありません。

Vous y allez un peu fort, à mon avis.
私の考えではあなたはちょっと度が過ぎますよ.

2- aller quelque part

Tu vas quelque part ? どこか行くの？

Pour se rendre quelque part, le taxi n'est pas toujours le plus commode !
どこかに行くのに，タクシーが一番便利とは限らないよ.

– Où tu vas ?
– Quelque part, ça ne te regarde pas.
—どこへ行くの？
—あるところへね．君には関係ないよ.

3- aller

– Pierre ne veut pas aller à la boum chez François.
– Il m'avait bien dit qu'il irait.
– Il a dû changer d'idée.

—ピエールはフランソワの家でのパーティーに行きたくないんだって.
—行くって私には言っていたよ.
—きっと考えが変わったんだ.

使い方：y は aller の単純未来形と条件法現在の前では省略する.

比　較：Autant que possible, | j'irai.
　　　　　　　　　　　　　　 | ×j'y irai.
　　　　　　　　　　　　　　 | j'essaierai d'y aller.

できる限り | 行きます.
　　　　　 | 行くように努めます.

慣　用：Allez, [va,] prends ma place.
　　　　さあ，[ほら,] 私の場所に座りなさい.

13　amener / emmener / ramener

―― 確認問題 ――

次の文の（　）の中から適切な語を選びなさい.

A. Maman, est-ce que je peux (amener/emmener) Francis à la maison ?
おかあさん，フランシスを家に連れてきてもいい？

B. Papa, (amène/emmène)-moi au Disneyland, s'il te plaît.
パパ，ねえ，ディズニーランドに連れて行ってよ.

解答：A. amener cf.1　B. amène あるいは emmène cf.5

1- amener + SN (人・動物)

Nous vous attendons pour le déjeuner dimanche; bien sûr, amenez les enfants.	日曜の昼食にいらして下さるのをお待ちしています。もちろんお子様たちもご一緒にどうぞ。
Je n'ai pas été contente quand l'ami de mon fils a amené son chien chez nous.	息子の友だちが家に犬を連れて来たのにはまいったわ。
Marie, je vais t'amener une copine, Annie.	マリー、友だちのアニーをお宅に連れて行くわ。
La plupart des gens n'aiment pas que leurs amis amènent leurs animaux chez eux.	たいていの人は友だちが家に動物を連れて来るのを嫌がります。

使い方：1〜2，「家に」連れて来るという意では，chez + 人，à la maison 以外は明示しなくてよい．

説　明：1) 基本的には人または動物を話し手のいる場所に連れて来るという意味．または対話者のいる場所に連れて行くという意味にも用いられる．
　　　　2) 直接目的補語が物の場合，apporter を用いる．

参　考：(E) bring + SN (人・動物) + along; bring + SN (人・動物) + with oneself

比　較：Quand tu viendras à la maison, | amène　　　　 | ton petit frère.
　　　　　　　　　　　　　　　　　　　　　| ×emmène |

うちに来る時には弟さんを一緒に連れて来なさい．

2- amener + SN (人) + inf.

– Un jour, tu devrais amener Claire et son mari dîner à la maison.	—そのうちクレールと彼女の御主人を夕食に連れて来てよね。
– Oui, quand ils seront revenus de voyage.	—ああ、旅行から戻ったらね。

3- emmener + SN (人・動物)

Mes parents vont en Thaïlande et ils ne veulent pas m'emmener.	両親はタイに行くのですが、私を連れて行きたくはないんです。
– Vous pouvez m'emmener jusqu'à Nagano ?	—私を長野まで連れて行ってくれませんか？
– Non, je m'arrête à Karuizawa, mais je peux vous emmener jusque là, si vous voulez.	—いや。僕は軽井沢までしか行かないけど、そこまででよければお連れしますよ。
Quand ils sont partis en Amérique, ils n'ont pas pu emmener leur perroquet.	彼らはアメリカに発った時に、飼っていたオウムを連れて行けなかった。

説　明：1) 基本的には人または動物を話し手または対話者のいる場所から別の場所へ連れて行くという意味．
　　　　2) 直接目的補語が物の場合，emporter を用いる．

4- emmener + SN (人) + inf.

Quand j'étais jeune, grand-père m'emmenait souvent nager à la piscine.　　子供の頃，祖父がよくプールに連れて行ってくれた。

- Si tu es d'accord, je t'emmène dîner ...　　—もしよかったら，夕食を一緒にどう？
- À quel endroit?　　—どこで？

5- |amener| +SN (人・動物)+前置詞+SN (場所)
　　　|emmener|

Il faudrait l'amener chez le médecin sans tarder.　　彼(女)をすぐに医者に連れて行かなければ。

Venez, je vous emmène tous au restaurant et c'est moi qui paie.　　さあ，みんなレストランに連れて行くぞ。僕のおごりだ。

- Je vais à Ebisu.　　—恵比寿へ行くんだ。
- Tu m'amènes?　　—連れて行ってくれる？

En France, si une femme veut sortir sans son bébé, elle peut l'emmener dans une garderie.　　フランスでは，母親が赤ん坊を連れずに外出したい時，託児所に預けられます。

Il est trop petit pour aller chez le dentiste tout seul; tu peux l'emmener?　　あの子はまだ小さいから一人で歯医者に行けないわ。あなた連れて行ってくれる？

　使い方：**5～6**，日常会話ではこの二つの動詞は同等に用いられ，場所を表す語句を伴うことが多い。
　説　明：遠いところへ「連れて行く」の場合は emmener が用いられる。
　比　較：|Emmène| ton petit frère [avec toi] au terrain de jeu.
　　　　　|Amène|
　　　　　弟を遊び場に一緒に連れて|行きなさい。
　　　　　　　　　　　　　　　　　|行きなさい／来なさい。
　　　　　Nous avons |amené| Julien au Disneyland.
　　　　　　　　　　　|emmené|
　　　　　私たちはジュリアンをディズニーランドに連れて行った。
　　　　　La prochaine fois, nous vous amènerons Julien.
　　　　　今度ジュリアンを連れて来ますよ。

6- |amener| +SN (人)+inf.
　　　|emmener|

La prochaine fois, je t'emmènerai voir une pièce de nô. 今度は, 能を観に連れて行くよ.

7- ramener + SN (人)

J'ai été obligé de ramener Virginie chez le docteur Falardeau. ヴィルジニーを医者のファラルドー先生のところにまた連れて行かなくてはならなかった.

Il a fallu le ramener chez le psychiatre, il ne se calmait pas. 彼を精神科医のところにまた連れて行かなければならなかった. 彼の興奮がおさまらなかったから.

同 意 : conduire + SN (人) + une seconde fois

8- ramener + SN (物) (会話)

Je suis bien prête à te prêter ma voiture, mais tu me la ramèneras ce soir. あなたに私の車を貸すのはかまわないんだけれど, 今晩返してね.

Il m'a ramené six belles truites de sa pêche. 彼は立派な鱒を6匹釣って持ち帰ってくれた.

同 意 : rapporter + SN (物)

9- ramener + SN (人) [+ de + SN (場所)]

Au retour, ramène Angèle de l'école. 帰りにアンジェルを学校から連れて帰ってね.

– Déjà ? —もう帰ったの？
– Oui, c'est Henri qui m'a ramené en voiture. —うん, アンリが車で送ってくれたんだよ.

Je n'ai pas ramené Sylvie. Elle est restée chez sa tante. シルヴィーを連れて来なかったよ. 彼女はおばさんの家に残ったんだよ.

比 較 : Madame Leclaire, j'emmène Francine et je vous la ramène ce soir.
ルクレールさん, 私がフランシーヌを連れて行って, 今晩連れて帰ってきます.

14　bien s'amuser / passer un bon moment / passer un moment agréable / avoir du bon temps / se donner du bon temps / se payer du bon temps

── 確認問題 ──

次の文に誤りがあれば正しなさい.
A. Dimanche dernier, nous avons eu un bon temps chez les Teissier.

先週の日曜日、テシエさんの家で、楽しい時を過ごしました。
B. Si on prend un café avec un bon ami, on passe un moment agréable.
良き友と一緒にコーヒーを飲むのは楽しい一時だ。
C. À la fête d'anniversaire de Michel, on s'est donné du bon temps.
ミッシェルの誕生祝いの時はとても楽しかった。
D. Madame Gauvin a bien joué à la soirée dansante d'hier.
ゴーヴァン夫人は昨日のダンスパーティーを大いに楽しんだ。

解答： A. eu un bon temps → passé un bon moment あるいは eu du bon temps cf.2
B. ○ cf.2　C. ○ cf.2　D. a bien joué → s'est bien amusée cf.1

1- bien s'amuser

Bonne soirée ! Amuse-toi bien !
よい夕べを。せいぜい楽しんでいらっしゃい。

Hier soir, je pensais bien m'amuser, mais je me suis énormément ennuyée.
昨晩はたっぷり楽しむつもりだったのに、すっかり退屈してしまいました。

説　明：ダンスをする、ゲームをするなどの何らかの活動をすることを示す。
注　意：「遊ぶ」という意味で jouer を単独で用いるのは子供の場合に限られる。

  Les enfants s'amusent | dans la rue.
  Les enfants jouent |
  子供たちは道で遊んでいる。
  Mes parents se sont bien amusés | à la fête.
  ×Mes parents ont bien joué |
  両親は祝宴でたっぷり楽しんだ。

参　考： (E) have fun; enjoy oneself

2- | passer | un bon moment
   | | un moment agréable
   | avoir | du bon temps (会話)
   | se donner |
   | se payer du bon temps

L'autre jour, en ramant sur le lac, j'ai passé un bon moment.
先日、湖でボートを漕いで楽しいひとときを過ごしました。

La plupart d'entre nous ne se rendent compte qu'ils ont passé un moment agréable que quand il est fini.
たいていの人は、終わってみないと楽しい時を過ごしたことに気がつかないものだ。

Jeanne a passé des moments agréables en Suisse.
ジャンヌはスイスでくつろいで過ごした。

説　明：楽しく過ごす，リラックスする，くつろぐことを示す．
注　意：avoir un bon temps とは言わない．ただし，passer un bon week-end / une bonne journée / de bonnes vacances というように用いることは可能．
反　意：s'ennuyer
参　考：(E) have a good time; have fun; enjoy oneself

15　an / année

確認問題

次の文の（　）の中から適切な語を選びなさい．

A. Les Lazure, ça fait bien des (années/ans) que je ne les ai pas vus.
　　ラジュール家の人たちに会わなくなってから何年にもなります．

B. Elle change de voiture chaque (année/an).
　　彼女は毎年車を新しくする．

C. Je les connais depuis dix (années/ans).
　　私は彼(女)らのことを十年前から知っています．

解答：A. années cf.III-3　B. année cf.II-3　C. ans cf.I-5

I- an

1- 数形容詞 ＋ an

Quand mon père est mort, j'avais six ans.　　父が死んだ時私は6歳だった．

À 92 ans, Arletty a l'air plus jeune que jamais !　　92歳にしてアルレッティはかつてないほど若々しく見える．

Ce film est interdit aux moins de 18 ans.　　この映画は18歳未満禁止です．

使い方：人間や動物の年齢を言うのに用いる．

2- dans ＋ 数形容詞 ＋ an

Revenez dans un an et nous reparlerons de cela.　　1年後にまた来て下さい．その時にこのことについてまた話しましょう．

3- en ＋ 数形容詞 ＋ an

Il a déménagé neuf fois en deux ans.　　彼は2年のうちに9回引っ越した．

4- il y a ＋ 数形容詞 ＋ an

Il y a bien deux ans que je ne suis pas allé au concert. 僕がコンサートに行かなくなってから2年にもなる。

比較 : Hiroshi est allé en Amérique | il y a cinq ans.
| il y a quelques années.
| ×il y a cinq années.

博史は | 5年前に | アメリカに行った。
　　　 | 何年か前に |

5- depuis + 数形容詞 + an

Ils sont mariés depuis deux ans. 彼らは結婚して2年になります。

6- en [l'an] + 数詞

En [l'an] 2100, comment sera le Japon ? 2100年には日本はどうなっているだろう？

Rome fut détruite en [l'an] 64 sous l'empereur Néron. 64年、ローマはネロ帝の治世下で破壊された。

Le grand tremblement de terre du Kanto a eu lieu en l'an 12 de Taisho. 関東大震災は大正12年に起きた。

7- | pendant + 数形容詞 + an
　　| durant + 数形容詞 + an (あらたまって)

Il a dû être hospitalisé pendant un an. 彼は1年間入院しなければならなかった。

Nous nous sommes perdus de vue durant cinq ans. 私たちは5年間疎遠だった。

II- an / année

1- 数形容詞 + | an
　　　　　　　　 | année

Il faut compter deux ans et même plus pour obtenir la maîtrise au Japon. 日本では修士号を得るには少なくとも2年はかかります。

M. Leduc compte cinq années de service dans cette société. ルデュック氏はこの会社に勤めて5年になる。

Cette recherche prendra deux ans. この研究には2年かかるだろう。

Tu as songé [à ce] à quoi tu vas consacrer tes quatre années d'université ? きみは大学の4年間を何に使うのか考えたのか？

2- 数形容詞 + | an / année | + | avant / après / plus tôt / plus tard

Ils se sont mariés mais ils ont divorcé un an après. — 彼らは結婚したが1年後に離婚した.

Ça s'est passé un an avant la naissance de Francine. — それはフランシーヌが生まれる1年前のでき事だった.

Dix années plus tard, je n'ai toujours pas compris le sens de cette expérience. — 10年たってもやはり私にはあの経験の意味がはっきりしていない.

Trois | ans / années | après son accident, il ne pouvait toujours pas marcher. — 事故後3年たっても彼は相変わらず歩けなかった.

Une année plus tôt, je n'aurais pas pu obtenir ce poste. — あと一年早かったら,私はこのポストを得られなかったでしょう.

3- | chaque année / tous les ans

Chaque année, pendant les grandes vacances, il y a beaucoup de morts sur les routes. — 毎年夏休みの間に交通事故で亡くなる人が多い.

Chaque année, en France, 110 000 personnes meurent du cancer. — フランスでは毎年11万人がガンで亡くなる.

Tous les ans, en hiver, je vais faire du ski à Courchevel. — 毎年,冬に私はクールシュヴェルにスキーに行きます.

　参　考：(E) every year

4- | l'an / l'année | + | dernier(ère) / passé(e) / prochain(e)

L'année dernière, à la même date, j'étais aux États-Unis. — 去年の今日,私はアメリカにいました.

Elle entrera à l'université l'an prochain. — 彼女は来年大学に入学する.

　注　意：上記以外の形容詞を付加する場合は année の方が用いられる. ただし, le Nouvel an などの慣用的表現は除く.

III- année

1- 限定詞 + 形容詞 + année

J'y ai passé les plus belles années de ma vie. 私はそこで人生最良の年月を過ごした.

Au Japon, l'année scolaire commence en avril. 日本では新学年は四月に始まる.

Après son accident, elle a dû rester une année entière à l'hôpital. その事故の後，彼女は丸一年入院していなければならなかった.

Pendant ses trois premières années, il a dormi dans le lit de ses parents. Puis, pendant les trois années suivantes, il a dormi dans la même chambre, dans un lit voisin. 生まれてから3年間，彼は両親のベッドで寝た．そして，次の3年間は同じ部屋の隣のベッドで寝た.

2- 限定詞 + année de + 名詞

[L'année] 1992 a été une année de grands bouleversements politiques. 1992年は政治的に激動の年であった.

Qu'est-ce que l'expérience d'une année de préparation aux examens d'entrée à l'université t'a apporté ? 大学入試に一年浪人した経験は，君に何をもたらしましたか？

注 意：限定詞ではなく数形容詞が用いられる場合は，an も用いられる.

3- 特定の副詞 + d'années

Vous habitez Tokyo depuis combien d'années ? 東京には何年前から住んでいるのですか.

Il a vécu retiré pendant tant d'années. 彼は何年もの間隠遁生活をした.

特定の副詞：beaucoup, combien, tant, autant, peu. ただし bien の場合は bien des années となる.

注 意：– Vous avez passé | combien d'années | au Mexique ?
| ×combien d'ans |

– | Trois années.
– | Trois ans.

— あなたはメキシコで何年過ごしたのですか？
— 3年です.

4- cette année

Cette année, j'ai l'intention de voyager. 今年私は旅行をしようと思っています.

Je ne rentrerai pas aux États-Unis cette année. 私は今年，アメリカには帰りません.

参 考：(E) this year

5- cette année-là

Cette année-là, je m'en souviens, il a beaucoup plu. / その年にはずいぶん雨が多かったと私は記憶しています。

　参　考：(E) that year

6- des / plusieurs années

Il a consacré plusieurs années de sa vie à cette recherche. / 彼はこの研究に一生のうちの何年もを費やした。

Depuis plusieurs années, on entend parler de la mort cérébrale. / 何年も前から脳死が話題となっている。

Ça prend des années avant qu'une perle puisse devenir suffisamment grosse. / 真珠が十分大きくなるまでには何年もかかる。

Nous n'avons pas correspondu pendant des années. / 私たちは何年間も文通しなかった。

7- quelques années

Les quelques années qui viennent marqueront un tournant dans notre société. / これからの数年が社会の転換期となることだろう。

Si ça continue comme ça, il n'y aura plus d'eau du tout au Sahel dans quelques années. / もしこのような状態が続くなら、数年後にはサヘルには全く水がなくなるだろう。

C'est un problème social qui existe depuis quelques dizaines d'années. / これは数十年前からある社会問題だ。

Finalement, Tetsuya a dû revenir au Japon après quelques années à l'étranger. / 何年か外国で過ごした後、結局哲哉は日本に帰って来なければならなかった。

8- 序数 + année

C'est la troisième année consécutive qu'il remporte le Tour de France. / 彼がツール・ド・フランスに勝ったのはこれで三年連続だ。

Elle est en quatrième année de français à Sophia. / 彼女は上智大学フランス語学科の4年生です。

[Pendant] les deux premières années de lycée, j'étais plutôt timide. / 高校での最初の2年、私はどちらかと言えばひっこみ思案だったわ。

[Pendant] la dernière année d'université, j'ai dû arrêter de faire du sport pour préparer les concours.　大学の最後の年, 国家試験の準備をするためにスポーツをやめなければならなかった.

9- dans / pendant / durant l'année (あらたまって)

Il y a treize fêtes nationales dans l'année.　一年のうちには国民の祝日が13日ある.

J'ai l'intention de terminer ma thèse de doctorat durant l'année qui vient.　私は来年中には博士論文を終えるつもりです.

慣用：Meilleurs vœux pour l'année qui commence !
新年おめでとうございます.
Ils veulent se marier dans l'année.
彼らは今年中に結婚したいと思っている.

10- pendant / durant (あらたまって) l'année

On en reparlera pendant l'année [scolaire].　今年[度]中にそれについてもう一度話しましょう.

11- ne ... pas de l'année

Il a été muté à Sapporo. Nous ne le reverrons sans doute pas de l'année.　彼は札幌に転勤になった. 今年のうちはおそらく彼に会えないだろう.

使い方：否定文中でのみ用いられる言い回しで, pendant などよりも好んで用いられる.
強調：de toute l'année

12- 最上級 + de l'année

Le 21 juin, c'est le jour le plus long de l'année, dans l'hémisphère nord tout au moins.　6月21日は一年で昼間が最も長い日です, ともかく北半球ではそうです.

13- 特定の言い回し + de l'année

Au début de l'année, j'étais très déprimée.　年の初めには, 私はすっかり落ち込んでいました.

À la fin de l'année, on a organisé une petite fête.　年末にはささやかなパーティーを開きました.

特定の言い回し：au commencement, au début, au milieu, à la fin

14- d'une année à l'autre / d'année en année

D'une année à l'autre, les progrès d'un petit enfant sont considérables. 　一年一年幼い子の進歩は目をみはるものがある.

D'une année à l'autre, on change, tu ne crois pas ? 　年々歳々人は変わると思いませんか？

Le coût de la vie augmente d'année en année. 　毎年物価が上がっていく.

　参　考：(E) from one year to the next, from year to year

15- l'année d'avant / d'après / l'année précédente / suivante

En 1970, j'ai passé mes vacances en Inde et, l'année suivante, je suis allée au Brésil. 　1970年に私は休暇をインドで過ごし，その翌年にはブラジルに行きました.

16- toute l'année

Monsieur Guindon a souffert de la goutte toute l'année. 　ガンドンさんは一年中通風で苦しんできた.

　参　考：(E) all year round

17- [pendant] une année

À cause de sa maladie, il a été absent de son travail [pendant] une année. 　病気のせいで丸一年彼は仕事を休んだ.

　強　調：[pendant] toute une année
　参　考：(E) for a whole year

18- les années + 特定の数詞

C'était dans les années 80. 　それは80年代のことだった.

La crise économique des années 30 a plongé de nombreux pays dans la misère. 　30年代の不況によって多くの国が悲惨な状況に陥った.

　特定の数詞：20, 30, 40, 50 ..., 1920, 1930 ...

19- en quelle année ... ?

- Vous êtes arrivé au Japon en quelle année ?
- En 86.

—あなたは何年に日本に来たのですか．
—86年です．

16 apporter / rapporter / emporter / prendre / porter

--- 確認問題 ---

次の文の（　）の中に最も適切な動詞を入れなさい．

A. Donnez-moi ce sac; je vais vous le (　　).
   その鞄を貸して下さい．持ってあげましょう．

B. Demain soir tu viens chez moi, alors (　　) ton CD des Beatles.
   明日の晩うちに来るなら，君のビートルズのCDを持ってきてね．

C. Quand tu viendras à la maison, n'oublie pas de me (　　) le roman que je t'ai prêté.
   うちに来る時，君に貸したあの小説を持ってくるのを忘れないでね．

D. (　　) un tricot chaud pour l'excursion.
   遠足には厚手のセーターを持っていきなさい．

E. Il a mal aux reins; il ne peut pas (　　) de choses lourdes.
   彼は腰が痛いので，重いものは持てない．

解答：A. porter cf.7　B. apporte cf.1　C. rapporter cf.3
D. Emporte / Emportez, あるいは Prends / Prenez cf.4　E. porter cf.7

1- apporter + SN (物)

Pour le pique-nique de dimanche, chacun apportera son casse-croûte.

日曜日のピクニックには，各自お弁当を持ってくること．

Elle oublie toujours d'apporter ses devoirs.

彼女はいつも宿題を持ってくるのを忘れる．

- Allons nager à la piscine universitaire.
- Je regrette, j'ai oublié d'apporter mon maillot de bain.
  slip.

—大学のプールに泳ぎに行こうよ．
—残念だなあ．｜水着　　｜を持って
　　　　　　｜水泳パンツ｜
くるのを忘れてしまったよ．

説　明：**1〜2**，基本的には物を話し手のいる場所に持って来るという意味．また対話者のいる場所に持って行くという意味にも用いられる．

注　意：**1〜6** の動詞は，人が直接目的補語の場合は用いられず，かわりに amener (ramener), emmener が用いられる．

参　考：**1〜2**, (E) bring + SN (物)

2- apporter + SN (物) + à + SN (人)

1) Teruo, apporte-moi mes lunettes qui sont sur la table de la cuisine.　　輝男、台所のテーブルの上にある私のメガネを持ってきてちょうだい。

Quand il est venu me voir à l'hôpital, il m'a apporté un magnifique bouquet de fleurs.　　彼は病院に私を見舞いに来たとき、すばらしい花束を持ってきてくれた。

Attends, je vais t'apporter une infusion à la menthe.　　待ってて。今ミントハーブティーを持ってくるから。

説　明：「持ってくる」の意。

2) Hiroshi apporte toujours du saké à ses amis quand il va en France.　　宏は、フランスに行くときいつも友人に日本酒を持っていく。

- Qu'est-ce que je vais lui offrir ?　　—彼に何をあげようかしら。
- Apporte-lui des fruits, du raisin par exemple.　　—例えばぶどうとか、何か果物を持っていきなさいよ。

説　明：「持っていく」の意。

3- rapporter + SN (物) [+ à + SN (人)]

Il a rapporté cette statuette d'Egypte.　　彼はエジプトからこの小さな像を持って帰ってきた。

Regarde ce que Michel t'a rapporté du Japon !　　ミッシェルが日本から君に持ってきたものを見てごらん。

Si tu es bien sage, je te rapporterai un petit cadeau.　　おとなしくしていたら、何かおみやげを買ってきてあげるよ。

参　考：(E) bring + SN (物) + back

4- emporter / prendre + SN (物)

Quand je vais à l'étranger, j'emporte toujours un appareil photo.　　私は外国に行く時、いつもカメラを持っていく。

Quand il part à la montagne, il n'emporte avec lui que le minimum.　　彼は山に行く時、最小限のものしか持っていかない。

Pour la Grèce, je vous conseille de prendre des euros.　　ギリシャにはユーロを持っていった方がいいですよ。

Maman est sortie faire des courses sans emporter son porte-monnaie.　　お母さんは財布を持たずに買い物に出かけました。

- Bon, je vais aller faire des courses.
- Prends un parapluie, on dirait qu'il va pleuvoir.

―さて，買物に出かけるわ．
―傘を持っていきなさい．雨が降りそうだよ．

Il faisait sombre et je n'avais pas emporté de lampe de poche.

あたりは暗かったが，私は懐中電灯を持ってきていなかった．

使い方：porter, apporter は使わない．

説　明：1) emporter は基本的には物を話し手または対話者のいる場所から別の場所へ持っていくという意味．

2) prendre は本来「手に取る」の意だが，身につけるものや携帯するものを直接目的補語とし何らかの移動を前提としている場合は，結果的に「持っていく，くる」という意にもなる．

参　考：(E) take + SN (物) + | away | ; take SN (物) [+ with SN]
　　　　　　　　　　　　　　 | along |

5- prendre + 限定詞 + 特定の名詞

Quand il m'a dit ça, j'ai aussitôt pris mon manteau et mon sac et je suis sorti.

彼がそう言った時，私はすぐにコートとかばんを手に取り，外に出た．

En sortant du cours, j'ai pris, par mégarde, le dictionnaire de ma voisine.

教室を出る時，私はうっかりして，隣の女の子の辞書を手に取ってしまった．

En rentrant chez lui, il s'est trompé de parapluie et il a pris le mien.

彼は家に帰る時，間違えて私の傘を手にした．

Heureusement qu'elle avait pris deux tricots. Il faisait en dessous de 10 degrés au sommet.

幸いにも彼女はセーターを二枚用意していた．山頂の気温はマイナス10度だった．

Prends tes affaires et ne reviens plus ici !

荷物をまとめて，もうここには戻ってくるな．

特定の名詞：affaires, manteau, canne, serviette, parapluie, sac, gants, chapeau など

説　明：この場合 prendre は「手に取る」，「手にする」という意味であり，emporter, apporter と必ずしも同意ではない．

6- porter + SN

- Regarde l'Anglaise qui porte un parapluie rouge !
- Qu'est-ce qu'elle a ?

―赤い傘を持っているあのイギリス人女性を見てごらん．
―あの人がどうかしたの．

Dans certains pays, on porte les petits enfants attachés sur le dos.

国によっては，小さな子供をおんぶする習慣がある．

Le père d'Augustin le porte sur ses épaules pour qu'il puisse voir loin.　オーギュスタンの父は、息子が遠くが見えるように肩車をする。

説　明：手に持っている、あるいは背中・肩・腕などにかかえている状態を意味する。
参　考：(E) carry + SN
比　較：Je porte un parapluie dans ma serviette au cas où il pleuvrait.
　　　　Prends ｜un parapluie, il va pleuvoir.
　　　　Emporte｜
　　　　｜雨が降る場合のことを考えてかばんに傘を入れて持っている。
　　　　傘をお持ちなさい。　｜雨が降るよ。
　　　　傘を持っていきなさい。｜

7- porter + SN [+ à + SN (人)]/ [+ 前置詞 + SN(場所)]

Vous pouvez [me] porter ces bagages dans la chambre ?　この荷物を部屋に運んでくれますか。

La valise de ma grand-mère était très lourde; heureusement, un monsieur complaisant la lui a portée.　祖母のスーツケースはとても重かったけれど、幸いにも、親切な男の人が代わりに持ってくれた。

17　apprendre / enseigner / montrer / expliquer

確認問題

次の文の（　）の中から最も適切な語を選びなさい。

A. C'est mon oncle qui m'a (appris/enseigné/montré/expliqué) à conduire.
　　私に運転を教えてくれたのは伯父です。
B. Est-ce que tu peux me (apprendre/enseigner/montrer) comment [je dois] brancher la machine à laver ?
　　洗濯機のコンセントの入れ方を教えてくれない？
C. Monsieur Dupas va nous (apprendre/enseigner/montrer/expliquer) la philosophie l'an prochain.
　　来年はデュパ先生が哲学を教えてくれることになる。

　　　　解答：A. appris cf.4　B. montrer cf.8　C. enseigner cf.7

1- apprendre + SN(物)

Il a appris l'anglais tout seul avec des livres et des cassettes.　彼は本とカセットテープを使って一人で英語を身につけた。

On doit apprendre par cœur quelques poèmes de Baudelaire.　ボードレールの詩をいくつか暗記しなければならない。

参　考：(E) learn + SN

2- apprendre à + inf.

L'année prochaine, quand tu seras à l'école primaire, tu vas apprendre à lire, à écrire et à compter.　お前は、来年小学校に入ったら、読み書きと数の数え方を習うんだよ。

Elle a appris à jouer du piano avec sa mère.　彼女は母親からピアノを習った。

Si tu veux faire de la plongée sous-marine, il vaudrait mieux que tu apprennes d'abord à nager.　スキューバダイビングをやりたいのなら、まず泳ぎを覚えた方がいいよ。

注　意：apprendre comment + inf. という形は用いられない。
参　考：(E) learn how to do [+ SN]

3- apprendre + SN (物) + à + SN (人)

Le mercredi, il passe la journée chez un charpentier qui lui apprend les rudiments du métier.　水曜日に彼は大工さんの所で一日過ごし、仕事の基礎を教えてもらう。

Si tu veux faire de jolies photos, il faut que quelqu'un t'apprenne la technique.　きれいな写真を撮りたいのなら、誰かにテクニックを教えてもらわなきゃだめだよ。

注　意：3〜5，間接目的補語 [à + SN (人)] は不可欠。
参　考：(E) teach + SN + to + SN (人)

4- apprendre à + SN (人) + à + inf.

Viens, je vais t'apprendre à te servir de ton nouveau traitement de texte.　おいで。君の新しいワープロの使い方を教えてあげるよ。

C'est son mari qui a été obligé de lui apprendre à faire la cuisine.　彼女に料理を教えなければならなかったのは夫の方です。

C'est ma cousine Geneviève qui m'a appris à nager.　私に泳ぎを教えてくれたのはいとこのジュヌヴィエーヴだ。

注　意：apprendre à + SN (人) + comment + inf. という形は用いられない。
参　考：(E) teach + SN (人) + how to do [+ SN (物)]

5- apprendre / enseigner | à + SN (人) + à + inf.

Dans la plupart des écoles maternelles, on enseigne déjà aux enfants à lire et à écrire.　大部分の幼稚園で、子供たちにもう読み書きを教えている。

La voisine a enseigné à ses deux enfants à lire et à écrire avant qu'ils n'aillent à l'école.　隣の奥さんは、二人の子供が学校に行かないうちから読み書きを教え込んだ。

注　意： apprendre / enseigner | à + SN (人) + comment + inf. という形は用いられない。
参　考：(E) teach someone how to do [+ SN]
比　較： - Qui t'a appris à parler russe ?
　　　　 - J'ai appris tout seul.
　　　　 ―ロシア語会話を誰に習ったの？
　　　　 ―自分で勉強したのさ。

6- enseigner

Après être devenu professeur, il s'est aperçu qu'il n'aimait pas enseigner.　教師になった後で、彼は自分が教えることが好きではないと気づいた。

Quand est-ce que Madame Tamura a arrêté d'enseigner ?　いつ田村先生は教えるのをやめたのですか。

- Vous enseignez combien d'heures par semaine, Monsieur Uemura ?
- Douze heures.
―一週に何時間教えていますか、植村先生。
―12時間です。

使い方：普通 apprendre は直接目的補語が必要であるのに対し、enseigner は補語なしで使われることがある。
参　考：(E) teach

7- enseigner + SN (物) [+ à + SN (人)]

- Qu'est-ce que vous faites à l'université ?
- J'enseigne la chimie.
―大学では何をしていらっしゃいますか。
―化学を教えています。

Qui est-ce qui t'enseigne la géographie cette année ?　今年の地理の先生は誰だい？

Quand elle a fait son stage, elle a enseigné les mathématiques dans un lycée.　彼女は教育実習の時に、高校で数学を教えました。

Madame Shirai enseigne l'arrangement des fleurs aux étrangers.　白井先生は、外国人に生け花を教えている。

Dans cette famille, les enfants ne vont pas à l'école; ce sont les parents qui leur enseignent les différentes matières.

この家では、子供たちは学校に行きません。両親が子供たちに色々な科目を教えているのです。

参考：(E) teach + SN (物)

8- montrer comment + | inf.
                        | 節

- Tu sais te servir du "soroban"?
- Oui, attends, je vais te montrer
| comment on fait.
| comment faire.

―ソロバンの使い方知ってる？
―うん。ちょっと待って。どうやるか教えてあげる。

Heureusement qu'il était là pour nous montrer comment monter la tente. Sans lui, nous aurions sans doute dormi à la belle étoile !

幸いにも彼がいてくれて、テントの張り方を教えてもらった。彼がいなかったら僕らはおそらく露天で眠ることになっただろう。

使い方：たいていの場合、機械、道具、スポーツ器具に用いる。

参考：(E) show + SN (人) + how to do + SN (物)

9- expliquer + SN (物)

Est-ce que vous pouvez m'expliquer la différence entre "savoir" et "connaître"?

savoir と connaître の違いを教えてくれませんか。

Si vous m'expliquiez un peu plus clairement votre situation, je pourrais peut-être vous aider.

お立場をもう少しはっきり説明して下されば、お力になれるかもしれません。

Attendez, je vais tout vous expliquer depuis le début de l'affaire.

いいですか。ことの起こりからすべて説明しましょう。

10- expliquer + 疑問詞 + 節

Je n'ai toujours pas compris ! Tu peux m'expliquer encore une fois comment il faut s'y prendre ?

やっぱりわからないよ。もう一度どうすればいいか説明してくれない？

Je vais vous expliquer ce qu'il faut faire. Écoutez-moi bien, je ne répéterai pas deux fois !

どうすればいいのか説明します。よく聞いて下さい。二度は言いませんよ。

- Est-ce que vous pouvez m'expliquer comment il faut y aller ?
- Oui, c'est très facile de s'y rendre.

—どうやってそこに行ったらいいのか教えてくれませんか？
—ええ、簡単に行けますよ．

Il n'a pas pu expliquer pourquoi il était arrivé en retard.

彼はなぜ遅くなったのか説明できなかった．

18 approcher / s'approcher / rapprocher / se rapprocher

確認問題

次の文の誤りを正しなさい．

A. Maurice s'est approché à moi d'un air soupçonneux.
   モーリスが(僕を)疑っている様子で僕に近づいてきた．
B. La date de nos examens s'approche, hélas !
   試験の日が近いぞ，なんてこった！
C. Le ski nous a approchés de lui.
   スキーで僕らは彼と親しくなった．

解答：A. à moi → de moi cf.7　B. s'approche → approche cf.2
　　　C. approchés → rapprochés cf.8

1- approcher（命令法）

Approche, j'ai quelque chose à te dire.

もっと近くへ来て．君に言うことがあるんだ．

2- 定冠詞 + 特定の名詞 + approcher

La nuit approche, rentrons.　　　　　夜が近づいてきたので帰ろうよ．

Le temps des examens approche.　　　試験期間が近づいている．

Les vacances de printemps approchent.　春休みが近づいて来る．

特定の名詞：jour, nuit, orage, pluie, aurore, date, temps, départ, hiver, été, automne, printemps, début, fin, date limite など
注　意：2〜5, この場合 s'approcher は使わない．
参　考：(E) draw near; draw on
比　較：La date du départ | approche.
　　　　　　　　　　　　| ×s'approche.
　　　　出発の日が近づいている．

3- SN (人) + approcher + SN (人)

18 approcher / s'approcher / rapprocher / se rapprocher

1) J'ai pu approcher cette actrice et lui demander son autographe.
僕はあの女優に近づいて、サインをもらえたよ。

2) – Demande-lui une lettre de référence pour moi.
– Entendu, je vais essayer de l'approcher.
―彼(女)に僕の紹介状を頼んでよ。
―わかった。声をかけてみるよ。

3) Notre président, c'est un homme qu'on ne peut pas approcher aisément.
うちの社長は近づきがたい人なんです。

4- SN (人) + approcher de + SN (場所)

François, nous approchons de la gare de Tokyo.
フランソワ、もうすぐ東京駅だよ。

Nous approchons de Rome. Nous devrions être à l'aéroport Leonardo da Vinci dans une demi-heure.
もうすぐローマだよ。あと30分でレオナルド・ダヴィンチ空港に着くはずだよ。

説　明：話し手は移動中である。
使い方：**4～11**, 前置詞 de を必要とする（含意されている場合を除く）。

5- SN (人) + approcher de + 限定詞 + 特定の名詞

– Il a quel âge ?
– Il approche de la soixantaine.
―彼はおいくつですか。
―60才に手が届くころだよ。

Nous approchons de l'objectif que nous nous étions fixé. Il ne nous manque plus que cent mille yens.
決めておいた目標に近づいてるねえ。足りないのはあと10万円だけだよ。

特定の名詞：objectif, but, fin, résultat など

6- SN (人) + s'approcher de + SN (場所)

Elle a dû s'approcher trop près du bord de la piscine.
彼女はプールのへりに近づきすぎたのにちがいない。

Marcel, je te défends de t'approcher du feu.
マルセル、火の近くに行ったらだめよ。

使い方：1) 前置詞は de のみが使われる。
　　　　2) 人(動物)以外が主語になることはない。
注　意：**6～7**, s'approcher de は主語（人）が自発的に近づいていることを表す。

7- SN (人) + s'approcher de + SN (人)

Beaucoup de personnes se sont approchées du Premier ministre pour lui serrer la main.
多くの人々が首相と握手しようとして、首相に近づいた。

Un inconnu s'est approché de moi pour me demander de l'argent.　見知らぬ人が近づいてきて、私にお金をねだろうとした。

8- SN (物) + rapprocher + SN (人) [+ de + SN]

- Mon nouveau bureau se trouvera à Utsunomiya.　—今度の事務所は宇都宮になるんだ。
- Ça te rapprochera de chez moi.　—じゃあ私の家から近くなるね。

La mort d'Annie l'a rapproché de sa femme.　アニーが死んだことで、彼は妻とより固く結ばれた。

C'est certain, l'épreuve les a rapprochés.　確かに試練によって彼らは団結した。

9- SN (人) + |approcher| + SN (物) [+ de + SN (物)]
　　　　　　　|rapprocher|

Rapproche la lampe, tu verras mieux.　明かりを近づけなさい。もっとよく見えますよ。

Approche ta chaise de la table.　椅子をテーブルに近づけなさい。

使い方：rapprocher の方がよく用いられる。
同　意：SN (人) + avancer + SN (物) + près de + SN (物)

10- SN (人) + |s'approcher | [+ de + SN]
　　　　　　　|se rapprocher|

Approchez-vous du micro, un peu plus.　もう少しマイクに近づいて下さい。

Rapprochons-nous de l'écran, nous verrons mieux.　もっと画面に近づきましょう。もっとよく見えますよ。

Approche-toi, je t'entends à peine.　近くに来て。よく聞こえないんだ。

Approchez-vous de la fenêtre, vous verrez mieux.　窓に近寄るともっとよく見えますよ。

使い方：命令法で使われることが多い。
比　較：|Approche.
　　　　|Approche-toi [de moi].
　　　　|Rapproche-toi [de moi].
　　　　|×Rapproche.
　　　　近くにおいで。

11- SN (物) + se rapprocher de + SN (物)

Ses idées se rapprochent des miennes.　彼(女)の考えは僕のと似通っている。

Vos goûts se rapprochent étrangement de ceux de ma mère.

あなたの趣味は妙に私の母の趣味に似ています。

同 意：SN (物) + ressembler à + SN (物)

19 après

――― 確認問題 ―――

次の文の誤りを正しなさい．
A. Il n'a été compris qu'après de sa mort.
   彼は死んだ後になって初めて理解された．
B. Après sorti de l'université, on doit gagner sa vie.
   大学を卒業した後は，自分で生計を立てなければならないよ．
C. Après terminer mes devoirs, j'irai jouer au football avec Jean.
   宿題を終えたら，ぼくはジャンとサッカーをしに行くんだ．

解答：A. après de sa mort → après sa mort cf.1
     B. Après sorti → Après être sorti あるいは Après sa sortie cf.1,3
     C. Après terminer → Après avoir terminé cf.4

1- après + SN

Je l'ai vu une fois après son départ.

私は彼が去った後一度彼に会ったことがあります．

Lorsqu'on est célibataire, on travaille pour soi. Mais après le mariage, on travaille pour sa famille.

独身のときは，自分のために働くものだが，結婚した後は，自分の家族のために働くものだよ．

Je serai libre un peu après trois heures.

私は，3時過ぎになれば少し時間が空きます．

強 調：**1〜5**, même après, immédiatement après, seulement après
反 意：avant + SN
参 考：**1〜5**, (E) after
慣 用：Après vous, après vous, je vous en prie.
      どうぞ，どうぞ，お先に．

2- SN + après + SN

Nous nous sommes mariés le dimanche après Pâques.

私たちは復活祭の後の日曜日に結婚した．

L'année après la mort de ma femme, je suis devenu ébéniste.

妻が死んだ翌年，私は家具職人になった．

3- après être/s'être + 過去分詞

Après être entré dans cette école, je l'ai bien regretté.
この学校に入学した後，僕はそのことを非常に後悔した．

Je me sens revivre après m'être baigné.
風呂を浴びた後は，生き返った心地がします．

注　意：3～4, après の後に不定法が来る場合，複合形になる．
反　意：3～4, avant de + inf.

4- après avoir + 過去分詞

Tu pourras sortir seulement après avoir déjeuné.
お昼御飯を食べてからでなければ外に出てはだめよ．

Je ne vois pas la nécessité de produire des couverts en plastique qu'on jette après les avoir utilisés.
使った後捨ててしまうプラスチックの食器を作る必要性が分かりません．

Je continuerai à travailler même après avoir eu des enfants.
私は子供を産んだ後でも働き続けるだろうな．

5- après que + 節 (直説法)

Commencez immédiatement après que je vous aurai donné le signal.
私が合図をしたらすぐに始めて下さい．

Madame Juneau, qu'est-ce que vous allez faire après que votre fille aura terminé ses études?
ジュノーさん，娘さんが学校を卒業した後，何をなさるつもりですか．

Après que mon grand-père est mort, je n'ai plus revu mes cousins.
祖父が死んでからはもう従兄たちには会っていない．

Après qu'il a subi son opération, les choses sont allées de plus en plus mal.
手術を受けた後，万事が悪い方悪い方へと回っていった．

使い方：1) que 以下の主語が主節の主語と同じ場合は 3 または 4 の形になる．
　　　　2) que 以下の動詞の時制は，複合過去か前未来になる．
　　　　3) ただし，après の後には名詞を用いる方が好まれる．
　　　　　Après la mort de mon grand-père, je n'ai plus revu mes cousins.
　　　　　祖父が死んでから，私はもう従兄たちには会っていない．

反　意：avant que[+ne] +節 (接続法)

20　après / plus tard / dans

20　après / plus tard / dans

確認問題

次の文の（　）の中に après / plus tard / dans から最も適切なものを入れなさい．

A. Nous vous délivrerons votre visa (　　　) deux jours.
　二日後にあなたのヴィザを交付します．

B. Une semaine (　　), il est allé voir le médecin.
　一週間後，彼は医者に見てもらいにいった．

　　　　　　　　解答：A. dans cf.5　　B. après あるいは plus tard cf.1

1- 数形容詞 ＋ 時の名詞 ＋ après / plus tard （あらたまって）

Nous sommes partis de Narita le 8 avril. Trois jours après, nous étions en train de skier sur les pentes du mont Blanc.
　私たちは成田を4月8日に出発した．その3日後にはモンブランの斜面でスキーをしていたのだった．

Louis XVI fut incarcéré à la Bastille le 13 août 1792. Cinq mois plus tard, le 21 janvier 1793, il fut guillotiné.
　ルイ16世は1792年8月13日にバスティーユに投獄された．5カ月後，1793年1月21日に彼はギロチンにかけられた．

Le ministre des Finances a pris des mesures drastiques pour tenter de relever l'économie du pays. Deux ans plus tard, ces mesures allaient avoir une importance capitale dans l'effondrement dramatique de la société.
　大蔵大臣は，国の経済を立て直そうと思い切った措置を取った．その2年後には，この措置が社会の劇的な崩壊の中で非常に重要な役割を果たすこととなった．

Le tremblement de terre a commencé vers 8h30. Quelques instants après, Adèle a commencé à s'affoler.
　地震は8時30分頃始まった．間もなくアデルはあわてふためきだした．

Nous avions fait connaissance à Santiago. Je les ai revus bien des années plus tard alors que je me trouvais de passage à Séville.
　私たちはサンティアゴで知り合いになっていた．何年もたって彼らと再会したのは，私がたまたまセヴィリアにいた時だった．

　使い方：歴史的記述には，普通，plus tard を用いる．
　説　明：1〜3，現在とは何ら関連がなく，過去あるいは未来の一時点を基準として用いる．
　参　考：(E) ... later

2- 数形容詞 ＋ 時の名詞 ＋ après ＋ SN

Un an après son crime, il a été pendu.
　犯罪の1年後，彼は絞首刑になった．

Trois ans après la naissance de Sandrine, j'ai eu Dominique.
　サンドリーヌが生まれて3年後に，ドミニクを産みました．

3- 特定の言い回し + **après**

Ils ont acheté une maison à Vincennes. Mais peu de temps après, le mari est décédé.　　彼らはヴァンセンヌに家を買った。しかし、ほどなく夫は他界した。

En 1981, Jean-François m'a emprunté 40 000 francs. Et ce n'est que longtemps après qu'il me les a remis.　　1981年にジャン＝フランソワは40000フラン借りていった。相当たってからやっと返してくれた。

Longtemps après, je me suis rappelé ce qu'il m'avait dit ce jour-là.　　ずっとしてから、あの日の彼の話を思い出した。

　　特定の言い回し：peu [de temps], longtemps, quelque temps, un certain temps など

4- 動詞 + **plus tard**

Il a dit qu'il allait revenir plus tard.　　彼は後で戻って来ると言った。

Il ne faut pas dire : l'enfant l'apprendra plus tard.　　言っちゃいけませんよ。大きくなったらわかるよだなんて。

　注　意：4～5, après は用いられない。
　参　考：(E) later [on]
　慣　用：La tombola a été remise à plus tard.
　　　　　福引は後に延期されたよ。

5- **dans** + 数形容詞 + 時の名詞

Votre robe sera prête dans une semaine.　　お客様のドレスは一週間後に出来上がります。

— Je te rappelle dans une demi-heure à peu près.
— Entendu.　　—30分くらいしたらかけ直すね。
—わかった。

Si l'on en croit les hommes de science, le soleil va exploser dans quelques milliards d'années.　　科学者たちの言うところを信じれば、太陽は何十億年後かに爆発するだろう。

Regarde les cerisiers. Dans dix jours, leurs fleurs auront disparu.　　桜の木をごらん。10日もすると花は散っているね。

　説　明：現在を基準として用いる。
　反　意：il y a + 数形容詞 + 時の名詞
　参　考：(E) in + 数形容詞 + 時の名詞

比　較：Paul est parti pour le Japon et il va rentrer | dans un mois.
　　　　　　　　　　　　　　　　　　　　　　　　　 | ×après un mois.
　　　　　　　　　　　　　　　　　　　　　　　　　 | ×un mois après.

Paul était parti pour le Japon et il | devait | rentrer un mois | après.
　　　　　　　　　　　　　　　　　　 | allait | | plus tard.

ポールは日本へ出発し，一ヶ月後に帰ってくる．
ポールは日本へ出発し，一ヶ月後に帰ってくることになっていた．

21　asseoir / s'asseoir

―― 確認問題 ――

次の文の（　）の中から最も適切な語句を選びなさい．
A. Émilie passe son temps (assise / s'asseyant) devant la télévision.
　　エミリーはいつもテレビの前に座っている．
B. (Asseyez-vous / Soyez assis), je vais lui dire que vous êtes là.
　　お座りなさい．あなたがいらしていると彼に伝えてきます．
C. Il les a (fait assis / fait asseoir) sur un banc sale.
　　彼は彼らを汚いベンチに座らせた．

解答：A. assise cf.1　　B. Asseyez-vous cf.2　　C. fait asseoir cf.4

1- [être] assis

– Sur la photo, Monsieur Tanaka, c'est lequel ?
– C'est celui qui est assis devant Hiroshi.
　―田中さんという方は，この写真のどの方ですか．
　―博司の隣に座っている方ですよ．

Il ne faut pas le laisser assis par terre trop longtemps.
　地面にあまり長い間彼を座らせたままにしてはいけない．

Je ne peux pas passer, attends. Il y a un chien assis en plein devant la porte.
　通れないよ．待って．ドアの真ん前に犬が座っているよ．

Pendant toute la soirée, j'étais assise à côté d'un homme qui puait le whisky.
　パーティーの間中ずっとウィスキーのにおいをぷんぷんさせている男の隣に私は座っていたのよ．

Ne bougez pas, restez assis, je reviens tout de suite.
　みんなじっとして座っていなさいね，すぐ戻りますから．

参　考：(E) be seated

2- s'asseoir

Assieds-toi ici, c'est un fauteuil confortable. ここに座りなさい．座り心地のよい椅子ですよ．

Judith s'est assise à côté de sa grand-mère. ジュディットは彼女の祖母の隣りに腰掛けた．

Il ne s'assied jamais quand il enseigne. 彼は教えるときは絶対に座りません．

比 較：Attention, tu es | en train de t'asseoir | sur ma montre !
　　　　　　　　　　　| assise |
気を付けて．僕の時計の上に君は | 座ろうとしているよ．
　　　　　　　　　　　　　　　| 座っているよ．

参 考：(E) sit down

3- asseoir + SN (人) + | sur | + SN
　　　　　　　　　　　　| dans |

Je vais asseoir Pierrot sur sa chaise haute. ピエールちゃんを自分の椅子に座らせてあげよう．

Aide-moi à l'asseoir dans son fauteuil roulant. 彼(女)を車椅子に座らせるのを手伝って．

J'ai été obligé de l'asseoir sur mes genoux pour l'apaiser. 静かにさせるのにあの子を膝の上に座らせなければならなかった．

説 明：子供や病人を力づくで座らせる場合に用いる．
参 考：(E) seat + SN (人)

4- faire asseoir + SN (人)

Fais-le asseoir près de la télévision. テレビの前に彼を座らせなさい．

Ils t'attendent. Je les ai fait asseoir au salon. 彼らはあなたを待っています．居間に座ってもらいましたよ．

説 明：faire asseoir は faire s'asseoir の省略形であり，普通この形が用いられる．
参 考：(E) make + SN (人) + sit down
比 較：| Les infirmières ont assis le malade sur son lit.
　　　　| Madame Ito a fait asseoir les invités dans le salon.
　　　　| 看護婦たちは患者を起こしてベッドに座らせた．
　　　　| 伊藤さんはお客さんたちを居間に通して腰かけさせた．

22 attendre avec impatience / s'en réjouir à l'avance / désirer / tenir à

---- 確認問題 ----

次の二つの文のうちで正しい方を選びなさい。

A. a. Je n'attends pas sa visite avec impatience.
   b. Je ne tiens pas beaucoup à le voir.
   あの方がおいでになるのを待ちこがれているわけではありません。

B. a. Mon voisin dit qu'il ne se réjouit pas à l'avance de sa retraite.
   b. Mon voisin dit qu'il ne désire pas tellement prendre sa retraite.
   お隣さんは定年退職を今か今かと待っているわけではないと言っている。

解答：A. b cf.1,3　B. b cf.2,3

1- attendre + SN + avec impatience

Nous attendons Maurice et sa femme avec impatience. Cela fait quatre ans que nous ne les avons pas vus.

私たちはモーリスと彼の奥さんに会えるのを楽しみにしています。4年も彼らに会ってませんから。

使い方：肯定文のみで用いる
参　考：(E) be looking forward to + 動詞 (～ing)

2- se réjouir de + SN + à l'avance

Jeanne va avoir son premier enfant en mars. Ses parents s'en réjouissent à l'avance.

ジャンヌは3月に初めて子供が生まれる。彼女の両親はそれを今から楽しみに待っている。

Cette année, je vais faire du ski à Hakuba. Je m'en réjouis à l'avance.

今年は白馬にスキーをしに行くんだ。今からそれが楽しみだよ。

使い方：肯定文のみで用いる

3- désirer / tenir à + inf.

- Mon mari désire vivement prendre sa retraite.
- Je le comprends, à son âge !

―夫は早く退職したいと望んでいます。
―お年からすると、お気持ちはわかりますよ。

Je tiens à terminer ce roman. Je dois en faire un compte rendu la semaine prochaine.

この小説を早く読み終えたいんです。来週そのレポートを書かなければならないから。

On dirait qu'elle ne tient pas à se marier.

彼女は結婚にこだわってはいないようだ。

使い方：しばしば beaucoup, vivement などと共に用いられる．
参 考：(E) be | eager / anxious | to + inf.

4- | désirer / tenir à ce | que + 節（接続法）

Les parents d'Évelyne tiennent à ce qu'elle finisse ses études.　　エヴリーヌの両親は，彼女に早く勉学を終えてほしいと望んでいる．

Elle désire que le jardinier puisse tout de suite commencer à travailler dans le jardin.　　彼女は庭師がすぐに庭の手入れを始めることができればと望んでいる．

使い方：que 以下の主語が主節の主語と同じ場合は，**3** の形になる．

23　au + 季節名／en + 季節名

---**確認問題**---

次の（　）の中に最も適切な語を入れなさい．
A. (　) été, il fait très chaud et très humide au Japon.
　　夏，日本はとても蒸し暑い．
B. (　) été prochain, je compte faire un voyage avec des amis au Hokkaido.
　　来年の夏，友人たちと北海道を旅行するつもりです．

解答：A. En cf.2　B. L' cf.3

1- au printemps

On se sent renaître au printemps.　　春には生き返ったような気持ちがする．

　使い方：**1〜2**，品質形容詞を伴わずにそれのみで用いる．
　強　調：**1〜2**, en plein + 季節名

2- en été / automne / hiver

En hiver, j'ai besoin de prendre un fortifiant.　　冬には，私は栄養のあるものを食べる必要がある．

La région du Shinshu est très jolie en automne.　　信州は秋にはとても美しい．

　参 考：(E) in [+ the] + 季節名 [+ time]

3- le ＋ 季節名 ＋ 特定の言葉

L'hiver dernier, il a attrapé une grosse grippe.　この前の冬に，彼はひどい風邪をひいた．

L'automne prochain, Hiromi ira suivre un cours de français à Besançon.　来年の秋，浩美はブザンソンにフランス語の授業を受けに行く．

　特定の言葉：prochain, dernier, précedent, suivant, d'avant, d'après など
　注　意：ただし，printemps だけは au printemps ＋特定の言葉となる．
　　　　　Au printemps dernier, maman a été très malade.
　　　　　去年の春，母さんはひどく具合が悪かった．

24　aucun / rien

---**確認問題**---

次の文の（　）の中に aucun(e) / rien のうちで適切なものを入れなさい．

A. (　　) n'avait changé dans le village.
　村では何も変わっていなかった．
B. Quel paresseux ! Il n'a fait (　　) progrès.
　なまけ者だなあ．何も進歩していない．
C. Parmi ses chansons, (　　) ne m'a plu.
　彼(女)の歌はどれも気に入らなかった．

　　　　　　　　解答：A. Rien cf.6　B. aucun cf.1　C. aucune cf.4

1- ne ... aucun ＋ 名詞 (単数形)

Aucun enfant n'a été épargné.　どの子供も助からなかった．

Aucun indice n'a été négligé. Pourtant l'enquête n'a donné aucun résultat.　どんな手掛りもおろそかにしなかった．しかし，その捜査は何の結果ももたらさなかった．

À aucun moment, le ton de notre conversation n'a pris une tournure déplaisante.　いつの時点でも，私たちの会話の調子が不快な様相を呈したことはなかった．

－ Entre Yotsuya et Shinjuku, il y a trois arrêts.
－ Mais par le train rapide, il n'y en a aucun.
　－四谷と新宿の間には3つ駅があります．
　－でも快速だと(停車)駅はありませんよ．

Il n'y a aucune minute à perdre, il faut agir rapidement.　一刻も無駄にすべきではない．迅速に行動しなければならない．

Blandine n'a jamais moins de 5 en aucune matière. ブランディーヌは，どの科目においても，5より下の成績をとったことはない．

Ne te fais aucun souci. 何も心配いらないよ．

Il n'y a aucun scrupule à avoir, tout le monde arrive en retard. 気にする必要はない．皆が遅れて来るのだから．

Je n'ai aucune envie de goûter au poisson-globe. 私はフグを味わってみたいという気は全くない．

使い方：可算名詞と共に．
注　意：1〜7, pas は rien, aucun と共には用いられない．
同　意：ne ... pas un + 名詞
強　調：ne ... pas un seul + 名詞

2- n'avoir aucun + 特定の名詞 + de libre

Je regrette, je n'ai aucune minute de libre. すみませんが，ほんの少しの暇もないんです．

Marie-Françoise dit qu'elle n'a aucune soirée de libre cette semaine. マリー＝フランソワーズは，今週暇な夜は全くないと言っている．

特定の名詞：minute, heure, jour, mois, soirée, matinée, moment など

3- sans [+ inf.] + aucun + 名詞（単数形）

Le voleur est parti sans laisser aucune trace. 泥棒は何一つ形跡を残さずに立ち去った．

Xavier l'a quittée, apparemment sans aucune raison. グザヴィエは，取り立ててわけがないのに彼女と別れてしまった．

Après toutes ces histoires, elle s'est retrouvée sans aucun ami à qui se confier. そうした色々なことがあってから，彼女には心を打ち明けられる男友だちがだれもいなくなってしまった．

Il est sorti de la bibliothèque sans emprunter aucun livre. 彼は本を一冊も借りずに図書館から出た．

強　調：sans [+ inf.] + un seul + 名詞
Essaie de te concentrer sans faire un seul geste.
身動き一つせずに，心を集中させてみなさい．

4- ne ... aucun de + SN (複数形)

Je n'ai trouvé aucun des livres que je cherchais. 探していた本のどれも見つけられませんでした．

Il ne me reste aucune de ses lettres. 私にはもう彼(女)からの手紙は一通も残っていません.

Aucun des candidats ne remplit les conditions d'admission. 受験者のいずれも入学の条件を満たしていない.

参 考:(E) none of …

5- ne … rien [de + 形容詞]

Il n'a rien laissé à sa femme en mourant. 彼は死ぬとき何も妻に残さなかった.

J'ai l'impression que tu n'as rien compris à la politique de la pérestroïka. 君はペレストロイカの政策に関して何も理解していないように私には思われる.

En règle générale, il ne prend rien de froid. 普通彼は, 冷たいものは何も口にしない.

Il n'y a rien de nouveau dans le journal. 新聞には何も目新しいことは載ってない.

反 意:quelque chose [+ de + 形容詞]
慣 用:Rien de | neuf ?
　　　　　　　| nouveau ?
何か変わったことはないか.

6- ne … rien de + SN (単数形)

Maman, il ne me reste rien de l'argent que tu m'as prêté. お母さん, お母さんが貸してくれたお金は全然残ってないんだよ.

Je ne me rappelle plus rien, mais rien du dernier roman que j'ai lu. この前読んだ小説のことはもう何も, 全く何も覚えていないなあ.

比 較:Il ne reste | plus rien du gâteau d'hier.
　　　　　　　　| aucun des petits gâteaux d'hier.
昨日のケーキはもう全然　　　| 残っていない.
昨日のショートケーキは一つも |

7- ne … rien à + inf.

Je n'ai rien à faire. 僕は何もすることがないんだ.

Le frigidaire est vide, il n'y a plus rien à manger. 冷蔵庫は空で, もう食べるものは何もない.

Jean-Jacques, tu n'as rien à ajouter à ce que Philippe vient de nous dire ? ジャン=ジャック, フィリップが今言ったことにつけ加えることは何もないかい?

慣 用:Le médecin dit que son cas est désespéré. Il n'y a rien à faire.
医者は彼(女)の場合は絶望的だと言っている. どうしようもない.

25 aussi / non plus

確認問題

次の文の誤りを正しなさい．

A. – Mon père ne fume pas.
　　– Le mien aussi.
　—私の父はたばこを吸いません．
　—僕の父もだ．

B. – J'ai une faim de loup.
　　– Je aussi.
　—お腹がぺこぺこだよ．
　—僕もだよ．

解答：A. aussi → non plus cf.2　　B. Je → Moi cf.1

1- SN + aussi

– J'ai été très surprise de les revoir.
– Moi aussi.
　—彼らに再会してとても驚いたわ．
　—私もそうよ．

– Siméon songe à étudier le droit.
– Tiens, quelle coïncidence ! Simone aussi.
　—シメオンは法律を勉強しようと考えているよ．
　—へえ？ すごい偶然だね．シモーヌもそうだよ．

使い方：肯定文をうけて，名詞または人称代名詞強勢形とともに用いられる．

2- SN + non plus

– Je n'ai pas l'intention de sortir par ce temps.
– Nous non plus.
　—こんな天気の中出かける気はないよ．
　—僕たちもだ．

Madame Sugiyama n'est pas chrétienne, son mari non plus.
　杉山夫人はクリスチャンではない．彼女の夫もそうだ．

– Je ne sais pas comment l'aborder.
– Moi non plus.
　—どうやってあの人に声をかけたらよいのかわからない．
　—僕も同じだよ．

Monsieur Germain a proposé une autre solution, mais cela non plus ne satisfera pas les collègues.
　ジェルマン氏は別の解決法を提案したが，それとて同僚の意に添わないだろう．

使い方：否定文をうけて，名詞または人称代名詞強勢形とともに用いられる．

26 autant / aussi

確認問題

次の文の誤りを正しなさい.
A. Elles sont autant sympathiques l'une à l'autre.
   彼女たちは二人とも同じように感じがいい.
B. Virginie aime les chiens aussi que les chats.
   ヴィルジニーは犬と同じくらい猫も好きだ.
C. Hiroshi n'a pas autant beaucoup d'argent qu'il le dit.
   博史は自分で言うほどお金を持っていない.

解答：A. autant → aussi, à → que cf.6　　B. aussi → autant あるいは aussi bien cf.5
C. beaucoup を取る cf.2

1- autant de + 名詞 + que de + 名詞

Il y avait autant d'adultes que d'enfants.　　大人も子供も同じ数だけいた.

Il y a des gens qui croient qu'ils ont autant d'amis que d'ennemis.　　敵の数と同じくらい友もいると考える人々がいる.

注　意：**1～3**, beaucoup の同等比較としては autant を用い, aussi beaucoup, aussi beaucoup de, autant beaucoup などは用いられない.

参　考：(E) as much + 名詞 + as ..., as many + 名詞 + as ...

2- autant de + 名詞 + que ...

Il n'y avait pas autant de monde que la dernière fois.　　前回ほどは人がいなかった.

Travaille pendant le mois d'août et essaie de gagner autant d'argent que tu pourras.　　8月中は働いて, できるかぎりお金を稼ぐように努めなさい.

Manges-en autant que tu voudras. Il n'y a pas de limite.　　それを好きなだけ食べてね. いくらでもあるから.

Il n'y a plus autant d'animaux sauvages qu'autrefois.　　もう昔ほど野生動物がいない.

3- autant (...) que ...

Les femmes travaillent autant que les hommes, sinon plus.　　女は, 男と同じか, そうでなければそれ以上に働く.

Il boit autant que son père.　　彼は, 父親と同じくらい酒を飲む.

Les Shimizu aiment autant Hakone que Karuizawa. 清水家の人々は，軽井沢と同じくらい箱根が好きだ．

On a besoin de protéger les animaux autant que les hommes. 人間と同様に動物たちも保護する必要がある．

Paul-Henri dort autant qu'il travaille. ポール＝アンリはよく働くがその分よく寝る．

Il n'étudie pas autant qu'il le prétend. 彼は，自分で言っているほどは勉強していない．

使い方：autant は形容詞，副詞と共には用いない．
参　考：(E) as much as ...

4- ne ... pas + 動詞 + autant + |SN + que + SN
|inf. + que [de] + inf.

En général, les enfants n'aiment pas autant les pommes que les bananes. 普通，子供たちはりんごをバナナほど好きではない．

- Éric n'aime pas autant étudier que de jouer. —エリックは，遊ぶことほど勉強が好きじゃないんだ．
- La plupart des enfants sont comme lui. —ほとんどの子はそうだよ．

参　考：(E) not so much as ...
慣　用：Rien ne lui procure autant de plaisir que de jouer au ping-pong.
　　　　彼(女)にとっては卓球をすることほど楽しいことはない．

5- |aussi bien |que ...
　　|autant |

J'aime aussi bien voyager que de rester à la maison. 私は家にいるのも旅行するのも好きです．

Ce film intéresse les enfants autant que les adultes. これは子供も大人も楽しめる映画だ．

注　意：意味上の違いから，aussi bien が autant と入れ換えられない場合がある．
反　意：Narumi joue |aussi bien |du piano que sa mère.
　　　　　　　　　　　|× autant |
　　　　成美はお母さんと同じくらいピアノがうまい．

6- aussi + |形容詞| + que ...
　　　　　　|副詞 |

Il n'est pas aussi intelligent qu'on le dit. 彼は人が言っているほどは頭がよくない．

Ils n'étaient pas aussi nombreux que la dernière fois.	彼らは，前回ほどは大勢ではなかった．
Kazuhiko a été aussi souvent absent que présent.	和彦は出席と欠席の回数が同じくらいだった．

参　考：(E) as ... as ..., not so ... as ...
注　意：Il parle aussi bien anglais que français という文は文脈によって「彼は英語もフランス語と同様にうまく話す」と「彼は英語もフランス語も話す」と二通りに解釈できる．

27　autre（形容詞）

──── 確認問題 ────

次の文の（　）の中から最も適切な語句を選びなさい．
A. Il nous a dit que lui, il aurait fait ça (d'une/de l'/d') autre façon.
　彼が私たちに言うには，彼なら別のやり方でそれをしただろうってさ．
B. Je regrette, ce sera pour (une autre/l'autre/autre) fois.
　残念ですが，また別の機会にしましょう．
C. Lefort et Voisin ne sont pas là. Est-ce qu'il manque quelqu'un (autre/l'autre/d'autre) ?
　ルフォールとヴォワザンはいないのね．他に誰かいない人はいるかしら．

解答：A. d'une cf.1　B. une autre cf.1　C. d'autre cf.4

1- un autre / d'autres ＋ 名詞

Après cette douche, je me suis senti un autre homme.	シャワーを浴びたら，自分が別人のように僕は感じたよ．
Je suis bien prêt à les accompagner jusqu'à Hakozaki, mais aller jusqu'à Narita, c'est une autre question.	私は，彼らを箱崎まで連れて行くのはいいんだけれど，成田までとなるとそれは別問題だよ．
Dans ce cas, il faudrait trouver une autre solution.	その場合は別の解決法を見つけなきゃならないだろう．
Est-ce qu'il n'y aurait pas un autre moyen de le ramener à la raison ?	彼を正気に戻す他の方法はないのだろうか？
Ce n'est pas Henriette, tu te trompes, c'est une autre jeune fille.	アンリエットじゃない．違うよ．別の女の子だよ．
Une autre tasse de thé, s'il vous plaît.	紅茶をもう一杯お願いします．

- Tu as d'autres frères ? 　　　　　　　　　　　―他に兄弟はいるの？
- Non, je n'ai que celui-là. 　　　　　　　　　　―いや，この一人だけだよ．

Son pays n'entretient aucune relation di-　　彼(女)の国は他のどの国とも国交を結ん
plomatique avec d'autres pays. 　　　　　　　でいない．

Le corps ne portait aucune autre blessure. 　その死体には他に外傷はなかった．

2- 定冠詞 / 所有形容詞 / 指示形容詞 + autre + 名詞

- Je fais la cuisine quatre jours par semaine. 　―私は週に 4 日炊事をしています．
- Et qu'est-ce que tu fais les trois autres 　　―で，残りの 3 日は何をしてるの？
jours ?

Où est ton autre chaussette ? 　　　　　　　君の靴下のもう片方はどこにあるの？

Ils habitent de l'autre côté de la rue. 　　　　彼らは通りの反対側に住んでいます．

Les deux complices ont filé à l'autre bout 　共犯の二人は国の反対側へと逃亡した．
du pays.

使い方：autre に付随する名詞は，文脈によっては省略できる．
比　較：1) Il ne joue pas avec | les autres enfants du jardin d'enfants.
　　　　　　　　　　　　　　　 | d'autres enfants.
　　　　　　彼は | 幼稚園の他の子たちとは | 遊ばない．
　　　　　　　　| 他の子とは |
　　　　2) Je l'ai vu l'autre jour à l'entrée de l'université.
　　　　　　僕は彼に先日大学の門のところで会ったよ．
　　　　　　Non pas aujourd'hui, ce sera pour un autre jour.
　　　　　　今日じゃなくて別の日にしよう．

3- en ... un autre / d'autres

- Voici les modèles que nous avons en 　　―在庫がありますのは，こちらのタイプ
stock, Madame. 　　　　　　　　　　　　　です．
- Vous n'en auriez pas d'autres ? 　　　　　　―他のはありませんか？

- Sylvie m'a quitté. 　　　　　　　　　　　　―シルヴィーにふられたよ．
- Oh, console-toi, il y en a encore beaucoup ―元気を出せよ．女性は他にもたくさん
d'autres. 　　　　　　　　　　　　　　　　いるじゃないか．

- Voici le thon que vous avez demandé. 　　―お探しのツナです．
- Donnez-m'en une autre boîte, s'il vous 　　―もう一缶下さい．
plaît.

Après la naissance de Pierre, elle n'en a pas 　ピエールが生まれた後，彼女はもう子供
voulu d'autres. 　　　　　　　　　　　　　　を欲しがらなかった．

Il n'est pas le seul à chaparder. On en voit d'autres qui font la même chose. 物をくすねるのはあの子だけじゃない。同じことをやる子は他にもいるよ。

Le sport individuel est une chose, le sport d'équipe en est une autre. 個人競技は個人競技，団体競技は別のもので全然違います。

比　較：－ J'ai perdu mes lunettes.
　　　　－│Tu en as une autre paire ?
　　　　－│Tu en as d'autres ?
　　　　― めがねをなくしちゃった。
　　　　―│もう一つ持ってる？
　　　　　│他の持ってる？

慣　用：J'en ai vu d'autres, [dans ma vie] allez.
　　　　もう慣れてるよ。

4- 特定の言葉 + d'autre

J'ai quelque chose d'autre à te dire. 君には他にも言うことがあるんだ。

Il n'y a rien d'autre dans le journal de ce matin ? 今朝の朝刊には他には何も書いてないの？

C'est un secret. Je te le dis à toi. Mais ne le répète à personne d'autre. 秘密だよ。君には言うよ。でも他の誰にも言わないでね。

　　特定の言葉：quelque chose, quelqu'un, ne … rien, ne … personne, quoi, pas grand-chose など

5- 限定詞 + autre + 名詞 + que + SN

Placé dans un jardin d'enfants, l'enfant est obligé de communiquer avec d'autres personnes que ses parents. 幼稚園に入った子供は，両親以外の人とコミュニケーションすることを余儀なくされる。

Tu aurais pu choisir un jour autre que celui-ci pour venir : on est en plein déménagement ! 来るんならこの日じゃなくて別の日を選べたんじゃないの。だって，引っ越しの最中だよ！

Demande à quelqu'un d'autre que moi. Je ne peux vraiment pas t'expliquer. 僕以外のだれかに聞いてよ。全然説明できないよ。

6- tout autre [+ 名詞]

Le Tohoku, plus que toute autre région du Japon, a été affecté par ce typhon. 東北地方は，日本の他のどの地方よりもこの台風の影響を受けました。

Le Premier ministre anglais, plus que tout autre et avant tout autre, a tout fait pour que l'affaire soit réglée.

イギリスの首相はこの件を解決しようと, 何よりも最優先で, あらゆる策を講じた.

同 意 : n'importe quel autre [+ 名詞]

28 autre (代名詞) / autrui

---確認問題---

次の文の ( ) の中に un autre / des autres / d'autres / les autres のうちで最も適切なものを入れなさい.

A. Laure, Pierre et André sont déjà là. Mais où sont (　　)?
ロールとピエールとアンドレはもういる. だけど他の人たちはどこにいるの?

B. Si tu refuses, je vais demander à (　　).
もしいやなら, 他の人に頼むよ.

C. Haruko n'aime pas chanter devant (　　)!
春子は人の前で歌うのが好きじゃないんだ.

解答：A. les autres cf.3　B. un autre cf.1　C. les autres cf.4

1- un autre / d'autres

Ce n'est pas Henriette, tu te trompes, c'est une autre.

アンリエットじゃない. 違うよ. 別人だよ.

J'ai raté mon train. Mais un autre est arrivé tout de suite après.

電車に乗りそこねたが, 次のがすぐに来たんだ.

S'il n'y a pas assez de place sur cette étagère, mets tes dictionnaires sur une autre.

その棚に十分空きがないなら, 君の辞書は別の棚に置いといて.

Je n'aime pas l'ambiance de ce café. Allons dans un autre.

この喫茶店の雰囲気好きじゃないな. 他の所に行こうよ.

Certains ont refusé de parler, d'autres ont raconté tout ce qu'ils avaient vu.

話すのはいやだと言った人もいたが, 見たことをすべて話した人もいた.

Quelques-uns de ses amis sont devenus médecins, d'autres, cols blancs.

彼の友だちには医者になった者もいれば. ホワイトカラーになった者もいた.

Mon fils n'est pas plus intelligent qu'un autre, mais il a réussi à entrer au journal Le Monde.

私の息子が他の人よりも頭が良いわけではないのですが, ル・モンド新聞社にうまく入社できました.

Une autre que Micheline aurait abandonné. Mais elle, elle a persévéré.	ミシュリーヌ以外の人だったらやめてしまったでしょうが，彼女はねばり強く続けましたよ．
Certaines combinaisons de couleurs sont plus harmonieuses que d'autres. Le rose se marie très bien avec le bleu marine, par exemple.	色の組み合わせには，合う合わないがある．例えば，ピンクはマリンブルーととてもよく合う．
Tout ce qui m'est arrivé est dérisoire en regard des mille aventures que bien d'autres ont vécues.	私にあったことなど，他の多くの人たちが体験した色々なことに比べると，取るに足らないことなのです．
Comme c'est un secret que tu m'avais confié, je n'en ai pas parlé à d'autres.	君が打ち明けてくれた話は秘密のことだったんだから，私は他の人には話していないよ．
Il n'y a pas que toi, beaucoup d'autres m'ont encouragé.	君だけじゃなくて，他にも沢山の人が僕を励ましてくれたんだ．

注 意：**1〜4**，「他の人」という意味では，限定詞＋ autre homme (gens, personne など) は用いられない．

慣 用： 1) Quand Simon est contrarié pour une raison ou pour une autre, il entre dans une colère noire.
シモンは何らかの理由で思い通りにならないと，激怒する．

2) Il ne dit jamais un mot plus haut qu'un autre.
彼は話す時決して怒らない．

2- l'autre

– Vous étiez deux tout à l'heure, où est l'autre ? – Il est resté sur la plage.	―あなたたちはさっき二人だったけど，もう一人はどこにいるの？ ―彼はまだ浜辺にいるわ．
J'ai retrouvé une de mes chaussettes, mais je ne sais pas où j'ai mis l'autre.	靴下の片方は見つかったけれど，もう片方をどこにやったかわからない．
J'avais deux ordinateurs. J'ai donné le plus vieux à mon frère, et j'ai gardé l'autre.	コンピュータを2台持っていた．古い方を弟にやって，もう一方を手元に残した．
J'ai deux sœurs, l'une est mariée et vit à Hiroshima, l'autre n'a pas encore fini ses études.	私には女の姉妹が二人いて，一人は結婚して広島に住んでいるけれど，もう一人はまだ学校にいるの．
Ce terme semble plus approprié que l'autre.	この言葉の方がもう一方よりも適しているようだ．

3- les autres

J'en ai parlé à Marc. Mais je ne sais pas ce qu'aux les autres en pensent. | マルクにはその話をした．だが他の人がそのことをどう思っているのかわからない．

Elle a conservé la dernière lettre de son mari, mais pas les autres. | 彼女は夫からの最後の手紙は取ってあるがそれまでの手紙は手元にない．

J'ai eu quatre enfants : le dernier était complètement différent des autres. | 私には4人子供がいました．末の子は他の子たちとは全く違っていました．

Tout le monde était occupé et personne n'avait le temps de s'occuper des autres. | みな忙しくて，誰もひとのことをかまっている時間がなかった．

Ce film est très intéressant, mais les autres … | この映画はとても面白いけど，ほかのはねえ…

使い方：限定された枠内での他の人（あるいは物）全体を指す．

注　意：**3〜4**, les autres gens, les autres personnes などは用いられない．

4- les autres（人に関して）

J'ai commencé à étudier l'anglais à l'âge de 13 ans comme les autres. | 私はみんなと同じように，13才から英語の勉強を始めた．

— L'enfer, c'est les autres !
— Encore du Sartre !
| —地獄とは他者のことだ．
—またサルトルか！

— Il ne pense jamais aux autres.
— Quel homme égoïste !
| —彼は他人のことは全く考えない．
—何というエゴイストだ！

Ne pas faire aux autres ce qu'on ne veut pas qu'on nous fasse. | 自分がされたくないことは，他の人にもしないこと．

Elle intervient trop souvent dans la vie privée des autres. | 彼女はしょっちゅう他人のプライバシーに首を突っ込む．

On entend souvent parler de ceux qui ont sauvé la vie des autres en risquant leur propre vie. | 自らの命を顧みずにひとの命を救った人の話をよく耳にする．

比　較：C'est un enfant qui aime prendre les jouets | des autres.
| d'un autre.
| ×d'autres.

その子は， | よその子みんなの | おもちゃを取り上げたがる．
　　　　　| よその子の　　　 |

Je t'en prie, ne dis pas ça | aux autres.
| à d'autres.

お願いだからこれは | ほかのだれにも | 言わないで．
　　　　　　　　　| ほかのだれかに |

5- autrui

La souffrance d'autrui ne supprime pas la souffrance personnelle.
　　他人の苦しみによって自分の苦しみが取り除かれることはない.

Cet ouvrage, tel qu'il est, est une œuvre personnelle qui reflète les impressions de l'auteur et non celles d'autrui.
　　その本自体は, 個人的な著作であって, 他人の印象ではなく著者の印象を反映している.

La loi stipule bien qu'il faut respecter les droits d'autrui.
　　他人の権利を尊重しなければならないと法律は確かに定めている.

使い方：1) autrui は人に関してのみ用いられ, 常に単数形で無冠詞. また常に前置詞の後で用いられる.
　　　　2) autrui は les autres と同義だが, 文学的表現である.

6- l'un [＋前置詞＋] l'autre

Il faut nous aider les uns les autres.
　　私たちは互いに助け合わなければならない.

Avec les années, nous nous sommes éloignés l'un de l'autre.
　　歳月とともに, 私たちは疎遠になった.

Les divers symptômes que Georges manifeste sont si étroitement imbriqués les uns aux autres qu'il est impossible de distinguer la cause de l'effet.
　　ジョルジュの示す様々な症状は, それぞれが密接に絡んでいるので, どれが原因でどれが結果か区別することは不可能だ.

慣　用：Le bonheur des uns fait le malheur des autres.
　　　　一方の幸福は他方の不幸.

29　autre chose / autres choses

―― 確認問題 ――

次の文の誤りを正しなさい.
A. La santé est plus importante que les autres choses.
　　健康は他の何よりも大切です.
B. Nous allons lui offrir une autre chose, un stylo, par exemple.
　　彼には別のものを贈ろうよ. 例えば万年筆とか.

解答：A. que les autres choses → qu'autre chose cf.1
　　　B. une autre chose → autre chose cf.1

1- autre chose

29 autre chose / autres choses

Nous n'avons pas assez de temps pour étudier et faire autre chose.	私たちは勉強と他のことを両立させられる程暇ではありません。
Alors, cherchons autre chose, une cravate par exemple.	じゃ別のものを捜そう。例えばネクタイとか。
- Je regrette, nous n'avons plus de vitamines "Super"...	—申し訳ございません。ビタミン剤の「スーパー」は切らしております。
- Vous n'auriez pas autre chose par hasard ?	—じゃあ、他のはありませんか。
Parlons d'autre chose, si vous voulez.	話を変えましょうよ、よろしければ。

使い方：autre chose は、単数で、かつ限定詞なしで用いられる。

比　較：J'ai pensé à | une autre chose.
　　　　　　　　　　　　| autre chose.

　　　　私は | もう一つのことを | 考えた.
　　　　　　| 別のことを　　　|

慣　用：1) Autre chose, vous n'auriez pas un shampooing léger ?
　　　　　　それと、髪にやさしいシャンプーはありませんか。
　　　　　2) Je n'approuve pas du tout l'attitude du gouvernement, mais de là à le critiquer ouvertement, | c'est autre chose.
　　　| il y a loin.
　　　　　　私は政府の姿勢には全く賛同しませんが、それと政府を公然と批判することとは別です。

2- tout autre chose

On peut parler de l'Arctique, mais y vivre, c'est tout autre chose.	北極の話をすることはいいが、住むとなると全く別だ。
Il a allumé une cigarette, plus pour cacher sa gêne que tout autre chose.	彼がタバコに火をつけたのは、何よりも気まずさを隠すためだった。

説　明：autre chose の強調形。

3- 限定詞 + autres choses

J'ai encore plusieurs autres choses à vous dire.	あなたに言いたいことがまだ他にもいくつもあります。
Aimer l'école, ce n'est pas simple : les autres choses qu'on apprend en dehors de l'école sont bien plus intéressantes.	学校を好きになるのは簡単じゃない。学校以外で学ぶ他のいろいろなことの方がずっと面白いから。

慣　用：Lorsqu'il nous a parlé, il a dit, entre autres [choses], qu'il préférait ne pas être plus explicite pour le moment.
　　　　　彼が私たちに話をしたとき、とりわけ強調していたのは、今はそれ以上説明したくないという

4- avoir autre chose à faire que de + inf.

J'ai autre chose à faire que d'écouter ce que François a à dire.　フランソワの言いたいことを聞いているより，僕には他にすることがあるんだよ．

5- ne ... pas autre chose que + SN

Sa forfanterie n'est pas autre chose qu'un manque de courage.　彼(女)のからいばりというのは，勇気の欠如以外の何ものでもない．

Nous n'éprouvons plus pour lui autre chose que de la pitié.　私たちは，彼にはもはや憐みしか感じない．

30　avant / plus tôt / auparavant / il y a + 時を示す表現

――― 確認問題 ―――

次の文の誤りを正しなさい．
Papa est mort un jeudi. Il y a trois jours, il avait refait son testament.
パパはある木曜日に死んだ．その3日前に遺言書を書き改めていた．

解答：Il y a trois jours → trois jours avant / auparavant / plus tôt cf.1

1- 数形容詞 + 時の名詞 + | **avant**
　　　　　　　　　　　　 | **plus tôt**
　　　　　　　　　　　　 | **auparavant** (あらたまって)

Il est entré à l'hôpital le 25 mai. Une semaine avant, il avait fait une partie de golf.　彼は5月25日に入院した．その一週間前にはゴルフで1ラウンドしていたのだった．

Ce n'était pas leur première dispute. Environ deux mois auparavant, il avait menacé de la quitter.　彼らがけんかしたのはそれが初めてではなかった．その約2カ月前に，彼は彼女と別れると言っておどしていたのだった．

Une minute plus tôt, il aurait perdu la vie.　もう1分早かったら彼は命を落としていたことだろう．

使い方：ある過去の出来事や歴史的事件を基準として，それよりも前の出来事を表す．
反　意：数形容詞 + 時の名詞 + | après
　　　　　　　　　　　　　　 | plus tard
参　考：(E) 数形容詞 + 時の名詞 + | before [that]
　　　　　　　　　　　　　　　　 | sooner

2- 特定の言葉 + avant / auparavant（あらたまって）

Il est tombé malade, c'était à prévoir. Quelque temps avant, il avait mangé des huîtres avariées.　　彼はやっぱり病気になった。その少し前に傷んだ牡蠣を食べたからね。

On l'a transporté à l'hôpital où il est mort. Quelque temps auparavant, il avait fait un infarctus.　　彼は病院に運ばれて、そこで亡くなった。その少し前に心筋梗塞を起こしていたのだ。

特定の言葉：peu de temps, quelque temps, longtemps など

3- avant / auparavant（あらたまって）

Avant, je pensais que je continuerais à travailler après mon mariage.　　以前は、結婚後も働きつづけるだろうと私は思っていました。

使い方：時を表す副詞として単独で用いる。

4- il y a + 時を示す表現

J'ai vu ce film il y a quelques mois à peine.　　私はほんの数カ月前にこの映画を見ました。

Quand j'ai suivi le cours d'éthique il y a deux ans, notre professeur nous a recommandé ce livre.　　2年前に倫理学の講義に出ていた時に、先生がこの本を勧めたのです。

- Je cherche Annie, tu ne l'aurais pas vue par hasard ?　　―アニーを捜しているんだけど、ひょっとして彼女を見かけなかった？
- Si, je l'ai rencontrée il y a à peine dix minutes, près du restaurant universitaire.　　―ええ、ほんの10分くらい前に学食の近くで会ったわよ。

使い方：現在を基準とし、過去の出来事を表す。
反　意：dans + 時を示す表現
参　考：(E) 時を示す表現 + ago

31　avant + 時を示す表現 / jusque + 時を示す表現

── 確認問題 ──

次の文の誤りを正しなさい。

A. Notre président va démissionner jusqu'au 1er août.
我が国の大統領は8月1日までに辞職するでしょう。

> B. Ce soir, je travaille avant 8 h.
> 今晩は 8 時まで仕事をするつもりです．
>
> 解答：A. jusqu'au → avant le cf.1　　B. avant → jusqu'à cf.5

1- avant + 時を示す表現（ある時点）

Tout sera prêt avant dimanche.	日曜日には用意がすっかり整っているでしょう．
Nous voudrions votre réponse avant la fin [du mois] de février.	2月中にはお返事をいただきたいのですが．
Il ne reste plus que dix minutes avant minuit.	真夜中の12時まであと10分しかない．
N'oublie pas de remettre ton travail au professeur avant mercredi.	水曜日までに（=おそくとも火曜日には），宿題を忘れずに先生に出しなさい．
Il faut arriver avant 8 heures, sinon vous n'aurez pas de places assises.	8時までに着かなければいけませんよ．そうしないと座れる席がなくなりますよ．

　説　明：日本語で「日曜日までに」という場合，普通日曜日も含まれるが，フランス語で avant dimanche という場合は日曜日は含まれず，土曜日までしか意味しない．
　参　考：**1～4**, (E) before

2- ne ... pas avant + 時を示す表現（ある時点）

Nous ne commencerons pas avant 14 h.	14時までは始めませんよ．
Il n'aura certainement pas terminé avant jeudi de la semaine prochaine.	彼が来週の木曜日までに終えてしまうことはきっとないだろう．
Je n'avais pas fait d'équitation avant mon entrée à l'université.	私は大学に入るまでは馬術はやっていませんでした．
Ma tante Sylvie n'a pas pu se marier avant l'âge de 40 ans.	伯母のシルヴィーは，40才になるまで結婚できませんでした．
Je ne pense pas les revoir avant la semaine prochaine.	今週中に彼らにまた会えるとは思いませんね．

　比　較：1) Est-ce que mon pantalon sera prêt | avant vendredi ?
　　　　　　　　　　　　　　　　　　　　　　　| pour vendredi ?

　　　　　私のズボンは｜木曜日までに｜できるかしら？
　　　　　　　　　　　｜金曜日には　｜

　　　　　2) Votre pantalon ne sera pas prêt | avant vendredi.
　　　　　　　　　　　　　　　　　　　　　　| pour vendredi.

|　|おズボンは|木曜日までには
金曜日には|仕上がりません.|

3) Maman, | je serai de retour | avant 10 h.
　　　　　　　　　　　　　　　pour 10 h.
　　　　　　　　　　　　　　　pas plus tard que 10 h.
　　　　　　　　　　　　　　　×jusqu'à 10 h.
　　　　　je ne serai pas de retour | avant 10 h.
　　　　　　　　　　　　　　　×jusqu'à 10 h.
　　　　　　　　　　　　　　　×pour 10 h.

|　|お母さん,|10時までには
10時には
おそくとも10時には|家に帰ります.|
|　|　|10時よりも前には家には帰りません.|

慣　用：Je savais que je ne retournerais pas à Nagasaki avant longtemps. Alors j'en ai profité.

長崎にはしばらく帰ることはないとわかっていました. そこでこの機会を利用したのです.

3- **avant** ＋ 時を示す表現（期間）

Je lui ai promis de finir de taper son manuscrit avant trois jours.	3日以内に彼の原稿をタイプすると彼に約束した.
Il faut terminer ce roman avant une semaine.	この小説を一週間以内に読み終えなければならない.

比　較：表現によっては「ある時点」とも「期間」ともとれる場合がある.

Reviens ici avant | 2 h.
　　　　　　　　　 deux heures.

2時までにもどってらっしゃい.
2時間以内にもどってらっしゃい.

4- **ne ... pas avant** ＋ 時を示す表現（期間）

On n'aura pas de réponse avant une ou deux semaines.	1, 2週間後でなければ返事はないだろう.
On ne saura pas les résultats avant quelques jours.	何日かたたないと結果はわかりませんよ.

5- **jusque** ＋ 前置詞 ＋ 時を示す表現（ある時点）

J'ai veillé jusqu'à 4 h ce matin pour préparer l'examen.	試験勉強で今朝の4時まで起きていました.

La banque m'a accordé un prêt jusqu'en mai. 銀行は私に5月まで貸付を認めてくれました。

Ma mère a travaillé jusqu'à l'âge de 24 ans, puis elle s'est mariée. 母は24才まで働いて、それから結婚しました。

Il dit qu'il est libre jusqu'à lundi. 彼は月曜までは暇だと言ってるよ。

Le dimanche, papa reste couché jusqu'à 10 h. 日曜日には、パパはいつも10時まで寝ています。

Je l'ai attendu jusqu'à 10 h mais comme il n'arrivait toujours pas, je suis rentrée chez moi. 10時まで彼を待ったけれども、やっぱりやって来ないので私は家に帰りました。

Didier est resté debout jusqu'à 2 h pour préparer son examen de philosophie. ディディエは午前2時まで起きていて、哲学の試験勉強をしました。

参 考：(E) till / until / up to ＋ 時を示す表現

比 較：Je ne pourrai pas vous voir demain. J'ai un travail à finir
| avant
| pour
| ×jusqu'à
 mercredi.

J'ai certainement du travail jusqu'à mercredi.

明日はあなたにお目にかかれません。| 火曜日までに / 水曜日には | 終わらせなければならない仕事があるんです。

水曜日までは確実に仕事がある。

6- ne ... pas jusque ＋ 前置詞 ＋ 時を示す表現（ある時点）

Je n'avais pas étudié le français jusqu'à l'âge de 12 ans. 私は12才までフランス語を勉強したことはありませんでした。

Il n'a rien pu se mettre dans l'estomac jusqu'à l'examen médical. 彼は検査までは何も胃に入れることができなかった。

– Ils ne pensent pas avoir du travail jusqu'à l'automne. —彼らは秋まで仕事があるとは思っていないんだ。
– Alors qu'est-ce qu'ils vont faire après ? —で、彼らはその後どうするんだろう？

Il m'a dit qu'il ne pouvait pas attendre jusqu'à vendredi prochain. 彼は私に今度の金曜日までは待てないと言った。

比 較：Je n'ai pas pu m'endormir | jusqu'à 1 h. | Il y avait un bruit infernal
                                  | avant 1 h. |
chez la voisine.

私は｜夜中の1時まで眠れなかった．｜　隣がひどくうるさかったんだ．
　　｜夜中の1時前には寝つけなかった．｜

Je n'ai pas pu dormir jusqu'à 10 h ce matin comme je le voulais.
今朝は10時まで眠りたいと思っていたのに，そうはできなかった．

7- 特定の動詞 + jusque + 前置詞 + 時を示す表現 + pour + inf.

Vous avez jusqu'à vendredi pour finir cette traduction.　金曜日までにこの翻訳を終わらせて下されればいいですよ．

Je vous donne jusqu'à demain pour me répondre. Après, il sera trop tard.　明日まで返事は待ちましょう．それ以降では手遅れです．

　特定の動詞：avoir, donner, laisser, accorder など
　比　較：- Vous nous laissez jusqu'à quelle date pour réfléchir ?
　　　　　- J'aimerais que vous me contactiez avant le 15 de ce mois.
　　　　　―いつまで私たちに考える余裕を下さいますか？
　　　　　―できれば今月の15日までには連絡を取って欲しいのですが．

32　avant de + inf. / avant que + 節

―― 確認問題 ――

次の文の誤りを正しなさい．
A. Prenez deux comprimés d'aspirine avant vous coucher.
　寝る前にアスピリンを二錠飲みなさい．
B. Vous fermerez bien la porte avant que vous sortiez.
　出かける前にきちんと戸締りをして下さいね．

　　　解答：A. avant → avant de cf.1　B. avant que vous sortiez → avant de sortir cf.1, 2

1- avant de + inf.

Avant de partir, n'oublie pas de fermer les fenêtres et d'éteindre le gaz.　出かける前に，窓を閉めてガスを消すのを忘れないでね．

Réfléchissez bien avant de vous décider. Après, il sera trop tard.　決める前によくお考えなさい．後からはもう遅すぎますから．

　使い方：1) 不定法の前には前置詞 de が必要．
　　　　　2) avant de に導かれる動詞の主語が主節の主語と同じ場合．
　比　較：Je ne bois jamais d'alcool avant ｜de manger.
　　　　　　　　　　　　　　　　　　　　　｜les repas.
　　　　　｜食べる前には｜私は決してアルコールを飲みません．
　　　　　｜食事の前には｜

2- avant que [+ ne] + 節（接続法）

Jean est parti avant que vous [n']arriviez.　　ジャンはあなたが来る前に出発しました.

Il doit être hospitalisé avant qu'il [ne] soit trop tard.　　手遅れにならないうちに, 彼を入院させなければなりません.

Il ne l'avait jamais remarqué avant que je [ne] le lui dise.　　彼は, 私が指摘するまでそのことに気がつかなかった.

使い方：avant que に導かれる従属節の主語が, 主節の主語と異なる場合.

33　avenir / futur / plus tard / à venir

―― 確認問題 ――

次の文の誤りを正しなさい.
A. Je ne vais plus fumer dans l'avenir.
　今後はもう煙草を吸うまい.
B. Qu'est-ce que tu veux faire dans le futur?
　君は将来何をやりたいの？
C. Je compte bien vous revoir au futur.
　近いうちにあなたに会うつもりだ.

解答：A. dans l'avenir → à l'avenir cf.5　B. dans le futur → plus tard cf.16
　　　C. au futur → dans un proche avenir あるいは dans un avenir proche cf.6

1- l'avenir de + SN

Comme ça, l'avenir de José est assuré.　　これでジョゼの将来は安心だ.

Il se plaint de ne pas avoir assez de temps pour penser à son avenir.　　彼は将来のことをじっくり考える時間がないと嘆いている.

Tu as songé à ton avenir? Qu'est-ce que tu veux faire?　　将来のこと考えたことある？何をしたいの？

Vous n'avez pas à vous inquiéter de votre avenir.　　将来のことを心配するには及びません.

－ Et votre fils, qu'est-ce qu'il devient ?
－ Il vient d'entrer à l'université. Mais avec les problèmes économiques actuels, on se pose bien des questions concernant son avenir.

―ところであなたの息子さんはどうなさってますか？
―彼は大学に入ったばかりです. でも今の経済状況を考えると, 彼の将来についていろいろと心配に思うことがあります.

33 avenir / futur / plus tard / à venir

Je suis optimiste en ce qui concerne l'avenir de mon pays.
我が国の将来に関して、私は楽観しています。

使い方：所有形容詞と共に用いられることが多く、一般に社会的、職業的地位に言及する。

2- l'avenir（主語として）

Plutôt que de nous lamenter sur les erreurs passées, il vaudrait mieux penser à ce que l'avenir nous réserve.
過去の過ちを嘆くよりもむしろこれから私たちを待ち受けていることを考えた方がよいだろう。

L'avenir jugera si nous avons raison ou tort.
私たちが正しいか間違っているかは後世の人々が断判を下すだろう。

L'avenir est bien incertain.
先のことは本当に分からないものだ。

慣　用：L'avenir vous dira si j'avais raison.
　　　　私が正しかったかどうかはいずれ分かるだろう。

使い方：主語としては l'avenir が好んで用いられ、le futur が主語になるのは稀である。この場合、l'avenir は擬人法的に用いられている。

反　意：le présent; le passé

3- 特定の動詞 + l'avenir

Il est encore possible de préparer l'avenir.
まだ将来に備えることはできますよ。

Tu es jeune, tu as tout l'avenir devant toi.
君は若いんだから未来があるじゃないか。

Personne ne peut prévoir l'avenir.
誰も未来を予見できない。

Je ne peux m'empêcher de penser à l'avenir avec une certaine appréhension.
将来のことを考えると私はある種の懸念を禁じ得ない。

Monsieur Dauzat, comment voyez-vous l'avenir?
ドーザさん、将来の展望はいかがですか。

特定の動詞：songer à, penser à, avoir ～ devant soi, s'inquiéter de, préparer, prévoir, voir, entrevoir, envisager など

4- 特定の動詞 + en l'avenir

Ils ont complètement perdu confiance en l'avenir depuis le décès de leur fils.
彼らは息子を失くしてから、将来の夢も希望もなくしてしまった。

J'ai confiance en l'avenir, nous finirons par réussir.
なんとかなるよ。結局うまくいくさ。

Lorsqu'on interroge les jeunes, on se rend compte qu'ils ont plus foi en l'avenir que leurs parents.
若者たちに聞いてみると、彼らは親たちよりも将来を楽観していることが分かる。

特定の動詞：avoir confiance, perdre confiance, être confiant, espérer, croire, se fier, avoir foi など
参　考：(E) 特定の動詞 + in the future

5- à l'avenir (言い回し)

À l'avenir, sois plus prudent dans tes paroles.

これからは言葉をもっと慎みなさい。

Je veux bien fermer les yeux pour aujourd'hui, mais à l'avenir, j'aimerais aussi que vous fassiez un effort pour arriver à l'heure.

今日のところは目をつぶってもいいでしょう。でもこれからは、時間通りに着くように少し努力して下さい。

同　意：désormais, à partir de maintenant, dorénavant (あらたまって)
参　考：(E) from now on; in [the] future
注　意：5～6, dans + 所有形容詞 + avenir, à + 所有形容詞 + avenir, au futur, dans le futur などは用いない。

6- dans un avenir + 特定の形容詞

De toute façon, nous envisageons de quitter ce quartier dans un avenir plus ou moins lointain.

まあ先のことになるが、いずれにせよ、この界隈から引っ越すつもりでいる。

Aucune de ces affaires ne produira de bénéfices dans un avenir envisageable.

これら仕事はどれもまあすぐには利益をあげないだろう。

La télévision par câble et par satellite s'adressera dans un très proche avenir à un grand auditoire paneuropéen.

テレビのケーブル放送と衛星放送は、近い将来、全ヨーロッパの一大視聴者層に向けて発信されるだろう。

特定の形容詞：proche, lointain, éloigné, indéterminé, envisageable, prochain, immédiat, incertain など
使い方：prochain, proche と共に用いると dans un prochain avenir, dans un proche avenir と言う。
参　考：(E) in a + 形容詞 + future

7- [un jour] dans l'avenir

Il y a des infirmières compatissantes et des médecins qui prennent le temps de rassurer et d'informer leurs patients. Mais un jour, dans l'avenir, que va-t-il se passer ?

思いやりのある看護婦や時間をとって患者を元気づけ、情報を提供する医者がいる。だが、将来はどうなってしまうのだろうか。

33 avenir / futur / plus tard / à venir

8- avoir de l'avenir
être plein d'avenir
avoir un avenir

Ce garçon est plein d'avenir.　　この少年は大いに将来性がある。

Internet a de l'avenir.　　インターネットには将来性がある。

Je vois autour de moi des jeunes qui ont un brillant avenir.　　私のまわりには、将来性のある若者たちがいますよ。

Il a devant lui un bel avenir.　　彼は前途有望だ。

　注　意：avoir du futur とは言わない。

9- ne ... pas avoir d'avenir
être sans avenir

Quand une langue n'est plus parlée que par quelques personnes, elle est sans avenir.　　ある言語がもはや数人の人々によってしか話されない場合、その言語には未来はない。

Je regrette, mais étant donné les circonstances économiques actuelles, votre projet n'a pas beaucoup d'avenir.　　残念ですが、現在の経済状況を考えると、あなたの計画にはあまり見込みがない。

10- il n'y a pas d'avenir

J'aurais bien voulu faire des études de droit mais j'ai entendu dire qu'il n'y avait pas beaucoup d'avenir dans cette branche.　　私は法律の勉強をしたかったのだけれど、その分野にはあまり将来性がないと聞いたのでやめました。

11- SN + d'avenir

C'est une solution d'avenir, me semble-t-il.　　これからはこれでうまくいくような気がする。

Anne-Marie n'a cessé de me parler de ses projets d'avenir.　　アンヌ＝マリーは自分の将来の計画をずっと私に話し続けた。

　特定の名詞：11〜12, projet, solution, politique, personne, perspective, question など

12- 限定詞 ＋ 特定の名詞 ＋ sans avenir

À mon avis, c'est une solution sans avenir.　　私が思うには、それは見込みのない解決策ですよ。

Ils m'ont présenté un garçon sans avenir. 彼らは私に将来性のない男の子を紹介した.

13- le futur

Quand on regarde vers le futur, on est assailli par un sinistre pressentiment.	将来に目を向けると, 不吉な予感に襲われる.
Il faut vivre dans le présent et non pas dans le futur.	現在を生きなければならない. 未来をではないのだ.
Les scientifiques tirent déjà la sonnette d'alarme pour le futur.	科学者たちは, 未来に対して警鐘を鳴らしている.

　　使い方：英語の影響により, le futur が l'avenir の代わりに多用されているが, 本来 le futur の使用は現在や過去との対比する場合など非常に限られている. また le futur が主語として用いられるのは稀.

　　反　意：le passé; le présent

14- 限定詞 + futur + 名詞

1) J'ai rencontré ma future femme pendant une excursion au mont Saint-Michel.	私はモン＝サン＝ミッシェルへの小旅行で, 将来妻になる女性と出会いました.
Les futures générations souffriront de nos négligences en matière d'écologie.	後世の人々は, 自然環境に関する私たちの不注意のせいで, 困ることになるでしょう.
Jean-Pierre, c'est un futur agent de police, j'en suis certain.	ジャン＝ピエールは将来警官になると私は確信しています.
2) Voici le site du futur hôpital.	ここがこれから建てる病院の用地だ.
J'ai mis de l'argent de côté en prévision de mes futurs besoins.	私は, 将来の必要に備えて, 貯金しておいた.

15- les + 特定の名詞 + à venir

Il devrait y avoir de nouveaux rebondissements dans les jours à venir.	近いうちに新しい展開があるはずだ.
Il faut se préoccuper davantage d'écologie afin de transmettre un monde vivable aux générations à venir.	次の世代に暮らしやすい世界を残すために, 自然環境についてもっと考えなければならない.
Les années à venir nous poseront des problèmes.	これからの何年間かが, 私たちには正念場でしょう.

　　特定の名詞：jours, semaines, mois, années, siècles, générations など

16- plus tard

Plus tard, elle voudrait devenir journaliste. 彼女は将来ジャーナリストになりたいと思っている。

Plus tard, je ferai la lecture à mes enfants quand ils seront plus grands. もう少しして、子供たちがもっと大きくなったら本を読んでやろうと思っています。

Cette solution, même si elle est destinée à s'améliorer plus tard est pour le moment irréalisable. この解決法は、たとえ手直しされる予定ではあっても、今のところは実現できませんね。

Je voudrais étudier le droit qui me servira plus tard. 私は将来自分の役に立つ法律の勉強をしたいと思っています。

注　意：この場合 dans le futur や au futur は用いない。また à l'avenir, dans l'avenir とは意味が異なる。
反　意：pour le moment
比　較：Plus tard, je voudrais devenir pharmacienne.
　　　　À l'avenir, je ne te prêterai plus ma bicyclette.
　　　　将来、私は薬剤師になりたいと思っています。
　　　　これからはもう、君には僕の自転車を貸さないよ。
参　考：(E) later on

34　avion

確認問題

次の文の（　）の中に適切な前置詞を入れなさい。
A. Même à l'intérieur du Japon, beaucoup de gens préfèrent voyager (　　) avion.
　日本国内であっても飛行機で旅行する方がいいという人が多い。
B. Une carte postale (　　) avion coûte 70 yens.
　はがきは航空便では70円かかります。

解答：A. en cf.1　B. par cf.2

1- en avion

De nos jours, personne ne voyage plus en bateau; tout le monde voyage en avion. 今日ではもうだれも船では旅行しない。だれもが飛行機で旅行する。

De Tokyo à Kushiro, il faut plus d'une journée en train; il ne faut qu'une heure et demie en avion. 東京から釧路へは列車で丸一日以上かかる。飛行機だと一時間半しかかからない。

使い方：en avion は人に対してのみ用いる．
参　考：(E) by plane

2- par avion

Le courrier par avion met moins de temps que celui par bateau.
航空便の手紙は船便より時間がかからない．

Une lettre de Tokyo à Paris met entre trois et cinq jours par avion.
東京からパリへの手紙は航空便で3日から5日かかります．

Il existe plusieurs moyens relativement économiques d'envoyer des petits colis par avion.
航空便で小包を送るには比較的安い方法がいくつかあります．

注　意：par avion は手紙，はがき，小包など物に対して用いられる．
参　考：(E) by air mail

35　avoir ＋ 数形容詞 ＋ an / avoir ＋ 数形容詞 ＋ mois

―― 確認問題 ――

次の文の誤りを正しなさい．
A. Il sera 15 ans dans trois mois.
   あと3カ月で彼は15歳になります．
B. Il est bien jeune, il a encore 4 mois.
   あの子はまだちっちゃいの．まだ4カ月よ．

解答：A. sera → aura cf.1　B. il a encore → il n'a que cf.2

1- SN ＋ avoir ＋ 数形容詞 ＋ ans / mois

Elle a eu 6 mois hier.
彼女は昨日6カ月になりました．

Mon arrière-grand-mère vient d'avoir 100 ans.
ひいおばあちゃんは100歳になったばかりです．

Il est mort une semaine après avoir eu 88 ans.
彼は88歳になって1週間で亡くなった．

Une femme a toujours 20 ans, pas vrai ?
女性はいつも20歳なのでしょう？

使い方：être は用いない．
参　考：(E) be ＋ 数形容詞 ＋ years old; be ＋ 数形容詞 ＋ months old

2- SN ＋ n'avoir que ＋ 数形容詞 ＋ an / mois

Francine n'a que 8 ans et tu lui confies cette responsabilité !　フランシーヌはまだ8歳なのにあんたはあの子にこんな責任を負わせるなんて！

- Il a bien 55 ans ?　―彼は本当に55歳だっけ？
- Pas du tout, il n'a que 40 ans.　―いえいえ、まだ40歳ですよ。

Frédéric ne marche pas encore. Il n'a que dix mois.　フレデリックはまだ歩けません。たった10カ月なのです。

使い方：この場合には ne ... que のかわりに encore は用いられない。

比　較：

Il n'a que	5 ans.
×Il a encore	
Il n'a encore que	
Il n'a pas encore	

彼はまだ5歳です。
彼はまだたった5歳ですよ。
彼はまだ5歳になっていません。

参　考：(E) be only + 数形容詞 + years old; be only + 数形容詞 + months old

36　avoir / mettre au monde / accoucher de / accoucher / faire + 数形容詞 + enfant / mettre bas

― 確認問題 ―

次の文に誤りがあれば正しなさい。

A. Elle a eu un garçon la semaine dernière.
　彼女は先週男子を出産した。

B. Ma grand-mère a mis huit enfants au monde.
　祖母は8人の子供を生んだ。

解答：A. ○ cf.1　B. ○ cf.2

1-SN（人・動物）+ avoir + 数形容詞 + 名詞（人・動物）

- Ma chatte a eu deux petits chatons.　―私の猫が子猫を2匹産んだんだ。
- C'est peu.　―それは少ないね。

Sais-tu qu'en Chine on ne peut avoir qu'un enfant alors même qu'on en voudrait plusieurs ?　中国では何人も子供が欲しい人でも1人しか産んじゃいけないって知ってる？

使い方：日常よく使われる用法。

注　意：過去形・未来形では「産んだ」、「産む」の意味になるが、現在形ではあくまでも「いる、持っている」の意。

2- SN（人）+ mettre au monde / accoucher de + 数形容詞 + 名詞（人）（あらたまって）

La princesse a mis au monde une petite fille qui pèse 2,5 kg. 　皇太子妃は2500グラムの女児を出産した。

Elle a accouché de jumeaux. 　彼女は双子を出産した。

　同　意：SN（人）donner la vie à SN（人）（よりあらたまって）

3- SN（人）+ accoucher

Le médecin dit qu'elle devrait accoucher à la fin du mois de septembre. 　医者の話では彼女の出産予定は9月末だ。

Autrefois, on accouchait chez soi, maintenant cela ne se fait plus. 　昔は家で出産したものだが、今ではもうそうしない。

　使い方：普通目的語なしで用いる。accoucher + SN は日常ではほとんど使われない。

4- SN（人）+ faire + 数形容詞 + enfant（くだけた表現）

Une fille alcoolique comme elle, Madame, ne devrait pas faire d'enfant. 　奥さん、あんなアル中の娘は、子供なんて産むべきじゃないでしょう。

Il faudrait penser à faire un deuxième enfant avant qu'on ne soit trop vieux. 　年を取り過ぎないうちに二人目を作ることを考えなきゃね。

Il lui a fait un enfant et Monique a dû se battre pour le garder. 　彼はモニックに子供を産ませたが、モニックはその子を取られないようにがんばらなければならなかった。

5- SN（動物）+ mettre bas [+SN]

Notre chienne a mis bas il y a trois jours. 　うちの犬が3日前に子どもを産んだんだよ。

　注　意：動物にのみ用いられる。

37　avoir + 定冠詞 + 身体の名詞 / avoir + 不定冠詞 + 身体の名詞

確認問題

次の文の誤りを正しなさい。

A. Ses yeux sont noirs.
　　彼の目は黒い。

B. J'ai une tête lourde. Je suis sans doute enrhumée.

頭が重い。きっと風邪をひいたんだわ。

解答：A. Il a |les| yeux noirs. cf.4　B. une tête → la tête cf.3
　　　　　　|des|

1- SN + avoir + 不定冠詞 + 特定の形容詞 + 身体の名詞

Germaine a de tout petits yeux.	ジェルメーヌは目がすごく小さいんだ。
Ma grand-mère avait un tout petit nez.	祖母は鼻がとても小さかった。
L'aîné a de grandes oreilles.	上の子は耳が大きいんだ。
Ma grand-mère avait de petits pieds.	私の祖母は小さな足をしていた。
Il a de grandes mains faites pour le travail.	彼は仕事に合った大きな手をしている。

特定の形容詞：petit, grand, gros, large, long など

2- SN + avoir + 数形容詞 + 身体の名詞 + 形容詞

－ Il n'a eu que deux côtes [de] cassées.	－彼は肋骨が2本折れただけだったよ。
－ Il a eu de la chance.	－それはついていたね。
－ J'ai une oreille bouchée.	－耳がふさがっちゃったよ。
－ Laquelle ?	－どっちの？
－ La droite.	－右の。

3- SN + avoir + 定冠詞 + 身体の名詞 + 形容詞

Si elle a les yeux rouges, c'est parce qu'elle doit avoir un gros chagrin.	彼女が赤い眼をしているのは、きっとひどく悩んでいるからですよ。
Tu as les mains sales, va te les laver avant le dîner.	君の手は汚いね。夕食の前に洗ってきなさい。
J'ai le nez bouché, Maman.	ママ、鼻がつまっちゃった。
Quand ils sont revenus, ils avaient les pieds en sang.	彼らは戻ってきた時、足が血まみれだった。

使い方：ここで表明される特徴は、**1** とは異なり永続的なものを示してはいない。

4- SN + avoir + |定冠詞 + 身体の名詞 + 形容詞
　　　　　　　　　　|不定冠詞 + 身体の名詞 + 形容詞

Teruo a les yeux très bridés.	輝男の目はとても切れ長だ。

Avoir des cheveux longs, c'est la mode maintenant. ロングヘアが今流行している．

Les Noirs africains ont les cheveux crépus. アフリカの黒人の髪は縮れ毛だ．

C'est un chien qui a la tête dure et qui ne se laisse pas facilement caresser. この犬は頑固で，容易にはなでさせない．

使い方：この場合に être を用いると，ことさら描写的に感じられる．
　　　　Les cheveux des Noirs africains sont crépus.
　　　　アフリカの黒人たちの髪の毛は縮れている．

説　明：三人称で用いられる．このように人の特徴などを言う場合，定冠詞でも不定冠詞でも可能．

比　較：Elle a | les | yeux bruns.
　　　　　　　| des |
　　　　Elle a | des | pantalons marron.
　　　　　　　| ×les |
　　　　彼女の目は褐色だ．
　　　　彼女は栗色のズボンを持っている．
　　　　Il a | les | yeux bruns comme ceux de ma mère.
　　　　　　| ×des |
　　　　彼の目は私の母のと同じく褐色です．
　　　　Elle a | les cheveux tout blancs.
　　　　　　　| quelques cheveux blancs.
　　　　彼女の髪の毛は真っ白だ．
　　　　彼女の髪には白髪が混じっている．

38　bague / diamant など

―― 確認問題 ――

次の文の誤りを正しなさい．
Il lui a offert une bague de diamant pour leurs fiançailles.
彼は婚約に際してダイヤモンドの指輪を彼女に贈った．
　　　　　　　解答：une bague de diamant → une bague avec un diamant cf.2

1- bague

Maman, tu pourras me prêter une de tes bagues pour le mariage de Noriko ? おかあさん，則子の結婚式に指輪を一つ貸してくれないかしら．

Tu as vu ses bagues ? Elles étaient magnifiques ! 彼(女)の指輪見た？　素晴らしかったよ．

2- une bague avec un diamant

Il lui a donné une bague avec un diamant pour ses 20 ans. 　　彼は彼女に20才のお祝いにダイヤモンドの指輪をあげた。

　　注意：une bague de diamant といった表現は用いられない。しかし une alliance en diamant という言い方はある。

3- une bague sertie de diamants

La mère de la mariée portait une jolie bague sertie de diamants. 　　新婦のお母さんはダイヤモンドをちりばめた指輪をしていた。

4- diamants

Montrez-moi vos rivières de diamants, s'il vous plaît. 　　ダイヤの首飾りを見せて下さいな。

39　prendre ＋ 限定詞 ＋ bain / se baigner

―― 確認問題 ――

次の文の（　）の中に適切な語句を入れなさい。
A. Je (　　) tous les trois jours.
　　私は三日ごとに風呂に入ります。
B. Nous (　　), puis nous sommes retournés à l'hôtel.
　　私たちは泳いでからホテルに戻りました。

　　　　　　　　解答：A. prends un / le / mon bain cf.1　　B. nous sommes baignés cf.3

1- prendre ＋ | un / le ／所有形容詞 | ＋ bain

Il est 7 h, c'est l'heure de prendre ton bain. 　　7時だ。お風呂に入る時間だよ。

Mon père prend son bain dès qu'il rentre [à la maison] même s'il est très fatigué. 　　たとえとても疲れていても父は帰宅するとすぐに風呂に入ります。

Les Japonais prennent un bain tous les jours. 　　日本人は毎日風呂に入る。

― Aujourd'hui, tu as pris ton bain ?
― Pas encore. 　　―今日お風呂に入った？
　　―まだだよ。

Je vais lui faire prendre son bain tout de suite après le dîner. 　　彼には夕食の後にすぐに風呂に入ってもらおう。

注　意：この場合普通 se baigner は使わない。シャワーの場合は，prendre une/la/sa douche を用いる。
参　考：(E) take ＋ 限定詞 ＋ bath

2- baigner ＋ SN（人）（会話）

Jacques a baigné son bébé avant le dîner.　　夕食前にジャックは赤ちゃんを風呂に入れた。

3- se baigner

J'aime bien aller à Kamakura, les enfants peuvent se baigner.　　鎌倉に行くのが好きです。子供達が泳げますから。

Dans mon village, la rivière est si propre qu'on peut s'y baigner.　　私の村では川がとてもきれいなので、泳げます。

参　考：(E) swim; bathe

40　baisser / diminuer

―― 確認問題 ――

次の文の（　）に baisser/diminuer のいずれかを適当な形にして入れなさい。

A. Le prix des terrains a beaucoup (　　) depuis trois ans.
　　ここ3年で土地の値段はずいぶん下がったなあ。

B. On va (　　) son salaire à partir d'avril.
　　この4月から彼の給料を下げよう。

C. (　　) la radio, s'il te plaît. On parle au téléphone.
　　ラジオの音を小さくしてくれよ。電話してるんだ。

解答：A. baissé cf.1　　B. diminuer cf.6　　C. Baisse cf.2

1- 限定詞 ＋ 特定の名詞 ＋ baisser

Ces jours-ci, la valeur du dollar américain a baissé.　　最近アメリカ・ドルの価値が下がった。

L'index du niveau de vie a baissé de 0,3%.　　生活水準指数は、0.3パーセント下がった。

Le yen baisse de plus en plus ces derniers jours.　　最近、円は次第に下がって来ている。

L'eau de la piscine a baissé.　　プールの水位が下がった。

Si le prix des billets d'avion pouvait baisser de 30%! 　航空運賃が30パーセント安くなればいいのになあ．

Quand la pression [atmosphérique] baisse, je ressens des maux de tête. 　気圧が下がると，私はひどく頭痛がする．

　特定の名詞：valeur, prix, salaire, eau, mer, marée, lac, parcmètre, note, notes, température, soleil, jour, baromètre など

2- baisser + 限定詞 + 特定の名詞

Baisse [le volume de] la télévision, veux-tu? 　テレビの音量を下げてくれ．

Baisse un peu la voix, on n'est pas sourds! 　もう少し小さい声で話しなさい．十分聞こえますから．

　特定の名詞：radio, télévision, chauffage, volume, intensité, voix, ton など

3- |baisser / diminuer| + 限定詞 + 特定の名詞

Le gouvernement s'est engagé à baisser le prix du riz. 　政府は米価を下げることを約束した．

Je vais lui demander de baisser son prix. 　彼に値段をまけてくれるように頼むつもりだ．

　特定の名詞：prix, qualité, quantité など

4- 限定詞 + 特定の名詞 + |baisser / diminuer|

Ses forces diminuent de jour en jour. 　彼の活力は日増しに減少している．

　特定の名詞：quantité, forces など

5- 限定詞 + 特定の名詞 + diminuer

- Mes économies diminuent de plus en plus.
- Tu cherches un petit travail?
　—貯金がだんだん減っていくんだ．
　—アルバイト捜してる？

Le nombre des pandas en liberté a bien diminué. Ils sont menacés d'extinction. 　野生のパンダの数は随分減った．パンダは絶滅の危機に晒されている．

La pluie diminuera finalement en fin d'après-midi. 　夕方には，雨は小降りになるだろう．

Le ministère de l'Énergie annonce que les réserves de pétrole ont diminué de 10%.　エネルギー省の報告によれば，石油備蓄は10パーセント減った．

Si le prix de l'essence augmente, c'est que les réserves de pétrole diminuent.　ガソリンの値段が上がっているのは，原油の備蓄量が減っているからだ．

　特定の名詞：économies, pluie, neige, énergie, circulation, vitesse, pétrole, réserves, nombre des ＋名詞など

6- diminuer ＋ 限定詞 ＋ 特定の名詞

La direction a averti ses employés qu'elle diminuerait leur salaire de 15%.　経営者は，従業員に15％の賃金カットを通告した．

　特定の名詞：salaire, heures [de travail], effectifs, valeur など
　同　意：SN ＋ réduire ＋ 限定詞 ＋ 特定の名詞

41　battre / frapper / taper / donner une fessée

──確認問題──

次の文の（　）の中に上記の動詞のいずれかを適切な形にして入れなさい．
A. Le malfaiteur (　　) la victime plusieurs fois avec un couteau.
　犯人は被害者をナイフで何回も突いた．
B. Il y a beaucoup plus d'enfants (　　) qu'on ne pourrait l'imaginer.
　折檻されている子供の数は想像よりはるかに多い．
C. Le ballon l'(　　) en plein visage.
　ボールが彼の顔の真ん中に当たった．

　　　　解答：A. a frappé cf.4　B. battus cf.1　C. a frappé cf.5

1- SN（人）＋ battre ＋ SN（人・動物）

Il est accusé de battre sa femme.　彼は妻に手をあげるといって非難されている．

― Mais qu'est-ce que tu as encore à pleurer comme ça ?
― C'est Stéphane qui m'a battu !
― Stéphane, viens ici tout de suite. Pourquoi tu as battu ton petit frère ?
―何でまたそんな風に泣いているの？
―僕をぶったの，ステファンが！
―ステファン！すぐここに来なさい！どうして弟をぶったりしたの？

Rends-moi tout de suite ma poupée, sinon je vais te battre !　私の人形すぐに返して．でないとぶつわよ．

Son père la battait, paraît-il. 父親が彼女をぶっていたらしいよ．

説　明：1) 身体に及ぼされる暴力行為について用いる．
　　　　2) 身体の部位を明らかにしない場合に用いる．
参　考：(E) hit

2- SN (人) + battre + 限定詞 + 特定の名詞

Ils ont une manière très particulière de battre le tambour. 太鼓をたたくのに，彼らはとっても変わったやり方をするんだよ．

特定の名詞：tambour, mesure など

3- SN (人) + frapper + SN (人・動物) [+ 前置詞 + 定冠詞 + 身体の名詞]

- Il m'a frappé au visage. ―彼は僕の顔を殴ったんだ．
- Tu as saigné ? ―血が出たの？

Je ne savais plus comment me défendre, alors j'ai pris ce qui me tombait sous la main et je l'ai frappé sur la tête. もうどうやって自分の身を守ったらよいかわからなかったので，手のそばにたまたまあったものを取って，その男の頭を殴ったのです．

Qui a frappé le chien ? C'est toi, Antoine ? 誰が犬をぶったの？お前なの，アントワーヌ？

注　意：3〜4, battre が複数回の行為を示すのに対し，frapper は1回の行為を示す．
参　考：3〜4, (E) hit; strike

4- SN (人) + frapper + SN (人) + avec SN (物)

Le pire, c'est qu'il voulait me frapper avec son club de golf. 何よりもひどいことに，彼は私をゴルフクラブで殴ろうとしてきたのよ．

- Avec quoi est-ce qu'il vous a frappé ? ―彼は何であなたを殴ったのですか．
- Je ne sais pas, je n'ai pas bien vu, mais je crois que c'était un livre ou un dictionnaire ou quelque chose comme ça. ―わかりません．よく見なかったので．でも，本か辞書のようなものだったと思います．

5- SN (物) + frapper + SN (人)

Il est mort sur le coup. La balle l'a frappé en pleine tête. 彼は即死だった．弾が頭に命中したのだ．

参　考：(E) hit

6- SN (人) + frapper + SN (物)

- Je ne sais pas jouer au tennis.
- Oh, c'est simple. Tu n'as qu'à frapper la balle avec une raquette.

　一テニスはできないんだ．
　一なんだ，簡単さ．ラケットでボールを打てばいいんだよ．

　慣　用：J'ai frappé plusieurs fois à la porte, mais personne n'a répondu. Je suppose qu'ils étaient absents.
　　　　私はドアを何度もノックしたが誰も答えなかった．彼らはいなかったのだと思います．
　　　　Je frapperai dans mes mains pour donner le signal du départ.
　　　　スタートの合図に手を叩くことにしましょう．

7- SN (人) + taper + SN (子供)

Tiens-toi tranquille, sinon je vais te taper [dessus].

おとなしくしてなさい．じゃないと叩くからね．

Papa ne m'a pas tapé. Il m'a dit de ne plus recommencer.

パパは私を叩かないで，もう二度とするなよと言った．

　説　明：7～8，子供をしかるとき，手のひらで叩くこと．
　強　調：もっと強く叩く場合は次の表現を用いる．
　　　　gifler, donner une gifle, donner une paire de gifles, donner une claque, donner une paire de claques.

8- SN (人) + 人称代名詞 (間接目的補語) + taper sur + 定冠詞 + 特定の名詞

Le règlement de l'école annonce qu'il n'est plus permis de taper sur les doigts des enfants.

学則によると子供たちの指を叩くことは今は禁じられています．

　特定の名詞：doigts, fesses, nez, tête

9- SN (人) + donner une fessée à + SN (子供)

Si tu recommences, je vais te donner une fessée.

今度やったらお尻をぶちますよ．

　使い方：子供に向かって言う時に用いられる．
　同　意：SN (人) + fesser + SN (子供)

42　battre / gagner

　　　　確認問題
次の文の（　　）の中から適切な語句を選びなさい．
A. Ali a (gagné/battu) par K.O.

アリはＫＯで勝った．
B. Ali a (gagné/battu) Formann par K.O.
アリはフォアマンにＫＯで勝った．
C. Mon équipe a (gagné/battu) le dernier tournoi.
私のチームはこのあいだのトーナメントで勝った．

解答：A. gagné cf.2　　B. battu cf.1　　C. gagné cf.3

1- battre + SN (人，チーム) [+ à + SN (スポーツ，遊びの名)]

- Akebono, c'était le pire ennemi de Takanohana.
- Mais Takanohana le battait toujours.

—曙は貴乃花の難敵だった．
—でも貴乃花がいつも勝ってたよ．

Franchement, je ne crois pas qu'il soit capable de te battre aux échecs.

正直なところ，チェスで彼が君に勝てるとは私は思わない．

Les Dragons ont battu les Tigers [par] 4 à 2.

ドラゴンズはタイガースに４対２で勝った．

反　意：se faire battre par + SN (人，チーム)
参　考：(E) beat, defeat

2- gagner [+ à + SN (スポーツ，遊びの名)]

Si tu gagnes, je te paie un verre.

もし君が勝ったら，一杯おごりましょう．

Quand je joue contre Paul au bowling, je ne gagne jamais.

ポールとボーリングをすると，絶対勝てない．

注　意：battre と異なり，gagner は対戦相手を直接目的補語としない．
反　意：2～3, perdre [+ 限定詞 + 特定の名詞]
参　考：2～3, (E) win
比　較：Les Tigers ont gagné hier soir. Ils ont battu les Giants [par] 10 à 0.
タイガースが昨晩勝った．10対０でジャイアンツを負かした．

3- gagner + 限定詞 + 特定の名詞

Dominique a perdu le premier match, mais il a gagné les deux suivants.

ドミニックは最初の試合で負けたが，次の二つの試合に勝った．

特定の名詞：match, tournoi, partie, manche, set など

43 avoir besoin de + 名詞 / avoir besoin de + SN

確認問題

次の（　）の中から最も適切な語句を選びなさい．
A. J'aurais besoin (de / d'une / de la) nouvelle robe du soir.
　　私に新しいイヴニングドレスが一着要るわ．
B. Mes pantalons ont besoin (de / d'un / du) repassage.
　　僕のズボンにアイロンかけなきゃ．

解答：A. d'une cf.2　B. de cf.1

1- avoir besoin de + 名詞

Maman, j'aurais besoin d'argent ...	ママ，お金が必要なんだけど……
Mes rosiers ont besoin d'eau et de soleil.	私の育てているバラの木には，水と日光が必要だ．
Les murs auraient grand besoin de peinture.	壁を塗り替える必要が大いにあるね．
On a besoin de courage et de patience dans la vie.	人生においては勇気と忍耐が必要だ．
J'aurais besoin de nouvelles lunettes.	新しい眼鏡が要るだろうなあ．

注　意：de の後に部分冠詞，不定冠詞（複数）が続く場合は，その冠詞を省略する．
参　考：(E) 1〜2, need + SN

2- avoir besoin de + SN

Il aurait besoin de dix mille yens pour acheter un billet de concert.	コンサートの切符を買うなら，彼は1万円は要るだろうに．
J'ai besoin des dix mille yens que je t'ai prêtés hier.	昨日貸した1万円がいるんだ．
J'aurais besoin de ton stylo, tu peux me le prêter ?	君の万年筆が要るんだけど，貸してくれるかい？
Viens, j'aurais besoin de toi. / ton aide.	ねえ，君に手伝ってほしいんだけど．
Vous auriez besoin d'une meilleure alimentation.	あなたはもっと栄養のある物を摂る必要があるでしょうね．
Julien aura besoin d'une voiture pour se rendre à son travail.	ジュリアンは仕事に行くのに車が必要となるだろう．

Papa, j'ai besoin de la voiture. Tu peux me prêter la clé ?　パパ、(家の)車が必要なの。鍵を貸してくれる？

Tokyo aurait besoin de plus de verdure.　東京にはもっと緑が必要でしょうね。

Tu as besoin de quelque chose ? Je vais à Shinjuku.　何か必要な物ある？新宿へ行くんだけど。

比　較：Ta chambre a besoin | d'un bon nettoyage.
　　　　　　　　　　　　　 | d'un nettoyage.
　　　　　　　　　　　　　 | de nettoyage.

　　君の部屋は | よく　| 掃除する必要がある。
　　　　　　　 | 一度　|
　　　　　　　 | 掃除が必要だね。

J'aurais besoin | d'une enveloppe.（1枚）
　　　　　　　 | d'enveloppes.（何枚か）

Il me faudrait des enveloppes.（何枚か）
封筒が要るなぁ。

44　bibliothèque / librairie / maison d'édition / éditeur

確認問題

次の文の（　）の中から最も適切な語句を選びなさい。

A. Ce livre ne se trouve pas (à la librairie / à la bibliothèque) de l'université.
　この本は大学の図書館にはない。

B. Ça n'a pas été facile de trouver (une maison d'édition / une librairie / un éditeur) pour mon premier roman.
　私の処女小説を引き受けてくれる出版社を見つけるのは容易ではなかった。

　　　　　　解答：A. à la bibliothèque cf.1　B. une maison d'édition あるいは un éditeur cf.3

1- bibliothèque

Je t'attendrai à la sortie de la bibliothèque de la Sorbonne.　ソルボンヌの図書館の出口で君を待っています。

Cet après-midi, je vais travailler à la bibliothèque.　今日の午後、私は図書館で勉強するつもりだ。

　使い方：1) 図書館。2) 本棚。3) 今日ではまれだが、家庭内にあって本を収蔵し、そこで読書もできるような部屋、書庫。
　注　意：librairie には「図書館」の意味はない。
　参　考：(E) library

2- librairie

C'est une librairie qui se spécialise dans l'orientalisme.
ここは、東洋のことを専門に扱っている本屋だ。

Dans cette librairie, tu pourras trouver des livres de littérature russe, je pense.
この本屋で、君はロシア文学関係の本を見つけることができると思うよ。

参 考：(E) bookshop

3- maison d'édition / éditeur

Vous avez déjà rencontré l'éditeur ?
出版社の人にもう会ったんですか。

使い方：1) ただし、例えばラルース社 (la Librairie Larousse) は、いわゆる本屋 (librairie) ではなく出版社 (maison d'édition)。

2) paraître / sortir aux Éditions "....."
    Le livre sortira en juillet, aux Éditions du "Seuil".
    その本は7月にスイユ社から出る予定だ。
    Ce livre a paru en 1993, aux Éditions "Hachette".
    この本は1993年にアシェット社から出た。

45 bien des (du / de la / de l') + 名詞 / beaucoup de + 名詞

───── 確認問題 ─────

次の文の誤りを正しなさい。

A. Nous avons eu bien d'ennuis à la frontière.
私達は国境でいろいろと困った目にあった。

B. Il n'y a pas eu bien des touristes, cette année.
今年はあまり旅行者がいなかった。

解答：A. bien d'ennuis → bien des ennuis あるいは beaucoup d'ennuis cf.3
　　　B. bien des touristes → beaucoup de touristes cf.9

1- bien des + 特定の名詞（複数形）

— Je voudrais apprendre à patiner.
—スケートを習いたいわ。

— Il s'agit tout bonnement de patiner bien des fois.
—そりゃもう、実際に何度も滑ってみることさ。

— Marcel a eu une indigestion.
—マルセルがお腹をこわしたの。

— Je l'avais averti bien des fois.
—何度も注意しておいたのに。

45 bien des (du / de la / de l') + 名詞 / beaucoup de + 名詞

Nous nous connaissons depuis bien des années.　　私たちは何年も前からの知り合いです.

- Papa, dis, ça s'est passé quand ?　　―パパ, ねえ, それいつのこと？
- Oh, il y a bien des années de ça !　　―うーん, そりゃもう何年も前のことだよ.

Ça va prendre bien des semaines avant qu'il [ne] guérisse.　　彼が回復するまでには何週間もかかるだろう.

特定の名詞：fois, semaines, années, mois, journées, jours, heures など
注　意：時を表す名詞には bien des ～ が用いられ, beaucoup de ～ は用いられない.
同　意：un grand nombre de + 特定の名詞；un bon nombre de + 特定の名詞
参　考：1) bien des fois の方が souvent よりも頻繁であることを意味する.
　　　　2) (E) a good many; quite a few

2- bien d'autres + 名詞（複数形）

J'aurais bien d'autres choses à te raconter mais je m'arrête là.　　他にもたくさん話すことがあるんだけど, ここまでにしておくよ.

Il a bien d'autres soucis que de s'occuper de ses chiens.　　彼には, 飼い犬の世話の他にも心配事がたくさんある.

3- | bien des + 名詞（複数形）
　　 | beaucoup de + 名詞（複数形）

1) Je connais beaucoup de gens qui souffrent sans le montrer.　　私は, 表に出しはしないけれど, 陰で苦しんでいる人を随分知っていますよ.

Bien des enfants souffrent de malnutrition.　　栄養失調で苦しんでいる子供たちは多い.

使い方：gens, personnes, enfants, hommes, femmes などと共に用いる.

2) Il lui a fallu passer par beaucoup de difficultés pour obtenir ce visa.　　彼(女)がビザを取得するには困難を随分経なければならなかった.

J'ai refusé pour bien des raisons.　　色々と理由があって私は断わりました.

使い方：1) beaucoup de の後の名詞は無冠詞.
　　　　2) 他の量的な副詞とは異なり, bien de は常に名詞の前に定冠詞をつけて用いる.
　　　　3) problèmes, soucis, ennuis, difficultés, épreuves などと共に用いる.
同　意：des tas de + 名詞（会話）
反　意：| un petit nombre | de + 名詞（複数形）
　　　　| peu

4- bien du / de la / de l' + 名詞（単数形）
beaucoup de + 名詞（単数形）

- Nous partons demain, à l'aube.	―私たちは明日夜明けに出発します.
- Je vous souhaite bien du plaisir.	―楽しんできて下さいね.
Nous avons eu beaucoup de peine à trouver leur maison.	私たちはやっとのことで彼らの家を見つけた.
Ils se font beaucoup de souci pour Naoki.	彼らは直樹のことで随分心配しています.
Ils se sont donné bien du mal pour recevoir les Durand.	彼らは, 相当頑張ってデュラン家の人々をもてなした.

5- beaucoup de + 特定の名詞

Ils nous ont reçus avec beaucoup de gentillesse.	彼らは私たちを丁重にもてなしてくれた.
J'ai beaucoup de sympathie pour elle.	僕は彼女にとても好感を持っているよ.
C'est un garçon qui a beaucoup de savoir-faire.	とても世渡りのうまい少年だよ.

特定の名詞: gentillesse, amabilité, grâce, charme, sympathie, savoir-faire など

6- beaucoup de + 名詞（単数形）

Je voudrais un whisky avec beaucoup d'eau.	すごく薄い水割りを下さい.
Georges prend toujours beaucoup de sucre dans son café.	ジョルジュはいつもコーヒーにたっぷり砂糖を入れます.
Il vous faut beaucoup de sommeil.	あなたはぐっすり眠らなければいけませんよ.
Avec deux familles en plus, ça fera beaucoup de monde.	あと二家族増えると大勢になるな.
À ce qu'il dit, il aurait besoin de beaucoup d'argent.	彼の話では, お金が沢山要るらしい.

使い方: 名詞は具体的な物質名詞の場合, 普通 beaucoup de の方が用いられる.
反　意: peu de + 名詞（単数形）

7- beaucoup de + 名詞（複数形）

La plupart des familles japonaises possèdent beaucoup d'appareils électriques.	日本の家庭には大抵沢山電化製品があります.

Dans le journal du lundi, on trouve beaucoup d'offres d'emploi.
月曜日の新聞に沢山求人広告が載っていますよ。

Il faut visiter beaucoup de maisons avant de trouver la bonne.
良い家を見つける前には沢山家を見て回らなければなりませんよ。

Il aime les fruits et il en mange beaucoup.
彼は果物が好きで沢山食べます。

　使い方：可算名詞複数形と共に用いる。
　同　意：des tas de ＋ 名詞（会話）

8- avec beaucoup de ＋ 名詞（会話）

Sandrine a réagi avec beaucoup de tact.
サンドリーヌは非常に如才なく対処した。

Il prépare ses cours avec beaucoup de soin.
彼はとても丁寧に授業の準備をします。

Il a accepté de nous aider avec beaucoup de gentillesse.
彼はまことに親切に私たちの手伝いを引き受けてくれました。

　使い方：avec の後に bien des (du, de la, de l') ＋ 名詞はあまり用いられない。

9- 否定文 ＋ beaucoup de ＋ 名詞

Il ne reste plus beaucoup de jours avant la fin de l'année.
もう大晦日まで何日もないね。

Il n'a jamais montré beaucoup d'enthousiasme pour le baseball.
彼はこれまでに野球が好きなようなそぶりは、それほど見せたことがなかった。

J'ai été surprise, il n'y avait pas beaucoup de monde.
私驚いたわ。あまり人がいなかったの。

　使い方：否定形では beaucoup de のみが用いられる。
　　　　　Je n'ai pas | beaucoup de temps, | vous savez?
　　　　　　　　　　 | ×bien du temps, |
　　　　　私、時間があまりないんですよ。

46　billet / ticket

――― 確認問題 ―――

次の文の（　）の中から適切な語を選びなさい。

A. Combien tu as payé ton (billet / ticket) pour le concert des Rolling Stones?
ローリングストーンズのコンサートのチケットはいくらだったの？

B. Il faut s'y prendre très tôt pour trouver un (billet / ticket) d'avion

pour l'Europe.
ヨーロッパ行きの航空券を手に入れるには早いうちから取り掛かるべきだ．

解答：A. billet cf.1　B. billet cf.1

1- billet

- Tu as les billets ?　　　　　　　　　　　―切符は持っている？
- Oui, ils sont dans mon sac.　　　　　　　―ええ．かばんの中に入っているわ．

"Entrée réservée aux personnes munies d'un 「チケットのない方，入場お断り．」
billet."

Quels sont les numéros des billets 当たりくじの番号は何番だい？
gagnants ?

　使い方：飛行機，列車，長距離バス用の切符，映画，演劇，野球やラグビーの試合，コンサートの入場券，宝くじ，紙幣など．
　参　考：1〜2, (E) ticket

2- ticket

Tu as un ticket [de métro] à me prêter ?　　[地下鉄の]切符貸してくれない？

Il faut d'abord se procurer un ticket-repas.　まず食券を手に入れないとね．

　使い方：地下鉄や路線バスの切符，食堂(学食などの)食券にのみ用いられる．
　比　較：Combien coûte un ticket de métro pour Aoyama 1-chome ?
　　　　　Combien coûte un billet de train pour Sendai ?
　　　　　青山一丁目までの[地下鉄の]切符はいくらするの？
　　　　　仙台までの[列車の]切符はいくらするの？

47　bon / beau / bien

──── 確認問題 ────

次の文の（　）の中に bon / beau / bien の中から最も適切なものを，しかるべき形にして入れなさい．

A. Le cours de ce professeur est (　　).
　　あの先生の講義はいいですよ．

B. J'espère que rien ne viendra gâter ce (　　) jour de notre mariage.
　　私たちの結婚式という良き日が無事に何事もなく済むといいなあ．

C. Je garde de (　　) souvenirs de mon séjour en Espagne.
　　スペインにいたときには良い思い出がたくさんあります．

> D. Sylvain m'a rapporté un (　　) cadeau des États-Unis.
> シルヴァンは私にアメリカから素敵なプレゼントを持ち帰ってくれました.
>
> 解答：A. bien cf.IV-2　B. beau cf. II-3　C. bons cf.I-4-2)　D. beau cf.II-2

I- bon

1- c'est bon（会話）

- Je suis bien dans la direction du Palais-Royal ?
- Oui, continuez tout droit, c'est bon.

―パレロワイヤルはこちらの方向でいいのでしょうか.
―ええ, そのまままっすぐ行って下さい. それでいいです.

La première phrase est mal traduite. Pour le reste, c'est bon.

最初の文の訳はよくないけれど, そのあとはいいですよ.

　同　意：c'est correct（会話）

2- SN（物）+ être bon

Je vous rends vos versions françaises; la plupart sont bonnes.

仏文解釈の答えをお返しします. 大部分はよくできています.

Ce bifteck n'est pas bon.

このステーキはおいしくない.

Je trouve que l'idée est très bonne.

発想はとても良いと思います.

Dans cette traduction, plusieurs chapitres ne sont pas bons.

この翻訳書には, うまく訳されていない章がいくつもある.

3- SN（物）+ être bon pour + SN（健康・病気など）

Il faut manger des légumes autant que possible, c'est bon pour la santé.

できるだけ沢山野菜を食べましょう. 健康にいいんですよ.

Cette liqueur est bonne pour la digestion.

このリキュールは消化にとてもいいんですよ.

L'eau de Kusatsu est bonne pour les rhumatismes.

草津の湯はリューマチに効きます.

　強　調：SN（物）+ être excellent pour + SN
　　　　Les comprimés Valda sont excellents pour les maux d'estomac.
　　　　ヴァルダという錠剤は胃痛にすごく良く効くよ.

　反　意：SN + être mauvais pour + SN; (×) être mal pour + SN

4- 限定詞 + bon + 名詞（物）

1) Elle fait de la bonne cuisine.	彼女は料理がうまい。
Ce restaurant est connu pour ses bons vins.	このレストランはおいしいワインを出すことで知られているんだ。
Attends, je vais te préparer un bon petit café.	待ってて。おいしいコーヒーを入れてあげよう。
2) Ce menuisier a de bons outils traditionnels.	あの指物師は昔ながらの良い道具を持っている。
Vous avez lu un bon livre récemment ?	最近何か良い本を読みましたか？
Ce que Jeanne dit est un bon exemple.	ジャンヌの発言が良い例だ。
3) Cette maison est solide : c'est de la bonne pierre du pays.	この家はしっかりしている。この地方の堅固な石でできているから。
Les Italiens fabriquent de bonnes chaussures.	イタリア人は丈夫な靴を作る。
Le Docteur Miller m'a dit que c'était très bon pour le cœur de faire de la gymnastique le matin.	ミラー先生は私に、午前中に運動するのはとっても心臓によいとおっしゃったわ。

5- bon (人に関して)

Il n'est pas très bon comme dentiste.	彼は歯医者としてはあまり腕が良くないよ。
C'est un bon pianiste.	彼は上手なピアニストです。
Takeshi, c'est un bon joueur de foot.	猛はサッカーがうまいんだ。
C'est un bon professeur mais un mauvais père.	彼は良い先生だが、反面悪い父親でもある。
Essaie de choisir un bon mari.	良い旦那さんを選ぶようになさいね。

6- 限定詞 + bon + 特定の名詞 (時に関する)

Tu as passé une bonne journée ?	よい一日を過ごしましたか？
Je vous souhaite une bonne année.	よい年となりますように。
Bon anniversaire, Mika !	美佳、誕生日おめでとう。
– Tu te souviens du temps où on jouait à la marelle ensemble ?	—石けりをして遊んだ頃のこと覚えてるかい？
– Oui. C'était le bon temps !	—ああ、いい時代だったね。

特定の名詞：voyage, séjour, fêtes, journée, année, vacances, soirée, nuit,

7-
```
c'est bon de + inf.
c'est une bonne chose de + inf.
il est bon de + inf. (あらたまって)
```

C'est bon de réserver d'avance.	前もって予約しておくといいよ.
Ce serait une bonne chose de prendre des renseignements avant de partir.	出かける前に色々と聞いておくのがいいんじゃないか.
Il n'est pas toujours bon de dire la vérité.	真実を言うことが必ずしも良いわけではない.

参 考：(E) it's a good idea to …; it's a good thing to …; it's advisable to …; it's safe to …

II- beau

1- SN + être beau

Les châteaux de la Loire sont très beaux.	ロワールの城はとても美しい.
La femme qui a servi de modèle pour la Joconde a dû être très belle.	モナリザのモデルとなった女性は, とても美しかったにちがいない.
Les vieilles chansons sont toujours belles.	古い歌はいつになっても素晴らしい.
Stéphanie n'était pas particulièrement belle mais elle avait beaucoup de charme.	ステファニーは格別きれいというわけではなかったが, とても魅力的だった.
Ce qu'a fait Mère Teresa, comme c'est beau !	マザー・テレサのなさったことは, 素晴らしいかぎりです.

2- 限定詞 + beau + 名詞

1) C'est un bel homme.	彼は美男だ.
2) Elle porte une belle robe.	彼女は美しいドレスを着ている.
"Le Nom de la rose", c'est un beau livre.	『バラの名前』は素晴らしい本です.
Elle m'a offert un très très beau cadeau.	彼女は私に, それは素敵なプレゼントをくれたのです.
Au musée d'Orsay, on peut voir de belles peintures.	オルセー美術館では美しい絵画が見られます.
"Au revoir les enfants" est un beau film.	『さようなら子供達』は美しい映画です.

比 較：Les légumes que l'on achète ont souvent l'air beaux, mais quand

on les mange, on ne les trouve pas bons.
売っている野菜はたいてい見かけはいいんだけれど，食べてみるとあまりおいしくないんだ．

3- 限定詞 + beau + 特定の名詞

Cet été, on a eu du beau temps pour les vacances. 今年の夏休みは天候に恵まれた．

J'aime les belles journées ensoleillées de mai. 私は，5月の太陽の降り注ぐ晴れた日が好きだ．

- 特定の名詞 : après-midi, soleil, matinée, soirée, nuit étoilée, journée, jour, temps など
- 比　較 : J'espère que tu | auras du beau temps | à la montagne.
　　　　　　　　　　　　　| passeras un bon moment |
　　山で | 天候に恵まれる | といいですね．
　　　　 | 楽しい時が過ごせる |
- 慣　用 : Un beau jour, on en reparlera.
　　　　　いつかこのことについてまた話しましょう．

III- | bien
　　　　| une bonne chose

1- SN (物) + est | bien
　　　　　　　　　　| une bonne chose

On dit que l'uniforme est bien parce qu'on ne remarque pas les différences sociales. 生活レベルの違いがわからないから，制服は良いのだと言われている．

Se taire est parfois une bonne chose. 沈黙することは時にはよいことだ．

- 使い方 : 主語は動詞の不定法か総称名詞

2- c'est | bien　　　　　　　　　| + | de + inf.
　　　　　 |　　　　　　　　　　　 | | que + 節 (接続法)
　　　　　 | une bonne chose |

C'est bien de se lever tôt. 早起きするのはいい．

Vos enfants grandissent et font de bonnes études. C'est une bonne chose. お宅のお子さんは大きくなられて，学業も優秀ですね．結構ですね．

C'est bien qu'il se soit remis si vite de son accident. 彼があの事故からこんなに早く回復できてよかった．

C'est bien d'être accueillant avec les étrangers ! 外国の人たちを温かくもてなすのは良いことですよ．

Il y a de plus en plus de Chinois qui étudient les langues étrangères. C'est une bonne chose.　　外国語を学ぶ中国人がますます多くなっている。いいことである。

Ce serait bien qu'ils se joignent à nous.　　彼らも一緒に来てくれたらいいのにねえ。

注意：普通 il est bien |de + inf.| は用いられない。
　　　　　　　　　　　|que + 節|

比較：|C'est bien　|de mettre un peu d'argent de côté.
　　　|×Il est bien|
　　　|C'est bon　 |
　　　|Il est bon　|

お金を少し貯めておく|ことはいいことだね。
　　　　　　　　　|といいよ。

IV- bien

1- C'est bien

C'est bien dans ce quartier : on a tout sous la main.　　このあたりはいいですね。何でもすぐ手に入る。

La critique, c'est bien. L'art, c'est encore mieux.　　批評は良いものだが、芸術そのものの方がずっと良いのだ。

[C'est] bien, maintenant tu peux t'en aller.　　よし、もう行ってもいいよ。

2- SN + être bien

Ce tableau de Cézanne est vraiment bien.　　セザンヌのこの絵は本当に素晴らしい。

La critique de ce roman était bonne, mais moi, je trouve qu'il n'est pas bien.　　この小説への批評は良かったが、僕はこの小説はあまり出来が良くないと思う。

Distinguer entre ce qui est bien et ce qui est mal, ce n'est pas toujours facile.　　良いことと悪いことの区別は、必ずしも容易ではない。

On est bien chez vous.　　お宅は気持ちがいいですね。

比較：1) Il paraît que "Le dernier Empereur" est |bien.
　　　　　　　　　　　　　　　　　　　　　　　　|un |bon |film.
　　　　　　　　　　　　　　　　　　　　　　　　　　|beau|

『ラスト・エンペラー』は|よくできているらしい。
　　　　　　　　　　　|良い映画らしい。
　　　　　　　　　　　|美しい映画らしい。

2) Cet architecte construit |de beaux immeubles.
　　　　　　　　　　　　　　|des immeubles qui sont bien.

この建築家は｜きれいなビルを建てる．
　　　　　｜しっかりとしたビルを建てる．

3) Les habitants d'Évry trouvent que cette ville nouvelle est
   ｜belle.
   ｜bien.

エヴリーの住民達は，この新しい町が｜美しいと思っている．
　　　　　　　　　　　　　　　　　｜快適だと思っている．

4) Elle s'est acheté ｜une belle robe.
　　　　　　　　　　｜une robe qui est bien.

彼女は｜美しい｜ドレスを買った．
　　　｜いい　｜

5) Tout le monde dit que ｜c'est une bonne bibliothèque.
　　　　　　　　　　　　｜cette bibliothèque est bien.

よい図書館だと　　　　　　　　｜皆が言っています．
この図書館はちゃんとしていると ｜

6) ｜Il est｜bien｜comme éditorialiste.
　　　　　｜bon　｜
　 ｜Il est bon éditorialiste.
　 ｜彼は論説委員としては良い．
　 ｜彼は良い論説委員だ．

3- 不定冠詞 + 特定の名詞 + **bien**

C'est un garçon bien, il vous donnera satis-　　いい少年ですよ．彼には満足されること
faction.　　　　　　　　　　　　　　　　　　でしょう．

Ce sont des gens très bien, ces Legrand.　　　とてもいい人たちですよ，ルグランさん
　　　　　　　　　　　　　　　　　　　　　　一家は．

J'ai des enfants très bien qui s'occupent de　私にはとてもいい子供たちがいて，私の
moi.　　　　　　　　　　　　　　　　　　　面倒を見てくれるんだ．

　特定の名詞：garçon, jeune fille, homme, femme, personne, gens, type など
　使い方：まれに物の名に対する付加形容詞として用いられる．
　　　　　C'est une robe bien.
　　　　　これは素敵なワンピースね．
　参　考：(E) it is + 不定冠詞 + nice + 特定の名詞
　比　較：｜C'est un homme bien. Il fera l'affaire.
　　　　　　｜C'est un homme bon. Il donne tout ce qu'il a.
　　　　　　｜できる男だよ．いい仕事をするだろう．
　　　　　　｜気のいい男だよ．彼は，持っているものなら何でもくれるよ．

4- 特定の言葉 + **de bien**

C'est quelqu'un de très bien, tu vas voir.　　とてもしっかりした人なんだよ。きっと君もわかるよ。

Je suis allé aux soldes mais je n'ai rien trouvé de bien.　　僕はバーゲンに行ったけれど何もいいものは見つけられなかった。

> 特定の言葉：quelqu'un, quelque chose, ne ... rien など
> 比　較：J'ai | quelqu'un de bien à te présenter.
> 　　　　　　　| quelque chose de bon à te faire manger.
> 　　　　　|君に紹介したい立派な人がいるんだ。
> 　　　　　|君に食べさせたいおいしいものがあるんだ。

5- 動詞 + bien (副詞)

Il saisit bien le problème.　　彼は問題を良く把握している。

Tout ce qu'il fait, il le fait bien : il parle bien, il travaille bien, il nage bien, il joue bien du piano et ... il ment très bien !　　彼はやることなすことすべてうまくやるよ。話も上手だし、よく働くし、泳ぎもピアノもうまい。それに、嘘をつくのもすごくうまいんだ。

Il faut commencer par bien comprendre les jeunes avant de les juger.　　若者たちがどうのこうのと言う前に、彼らのことをよく理解することから始めなければならない。

> 比　較：Louise | fait | bien la cuisine.
> 　　　　　　　　　　　| de la bonne cuisine.
> 　　　　　　　　　| est bonne cuisinière.
> 　　　　　　Louise, c'est une bonne cuisinière.
> 　　　　　ルイーズは料理がうまい。

48　bruit / bruits

---- 確認問題 ----

次の文の（　）の中から最も適切な語句を選びなさい。

A. Il y a toujours (du bruit/des bruits), dans ce quartier.
　　この辺りはいつもうるさいね。

B. Il y a (le bruit étrange/des bruits étranges) chez les voisins.
　　隣りの家から妙な音が聞こえるよ。

C. Il lui était impossible de dormir dans (le bruit/du bruit/des bruits).
　　騒がしい中では、彼は眠れなかった。

解答：A. du bruit cf.1　　B. des bruits étranges cf.5　　C. le bruit cf.2

1- du bruit

Dans notre quartier, il y a du bruit. 私たちの住んでいる界隈は騒がしい．

Les enfants, un peu de silence, vous faites trop de bruit. （子供達に向かって）君たち，ちょっと静かに．騒がしすぎる．

Certaines personnes se sentent rassurées et moins seules lorsqu'elles entendent du bruit. ざわざわと物音がしている方が落ち着くし，孤独感がないという人がいる．

使い方：1) **1〜4**，単数のみで用いる．
2) 目的語として．
3) faire du bruit は一つの慣用的表現であり，常に単数形．
- Qui fait | du bruit comme ça ?
　　　　　 | ×des bruits comme ça ?
- Les voisins.
―誰だ，こんなにうるさいのは？
―お隣りよ．

2- le bruit

1) Il m'est impossible d'étudier dans le bruit. 騒がしい中で勉強するのは私には不可能だ．

Depuis qu'il est alité, il est très sensible au bruit. 彼は，病気で寝込んでから物音にとても敏感になった．

Ne m'en parlez pas, j'ai horreur du bruit. On pourrait peut-être aller chez Denise. おっしゃる通りです．騒がしいのはぞっとします．ドゥニーズの店でも行きましょうか．

On est tellement habitué à vivre dans le bruit qu'on a peur du silence. 騒がしい中で生活するのにあまりに慣れてしまっているので，しーんとしていると恐いくらいだ．

説　明：一般的な意味での騒音を指す．

2) Dès qu'on fait le moindre petit bruit, les écureuils s'enfuient. 少しでも音をたてたらリスは逃げます．

Je tombe de sommeil. Le bruit qu'a fait le voisin m'a empêché de dormir. 眠くて倒れそうだ．隣りの人がうるさくて眠れなかったんだ．

3- 定冠詞 + bruit de + SN

Les gens se plaignent que le bruit des moteurs d'avion les empêche de dormir. 飛行機のエンジンの音で眠れないと人々は不平を言っている．

On entend le bruit des camions dans toute la maison.　この家の中では，どこにいてもトラックの音が聞こえる．

Les bruits [venant] de la rue te dérangent ?　通りの騒音が耳障りですか？

4- un bruit [＋形容詞]

Je ne peux pas dormir dans un bruit pareil.　こんな騒がしい所では眠れない．

Le moteur du frigo fait un drôle de bruit. Tu l'entends ?　冷蔵庫のモーターが変な音を立ててる．聞こえるかい？

Tout ça faisait un bruit infernal.　それらが合わさってすさまじい騒音をたてていた．

5- des bruits [＋形容詞]

J'ai entendu des bruits de dispute, hier soir. Ensuite, j'ai entendu des bruits de pas.　昨夜言い争う声が聞こえた．次に足音が聞こえた．

On entend des bruits bizarres dans cette maison.　この家の中にいると変な物音が聞こえてくる．

説　明：この場合，物音がいくつも混じっていることを指す．
参　考：(E) 英語の noise は常に単数形．
比　較：1) J'entends | un bruit | dans la cuisine.
　　　　　　　　　　| des bruits |
　　　　台所で物音がする．
　　　2) Des bruits de voix parvenaient jusqu'à nous.
　　　　 Un bruit de voix suffit à la réveiller.
　　　　話し声が私たちの所まで聞こえてきた．
　　　　ちょっとした話し声が聞こえるだけで彼女は目が覚める．

49　ça / ce / il（主語として）

―― 確認問題 ――

次の文の（　）の中から最も適切な語を選びなさい．

A. La natation, (ça/ce/il) détend.
　　水泳はリラックスさせてくれる．

B. Cet ordinateur, (ça/ce/il) ne se vend plus !
　　このコンピューターはもう売っていない．

解答：A. ça cf.2　B. ça あるいは il cf.3,10

1- 不定冠詞 + 名詞, ça + 動詞（会話）

Des types comme lui, ça me fait rire.	あいつみたいなやつらはお話にならないよ.
Une partie de bridge avec lui, ça me fatigue beaucoup.	彼と一緒にブリッジの勝負をすると, すごく疲れるよ.
Ça ne parle pas, une poupée !	人形は口をきかないものだよ.
Quelques jours de vacances, ça le reposera.	何日か休みをとれば, 彼は休養できるでしょうね.

使い方：**1～5**, この形は主語を強調するもので, 会話で多用される.
注　意：不定冠詞＋名詞は主語人称代名詞ではなく, ça でうける.
比　較：Un kimono, ça coûte combien ?
　　　　Ce kimono, ｜il coûte combien ?
　　　　Son kimono,
　　　　着物は一枚どのくらいするの？
　　　　その着物は　｜どのくらいするのですか？
　　　　彼女の着物は

2- 定冠詞 + 名詞（物）, ça + 動詞（会話）

Le water polo, ça m'amuse beaucoup.	水球（ウォーター・ポロ）は, 私にはとても面白い.
Le base-ball, ça amuse les jeunes et les vieux.	野球は, 若者も老人も楽しませる.
L'alcool, ça la rend triste.	彼女はアルコールを飲むと陰気になる.

注　意：総称的用法の定冠詞の付いた名詞は主語人称代名詞ではなく, ça でうける.

3- 所有形容詞 / 指示形容詞 / 定冠詞 + 名詞（物）, ça + 動詞（くだけて）

Son attitude, ça nous cause beaucoup de soucis.	彼(女)の態度には私たちははらはらさせられるよ.
Cette demande, ça nous a tous surpris.	その要求には, 私たちは皆驚いたよ.
Leurs folies, ça m'énerve.	彼らのばかげた言動には, いらいらしちゃう.
Les gamines, ça ne vous semble pas un peu étrange, cette histoire ?	ねえ女の子たち, この話, ちょっと変だと思わない？
Ses mots d'amour, ça me fait rire.	彼(女)の愛の言葉には笑っちゃうね.
La mort de John Lennon, ça a fait pleurer bien des jeunes filles.	ジョン・レノンの死で, 多くの若い女性が泣いたものさ.

注　意：**3～4**, この場合名詞は人称代名詞でうけるのが普通であり, このように ça でうける

4- SN (人), ça + 動詞 (くだけて)

Les enfants, ça casse tout. 　　　　子供というのは, 何でもこわしてしまう。

Moi, je n'aime pas les filles. C'est bête, ça ne sait pas jouer à autre chose qu'à la poupée et à la marchande et pis, ça pleure tout le temps.
　　ぼく, 女の子はきらいなんだ。バカだし, お人形さんごっこもお店屋さんごっこしかできないし, おまけに泣いてばかりいるもん。

比　較 : Les grandes personnes, | ça ne comprend rien aux enfants. (くだけて)
　　　　　　　　　　　　　　　　| elles ne comprennent rien aux enfants.
　　　大人たちは, 子供のことが何もわかっていない。

5- inf. / 動詞 (命令法) / 節 / que + 節, ça + 動詞 (会話)

- J'ai fait un voyage à Nikko.　　　　　―日光に旅行に行ったんだよ。
- Ça t'a plu ?　　　　　　　　　　　　―楽しかった？

Qu'il s'amuse, ça le regarde !　　　　彼が楽しもうが楽しむまいが, 知ったこ　　　　　　　　　　　　　　　　　　　　とじゃない。

Apprendre le français, ça l'intéresse beaucoup.　　　フランス語を学ぶことに彼(女)はとても興味を持っている。

Qu'ils fassent du sport, ça leur fera du bien !　　彼らはスポーツをすると気持ちがすっきりするでしょう。

Traverser l'Afrique d'est en ouest, ça devrait être possible.　　アフリカ横断の旅か…そういう旅行もできるかも知れないね。

比　較 : 1) Bois ce café, | ça te réchauffera.
　　　　　　　　　　　　| il te réchauffera.
　　　　　　　　　　　　| il est excellent.
　　　　　　　　　　　　| c'est un excellent café.
　　　このコーヒーを飲みなさい。| (飲むと) 体が暖まるよ。
　　　　　　　　　　　　　　　　| (このコーヒーで) 体が暖まるよ。
　　　　　　　　　　　　　　　　| とてもおいしいよ。
　　　　　　　　　　　　　　　　| とてもおいしいコーヒーだよ。

　　　2) | Acheter un kimono, ça coûte toujours cher.
　　　　　| 着物を買うのはいつも高くつく。
　　　　　| - Son père lui a acheté un kimono.
　　　　　| - Il a dû lui coûter cher.
　　　　　| ―彼女の父親は彼女に着物を買った。
　　　　　| ―その着物は彼に高くついたにちがいない。

6- ça + 特定の動詞 (会話)

1) Mon Georges, ça me pique encore le dos.	ねえジョルジュや、まだ背中がちくちくするんだよ.
– Ça me fait mal au cou.	—そうすると首が痛いよ.
– Voyons, montre un peu.	—どれどれ、ちょっと見せてごらん.
– Ça va ?	—元気?
– Oui, ça va.	—うん、元気だよ.
Hum ! Que ça sent bon !	うーん、なんていいにおいなんだ.

  特定の動詞 : aller, sentir, piquer, démanger, brûler, faire mal à, faire du bien à など
  使い方 : この場合 ça は特定の物や事柄を指していない.

2) – Comment ça a été ?	—あれ、どうでしたか.
– Ça s'est très bien passé.	—とてもうまくいきました.
Ça me paraît extrêmement compliqué.	それはものすごく複雑に見える.
Ça va lui faire plaisir.	彼(女)はそれには喜ぶだろう.
Ça pourrait être une occasion de nous mettre à réfléchir.	それは検討を始めるよい機会かもしれない.
Ça me semble légèrement exagéré.	それはちょっと誇張しすぎだと思われる.
Ça devrait vous revenir à 800 euros en tout et pour tout.	それは800ユーロにしかなるまい.

  特定の動詞 : avoir été, paraître, pouvoir, devoir, sembler など
  使い方 : この場合 ça は何か物, 事柄, 情況などを指している.

7- ça + 特定の動詞 + être
ce + 特定の動詞 + être (あらたまって)

Ça doit être un faux diamant.	それはダイヤのイミテーションに違いない.
Ce pourrait être une solution.	それは一つの解決策になるかもしれない.

  特定の動詞 : pouvoir, devoir, sembler
  使い方 : ça の方が一般的である.

8- inf. / 動詞 (命令法) / 節 / que+節, c'est + 形容詞

- Il ne m'a pas répondu. ー彼は返事をしなかったんだ．
- Ce n'est pas gentil de sa part. ーそれはおだやかじゃないね．

Ne pas faire d'exercice, ce n'est pas prudent. 運動をやらないなんて無謀だよ．

Frappe la balle, c'est facile. ボール打ってごらん．やさしいよ．

Réfléchir, c'est important. よく考えることは大事だ．

比　較：1) – Je ne te demanderai qu'une chose : que tu m'achètes un diamant.
　　　　　　– Mais │ ça coûte trop cher.
　　　　　　　　　 │ c'est trop cher.
　　　　　　　　　 │ ×il est trop cher.
　　　　　ーー一つだけお願いがあるの．ダイヤモンドを買ってほしいの．
　　　　　ーそれは高すぎるよ．

　　　2) Jouer avec la mort, ça n'a pas de sens et c'est dangereux.
　　　　　命を賭けるなんて，そんなことは意味がないし，危ないよ．

9- 定冠詞 + 名詞，**c'est** + 形容詞

La natation, c'est excellent pour la détente. 水泳は息抜きに最高だ．

La plongée sous-marine, c'est dangereux. スキューバダイビングは危険だ．

Le bruit des voitures, c'est énervant. 車の騒音にはいらいらする．

説　明：この種の用法はかなり抽象的なものを対象とする．
比　較：– Le chinois, c'est difficile.
　　　　　– Oui, il est plus difficile que l'anglais.
　　　　　ー中国語は難しいよ．
　　　　　ーうん．英語より難しいね．

10- 所有形容詞 / 指示形容詞 / 定冠詞 + 名詞，主語人称代名詞 + 動詞

- Même dans la journée, cette salle est toute sombre.
- Mais elle me plaît beaucoup.

ー一日中でさえも，この部屋はまっ暗だ．
ーでも私はとても気に入っているの．

- Ma mère m'a offert ce blouson pour mon anniversaire.
- Il te va à merveille.

ー母が僕の誕生日にジャンパーを贈ってくれたんだ．
ーそれは君にすごく似合っているよ．

- J'ai acheté le CD dont tu m'as parlé.
- Ah bon, il t'a plu !

ー君が話してたＣＤを買ったんだ．
ーああそう．気に入ったんだね．

Madame, cette robe, elle vous va très bien. このワンピース，とてもよくお似合いですよ．

注　意：Son attitude nous cause beaucoup de soucis.
　　　　Son attitude, | elle　　　　　　　| nous cause beaucoup de soucis.
　　　　　　　　　　 | ça（くだけて）|
　　　　彼(女)の態度は　　　　　　　私たちを随分と心配させます.
　　　　彼(女)の態度っていうのはね,

11 - 所有形容詞 / 指示形容詞 / 定冠詞 / ＋ 名詞, 主語人称代名詞 ＋ être ＋ 形容詞

Cette tarte aux fraises, elle est excellente.　　このイチゴのタルトおいしいね.
Elle est excellente, cette tarte aux fraises.　　おいしいね, このイチゴのタルト.

- J'ai mangé les gâteaux que tu m'as donnés hier.　　—昨日君がくれたお菓子を食べたよ.
- Ils étaient bons ?　　—おいしかった？

Il est magnifique, ce tableau !　　すばらしいな, この絵は.

Je déteste la façon dont il me traite, elle est bizarre.　　私に対する彼の扱い方は気に入らない. 不可解なんだ.

比　較：1) | Cette | jupe, | elle est mignonne.
　　　　　| Ta　　|　　　 | ×ça est mignon.
　　　　　|　　　 |　　　 | ×c'est mignon.
　　　　　| Un chapeau pareil, | ×il coûte cher.
　　　　　|　　　　　　　　　　| ça | coûte cher.
　　　　　|　　　　　　　　　　|　　 | doit coûter cher.
　　　　　| この　　　　　　　 | スカート, | かわいらしいわね.
　　　　　| あなたの
　　　　　| そのような帽子はね, | 高いわよ.
　　　　　|　　　　　　　　　　 | 高いにちがいないわよ.

　　　　2) J'ai écouté le programme de sciences naturelles à la télévision hier soir.
　　　　　 | Il était intéressant.
　　　　　 | C'était intéressant.
　　　　　昨晩テレビで自然科学の番組を見た. 面白かった.

　　　　3) | C'est très bon, ce gâteau.
　　　　　 | Il est très bon, ce gâteau.
　　　　　 | Ce gâteau, | c'est très bon.（会話）
　　　　　 |　　　　　　| il est très bon.
　　　　　 | とてもおいしいね, このケーキ.
　　　　　 | このケーキはとてもおいしい.

注　意：c'est bon. は特別な言い回しなので, 上の二つの文はいずれも可能.

50　ça / c'est ce que / comme ça

> **確認問題**
>
> 次の文の（　）の中から最も適切な語句を選びなさい。
>
> A. Tu le connais, il est toujours (ça / comme ça) et il ne changera pas.
>   彼を知っているでしょう。彼はいつもあんな風だし、これからも変わらないでしょう。
>
> B. – Je trouve que ce gâteau aux amandes est délicieux.
>   – Moi, (je ne pense pas comme ça/ce n'est pas ce que je pense).
>   —このアーモンドケーキはおいしいと思います。
>   —私はそうは思いませんが。
>
> 　　　　　　　　　　　解答：A. comme ça cf.3　B. ce n'est pas ce que je pense cf.2

1- 特定の動詞 + ça（会話）

– Alors, tu penses que ...　　　　　　　—じゃあ君の考えでは…
– Je ne dis pas ça, mais ...　　　　　　—そうは言っていないけど…
– Ça suffit. Tu dis toujours ça.　　　　—もういいよ。君はいつもそんな風に言うんだ。

特定の動詞：1～2, penser, croire, dire, faire, trouver, vouloir, souhaiter
比　較：Est-ce qu'on peut | dire ça　　　　| en français ?
　　　　　　　　　　　　　| ×comme ça　　|
　　　　　　　　　　　　　| ×parler ça　　|
　　　フランス語でこう言える？

2- c'est ce que + SN + 特定の動詞

– Tu me dis de lire "Aden" d'Anne-Marie Garat.　　　—君はアンヌ＝マリー・ガラの『アデン』を読むようにと言っていたね。
– Mais non, ce n'est pas ce que je t'ai dit.　　　　　—とんでもない。私はそんなことは言ってない。

– Tu es trop gros, il faudrait que tu suives un régime pour maigrir.　　—君は太りすぎている。やせるためにダイエットをしなきゃね。
– Ce n'est pas ce que je veux faire.　　　　　　　　　—僕はそうはしたくないけど。

Le judo est difficile, d'accord. Mais fais-en puisque c'est ce que tu veux faire.　　柔道が難しいことは認めよう。でもそれが君のやりたいことなんだから、やってみたら。

Un train électrique ! Il est gentil, le père Noël. C'est exactement ce que je lui avais demandé !　　電車だ！ありがとうサンタさん。ぼくがおねがいしていたとおりのものだ！

参　考：(E) that's what ...

3- comme ça (会話)

Pour bien frapper la balle, prends ton bâton comme ça. Tu as bien compris ?
ボールをうまく打つには，バットをこんな風に持ちなさい．わかった？

Ne tiens pas ton couteau comme ça, tu vas te couper.
そんな風にナイフを持たないで．手を切っちゃうよ．

Ce n'est pas comme ça qu'il faut accueillir quelqu'un.
そんな風に人を迎えるべきではありません．

- N'hésite pas à t'asseoir.
- Merci, mais je suis bien comme ça.
—遠慮しないで座りなさい．
—ありがとう．でもこれでいいですから．

Monsieur Robitaille, ça ne peut plus durer comme ça !
ロビタイユさん，そんな風にはいつまでも続きませんよ．

On ne parle pas comme ça entre gens bien élevés.
育ちのいい人たちはそんな物言いをしない．

同　意：de cette manière, de cette façon, ainsi

比　較：Jean, je t'en prie, ne | parle pas comme ça, | tu as la bouche toute
　　　　　　　　　　　　　　　　×dis pas comme ça, 　　　　　　　　pleine.
ジャン，お願いだからそんな風にして話すのはやめて．口の中が一杯じゃないの．

Si | tu penses | comme ça, | va lui demander pardon.
　 　　　　　　　ça,
　 　c'est ce que tu penses,

そんな風に考えてるなら，　彼(女)に謝りに行くんだね．
そう考えてるなら
それが君の考えなら

参　考：(E) like this

4- dire [comme ça] + |節
　　　　　　　　　　　　　|que + 節

Elle a dit comme ça : "Si vous me ramenez chez moi, je vous préparerai un café crème".
彼女はこう言ったんだよ．「家に送って下さるならカフェオレを入れますわ．」って．

Elle m'a dit comme ça qu'elle me quittait.
彼女は僕と別れるなんて言うんだよ．

使い方：後に節が続く場合に限られる．comme ça を入れることによって後続の節が結果的に強調される．

51　ça / le (直接目的補語として)

51 ça / le (直接目的補語として)

> **― 確認問題 ―**
>
> 次の文の ( ) の中から最も適切な語句を選びなさい。
> A. Le chocolat, (j'aime bien ça / je l'aime bien).
>   ココア(チョコレート)は、私はわりと好きです。
> B. Notre professeur d'histoire est très sévère et les élèves (le détestent, détestent ça).
>   僕たちの歴史の先生はとても厳しいので、生徒たちは彼を嫌っている。
>
> 解答：A. j'aime bien ça cf.1   B. le détestent cf.7

1- 定冠詞 + 名詞, 主語 + 特定の動詞 + ça

La plongée sous-marine, ils adorent ça !　　スキューバダイビングを彼らがどんなに好きなことか。

La limonade, je préfère ça à l'orangeade.　　ソーダ水は、オレンジエードより好きです。

特定の動詞：1~2, aimer, aimer mieux, préférer, adorer, haïr, détester など
使い方：1) 総称の定冠詞がつく名詞や不定法を受ける場合は ça で受ける。指示形容詞, 所有形容詞などで限定されている場合は、le, la, les で受けることに注意。
　　　　2) 1~2, ça は話し言葉で、cela は書き言葉か改まった場合に使われる。

2- 不定冠詞 + 名詞, 主語 + 特定の動詞 + ça

Un sandwich au jambon, avec un jus de tomate, j'aime bien ça.　　ハムサンドイッチにトマトジュースってのが好きなんだ。

Au déjeuner, des spaghettis [à la] bolognaise les enfants adorent toujours ça.　　お昼にスパゲティ・ミートソースなら子供はいつだって大喜びだよ。

3- 不定冠詞 + 名詞, 主語 + 特定の動詞 (条件法) + ça

Un whisky à l'eau, je préférerais ça.　　水割りをお願いしたいのですが。

Une salade de fruits, il aimerait ça, je crois.　　彼にはフルーツサラダがよろしいかと思います。

特定の動詞：aimer, préférer など
使い方：食べ物や飲み物を注文したり、選んだりする場合のていねいな言い方。

比　較： Le café,　　　　　　　　　　　　　j'aime bien ça.
　　　　 Un café fort après le dessert,
　　　　 Boire du café,　　　　　　　　　　×je l'aime.
　　　　 Un café, j'aimerais ça.
　　　　 Ce │café,　　　　　　　　　　　　 │je l'aime.
　　　　 Ton│
　　　　 Le café du restaurant Roma,│

コーヒーは　　　　　　　　　　　　けっこう好きです．
デザートの後の濃いコーヒーは
コーヒーを飲むのは
コーヒー一杯ほしいんですが．
このコーヒーは　　　　　　　　　　私好きです．
君の入れたコーヒーは
レストラン・ローマのコーヒーは

4- 動詞 + ça

Il va changer d'idée. Je vois ça venir.　　彼は気が変わるさ，そうなると思うよ．

Ne penses-tu pas qu'il ait pris ça en　　彼はそれを誤解しちゃったんだと思わな
mauvaise part ?　　　　　　　　　　　　い？

Moi, je n'appelle ça ni plus ni moins que du　こういうのは，まさしく恐喝というんだ
chantage. Je trouve ça dégoûtant.　　　　 よ．不愉快な話だね．

　比　較：1) - Vous savez qu'elle a disparu ?
　　　　　　 - Oui, j'ai lu ça dans le journal.
　　　　　　 ―彼女がいなくなったことを知ってますか？
　　　　　　 ―ええ，新聞で読みました．
　　　　　　 - Comment était son dernier article ?
　　　　　　 - Je ne l'ai pas encore lu.
　　　　　　 ―彼の最近の記事はどうだった？
　　　　　　 ―まだ読んでないんだ．
　　　　 2) - On m'a dit que tu allais te fiancer.
　　　　　　 -│Qui te l'a dit ?
　　　　　　　│Qui t'a dit ça ?
　　　　　　 ―君，婚約するんだって？
　　　　　　 ―誰から聞いたの？

5- 特定の動詞 + ça

- Tu aimes lire ?　　　　　　　　　　　―君は読書は好き？
- J'adore ça.　　　　　　　　　　　　　―大好きです．

51　ça / le（直接目的補語として）

- La façon dont elle conduit indique qu'elle aime conduire.
- Oui, elle adore ça.

―彼女の運転を見ると，車の運転が好きなことがわかるね．
―うん，大好きなんだよ．

- On va au cinéma ce soir ou on regarde la télé ?
- Il pleut : on regarde la télé ?
- D'accord, je préfère ça.

―今晩映画に行く，それともテレビを見る？
―雨が降っているよ．テレビを見ようか．
―オーケー，その方がいいわね．

- Tu aimes faire de la course à pied ?
- Oh oui, j'aime ça.
- Moi, je déteste ça.

―君は徒競走をするのが好き？
―ええ，もちろん．好きです．
―僕は大嫌いです．

特定の動詞：aimer, préférer, détester など
使い方：この場合に不定法を受けるのは ça しか用いられない．

6- aimer | bien（会話） | [ça]
　　　　　| beaucoup |

- Le confit de canard, ça te plaît, Tsutomu ?
- Oui, j'aime bien [ça].

―勤，鴨のコンフィは好き？
―うん，好きだよ．

J'évite de porter des jeans, des pulls, mais pour ma fille, oui, j'aime beaucoup tout ça.

私はジーンズとセーターは着ないようにしていますが，娘が着る分には，そういうのもとてもいいと思います．

使い方：動詞 aimer に bien か beaucoup が続く場合，代名詞 ça は省略してもよい．
説　明：aimer beaucoup の方が aimer bien よりも意味が強い．

7- 補語人称代名詞（直接目的補語）（人に関して）＋動詞

- Michel aime Sophie.
- Et elle, elle l'aime ?
- Que dis-tu ! Elle l'adore !

―ミッシェルはソフィが好きなんだ．
―で，彼女の方は，彼を愛してるの？
―もちろん！ぞっこんだよ．

- Comment trouves-tu le nouveau directeur ?
- Je le trouve sympathique.

―新しい部長を君はどう思う？
―僕は感じがよいと思うよ．

- Que penses-tu de notre nouvelle collègue ?
- Je la crois sérieuse et compétente mais je ne la connais pas encore assez.

―新しい同僚について君はどう思う？
―私は，彼女はまじめで有能だと思うけど，まだあの人のことよく知らないのよ．

- C'est vrai que les filles travaillent plus que les garçons ?
- Je les trouve sérieuses et consciencieuses.

―女の子たちの方が男の子たちよりもよく勉強するというのは本当でしょうか？
―私は女の子たちはまじめで一生懸命だと思います．

注　意：**7〜8**, ça は用いられない．
参　考：(E) him, her, them

8- 補語人称代名詞（直接目的補語）（物に関して）＋動詞

- Qui a lu "Le Rouge et le Noir" ?
- Moi, je l'ai lu, c'était bien.

―『赤と黒』を読んだ人はいますか？
―私は読みました．よかったです．

- Tu as vu "La Femme d'à côté" ?
- Oui, je l'ai vu, c'était bien.

―君は『隣の女』を見た？
―うん，見たよ．よかったよ．

- Tu veux ce numéro du Monde ? Je l'ai lu; si tu le veux, je te le donne.
- Oh ! merci, je le veux bien.

―君は「ル・モンド」紙のこの号が欲しいの？僕は読んだから，よかったら君にあげるよ．
―ああ，ありがとう．もらっとくよ．

- Regarde cette robe, là, dans la vitrine.
- Oui, je la vois; tu la voudrais ?
- Non, mais je la trouve originale.

―あのドレスを見て．ほら，あのウィンドーの中の．
―ええ，あれね．あれが買いたいの？
―ううん．ただあのドレスは個性的だと思うの．

- Tiens ! C'est la cassette que je voulais.
- Tu l'achètes ?
- Euh, elle coûte 20 euros. Je ne peux pas la prendre, je n'ai que 10 euros sur moi.

―や，これは僕が欲しかったカセットだ．
―それを買うの？
―うーん，20ユーロするしなあ．買えないよ．今10ユーロしか持っていないもの．

- Tu sais qui sont ces personnes ?
- Non, je ne les connais pas.

―この人たち，誰なのか知ってる？
―いや，知らないな．

参　考：(E) it, them

9- le faire / faire ça

- Il a perdu la clé de la maison.
- Il ne l'a pas fait exprès.

―彼は家の鍵をなくしちゃったんだ．
―わざとじゃないよ．

- Toi, tu es un alcoolique du travail.
- Je ne le fais pas pour m'amuser.

―君は仕事の鬼だね．
―私は何も楽しくてそうしているわけじゃない．

- Pierre a mangé toute la glace du dessert.
- Comment est-ce qu'il a pu faire ça ?

―ピエールがデザート用のアイスクリームを(一人で)全部食べてしまった．
―どうしてそんなことをしてしまったのだろう．

- Il a fait ses études universitaires tout en travaillant à temps complet.
- Comment a-t-il réussi à faire ça ?

―彼はフルタイムで働きながら大学を卒業した．
―どうやってそんなことができたのだろう．

Essaie de réussir à cet examen; fais ça pour moi.

がんばってその試験に受かってね．私のためにやってみて．

説　明：この le は中性代名詞で，不定法または節を受ける．faire ça は le faire の強調．
比　較：1) - Il faudrait aller voir oncle Henri à l'hôpital.
　　　　　　- On le fera　après-demain.
　　　　　　- On fera ça
　　　　　―アンリおじさんのお見舞いに病院へ行かなきゃね．
　　　　　―あさってにしようよ．
　　　　　―それ，あさってにしようよ．
　　　　2) - Cette semaine, la traduction est difficile.
　　　　　　- Donne, je vais te la faire.
　　　　　―今週の翻訳の課題は難しいんだ．
　　　　　―どれ，やってあげるよ．
　　　　　　- Ne pourrais-tu pas me traduire ce passage ?
　　　　　　- Donne, je vais te faire ça.
　　　　　―ここんとこ，訳してもらえないかなあ．
　　　　　―どれ，やってあげるよ．

52　cadeau / présent / souvenir

確認問題

次の文の（　）の中から最も適切な語を選びなさい．
Qu'est-ce que je vais lui donner comme (cadeau/présent/souvenir) ?
彼のプレゼントは何にしようかなあ．

解答：cadeau cf.1

1- cadeau

Comme cadeau de Noël, j'ai reçu un ordinateur.

クリスマスプレゼントにコンピューターをもらった．

- Tiens, voilà un petit cadeau.
- Oh, merci, tu es bien gentil !

―はい、つまらないものだけど。
―うれしいなぁ。ありがとう。

Monsieur et Madame Enomoto nous envoient toujours un cadeau de fin d'année.

榎本夫妻からはいつもお歳暮が送られてくる。

使い方：この場合 présent は用いない。今日、présent の使用はごく限られた場合のみ。
参　考：1～2, (E) gift, present

2- faire présent de + SN （あらたまって）

L'ambassadeur a fait présent au Premier ministre d'une porcelaine ancienne datant du XVIIIe siècle.

大使は、18世紀製造の古い磁器を首相に贈った。

同　意：donner + SN

3- souvenir

1) N'oublie pas de me rapporter un souvenir de ton voyage. Entendu ?

旅先で、私におみやげを買ってくるのを忘れないで。わかった？

Où se trouvent les boutiques de souvenirs ?

みやげもの屋はどこにありますか。

使い方：贈り物として旅行中に買うもの。
参　考：(E) gift, souvenir

2) En mourant, je voudrais laisser un souvenir à mes petits-enfants.

死ぬ前に、私は孫たちに形見の品を残したい。

C'est une bague à laquelle je tiens beaucoup parce que c'est le seul souvenir qui me reste de ma mère.

これは私がとても大事にしている指輪だ。母親の唯一の形見だからだ。

使い方：誰かをしのばせるもの（形見など）。
参　考：(E) memory, souvenir

53　caractéristique / caractère / trait / tempérament / particularité / caractériser

── 確認問題 ──

次の文の（　）の中から最も適切な語句を選びなさい。

A. À moins de comprendre (les caractéristiques/le tempérament/le trait de caractère) du français, on ne pourra pas faire de progrès.
フランス語の特徴を理解しなければ進歩もないでしょう。

B. Ken a (un caractère plutôt passif/une caractéristique plutôt passive/ une particularité plutôt passive).
健はどちらかといえば消極的な性格だ。

解答：A. les caractéristiques cf.2 B. un caractère plutôt passif cf.6

1- 限定詞 + principale caractéristique / caractéristique principale

La principale caractéristique de la culture chinoise, c'est sa flexibilité.
中国文化の主な特徴は柔軟性である。

En somme, on peut dire que ces caractéristiques principales ont fait du Japon un pays moderne.
結局こうした主たる特性を持ちあわせたおかげで，日本は近代国家となったと言える。

— Quelles sont les principales caractéristiques de cet appareil ?
— C'est une réalisation miniaturisée du précédent.
—この製品の主な特徴は何ですか？
—これは，これまでのものを小型化した製品です。

La caractéristique principale de sa peinture est la vivacité des couleurs.
彼の絵の主な特徴は，鮮烈な色彩である。

2- caractéristique / particularité

Les caractéristiques du style baroque se définissent par rapport à celles du gothique.
バロック様式の特徴は，ゴシック様式の特徴と比較して定義される。

J'ai pu observer quelques-unes des particularités du singe japonais. Les voici.
私は，ニホンザルの特性のいくつかを観察することができた。それはこんなところだ。

Il ne dit jamais ce qu'il pense, c'est cette particularité qui le distingue de ses amis.
彼は思っていることを決して言わない。こういう特異な性格が友だちと違うところだ。

3- SN + 特定の動詞 + la particularité de + inf.

Cette nouvelle montre offre la particularité d'indiquer les mois, les jours et d'avoir une mémoire.
この新型の腕時計の特徴は，月日の表示機能とメモリー機能だ。

Les girafes présentent la particularité d'être herbivores.
キリンの特性は，草食だということだ。

Siméon a la particularité d'arriver en retard chaque fois qu'il a un rendez-vous.　シメオンは、待ち合わせには決っておくれてくるんだよ。

Les plus récents téléphones portables ont la particularité de pouvoir se brancher sur l'Internet.　最新の携帯電話の特徴はインターネットに接続できることです。

特定の動詞 : avoir, présenter, offrir, posséder など

4- caractère national

Le caractère national des Finlandais se définit difficilement.　フィンランド人の国民性を正確に分析するのは難しい。

使い方：単数で定冠詞 le とともに用いる。

5- 限定詞 + | trait dominant de + 所有形容詞 + caractère
　　　　　　 | trait de caractère

La patience, c'est le trait dominant de son caractère.　辛抱強さ、それが彼の性格の主な特徴である。

- Quels sont les principaux traits dominants de son caractère ?
- Il est actif, intelligent et très efficace dans l'exécution de ses décisions.

―彼の性格の主な特徴は何ですか。
―彼は活動的で、頭がよく、決断したことを実行するのに非常に有能です。

Essaie de me le définir avec ses principaux traits de caractère.　彼の性格の主な特徴をあげて、彼の人柄を明確に言い表してごらんなさい。

On m'a accusé d'y aller un peu trop fort, un de mes traits de caractère que l'establishment britannique ne supporte pas.　私は少し言動が過ぎると非難された。これは私の性格の特徴の一つで、イギリスのエリートには我慢できないのだ。

6- | être + 形容詞 + de caractère
　　　| avoir un | caractère　　 | +形容詞
　　　|　　　　　| tempérament |
　　　| être d'un tempérament + 形容詞

Il est violent de caractère.　彼は乱暴な性格だ。

Les Bushmen ont un tempérament gai.　ブッシュマンたちは陽気な性格だ。

Ce sont les tempéraments de ce genre qui me plaisent le plus.　私が最も好きなのは、この種の気質の人だ。

C'est un bon petit garçon qui a un tempéra- 落ち着いていて陽気な性格の少年だよ．
ment à la fois calme et enjoué.

　使い方：1) 形容詞とともにもちいられることが多い．
　　　　　2) ほとんどの場合単数．
　慣　用：1) Il est comme son père, il a du | caractère.
　　　　　　　　　　　　　　　　　　　　 | tempérament.
　　　　　　　彼は父親と同様，個性が強い．
　　　　　2) Il a très mauvais caractère.
　　　　　　　彼は非常に性格が悪い．

7- SN (物) + caractériser + SN

Il porte des lunettes à monture dorée. C'est 彼は金縁のメガネをかけている．これが
ce qui le caractérise le mieux. 彼を最もよく言い表わす特徴だ．

Ce qui caractérise la politique de notre 首相の政策は，海外でのわが国のイメー
Premier ministre, c'est qu'il s'intéresse à ジを重視するところが特徴的だ．
l'image de notre pays à l'étranger.

Qu'est-ce qui caractérise les Chiliens ? チリ人の特徴は何ですか．

54　à cause de / par / pour

---確認問題---

次の文の（　）の中に à cause de / par / pour の中から最も適切なものを入れなさい．

A. (　　) une raison qui m'échappe, Serge veut changer de département.
　　理由は思い出せないけれど，セルジュは部局を変わりたがっている．

B. Elle ne s'est pas mariée (　　) sa sœur.
　　彼女は妹のために結婚しなかった．

C. Sans doute a-t-il voulu se venger (　　) jalousie.
　　たぶん嫉妬心から彼は復讐したかったのでしょう．

D. (　　) habitude, il porte toujours un chapeau, même en été.
　　習慣として，彼はいつも帽子をかぶっている．夏でもそうなんだ．

　　　　解答：A. Pour cf.8　B. à cause de cf.1　C. par cf.2　D. Par cf.2

1- à cause de + SN

Je préfère mettre un pantalon à cause du vent.	風があるのでズボンをはくわ.
Il ne peut pas manger de choses sucrées à cause de son diabète.	彼は糖尿病のために甘いものを食べることができない.
Il a été choisi comme trésorier sans doute à cause de son âge.	彼はおそらくその年齢ゆえに, 会計責任者に選ばれたのだろう.
Tout s'est écroulé à cause du cyclone.	暴風雨のために何もかも崩れた.
Ceux qui habitent près des aéroports ou des bases militaires ont des problèmes d'audition à cause du bruit des avions.	空港や軍事基地の近くに住んでいる人々は, 飛行機の騒音のせいでものがよく聞こえないでいる.

使い方: 1) 後に続く名詞は必ず限定詞を伴う.

   Il a été hospitalisé à cause │ d'un accident de voiture.
   　　　　　　　　　　　　　　　│ ×d'accident.

   彼は自動車事故のために入院した.

2) 後に不定法が来ることはない.

3) trop de で始まる名詞も不可. この場合, 代わりに parce que で始まる節か pour + 不定法を用いる.

   Elle a maigri │ parce qu'elle a eu │ trop de soucis.
   　　　　　　　│ ×à cause de   │

   彼女は心労のあまりやせてしまった.

   Il y a des jeunes filles qui sont mortes
   │ parce qu'elles ont suivi un régime alimentaire trop sévère.
   │ ×à cause de trop de régime.

   ダイエットのやりすぎで死んだ若い女の子がいる.

参　考: (E) because of + SN

2- par + 特定の名詞

Je suis allé frapper chez les voisins par erreur.	間違えて, 隣の家のドアを叩いてしまった.
Il a dû le laisser tomber par mégarde.	彼は, 不注意でそれを落としたにちがいない.
Bruno se laisse pousser les cheveux par snobisme.	ブリュノーは気取って髪を伸ばしている.
Par miracle, elle s'en est tirée avec une petite égratignure.	奇跡的に, 彼女はかすり傷だけで切り抜けた.
Elle fait cela par amour pour les prostituées.	彼女は娼婦たちへの愛からそれをしている.

Je l'ai rencontré par hasard à Ginza.　　私は銀座で彼にばったり会った.

　　特定の名詞：ignorance, snobisme, erreur, jalousie, passion, dévouement, mégarde, habitude, plaisir, pitié, hasard, pure bêtise, sympathie, négligence, caprice, miracle, accident, indolence, paresse, amour, chance, humilité, désintéressement, principe, précaution, conformisme, malchance, méchanceté, vantardise, vocation など

　　使い方：**2〜3**，前置詞 par の後に来る名詞には，定冠詞等の限定詞や品質形容詞がつかない.

3- par + 特定の名詞(1) + de + 特定の名詞(2)

1) Il l'a assassinée par esprit de vengeance.　　彼は彼女を復讐心から殺害した.

Ils lui obéissent plus par affection que par esprit de discipline.　　彼らは規律精神からというよりも，彼を慕う気持ちから服従している.

　　特定の名詞(1)：esprit
　　特定の名詞(2)：vengeance, caste, sacrifice, révolte, équipe, discipline, corps など

2) Sa copie n'a pas été retenue par manque d'originalité.　　彼の答案は，独創的なところがないために及第点に及ばなかった.

Ce chien est sûrement mort par manque de soins.　　この犬は放っておかれたために死んだにちがいない.

　　特定の名詞(1)：manque
　　特定の名詞(2)：originalité, discipline, espace, temps, soins, souplesse, essence, fuel, carburant, confiance en soi, pluie, eau, volonté, ressources, compréhension, idées, argent, chance, attention など

3) Je relis toujours mes lettres par souci d'exactitude.　　私は，正確を期するために自分の手紙を必ず読み返す.

　　特定の名詞(1)：souci
　　特定の名詞(2)：exactitude, précision, honnêteté など

4) Par mesure de prudence, ne laissez jamais vos fenêtres ouvertes.　　念のために，窓を開けっ放しにしないで下さい.

　　特定の名詞(1)：mesure
　　特定の名詞(2)：précaution, sécurité, prudence など

5) C'est par milliers que les conquistadors sont partis pour l'Amérique par soif de richesse.　幾千もの征服者たちが、富を求めてアメリカに向けて出発した。

　　特定の名詞(1)：soif
　　特定の名詞(2)：connaissances, vengeance, richesse など

4- 特定の動詞 ＋ | à cause de ＋ SN
　　　　　　　　　| pour ＋ 名詞

Il a été condamné des dizaines de fois |à cause de| vols avec effraction.　彼は押し込み強盗で数十回も有罪になった。
　　　　　　　　　　　　　　　　　　　|pour|

Mon mari a été réformé |à cause d'une| insuffisance cardiaque.　私の夫は心不全のために休職させられた。
　　　　　　　　　　　　|pour|

　　特定の動詞：être arrêté, être condamné, être hospitalisé, être emprisonné, être réformé, être interné など
　　使い方：pour ＋ 名詞は医学的、法律的用語（あるいは文脈）の中で用いられる。

5- pour excès de ＋ 特定の名詞

La police routière les a arrêtés pour excès de vitesse.　交通巡査がスピード違反で彼らを逮捕した。

Monsieur Robitaille est connu pour excès de zèle.　ロビタイユさんは何でも夢中になるというので知られている。

　　特定の名詞：vitesse, dépenses, travail, zèle など

6- pour [une] raison de ＋ 特定の名詞

Il a pris une retraite anticipée pour [une] raison de santé.　彼は健康上の理由から定年を待たずに退職した。

　　特定の名詞：santé, sécurité など

7- pour cause de ＋ 特定の名詞

Le magasin est fermé pour cause de décès.　葬儀のため休業。

　　特定の名詞：maladie, décès, inventaire, réparations, déménagement, restauration, absence, congés annuels など

8- pour ＋ 限定詞 ＋ raison

On a décidé de m'appeler Miho pour deux raisons.	二つの理由があって，私は美保と名づけられたのです．
Il s'est opposé à cela pour la raison suivante.	彼は次のような理由で反対した．
Pour des raisons que nous ignorons, l'Angleterre a prié l'ambassadeur de Bulgarie de regagner son pays.	理由は知らないが，イギリスはブルガリア大使に自国に戻るように求めた．
Pour des raisons que je n'ai jamais pu expliquer, la plupart des tailleurs de pierres précieuses d'Anvers étaient de descendance juive.	どういう理由かは説明できないけれども，アントワープの宝石職人の大部分がユダヤ人の子孫だった．

慣 用：1) J'ai pleuré plus par habitude que pour autre chose.
　　　　　私は，何の理由があるわけでもなく，ただ泣いてしまったのだ．
　　　　2) Pour une raison ou pour une autre, le message n'est pas arrivé à destination.
　　　　　何らかの理由で，メッセージが届け先に着かなかった．

55 causer / donner / procurer / faire

―― 確認問題 ――

次の文の（　）の中から最も適切な語を選びなさい．
A. Prends ce café, il te (causera/donnera/procurera/fera) de l'énergie.
　このコーヒーを飲んで．元気が出るよ．
B. Jeanne, quelle grande surprise tu me (causes/donnes/procures/fais) !
　ジャンヌ，びっくりするよ，君には．
C. La mort de son grand-père lui a (causé/donné) un grand chagrin.
　祖父の死が彼(女)に大きな悲しみを与えた．
　　　　　　　　　解答：A. donnera cf.4　B. causes あるいは fais cf.6　C. causé cf.2,3

1- SN (人) + causer + 限定詞 + 特定の名詞 [+ à + SN]

Quand il était jeune, Sylvain a causé bien des ennuis à ses parents.	シルヴァンは若い頃，いろいろと親を困らせた．
― Son mari boit sans arrêt.	―彼女の夫は絶えず酒を飲んでいるんだ．
― Il doit lui causer beaucoup de chagrin.	―彼女は相当困っているんだろうね．

特定の名詞：ennuis, chagrin, peine, tristesse など
注　意：1〜5, 特定の名詞と動詞の結びつきに注意．

2- SN (物) + **causer** + 限定詞 + 特定の名詞 [+ à + SN]

L'abondance matérielle nous cause des problèmes.	物質的に豊かになると様々な問題が出て来る.
Il y a trop de pays qui produisent du vin et cela cause des problèmes économiques.	ワインを産出する国があまりに多いので,経済問題が起きている.
Le mariage d'une jeune fille cause toujours du chagrin à ses parents, je crois.	若い娘の結婚となると,親はみな心を痛めるものだと思います.
Parfois, un petit rien suffit pour causer une grande peine.	ときとして,ほんのささいなことが大きな悩みのもととなる.
La langue maternelle peut causer beaucoup de difficultés aux gens qui apprennent le japonais.	日本語を学ぶ人にとって,母国語が大きな障害となることがある.
Il arrive que l'exposition au bruit cause une perte d'audition.	騒音にさらされていると難聴になることがある.
La réouverture du procès a causé une vive surprise.	審理の再開は驚愕を引き起こした.

> 特定の名詞: problème, difficulté, peine, chagrin, ennui, retard, douleur, souffrance, perte, tort, surprise など
> 説　明: 目的補語となる名詞は何かよくないことを示すものである.
> 注　意: この場合, faire も donner も用いられない.

3- | **causer** | + 限定詞 + 特定の名詞 [+ à + SN (人)]
　　　| **donner** |

Je ne sais pas ce qui lui cause tant d'inquiétude.	どうして彼(女)があんなに不安なのかわからない.
Je ne suis pas encore remis du choc que sa mort m'a donné.	私は彼(女)の死がひき起こしたショックからまだ立ち直れない.
Elle nous a donné bien | du souci | quand elle était jeune. | des soucis |	若い頃のあの娘は,私たちにはいろいろと心配の種だった.
L'avenir donne de l'inquiétude à beaucoup de jeunes.	将来に不安を感じる若者が多い.

> 特定の名詞: inquiétude, souci, choc など

4- SN (物) + **donner** + 限定詞 + 特定の名詞 [+ à + SN (人)]

1) Cette odeur de riz au curry me donne de l'appétit. このカレーの匂いには食欲が湧く.

La lecture des "Frères Karamazov" m'a donné du courage. 『カラマーゾフの兄弟』を読んだら元気が出た.

特定の名詞：appétit, courage, forces, énergie など

2) La fumée des cigares me donne des maux de tête. 葉巻の煙には頭が痛くなる.

Je n'aime pas aller en bateau, ça me donne le mal de mer. 船では行きたくないな. 船酔いするんだ.

- Qu'est-ce qui a pu lui donner la migraine ?
- Va savoir, ça fait longtemps qu'elle n'était pas bien.

—いったいどうして彼女は頭が痛くなったんだろう.
—さあ, どうだか. ずっと前から調子が悪いんだよ.

特定の名詞：mal, maux, vertige, migraine など

5- donner / procurer ＋ 限定詞 ＋ 特定の名詞 [＋ à ＋ SN (人)]

Sa carte de vœux m'a donné une bien grande joie. 彼(女)からのカードを見て, 私は大変うれしくなった.

La musique de Mozart procure à tous un grand plaisir esthétique. モーツァルトの音楽を聞くと, 誰でも美的快感に酔う.

Cette promotion leur a procuré la sécurité sociale dont ils avaient grand besoin. そうした地位の向上によって, 彼らの求めていた社会的安定が得られた.

特定の名詞：joie, plaisir, sécurité, paix, avantage, détente, satisfaction など
説　明：目的補語となる名詞は何かいいことを暗示する.

6- SN (人) ＋ faire / causer ＋ 限定詞 ＋ 特定の形容詞 ＋ surprise à ＋ SN (人)

Je vais certainement faire une surprise à mes parents en leur disant que je rentre au Japon pour les vacances de Noël. クリスマスの休暇に日本に帰ると言ったら両親はきっと驚くだろうな.

Ton frère nous a causé une grande surprise quand il est venu à la maison l'autre jour. 君の兄(弟)さんがこの間家に来たときは, びっくりしたよ.

特定の形容詞：grande, petite, vive, énorme など
注　意：意図的に驚かす場合, 普通 faire を用いる.

7- faire | le bonheur | de + SN〔人〕
　　　　　| le malheur |

Ils font le bonheur de leurs grands-parents. 彼らがいるからおじいちゃんとおばあちゃんも幸せだ。

Jiro fait le malheur de sa famille. 次郎は家族の悩みの種だ。

　参　考：(E) be the source of someone's happiness / unhappiness

56　causer / produire / provoquer

──確認問題──

次の文の（　）の中から最も適切な語句を選びなさい。

A. On ne sait pas encore ce qui (a produit/a provoqué) l'accident du vol TWA 800.
　TWA800便の事故の原因はまだわかっていない。

B. Cet incendie (a été causé/a été produit/a été provoqué) par une négligence criminelle.
　この火事は，不注意よって引き起こされた。

　　　　　　解答：A. a provoqué cf.4　B. a été causé あるいは a été provoqué cf.6

1- causer ＋ 限定詞 ＋ 特定の名詞 [＋ à ＋ SN〔人〕]

1) Son attitude nous a causé des ennuis. 彼(女)の態度にはうんざりさせられた。

Serge a dû leur causer beaucoup de peine. セルジュは彼らをずいぶん苦しめたに違いない。

　特定の名詞：peine, ennuis, plaisir, mécontentement など

2) La sécheresse a causé moins de dégâts qu'on ne l'avait prévu. 今回の水不足は思ったよりも被害が出なかった。

Le dernier typhon a causé des dégâts dans la région du Tohoku. この間の台風は東北地方に被害をもたらした。

　特定の名詞：dégâts
　同　意：faire ＋ 限定詞 ＋ 特定の名詞

2- | causer　　| ＋ 限定詞 ＋ 特定の名詞
　　　| produire |

La déclaration du Président américain a causé l'effet voulu sur la population. / アメリカ大統領の声明は、国民に期待通りの効果をもたらした。

La remarque du conférencier a produit un remous dans l'auditoire. / 講師の指摘によって聴衆の間にざわめきが起った。

La mort du roi a causé un grand bouleversement politique. / 王の死は、政治的に大きな混乱を引き起こした。

　特定の名詞：effet, sensation, réaction, remous, changement, résultat など

3- produire + 限定詞 + 特定の名詞 [+ sur + SN (人)]

Son exposé a produit une forte impression sur les examinateurs. / 彼(女)の発表は試験官に強い印象を与えた。

Ces grèves ont produit une mauvaise impression sur le public. / これらのストライキは人々に悪い印象を与えた。

　特定の名詞：impression
　同　　意：impression はたいていの場合形容詞を伴う。

4- causer / provoquer + 限定詞 + 特定の名詞

1) Une élévation de température dans le mélange a causé une vive réaction. / 合剤の温度の上昇が、激しい化学反応を引き起こした。

La participation aux Jeux Olympiques a causé des problèmes financiers dans certains pays. / いくつかの国では、オリンピックへの参加が財政問題を引き起こした。

　特定の名詞：réaction, changement, diminution, augmentation, différence, problème など

2) Cette négligence a provoqué la mort de 23 enfants. / こうした不注意から23人の子供が亡くなった。

　特定の名詞：mort, syncope, évanouissement など

3) Qu'est-ce qui provoque la famine dans le Sahel ? / サヘル地方での飢饉の原因は何なのか。

On se demande encore ce qui a pu causer cet incendie. / この火災が起きた原因はまだはっきりしていない。

　特定の名詞：guerre, incendie, famine, émeute, accident, explosion, panne, bouleversement など

5- 限定詞 ＋ 特定の名詞 ＋ | être causé | par ＋ SN (物) (あらたまって)
　　　　　　　　　　　　　　　| être produit |

De tels changements sont produits par des différences de pression atmosphérique.

そのような変化は，大気圧の違いによって生まれる．

特定の名詞：**2** と同じ

6- 限定詞 ＋ 特定の名詞 ＋ | être causé | par ＋ SN (物) (あらたまって)
　　　　　　　　　　　　　　　| être provoqué |

Sa mort a été causée par une déficience coronaire.

彼(女)の死は，動脈の欠陥により引き起こされた．

L'incendie a été provoqué par une panne d'électricité, croit-on.

その火事は，電気系統の故障によって起こったと思われる．

特定の名詞：**4** と同じ

57　ce ＋ 名詞 ＋ -ci / ce ＋ 名詞 ＋ -là

―― 確認問題 ――

次の文の誤りを正しなさい．
A. Cette histoire-ci m'embête énormément !
　ぼくはその話にはひどく困っているんだよ．
B. ― Parmi ces tableaux, tu aimes lequel ?
　― Hum, j'aime ce tableau-ci.
　―これらの絵の中でどれが君は好きなの？
　―ああ，この絵が好きだわ．

解答：A. histoire-ci → histoire-là cf.3 　B. ce tableau-ci → celui-ci cf.5

1- ce ＋ 名詞 ＋ -ci (あらたまって)

Cette affaire-ci peut être une bonne occasion d'ouvrir les yeux des Américains.

この事件はアメリカ人の目を開かせるよい機会になるかもしれない．

使い方：書き言葉でのみ用いる．

2- ce ＋ 名詞 ＋ -ci (店などで)

Je prendrais plutôt ce foulard-ci.

私でしたらむしろこのスカーフを選びますわ．

使い方：-ci は多少気取った，あるいは飾った表現であり，例えば店員などが用いることがある．

3- ce ＋ 名詞 ＋ -là（会話）

Il n'a pas de morale, ce garçon-là.	あの子には道徳心がない．
Il faut faire attention : on ne sait jamais avec ces gens-là !	あいつらなら何をするかわからないので，気をつけなければならない．
Cette vieille-là, elle est toujours sur mon chemin.	あのババアはいつも俺の邪魔をする．
J'en ai assez de ces histoires-là !	こんな騒ぎは沢山だ．

使い方：軽蔑，困惑，批判などを示す感情的状況において用いる．

4- ce ＋ 名詞 ＋ -là

Je pense qu'avec cette machine-là, vous obtiendrez de bien meilleurs résultats.	あの機械を使うと，ずっと良い結果が得られると僕は思うよ．
Puisque cette route-là ne mène nulle part, on ferait mieux de rebrousser chemin.	だってこの道は行き止まりなんだから，引き返した方がいいよ．
Tu ferais mieux d'acheter ce pull-là. Il te va bien mieux.	こっちのセーターを買った方がいいよ．君にはこっちの方がずっと似合うよ．

使い方：1) 他のものと区別するために用いる．
2) **1～4** であげられた用法のみが，およそ現代のフランス語で使われるものである．英語 (this/that) や日本語（この/その/あの）とは異なり，フランス語では，近くにある物・人と，遠くにある物・人とを言葉の上で区別しない．文法書や辞書の中で，この区別が原理的に可能であるとなっていても，実際区別する目的で ce chapeau-ci と ce chapeau-là のような使い分けが行われることはない．
Parmi ces gâteaux, lequel tu veux ? という質問に対しては，
> Le petit.
> Celui-ci.
> Celui avec une cerise.
> Ce gâteau.（指差しながら）
> 小さいのを．
> こちらのを．
> チェリーのついたのを．
> このケーキを．

といった具合に答え，ce gâteau-ci, ce gâteau-là とは普通言わない．
3) 非常に遠くにある物や人を指し示したいと思う場合，例えば「あのポスターの女の人は誰？」という場合は
C'est qui, la dame sur cette affiche-là ? という表現よりもむしろ
C'est qui, la dame sur l'affiche là-bas ? という表現が好んで用いられる．
4) **4～5**，どちらかと言うと，**-là** の方がよく用いられる．

慣 用：À ce train-là, Sylvie va se ruiner la santé.

あんな調子でやっていると，シルヴィーは健康を損なうだろう．

5- celui-ci / celui-là (指示代名詞)

- Laquelle, celle-ci ? ―どっち，こっちの？
- Non, non, celle-là. ―いいや，あっちの．

- Qu'est-ce que vous avez comme tartes ? ―どんなタルトがあるんですか．
- J'ai celles-ci aux fraises et celles-là aux cerises. ―こちらのストロベリータルトとそちらのチェリータルトです．

58 ce + 名詞 (時) + -ci / ce + 名詞 (時) + -là

---確認問題---

次の各文の（　）の中に -ci, -là のいずれかを入れなさい．
A. Ce matin (　　), il avait envie de ne rien faire.
　　その朝，彼は何もしたくなかった．
B. Ce dimanche (　　), si on allait au cinéma ?
　　今度の日曜に映画に行こうか？

解答：A. -là cf.5　B. -ci cf.2

1- ce mois-ci

Nous n'aurons pas de congé spécial ce mois-ci. 今月私たちには特別な休みはありません．

使い方：1)「今月」の意味では，ce mois には必ず -ci を付けて用いられる．
　　　J'ai fait plus de cent heures supplémentaires | ce mois-ci.
　　　　　　　　　　　　　　　　　　　　　　　　　　| ×ce mois.
　　　今月は100時間以上残業をした．
　　　ただし，次の様な例外もある．
　　　Le procès s'ouvrira le 8 de ce mois.
　　　訴訟の裁判が今月の8日に開かれる．
　　2) 月の名とは一緒に用いない．
　　　×ce mars-ci,　×ce septembre-ci
　　3) cette année-ci はまれであり，どうしても必要な場合に強調の意味でのみ用いられる．

2- ce + 曜日 + -ci

- Ce dimanche-ci, tu es libre ? ―今度の日曜，君，暇？
- Oui, pourquoi ? ―うん．どうして？

Il a dit qu'il ne viendrait pas ce samedi-ci, mais l'autre en huit.
彼は今週の土曜ではなく, 来週の土曜に来ると言った.

使い方：曜日の名に -ci を用いるのは任意であるが, 稀である. -ci をつけることで強調, 限定され, 曖昧さがなくなる.

慣　用：Ces jours-ci, je suis très occupé.
最近私はとても忙しい.

Un travail intéressant et bien payé, c'est plutôt rare ces temps-ci.
おもしろくて給料の良い仕事なんて, 最近はむしろ珍しいよ.

3- à cette heure-ci

1) À cette heure-ci, ta sœur doit être au-dessus du Pacifique.
今ごろ君の姉(妹)さんは, 太平洋の上を飛んでいるにちがいない.

同　意：en ce moment; à l'heure qu'il est

2) Hier, à cette heure-ci, j'étais encore à Hiroshima.
昨日この時間には, 私はまだ広島にいた.

4- cette fois-ci

La dernière fois, nous avons été en retard. Mais cette fois-ci, nous allons prendre l'autoroute.
前回私たちは遅れたけれども, 今回は高速道路を走るつもりだ.

反　意：la dernière fois; la prochaine fois
使い方：話の中ですでに触れられた時と比較する形で用いられる.

5- ce + 特定の名詞 + -là

Je devais aller voir une pièce de kabuki avec mes amis. Mais ce mardi-là, j'avais 39 de fièvre.
友達と歌舞伎を見に行くことになっていたが, その火曜日には, 私は39度の熱があった.

Le pique-nique est prévu pour dimanche prochain. J'espère bien qu'il fera beau ce jour-là.
ピクニックは今度の日曜の予定です. その日天気が良いといいんだけどなあ.

En 89, nous étions à Édimbourg. Cette année-là, j'ai souvent eu la grippe.
89年には私たちはエジンバラにいた. あの年は, 私はしょっちゅうひどい風邪をひいた.

Pourquoi a-t-il mis le pistolet dans sa poche, justement ce matin-là?
その朝に限って, 彼はなぜポケットにピストルを忍ばせたのか？

特定の名詞：jour, matin, soir, année, semaine, mois, 曜日, printemps, été, automne, hiver, saison など

使い方：1) 過去に対しても未来に対しても用いられる．
2) 話題になっている日時などを指し，日本語の「その」に相当する．

慣　用：Occupe-toi d'Émilie; pendant ce temps-là, je prépare le repas.
エミリーを見ててよ．その間に食事を作るから．

6- à ce moment-là
à cette époque-là (あらたまって)
en ce temps-là (あらたまって)

À ce moment-là, je n'avais que trois ans et demi.　その時，私はたった3才半だった．

À cette époque-là, le train à vapeur n'avait pas encore été inventé.　当時，蒸気機関車はまだ発明されていなかった．

En ce temps-là, Jésus voulut passer de Galilée en Judée.　その頃イエスは，ガリレア地方からユダヤへ移りたいと思った．

使い方：普通，文頭で用いられる．また à cette époque-là, en ce temps-là は日常語ではそれほど用いられない．

同　意：alors

59　ce + 名詞（時）/ 名詞（時）+ prochain / pendant + 名詞（時）/ à la + 名詞（時）

――― 確認問題 ―――

次の文の誤りを正しなさい．

A. Le jeudi prochain, j'ai l'intention d'aller chez le coiffeur.
今度の木曜日，美容院に行くつもりだ．

B. Ce dimanche, vous ne sortirez pas.
今度の日曜日，あなたは外出してはなりません．

C. Ils reviennent au Japon ce septembre.
彼らは，この9月に日本に戻ってくる．

解答：A. Le jeudi prochain → Jeudi prochain あるいは Jeudi cf.3,4
　　　B. Ce dimanche → Dimanche prochain あるいは Dimanche cf.3,4
　　　C. ce septembre → en septembre あるいは au mois de septembre prochain cf.2

1- ce + 特定の名詞

On a découvert le corps ce matin à l'aube.　今朝，明け方に遺体が発見されました．

Je compte aller en Europe cet été.　　今年の夏，私はヨーロッパに行こうと思っています．

J'ai vingt ans depuis cette semaine.　　今週私は20才になりました．

特定の名詞：1) matin, soir, après-midi, nuit, week-end, semaine, année
　　　　　　2) 季節名
説　明：**1～3**，動詞の時制と状況によって過去か未来かわかる．
比　較：

Cette nuit,	j'ai très bien dormi.
	je vais bien dormir.
×Cette nuit-ci,	
Cette nuit-là,	j'ai très bien dormi.

昨夜はぐっすり眠りました．
今晩ぐっすり眠ろうと思います．
その夜私は熟睡しました．

2- 前置詞 [句] + [le mois de] + 月の名

Je suis chargé de cours depuis [le mois d'] avril.　　私は4月から授業を受け持っています．

À partir de mars [prochain], il faudra payer plus cher pour obtenir le permis de conduire.　　この3月から，運転免許証を取るのにかかる費用が高くなる．

Papa aura une promotion à partir d'août.　　パパは8月から昇進します．

使い方：1) **2～4**，ce + 月の名，ce + 曜日の名は普通用いない．
　　　　2) **2～4**，文脈，状況が十分に明確でなければ，月の名，曜日の名を prochain, de cette année と共に用いる．

Papa deviendra directeur général à partir

| d'août.
| d'août [de] cette année.
| d'août prochain.
| ×de cet août.

パパは8月から部長になる．

3- 曜日の名（無冠詞）

Vendredi, nous avons eu une répétition pour notre pièce.　　金曜日に私たちは劇の練習をしました．

使い方：**3～4**，限定詞なしで用いる．

4- 曜日の名（無冠詞）[+ prochain]

Samedi [prochain], nous avons une fête de famille.　今度の土曜日に、私たちは家族でお祝いをします。

比　較：Je serai absent | jeudi prochain.
　　　　　　　　　　　　| la prochaine fois.
　　　　　今度の木曜日　| 私は休みます。
　　　　　次回　　　　　|

5- ce + 曜日の名

Tu te trompes. La réunion n'a pas lieu ce samedi [qui vient], mais le suivant.　君は間違ってるよ。会合は今度の土曜じゃなくてその次の土曜だよ。

Ces trois derniers dimanches, il a plu : on n'a pas eu de chance.　ここ3週間日曜日は雨だった。ついてなかったな。

　　使い方：特に強調したい場合にのみ使われる。

6- 特定の名詞（祝日）

À Noël, je retournerai chez mes parents.　クリスマスには両親の家に帰ります。

Nous avons cinq jours de congé à Pâques.　復活祭には5日間休みがあります。

　　特定の名詞：Noël, Pâques
　　使い方：限定詞をつけないで用いる。

7- la [fête de la] + 特定の名詞（祝日）

Vous avez congé à la Toussaint ?　万聖節は仕事はお休みですか。

Ce sera le lundi qui suit la Pentecôte.　聖霊降臨の祝日の後の月曜日だよ。

　　特定の名詞：Ascension, Assomption, Saint-Jean, Pentecôte など

8- pendant + 定冠詞 + 時の名

J'ai l'intention d'aller chez mes grands-parents pendant les vacances de printemps.　春休みの間に祖父母の家へ行くつもりです。

La météo annonce qu'il pleuvra pendant le week-end [prochain].　今度の週末には雨が降るという予報だ。

　　強　調：prochain を付け加えることが可能。

60　ceci / ce qui suit / de la manière suivante / de la façon suivante / comme ceci / comme cela / comme ça / comme + 指示代名詞

60 ceci / ce qui suit / de la manière suivante ...

確認問題

次の文の（　）の中から最も適切な語句を選びなさい．

A. Notez bien (de la manière suivante/ça/ceci/comme celui-ci) : "En français, l'adjectif s'accorde en genre et en nombre avec le substantif auquel il se rapporte."

以下のことに注意しなさい．「フランス語では，形容詞は修飾する名詞と性数一致します．」

B. Tu prends le manche de la raquette (comme ça/ce qui suit/ceci/comme celui-ci).

ラケットの握りはこのようにするんだよ．

解答：A. ceci cf.1　B. comme ça cf.4

1- ceci

Au lieu de dire : "Je vous en prie", les Suisses disent ceci : "Service". 「どういたしまして (je vous en prie).」と言うかわりに，スイス人は次のように言う．「どういたしまして (Service).」

Mon prénom signifie ceci : "Printemps". Car je suis née au printemps. 私の名前は「春」という意味です．というのは，私は春に生まれたからです．

En un mot, je veux dire ceci : "Victor Hugo nous montre sa sympathie pour l'homme". 端的に言うとこういうことなのです．「ヴィクトル・ユゴーは我々に彼の人間に対する共感を示しているのだ．」

"Le bonheur ne se décrit pas, il se sent". Je ne connais pas très bien Jean-Jacques Rousseau, mais il me semble que cette phrase signifie ceci : "Le bonheur est une chose invisible". 「幸福は言葉で説明するものではなく感じられるものだ．」私はジャン＝ジャック・ルソーを良くは知りませんが，私にはこの文は次のような意味だと思われます．「幸福とは目に見えぬものだ．」

使い方：1) 引用文の前で．
　　　　　2) 他動詞の後で．
　　　　　3) ça は引用文が続かない場合に通常用いられる形である．

注　意：引用文の前では，le suivant, comme suit, ainsi, comme ceci, comme ça は用いられない．

参　考：(E) this

2- ce qui suit (あらたまって)

Ce qui suit est tout à fait confidentiel et je vous prie de ne le révéler à personne. 以下のことは極秘にて他言無用に願います．

Je vous serais reconnaissant de bien vouloir prendre note de ce qui suit. À partir du 1er juillet, nous n'accepterons plus que les paiments en euros.

以下のことに御留意下さいますようお願い申し上げます。7月1日よりお支払いはすべてユーロでのみとなります。

使い方：書き言葉で．

3- de la │ manière │ suivante
      façon

Il le décrit de la manière suivante, en recourant à l'image du phénix.

彼はそれを不死鳥のイメージを借りて次のように描き出す．

参　考：(E) the following way

4- 動詞 + │ comme ça
           comme ceci (あらたまって)
           comme cela (あらたまって)

Fais comme ça : prends le bâton [de golf] dans ta main droite.

こうするんだよ。右手にクラブを持ってね．

Si tu veux réussir tes soufflés au fromage, ne fais pas comme ça.

チーズスフレをうまく作りたいのなら、そんな風にしちゃだめよ．

- Il y a des gens qui apprennent une langue étrangère tout seuls.
- Oui, c'est drôle, beaucoup apprennent comme ça.

―独学で外国語を学ぶ人が結構いるよ．
―うん、変な話だけどそうする人は多いねえ．

Arrête, ce n'est pas comme ça qu'il faut faire.

ストップ！それはそうするんじゃないんだ．

使い方：comme cela は書き言葉でのみ用いる．
同　意：de cette manière, de cette façon
参　考：(E) like this ; like that
比　較：│Il a dit comme ça en passant : "Un jour, je me vengerai."
      │Il a dit ceci : "Un jour, je me vengerai."
      彼はこんなふうに通りがかりに言った。「いつかこの仕返しはしてやる．」
      彼は次のように言った。「いつかこの仕返しはしてやる．」
慣　用：- Elle voulait divorcer ; tous les voisins étaient d'accord.
       - Oh, mais elle disait ça comme ça.
       ―彼女は離婚したがっていたんだよ。周りの人たちはみんな賛成だって．
       ―へえ、彼女はそんなことを言っていたんだ．

5- ne ... pas comme ça

Ne te penche pas comme ça,
en dehors du train.
par la fenêtre du train.

そんな風に列車の外に身を乗り出してはいけません。

使い方：子供に注意したり，叱るための文で用いる．

6- comme ça

S'il est heureux comme ça, tant mieux.

彼がこれで幸福ならばそれは結構なことだ．

- Est-ce que tu veux changer ton emploi du temps ?
- Non, laisse-le comme ça.

―時間割を変えたいと思うかい？
―いや，そのままでいいよ．

同 意：tel que + 人称代名詞 + être

7- 不定冠詞 + 名詞 + comme ça

Avec un dictionnaire comme ça, je vais me débrouiller, je pense.

そのような辞書があれば何とかやっていけると思います．

Un bijou comme ça, tu n'en trouveras pas partout.

こんな宝石はどこででも見つけられるものじゃないよ．

- Pierre ne croit ni en Dieu ni au diable.
- Oui, il y a des gens comme ça.

―ピエールは神様も悪魔も信じてないんだ．
―うん，そういう人はいるよ．

同 意：不定冠詞 + | tel + 名詞
　　　　　　　　　　| 名詞 + semblable

参 考：(E) such [a] + 名詞，名詞 + like that

8- comme + 指示代名詞

J'aimerais bien avoir une voiture comme celle-là.

こんな感じの車がほしいなあ．

Tiens, offre-lui plutôt un pendentif comme celui-ci, par exemple.

ほら，彼女にあげるのは例えばこんなペンダントの方がいいよ．

61　celui de + SN / le sien / le + 形容詞 / en ... un + 形容詞

―― 確認問題 ――

　次の文の（　）の中から最も適切な語句を選びなさい．
A. Ses résultats sont comparables (à ceux de toi/aux tiens/à toi).

彼(女)の成績は君のに匹敵するよ．

B. Le journal Asahi est plus épais (que celui de Yomiuri/qu'un Yomiuri/que le Yomiuri).
朝日新聞は読売新聞よりも厚い．

C. Il s'intéresse davantage à la philosophie orientale qu'à (celle occidentale/celle d'occidentale/l'occidentale/une occidentale).
彼は西洋哲学よりも東洋哲学に興味を深めている．

D. Un coup de téléphone à Osaka coûte moins cher (que celui au Hokkaido/que celui du Hokkaido/qu'un coup de téléphone dans le Hokkaido/que le Hokkaido).
北海道に電話するよりも大阪に電話する方が安い．

E. J'ai terminé tous mes devoirs sauf (celui d'anglais/l'anglais/un anglais).
私は英語のを除いては宿題は全部終えました．

解答： A. aux tiens cf.3　B. le Yomiuri cf.4　C. l'occidentale cf.5
D. un coup de téléphone dans le Hokkaido cf.8　E. celui d'anglais cf.1

1- celui + 前置詞 [＋ 定冠詞] ＋ 名詞

1) Il y a opposition entre la famille du garçon et celle de la fille.
男の子の家庭と女の子の家庭は対照的だ．

Leur intonation est plus nasillarde que celle des New-Yorkais.
あの人たちのイントネーションは，ニューヨークの人たちのイントネーションよりも鼻にかかった感じだ．

J'ai vu un chien dont les oreilles sont grandes comme celles d'un éléphant.
私は，象のように大きな耳をした犬を見ました．

Les conditions de travail des femmes devraient être les mêmes que celles des hommes. C'est du moins ce que dit la loi.
女性の労働条件は男性と同じでなければならない．少なくとも法律ではそうなっている．

使い方： 1) celui de ＋ 人称代名詞 (強勢形) という表現はない．
2) 置き換えられる名詞は，le, mon, ce 等の限定を受け，文脈上先行する比較的近くの部分に既出していなければならない．
3) **1〜8**，繰り返しを避けて celui, le mien, le ＋ 名詞, un ＋ 名詞などを必ず用いなければならないわけではない．

参　考： (E) 1) that of ＋ SN; those of ＋ SN
2) 英語では，人の名，動物の名の後の's にあたる．

2) Le coût de la vie à Tokyo est le double de celui à Rome. 　東京の生活費はローマの2倍です。

Il fait partie du club de crosse, pas │de celui │de hockey sur glace.
│du club │
　彼が入っているのはラクロス部であって、アイスホッケー部ではない。

Les bijoux en or sont plus appréciés chez les femmes que │ceux │en argent.
│les bijoux │
　金のアクセサリーの方が、銀のものよりも女性に好まれている。

比 較：Je suis membre │du club de basket et │du club de ping-pong.
│ │de celui de ping-pong.
│ │×de ping-pong.
│des clubs de basket et de ping-pong.
　私はバスケットボールクラブと卓球クラブのメンバーです。

2- celui + 関係代名詞 + 節

1) – Regarde maman, je me suis acheté une robe.
 – Elle te va bien, mais ce n'est pas celle dont tu m'avais parlé.
　―おかあさん、見て。洋服買ったのよ。
　―良く似合うけど、お前が言っていたのとは違う服ね。

Robert hésite entre deux complets; celui qui lui plaît vraiment, c'est un complet gris de fabrication anglaise.
　ロベールは2着のスーツのどちらにしようか迷っている。本当に彼の気に入っているのは、イギリス製のグレーのスーツだ。

2) – Sur la photo, lequel est ton frère ?
 – C'est celui qui est le plus grand.
　―この写真のどの人が君のお兄さん？
　――一番大きいのだよ。

Celui qui partira le dernier fermera les fenêtres. 　最後に出る人は窓を閉めて下さい。

3- le sien

Prête-moi ton parapluie, le mien est hors d'usage. 　君の傘貸してね。僕のはこわれてるんだ。

Ils sont venus habiter un appartement, juste à côté du nôtre. 　彼らは同じマンションの丁度うちの隣りの部屋に引っ越して来たんですよ。

Ses notes de cours se présentent mieux que les tiennes. 　彼(女)の成績はお前のよりも良いようだ。

Ces traditions de la famille impériale sont trop différentes des nôtres. 　皇族のあのような伝統は、私たちのとはあまりに違いすぎる。

À quoi sont dues les différences entre notre génération et la vôtre ? 私たちとあなたたちの世代間の違いは何によるのでしょう．

Si on ne connaît pas des cultures différentes de la sienne, on a tendance à croire que sa propre culture est la meilleure. 自分の文化とは異なった様々な文化を知らなければ，自分の文化が最良のものと思い込みがちです．

Il est nécessaire que nous vivions dans un pays différent du nôtre. 自分の国と違った国で生活することが，私たちには必要です．

　使い方：celui de ＋ 人称代名詞という表現はないので，その代わりに所有代名詞を用いる．
　参　考：(E) mine, etc.
　比　較：1) Jeannot veut absolument tous les jouets, que ce soient les siens ou ceux d'un autre.
　　　　　　ジャンちゃんは，自分のものであろうと人のものであろうと，おもちゃを全部独り占めしたがる．
　　　　　2) L'intérêt que vous croyez satisfaire, c'est le vôtre et celui des enseignants, non celui des enfants.
　　　　　　あなたが満たそうと思っているのは，あなた自身の利益と教育者側の利益であって，子供たちの利益ではない．

4- 不定冠詞／定冠詞 ＋ 製品の会社名

Ma famille préfère la mayonnaise Kewpie à l'Ajinomoto. わが家ではキューピーマヨネーズの方が味の素マヨネーズよりも好まれている．

－ Tu vas acheter une raquette Head ? ―ヘッドのラケットを買うつもりなの？
－ Non, une Dunlop. ―いいや，ダンロップのを買うよ．

－ J'aime bien les voitures Renault. ―ルノーの車，好きだなあ．
－ Moi, je préfère les Volvo. ―私はボルボの方がいいわ．

　使い方：1) 4〜6，名詞は繰り返さない．
　　　　　2) 4〜6，限定詞は省略された名詞に付く形と同じになる．
　　　　　3) 4〜6，単独の形容詞の前では指示代名詞は用いない．例えば celui (de) vert, celles (de) modernes とは言わない．

5- 定冠詞 ＋ 名詞 ＋ 形容詞 ＋ ... ＋ 定冠詞 ＋ 形容詞

Il connaît mieux la littérature romantique que la classique. 彼は古典文学よりもロマン主義文学の方に精通している．

Cette robe bleue est très jolie. Mais j'aime aussi la blanche. Je ne peux pas me décider. この青いドレスはとても素敵ね．でも白いのも好きだわ．決められないわ．

- Je préfère la musique moderne à la classique. 　　―私はクラシックよりも今風の音楽が好きだ。
- Moi, c'est le contraire. 　　―僕はその逆だよ。
- Taro, c'est lequel ? 　　―太郎ってどの人？
- C'est le petit à lunettes, à côté de Michiko. 　　―道子の横にいる、眼鏡をかけた背の低い人だよ。

Les grosses fraises sont moins sucrées que les petites, à mon avis. 　　大きないちごは小さいのよりも甘くないと私は思うね。

Va à la cuisine chercher des assiettes. Apporte les plus grandes. 　　台所に行ってお皿を持ってきてちょうだい。一番大きいのを持ってきてね。

　使い方：celui ＋ 単独の形容詞という形はない。

　比　較：1) Je crois que les films américains sont inférieurs | aux français.
　　　　　　　　　　　　　　　　　　　　　　　　　　　　　　　| ×à ceux français.

　　　　　アメリカ映画はフランス映画より質が悪いと思う。

　　　2) – Cette bicyclette, c'est | la tienne ?
　　　　　　　　　　　　　　　　　| ×celle de toi ?
　　　　　– Non, la mienne, c'est la neuve, là-bas.
　　　　　―この自転車、君のですか？
　　　　　―いいえ、僕のはあそこにある新しいやつです。

6- 不定冠詞 ＋ 名詞 ＋ 形容詞 ＋ ... ＋ 不定冠詞 ＋ 形容詞

Je trouve un tailleur bleu plus élégant qu'un gris. 　　私は灰色のよりも青いスーツの方が素敵だと思うわ。

N'achète pas cette robe bleue, mais une noire qui t'ira mieux. 　　その青いドレスはやめといて、もっと似合う黒いドレスを買ったら。

　参　考：(E) the ＋ 形容詞 ＋ one

7- en ＋ 動詞 ＋ 数詞 ＋ 形容詞

- Vous en prendriez un autre ? (montrant le verre vide du visiteur) 　　―(客のグラスが空になっているのを指して) もう一杯いかがですか。
- Non, merci. 　　―いいえ、結構です。

Je n'aime pas les grands chapeaux. Pourriez-vous m'en montrer des plus petits, s'il vous plaît ? 　　私は大きな帽子は好きではありません。もう少し小さいのを見せて頂けますか。

8- 名詞をそのまま繰り返すしかない場合

Tu ferais mieux de mettre un chemisier à manches longues au lieu d'un chemisier à manches courtes.	半袖のブラウスよりも長袖のを着た方がいいよ。
Ce soir, je vais faire un gâteau au fromage au lieu d'un gâteau au chocolat.	今晩、チョコレートケーキの代わりにチーズケーキを作るわ。
– Comment tu as trouvé leur pièce ? – Pour une pièce jouée par des étudiants, ce n'était pas mal.	— 彼らの芝居どうだった？ — 学生の演じたものにしては悪くなったね。
Je préfère le jus d'orange au jus de tomate.	私はトマトジュースよりオレンジジュースが好きだ。
Suzanne préfère des romans d'amour à des romans d'aventure.	シュザンヌは冒険小説よりも恋愛ものの方が好きだ。
Le pain au raisin est moins nutritif que le pain de blé complet. ×celui de blé complet. ×le blé complet. ×blé complet.	レーズンパンは全粒パンよりも栄養が少ない。

使い方：名詞をそのまま繰り返すしかない場合とは以下の場合である。
 1) 名詞が具体的に特定されておらず、celui などに変えられない場合。
 2) SN＋前置詞＋SN が全体で特定の表現として通用している場合。
  le café au lait → × celui au lait
  les films d'amour → × ceux d'amour
  ただし、les films de science-fiction → ○ ceux de science-fiction
  という例もある。

62   SN, c'est ＋ 形容詞 ＋ à ＋ inf. / SN ＋ être
c'est ＋ 形容詞 ＋ de ＋ inf.
il est

確認問題

次の文の（ ）の中に à か de を入れなさい。

A. Il est assez difficile ( ) résoudre un problème comme celui-ci.
 このような問題を解決するのはかなり難しい。

B. Les problèmes personnels, c'est délicat ( ) résoudre.
 個人的な問題は慎重に解決しなければ。

C. C'est gentil ( ) vous ( ) être venu.
 来て下さってありがとう。

解答：A. de cf.3　B. à cf.1　C. à, d' cf.2

1- SN, c'est + 特定の形容詞 + à + inf. (くだけた表現)
SN + être + 特定の形容詞 + à + inf.

Les taudis, c'est désagréable à voir.	廃屋など見たくもない．
Ce qu'il m'a demandé est très facile à faire.	彼から頼まれたことはいとも簡単だ．
Kant, m'a-t-on dit, n'est pas amusant à lire.	カントは読んでも楽しくないらしい．
Le curry n'est pas long à préparer.	カレーはすぐに作れるよ．
Le climat de la région est dur à supporter.	このあたりの気候は耐え難い．

特定の形容詞：désagréable, agréable, délicat, simple, triste, amusant, facile, difficile, impossible, pénible, long, dur など

使い方：1) 不定法は，ここでは他動詞に限られる．また SN 自体がその他動詞の目的語であるため，不定法の後に直接目的補語は付かない．
　　　　2) **1～3**, c'est と共に用いられる形容詞は常に男性単数形である．

慣用：C'est le plus grand paresseux du monde, c'est malheureux à dire.
世界一の怠け者だよ．口にするのもつらいことだが．

2- c'est + 特定の形容詞 + de + inf.

C'est gentil à toi d'avoir pensé à eux.	彼らのことを考えてくれてありがとう．

特定の形容詞：gentil, aimable など
使い方：この場合 il est は使われない．

3- c'est + 形容詞 + de + inf.
il est + 形容詞 + de + inf. (あらたまって)

C'est facile de se préparer un plat surgelé.	冷凍食品の調理は簡単だ．
C'est triste de mourir si jeune.	こんなに若くして死ぬなんてかわいそう．
C'est surprenant de voir combien de gens s'intéressent aux B.D.	漫画にこれほど多くの人が興味を持っているなんて驚きです．
Il est inutile de lui expliquer le mouvement de la terre, il le sait.	彼に地球の動きを説明する必要はありません．彼は知っています．
Il est admirable de consacrer sa vie aux autres.	他の人たちのために自らの生涯を捧げるのは立派なことです．

使い方：1) 不定法は自動詞でも，直接目的補語を伴った他動詞でもよい．
　　　　2) il est + 形容詞 + de + inf. の形は多少文語的．

比　較：Il est facile | de | se marier mais bien plus difficile | de | divorcer.
　　　　　　　　　　　| ×à |　　　　　　　　　　　　　　　　　| ×à |
　　　　結婚するのはたやすいが離婚はずっと難しいものだ．

63　c'est + 限定詞 + 名詞 / 主語人称代名詞 + être + 形容詞

──── 確認問題 ────

次の文の誤りを正しなさい．
A. Kobo Daishi, il était génie.
　　弘法大師は天才ですよ．
B. C'est excellent, ce shampooing.
　　素晴らしいね，このシャンプーは．
C. – Regarde cette robe, elle coûte à peine 10 000 yens.
　　– En effet, c'est bon marché, cette robe.
　　─このドレスを見て．1万円そこそこなのよ．
　　─確かに安いね，そのドレス．
解答：A. il était génie → c'était un génie あるいは il était génial あるいは c'était un homme génial
　　cf.2,4,8　B. C'est → Il est cf.9　C. c'est → elle est cf.9

1- c'est + SN

– C'est du porto ?　　　　　　　　　　　─これはポルト酒ですか．
– Oui, il vient directement du Portugal.　─ええ，ポルトガルからの直輸入品です．

– C'est ton patron ?　　　　　　　　　　─あの人，きみんとこの社長？．
– Non, c'est le secrétaire de mon patron.　─いや，社長の秘書だよ．

注　意：1〜5，この場合，三人称の主語人称代名詞は使えない．
比　較：1) | C'est son frère ?
　　　　　　| C'est le frère d'Alfred ?
　　　　　　| Vous êtes le frère d'Alfred ?
　　　　　　| あれは彼のお兄さんですか．
　　　　　　| あれはアルフレッドのお兄さんですか．
　　　　　　| あなたはアルフレッドのお兄さんですか．
　　　　2) – | ×Elle est | ta sœur ?
　　　　　　| C'est |
　　　　　　– Non, c'est ma cousine.
　　　　　　─こちらはあなたのお姉さん？
　　　　　　─いや，いとこなんだ．

3) －｜×Elle est｜ta voiture ?
　　｜C'est｜
　　－ Non, c'est celle de mon père.
　　―これは君の車なの？
　　―いや、父親のなんだ。

2- c'est + 不定冠詞 + 特定の名詞

1) － Regarde les enfants jouer dans le jardin. ―子供たちが庭で遊ぶのを見てごらん。
　　－ On dirait que ce sont des anges. ―あの子たちはまるで天使のようだ。

Pourquoi avoir acheté ce tableau ? C'est un faux. なぜこんな絵を買ってしまったのか。これは偽物だ。

特定の名詞：génie, ange, savant, traître, malfaiteur, voleur, faux, dissident, gigolo, héros, amateur, original, vagabond など

2) Ça, c'est un homme ! あいつは男らしい奴だ。

Tous ces gens-là, ce sont des voleurs. この連中は皆泥棒だ。

C'est un cochon ! Regarde comme il mange mal ! 彼は豚のようだ。あの下品な食べ方を見てごらん。

使い方：感情的用法

3- c'est + 限定詞 + 名詞 (時)

C'est la vie ! Amusons-nous ! 人生とはそんなものです(どうしようもない)。楽しみましょう。

Vas-y, c'est le moment. Commence. さあ、今だよ、今。始めて。

－ Regarde ! Les feuilles sont toutes rouges. ―見て。木の葉がみな赤くなった。
－ C'est déjà l'automne. ―もう秋だね。

Partons, c'est l'heure. 行こう。時間だよ。

Il fait froid comme si c'était déjà l'hiver. もう冬が来たみたいな寒さだ。

Aujourd'hui, c'est le 5 avril. 今日は4月5日です。

C'était un lundi, il me semble. 確かその日は月曜日だったと思う。

Mercredi, c'est l'anniversaire de Francine. 今度の水曜はフランシーヌの誕生日だ。

Novembre et décembre, ce sont les mois de l'année où nous sommes les plus occupés. 11月と12月は、1年のうちで私たちが一番忙しい月だ。

使い方：もちろん次のような言い方もある。
　　　Il doit être 5 heures.

比　較：
ーもう5時にはなっているはずだ．
- La réunion, c'est à quelle heure ?
- C'est à 11 h.
ー会合は何時だったっけ？
ー11時だよ．
Il est 11 heures environ.
今だいたい11時だ．

4- c'est ＋ 不定冠詞 ＋ 名詞 ＋ 形容詞 / de ＋ SN

- J'ai un projet : allons à Miyakejima. - C'est une bonne idée.	ー計画があるんだ．三宅島に行こう． ーいい案だね．
Le français et l'anglais, ce sont des langues complètement différentes.	フランス語と英語は，全く異なる言語だ．
J'ai visité Kyoto, c'est une belle ville.	私は京都に行きましたが，とても美しい町です．
Julie, c'est une excellente infirmière.	ジュリーは素晴らしい看護婦です．
Il faut aider les animaux, les protéger, parce que ce sont des êtres vivants comme nous.	動物は援助し，保護しなければならない．動物も私たちと同じように生き物なのだから．
Monsieur Émeric, c'était un grand savant.	エムリック氏は立派な学者だった．
Ma grand-mère, c'était une forte femme.	私の祖母は，たくましい女性でした．
C'est un homme de taille et de corpulence moyennes.	その男は中肉中背だ．
C'est à peine si je le connais, c'est un ami de mon frère.	私はその人をほとんど知りません．兄(弟)の友人ですから．

5- c'est ＋ 不定冠詞 ＋ 名詞 ＋ 関係詞節

Il en va de l'avion comme de la voiture, ce sont des machines qui finissent par s'user.	飛行機も自動車と同じだ．両方ともいずれは消耗してしまう機械だ．
- Alain a insisté sur la supériorité de la raison. - C'est un philosophe que j'admire beaucoup.	ーアランは理性の優位性を強調した． ーアランは私が非常に尊敬する哲学者です．
On dit qu'en Afrique, quand un vieillard meurt, c'est une bibliothèque qui disparaît : c'est triste.	アフリカでは，老人が一人死ぬと，図書館が一つなくなるのと同じで，悲しむべきことだと言われている．

- Qu'est-ce que c'est ?
- C'est un appareil | qui filtre | les sons.
　　　　　　　　　　| pour filtrer |

―これは何ですか．
―音をふるいにかける｜のに役立つ｜機械です．
　　　　　　　　　　｜ための｜

Tous ces gens, ce sont des traîtres qu'on devrait mettre en prison.

こいつらは皆，刑務所に入れてしかるべき裏切り者たちだ．

- Qu'est-ce qu'un "nisei" ?
- C'est quelqu'un [qui est] né à l'étranger de parents nés au Japon.

―「二世」とは何ですか？
―日本生まれの日本人の両親から，外国で生まれた人のことです．

比　較 : - Goûte ce gâteau pour voir.
　　　　 - | Hum, il est bon !
　　　　 | C'est un très bon gâteau que tu as fait là.

―このお菓子を味見してみて．
― | うーん，おいしいね．
　 | 君が作ったのはとてもおいしいお菓子だね．

6- c'est + 不定冠詞 + 名詞 + de + 不定冠詞 + 名詞 + 形容詞

Je connais bien Michel, c'est un garçon d'un courage remarquable.

私はミッシェルをよく知っている．彼はすごく勇気のある少年だ．

Elle s'habille toujours très chic. C'est une jeune fille d'une élégance exceptionnelle.

彼女はいつもとてもシックに装っている．彼女は稀に見るエレガンスを備えた女の子だ．

7- c'est + 定冠詞 + 名詞 + |de + SN
　　　　　　　　　　　　　　　　|関係詞節

L'homme assis sur le banc, c'est le frère de ma mère.

ベンチに座っている男性は，母の兄です．

Herbie Hancock est né en 1940. C'est le pianiste de jazz le plus célèbre à l'heure actuelle.

ハービー・ハンコックは1940年生まれだ．彼は，現在最も有名なジャズ・ピアニストである．

- Ce sont les dentistes qui ont les plus mauvaises dents.
- Tu crois ?

―最も歯が悪いのは歯医者たちだ．
―ほんと？

C'est ma femme qui fait la pluie et le beau temps à la maison.

我が家を仕切っているのは妻だ．

8- 主語人称代名詞 + être + 形容詞（人・動物に関して）

- Il est comment ? Tu peux me le décrire ?　　―彼はどんな風ですか．私に彼の特徴を言ってくれる？
- Il est grand, distingué, et il a de belles manières.　　―彼は背が高くて，上品で，礼儀正しい．

Il est mal élevé, cet enfant.　　あの子はしつけが悪い．

Mon père, il est chauve depuis l'âge de 30 ans.　　私の父は30才の頃からはげている．

Lui, il est déjà milliardaire.　　彼はすでに億万長者だ．

使い方：1) この場合，être の属詞として名詞はつけられない．
　　　　　2) 次の例では，c'est は jouer avec le chien を，il est は le chien を指す．
　　　　　　Ne laisse pas les enfants jouer avec le chien, | c'est dangereux.
　　　　　　　　　　　　　　　　　　　　　　　　　　　　　　 | il est dangereux.
　　　　　　子供たちが犬と遊ぶのを放っておかないで． | そんなことは危険だから．
　　　　　　　　　　　　　　　　　　　　　　　　　　　 | その犬は危険だから．

比　較：1) Attention ! | Ce chien est dangereux !
　　　　　　　　　　　　　 | C'est un chien dangereux !
　　　　　　気をつけて．その犬は危険だよ．
　　　　　 2) Einstein, | il était génial.
　　　　　　　　　　　　 | ×c'était génial.
　　　　　　　　　　　　 | c'était un homme génial.
　　　　　　　　　　　　 | c'était un génie.
　　　　　　　　　　　　 | ×c'était | génie.
　　　　　　　　　　　　 | ×il était |
　　　　　　　　　　　　 | ×il était un génie.
　　　　　　アインシュタインは | 天才的だった．
　　　　　　　　　　　　　　　 | 天才的な男だった．
　　　　　　　　　　　　　　　 | 天才だった．

9- 主語人称代名詞 + être + 形容詞（物に関して）

Ce timbre-là, tu sais, il est plutôt rare.　　その切手はね，比較的珍しいものだよ．

Ce qu'elle est chic, ta robe !　　君のドレスは何てシックなんだろう．

J'aime beaucoup ce roman, il est très intéressant.　　私はこの小説が大好きです．とても面白いから．

Tu ne prends pas de ce vin, il est excellent !　　このワインを飲まないなんて．素晴らしいワインなのに．

Ces chocolats fondent dans la bouche. Ils sont de haute qualité.　　これらのチョコレートは口の中でとろける．上質のものだ．

Regarde, dis, l'avion dans le ciel, il est rapide comme une flèche. ほら、見てごらん。飛行機が飛んでる。矢のように速いね。

Ton devoir, il est très bien. 君の宿題はとてもよくできている。

Tu sais comment faire marcher cette machine à laver ? Elle est trop compliquée. 君は、この洗濯機をどうやって動かすか知ってる？複雑すぎるんだ。

使い方：1) 話題となる物はすでに特定されている。
　　　　　2) c'est + 形容詞の構文は、遊離構文では使えない。
```
  | Elle est jolie, ta robe.
×C'est | jolie, | ta robe.
  | joli,  |
```
素敵だね、君のドレス。

参　考：(E) it is + 形容詞

比　較：1) – Comment était le concert de Michel Polnareff ?
　　　　　　　– Oh, | il était superbe !
　　　　　　　　　　| c'était super ! (= assister au concert de Michel Polna-
　　　　　　　　　　| c'était un concert superbe.　　　　　　　　　　　reff)
　　　　　　　—ミッシェル・ポルナレフのコンサートはどうだった？
　　　　　　　— | 素晴らしかった。
　　　　　　　　| すごかったよ。
　　　　　　　　| 素晴らしいコンサートだった。

　　　　　2) – Il est délicieux, ce plat. Comment le trouves-tu ?
　　　　　　　– | Il est délicieux.
　　　　　　　　| C'est un plat délicieux.
　　　　　　　　| C'est vraiment délicieux. (くだけて)
　　　　　　　—この料理はおいしい。君はこの料理をどう思う？
　　　　　　　— | おいしいよ。
　　　　　　　　| おいしい料理ですね。
　　　　　　　　| 本当においしいね。

　　　　　3) – Il a sa manière à lui de peler une orange.
　　　　　　　– Oui, | elle est bizarre.
　　　　　　　　　　 | c'est une manière très bizarre.
　　　　　　　　　　 | c'est bizarre.
　　　　　　　—彼には独特のみかんのむき方がある。
　　　　　　　—そう、| 変なむき方だよね。
　　　　　　　　　　 | とても変なむき方だよね。
　　　　　　　　　　 | 変だね。(彼が独特のむき方をするということが)

> **確認問題**
>
> 次の文の（　）の中から適切な語句を選びなさい．
> A. Monsieur Seno, (il est / c'est) un excellent chirurgien.
> 瀬野先生は素晴らしい外科医だ．
>
> 解答：c'est cf.1

1- c'est + | 不定冠詞 | **+ 名詞（職業の名，国籍）+** | 形容詞
　　　　　　 | 定冠詞　 | | de + SN
　　　　　　 | | | 関係代名詞 + 節

Ce sont des collègues de mon père. — この方たちは，父の同僚です．

- Qu'est-ce que Pascal et Einstein ont en commun ? — ーパスカルとアインシュタインの共通点は？
- Ce sont tous les deux des génies. — ー彼らは二人とも天才です．
- D'après ce qu'elle m'écrit, les New Kids on the Block seraient à la mode en France. — ー彼女の手紙によれば，ニュー・キッズ・オン・ザ・ブロックがフランスではやっているらしい．
- Ah ! Tiens ! Pourtant ce sont des chanteurs américains. — ーへえ．でも彼らはアメリカの歌手だよ．
- Qui sont ces gens ? — ーこの人たち，何なの？
- La plupart d'entre eux [, ce] sont probablement des étudiants de l'université de Kyoto. — ー大部分は，おそらく京都大学の学生だ．
- Vous connaissez Catherine Deneuve ? — ーカトリーヌ・ドヌーヴを知っていますか？
- Oui, c'est une actrice française. — ーええ．フランスの女優ですね．

Ce sont des Ukrainiens qui ont émigré au Canada au début du XIXe siècle. — 19世紀の始めにカナダに移住したのはウクライナ人だ．

- C'est la nouvelle stagiaire. — ー彼女，新しい研修生だよ．
- Ah ! elle en a l'air. — ーああ，そんな感じだね．

使い方：1) **1～3**, c'est, ce sont の後には，常に限定詞がある．
　　　　C'est un marchand très connu.
　　　　Il est marchand.
　　　　×Il est un marchand.
　　　　×Il est un marchand très connu.
　　　　Il est marchand d'huile.
　　　　×C'est marchand très connu.

彼は有名な商人だ．
彼は商人だ．
彼は油売りの商人だ．

　　　 2) **1～3**，くだけた言い方では，ce sont のかわりに単数形 c'est も用いられる．

比　較：1) Je pense que | ce sont des Allemands.
　　　　　　　　　　　　| tous les deux sont allemands.

彼らは | ドイツ人だと思う．
　　　 | 二人ともドイツ人だと思う．

　　　 2) | Ce sont des étudiants, pour la plupart.
　　　　　| Ils sont étudiants, pour la plupart.

| それらは大部分が学生だ．
| 彼らは大部分が学生だ．

　　　 3) － Ali, il est arabe ?
　　　　　 － Oui, | il est arabe.
　　　　　　　　　| c'est un Arabe.

―アリはアラブ人かい．
―うん，アラブ人だ．

　　　 4) － Qui est-ce ?
　　　　　 － C'est le nouveau professeur de sciences sociales.

―これは誰ですか？
―新任の社会科学の教授です．

　　　　　 － Qu'est-ce qu'il fait dans la vie ?
　　　　　 － Il est professeur de sciences sociales.

―彼は何をやっているのですか？
―社会科学の教授です．

2- c'est ＋ 限定詞 ＋ 名詞（続柄）

C'est une enfant sans frère ni sœur.　　　　　この女の子は，兄弟も姉妹もいない．

－ Vous connaissez Pierre ?　　　　　　　　　　―ピエール君を知っていますか？
－ Bien sûr, | c'est mon cousin.　　　　　　　 ―もちろん．私のいとこです．
　　　　　　 | ×il est mon cousin.

－ Anne-Marie, c'est ta sœur ?　　　　　　　　 ―アンヌ＝マリーって君のお姉さん？
－ Non, c'est ma cousine.　　　　　　　　　　　―ううん，いとこなんだ．

Le garçon là-bas, c'est mon cousin, le fils de　あそこにいる男の子は，私のいとこで，
mon oncle Maxime.　　　　　　　　　　　　　　　マクシムおじさんの息子です．

D'après ce que j'ai entendu dire, ce serait sa　私が聞いたところによれば，あれは彼
seconde mère.　　　　　　　　　　　　　　　　　（女）の二番目の母親らしい．

比　較： C'est l'amie de ma sœur.
Elle est amie avec ma sœur.
こちらは私の姉の友だちです．
彼女は私の姉と親しい．

3- c'est + 不定冠詞 + 名詞 + 形容詞（句）

C'est un homme sans morale. あれは不道徳な男だ．
Roubine, c'était un brave homme. ルビーヌはいい人だった．

65　c'est + 形容詞 / ça + 動詞 / cela + 動詞

――― 確認問題 ―――

次の文の誤りを正しなさい．
A. Marcher vite, il est excellent pour la santé.
　速足で歩くことは健康に一番いいんだ．
B. Une douche froide le matin, elle fait du bien.
　朝の冷たいシャワーは気持ちがいいよ．
C. Se lever tôt le matin, ça est très agréable.
　朝早起きするのはとても気分がいいよ．

解答：A. il → c' cf.1　B. elle → ça あるいは cela cf.4　C. ça → c' cf.1

1-　| inf.,　　|　　| c'est + 形容詞
　　　　| 節　　　| ＋ | ça + 動詞（会話）
　　　　| 命令法, |　　| cela + 動詞（あらたまって）

— Il m'a proposé d'aller faire du ski avec lui.
— C'est gentil de sa part.
—彼が僕をスキー旅行に誘ってくれたんだよ．
—そりゃ親切だね．

Faire du jogging, ça développe les muscles des mollets.
ジョギングをするとふくらはぎの筋肉が発達するよ．

Mange du yaourt, ça te donnera des forces.
ヨーグルトを食べると力が出るよ．

Je dois avouer que je ne participe à aucune activité parascolaire. C'est un peu dommage.
僕は学校以外の活動には何も参加していないんだよ，実は．それがちょっと残念なんだけどね．

C'est regrettable, j'avais complètement oublié notre rendez-vous.
がっくりです．私は会う約束をすっかり忘れていました．

65 c'est + 形容詞 / ça + 動詞 / cela + 動詞

- Partout, il y a beaucoup de monde à Shinjuku.
- Cela me paraît naturel; aujourd'hui, c'est dimanche.

―新宿はどこも人でいっぱいだね。
―当たり前だよ。だって今日は日曜だよ。

- C'est grave ?
- Ne vous inquiétez pas, Madame, cette maladie est fréquente chez les enfants.

―重いのでしょうか。
―御心配には及びませんよ。この病気は子供にはよくありますから。

Remplir sa maison d'appareils perfectionnés, je ne pense pas que ce soit vraiment nécessaire.

家中に最新の器具を取り揃えるなんてことが本当に必要だとは思わないよ。

Ne laisse pas les enfants jouer dans la rue. C'est dangereux.

子供たちを道路で遊ばせてはいけません。危ないですよ。

使い方：先行する部分は不定法，節，命令法のいずれも可能。

注 意：この形の文では il est + 形容詞は用いられない。

J'ai regardé l'émission de sciences naturelles à la télévision hier.
| C'était intéressant (= regarder l'émission).
| Elle était intéressante (= l'émission).

昨日テレビで自然科学の番組を見たよ。| 面白かったなあ。
| 面白い番組だったよ。

比 較：1) Attention, c'est chaud ! Ça brûle !
　　　　　　気を付けて下さいよ。やけどするくらい熱いですよ。

2) Faites de la marche, | c'est bon pour la santé.
　　　　　　　　　　　　| ça devrait vous aider à digérer.

　　　　歩きなさいよ。| 健康にいいから。
　　　　　　　　　　　| 腹ごなしにいいですよ。

3) - J'ai assisté au concert de Madonna.
　　- Et | ça t'a plu ? (ça = assister au concert)
　　　　 | elle t'a plu ? (elle = Madonna)
　　- Oui, beaucoup.

　―マドンナのコンサートに行ったんだよ。
　―で | （コンサートは）良かった？
　　　 |（彼女は）良かった？
　―うん，とても。

2- 定冠詞 + 名詞, | **c'est** + 形容詞
　　　　　　　　　　| **ça** + 動詞（会話）
　　　　　　　　　　| **cela** + 動詞（あらたまって）

La crosse, c'est formidable !

ラクロスはすごいよ。

La natation, c'est bon pour la santé.

水泳は健康にいいんだ。

Les moules, ça peut être très dangereux. ムール貝は危ないかもね.
Les cigarettes, c'est dangereux. 煙草は有害です.
La musique, ça me calme. 音楽を聴くと落ち着きます.
L'automne, ça me rend romantique. 秋になるとロマンティックになってしまいます.
Le café, ça l'excite, à ce qu'il m'a dit. コーヒーを飲むと神経が高ぶるんだって彼が言ってたわ.

使い方: 1) 文体上の, また心情的用法.
| Les romans policiers, ça m'intéresse beaucoup.
| Les romans policiers m'intéressent beaucoup.
推理小説にはとっても興味がありますよ.

2) 先行する部分は限定的, 具体的な意味ではなく, 総称的意味合いを持つ.
| Les sacs, c'est pratique.
| Ton sac, il est pratique.
| Ce sac, il est pratique.
| ×Ton sac, c'est pratique.
かばんは便利だね.
君のかばんは便利だね.
このかばんは便利だね.

3) **2～3**, 通常の文では, 適切な名詞が後に加えられる.
Le ping-pong, c'est un sport intéressant à coup sûr.
卓球, それは確かに面白いスポーツです.

比　較: Les films japonais, je trouve ça magnifique.
(ça = voir des films japonais).
Les films japonais, je les trouve magnifiques.
(les = les films japonais).
日本の映画は素晴らしいと僕は思うよ.

3- |定冠詞 + 名詞| + **c'est** + 形容詞 (くだけて)
　　|その他　　　|

On entend parfois dire que l'enseignement des langues aux États-Unis, ce n'est pas brillant. アメリカの語学教育がぱっとしないという話はまあよく聞くよ.

C'est joli, chez toi. J'aime beaucoup ton salon. 素敵だね. 君の家は. 居間なんか最高だよ.

Toulouse, c'était sympathique : tout le monde voulait nous poser des questions sur le Japon. トゥールーズは感じがよかったよ. だってみんなが日本について質問したがっていたからね.

Je serais bien prête à causer avec toi, mais c'est bruyant ici. 私はできればあなたと話をしたいのだけれど、ここはうるさすぎるわ。

使い方：定冠詞の付いた名詞は，何か具体的なものを指し示すのではなく総体を示している．

4- 不定冠詞 + 名詞, | c'est + 形容詞
　　　　　　　　　　　　| ça + 動詞 (会話)

Une grippe, à ce moment de l'année, c'est terrible. この時期のインフルエンザはひどいもんだよ。

Une promenade, ça nous ferait du bien, qu'en penses-tu ? 散歩をすると気持ちがいいんじゃない？どう？

Un canard, ça vit des années. あひるは何年も生きるんだよ。

[Avoir] de mauvais freins, c'est dangereux ! ブレーキがきかないのは、あぶないよ！

説　明：この場合，不定冠詞 + 名詞は，総称的意味合いを持つ．
比　較：Les rues de Haïfa sont pleines de jeunes de tous âges.
　　　　Ça rit, ça chante, ça chahute, ça s'embrasse.
　　　　Ils rient, ils chantent, ils chahutent, ils s'embrassent.
　　　　ハイファの町は、幅広い年齢の若者たちであふれている。
　　　　笑い、歌い、騒ぎ、抱き合っている。

5- c'est + 形容詞 + de + inf.

C'est important de commencer à l'heure. 時間通りに始めることは大切だ。

C'est dangereux de traverser la rue au feu rouge. 赤信号で道を渡るのは危ないよ。

Ce sera agréable de vous revoir. あなたにまた会えると嬉しいですね。

同　意：il est + 形容詞 + de + inf.（あらたまって）
比　較：|C'est　　　　　　　　|très facile d'employer ce traitement de texte.
　　　　|Ça devrait être|
　　　　このワープロを使うのは|とても簡単だ．
　　　　　　　　　　　　　　　|簡単に違いない．

6- |ça　　a été + 形容詞 + de + inf.
　　　|cela

Ça nous a été profitable de pouvoir échanger nos idées. お互いの考えを交換できてためになりましたよ。

Ça a été impossible de les joindre par téléphone. 彼らには電話がつながりませんでした.

使い方：複合過去に関しては母音が続くので ce a été の形は用いられないが，その代わりに ça a été が用いられる.
同　意：il a été ＋ 形容詞 ＋ de ＋ inf.

66　c'est ＋ SN ＋ 関係代名詞 ＋ 節 ＋ 最上級 ／ 指示代名詞 ＋ 関係代名詞 ＋ 節 ＋ 最上級，c'est ＋ SN

---**確認問題**---

次の文の誤りを正しなさい.
A. La Suisse, elle est le pays que j'aimerais le plus aller.
　スイスは，できれば私の一番行ってみたい国です.
B. Parmi les sports, j'aime le mieux le football.
　スポーツの中で一番好きなのはサッカーだ.
C. Le base-ball, je le préfère.
　野球が僕は好きなんだ.

解答：A. elle est → c'est, que → où cf.1
　　　B. j'aime le mieux le football → c'est le football que j'aime le mieux cf.1
　　　C. je le préfère → c'est ce que je préfère cf.2

1- c'est ＋ SN ＋ 関係代名詞 ＋ 節 ＋ 最上級

De tous｜les fruits, ce sont les oranges que
Parmi｜　　　　　　　　　　　j'aime le mieux.
果物の中で私が一番好きなのはオレンジです.

- Tu aimes le whisky ?
- Oui,｜c'est l'alcool que j'aime le mieux.
　　　｜de tous les alcools, c'est le whisky que j'aime le mieux.
—ウイスキー好き？
—うん，｜一番好きなお酒だよ.
　　　　｜酒の中ではウィスキーが一番好きだよ.

Parmi nous, c'est probablement Alphonse qui joue le mieux au tennis.
僕らの中でテニスが一番うまいのは，多分アルフォンスだよ.

- Quel peintre est-ce que tu préfères ?
- C'est Marc Chagall que j'aime le mieux.
—どの画家が好きなの？
——一番好きなのはマルク・シャガールです.

Il n'est pas plus sportif qu'un autre, mais de tous les élèves de ma classe, c'est lui qui court le plus vite.
彼は他の人よりもスポーツマンだということもないけれど，クラスの生徒の中でで一番足が速いのは彼です.

Albert Schweitzer, c'est le médecin pour qui j'ai le plus d'admiration. アルベルト・シュヴァイツァーは，私が最も尊敬している医者です．

C'est l'aînée dont je me souviens le plus. 私が一番良く覚えているのは一番上のお姉さんです．

使い方：Parmi les fruits, j'aime le mieux les oranges. とは通常言わない．この場合 C'est + SN + 関係代名詞 + 節 + 最上級の形を用いる．
1～2，この場合 c'est ... que の形を用いること．

2- 定冠詞 + 名詞，c'est + SN + que + SN + préférer

La San Miguel, c'est la bière que je préfère. サン・ミゲルが私の好きなビールです．

Le foot, c'est ce que je préfère. サッカーなんだよ，僕が好きなのは．

De tous les sports, c'est le water polo que mon frère préfère. 全てのスポーツの中で，兄が好きなのは水球です．

使い方：最初の例文の場合，Je préfère la (bière) San Miguel. と言うことも可能．
注 意：「こっちの方が好きだ」という意味では，Je le préfère. とは言わずに C'est | ce / celui | que je préfère. と言う．

3- 指示代名詞 + 関係代名詞 + 節 + 最上級，c'est + SN

Celui qui m'a le plus influencé dans ma vie, c'est mon père. これまでの人生で私に一番影響を与えた人は父です．

Ce qui m'énerve le plus, ce sont les bruits des voisins et de la rue. 一番いらつくのは，隣の家の物音と車の騒音だ．

Ce à quoi elle est le plus attachée, c'est sa poupée. 彼女が最も愛着を覚えているのは，自分のお人形だ．

67 chacun / chaque + 名詞（単数）/ tous les + 名詞（複数）

---**確認問題**---

次の文に誤りがあれば正しなさい．
A. Il vient me voir presque chaque cinq jours.
   彼はほぼ5日ごとに私に会いに来る．
B. Dire un mot gentil à chaqu'un que l'on connaît, ce n'est pas facile.
   知っている人それぞれに優しい言葉をかけるのは，たやすいことではない．
C. Mesdemoiselles, chacun aura la responsabilité de son secteur.

皆さん、それぞれの各人の部門に責任を持って下さい。
D. Mes enfants, chacun ne doit pas sortir sans ma permission.
みんな、いいですか。私の許可なしに外へ出てはいけません。
解答：A. chaque → tous les cf.7　B. chaqu'un → chaque personne cf.5　C. chacun → chacune cf.2
D. chacun ne doit pas sortir → personne ne doit sortir あるいは aucun ne doit sortir cf.1

1- chacun

– Chacun s'accorde pour dire qu'il faut lutter contre la famine.
―各々が口をそろえて飢餓と闘わなければならないと言っている。

– Mais est-ce qu'on sait quoi faire ?
―でも何をすべきなのか知っているのだろうか。

Chacun a ses qualités et ses défauts.
誰しも短所、長所がある。

Chacun pense d'abord à soi, c'est normal.
人はみなまず自分のことを考えるが、それは当たり前だ。

使い方：1) この意味では常に男性形。
　　　　2) **1～4**、代名詞である。
　　　　3) **1～4**、常に単数扱い。
　　　　4) 否定文では用いない。
　　　　5) chacun を受ける補語人称代名詞と強勢形は se, soi となる。
注　意：chaqu'un という表現はない。
同　意：tout le monde
反　意：**1～4**, aucun(e)... ne...; personne ne...
　　　　Personne n'avait sur soi　　l'argent qu'il fallait.
　　　　×Chacun n'avait pas sur soi
　　　　誰も必要なだけのお金を持ち合わせていなかった。
参　考：(E) everyone; everybody
慣　用：[À] chacun son goût.
　　　　蓼食う虫も好き好き。

2- chacun

Vous recevrez deux feuilles et un stylo chacun.
それぞれ紙を2枚とペンを1本受け取って下さい。

Nous avons remis 5 000 yens à chacune.
私たちは(彼女たち)それぞれに五千円手渡しました。

Pour l'excursion, chacun aura soin de ne pas oublier d'apporter son casse-croûte.
遠足には、各自弁当を忘れずに持って来るように気を付けましょう。

使い方：1) 文脈に応じて女性形 chacune も用いられる。
　　　　2) chacun の所有形容詞は一般に son, sa, ses をとる。

3) chacun が主語以外の場合は、関係する人物の所有形容詞をとる。
Prenez chacun votre pinceau et serrez-le bien.
各自お手元に筆をとり、しっかり握って下さい。

参 考：**2～4**, (E) each [one]

3- **chacun de** ＋ 限定詞 ＋ 名詞（複数形）

Dans chacune des vidéo cassettes que j'ai achetées, il y avait une ou deux scènes intéressantes.
私が買ったビデオには、それぞれ1，2 おもしろい場面がありました。

Chacun des enfants a reçu le quart de l'héritage.
子供たちはそれぞれ遺産を4分の1ずつ受け取った。

Si nous avons remporté le championnat, c'est grâce aux efforts de chacun des membres de notre équipe.
我々が選手権を勝ち取ったのも、それはチームのメンバー一人一人の努力の賜だ。

4- **chacun** | **de** | ＋ 人称代名詞 強勢形（複数形）
         | **d'entre** |

Pas la peine de crier, chacun d'entre vous recevra ce dont il a besoin.
大声を出さなくてもいいですよ。みなさんそれぞれに必要なものは行きわたります。

5- **chaque** ＋ 名詞（単数形）

Chaque enfant est l'objet d'une attention individuelle.
どの子供にも一人一人それぞれに注意が払われています。

Chaque histoire est accompagnée d'un dessin.
お話にはそれぞれ絵が1つついています。

使い方：1) **5～6**, chaque のあとは単数形のみが用いられる。
　　　　2) **5～6**, 限定詞を共に用いない。
　　　　3) **5～6**, エリジヨンは行われない。

比　較：Chaque hémisphère joue un rôle différent.
　　　　Chacun des deux hémisphères joue un rôle différent.
　　　　大脳半球はそれぞれ異なった機能を果たしている。
　　　　2つの大脳半球のそれぞれは異なった機能を果たしている。

慣　用：Ces pommes coûtent un euro chacune.
　　　　このリンゴは、一個1ユーロする。

6- **chaque** ＋ 特定の名詞（単数形）
   tous les ＋ 特定の名詞（複数形）

Je me lève à 7 h | chaque matin. 　　　　　毎朝私は 7 時に起きます.
　　　　　　　　| tous les matins.

Chaque jour, il me répète la même chose. 　毎日彼は私に同じことを言う.

Chaque été, nous allons chez les parents de 　夏が来る度に私たちは母の実家に行きま
ma mère. 　　　　　　　　　　　　　　　　す.

Tous les vendredis, j'ai un cours de biologie 　毎週金曜には, 動物学の授業がある.
animale.

　特定の名詞：matin, soir, semaine, mois, année, semestre, trimestre, hiver,
　　　　　　printemps, automne, été, jour, lundi, mardi ... など
　参　考：(E) each ＋ 名詞, every ＋ 名詞
　慣　用：Serge vient au Japon | tous les ans.
　　　　　　　　　　　　　　　　| chaque année.
　　　　　セルジュは毎年日本に来る.

7- tous les ＋ 数形容詞 ＋ 名詞（時）（複数形）

Elle me téléphone à peu près tous les trois 　彼女はほぼ 3 日ごとに私に電話してくる.
jours.

Il y a un express pour Osaka toutes les 　大阪行きの急行は15分毎にある.
quinze minutes.

　使い方：chaque 〜も用いるが正しくは tous les 〜.
　比　較：Si tu coupes le gazon, | chaque fois 　　　| je te donnerai 10 euros.
　　　　　　　　　　　　　　　　| × toutes les fois |
　　　　　芝生を刈ってくれるなら, 毎回10ユーロをあげよう.

68　chance / occasion

――― 確認問題 ―――

次の文の（　）の中に chance または occasion を入れなさい.

A. J'ai eu la (　　) d'aller en Amérique du Sud, mais j'ai refusé.
　私は南アメリカに行く機会があったのだが, 断わった.

B. Tu as manqué une belle (　　) de gagner cent mille euros.
　君は10万ユーロ儲ける絶好の機会を逃したんだぜ.

C. Il a eu la (　　) de retrouver sa famille juste après ce désastre.
　彼は幸いにもあの災害のすぐ後で家族を見つけだすことができた.

　　　　　　　解答：A. occasion cf.7　B. occasion cf.6　C. chance cf.2

1- 限定詞 + chance

- D'après ce qu'il dit, nous n'avons pas de cours demain.
- Quelle chance !

―あいつの話だと、明日休講だって。
―やった！

Il a de la chance, il a gagné au tiercé.

彼は運がいい。競馬（三連勝式）で勝った。

Éric n'a vraiment pas de chance, il est encore à l'hôpital.

エリックは本当についていない。まだ彼は入院中だ。

> 使い方：フランス語では bonne chance, grande chance, mauvaise chance という言い方は、こうした文脈では用いない。
> 反　意：malchance
> 参　考：(E) luck
> 慣　用：1) Par chance, je n'étais pas dans l'édifice lorsque l'incendie s'est déclaré.
> 火事が起こった時、幸いにも私はその建物の中にはいなかった。
> 2) - Je passe l'oral demain à 14 h.
> 　　- Bonne chance !
> ―私は明日午後2時に口頭試験を受けます。
> ―幸運を祈ります。

2- avoir la chance de + inf.

Gabriel n'a pas eu la chance de poursuivre ses études quand il était jeune.

ガブリエルは残念なことに、若い時に勉強する機会に恵まれなかった。

J'ai eu la chance d'avoir une mère incomparable.

私には幸いにも類いまれな母親がいた。

> 使い方：2〜3, 品質形容詞を伴わずに用いる。

3- avoir / 動詞 + 限定詞 + chance

Il n'a aucune chance de réussir, voyons.

いやはや、彼には受かる見込みは全くない。

Il a une chance sur deux d'être admis à Princeton.

彼がプリンストン（大学）に受かる確率は五分五分だ。

Bon, ça va, je te donne encore une chance.

うん、いいよ。もう一度君にチャンスをあげよう。

Kazuo a des chances de réussir à l'examen du ministère des Affaires étrangères.

和夫は、外務省の試験に受かる可能性がある。

> 参　考：3〜4, (E) chance

4- 所有形容詞 + chance

– Quelles sont ses chances de réussir ?
– Pas brillantes, j'ai l'impression.

―彼が成功する見込みはどんなものでしょう．
―あまりぱっとしないように思いますね．

Il est jeune, laissons-lui sa chance.

彼は若い．彼にチャンスを残してあげましょう．

Raoul n'a jamais eu sa chance dans la vie ; c'est toujours sa sœur qui était la préférée de leurs parents.

ラウルの人生は全くついてなかった．両親はいつも妹の方をかわいがっていた．

Hiroshi a calculé toutes ses chances.

広志は自分のあらゆる可能性を検討した．

5- 限定詞 + occasion

Puis, on s'est revu(s) en d'autres occasions.

それから，私達は別の機会に会いました．

Il y a des occasions où il est préférable de se taire.

黙った方が好ましい場合がある．

参 考：5〜9, (E) chance, opportunity, occasion

6- une occasion + 特定の形容詞 + de + inf.

Le Jour de l'An me fournit une bonne occasion de revoir mes cousins d'Osaka.

お正月は大阪の従兄たちに会ういい機会だ．

Lance-toi, c'est une bonne occasion de montrer ce que tu sais faire.

さあ，やってみろよ．君に何ができるかを見せるチャンスだ．

特定の形容詞：bonne, belle, magnifique, inespérée, favorable, unique など
注　意：occasion だけが品質形容詞を伴って用いられる．
慣　用：1) J'attends la première occasion pour lui faire une bonne blague.
　　　　　僕はあいつをからかってやるチャンスを待っているんだ．
　　　　2) Il a promis de payer sa dette à la prochaine occasion.
　　　　　彼は次の機会に借金を返すと約束した．

7- avoir l'occasion de + inf.

Quand j'étais jeune, je n'ai pas eu l'occasion d'apprendre le piano.

私は若い時，ピアノを習う機会がなかった．

André ? Je n'ai plus l'occasion de le voir.

アンドレですか．私はもう彼に会う機会はありません．

Dans les cours d'anglais, on attache beaucoup trop d'importance à la lecture et à l'écrit et il n'y a pas assez d'occasions d'écouter ni de parler anglais.

英語の授業では読み書きに重点が置かれすぎて、英語を聞いたり話したりする機会が足りない。

参　考：**7～8**, (E) have the chance to + inf. / of ... ~ing
比　較：Je n'ai jamais eu | l'occasion | d'aller en Grèce.
　　　　　　　　　　　　 | la chance |

私はギリシャに行く | 機会がなかった．
　　　　　　　　　| 機会に恵まれなかった．

8- avoir + 限定詞 + occasion

- On aura peut-être d'autres occasions de se revoir.
- Espérons-le.

―また会う機会が多分あるでしょう。
―そう願いたいですね。

Il vaut mieux ne pas trop t'inquiéter de tes résultats. Tu auras d'autres occasions.

君はあまり結果を気にしすぎない方がよい。また別の機会もあるでしょうから。

9- 特定の動詞 + 限定詞 + occasion

Si on te propose un travail d'interprète, saisis l'occasion.

もし通訳の仕事をしないかと言われたら、チャンスを逃さないようにしなさい。

Tu devrais profiter de ces occasions pour parler français.

君は、そのような機会を利用してフランス語を話すべきでしょう。

À mon avis, tu ne devrais pas laisser passer cette occasion, elle ne se représentera peut-être jamais.

私の考えでは、君はこの機会を見逃すべきじゃないでしょう。こんな機会は多分二度とないでしょうから。

Il saisit toutes les occasions qui s'offrent à lui pour suggérer à ma mère de me changer d'école.

彼はありとあらゆる機会に私が学校を変わるよう母に勧めてくれている。

特定の動詞：saisir, profiter de, perdre, laisser passer, manquer, rater, trouver, sauter sur など

69　changer

―― 確認問題 ――

次の文の誤りを正しなさい．
A. - Où est-ce qu'elle est ?

– Elle est en train de changer la robe.
> ―彼女はどこにいるの？
> ―ドレスを着替えているところだよ．

B. Nous avons changé trois fois des professeurs cette année-là.
> 今年は三回先生が変わった．

C. Je voudrais changer l'argent, s'il vous plaît.
> 両替したいのですが．

> 解答：A. la robe → de robe cf.1　B. des professeurs → de professeurs cf.1　C. l'argent → de l'argent cf.7

1- changer de + 名詞

À bientôt ! Je change de train à la prochaine gare.
> ではまた．私は次の駅で乗り換えます．

Ils voudraient changer de quartier et aller vivre en banlieue.
> 彼らは住む場所を変えて，郊外で生活したいと願っている．

– Il y a trop de bruit ici.
– Alors, changeons de place.
> ―ここはやかましすぎる．
> ―では場所を変えましょう．

Si par hasard tu changes | d'avis | au dernier
　　　　　　　　　　　　| d'idée |
moment, tu nous préviens, n'est-ce pas ?
> もしぎりぎりのところで考えが変わったら，私たちに知らせてくれる？

Le médecin lui a conseillé de changer de régime alimentaire.
> 医者は，彼に食餌療法を変えるように忠告した．

> **使い方**：1) この意味では changer に続く名詞には限定詞を付けず，必ず前置詞 de を付ける．所有形容詞も用いない．
> 2) この場合，英語や日本語の場合と異なり，直接目的語をとらない．
> S'il n'est pas trop tard, je voudrais vous dire que nous avons changé d'avis.
> まだ間に合うのでしたら，私たちは意見を変えたとあなたにお知らせしたいのですが．
> (= If it isn't too late, I would like to tell you we changed our mind.)

> **参　考**：1〜9, (E) change + SN (物)
> **慣　用**：Il change d'idée comme de chemise.
> 彼はワイシャツを変えるようにコロコロと考えを変える．

2- changer + 限定詞 + 名詞 [+ de + SN]

Germain a changé l'heure de son lever et de son coucher.
> ジェルマンは起床と就寝の時刻を変えた．

Comme le directeur était malade, il a fallu changer le jour de la réunion. 所長が病気なので会合の日を変更しなければならなかった。

Puisqu'il fait beau aujourd'hui, je vais en profiter pour changer les draps [des lits] et faire la lessive. 今日は天気がいいんだから、この際シーツを替えて、洗濯をしよう。

Avoir des enfants, ça change complètement la vie d'une femme. 子供ができると、女性の生活は一変する。

Il vaudrait mieux changer la disposition des articles. Ça paraîtrait plus clair pour le lecteur. 記事の配置を変えた方がよかろう。その方が、読む側にもはっきりするだろうから。

3- changer + SN

Il faudrait changer l'ampoule électrique. Elle est grillée. 電球を取り替えなきゃね。切れてるよ。

Ça fait dix fois que je lui dis qu'il faudrait changer le carreau. ガラスを替えたらって彼(女)には十回も言ってるんだが。

使い方：こわれたもの、いたんだもの、動かなくなったものなどに用いる。
同　意：remplacer + SN

4- changer + 所有形容詞 + 名詞

En raison de la récession économique, nous avons dû changer nos projets. 不況のせいで、計画の修正を強いられた。

Si vous changiez un peu votre style de vie, vous seriez peut-être beaucoup moins stressé. 少しライフスタイルを変えたら、ストレスは大部減るんじゃないですか。

Quand elle est revenue 10 minutes plus tard, j'ai remarqué qu'elle avait changé sa coiffure. 10分後、彼女が戻ってきたときには、髪型が変わっていた。

説　明：この場合、全く別のものに変えるのではなく、部分的な修正を意味する。
比　較：|J'ai changé de projet.
　　　　|J'ai changé mon projet.
　　　　　|私は計画を変更した。
　　　　　|私は計画を修正した。

　　　　　|Elle a changé de coiffure.
　　　　　|Elle a changé sa coiffure.

彼女は髪型を変えた．
彼女は髪型を手直しした．

Il a changé de médicaments.
×Il a changé ses médicaments.
彼は薬を替えた．

5- changer + SN (人) [+ de vêtements]

Les vêtements de Fred sont tout sales, il faut le changer.
フレッドの服はすごく汚れてる．着替えさせなくては．

Fais prendre un bain à Pétronille et change-la.
ペトロニーユをお風呂に入れて着替えさせてね．

注　意：普通，de vêtements は付けないで用いられる．

6- changer + SN + | pour | + SN
　　　　　　　　　　　 | contre |

Il voudrait changer sa Volvo pour une Fiat.
彼は今乗っているボルボをフィアットに変えたいと願っている．

比　較：Tu veux changer ta place contre la mienne ?
　　　　Tu veux changer de place avec moi ?
席を替わってくれますか．

7- changer de l'argent

− Où est-ce que je pourrais changer de l'argent ?
− Dans une banque autorisée.
―両替はどこでできるのでしょうか．
―許可されている銀行で．

8- changer + SN + | en + 名詞
　　　　　　　　　　 | contre + 名詞

Excusez-moi, je n'ai pas bien compris. Vous voulez changer des dollars en euros ou des euros en dollars ?
すみません，どういうことでしょうか．ドルをユーロに替えたいのですか，それともユーロをドルに替えたいのですか？

En arrivant à l'aéroport, tu verras un guichet où tu pourras changer ton argent en monnaie locale.
空港に着いたら窓口があるから，現地の通貨に両替できるよ．

Je voudrais changer mes dollars contre des yens.
手持ちのドルを円に替えたいのですが．

使い方：お金に用いる．
参　考：(E) change + SN + |for / into| + SN

9- SN (人) + | changer de + 名詞 (衣服)
| se changer

Attends un peu, je voudrais changer de chaussures, celles-ci me font mal.
ちょっと待って．靴をはきかえるから．これ，痛いのよ．

Est-ce que j'aurai le temps de changer de vêtements avant le repas ?
食事の前に着替える時間があるかしら．

Change de chemisette, celle que tu portes est sale.
シャツを着替えなさい．今着てるのは汚れてるから．

Si tu es trempé, va te changer.
濡れちゃったなら着替えなさい．

Après l'inondation, les sinistrés n'avaient même plus aucun vêtement pour se changer.
洪水の後，被災者たちは着がえ一枚すらなかった．

慣　用：Pour me changer les idées, j'écoute de la musique classique.
私は気分転換にクラシック音楽を聴く．

70　chant / chanson

確認問題

次の文の誤りを正しなさい．

A. Elle enseigne les chansons aux enfants à l'école maternelle.
彼女は幼稚園で子供たちに歌を教えています．

B. C'est une chanson de guerre indienne.
これはインディアンの戦いの歌です．

C. Ces jours-ci, beaucoup de touristes viennent aux îles d'Ogasawara pour écouter la chanson des baleines.
最近，クジラの鳴き声を聴きに小笠原諸島を訪れる観光客が多い．

解答：A. les chansons → le chant cf.1
　　　B. une chanson de guerre indienne → un chant de guerre indien cf.5
　　　C. la chanson → le chant cf.2

1- chant

Est-ce qu'on lui enseigne le chant à l'école ?　彼(女)は学校で歌を習ってる？

Il est professeur de chant au Conservatoire. 彼はコンセルヴァトワールの声楽の教師だ.

　説　明：学科あるいは芸術に対して用いる.

2- le chant de + SN (動物)

Eh oui, c'est la fin de l'été, et je crois que c'est la dernière fois qu'on entend le chant des cigales. たしかに夏も終わりだし, せみの鳴き声を聞くのはこれが最後の機会かもしれない.

Soudain, il s'est tu comme pour nous laisser entendre le chant des oiseaux. 突然彼は黙った. 鳥の鳴き声を私たちに聞かせようとでもするように.

　使い方：鳥や昆虫, イルカ, クジラに用いる.
　慣　用：Il a l'habitude de se lever │ au │ chant du coq (= très
　　　　　　　　　　　　　　　　　　　　　│ en entendant le │ 　　　　　　　tôt).
　　　　　　彼は一番鶏が鳴く頃に（＝非常に早く）起きる習慣がある.

3- le chant de + SN (人) (あらたまって)

Je me souviens d'avoir entendu autrefois le chant d'une vieille Indienne sur le bord du Gange. 私はかつて, ガンジス川のほとりでインド人の老女が民謡を歌うのを聞いたのを覚えている.

4- 限定詞 + chant + 特定の形容詞

C'est un chant patriotique qu'on chantait pendant la Seconde Guerre mondiale. これは, 第二次世界大戦中に人々が歌っていた愛国歌だ.

On donnera bientôt un concert de chant grégorien. 近いうちにグレゴリオ聖歌のコンサートが開かれます.

Il préfère les chants choraux aux solos d'opéra. 彼はオペラのソロよりも合唱の方が好きだ.

　特定の形容詞：grégorien, choral, révolutionnaire, folklorique, polyphonique, guerrier, patriotique, lyrique, sacré など

5- 限定詞 + chant de + 特定の名詞

C'est un chant de guerre africain. これはアフリカの戦いの歌である.

À partir du mois de décembre, on entend des chants de Noël partout. 12月に入ると, あちこちからクリスマス・ソングが聞こえてくる.

　特定の名詞：guerre, Noël など

6- chanson

J'aime bien les chansons d'Yves Duteil. Et toi ?
私はイヴ・デュテイユのシャンソンがわりと好きだ．君はどう？

Pascal, chante-nous une chanson.
パスカル，私たちに一曲歌ってよ．

"Alouette" est une vieille chanson canadienne.
「ひばり」は古いカナダの童謡だ．

Aimes-tu les chansons des cabarets de Montmartre ?
君はモンマルトルのキャバレーの歌が好きですか．

Il existait déjà des chansons populaires au Moyen Âge.
中世にすでに大衆歌謡がいくつかあった．

71　châtain / brun / marron / basané

確認問題

次の文の（　）の中から最も適切な語を選びなさい．

A. La femme du président portait un ensemble (châtain/brun/marron) avec des accessoires vert foncé.
大統領夫人は茶色のツーピースを着て，緑のアクセサリーを付けていました．

B. Il a les cheveux (châtains/bruns/marron/basanés).
彼の髪は栗色(褐色)だ．

C. Yasutoshi a passé ses vacances en Australie. Il est revenu avec un teint (châtain/brun/marron/basané).
保俊はヴァカンスをオーストラリアで過ごしたんだ．真っ黒になって帰って来たよ．

解答：A. brun あるいは marron cf.2, 3　　B. châtains あるいは bruns cf.1,2　　C. basané cf.4

1- châtain

- Lequel est Michel ?
―どの人がミッシェル？
- C'est celui qui a les cheveux châtains.
―栗色の髪の毛の人だよ．

- Tu ressembles à ton père ?
―君はお父さんに似てる？
- Non, je suis châtain alors qu'il est blond.
―いや，僕の髪は栗色だけど，父は金髪だよ．

使い方：1) 髪の毛にしか用いられない．
　　　　2) 人に関して C'est un(e) + 形容詞 + châtain という構文は用いられる．
　　　　　C'est un grand châtain aux yeux verts.
　　　　　目は緑で髪は栗色の背の高い男だ．

3) châtain は男女同形．ただし複数には s をつける．

参　考：**1～4**, (E) brown

2- brun

1) Il est grand, brun, sportif.　　　　彼は背が高くて，褐色の髪をしていて，スポーツマンタイプである．

Le plus âgé avait une abondante chevelure brune.　　　　一番年上の方は黒いふさふさとした髪をしていました．

使い方：人の髪の毛，肌に用いる．
注　意：黒い髪にも用いる場合がある．また，C'est une noire. とすると「彼女は黒人だ」という意味になるので注意．
参　考：brun sombre (黒に近い茶色)，brun clair (赤茶色)，brun foncé (こげ茶色) などとも表現する．

2) Donnez-moi une bière brune.　　　　黒ビールを下さい．

Il ne fume que du tabac brun.　　　　彼は褐色のタバコしか吸わないよ．

使い方：ビール，タバコなどに用いる．
反　意：blond

3- brun / marron

Elle portait un chapeau vert avec une robe marron.　　　　彼女は緑の帽子をかぶり，栗色のワンピースを着ていた．

Est-ce que tu pourrais me prêter des chaussures qui iraient avec ma robe brune ?　　　　私の茶色のドレスに合う靴を貸してくれない？

Il était vêtu d'un jean et d'un blouson de cuir marron.　　　　彼はジーンズをはき，茶色の革の上着を着ていた．

Il a déjà obtenu la ceinture marron.　　　　彼はもう茶帯を取ったよ．

Moi, j'ai les yeux marron comme mon père, mais ma sœur les a bleus comme ma mère.　　　　私は父親似で目は栗色だが，妹は母親似で目が青い．

- Peux-tu me le décrire ?　　　　—彼ってどんな人か教えてくれる？
- Oui, il a les yeux bruns ...　　　　—いいよ．目の色は茶色で……

使い方：1) 衣服や目，物一般に用いる．ただし，brun はちょっと古くさい感じがし，ファッション用語としては一般には marron の方がよく用いられる．
　　　　　 2) marron は不変化．
注　意：marron は髪には用いない．
参　考：marron foncé (こげ茶色)，marron clair (赤茶色)

比　較：Une jupe | brune | avec un chemisier vert, ça fait chic !
　　　　　　　　| marron |
緑のブラウスに茶色のスカートだと，すてきねえ．

4- basané

- Olga a le teint basané.　　　　　　　　―オルガの肌の色は褐色だ．
- C'est rare pour une Suédoise.　　　　―スウェーデン人にしては珍しいね．

使い方：顔や肌の色に用いる．

比　較：Je l'avais bien remarqué : c'est un petit brun frisé, aux yeux marron et au teint basané.
　　　　彼には気がついていたよ．小柄で，髪は褐色のちぢれっ毛で，目は栗色，顔は浅黒い人だろ．

72　cher / élevé / coûteux / coûter

――― 確認問題 ―――

次の文の（　）の中から最も適切な語を選びなさい．

A. À New York, le coût de la vie est plus (cher/haut/élevé) qu'à Madrid.
ニューヨークはマドリッドより物価が高い．

B. Je me suis acheté des chaussures italiennes; je les ai payées très (cher/chères).
私はイタリア製の靴を買った．とても高かった．

解答：A. élevé cf.13　B. cher cf.9

1- SN (物) + cher (形容詞)

Elle porte des robes chères.　　　　　　彼女は（いつも）高価なドレスを着ている．

Je connais un petit restaurant pas cher à Asakusa.　　　　浅草に高くない小さなレストランを知ってるんだ．

参　考：1〜7, (E) expensive

2- SN(人)+cher
　　 SN(人)+être cher

En général, les psychanalystes sont chers.　　概して精神科医にかかると高いよ．

C'est un dentiste cher. Il m'a fait payer 8 000 yens pour une extraction.　　あの歯医者は高い．抜歯に8千円もかかった．

Ce boucher est trop cher pour nos moyens. この肉屋は高くてうちには手が出ない。

Essaie donc l'acupuncture. Moi, je vais chez Monsieur Sato. Il n'est pas trop cher et surtout il est efficace. 鍼を試してみたら。私は佐藤先生にしてもらっているわ。そんなに高くないし、それに効くわよ。

使い方：プロや専門家に用いる．

3- c'est cher

- Pour ces deux dictionnaires, j'ai payé vingt mille yens.
- Hum, c'est cher !

—この二冊の辞書に2万円払った。
—ふうん，それは高い。

- À votre avis, est-ce que [payer] trente mille yens pour une paire de chaussures, c'est trop cher ?
- Non, je pense que c'est à peu près le prix.

—一足の靴に3万円[払うの]は高すぎると思いますか？
—いいえ，それくらいすると思いますよ。

使い方：ce は，具体的な物ではなく，前出の文または動詞を指す．

4- SN (物) + avoir coûté cher (副詞) à + SN(人)

Est-ce que vos vacances à Bali vous ont coûté cher ? バリ島でのヴァカンスは高くつきましたか。

Ce voyage m'a coûté bien cher. この旅行は私にはとても高くついた。

L'éducation de leurs enfants leur a coûté cher. 子供の教育が彼らには高くついた。

使い方：複合過去で用いられる．

説　明：この場合は実際に「買った」，「支払った」という意味になる．これに対し，être cher は客観的に価格が高いことを示しているに過ぎない．

J'ai trouvé un joli foulard dans un grand magasin.
Mais | c'est cher. | Je n'ai pas pu l'acheter.
　　　| c'était cher.
　　　| ca coûtait cher.
　　　| il coûtait cher.
　　　| ×il a coûté cher.
　　　| ×il a été cher.

デパートですてきなスカーフ見つけたんだけど，高かったの．買えなかったわ．

強　調：coûter les yeux de la tête
参　考：(E) cost a lot; cost a fortune
比　較：J'ai dépensé toutes mes économies pour aller en France.

Ce voyage m'a coûté cher.
×Ce voyage coûtait cher.
×Le voyage a été cher.
×C'était cher.
×Ça coûtait cher.

フランスに行くのに，私は貯金を全部使いました．この旅行は高くつきました．

5- Ça a dû coûter cher à + SN (人)

- Henri s'est fait faire une implantation de cheveux.
- C'est réussi mais ça a dû lui coûter cher.

―アンリは髪を植毛してもらったんだ．
―うまくいったんだけれど，きっと高かったはずだよ．

Ils ont fait construire leur maison avec des matériaux de récupération. Ça n'a pas dû leur coûter cher.

彼らは中古の建材で家を建てたんだ．そうお金はかからなかったはずだ．

6- C'est cher
Ça coûte cher

De plus en plus de Japonais vont à l'étranger parce que ce n'est pas trop cher.

海外に行く日本人が増えている．というのは(旅費が)あまり高くないから．

Ça coûte cher de vivre à New York.

ニューヨークで生活するのは高くつく．

慣用：Le jour où les douaniers te coinceront, ça te coûtera cher.

税関で捕まった日にはひどい目にあうぞ．

7- SN (物) + être cher
coûter cher (副詞)

- Ces roses, c'est combien s'il vous plaît ?
- 2 euros pièce, Madame.
- Elles sont trop chères. Je vais prendre ces reines-marguerites.

―このバラはおいくらですか．
――本2ユーロです．
―高すぎるわ．このエゾギクにするわ．

Au Japon, les fruits coûtent beaucoup plus cher qu'aux États-Unis.

日本はアメリカより果物は高い．

Je préfère un billet en classe touriste. Il coûte deux fois moins cher.

私はツーリストクラスのチケットの方がいい．半額だから．

Tout est cher mais certaines choses, par exemple le téléphone, coûtent moins cher que d'autres.

何でも高いが，例えば電話代など他のものと比べて安いものもある．

À Tokyo, ce sont le logement et les transports qui coûtent horriblement cher. 　東京では，家賃と交通費は目の飛び出るほど高い。

使い方：être cher は特に会話で用いられる。
注　意：le prix est cher とか le prix est haut とは言わない。

8- SN (物) + valoir cher

Son diamant doit valoir très cher. 　彼女のダイヤはとても高いに違いない。

Ce vase de Chine vaut cher, j'en suis sûr. 　この中国の壺は高価なものだよ，きっと。

9- SN (人) + payer + SN (物) + cher (副詞)

J'ai acheté ces deux complets à Hong-Kong; je ne les ai pas payés cher. 　私は香港でこの二着の三揃いの背広を買ったが，高くはなかった。

Il a rassemblé de très beaux objets chez lui; il a dû les payer très cher. 　彼は自分のうちにいろいろな美しい物を収集した。相当金を使ったに違いない。

- Tu as vu son collier de rubis ?
- Oui, elle a dû le payer cher.
　—彼女のルビーのネックレスを見た？
　—ええ，おそらく高かったでしょうね。

10- SN (人) + payer cher pour + SN (物)

Il a dû payer cher pour cette maison. 　彼はこの家を買うために大金を払った。

Il paraît qu'elle a payé très cher pour la remise à neuf de sa salle à manger. 　彼女は食堂のリフォームに随分お金がかかったらしい。

11- SN (物) + |coûter / revenir| + 特定の副詞 + cher [à + SN (人)]

J'ai pris le métro, ça m'est revenu cinq fois moins cher. 　地下鉄を使ったので5分の1の出費で済んだ。

Vous devriez louer un appartement à deux et partager les frais. Ça vous coûterait moins cher. 　二人でマンションを借りて家賃を折半してはどうですか。その方が安上がりだと思います。

特定の副詞：plus, moins, aussi, trop など

12- 限定詞 + prix élevé

Les collectionneurs achètent des peintures à des prix très élevés. 　収集家たちは非常に高い値で絵を買う。

Pour avoir de beaux objets d'art chez soi, il faut payer des prix assez élevés.
自宅に美術品を持つためには，かなり多額のお金を支払わなければならない．

Cette actrice a vendu sa maison à un prix élevé.
その女優は自宅を高い値で売却した．

反　意：限定詞 + bas prix

13- 特定の名詞 + être élevé

J'ai trouvé le prix de ce collier de perles beaucoup trop élevé.
その真珠のネックレスはとても高すぎると思った．

Je ne me rappelle plus dans quelle ville du monde les prix sont les plus élevés. Tokyo ? Une autre ville ?
世界で物価が最も高いのはどの都市か思い出せません．東京でしたか．他の都市でしたか．

　　特定の名詞：prix, coût, index, salaire, tarif など
　　反　意：特定の名詞 + être bas
　　比　較：À Tokyo, | les terrains sont chers.
　　　　　　　　　　| ×le prix des terrains est cher.
　　　　　　　　　　| le prix des terrains est élevé.
　　　　　東京は地価が高い．

14- 限定詞 + 特定の名詞 + | cher
　　　　　　　　　　　　　　　| coûteux

Cela fait, à la fin, un voyage très coûteux.
それは結局とても高くつく旅行になる．

Tout cela a occasionné des dépenses coûteuses.
そんなこんなで大変な出費となった．

Le médecin l'oblige à prendre des médicaments coûteux.
医者は彼(女)に高額の薬を飲むように言った．

　　特定の名詞：voyage, excursion, dépenses, médicament など
　　使い方：相当な金額にのぼる出費について用いられる．
　　比　較：S'il faut aller jusqu'à Shinjuku, ça fait un CD | cher.
　　　　　　　　　　　　　　　　　　　　　　　　　　　　　　　| coûteux.
　　　　　新宿まで行かなきゃならないならそれは高いCDになるよ．

73　pas cher / bon marché

―― 確認問題 ――

次の文に誤りがあれば正しなさい．

A. La seule chose qui ne soit pas cher, c'est le téléphone.
   唯一高くないものは、電話代です。
B. Même si les terrains étaient bon marché, d'autres problèmes surgiraient.
   たとえ地価が安かったとしても、その他の問題が生じてくるでしょう。

解答：A. pas cher → pas chère   B. ○

bon marché
pas cher (会話)

Je connais un restaurant pas cher à Roppongi.
六本木に手頃な値段のレストランを一軒私は知っている。

– Que penses-tu du restaurant "Chez François"?
– Allons-y, c'est pas cher.
—「シェ・フランソワ」というレストランはどう？
—そこに行こう。高くないから。

Les produits fabriqués au Vietnam sont bien meilleur marché et de bonne qualité.
ベトナムで作られた製品ははるかに安く、品質がよい。

Trouver quelqu'un qui donne des leçons particulières pas chères, ce n'est pas facile.
安く個人授業をしてくれる人を見つけるのは、簡単じゃないよ。

使い方：1) 会話では bon marché よりも (ne) pas cher を使う。
2) bon marché は常に単数で用いる。

74 chercher / trouver / retrouver

― 確認問題 ―

次の文の誤りを正しなさい。
A. Ça fait six mois que Kazuo trouve du travail.
   和夫は6カ月前から仕事を探している。
B. – Quelle jolie robe! Je me demande où tu l'as cherchée?
   – Dans un grand magasin, à Ginza.
   —なんて素敵なワンピースなの！一体どこで見つけたのかしら。
   —銀座のデパートでよ。

解答：A. trouve → cherche cf.1   B. cherchée → trouvée cf.3

1- chercher + SN

Je cherche un professeur d'anglais pour ma fille.	私は娘のために英語の先生を探している.
Ah ! te voilà ! Je te cherche depuis une demi-heure !	ああ，やっと来た．30分も前から君を探していたんだよ．
À quoi ça sert de chercher les mots dans le dictionnaire si on les oublie ensuite ?	すぐ忘れるのならば，辞書を引いて何の役に立つの？
Eh bien, si cette proposition ne lui convient pas, nous chercherons autre chose.	そうだね．この提案が彼(女)の意に沿わないのなら，別のものを考えよう．

参 考 : (E) look for + SN

2- ne pas pouvoir trouver + SN

– Il n'y avait pas moins de 15 000 personnes au Salon de l'Automobile. – C'est pour ça que je n'ai pas pu te trouver.	—車の見本市には15000人以上の人が来ていたんだ． —だから君を見つけられなかったんだね．
Je ne peux pas trouver ma clé. Où est-ce que j'ai bien pu la mettre ?	鍵が見つからない．一体どこに置いたんだろう．
Je n'ai pas pu trouver son numéro de téléphone, il n'est peut-être pas dans l'annuaire.	彼の電話番号は見つからなかった．たぶん電話帳には載っていないのだろう．

3- trouver + SN

Maman, où est mon parapluie ? Je ne le trouve pas.	ママ，僕の傘はどこ？ 見つからないけど．
Ça prend beaucoup de temps pour trouver un logement convenable et pas cher à Tokyo.	東京で安くて良い住まいを見つけるのは時間がかかる．
Dans l'informatique, un jeune homme trouve facilement du travail.	コンピューター関連の分野では，若い人はすぐに仕事が見つかる．
Je lui ai trouvé un petit job à temps partiel.	私は彼にちょっとしたアルバイトを見つけてやった．
– Quelle solution as-tu trouvée ? – Aucune.	—どんな解決策を見つけたの？ —全くお手上げだよ．

参 考 : (E) find + SN
比 較 : 1) Ça fait six mois qu'elle est au chômage : elle cherche un emploi, mais elle n'a rien trouvé.
彼女は6カ月前から失業中だ．仕事を探しているが，何も見つかっていない．
2) Je t'ai cherchée près de la statue de Hachiko, mais je ne t'ai

pas trouvée.
ハチ公のそばで君を探したけれど，見つからなかった．
3) Regarde ! J'ai trouvé le bouquin que je cherchais !
ほら，探していた本を見つけたよ．
4) À la campagne, en général, les gens savent bien où | chercher | des champignons.
| trouver |
田舎では，どこでキノコを | 探したら | よいのか，普通みんな知っている．
| 見つけたら |
5) À toujours chercher la vérité, on finit par la trouver.
絶えず真理を求むる者は，ついには発見す．

4- retrouver + SN (物)

J'ai perdu mon porte-monnaie et je ne l'ai pas retrouvé.	私は財布をなくして，まだ見つかっていません．
J'ai retrouvé cette photo parmi mes notes de lycée.	高校の成績表の間からこの写真が出てきた．
On a retrouvé la voiture à 10 km de l'endroit où elle avait été volée.	車は盗まれた場所から10キロの地点で見つかった．
Vous ne retrouverez jamais une telle occasion, il ne faut pas la manquer.	こんな機会はもう二度とありませんよ．逃してはいけませんよ．

説　明：「一度なくなったもの」であることを暗示する．
比　較：J'ai | trouvé | cette lettre dans un vieux livre.
| retrouvé |
　私は古い本の間にこの手紙を見つけた．
　古い本にはさんであったこの手紙が出てきた．

5- retrouver + SN (人)

| On n'a pas pu retrouver le voleur. | 泥棒をつかまえることはできなかった． |
| – Est-ce qu'ils ont réussi à retrouver les kidnappeurs ?
– Pas encore, malheureusement. | —誘拐犯を捜し出せたのですか？
—いや，残念ながらまだです． |

使い方：司法用語で，警察が用いる．
慣　用：Est-ce qu'on a trouvé le coupable ?
　犯人はわかったの？

6- SN (人) + se retrouver

- Le frère et la sœur se sont retrouvés après quarante ans.
- Qu'est-ce que tu racontes ?
- On se retrouve où et à quelle heure ?
- À 6 heures, devant la gare. Ça te va ?

―兄と妹は40年後に再会したんだ。
―え，何の話？
―どこで，何時に会おうか？
―6時に，駅の前でどう？

75 aller chercher / venir chercher / envoyer chercher / passer chercher / passer prendre / avoir été chercher

― 確認問題 ―

次の文に誤りがあれば正しなさい．

A. - Il manque deux assiettes...
   - Je vais aller les prendre à la cuisine.
   ―お皿が二枚足りないなあ．
   ―台所に取りに行くよ．

B. Envoyez chercher le médecin, elle est très malade.
   医者を呼びに人をやりなさい．彼女は非常に具合が悪い．

C. Elle est allée trouver son fiancé à l'aéroport.
   彼女は空港に婚約者を迎えに行った．

解答：A. prendre → chercher cf.1 B. ○ cf.5 C. trouver → chercher cf.2

1- SN (人) + aller chercher + SN (物)

Nadine, veux-tu aller me chercher mes lunettes dans ma chambre, sur la commode ?

ナディーヌ，私のメガネ，私の部屋のチェストの上にあるんだけど取りに行ってくれる？

Cet après-midi, je vais aller chercher de l'argent à la banque.

今日の午後，銀行にお金をおろしに行くつもりだ．

使い方：**1〜4**, chercher は補語として人なり物なりを伴う．
注　意：この意味では aller prendre と言わない．
参　考：(E) go and get + SN (物)
慣　用：Il n'est pas nécessaire d'aller chercher de midi à quatorze heures.
　　　　簡単なことをわざわざ難しくすることはない．

2- SN (人) + aller chercher + SN (人)

Je me ferai un plaisir d'aller vous chercher à la gare. 　喜んで駅にあなたを迎えに行きましょう。

Qui va aller chercher Jacquot à l'école ? 　誰がジャックちゃんを学校に迎えに行くのですか。

– Michèle ne connaît pas le chemin ... 　―ミッシェルは道を知らないんだけど…
– Attendez, je vais aller la chercher. 　―じゃあ，私が迎えに行きましょう。

　参　考：(E) go and meet + SN (人)；pick up + SN (人)

3- SN (人) + venir chercher + SN (物)

Siméon est venu chercher le disque qu'il t'avait prêté. 　シメオンが，君に貸したレコードを取りに来た。

　参　考：(E) pick up + SN (物)

4- SN (人) + venir chercher + SN (人)

1) – Qui va venir me chercher à l'aéroport vendredi prochain ? 　―来週の金曜日，誰が私を空港に迎えに来てくれますか。
– Pas moi, je suis occupé. 　―私はダメだ．忙しいから。

Je pensais que tu allais venir me chercher à l'arrêt d'autobus. 　私は君がバス停まで迎えに来てくれるんだと思っていた。

– Je viendrai te chercher à 19 h. 　―午後7時に君を迎えに来ます。
– Entendu. 　―わかりました。

　参　考：(E) come and meet + SN (人)；pick up + SN (人)
　比　較：Jacqueline, pourrais-tu | venir me | chercher à la gare en voiture ?
　　　　　　　　　　　　　　　　　　　　　　　| aller la |

　　　ジャクリーヌ，駅まで車で | 私を迎えに来て　　| くれないかな。
　　　　　　　　　　　　　　　 | 彼女を迎えに行って |

5- SN (人) + envoyer + SN (人) + chercher + SN

J'ai envoyé la secrétaire chercher des timbres à la poste. 　私は秘書に切手を買いに郵便局へ行かせた。

Je vais envoyer Pierre chercher Marie-Claude. 　ピエールにマリー＝クロードを迎えに行かせよう。

　使い方：直接目的補語(人)が代名詞の時の語順に注意．
　　　　Je n'hésiterais pas à envoyer le chauffeur vous chercher, si cela était nécessaire.
　　　　もし必要ならば，あなたをお迎えにうちの運転手をやりますけれど。

参　考：(E) send for + SN
比　較： - Qu'est-ce que vous faites quand vous ne pouvez pas aller chercher vos enfants à l'école ?
　　　　 - J'envoie ma voisine les chercher.
　　　　 Je les envoie chercher par ma voisine.
　　　　 ×J'envoie les chercher par ma voisine.
　　　　 ―お子さんたちを学校に迎えに行けない時にはどうなさってるの？
　　　　 ―隣りの人に迎えに行ってもらっています．

6- SN (人) + passer | chercher | + SN
　　　　　　　　　　　　| prendre |

Je passerai te chercher à 8 h.　　　　　　　私は8時に君を迎えに行きます．

Il passera vous chercher à 6 h environ.　　6時頃あなたを迎えに彼が行くでしょう．

- Quel jour tu vas passer chercher ton　　―何曜日に君はレコードを取りに来ますか．
disque ?
- Mardi.　　　　　　　　　　　　　　　　　　―火曜日に．

参　考：(E) pick up

7- | être allé chercher + SN
　　　| avoir été chercher + SN (会話)

Tout de suite, j'ai été chercher le médecin.　　私はすぐに医者を呼びに行った．

Tu as été chercher de la mayonnaise au　　スーパーにマヨネーズを買いに行った？
supermarché ?

使い方：複合過去でのみ用いる．

76　chez + 限定詞 + 名詞（職業）/ à + 限定詞 + 名詞（店）

―――― 確認問題 ――――
次の文の（　）の中から適切な語を選びなさい．
Depuis vingt ans, il achète ses livres, ses journaux et ses revues à la même (libraire/librairie).
彼は20年前から，本，雑誌，新聞を同じ本屋で買っている．

解答：librairie cf.3

1- chez + 限定詞 + 名詞（職業の名）

Je vais souvent chez le charcutier acheter des côtelettes de porc.
私はよく豚肉専門店に豚の骨付き背肉を買いに行く。

Monsieur Escalier travaille chez Renault depuis vingt-deux ans.
エスカリエ氏は22年前からルノー社で働いている。

On dîne "Chez Antoinette"?
「シェ・アントワネット」で夕食を食べようか。

2- de chez + 限定詞 + 名詞 (職業の名)

Je ne suis revenue de chez le dentiste que vers 7 h.
私は歯医者からようやく7時頃戻ってきた。

Je viens de chez l'oculiste et il m'a dit qu'il fallait que je change mes lunettes.
私は眼医者に行ってきた。眼医者は眼鏡を換えなければならないと私に言った。

3- à + 限定詞 + 名詞 (店の名)

J'ai acheté cette baguette à la boulangerie près de chez moi.
私はこのバゲットを私の家の近くのパン屋で買った。

À quelle charcuterie achetez-vous votre pâté, Madame Savin?
サヴァン夫人、普段パテをどのデリカ・テッセン(豚肉加工店)で買いますか。

比　較：Je dois être | au salon de coiffure | à 10 h.
　　　　　　　　　　| chez le coiffeur |

私は10時に美容院に行かなければならない。

Nous avons dîné | à La Tour d'Argent.
　　　　　　　　| chez Maxim's.

私たちは | トゥール・ダルジャン | で夕食を食べた。
　　　　 | マキシム |

Au supermarché, la viande n'est pas chère, mais je préfère l'acheter | à la boucherie.
　　　　　　　　　　　　　　　　　　　　　　　　　　　　　　　　　　| chez le boucher.

肉はスーパーが安いが、私は肉屋で買う方がいい。

77　chez + SN (人) / 前置詞 + 限定詞 + maison / au domicile de + SN

――― 確認問題 ―――

次の文の下線部の誤りを正しなさい。

A. J'ai laissé mon parapluie à chez moi.
私は傘を家に置いてきた。

77　chez + SN (人) / 前置詞 + 限定詞 + maison ...

B. Le lundi matin, je dois partir <u>de ma maison</u> à 6 h.
　毎週月曜日の朝、私は家を6時に出なければならない。
　解答：A. chez moi あるいは à la maison cf.3　B. de la maison あるいは de chez moi cf.4

1- chez + SN (人)

Je ne vais plus aussi souvent chez les Vanasse qu'autrefois.	私はもう以前ほど頻繁にはヴァナス家に行っていない。
J'ai l'intention de retourner chez mes parents pour les congés du Jour de l'An.	私はお正月には実家へ戻るつもりだ。
Mes enfants adorent aller chez leurs grands-parents; chez eux, ils sont gâtés comme pas deux.	うちの子供たちは、祖父母の家へ行くのが大好きだ。祖父母の家ではこの上なく甘やかされるから。
Mes deux sœurs vivent ensemble; chez elles, c'est si petit qu'elles se disputent constamment.	私の二人の姉は一緒に暮らしている。彼女たちの家はとても狭いので、口論が絶えない。
Mon oncle n'aime pas qu'on aille chez lui parce que tout est toujours en désordre.	私の伯父は人が来るのを嫌がる。というのは、いつも散らかっているからだ。

　使い方：1) **1～2**, chez + SN (人) は主語としては用いられない。
　　　　 2) **1～5**, aller, venir, partir, rentrer, retourner などの動詞には使えるが、visiter, trouver, quitter などの他動詞の直接目的補語には使えない。
　　　　　　Est-ce que tu | ×visites | souvent chez ta grand-mère?
　　　　　　　　　　　　 | vas |
　　　　　　君はおばあさんの家によく行くの？

2- 特定の言葉 + chez + SN (人)

Près de chez moi, il y a une autoroute en construction.	私の家の近くに建設中の高速道路がある。
Dès qu'une voiture passe non loin de chez eux, la maison est secouée.	車が一台でも側を通るとすぐ、彼らの家は振動する。
Il y a un arrêt d'autobus à 20 mètres de chez moi.	私の家から20mのところにバス停がある。
Nous allons te reconduire jusque chez toi.	君を家まで送って行きましょう。
Je laisse toujours la voiture derrière chez moi.	私はいつも車を家の裏に置く。

　特定の言葉：jusque, près de, loin de, devant, derrière, à côté de など
　注　意：ここでは chez + SN (人) の代わりに所有形容詞 + maison は用いられない

3- | chez + 人称代名詞（強勢形）
     | à la maison

Chez moi, on a trois télévisions.	私の家にはテレビが3台ある.
Venez dîner chez nous, demain soir.	明日の夜, 私たちの家へ夕食を食べに来て下さい.
Le samedi soir, j'ai toujours des amis qui viennent chez moi.	毎週土曜日の夜, 私の家にはいつも友人が何人かやって来る.
Au bureau, il est le grand patron, mais à la maison, il se laisse mener par sa femme.	会社ではすごい社長だが, うちの中では彼は妻に牛耳られている.
Cette année, nous fêtons Noël à la maison.	私たちは今年は家でクリスマスを祝う.
Mon mari est trop fatigué pour sortir; il veut rester à la maison.	夫は非常に疲れていて外出できません. 夫は家にいたがっております.
Il me reste encore un frère à la maison. Tous les autres sont mariés.	実家にはもう一人弟がいます. 他の兄弟はみんな結婚しています.

使い方：1) **3〜4**, à la maison と de la maison は決まった表現で, 所有形容詞や形容詞をつけたり, de を介して目的語をつけたり, 複数形にすることはできない.
　　　　　 – Où est ton papa ?
　　　　　 – | À la maison.
　　　　　 　 | ×À la maison verte qui est là-bas.
　　　　　 　 | Dans la maison verte qui est là-bas.
　　　　　 ―君のパパはどこ？
　　　　　 ― | 家だよ.
　　　　　 　 | あそこの緑の家の中だよ.

　　　 2) **3〜4**, 三人称で à la maison や de la maison を使うとき, それが話者の家を指しているのか, 話題となっている人の家を指しているのかは必ずしも明らかではない. その場合 chez lui, de chez lui などの表現を使うと曖昧な点がなくなる.

説　明：la maison の場合, どの家が問題となっているのかを決めるのは文脈である.
　　　　　 – Et Guy ?
　　　　　 – J'ai téléphoné mais il n'était pas à la maison.
　　　　　 ―ギィは？
　　　　　 ―電話したけど彼は家にいなかった.

4- | de chez + 人称代名詞（強勢形）（会話）
     | de la maison

De chez moi à la gare, il y a une bonne dizaine de minutes à pied.	私の家から駅までは歩いてゆうに10分かかる.

- Il y a un grand magasin à 500 mètres de chez moi.
- C'est pratique.

―私の家から500mのところにデパートがある。
―便利ですね。

De chez nous, par temps clair, on peut voir le mont Fuji.

晴れた日には，私たちの家から富士山が見える。

Il marche de la maison à la gare de Makuhari.

彼は家から幕張駅まで歩く。

5- dans + 限定詞 + maison

1) On n'entre pas en chaussures dans une maison japonaise.

日本では靴のまま家に上がらない。

Sarah a certainement vécu des angoisses pareilles en rentrant seule dans sa maison vide.

サラも，誰もいない家に一人で帰って，同じような不安を体験したに違いない。

C'est dans cette vieille maison que Jennie voulait mourir.

ジェニーはどうしてもこの古い家で死にたかったんだ。

反　意：à l'extérieur
比　較：Il y a des fleurs partout | dans sa maison.
　　　　　　　　　　　　　　　　 | chez lui.
　　　　　　　　　　　　　　　　 | ×à sa maison.

彼の家には至るところに花がある。

2) Francis, ce n'est pas le patron, mais il fait la pluie et le beau temps dans la maison.

フランシスは一家の主人ではないが，家庭では大きな権力を持っている。

6- au domicile de + SN (人)

Deux policiers se sont présentés très tôt ce matin à son domicile.

二人の警官が今朝早く彼の住居に現れた。

使い方：行政上の用語。
慣　用：Une personne SDF (= sans domicile fixe) a beaucoup de problèmes avec la société.
　　　　ホームレスの人は，社会と共存するには多くの問題を抱えている。

78　特定の動詞 + un choc / recevoir un choc / choquer / être choqué

確認問題

次の文の下線部の誤りを正しなさい。
A. La mort de Yutaka Ozaki m'a <u>choqué</u>.
　尾崎豊の死に私は非常に驚いた。
B. — Je ne me sens pas le courage de le lui dire.
　— Probablement, elle <u>sera choquée</u>.
　—彼女にそのことを話す気になれないな。
　—たぶん、ショックを受けるだろうね。

解答：A. → m'a fait/causé/donné un choc あるいは m'a supris cf.1
　　　B. → recevra/éprouvera un choc cf.2

1- SN (物) + 特定の動詞 + un choc à + SN (人)

Cela m'a fait un choc terrible de le revoir après toutes ces années. Il avait tellement changé !	ここ何年か会わなかったが、彼に会って非常に驚いた。彼はそれほど変わってしまっていた。
Quand j'ai appris que papa avait le cancer, ça m'a donné un choc.	父さんがガンだと知ったときはショックだった。
Apprendre que des milliers d'êtres humains ont le sida, cela provoque un choc.	大勢の人々がエイズにかかっていると知ることは、衝撃的なことだ。

　特定の動詞：donner, causer, faire, faire éprouver, provoquer など
　強　調：1) 特定の動詞 + un de ces chocs
　　　　　2) 特定の動詞 + un choc + |terrible
　　　　　　　　　　　　　　　　　　　|épouvantable
　注　意：choquer はこの意味では使わない。
　参　考：(E) give a shock to + SN (人)；give a turn to + SN (人)

2- SN (人) + |recevoir| un choc
　　　　　　　|éprouver|

Quand on m'a dit que je serais licencié, j'en ai éprouvé un choc.	自分が解雇されると聞いたときはショックだった。
S'il pleure, c'est qu'il a dû recevoir un choc. C'est un enfant, après tout.	あの子が泣いているのはショックを受けたからにちがいない。まだ子供なんだよ。

　使い方：avoir un choc よりも上の表現が好んで用いられる。

3- SN (物) + choquer [+ SN (人)]

Son refus a choqué tout le monde, y compris son meilleur ami.
彼が断ったので彼の親友も含めて皆が気を悪くした.

Le dernier film de Woody Allen risque de choquer beaucoup de gens.
ウディ・アレンの最新作は皆の不評を買う恐れがある.

Le chef de groupe était compréhensif : il ne choquait jamais personne.
班長は思いやりのある人だった. 誰にも不愉快な思いをさせなかった.

La guerre de Bosnie a choqué toute l'Europe.
ボスニア戦争はヨーロッパ全体を動揺させた.

Une telle prise de position choquera, j'en ai la ferme conviction.
そのような態度表明はひんしゅくを買うだろうと私は強く確信している.

Christian ne leur a même pas dit merci. Ça les a choqués, évidemment.
クリスティアンは彼らにお礼さえ言わなかった. 当然いやな感じを与えたはずだ.

Ce qui me choque dans tout ça, c'est qu'il a pris mon camescope sans me le demander.
いろいろあったなかで気にくわないのは, 彼が勝手に僕のビデオカメラを使ったことだ.

同　意：SN (物) + | déplaire à | + SN (人)
　　　　　　　　 | froisser |
参　考：(E) find + SN (物) + | shocking
　　　　　　　　　　　　　　 | offending

4- SN (人) + être choqué

Jean-Paul aurait pu au moins dire merci. Ils ont été choqués.
ジャン＝ポールは少なくともありがとうくらい言ってもよかったはずだ. みんな不快に思った.

J'ai été choqué de ne pas recevoir d'invitation à son mariage.
彼(女)の結婚式の招待状をもらわなかったので私は気を悪くした.

Elles ont dû être choquées par ses remarques désobligeantes.
人を不快にするような彼(女)の指摘に彼女たちは腹を立てたに違いない.

同　意：être vexé, être blessé, être froissé, être offensé など

79　chorale / chœur

―― 確認問題 ――

次の文の (　) の中から適切な語句を選びなさい.
A. Je fais partie (de la chorale, du chœur) de mon université.
　私は自分の大学の合唱団に所属している.

B. Mon grand-père était maître (de chœur, de chorale) à l'église Saint-Eustache.
私の父はサン＝トゥスタッシュ教会の聖歌隊長だった。

解答：A. de la chorale cf.1　B. de chœur cf.2

1- chorale

Leur chorale a donné un très beau concert hier soir.
彼らの合唱団は昨晩とても素敵なコンサートを行った。

À 5 heures, j'ai une répétition de chorale.
午後5時に私は合唱団のリハーサルがある。

参　考：1～2, (E) choir

2- chœur

Les chœurs de la Chapelle Sixtine vont donner un concert le mardi 23 mai prochain.
システィナ礼拝堂の聖歌隊が，来たる5月23日の火曜日にコンサートを行う予定です。

使い方：聖歌隊についてのみ用いる．

80　cigarette / tabac

―― 確認問題 ――

次の文の誤りを正しなさい．

A. Excusez-moi, est-ce que je peux fumer des cigarettes ?
すみません。たばこを吸ってもいいですか。

B. Quand on a bien travaillé, un tabac, ça détend.
よく働いた後は，一本のたばこで緊張がほぐれる。

解答：A. fumer des cigarettes → fumer cf.1　B. un tabac → une cigarette cf.1

1- cigarette

Il paraît que les cigarettes préférées des Français, ce sont les Gauloises bleues.
フランス人が最も好むたばこは，ゴロワーズ・ブルーらしい。

Mon père fume un paquet de cigarettes par jour.
私の父は1日に1箱たばこを吸う。

Autrefois, beaucoup d'hommes roulaient leurs cigarettes eux-mêmes.
かつて多くの男性は，自分自身で紙巻たばこを巻いていた。

La plupart des jeunes fument leur première cigarette en cachette. 　子どもはたいてい初めてたばこを吸うときは隠れて吸う。

　注　意：「たばこを吸う」と言う場合、種類や数量を問題としない限り、fumer は目的語なしで用いられる。
　参　考：(E) cigarette

2- tabac

- Donnez-moi deux paquets de gauloises sans filtres et un paquet de tabac. 　―両切りのゴロワーズ2箱ときざみたばこを1箱下さい。
- Du brun ou du blond ? 　―褐色系ですか、ブロンド系ですか？

Les fumeurs de pipe ont toujours leur blague à tabac sur eux. 　パイプ愛好家はいつもたばこ入れを持ち歩いている。

Les distributeurs automatiques vendent des cigarettes mais ils ne vendent pas de tabac. 　自動販売機では、紙巻きたばこは売っているが、きざみたばこは売っていない。

　使い方：たばこの葉そのものを指す場合は単数のみで用いる。
　参　考：(E) tobacco
　比　較：- Lequel est le plus fort : le tabac brun ou le tabac blond ?
　　　　　- Les brunes, c'est trop fort pour moi.
　　　　　―褐色系とブロンド系ではどちらがきついですか。
　　　　　―褐色系だよ。僕にはきつくて吸えないよ。
　　　　　- Qu'est-ce que tu préfères comme cigarettes ? Les brunes ou les blondes ?
　　　　　―褐色系とブロンド系、どちらのたばこが好き？

3- tabac

1) En France, dans un "Bureau de Tabac", on peut aussi acheter des timbres, des cartes postales, des billets de loterie et beaucoup d'autres choses comme des journaux, des magazines ou des bandes dessinées. 　フランスの「たばこ屋」では、切手、絵葉書、宝くじ、その他新聞、雑誌、マンガなどたくさんのものを売っている。

2) Les médecins disent que le tabac est mauvais pour la santé. 　たばこは健康に悪いと医者たちは言う。

　説　明：tabac は紙巻きたばこ、きざみたばこなどを含んだたばこの総称として用いられる。

81　circuler / rouler / faire / marcher / avancer / couler / courir

確認問題

次の文に誤りがあれば正しなさい．

A. Je n'aime pas courir dans Paris avec ma voiture.
   私はパリ市内を自分の車で走るのは好きではない．

B. Le 31 décembre, le métro roule toute la nuit.
   12月31日，地下鉄は一晩中動いている．

C. J'ai passé la journée à regarder la rivière rouler.
   私は今日は一日川が流れるのを見ていた．

解答：A. courir → circuler cf.1,8　B. ○ cf.5　C. rouler → couler cf.7

1- SN (人) + circuler [+ 特定の言い回し]

Dans une grande ville, c'est entre 16 h et 19 h qu'on circule le plus mal.
大都市では16時から19時の間，車が最も渋滞する．

- Vous circulez comment ?
- En train.

―どうやって移動しますか？
―電車で．

特定の言い回し：à pied, à / en vélo, à / en bicyclette, en moto, en métro, en autobus
同　意：se déplacer [+ 特定の言い回し]
参　考：(E) move

2- circuler à / rouler à / faire + 数形容詞 + 名詞

Il est défendu de rouler à plus de 60 km à l'heure dans Tokyo.
東京では時速60km 以上出すのは禁止されている．

Il a été arrêté pour excès de vitesse. Il faisait plus de 140 [km à l'heure] sur l'autoroute.
彼はスピード違反でつかまった．高速道路で(時速)140(km)以上出していた．

参　考：2～4, (E) run

3- SN (人・物) + rouler

Roule un peu moins vite, s'il te plaît ! On va avoir un accident !
もう少しゆっくり走ってよ．事故に会うわよ．

Il avait roulé toute la nuit, sans s'arrêter. C'est peut-être pour ça qu'il était si fatigué.
彼は一晩中止まらずに走りっぱなしだった．だからあんなに疲れていたのでしょうね．

Les coureurs du "Tour de France" roulent beaucoup tous les jours, entre 150 et 200 km. ツール・ド・フランスの選手は、毎日150kmから200kmという長い距離を走る。

Il est content pourvu qu'il roule. 彼は車を走らせてさえいればご機嫌なんだ。

Le TGV roule plus vite que le Shinkansen, je crois. ＴＧＶは新幹線より速く走ると思うね。

Notre train a dû rouler au ralenti. 私たちの乗った列車は速度を落として走らなければならなかった。

使い方：車輪のある交通機関に関して用いる。
注　意：人が主語で交通機関が車の場合、conduire を用いることができる。
　　　　Je sais conduire, mais je ne roule pas vite.
　　　　私は運転はできますが、速くは走りません。

4- SN (人・物) + avancer

Les voitures n'avançaient pas du tout et, en plus, il y avait deux accidents. 車が全く進まなかった。おまけに事故が二つあった。

C'est peut-être à cause de l'accident qu'on n'avance pas. 前へ進まないのは事故のせいかもしれない。

Les piétons ne peuvent pas avancer, il y a tellement de circulation. 歩行者は前に進めない。それほどの人出だ。

Avance, le feu est vert. 行けよ、信号は青だ。

5- SN (公共の交通機関) + rouler / circuler

Les trains de banlieue ont recommencé à circuler ce matin. 郊外電車は今朝運行を再開しました。

Il y aura grève demain, les trains ne circuleront pas. 明日ストがあるので列車は動かないだろう。

Cet autobus roule jusqu'à 9 h 30. このバスは9時30分まで運行している。

Ce train-là ne roule que les jours de semaine. Il ne circule pas le dimanche ni les jours fériés. この列車は週日のみ運行している。日曜、祭日は運行していない。

　参　考：(E) run

6- SN (機器) + marcher

Le moteur s'est mis à marcher dès le premier essai.
この機械のエンジンは，最初の試運転から動き始めた。

On avait exposé une voiture qui marche à l'hydrogène.
水素を利用して動く自動車が展示されていた。

- Je pense que le téléphone ne marche pas.
- Qu'est-ce qu'il y a ?
—電話が故障しているみたいだよ。
—どうしたんだろう。

Depuis que l'horloger a réparé ma montre, elle marche très bien.
時計屋に修理してもらってから私の腕時計は調子がよい。

同　意：fonctionner
参　考：(E) be working; work

7- SN + couler

Si l'eau du robinet coule encore, va le fermer.
もしまだ蛇口から水が出ているなら，止めに行きなさい。

Il y a des inondations fréquentes partout où coule le Mississippi.
ミシシッピ川流域では，洪水が頻繁に起こる。

使い方：主語は川，水の流れ，涙など
参　考：(E) flow

8- SN (人・動物) + courir

Amandine court comme un lièvre.
アマンディーヌは野兎のように速く走る。

Courons pour rejoindre le groupe.
みんなに追いつくように走ろう。

Notre chien a encore couru après le chat du voisin !
うちの犬はまた隣の猫を追い回した。

参　考：(E) run
注　意：courir は乗り物や交通機関については用いられない。

82　comme

―― 確認問題 ――

次の文の（　）に必要ならば冠詞を入れ，必要なければ×を付けなさい。

A. L'an dernier, j'ai eu Monsieur Hosaka comme (　　) professeur d'anglais.
去年，英語の先生は保坂先生でした。

B. Spielberg est connu comme (　　) réalisateur de E. T.

スピルバーグは E. T.の監督として知られている.

C. Il est fort comme (　) bœuf, ce garçon-là !
　牛みたいに丈夫だよ，あの少年は！

D. Comme (　) voisins, nous avions une famille portugaise.
　隣りの家には，ポルトガル人の家族がいました.

解答：A. × cf.1　B. le cf.3　C. un cf.5　D. × cf.1

1- comme + 名詞（無冠詞）

1) Comme langues étrangères, elle parle anglais, allemand et italien.
外国語としては，彼女は英語，ドイツ語，イタリア語を話す.

- Quelle sorte d'homme tu veux comme mari ?
- Comme mari, je voudrais un homme riche et sérieux. Mais comme ami, je voudrais un homme amusant et gentil.

―夫としては，どんなタイプの男性がいいですか？
―夫としては，お金持ちでまじめな男性がいいけれども，恋人としては，おもしろくて，親切な男性がいいです.

- Et si on prenait Véronique comme secrétaire ?
- Elle ne serait pas mal.

―ヴェロニックを秘書として雇うのはどうかな？
―いいんじゃない？

Je voudrais l'engager comme documentaliste.
私は彼(女)を資料整理係として雇いたいのですよ.

- Qu'est-ce que tu as comme skis ?
- J'ai des Rossignol.

―スキーは何を持っているの？
―ロシニョールを持っています.

- Comme dessert, qu'est-ce que vous allez prendre ?
- Une pêche melba, s'il vous plaît.

―デザートは何になさいますか.
―ピーチメルバをお願いします.

- Qui est-ce que vous avez comme professeurs de français ?
- Monsieur Suzuki, Monsieur Watanabe et Madame Tsuruta.

―あなたのフランス語の先生はだれなの？
―鈴木先生，渡辺先生，鶴田先生です.

J'ai comme meilleure amie une Québécoise née à Montréal.
私には，モントリオール生まれのケベック人女性が親友にいます.

Ma grand-mère m'a donné Yumie comme prénom.
私の祖母が裕美江という名をつけてくれました.

Qu'est-ce que je vais lui acheter comme cadeau de Noël ?
クリスマスプレゼントとして彼(女)に何を買ってあげようか.

2) Les deux frères vont se présenter aux élections comme démocrates.
兄弟二人共，民主党候補として選挙に立候補する予定だ．

Il se présente comme psychologue de l'enfance.
彼は児童心理学者だと名のっている．

Pour arrondir ses fins de mois, il travaille comme vendeur.
月末の生活を楽にしようと，彼は店員として働いています．

使い方：**1〜2**，この場合英語とは異なり，フランス語では限定詞を一切用いない．

I'm telling you this as | a | friend.
　　　　　　　　　　　 | your |

Je te dis ça | comme ami.
　　　　　　 | ×comme ton ami.
　　　　　　 | ×comme un ami.

僕は友だちとして君にそう言ってるんだよ．

同　意：en tant que + 名詞
参　考：(E) as + 限定詞 + 名詞；for + 名詞
注　意：2) では comme + 名詞が文頭に置かれると，文全体の意味が変ったり，文が成立しなくなる場合がある．

Il travaille comme professeur.
(×Comme professeur, il travaille.)
彼は教師として働いている．

Comme professeur, il travaille bien, mais comme père il est nul.
教師としては，彼はよく働いているけど，父親としては失格ね．

2- 特定の動詞 + |comme| + 特定の名詞 + |SN
　　　　　　　　　|pour |　　　　　　　　|de + inf.

Jean-Luc a pris comme sujet de thèse l'étude des prépositions «devant» et «derrière.»
ジャン＝リュックは博士論文の主題として前置詞の devant と derrière の研究を選んだ．

L'auteur s'est donné comme but de nous expliquer le rôle du fondamentalisme islamique.
著者はイスラム原理主義の役割を説明することを，この本の目的としたのです．

Cette année, notre club a pour objectif de recruter vingt nouveaux membres.
今年，我々のクラブは新たに会員を20名入会させることを目標にしている．

Son histoire a eu pour résultat de détendre l'atmosphère.
彼の話は，結果的に雰囲気を和ませた．

特定の動詞：se donner, fixer, avoir, prendre など
特定の名詞：objectif, objet, but, mission, point de départ, conséquence, principe, résultat など

参　考：(E) for + 名詞

3- 特定の動詞 ＋ comme ＋ 定冠詞 ＋ 名詞

Ali est connu comme le plus grand boxeur du monde.
アリは世界で最も偉大なボクサーとして知られている．

Les critiques considèrent Fellini comme l'un des meilleurs réalisateurs.
批評家たちによると，フェリーニは最良の映画監督の一人なんだよ．

> 特定の動詞：être connu, être considéré, considérer, être reconnu など
> 使い方：名詞には限定詞が伴わなければならない．
> 慣　用：En Inde, les «intouchables» ne forment pas une caste homogène et ils ne sont pas reconnus comme tels.
> インドでは，不可触賤民たちは同質のカーストを形成せず，またそうしたものとしては認知されていない．

4- 特定の動詞 ＋ 名詞

Il a été élu député à l'âge de 29 ans.
彼は29才で国会議員に選出された．

C'est Akio qu'on aurait dû élire chef de classe.
クラス委員に選ばれるべきだったのは明夫だよ．

> 特定の動詞：élire, être élu, juger など
> 使い方：comme はこれらの動詞と共には用いられない．ただし，choisir は comme と共に用いられる．
> Muriel a été choisie comme présentatrice des nouvelles de France 2.
> ミュリエルはフランス2のニュースキャスターに選ばれた．

5- comme ＋ 限定詞 ＋ 名詞

1) Je l'aime comme un frère.
(兄弟のように)彼のことが好きです．

On rencontre rarement des jeunes comme ce garçon.
あの青年のような若者にはめったに出会わない．

Yoshio parle français comme un Parisien.
芳雄はパリジャンのようにフランス語を話す．

Fais comme ton frère, cherche-toi un hobby.
君の兄さんのようにしなさい．趣味を探しなさい．

Elle a été comme une mère pour moi. Je lui en suis bien reconnaissant.
彼女は私にとって母のような人であった．私はそのことを彼女に非常に感謝している．

Il insiste pour considérer l'enfant comme un enfant et non pas comme un futur adulte. 子供を未来の大人としてではなく、子供は子供として考えるべきだと、彼は主張している。

2) J'ai la tête comme une passoire, aujourd'hui. 今日私の頭はざる（水切り）のようにすぐ何でも忘れてしまう。

Ils ont un fils qui est intelligent comme un singe. 彼らには（猿のように）とてもかしこい息子がいる。

Il est riche comme Crésus. 彼は（クロイソスのように）大金持ちだ。

Cette robe vous va comme un gant, Madame. そのドレスはあなたに（手袋のように）ぴったりお似合いです。奥様。

Les tickets se sont vendus comme des petits pains. チケットが（プチパンのように）飛ぶようによく売れた。

Ces jours-ci, je dors comme un loir. 最近僕は熟睡してるよ。（オオヤマネのように眠っている）

使い方：この用法は慣用句であり、日本語に必ずしも一語一語対応しない。

参　考：(E) | as | + 限定詞 + 名詞
            | like |

比　較：Comme ton père, moi aussi, je désapprouve ta conduite.
Comme père, je désapprouve ta conduite.
君のお父さんと同じように、私も君の行動を認めません。
父として、私は君の行動を認めない。

6- comme + 前置詞 + SN

Il fait chaud comme au mois d'août. 8月みたいに暑いな。

Annette s'était habillée comme pour un mariage. アネットは結婚式の時のように着飾っていた。

Il y avait du monde comme à la gare d'Ikebukuro. 池袋の駅のように人が多かった。

Nous étions comme dans un tunnel. 私たちはトンネルの中にいるかのようだった。

Ça s'est passé comme dans un rêve. それは夢の中の出来事のようだった。

7- 特定の動詞 + SN

Ne dis pas ça. Tu les juges trop sur l'extérieur. そんなこと言うなよ。外見ばかりで決めつけすぎるよ。

　　特定の動詞：dire

使い方：この場合 comme ça は用いられない．
比　較：Ne dis pas ça.
　　　　×Ne dis pas comme ça.
　　　　Ne parle pas comme ça.
　　　　｜そんなこと｜言うなよ．
　　　　｜そんな風に｜

8- prendre + SN + pour + SN

Excusez-moi, je vous avais pris pour un voleur.　　すみません．あなたが泥棒だと思ったものですから．

Pardon, je me suis trompé, je vous avais prise pour la directrice.　　すみません，間違えました．あなたを校長先生だと思い込んでいました．

－ Prête-moi encore deux cents euros …　　―もう200ユーロ貸してよ．
－ Pour qui [est-ce que] tu me prends ?　　―私を誰だと思っているんだい？

比　較：J'ai pris Etsuko comme femme de ménage.
　　　　J'ai pris Etsuko pour la femme de ménage.
　　　｜悦子を家政婦として雇った．
　　　｜悦子を家政婦と間違えた．

9- faire passer + SN + pour + SN（属詞）/ se faire pour + SN（属詞）

Si tu ne parles pas comme moi, tu vas me faire passer pour un menteur.　　君が私と同じように言ってくれなければ，私が嘘つきだと思われることになるよ．

Pour pénétrer dans l'ambassade, les terroristes se sont fait passer pour des employés de maison.　　大使館に入り込むのに，テロリストたちは使用人になりすました．

Monsieur Denoël a réussi à faire passer sa femme pour débile mentale.　　ドゥノエル氏は妻が精神薄弱者であるとまんまと言いくるめた．

Il a essayé de se faire passer pour un invalide.　　彼は何とか自分を傷病兵で通そうとした．

83　congé / vacances

―――― 確認問題 ――――

次の文に誤りがあれば正しなさい．
A. Je n'ai pas le temps en ce moment, mais je te téléphonerai dans les vacances.
　　今は時間がないけれど，夏休み中に君に電話します．

> B. La plupart des entreprises donnent quelques mois de vacances de maternité aux nouvelles mères.
>   大部分の企業が妊産婦に何ヵ月かの産休を認めている．
> C. Pour mes vacances, je vais à la mer.
>   夏休みには私は海へ行きます．
> D. En France, les travailleurs ont droit à cinq semaines de congés payés par an.
>   フランスでは労働者は年に5週間の有給休暇が取れる．
>
> 解答：A. dans → pendant cf.6　B. vacances → congé cf.1
> 　　　C. ○ cf.5　D. ○ cf.2

1- congé

Certains travailleurs n'éprouvent pas le besoin de prendre le congé auquel ils ont droit.
　勤め人の中には，有給休暇を取らなくてもいいと思っている人もいる．

Un certain nombre de morts subites sont dues au fait que les employés n'avaient pas pris de congé pendant plusieurs mois.
　サラリーマンの突然死のうち，何件かは何ヵ月にもわたって休みを取っていなかったことが原因である．

2- congé + 特定の形容詞

En raison du congé annuel, le magasin sera fermé du 1er au 31 août.
　年次休暇につき，8月一杯休業いたします．

　特定の形容詞：annuel, payé, hebdomadaire, mensuel など

3- 数形容詞 + 時を示す語句 + de congé

Quand maman a été malade, j'ai pris une semaine de congé.
　お母さんが病気のとき，私は1週間の休みを取った．

J'étais si fatigué après cette période de travail intense que j'ai pris trois jours de congé.
　ハードな仕事も一段落して疲れがたまっていたので3日間休みを取った．

Les professeurs de lycée ont droit à un jour de congé par semaine pour leurs travaux personnels.
　リセの先生には週1日個人研修日がある．

De plus en plus d'entreprises donnent plusieurs jours de congé à leurs employés au moment de la Golden week.
　ゴールデンウィーク中に，何日も連休にする企業が増えてきている．

En France, après la naissance d'un bébé, les nouveaux pères ont droit à un jour de congé pour remplir les formalités.

フランスでは，子供が生まれると父親は，書類の手続きのために休みが 1 日取れる．

4- 数形容詞 ＋ 時を示す語句 ＋ de congé de ＋ 特定の名詞

Robert a subi une opération et il a eu trois mois de congé de convalescence.

ロベールは手術を受け，3 カ月の療養休暇を取った．

　　特定の名詞：maladie, convalescence, maternité など

5- vacances

1) Cela fait trois ans qu'Yves n'a pas pris de vacances; il est à bout.

イヴは 3 年も夏休みを取っていない．もう限界だ．

Nicolas vient de commencer à travailler il y a deux mois; cette année, il n'a pas le droit de prendre de[s] vacances.

ニコラは働き出して 2 カ月だから，今年は夏休みは認められない．

J'aimerais bien prendre des vacances, mais dans notre bureau, nous avons tellement de travail que c'est impossible.

夏休みを取りたいのはやまやまだが，うちの会社は仕事が多くて無理だ．

－ Quand est-ce que tu prends tes vacances cette année?
－ Probablement, au mois d'août.

－今年は夏休みはいつ取るの．
－ 8 月かな．

2) Beaucoup de parents trouvent que deux mois de vacances, c'est long.

学校の夏休みが 2 カ月もあるのは長いと考える親が多い．

　　使い方：5〜7，勤め人，学生，生徒の夏休みについていう．また vacances は常に複数．

6- pendant les vacances

Je vais à Boston pendant les grandes vacances.

夏休みに間にボストンに行く．

－ Qu'est-ce que tu as fait pendant les vacances?
－ Je suis allée au Népal.

－夏休みに何をしたの？
－ネパールへ行ったのよ．

　　使い方：この場合 dans は用いられない．

7- 特定の動詞 ＋ en vacances

Nous partons en vacances lundi prochain.

私達は来週の月曜にヴァカンスに出かける．

Depuis quand es-tu en vacances ? いつから夏休みに入ったの？

C'est la première fois que vous venez en vacances ici ? ここで夏休みを過ごすのは初めてですか？

特定の動詞：partir, aller, venir, être など

84 contraire

確認問題

次の文の下線部の誤りを正しなさい．
- Chaque fois que je vois ce film, je pleure.
- Moi, c'est contraire, je ris beaucoup.
—この映画，見る度に泣いちゃうんだ．
—僕は逆だな．大笑いさ．

解答：c'est le contraire cf.1

1- c'est le contraire

En Chine, c'est le contraire, on finit les repas par du riz. 中国では反対に，食事の最後に御飯を食べる．

En Europe, quand on se présente, on donne en général son prénom puis son nom de famille. Au Japon, c'est le contraire, on donne d'abord son nom de famille. ヨーロッパでは自己紹介する際に普通まず名前を言い，それから姓を言います．日本では反対に，まず姓を言います．

使い方：この場合，c'est contraire のように形容詞としては用いない．

2- c'est contraire à + 限定詞 + 特定の名詞

Je ne peux pas en manger. C'est contraire à mon régime [alimentaire]. それは食べられないの．私のダイエット法に反するから．

Nous ne pouvons pas rester à l'université après 8 h, c'est contraire au règlement. 8時以降は大学にいちゃいけないんだ．規則違反だからね．

- Il ne dort que deux heures par jour.
- Mais c'est contraire au bon sens.
—彼は1日に2時間しか眠らないんだって．
—常識をはずれてるね．

特定の名詞：régime, principes, habitude, règlement, loi, bienséance, bon sens など

同 意：c'est contre + 限定詞 + 特定の名詞

85 côté

> **確認問題**
>
> 次の文の誤りを正しなさい．
> A. Attendez-nous à l'autre côté de l'avenue.
>   大通りの向こう側で私たちを待っていて下さい．
> B. Assieds-toi à mon côté.
>   僕の隣に座って．
> C. Ils habitent à côté de Hachioji.
>   彼らは八王子の方に住んでいる．
>
> 解答：A. à → de cf.2 B. à ton côté → à côté de moi cf.6
> C. à côté de → du côté de cf.5

1- de ce côté [de + SN]

On ne peut pas garer les voitures de ce côté de la rue. この道のこちら側は駐車禁止だ．

Le courant est plus fort de ce côté-ci de la rivière. 川の流れはこちら側の方が速い．

使い方：à ce côté [+ de + SN] は不適．
強　調：de ce côté-ci [+ de + SN]
参　考：(E) on this side [of + SN]

2- de l'autre côté [de + SN]

Marchons de l'autre côté, il y a moins de monde. 向こう側を歩こう．人通りが少ないから．

Les deux malfaiteurs ont été arrêtés de l'autre côté de la frontière. 犯人が二人とも国境の向こう側で逮捕された．

- Excusez-moi, Madame. Où est la Samaritaine ? ―すみません，サマリテーヌはどこですか．
- De l'autre côté de la Seine. ―セーヌ川の向こう岸です．

使い方：à l'autre côté [de + SN] は用いない．
参　考：(E) on the other side [of + SN]; across

3- du côté + 方位

La sortie se trouve du côté ouest de la gare. 出口は駅の西側にあります．

4- des deux côtés de + SN (場所)

Il y avait des badauds des deux côtés de la rue. 道の両側にやじ馬がいた.

- 参 考：(E) on both sides of + SN (場所)
- 慣 用：Du côté d'Émilie et du côté d'Antoine, des deux côtés, il y a opposition à leur mariage.
  エミリーの側とアントワーヌの側の双方から，彼らの結婚への反対がある.

5- du côté de + SN (場所)

Vous trouverez un tas de magasins populaires du côté de Ueno. 上野の方に行けば安い店がたくさんありますよ.

Les Daulac ont déménagé du côté de Bordeaux, je crois. Mais je n'ai pas leur adresse. ドラックさんの家はボルドーの方へ引っ越したと思いますよ. でも住所は知らないんです.

- 同 意：dans la direction de + SN (場所)
- 慣 用：1) Occupe-toi de Sylvie; de mon côté, je me charge de Christian.
  シルヴィーの面倒をみてやれよ. 僕の方はクリスティアンのことを引き受けるから.
  2) D'un côté, Frédérique est aimable, patiente, enjouée; de l'autre, elle s'énerve facilement.
  フレデリックは愛想がよく，忍耐強く，快活な所がある反面，すぐにいらいらする所もある.

6- à côté de + SN

Il y a un petit restaurant sympathique à côté de la gare. 駅の隣りに感じのよい小さなレストランがある.

Il y a une grande surface tout à côté de chez moi, c'est très pratique. 私の家のすぐ隣りに大きなスーパーがあるのでとても便利です.

- Je vous ai placé à côté de moi.
- Quel honneur !

―あなたの席は私の隣りにしました.
―何という光栄でしょう！

7- à + 所有形容詞 + côtés

Je voudrais une compagne qui puisse vivre à mes côtés. そばにいてくれる伴侶がほしい.

J'étais à ses côtés quand maman est morte. お母さんが死んだとき，私はそのかたわらにいた.

- 使い方：1) 人にのみ用いる.
  2) しばしば物理的位置関係を意味する.

注　意：à mon côté と単数では言わない.
強　調：juste à côté de + SN
比　較：Je ne le vois jamais sans une jeune fille à ses côtés.
　　　　Puis, à côté de lui, il y a tante Pauline.
　　　　彼はいつも隣りに女の子を連れている.
　　　　そして彼のかたわらにはポリーヌおばさんがいる.

8- 特定の動詞 + par ce côté

Je pensais qu'Antoine et sa femme passeraient par ce côté de la rive, mais ils sont venus par l'autre.　私は，アントワーヌと奥さんが川のこち ら側を通って来ると思っていたら，逆側 を通って来たんです.

　特定の動詞：entrer, passer, sortir, pénétrer など

86　coucher / se coucher / 動詞 + au lit / s'allonger / s'étendre

──── 確認問題 ────

次の文の（　）の中から最も適切な語句を選びなさい.

A. Encore quinze minutes de télé, ensuite tu dois (t'endormir/coucher /dormir/te coucher).
　あとテレビは15分ね. そうしたら寝なきゃだめだよ.

B. J'étais en retard, j'ai dû (me coucher/me mettre au lit/coucher) à l'hôtel.
　遅くなってしまったのでホテルに泊まらなければならなかった.

C. Tu ferais mieux de (les coucher/les faire coucher/se faire coucher) tôt, ce soir.
　あの子たちを今夜は早く寝かした方がいいよ.

解答：A. te coucher cf.7　B. coucher cf.1　C. les faire coucher cf.8,9

1- coucher + 前置詞 + SN (場所)

1) Lui, il préfère coucher sur des tatamis, elle, dans un lit.　彼は畳の上で寝る方が好きだが，彼女は ベッドの方がいい.

　参　考：(E) sleep

2) Maman, je peux coucher chez Takeshi ?　おかあさん，武の家に泊まってもいい？

　同　意：1)-2) dormir + 前置詞 + SN (場所)

参 考 : (E) spend the night

2- SN (人) + être │couché
│au lit

Il est couché, ne le dérange pas. 彼は寝てるからかまわないで．

À 12 h, les enfants sont enfin au lit ! 12時，子供たちはやっとベッドに入った．

- Allô ? Madame Bertin ? Est-ce que je peux venir jouer avec Éric ?
- Oui, mais à cette heure-ci, il est encore au lit.

—もしもし，ベルタンさんですか．エリックと遊びたいんだけど行ってもいいですか．
—ええ，でもこの時間だとまた寝てますよ．

反 意 : être │levé
│debout

参 考 : (E) be in bed

比 較 : À 1 h du matin, les enfants sont enfin couchés. Ils ne dorment pas, car ils ont compris que leurs parents avaient des choses graves à se dire.
午前1時，子供たちはやっと床についたが，眠ってはいない．父と母の間に大事な話があるのを知っていたから．

3- [être] couché

J'aime bien lire couché. 寝っ転がって本を読むのが好きだ．

Potchi passe des heures couché sur le tapis. ポチはじゅうたんの上で何時間もゴロゴロ寝てるんですよ．

4- SN (人) + rester │couché
│au lit

- Je suis resté couché jusqu'à 11 h.
- Quelle paresse !

—11時まで布団に入ってたんだ．
—だらしないねえ．

Samedi, je suis restée couchée jusqu'à midi. Ça ne m'était pas arrivé depuis longtemps.
土曜日は昼まで寝ていたわ．そんなことずーっとなかったのよ．

5- SN (動物) + rester couché

- Il est mignon, ton chien.
- Oui, mais il ne bouge pas. Il ne fait que rester couché.

—かわいいね，君の犬は．
—うん，でも動かないで寝てばかりいるんだよ．

6- se coucher / s'allonger / s'étendre

Pour ma sieste, je ne m'allonge jamais sur le divan sauf en été. ソファーに寝転んでの昼寝は、夏以外はしない。

Les jeunes ont toujours la manie de s'étendre par terre. 若者には、どこでも地べたに寝転がる癖があるものだ。

C'est un chien qui aime se coucher dans l'herbe. この犬は草の上に寝転ぶのが好きなんです。

参 考：(E) lie down
慣 用：Ce soir-là, ma mère m'a envoyé me coucher sans manger.
その晩は母は私を食事抜きで寝かせました。

7- se coucher / se mettre au lit

- À quelle heure vous vous couchez ? ―何時に寝てるんですか。
- Cela dépend, vers les 11 h environ. ―まちまちだけど、だいたい11時頃です。

Elle ne se met jamais au lit avant minuit. 彼女は12時前には決して床につかない。

- Il ne se couche jamais tard. ―彼は寝るのが遅くなることは決してない。
- C'est une bonne habitude. ―いい習慣だね。

Couche-toi d'abord, ensuite, je te raconterai une histoire. まず寝てごらん。そしたらお話をしてあげるから。

反 意：se lever
参 考：(E) go to bed

8- coucher + SN (人) / mettre + SN (人) + au lit

- Tu as couché la petite ? ―あの子は寝かしつけたの？
  mis la petite au lit ? ―まだまだ。
- Pas encore.

Tu as couché Paul ? ポールを寝かせたの？

使い方：自分で寝ることができない赤ん坊や病人に用いる。
反 意：lever + SN (人)
参 考：(E) put + SN (人) + to bed

9- SN (人) + faire coucher + SN (人)

Ne vous en faites pas, nous pouvons vous faire coucher chez nous ce soir.

心配しないで．今晩私たちの家に泊めてあげますから．

使い方：faire se coucher の se の省略．自分で寝ることができる年齢の人に用いる．cf. 8

同　意：loger + SN (人)

10- coucher avec + SN (人)

- Tu as divorcé?
- Oui, parce que mon ex-mari couche avec une autre femme que moi. C'est ce qui est inadmissible pour moi.

—離婚したの？
—ええ，夫は私以外の女性と寝るんですもの．私には許しがたいことだわ．

87　cours / leçon / classe

確認問題

次の文の（　）の中に適切な語を入れなさい．

A. Il donne des (　　) d'anglais à un lycéen.
　彼は高校生の英語の家庭教師をしている．

B. Cécile ne veut plus aller en (　　).
　セシルは学校にもう行きたくないんだ．

C. J'ai un (　　) de gymnastique ce matin.
　今朝は体育の授業がある．

解答：A. leçons cf.10　B. classe cf.5　C. cours cf.1

1- cours

Aujourd'hui, à la place de Monsieur Guichard, c'est Monsieur Laurin qui nous fera le cours.

今日は，ギシャール先生にかわって，ローラン先生が授業をされます．

Le samedi, nous n'avons pas de cours.

土曜には授業がない．

Nous avons deux cours de philosophie par semaine.

週2時間，哲学の授業がある．

Si je dors pendant le cours, c'est que j'ai mal dormi la veille.

授業中に居眠りするのは，僕が前の晩よく寝てないからだよ．

À quelle heure sera ton prochain cours?

君の次の授業は何時からなの．

使い方：**1~4**，特に大学での教育に用いられる．
参　考：(E) class; lecture
慣　用：On y donne aussi des cours du soir.
　　　　そこでは夜間の授業も行われています．

2- avoir cours （会話）

Demain, samedi, on n'a cours que jusqu'à midi.　明日，土曜日，授業は午前中だけだ．

On n'a pas cours aujourd'hui.　今日は授業がない．

3- 特定の動詞 + au cours

Julie est toujours la première à arriver au cours.　ジュリーはいつも教室に最初に着いているんだ．

Je suis grippé, je n'irai pas au cours.　僕は風邪を引いているから，授業には行かないよ．

Tu n'es pas venu au cours aujourd'hui ?　今日授業に来なかったの？

　特定の動詞：aller, venir, arriver など

4- être en cours de + 名詞（科目）

Émilie est en cours d'allemand.　エミリーは今ドイツ語の授業に出ている．

5- 特定の動詞 + en classe

- Maman, je ne veux pas aller en classe.　—ママ，学校に行きたくないよ．
- Pourquoi, mon chéri ?　—どうしてなの？

　使い方：**5~9**，初等教育に用いる．
　特定の動詞：aller, venir, arriver, entrer など

6- avoir classe （会話）

Le mercredi, les écoliers français n'ont pas classe.　水曜日は，フランスの小学校は休みである．

　比　較：Fred a l'habitude de dormir | dans la salle de classe.
　　　　　　　　　　　　　　　　　　　| pendant les cours.
　　　　　　　　　　　　　　　　　　　| pendant la classe.

　　　　　フレッドは普段から｜教室で｜眠っている．
　　　　　　　　　　　　　　｜授業中｜

7- entrer | en classe
| dans la salle de classe

On ne pouvait pas entrer en classe sans saluer la photo du général Tito.

チトー将軍の写真に礼をしなければ，教室に入ることができませんでした．

8- faire la classe

Madame Charlier m'a fait la classe en troisième année. Je me souviens encore d'elle.

シャルリエ先生は第3学年(中学3年)の時に授業を受け持っていました．今でも彼女のことを覚えています．

9- 限定詞 + classe de + 名詞 (科目)

Jeanne n'aime pas les classes de biologie parce qu'elle doit faire des expériences avec des grenouilles.

ジャンヌは生物の授業が好きじゃないが，それは実験にカエルを使わなければならないからだ．

Nous sommes trop nombreux dans cette classe de langue anglaise.

この英語の授業は受講者が多すぎる．

10- 限定詞 + leçon de + 名詞

Ce soir, j'ai une leçon de chant.

夕方，歌のレッスンがある．

Elle fait donner des leçons de danse à sa fille.

彼女は娘にダンスを習わせている．

Madame Tanaka donne des leçons d'anglais particulières.

田中さんは英語の個人教授をしている．

Le proviseur m'a demandé de donner des leçons de mathématiques à deux lycéennes une fois par semaine.

校長先生から，週に一回高校の女子生徒二人に数学の補習授業をするよう，私は頼まれました．

使い方：leçon は，本来の学校教育の枠外で行われる教育や，家庭教師等の個人教授を指す．
参　考：(E) private lesson

88   faire + 限定詞 + cuisine / servir + 限定詞 + cuisine / cuisiner / préparer

──── 確認問題 ────

次の文の誤りを正しなさい．
A. Le dimanche, c'est papa qui fait des cuisines.

日曜日に料理をするのはパパだ．

B. Je prends toujours soin de leur faire la bonne cuisine.
彼らにはいつもおいしい料理を作るように気をつけています．

C. Attendez, je vais vous faire la cuisine thaïlandaise.
待ちなさい．あなたにタイ料理を作ってあげましょう．

解答： A. des cuisines → la cuisine cf.1
　　　B. la bonne cuisine → de bons plats あるいは de la bonne cuisine cf.2,4
　　　C. faire la cuisine thaïlandaise → | cuisiner　| un plat thaïlandais　　　cf.2,4
　　　　　　　　　　　　　　　　　　　　| préparer | de la cuisine thaïlandaise
　　　　　　　　　　　　　　　　　　　　| faire |

1- | faire la cuisine
       | cuisiner

Tu as appris à faire la cuisine quand ? Avant de te marier ?
いつ料理を覚えたの？　結婚する前かい？

Il faut faire la cuisine trois fois par jour, quelle corvée !
日に三度料理しなければならないなんてなんてことだ．

使い方： faire la cuisine の方がよく使われる．

2- faire de la + | 特定の形容詞 + cuisine
                   | cuisine + 国の形容詞

Il n'y a personne comme ma mère pour faire de la bonne cuisine.
おいしい料理を作るといえば，母をおいてない．

- Qu'est-ce que tu nous fais pour ce soir ?
- De la cuisine chinoise, chéri,
—今晩は何を作ってくれるの？
—中華よ．

特定の形容詞： bonne, mauvaise
注　意： 2〜3, cuisine に用いられている限定詞に注目．

3- | faire | une cuisine + 特定の語句
       | servir

Sa femme fait une cuisine immangeable.
彼の奥さんは，とても食べられない料理を作る．

Comme je suis occupée, je ne sers qu'une cuisine faite à la va-vite.
私は忙しいので，さっと作れる料理しか出せませんよ．

特定の語句： légère, soignée, grasse, immangeable, à la va-vite など

4- | faire / préparer / cuisiner | + 限定詞 + plat [+ à + SN (人)]

Qui a préparé ce bon petit plat ? 誰がこのおいしい料理を作ったの？

89 cuisine / repas / plat / menu / spécialité

― 確認問題 ―

次の文に誤りがあれば正しなさい。

A. Je voudrais manger une cuisine coréenne.
韓国料理を食べたいな。

B. Le dimanche, nous devons préparer le repas à tour de rôle.
毎週日曜日は、私達は交代で食事を作らなければならない。

C. Le sushi, c'est une des meilleures cuisines japonaises.
寿司は最良の日本料理に数えられる。

D. Mariette, c'est toi qui as préparé ce bon petit plat ?
マリエット、このおいしい料理を作ったのは君かい？

解答：A. une cuisine coréenne → un repas coréen あるいは de la cuisine coréenne cf.5,9
B. ○ cf.8
C. une des meilleures cuisines japonaises → un des meilleurs plats japonais あるいは une des meilleures spécialités japonaises cf.11,13
D. ○ cf.10

1- la cuisine

La Provence est une région où la cuisine est excellente.	プロヴァンス地方は料理のおいしい地方である。
Il n'y a rien pour battre la cuisine de ma mère.	お袋の味に勝るものはない。
J'aime bien la cuisine de votre femme : elle n'est pas trop grasse.	お宅の奥さんの作る料理は大好きなんです。あまり脂っこくないですから。
La cuisine de ce restaurant est imbattable.	このレストランの料理はどこにも負けない。
En France, la cuisine du dimanche est plus soignée que celle des jours ordinaires.	フランスでは日曜日の食卓は普段よりも手が込んでいる。
La cuisine sans sel n'a pas de goût.	塩の入っていない料理は味気無い。

使い方：**1〜4**, 普通単数形で用いる。

cuisine / repas / plat / menu / spécialité

参　考：(E) cooking

2- la cuisine ＋ 国の形容詞 / 形容詞

La cuisine italienne est très appréciée aux États-Unis.	イタリア料理はアメリカで人気が高い。
Vous ne trouvez pas la cuisine chinoise un peu grasse ?	中華料理はちょっと脂っぽいと思いませんか？
On y sert la "nouvelle cuisine".	そこでは「ヌーヴェル・キュイジーヌ」が出る。
La cuisine végétarienne se répand de plus en plus.	菜食主義の料理は次第に世に広まってきた。
La cuisine familiale est préférable à celle des restaurants.	家庭料理はレストランの料理よりも好ましい。

比　較：Je voudrais | goûter à sa cuisine.
　　　　　　　　　 | manger sa cuisine.
　　　　　　　　　 | ×prendre

彼女の料理を | ちょっと食べて | みたい。
　　　　　　 | 食べて |

J'aime | la cuisine mexicaine de ma mère.
　　　 | prendre un repas mexicain.
　　　 | manger la cuisine de ma mère.
　　　 | la cuisine de ma mère.

母のメキシコ料理が　　　　 | 好きだ。
メキシコ料理を食べるのが　 |
母の料理を食べるのが　　　 |
母の料理が　　　　　　　　 |

3- la cuisine à ＋ 定冠詞 ＋ 特定の言葉

La cuisine à l'huile d'olive me détraque l'estomac.	オリーブ油を使った料理を食べると，胃の調子が悪くなる。

　　特定の言葉：ail, beurre, huile, margarine, sauce de soja など

4- faire la cuisine

Je fais la cuisine comme ma mère m'a appris à la faire.	私は母が教えてくれたのと同じやり方で料理をします。

– Je sais faire la cuisine.　　　　　　　　　—僕は料理ができるんだよ．
– Il faudrait qu'un jour tu m'y fasses goûter.　—いつか味わわせてもらわなくっちゃね．

参　考：(E) cook
比　較：J'aime │ préparer les repas.
　　　　　　　 │ faire │ la cuisine.
　　　　　　　 │　　　 │ ×les cuisines.
　　　　　　　 │　　　 │ ×de la cuisine.
　　　　　私は │ 食事の支度をする │ のが好きです．
　　　　　　　 │ 料理をする   │

5- manger de la cuisine + 国の形容詞

Il dit qu'il aimerait manger de la cuisine italienne.　彼はイタリア料理を食べたいと言っている．

同　意：prendre un repas + 国の形容詞
注　意：manger une cuisine, manger une cuisine + 国の形容詞は用いられない．

6- manger + │ à la + 国の形容詞（女性形）
　　　　　　　│ 国の形容詞（男性形）（会話）

Nous avons mangé à la vietnamienne.　ベトナム料理を食べました．

Ce soir, mangeons chinois, si tu veux.　今晩，よかったら中華にしようか．

7- │ cuisine + 特定の形容詞(1)
　　　│ 特定の形容詞(2) + cuisine

Ce n'est pas bon pour votre cœur. Vous mangez une cuisine beaucoup trop salée.　あなたの心臓によくありませんね．あなたの食べる料理は塩辛すぎる．

"Chez Marco", on sert une cuisine épicée.　「シェ・マルコ」の料理は香辛料がきいている．

Chez lui, on mange de la cuisine trop grasse.　彼の家の料理は脂っこすぎる．

Le point de départ d'une bonne cuisine, c'est le choix des aliments.　おいしい料理を作る第一歩は，材料の吟味である．

C'est une cuisine trop grasse pour les Japonais.　これは日本人にはあまりにも脂っぽい料理だ．

　　注　意：具体的な料理について manger une cuisine や manger des cuisines は用いない．
　　特定の形容詞(1)：salée, épicée, sucrée, grasse, moderne, soignée, raffinée など

cuisine / repas / plat / menu / spécialité

特定の形容詞(2)：bonne, excellente など

8- 定冠詞 + repas

Le repas est prêt, tout le monde à table !　　ご飯ですよ．みんな食卓について下さい．

　参　考：**8〜9**, (E) meal

9- 不定冠詞 + repas + 地方・国の形容詞
　　　　　　　　　　　　à la + 地方・国の形容詞（女性形）

Ce soir, allons prendre un repas italien.　　今晩はイタリア料理を食べに行こう．

- Je vais vous préparer un repas chinois.　　―みんなに中華を作ってあげるわ．
- Oh, comme tu es gentille !　　　　　　　　―どうもありがとう．

Dans ce restaurant, ils servent des repas　　このレストランではインド料理を出す．
indiens.

On prend un repas à l'européenne ou à la　　洋食にする？　和食にする？
japonaise ?

Vous connaissez un bon restaurant pour　　中華料理のいいレストランをご存じです
prendre un repas chinois ?　　　　　　　　か．

　注　意：「料理を食べる」の意味では manger un repas ではなく，prendre un repas と
　　　　　言う．

10- plat

Je ne saurais vous dire comme les plats de　　このレストランの料理がどんなに念入り
ce restaurant sont présentés avec soin.　　　に盛り付けされていることか．

- Comme entrée, un plat de tomates à la　　―前菜には，トマトのドレッシングあえ
　vinaigrette.　　　　　　　　　　　　　　　　一皿下さい．
- Et comme plat principal ?　　　　　　　　―主菜は何になさいますか？

Si j'avais su qu'il était végétarien, je n'aurais　　彼がベジタリアンだと知っていたら，肉
pas servi de plat de viande.　　　　　　　　　料理は出さなかったのに．

C'est un plat qui se transmet dans ma　　これは我が家で代々母から娘へ伝えられ
famille de mère en fille.　　　　　　　　　てきた料理です．

- Quel est le plat du jour ?　　　　　　　　―今日のおすすめ料理は何ですか．
- Du riz au curry.　　　　　　　　　　　　―カレーライスです．

Je n'ai pas très faim. Je prendrai juste un　　あまりおなかが空いていない．付け合わ
plat garni et un café.　　　　　　　　　　　せのついた一品とコーヒーだけにしよう．

　参　考：**10〜11**, (E) dish

11- plat + 地方・国の形容詞
à la + 地方・国の形容詞（女性形）

La choucroute est un plat alsacien. シュークルットはアルザス料理である。

J'aime tous les plats japonais en dehors du porc frit. 私はトンカツ以外は日本料理は何でも好きだ。

Les poireaux à l'ailloli, c'est un plat à la provençale. 西洋ネギのアイヨリソース（にんにくマヨネーズ）添えはプロヴァンス料理だ。

12- le menu

Il y a trois plats au menu : une entrée, une viande ou un poisson et un dessert. コースには3つの料理が含まれている。アントレ、肉か魚、そしてデザートである。

Aujourd'hui, jeudi, au menu, il y a de la blanquette de veau. 今日は木曜だから、コースに子牛のブランケット（ホワイトソース煮）が入っている。

– Qu'est-ce que tu prends ?
– Moi, je prends le menu.
―何にする？
―僕はコースにするよ。

慣　用：1) Qu'est-ce qu'il y a au menu ce soir, Monsieur ?
　　　　　今晩のコース料理は何ですか。
　　　　2) – Moi, je préfère prendre le menu. C'est plus économique. Et toi ?
　　　　　– Moi, à la carte.
　　　　　―僕はコースを取る方がいい。その方が経済的だから。君は？
　　　　　―私はア・ラ・カルトがいいわ。

13- spécialité

Les fruits de mer, c'est la spécialité de ce restaurant. 海の幸がこのレストランの自慢料理だ。

On vient de loin pour déguster les spécialités du chef. このシェフのおすすめ料理を賞味しようと遠路はるばる客が来る。

La fondue de fromage est une spécialité savoyarde. チーズフォンデュはサヴォア地方の名物料理だ。

Le gâteau aux amandes, c'est la spécialité de ma mère. アーモンドケーキは母の自慢料理だ。

参　考：(E) specialty; special dish
比　較：On prend un plat de poisson ? C'est la spécialité de ce restaurant.
　　　　魚料理にしましょうか？ このレストランの自慢のものですから。

90 dans / à (場所を示す)

確認問題

次の文の（　）の中から適切な語句を選びなさい．

A. Ils vont souvent (dans/à) un restaurant chinois du quartier de Kanda.
   彼らは神田界隈の中華料理店によく行く．

B. Il a été hospitalisé (dans/à) l'hôpital Saint-Luc.
   彼は聖路加病院に入院した．

C. (Au/Dans le) Japon d'aujourd'hui, on produit plus de riz mais on en mange moins.
   今日の日本では，米の生産は増えているが，消費は減っている．

D. Va voir (aux/dans les) grands magasins, tu en trouveras sûrement.
   デパートに見に行ってごらんなさい．きっと見つかりますよ．

解答：A. dans cf.1　B. à cf.7　C. Dans le cf.4　D. dans les cf.3

1- dans ＋ 不定冠詞 ＋ 名詞（場所）

Je suis née dans une famille chrétienne.	私はキリスト教徒の家に生まれた．
Elle a travaillé dans un hôpital comme pharmacienne.	彼女はある病院で薬剤師として働いた．
Si vous garez votre voiture dans un endroit interdit, vous risquez une contravention.	駐車禁止の場所に自動車を止めれば，罰金を払わせられる恐れがありますよ．
S'il en est ainsi, allons dans un autre restaurant.	そういう事情なら，別のレストランに行きましょう．
Il va toujours dans des restaurants très chers. Pourquoi ?	彼はいつもとても高いレストランに行く．なぜだ？
– Vous avez une maison absolument fantastique. – On se croirait dans un château.	―あなたはとてもすばらしい家をお持ちですね． ―まるでお城の中にいるようでしょう．
Dans un pays insulaire comme le Japon, les gens aiment bien prendre contact avec des étrangers.	日本のような島国では，人々は外国人と接するのを好む．
Aller dans un restaurant trois étoiles, ça ne me dit rien.	三つ星のレストランに行くなんてことは，私には興味がない．

| Nous vivons dans une société de consommation. | 私たちは消費社会で暮らしている. |

注 意：1) à + 不定冠詞 + 名詞は用いられない.
　　　2) **1〜4**, これらの例文では, dans を à に代えることはできない.

2- dans + 定冠詞 / 所有形容詞 / 指示形容詞 + 名詞 (場所)

J'ai trouvé ce portefeuille dans les toilettes.	トイレでこの財布を見つけた.
Pourquoi elle ne montre pas sa carte d'abonnement quand elle monte dans le bus ?	なぜ彼女はバスに乗るとき定期券を見せないのだろう.
– Qu'est-ce qui t'arrive ? – Je suis tombée dans l'escalier.	―どうしたの. ―階段から落ちちゃって.
La meilleure façon d'apprendre une langue étrangère, c'est d'aller dans le pays où on la parle.	外国語を学ぶ最良の方法は, その言葉を話している国に行くことだ.
Tu as passé combien de temps dans cette région ?	君はその地方でどの位過ごしましたか.
Je vais te répéter ce que j'ai entendu dans le train, hier.	昨日電車の中で聞いたことを教えてあげよう.
Teruo habite dans le village voisin du mien.	輝男は私の村の隣村に住んでいる.
Dans son pays, les gens n'ont pas d'argent pour s'acheter même un livre.	彼(女)の国では, 人々は本一冊を買うお金さえ持っていない.
Je l'ai vue il y a deux minutes dans le couloir.	彼女なら今しがた廊下で見ましたよ.
Il y a au moins une télévision dans chaque maison.	各世帯に少なくとも一台はテレビがある.
Leur maison se trouve dans la rue des Fossés Saint-Jacques.	彼らの家はフォッセ・サンジャック通りにある.
Je leur ai défendu de monter dans les arbres.	私は彼らに木登りを禁じた.
Il est défendu de stationner dans cette rue.	この通りは駐車禁止だ.

90　dans / à (場所を示す)

比　較：Nous avons joué notre pièce dans | une salle | de classe.
| des salles |
| le théâtre [de notre école].
| notre salle de classe.
| la salle de notre classe.
| la salle de classe.

私たちは芝居を | ある教室 | でやりました.
| いくつかの教室 |
| [学校の]講堂 |
| 私たちの教室 |
| 私たちが授業を受けている教室 |
| (いつもの)教室 |

慣　用：Georges est encore tombé | dans l'eau.
| ×à l'eau.

ジョルジュはまた水の中に落ちた.
Notre projet est tombé à l'eau. (慣用表現)
我々の計画はお流れになった.

3- dans les ＋ | 形容詞 ＋ 名詞(複数形)
| 名詞 (複数形) ＋ | 形容詞
| **de**＋ 名詞
| 関係代名詞節

Le style et le rythme de vie sont tout à fait européanisés surtout dans les grandes villes.
とりわけ大都市では，生活様式や生活のリズムはすっかりヨーロッパ化されている.

On peut fumer dans les endroits publics en Suisse ?
スイスでは公共の場でたばこを吸えますか.

Dans les librairies, il y a tellement de livres qu'on ne sait plus lequel choisir.
本屋には本がたくさんあってどの本にしたらよいのかわからなくなる.

On peut y voir un film qu'on a manqué quand il est déjà passé dans les cinémas.
映画館で上映されていた時見逃した映画が，そこでは見られる.

Dans tous les pays occidentaux, on s'appelle plus par son prénom que par son nom de famille.
西洋諸国では姓より名で呼び合う.

Dans les maisons japonaises d'autrefois, il n'y avait pas de chambre pour chacun des membres de la famille.
昔の日本の家屋には家族それぞれの自分用の部屋などなかった.

Il est vrai qu'on voyage dans les pays qu'on a déjà vus à la télévision.
確かに人々はテレビで見た国を旅行するものですね.

Dans les pays du Tiers-Monde, beaucoup de gens meurent de faim.　第三世界の国々では，多くの人々が餓死している．

Suivant la coutume, on ne porte pas de chaussures dans les maisons.　慣習に従って，家の中では靴をはかない．

 使い方：この場合，場所を表す名詞は複数形．
 注　意：à は用いられない．
 説　明：意味としては dans tous (toutes) les + 名詞に近い．

4- **dans** + 定冠詞 + 固有名詞（国名）+ de + | SN 名詞 / 形容詞

Dans la Grèce ancienne, on trouve presque toutes les sources de la civilisation grecque moderne.　古代ギリシャには，現代のギリシャ文明のほとんどすべての源泉が見いだせる．

Dans la France d'aujourd'hui, les jeunes lisent de moins en moins.　今日のフランスでは，若者はますます本を読まなくなっている．

Dans la Chine ancienne, les gens avaient tendance à tenir le silence en haute estime.　古代中国では，人々は沈黙を非常に尊重する傾向があった．

Dans l'ex-Yougoslavie, beaucoup de citoyens ont été tués.　旧ユーゴスラビアで多くの市民が殺された．

 比　較：La disette | en / dans l'ancienne | Tchécoslovaquie s'est aggravée.
    | チェコスロバキア / 旧チェコスロバキア | の飢饉がひどくなった．

5- **à** + 名詞（町の名前）

Aller d'ici à Londres, ce n'est pas un problème.　ここからロンドンへ行くのは何のことはない．

Pour aller de Yotsuya à Asakusa, il faut changer à Akasakamitsuke.　四谷から浅草へ行くには，赤坂見附で乗り換えなければならない．

Ils habitent à Tachikawa.　彼らは立川に住んでいる．

 比　較：1) Il y a beaucoup plus d'étrangers à Tokyo que dans d'autres villes.
    東京には，他の都市よりもずっと多くの外国人がいる．
   2) | À Wakayama, / Dans la ville de Wakayama, | il y a un nouveau règlement de la circulation.

和歌山には ｜ 新しい交通規則がある．
和歌山市には ｜

3) Dans mon mémoire, je voudrais traiter des problèmes de circulation ｜ à Montpellier.
｜ de Montpellier.
｜ dans la ville de Montpellier.

私は論文で ｜ モンペリエの ｜ 交通問題を扱いたい．
｜ モンペリエの ｜
｜ モンペリエ市の ｜

6- au + 名詞（子音で始まる男性名詞単数の国名）
en + 名詞（女性名詞単数の国名と母音で始まる男性名詞単数の国名）
aux + 名詞（複数形の国名）

Au Japon, il y a souvent des tremblements de terre.　　日本には，よく地震がある．

Je vais en Corée pour les vacances.　　夏休みには韓国へ行きます．

Toute sa famille va retourner aux États-Unis.　　彼(女)の家族は皆アメリカへ戻る．

参　考：Mexique, Cambodge と Zaïre 以外の e で終わる国名はすべて女性名詞．
比　較：1) Votre passeport vous permettra d'aller dans tous les pays, sauf en Corée du Nord.
あなたのパスポートで，北朝鮮を除くどの国へも行けます．

2) Il va ｜ au Mexique.
｜ à Mexico.

彼は ｜ メキシコ(国) ｜ に行く．
｜ メキシコ(市) ｜

3) Monsieur Lee dit souvent qu'il veut retourner ｜ en Corée.
｜ dans son pays.
｜ ×à son pays.
｜ au pays.

リーさんはよく ｜ 韓国に ｜ 戻りたいって言いますよ．
｜ 自分の国に ｜

7- à + 定冠詞 + 名詞（場所）

1) Il est question de prendre un repas au restaurant "Le Point", à Ikebukuro.　　池袋のル・ポワンというレストランで食事をするという話が持ち上がっている．

Emmène-le au [théâtre] Kabukiza, ça l'intéressera.　　彼を歌舞伎座に連れて行って下さい．彼は興味を持つでしょう．

– Je ne suis pas encore allé au [musée du] Louvre.
– C'est dommage.

―私はまだルーブル［美術館］へ行ったことがない．
―それは残念ですね．

使い方：特定された単数名詞とともに用いる．

比　較：1) Cet après-midi, maman va au grand magasin Takashimaya.
今日の午後，ママはデパートの高島屋に行く．

Va voir | dans les grands magasins, | tu en trouveras sûrement.
        | ×aux grands magasins, |

デパートに見に行ってごらんなさい．きっと見つかりますよ．

2) Je vais souvent | au musée d'Art de Ueno.
                  | dans des musées d'art.

私はよく | 上野の美術館 | に行く．
        | 美術館 |

3) J'étais serveuse | au restaurant "Stop" à Roppongi.
                   | dans un restaurant japonais à Roppongi.

私は | 六本木の「ストップ」というレストランで | ウェイトレスをしていた．
    | 六本木の和食レストランで |

4) – Plus tard, qu'est-ce que tu voudrais faire ?
   – Je voudrais travailler | à la Banque Mitsui-Sumitomo.
                            | dans une banque.

―将来君は何をやりたいですか？
―三井住友銀行 | で働きたいと思います．
  銀行 |

Je vais à la banque faire un dépôt.
私は預金しに銀行へ行く．

5) J'ai un ami qui travaille | à la station de ski de Naeba.
                             | dans une station de ski.

私には | 苗場スキー場 | で働いている友人がいる．
      | スキー場 |

2) Attends un moment. Je vais aux toilettes.　ちょっと待って．トイレに行ってくるわ．

Elle se trouve probablement au restaurant universitaire.　彼女はおそらく学食にいるでしょう．

Je vais très rarement au cinéma.　私はめったに映画館に行かない．

Dis-moi, quand tu as commencé à aller à l'école ?　ねえ，君はいつから学校へ行き始めたの？

L'été, j'adore aller à la mer.　夏は，私は海へ行くのが大好きだ．

J'aime étudier à la bibliothèque.　私は図書館で勉強するのが好きだ．

La charcuterie est au sous-sol.	豚肉屋は地下にあります．
Tu viendrais avec nous au concert de Sylvie Vartan ?	君は私たちと一緒にシルヴィー・ヴァルタンのコンサートに来る？
Il travaille à l'Hôtel de Ville.	彼は市役所で働いている．
Hier, je suis tombé sur Pierre à l'université.	昨日私は大学でピエールに出くわした．
Les produits de beauté se trouvent au rez-de-chaussée.	化粧品は1階にあります．
Elle doit entrer à l'hôpital pour subir des examens.	彼女は検査を受けるために入院しなければならない．
– Nanako entre au lycée au mois d'avril. – Déjà !	—奈々子は4月に高校入学なんだ． —早いものね．

使い方：話者・対話者にとって混同があり得ない「場所」に関して．

Thierry aime étudier | à la bibliothèque [de l'université].
                    | dans une bibliothèque.

ティエリーは | （この大学の）図書館で | 勉強するのが好きだ．
           | （どの図書館であれ）図書館で |

比　較：1) | Montons au sixième étage.
          | Saburo va passer en sixième année.
          | 7階に昇りましょう．
          | 今度三郎は6年生になる．

2) J'ai dû passer une nuit | à l'hôpital.
                          | ×à un hôpital
                          | dans un hôpital.
                          | ×dans l'hôpital

私は | 病院で | 一晩過ごさなければならなかった．
    | ある病院で |

91　de + inf. / inf.

---- **確認問題** ----

次の文の誤りを正しなさい．

A. De chanter, c'est avant tout d'autocontrôler son audition.
　歌うとは，まず第一に聴覚を自己コントロールすることだ．

B. Ce n'est pas nous tromper que l'avertir le plus tôt possible.
　彼にできるだけ早く知らせてあげるということは間違ってはいない．

解答：A. Chanter, c'est avant tout autocontrôler son audition. cf. I-2
　　　B. Ce n'est pas nous tromper que de l'avertir le plus tôt possible. cf. II-2

I- de なしで不定法 (inf.) が用いられる場合
1- inf. (主語として) + 動詞

Avoir un chien ne devrait pas constituer d'obstacle.	犬を飼うことは支障にならないはずである.
Comprendre les bandes dessinées d'un autre pays nécessite beaucoup de connaissances culturelles.	他の国の漫画を理解するには，多くの文化的知識が必要である.
Faire garder nos deux enfants nous coûterait beaucoup trop cher, alors je reste à la maison.	子供を二人とも預かってもらうのはお金がかかりすぎます．だから私は家にいるんですよ.
Être ou ne pas être, voilà la question.	生きるべきか死ぬべきか，それが問題だ.

使い方： 1) 文頭に用いられる．
2) **1〜3**，不定法が主語である場合，英語は常に to をつける必要があるが，フランス語では de をつけない．

2- | inf., | + c'est + inf. (属詞として)
  | 節, |

Il a consenti, c'est faire preuve d'un esprit courageux.	彼は同意したが，これは勇気ある人であることを示している.
Je suis convaincu que poser le problème du statut des gens du troisième âge, c'est servir la société.	老後(定年退職後)の社会的地位の問題を提起することは，社会のためになることであると私は確信している.
Consommer, ce n'est pas ne jamais gaspiller, mais employer les choses avec plus de sagesse.	消費するということは，決して浪費しないことではなく，物をより賢明に使うことである.
Ce qu'elle veut, c'est se marier le plus tôt possible.	彼女が望んでいることは，できるだけ早く結婚することなんです.
Je sais que ce qui t'effraie le plus, c'est faire de la peine à tes parents.	君が最も恐れていることは，君の両親を悲しませることだということはわかっている.

3- 準動詞 (的用法) + 副詞 + inf. + que + inf.

On peut tout aussi bien continuer que s'arrêter. Qu'est-ce qu'on fait ?	ここでやめてもいいし，このまま続けてもいい．どうしようか.
On devrait plutôt faire de la musique qu'en écouter.	音楽は聴くより演奏するべきでしょう.

J'aime mieux te les voir manger que les manger moi-même. 　　私は自分自身でそれを食べるよりも，君がそれを食べるのを見ていたい。

　使い方：準動詞が不定法の前に前置詞を必要としない場合，二番目の不定法の前でも前置詞は用いられない。

II- 不定法の前に必ず de が用いられる場合

1- SN + c'est de + inf. (属詞として)

L'important, c'est de vivre maintenant pour demain et pour soi-même. 　　重要なのは，今を明日のために，そして自分自身のために生きることである。

La seule chose que je te demande, c'est de nous écrire quand tu auras du temps libre. 　　一つだけお願いがある。暇な時に手紙を私たちに書いてほしいんだ。

Notre but, c'est d'aider les personnes handicapées. 　　私たちの目的は，身体障害者を助けることです。

Le mieux, c'est de réserver ton billet le plus tôt possible. 　　最も望ましいのは，できるだけ早く切符を予約することだ。

Une chose, c'est de parler [de] politique, une autre, c'est de prendre une décision politique. 　　政治について語ることと，政治的決断をすることは，別のことである。

La question, c'est de savoir si l'on peut fonder un mouvement sur les droits civiques. 　　問題は，公民権に関する運動を確立することができるかどうかである。

　比　較：Je ne désire qu'une chose, c'est d'arrêter de fumer.
　　　　　Je ne désire qu'une chose : arrêter de fumer.
　　　　　私はたった一つのことしか望まない。煙草をやめることだ。

2- c'est |SN| + que de + inf.
　　　　　|inf.|

Est-ce de la médecine que d'infliger des souffrances pareilles ? 　　患者にあのような苦痛を課すのが医術なのだろうか。

Ce serait une grave erreur que de sous-estimer l'importance de cette proposition. 　　その提案の重要性を過小評価するのは，大きな間違いであろう。

À mon avis, ce serait une erreur que de manger ces bananes si tôt. 　　私の考えでは，そんなバナナをそんなに早いうちに食べるなんて間違っているでしょうね。

C'est mal connaître les États-Unis que de s'imaginer qu'il n'y a pas de problème dans ce pays. 合衆国には問題がないと考えるのは、この国についての理解が甘い。

比　較： C'est du snobisme que de porter un chapeau.
Porter un chapeau, c'est du snobisme.
帽子をかぶるなんて気取ってるよ。

3- | Il est | + 形容詞の比較級 + de + inf. + que de + inf.
　　　| C'est |

Il est plus difficile de vivre à Tokyo que de vivre à Paris. パリで生活するより、東京で生活する方が大変だ。

使い方：形容詞の後に de + 不定法があるとき、二つ目の不定法の前にも de をつける。

4- ne ... rien + 形容詞の比較級 + que de + inf.

Rien ne lui est plus facile que de lire des vers et d'en comprendre le sens. 彼にとっては詩句を読んでその意味を理解することほどたやすいことはない。

Rien n'est moins compliqué que de chanter, tu ne crois pas？ 歌うことほどたやすいことはないと、君は思いませんか？

– Ils n'ont rien trouvé de mieux à faire que de le laisser sur le bord de la route.
– Quelle négligence criminelle！
—彼らには、彼を道端に放っておくより他に方策が見つからなかった。
—なんて罪なことだ。

Rien ne l'amuse autant que de jouer avec son hochet. ガラガラをいじることほど、この子を喜ばせるものはない。

5- il est de + 限定詞 + 特定の名詞 + de + inf.（あらたまって）

Il est de mon devoir d'être particulièrement sévère avec lui. 彼に特に厳しくするのは、私の義務なのです。

特定の名詞：devoir, compétence など

6- SN + 動詞 + le fait de + inf.

Philippe a essayé de compenser le fait d'avoir été puni en se mettant dans une colère noire. フィリップは、罰せられたことを埋め合わせようとかんしゃくを起こした。

使い方：この場合、le fait de は省略できない。

7- De + inf. + 主節

De travailler du matin au soir, cela l'épuise.	朝から晩まで働いて、彼(女)はくたくただ。
De me sentir si impuissant, j'ai été pris d'une rage folle.	自分が極めて無力なのを感じ、怒り狂ってしまった。
De l'entendre bégayer, ça m'a attristée.	彼(女)がたどたどしく話すのを聞いて、悲しくなったわ。
Quelle n'a pas été ma stupeur d'entendre son père lui parler sur ce ton !	彼(女)の父親があのような口調で彼(女)に話すのを耳にして、私はびっくり仰天した。

 使い方：1) 原因を示し、文頭で用いられることが多い。
    2) 文頭にあっても主語ではないことに注意。
    3) 主節の動詞が前置詞 de + inf. を必要とする。

8- Et + SN (主語) + de + 特定の動詞の inf. (あらたまって)

La dame fit remarquer que le prix de la salade avait encore monté. Et le marchand de lui rétorquer : "Mais vous n'êtes pas obligée d'en acheter, chère Madame !"	サラダ菜の値段がまた上がったことをその婦人は指摘した。たちまち商人は言い返した。「奥さん、べつに買わなくてもいんですよ！」

 特定の動詞：dire, répondre, rétorquer, faire remarquer, avertir など

9- |ne... rien d'autre que de + inf.
  |ne... pas d'autre + 名詞 + que de + inf.

Je ne pouvais rien faire d'autre que de rester immobile.	私は、身動きせずにいる以外どうしようもなかった。
Maurice n'a rien fait d'autre que de nous humilier.	モーリスは私たちを侮辱しただけだった。
Il n'y avait pas d'autre solution que d'essayer de les convaincre.	彼らを説得してみようとする他には解決法はなかった。

III- 不定法の前に de を用いても用いなくてもよい場合

1- 主節 + que + |inf.
       |[le fait] de + inf.　　(従属節中の主語として) + 動詞

Dans l'état actuel des recherches, il semble qu'être bilingue soit un avantage et non un handicap pour un enfant.	現在の研究では、バイリンガルであることは、子供にとってハンディキャップではなく利点であるようだ。

Je suis convaincu que le fait de se trouver dans une situation totalement inédite représente une épreuve bien pénible pour les étrangers.　全く新しい状況に遭遇するということは，外国人にとってはとてもつらい試練になるということは，確かだと思う。

Jusqu'à une époque récente, les spécialistes croyaient que [le fait de] parler deux langues à un enfant mettait son développement intellectuel et psychique en péril.　最近まで専門家たちは，子供は二つの言語を聞いて育つと，知的かつ精神的発達が危うくなると思っていた。

Je pense que vouloir aller comme ça s'isoler en montagne indique une sorte de misanthropie.　そんな風に山に一人で閉じ込もりに行きたいというのはね，一種の人間嫌いだと思うよ。

使い方：1) 不定法が従属節中に用いられている場合．
　　　　2) de や le fait de を用いると，不定法の動詞を強調することになる．

比　較：Je pense | que le fait d'être en bonne santé est plus important que celui d'être beau.
　　　　　　 | qu'être en bonne santé est plus important qu'être beau.
健康であることは，きれいであることより重要だと思う．

2- | il vaut mieux | + inf. + que [de] + inf.
　　　 | mieux vaut
　　　 | plutôt

Il vaut mieux se lancer dans cette tentative que [de] risquer de tout perdre.　すべてを失う危険を冒すより，この試みにかけてみる方がいい。

Plutôt mourir en combattant que voir mon pays disparaître.　自分の国が滅びるのを見るくらいなら，むしろ戦って死んだ方がましだ。

Elle lui a expliqué qu'il valait mieux endurer que de se venger.　復讐するより堪え忍ぶ方がよい，と彼女は彼(女)に説明した。

Vous devez essayer de comprendre les jeunes plutôt que de les critiquer.　あなたは若者たちをけなすよりも彼らを理解してみようとすべきですよ。

比　較：| Il vaut mieux renoncer à ce voyage pour le moment.
　　　　　 | Vous feriez mieux de renoncer à ce voyage pour le moment.
　　　　　 | 今のところはこの旅行は見合わせた方が良いですよ．
　　　　　 | 今のところあなたはこの旅行は見合わせた方が良いですよ．

3- ce que c'est que [de] + inf.

J'ai eu une enfance malheureuse. Je sais ce que c'est que d'avoir faim.　私は不幸な幼年時代を過ごしました。ひもじい思いをするということの何たるかを私は知っています。

Les condamnés à perpétuité ne savent plus ce que c'est qu'avoir une conversation normale.
終身刑囚には，普通の会話をするということがどのようなものかわからなくなっている．

92 SN + de + inf. / SN + pour + inf.

> **確認問題**
>
> 次の文の（　）の中から最も適切な語を選びなさい．
> A. J'étais tellement pressé que je n'ai même pas eu le temps (de/pour/à) casser la croûte.
>   私はとても急いでいたので，食事をする時間すらなかった．
> B. Il faudra avoir beaucoup de courage (de/pour/à) lui en parler.
>   彼(女)にそのことを話すには相当の勇気がいるでしょうね．
>
> 解答：A. de cf.1 B. pour cf.4

1- 定冠詞 + 特定の名詞 + de + inf.

Je ne me sens pas l'énergie d'aller jusque là à pied.
私にはそこまで歩いて行く元気がない．

Tu n'as pas le droit de risquer ta vie.
君は命を賭けることなどしてはいけない．

Le champion n'a pas encore eu l'occasion d'être interviewé par les journalistes.
チャンピオンはまだ報道機関からインタビューを受けたことがない．

Il a juste eu le courage de dire le vrai but de son voyage et il a pris l'avion.
彼は勇気をふるいおこしてやっと自分の旅行の本当の目的を言うと，飛行機に乗った．

特定の名詞：temps, énergie, courage, occasion, chance, droit, patience, capacité, don, possibilité など
使い方：de + inf. が続くときは，名詞の冠詞は必ず定冠詞となる．
比　較：Il n'a pas de patience, ce garçon-là !
　　　　Il n'a pas eu la patience de nous attendre.
　　　　あの少年には忍耐力がない．
　　　　彼には，私たちを待つだけの忍耐力がなかった．

2- 特定の動詞 + 不定冠詞 + 特定の名詞 + de + inf.

Tu as une [belle] occasion de montrer ce que tu sais faire.
君がノウハウを見せる[絶好の]チャンスだね．

Vous n'avez pas de raison de douter de lui. あなたが彼のことを疑うのは筋違いだ。

J'ai des raisons de croire que tout va bien se passer. 私には何もかもうまく行くと考えるだけのわけがある。

Je n'avais pas vraiment de motif d'espérer. 私はどれほどの理由があって期待していたわけではない。

　　特定の動詞：avoir, il y a など
　　特定の名詞：motif, raison, occasion, possibilité など

3- 限定詞 + 特定の名詞 + de + inf.

Sa manière de traiter les autres a déplu à tout le monde. 彼(女)の人の扱い方はみんなの気にさわった。

Il n'a pas les moyens d'aider les autres. 彼には他人を援助する財力がない。

Il a une façon bien à lui de prononcer les "r". 彼には独特の「r」の発音の仕方がある。

　　特定の名詞：manière, façon, moyens など

4- avoir + |数量副詞 + de| + 特定の名詞 + pour + inf.
　　　　　　　|部分冠詞　　|

Il est 10 h. Nous avons encore assez de temps pour prendre un café. 10時です。コーヒーを飲む時間はまだ十分あります。

　　特定の名詞：temps, courage, patience, énergie, force など
　　使い方：pour + inf. が続くときは、名詞の冠詞は必ず部分冠詞となる。
　　比　　較：1) Elle dit qu'elle n'a pas |assez de temps pour|faire du shopping.
　　　　　　　　　　　　　　　　　　　　　　|×de temps pour　　　|
　　　　　　　　　　　　　　　　　　　　　　|le temps de　　　　|

　　　　　　　彼女は買い物をする|暇が十分|ないと言っている。
　　　　　　　　　　　　　　　　|暇が　　|

　　　　　　2) Je n'ai pas répondu à toutes les questions. Je n'ai pas eu
　　　　　　　　|assez de temps.
　　　　　　　　|×de temps.
　　　　　　　　|le temps.

　　　　　　　私は質問すべてには答えなかった。|十分な時間が|なかったんです。
　　　　　　　　　　　　　　　　　　　　　　　|時間が　　　|

5- avoir du temps à + inf. (特定の動詞)(慣用表現)

On se dépêche, on n'a pas de temps à perdre. 急ごう。ぐずぐずしている暇はない。

Aujourd'hui, je n'ai pas beaucoup de temps à vous consacrer.　今日、あなたのために割ける時間はそんなにないんです。

特定の動詞：perdre, consacrer など
比　　較：Je n'ai pas assez de temps à consacrer à la musique.
　　　　　Je n'ai pas assez de temps pour faire tout ce que je veux.
　　　　　音楽にさく時間が十分にない。
　　　　　やりたいことを何でもやるだけの時間はない。

93　SN + de + 地名 / SN + 固有名詞（地名以外）

確認問題

次の文の（　）内から最も適切なものを選びなさい。
A. Takashi est entré à l'Université (なし/de/du) Kyoto.
　　高志は京都大学に入った。
B. Hiroshi est entré à l'Université (なし/de/du) Tohoku.
　　宏志は東北大学に入った。
C. Yasushi est entré à l'Université (なし/de/du) Waseda.
　　泰志は早稲田大学に入った。

解答：A. de cf.1　B. du cf.3　C. なし cf.4

1- 定冠詞 + 名詞 + de + 町の名

La tour de Pise avait besoin de réparations.　ピサの斜塔は修復が必要だっだ。

Il a terminé ses études à l'Université de Kyoto.　彼は京都大学を卒業した。

Leur maison donne sur le port de Yokohama.　彼らの家は横浜港に面している。

Le parc de Shakujii est très fréquenté.　石神井公園には多くの人々がやってくる。

Au zoo de Ueno, un éléphant s'est précipité sur un gardien, paraît-il.　上野動物園で、一頭の象が警備員に襲いかかったそうだ。

Je t'attendrai à l'extérieur de la gare de Shinanomachi.　君を信濃町の駅前で待っています。

L'auteur de ce bouquin est professeur à [l'université de] Paris III, Sorbonne Nouvelle.　この本の著者は、パリ第三[大学]ソルボンヌ・ヌーヴェルの教授だよ。

比　較：1) La tour de Tokyo a été bâtie d'après le modèle de la tour Eiffel.
　　　　　　東京タワーは，エッフェル塔をモデルにして建てられた．
　　　　2) Nous descendrons à la station George V.
　　　　　 Nous arriverons à la gare | de Lyon-Perrache.
　　　　　　　　　　　　　　　　　　 | de Lyon.
　　　　　　　　　　　　　　　　　　 | de l'Est.
　　　　　私たちはメトロのジョルジュ・サンク駅で降ります．
　　　　　私たちは | リヨン・ペラーシュ駅 | に着きます．
　　　　　　　　　 | (パリの)リヨン駅
　　　　　　　　　 | (パリの)東駅

2- la ville de ＋ 町の名

La ville de Lyon a décidé d'entreprendre d'importants travaux de canalisation.　リヨン市は，上下水道の大がかりな工事に着手することを決定した．

Comment s'appelle le maire de [la ville de] Bordeaux ?　ボルドー市の市長は何という名前ですか？

3- 定冠詞 ＋ 名詞 ＋ de ＋ 定冠詞 ＋ 国名・県名・地方名

À son avis, les meilleures pommes du Japon viennent [du département] de l'Aomori.　彼(女)の考えでは日本の最高のりんごは青森県産だ．

Elle possède une villa à Shirai, dans le [département du] Chiba.　彼女は千葉県の白井に別荘を持っている．

On annonce de fortes tempêtes de neige dans la région du Shinshu.　信州地方には猛吹雪の予報が出ている．

En face, se trouve la Banque du Tokaï.　向かいには東海銀行がある．

La région du Hakone est très jolie.　箱根地方はとてもきれいだ．

使い方：日本の地方名，県名，島の名前に関しては冠詞の付け方は一定ではない．
比　較：1) La ville de Washington ne se trouve pas dans l'État du Washington.
　　　　　　ワシントン市はワシントン州にはない．
　　　　2) La ville de Madison se trouve dans l'État du Wisconsin.
　　　　　　マディソン市はウィスコンシン州にある．
　　　　3) La ville de Toride se trouve | dans le sud du département de l'Ibaraki.
　　　　　　　　　　　　　　　　　　　 | au sud de Mito.
　　　　　取手市は | 茨城県の南部にある．
　　　　　　　　　 | 水戸の南にある．
　　　　4) L'État de l'Orégon se trouve à l'est de l'Idaho.

オレゴン州は，アイダホ州の東にある．

5) La ville de Tokushima est le chef-lieu [du département] du Tokushima.
徳島市は徳島県の県庁所在地です．

4- SN + 固有名詞（地名以外）

Nous avons des réservations pour l'Hôtel Fujiya.	私たちは富士屋ホテルに予約をしている．
Il voudrait entrer à l'Université Keio, sinon à l'Université Waseda.	彼は慶応大学か，そうでなければ早稲田大学に入りたがっている．
Notre camp d'entraînement aura lieu au lac Yamanakako.	私たちの強化キャンプは山中湖で行われる．
On dit que le mont Fuji est un volcan actif.	富士山は活火山だそうだ．
Est-ce que tu es allé au Palais Impérial lorsque l'Empereur Showa est décédé ?	昭和天皇が亡くなった時，君は皇居に行きましたか．
Je prends la ligne Chuo tous les jours.	私は毎日中央線を使っている．
Tu sais où se trouve la librairie Kinokuniya ?	紀伊國屋書店がどこにあるか君は知ってる？
La réception aura lieu à l'Hôtel Prince à Akasaka.	歓迎会は赤坂プリンスホテルで行われる．

使い方：地名からとったものではない固有名詞とともに用いる．

Il hésite entre la Banque de Yokohama et la Banque Fuji.
彼は，横浜銀行と富士銀行のどちらにしようか迷っている．

L'avion arrive à l'aéroport John F. Kennedy de New York.
飛行機はニューヨークのジョン・F・ケネディ空港に到着する．

比　較：Martin est diplômé de l'Université d'Oxford et son frère, de l'Université Harvard.
マルタンはオックスフォード大卒で，弟はハーバード大卒だ．

5- SN + de + 固有名詞（人名）

Tu as vu l'exposition de Chagall ?	シャガールの展覧会を見た？
Il a toutes les œuvres de Prosper Mérimée.	彼はプロスペール・メリメの全集を持っている．
Il souffre de la maladie de Parkinson.	彼はパーキンソン病を患っている．

6- SN + 固有名詞

Elle lui fait apprendre le violon par la méthode Suzuki.	彼女は，彼(女)に鈴木メソッドでヴァイオリンを習わせている．
Rapporte-lui donc de Paris un sac Vuitton.	彼(女)にパリからヴィトンのかばんを買ってきてあげなよ．
Vous avez déjà bu de la bière Kirin ?	もうキリンビールは飲みましたか？
Les [voitures] Honda sont aussi bonnes que les [voitures] Ford, à mon avis.	ホンダはフォードと同じくらいいいと思いますよ．
Je ne connais pas l'écriture braille.	私は点字が分からない．
J'ai acheté un [ordinateur] Macintosh.	私はマッキントッシュ(のコンピュータ)を買った．

使い方：ここでの固有名詞は会社名，生産者名，発明者名など

94 特定の代名詞 ＋ de ＋ 形容詞

---- 確認問題 ----

次の文に間違いがあれば正しなさい．

A. Il n'y a rien de nouvelle dans le journal de ce matin.
今朝の新聞には何も変わったことはない．

B. Je cherche un cadeau, quelque chose de jolie et pas cher.
私はプレゼントに何かきれいで，あまり高くないものを探している．

C. Ce qu'il y a de bien, c'est que nous avons quinze jours de libres au mois de septembre.
具合がいいのは，9月に2週間の休みがあることだよ．

解答：A. nouvelle → nouveau cf.1　B. jolie → joli, pas cher → de pas cher cf.1　C. ◯ cf.1,2

1- 特定の代名詞 ＋ de ＋ 形容詞

Il a quelque chose d'important à nous dire, paraît-il.	彼は，私たちに言いたい何か大事なことがあるようだ．
Hier, j'ai acheté quelque chose de rare au marché aux puces : je vais vous le montrer.	昨日蚤の市で珍しいものを買いました．それをあなたに見せましょう．
Enfin, voilà quelqu'un d'intelligent !	やっと頭のよい人が出てきた．

94　特定の代名詞 + de + 形容詞

La semaine dernière, j'ai mangé quelque chose de succulent dans un restaurant cambodgien, mais je ne sais pas ce que c'était. C'était à la fois quelque chose de sucré et d'un peu piquant.　先週, カンボジア料理のレストランで, とてもおいしいものを食べたが, それが何だったのかはわからない. 甘いと同時に少し辛いものだった.

Dans ce cas, je pourrais te présenter quelqu'un d'autre.　その場合には, 誰か他の人を君に紹介することもできます.

Jean-Jacques n'a rien d'autre à faire que de critiquer.　ジャン＝ジャックは, 批判すること以外何もすることがない.

Ce qu'il y a de plus remarquable dans ce roman, c'est que le héros est poussé à faire ce qu'il ne veut pas.　この小説で最も注目すべきことは, 主人公が自分のやりたくないことをやるようにし向けられることだ.

Je n'ai | rien remarqué | d'anormal.
　　　　| remarqué rien |
私は, 何も変なことには気がつかなかった.

Charlotte, c'est quelqu'un de bien sympathique.　シャルロットはとても感じのよい人です.

特定の代名詞：quelque chose, ne ... rien, quelqu'un, ne ... personne, quoi など

使い方：形容詞は常に男性単数形におく.
| Heureusement, il n'y a eu personne de tué dans l'accident.
| Malheureusement, il y a eu cinq personnes de tuées dans l'accident.
　| 幸いにも, その事故で死んだ人はいなかった.
　| 不幸なことに, その事故で5人の人が死んだ.

注　意：quelqu'un には女性形はない.

説　明：この de は, 特に意味はない.

慣　用：- Jean-Paul, quoi de | neuf?
　　　　　　　　　　　　　　　| nouveau?
　　　　　- Bof, rien de spécial.
　　　　　—ジャン＝ポール, 何か変わったことは？
　　　　　—うーん, 特にないよ.

2- 数形容詞 + 時の名詞 + de libre

Vous auriez dix minutes de libres, cet après-midi?　あなたは今日の午後, 10分ほどお時間がありますか.

Nous aurons huit jours de libres au Jour de l'An.　正月には1週間の休みがある.

使い方：libre は時の名詞に性数一致させる.

3- en + 動詞 + 数形容詞 + de + 形容詞

- Elle a une moto ? ―彼女、バイク持ってるの？
- Oui, elle en a une de particulièrement belle. ―うん、とってもすてきなやつ。

- Comment ça va dans tes peintures ? ―絵の方はうまくいってる？
- J'en ai déjà deux de terminées. ―もう2つ描いたよ。

Parmi les ananas qu'ils nous ont vendus, il y en avait | deux d'avariés. | d'avariés. 彼らが私たちに売りつけたパイナップルの中に | 2個傷んでいるのがあった。| 傷んでいるのがあった。

使い方：形容詞は en が指す名詞に性数一致させる。

95　SN + de + SN / bien de + SN / SN + de + 名詞 / 数量を示す副詞 + de + 名詞

── 確認問題 ──

次の文に誤りがあれば正しなさい。

A. - Je suis étudiant dans la section de la littérature japonaise. Et vous ?
   - Nous sommes étudiants à la faculté des langues étrangères.
   ―僕は日本文学科の学生です。あなた方は？
   ―私たちは外国語学部の学生です。

B. Je l'ai rencontré bien de fois à Ginza.
   彼には銀座で何度も出くわしたよ。

C. Combien des fois par semaine avez-vous des leçons du violon ?
   週に何度ヴァイオリンのレッスンがあるのですか。

解答：A. de la littérature japonaise → de littérature japonaise cf.4
B. bien de → bien des cf.7
C. Combien des → Combien de および du violon → de violon cf.2,6,8

1- SN + de + SN

La fête de notre université aura lieu la semaine prochaine. 僕たちの大学の大学祭は来週行われる。

Le pain de cette boulangerie est délicieux. このパン屋のパンはおいしい。

L'eau de la [rivière] Tamagawa est polluée, dit-on. 多摩川の水は汚染されているらしい。

Le dernier roman de Yourcenar m'a beaucoup plu.　　ユルスナールの最新作がとても気に入りました.

　　使い方：後置のSNの限定詞は，定冠詞，指示形容詞，所有形容詞のいずれかである.

2- SN + de + 名詞 (学問, 芸術)

Hélène a remporté le premier prix au dernier concours de chant.　　エレーヌは前回の歌のコンクールで一等賞を取った.

Ta leçon de piano, c'est à quelle heure ?　　お前のピアノの練習は何時からなの？

Cette année, j'ai l'intention de suivre le cours de chimie organique.　　今年は有機化学の授業を取るつもりだ.

3- SN (衣服) +de+ 名詞 (素材)

Ce chapeau de paille ne te va pas bien.　　その麦わら帽子は君には似合わないね.

　　同　意：SN (衣服) +en+名詞 (素材)

4- 限定詞 + 特定の名詞(1) + de + 特定の名詞(2)

Monique étudie à la faculté de littérature comparée.　　モニックは比較文学部で学んでいる.

John voudrait étudier dans une faculté d'économie, à Berkeley par exemple.　　ジョンは例えばバークレーあたりの経済学部で学びたいと思っている.

　　特定の名詞(1)：4〜5, faculté, département, section, université など
　　特定の名詞(2)：droit, économie, mathématiques, chimie, physique, médecine, architecture, pharmacie, agronomie など

5- 限定詞 + 特定の名詞(1) + des + 特定の名詞(2)

Son mari enseigne à l'Université des Langues étrangères de Tokyo.　　彼女の夫は, 東京外国語大学で教えている.

Il a un tempérament artiste. Il préférerait étudier dans une section des lettres modernes.　　彼は芸術家肌だ. できれば現代文学科で学びたいんだろう.

　　特定の名詞(2)：lettres, sciences, langues étrangères など

6- 不定冠詞 + 名詞 + de +名詞

J'ai une leçon de piano à 18 h.　　18時にピアノのレッスンがある.

Il me faudrait une autre robe de soirée.　　私には夜会服がもう一枚必要でしょう.

J'ai acheté de nouvelles balles de tennis.　　私は新しいテニスボールを買った．

比　較：Nous aurions besoin d'une nouvelle poignée de porte.
　　　　Il faudra faire réparer la poignée de la porte [de ta chambre].
　　　　新しいドアノブが必要でしょうね．
　　　　[君の部屋の]ドアのノブを修理してもらわなければならないでしょう．

7- bien de ＋ 定冠詞 ＋ 名詞

Elle se fait bien des soucis pour rien.　　彼女は何でもないことにあれこれと気をもんでいる．

Il a fallu s'adresser à bien des gens pour connaître le bon chemin.　　ここへの道順を知るために，何人もの人に聞かなければならなかった．

8- 数量を示す表現 ＋ de ＋ 名詞

1) Beaucoup de participants se sont montrés réticents.　　多くの参加者がためらっているようだった．

Allons, encore un peu de courage !　　さあ，もう少し頑張って！

Il y a peu de gens qui s'intéressent à ce problème social.　　この社会問題に興味を持つ人はほとんどいない．

Vous en voulez combien de bouteilles ?　　何本お入り用ですか．

Que de monde à Akihabara, aujourd'hui !　　今日の秋葉原は何という人出だ．

2) Maman a acheté plusieurs disques de musique classique.　　ママはクラシック音楽のレコードを何枚も買った．

Elle n'a pas une seule once de patience.　　彼女には忍耐力のかけらもない．

Il a fallu présenter des tas de documents.　　資料を沢山提出しなければならなかった．

Une douzaine de roses lui ferait plaisir.　　バラを１ダースあげたら彼女は喜ぶでしょうね．

Il y a un certain nombre de problèmes que nous avons le courage de nous poser.　　私たちが敢えて自らに提起するいくつかの問題がある．

比　較：J'ai rencontré │beaucoup de│ gens que je connaissais.
　　　　　　　　　　 │bien des　 │
　　　　私はたくさんの知り合いに出くわした．

96 de / avec

> **確認問題**
>
> 次の文の（　）の中に avec/de のうち適切なものを入れなさい．
>
> A. (　　) quoi est-ce qu'on fait le papier journal ?
>   新聞紙は何から作られるのだろう．
> B. Elle m'a dit (　　) une voix faible : "Je regrette ce qui est arrivé".
>   彼女はかぼそい声で私に言った．「こんなことになって残念です．」
> C. Maman a tricoté ce pull (　　) ses propres mains.
>   ママは自分でこのセーターを編んだんだよ．
>
> 解答：Avec cf.5   B. d' cf.2   C. de cf.3-1)

1- de ＋ 定冠詞 ＋ 身体の名詞

Il écrit de la main gauche mais lance la balle de la main droite.	彼は書き物は左手でするが，ボールを投げるのは右手だ．
Il a fait un signe de la main pour me dire de sortir.	彼は私に外に出るよう手で合図した．
Elle a tapé du poing sur la table, tellement elle était furieuse.	彼女はテーブルを拳で叩いた．そんなにまで彼女は怒っていたのだ．
Il voit seulement de l'œil gauche.	彼は左目しか見えない．
Il s'est couvert le visage des deux mains.	彼は両手で顔を覆った．

参　考：**1～2**, (E) with

2- de ＋ 限定詞 ＋ 特定の名詞 ＋ 形容詞

D'un rapide coup d'œil, j'ai tout de suite compris ce qui se passait.	一瞥してすぐに，私は何が起こっているのかを理解した．
D'un ton de voix narquois, il m'a dit : "Alors, tu reprends du poids ?"	皮肉な声の調子で，彼は私に「それでまた体重が増えてるんだね」と言った．
Je te remercie de tout [mon] cœur.	心からお礼を言うよ．

特定の名詞：coup d'œil, coup de pied, ton, pas, air, cœur, voix など

3- de ＋ 所有形容詞 ＋ propre ＋ 特定の名詞

1) Ce que je viens de te dire, je l'ai entendu de mes propres oreilles.	今君に言ったことは，僕自身の耳で聞いたことなんだよ．
Je les ai vus, vus, je te dis, de mes propres yeux.	僕は彼らを見たんだよ．この目で見たんだよ．

特定の名詞：oreilles, yeux, mains など
参　考：(E) with + 所有形容詞 + own + 特定の名詞

2) Monsieur Sagawa a payé cet hôpital de ses propres deniers. 佐川氏は私財を投じてこの病院を建てた。

C'est une recette venant de sa propre invention. これは彼が自分で考えた料理だ。

特定の名詞：deniers, invention, cru, chef, initiative, autorité, création など
参　考：(E) on + 所有形容詞 + own + 特定の名詞

4- avec + 限定詞 + 特定の名詞

- Les Indiens mangent le riz avec les doigts.
- Les Pakistanais aussi !

―インド人は指でライスを食べる。
―パキスタン人もだよ。

Charlot a pu l'extraire avec ses petits doigts. シャルルちゃんは、小さな指でそれを取り出すことができた。

Il peut soulever 50 kilos avec sa mâchoire. 彼は口で50キロも持ち上げることができる。

特定の名詞：doigt, main, pied, mâchoire, épaule など
使い方：avec の後の名詞は所有形容詞あるいは指示形容詞と共に用いられることが多い。

5- avec + 限定詞 + 名詞（物）

Tu verrras mieux avec une loupe. 虫眼鏡を使うともっとよく見えるよ。

Essaie de nouveau avec un tournevis. ねじ回しを使ってもう一度やってごらん。

Les Français parlent toujours avec de grands gestes. フランス人はいつも派手な身振りをしながら話す。

Cette carte postale est faite avec du papier recyclé. この絵はがきは再生紙でできています。

97　SN + 言語の形容詞 / SN + de + 言語名

―― 確認問題 ――

次の文に誤りがあれば正しなさい。

A. Tu as fait une grosse faute française.
　　君は大きなフランス語の間違いをしたね。

B. Monsieur Li est professeur de chinois.

リー氏は中国語の先生だ.

C. Il vous faudrait une grammaire pratique de chinois vivant.
あなたには現代中国語の実用文法の本が必要でしょうね.

D. On dit que la conjugaison de verbes de langue française n'est pas difficile.
フランス語の動詞の活用は難しくないらしい.

解答：A. française → de français cf.2　B. ○ cf.2　C. de → du cf.3
D. de verbes → des verbes および de langue → de la langue cf.4

1- ［限定詞＋］名詞＋言語の形容詞

Caroline étudie la littérature russe.	カロリーヌはロシア文学を学んでいる.
Je me suis abonné à une revue française de modes.	私はあるフランスのファッション雑誌の定期購読を申し込んだ.
Tu aurais un dictionnaire français-japonais ?	ひょっとして仏和辞典を持ってる？
Il faudrait que vous suiviez des cours de conversation française.	あなたはフランス語会話の授業を受けなければならないでしょう.
Le cours de phonétique anglaise est-il obligatoire ?	英語の音声学の授業は必修ですか？
Maya a une excellente prononciation italienne.	真矢はイタリア語の発音がすばらしい.
Il a publié un livre sur la conjugaison des verbes espagnols.	彼はスペイン語の動詞の活用に関する本を出した.
"Peu me chaut" est une expression française qui n'est plus employée.	"Peu me chaut" はもう使われないフランス語の成句だ.
D'après mon expérience, le "r" roumain n'est pas facile à prononcer.	私の経験からすると, ルーマニア語の「r」は発音するのが容易ではない.
L'édition japonaise n'a pas encore paru.	日本語版はまだ出ていません.
La grammaire française est-elle plus difficile que l'anglaise ?	フランス語の文法は英語の文法より難しいですか.
L'écriture chinoise n'est pas facile à déchiffrer.	漢字の解読は簡単ではない.

2- 限定詞＋特定の名詞＋de＋言語名

97　SN + 言語の形容詞 / SN + de + 言語名

1) Arnaud vient de réussir à l'épreuve d'espagnol.　アルノーはスペイン語の試験に受かったところだ．

Il est professeur de japonais à Singapour.　彼はシンガポールで日本語教師をしている．

C'est une nouvelle méthode de russe.　これはロシア語の新しい教材だ．

Est-ce qu'ils donnent des cours d'italien ?　彼らはイタリア語の授業をしているのですか．

J'ai réussi à l'examen d'espagnol mais pas à celui d'anglais.　私はスペイン語の試験には通ったが，英語のには通らなかった．

Tes notes d'anglais se sont améliorées ?　君の英語の成績は上がった？

Il est spécialiste de latin.　彼はラテン語の専門家ですよ．

　　特定の名詞 : examen, test, devoir, exercice, professeur, enseignant, méthode, cours, baccalauréat, bac, licence, doctorat, note, spécialiste など

　　比　較 : 1) J'ai un test d'anglais à passer demain.
　　　　　　　 J'ai une version anglaise à faire pour mardi.
　　　　　　　 私は明日英語の試験を受けなければならない．
　　　　　　　 私は火曜日までにやらなければならない英語の和訳がある．

　　　　　　 2) Nous avons un professeur de français qui est suisse.
　　　　　　　 Nous avons un professeur français pour nous enseigner les mathématiques.
　　　　　　　 私たちにはスイス人のフランス語の先生がいる．
　　　　　　　 私たちには数学を教えてくれるフランス人の先生がいる．

2) Je fais partie de la section d'espagnol.　私はスペイン語学科に属しています．

　　特定の名詞 : section, département, faculté
　　比　較 : Il appartient à la section de français.
　　　　　　　　　　　　　　　　　　　 de langue française.
　　　　　　　　　　　　　　　　　　　 de littérature française.
　　　　　　 彼は フランス語学科 に所属している．
　　　　　　　　　フランス文学科

3- 不定冠詞 + 名詞 + du + 言語名 + 形容詞

À Kanda, j'ai trouvé un dictionnaire du vietnamien fondamental.　私は神田で初級ベトナム語の辞書を見つけた．

J'ai pu me procurer une grammaire du français écrit et parlé.　私は，口語・文語フランス語文法書を手に入れることができた．

比　較：Il est spécialiste | de grec.
　　　　　　　　　　　　 | du grec de Démosthène.

　　　　　彼は | ギリシア語　　　　　　　　　 | の専門家だ.
　　　　　　　| デモスチネスのギリシア語の |

4- 定冠詞 + 名詞 + | du + 言語名
　　　　　　　　　　　　| de la langue + 言語の形容詞

La prononciation de l'allemand ne serait pas facile, à ce qu'on dit. C'est vrai ?　　聞いた話では、ドイツ語の発音は簡単ではないということですが、本当ですか。

Cela prend plus d'une année pour maîtriser les conjugaisons des verbes | du latin.
　　　　　　　　　　　　　　　　　　　　　　　　　　　　　　　　　　　　　　　| de la langue latine.

ラテン語の動詞の活用をマスターするには１年以上かかる。

98　de + 数形容詞 + 名詞 / 数形容詞 + de + 特定の名詞

確認問題

次の文の誤りを正しなさい.
A. Pierre est plus grand que lui, car sa taille est 1,82 m.
　ピエールは彼より背が高いよ、だって182cmあるんだから。
B. Le prix de cette voiture n'est que 1,2 million de yens.
　この車の値段は120万円しかしません。

　　　解答：A. sa taille est 1,82 m → sa taille est de 1,82 m cf.1
　　　　　　B. n'est que 1,2 million de yens → n'est que de 1,2 million de yens cf.1

1- être de + 数形容詞 + 名詞

Le prix de ce billet est de 12 000 yens.　この切符の値段は12000円です。

La vitesse de ce train est de 200 kilomètres à l'heure en moyenne.　この列車の平均時速は200kmですよ。

Selon les statistiques les plus récentes, l'espérance moyenne de vie des femmes japonaises est de 84 ans.　最も新しい統計では、日本女性の平均寿命は84才です。

La taille de ce serpent était de 2,5 m de long.　この蛇の体長は2.5mでした。

　使い方：1) 動詞 être が用いられる計量に関して、être de + 数形容詞 + 名詞の形になる。
　　　　　2) de は必ず付けられる。

2- être âgé de + 数形容詞 + | an
| mois

Mon grand-père était âgé de 20 ans quand la guerre a commencé. 　私の祖父が20才だった時に，戦争が始まった．

Elle doit être âgée de quelques mois de plus que ma sœur. 　彼女は私の姉より何ケ月か年上に違いないよ．

3- avoir + 数形容詞 + 名詞 + de + 特定の名詞

Leur salon a 20 mètres de large sur 30 mètres de long. 　彼らの居間は，横20m，縦30mだよ．

Il me faudrait un sapin ayant 1,60 m de haut. 　1.6mの高さのあるモミの木が一本要るんだけどなあ．

　　特定の名詞 : large, largeur, haut, hauteur, long, longueur, épais, épaisseur など

99　décider / fixer

―― 確認問題 ――

次の文の誤りを正しなさい．

A. Il a décidé à interrompre ses études.
　彼は学業を中断することを決めた．

B. Avant d'accepter l'offre de mariage d'Éric, elle a longuement réfléchi; elle a mis six mois à décider.
　彼女はエリックからのプロポーズを受け入れる前に長い間考えた．決意するのに6カ月かかった．

C. Leur départ est décidé au 1er août.
　彼らの出発は8月1日に決まった．

D. Le juge décidera la peine à infliger au coupable.
　判事は犯人に課すべき刑罰を決定するでしょう．

E. Tu es toujours fixé sur ce voyage ?
　例の旅行をすると君はやはり決めているの．

解答: A. à → d' cf.7　B. décider → se décider cf.10　C. décidé → fixé cf.13
　　　D. décidera → décidera de cf.3　E. fixé sur ce voyage → décidé à faire ce voyage cf.5

1- SN (人) + décider

Dans ma famille, quand on a une décision difficile à prendre, c'est toujours mon père qui décide.	私の家では，難しいことを決めなければならない時，決定を下すのはいつも父です．
Je pense aller en Palestine l'an prochain, mais je n'ai pas encore décidé.	来年パレスチナに行こうと思っているけれど，まだはっきり決めてはいない．

2- décider + 限定詞 + 特定の名詞

- Alors, c'est vrai ? Tu te maries ? - Ben oui, il ne reste plus qu'à décider la date.	―じゃ本当なんだね，結婚するんだね． ―うん．あと日取りを決めるだけだよ．
Choisissez d'abord le modèle. Vous déciderez la couleur ensuite.	まずタイプを選んで下さい．それから色を決めて下さい．

特定の名詞：date, couleur, modèle, voyage, heure など

3- décider de + 定冠詞 + 特定の名詞 + de + 名詞 / SN

Les syndicats décident des conditions de travail.	労働組合が労働条件を決める．
Les parents ne devraient pas décider de l'avenir de leurs enfants.	親が子供の将来を決めるべきではないでしょう．
C'est le médecin qui décide de la nécessité d'une opération.	手術が必要かどうかを決めるのは医者です．

特定の名詞：conditions, avenir, nécessité, peine, importance, urgence など

4- SN (人) + décider + SN (人) + à + inf.

Ses parents l'ont décidé à entrer à la Banque de France.	彼の両親は，彼にフランス銀行に入るよう決心させた．
Il a fallu que tous ses amis le décident à prendre sa retraite.	友人という友人が，彼に引退するよう促さなければならなかった．

5- SN (人) + être décidé à + inf.

Elle partira au Canada, elle y est bien décidée.	彼女はカナダに出発するでしょう．彼女はそう心に決めています．
Jeanne est bien décidée à réussir dans la vie.	ジャンヌは出世してやろうと心に決めている．

6- décidé

On va déménager dans un mois, ça y est, c'est décidé.
１カ月後に引っ越すよ。これでよし、決まりだ。

Nous avons beaucoup discuté mais rien n'a encore été décidé.
私たちは随分議論したが、まだ何も決まっていない。

Il paraît que l'examen sera reporté à une autre date, mais elle n'est pas encore décidée.
どうやら試験は延期されるらしいよ。でも何日になるかはまだ決まっていないんだ。

7- décider de + inf.

Mes parents ont décidé d'aller vivre à la campagne.
私の両親は田舎に行って暮らすことに決めた。

Il a décidé de déserter sous l'impulsion du moment.
彼は、一時の感情に駆られて脱走することを決めた。

Pour le bicentenaire de la Révolution, la France avait décidé de faire une grande fête.
フランス革命二百年に際して、フランスは大々的な祝祭を行うことを決めた。

Décider de s'exiler, c'est une décision difficile à prendre.
亡命すると決めるのは大変なことだ。

8- décider que + 節（直説法）

Sa famille a décidé qu'il ne fallait pas lui dire que son cancer était incurable.
彼の家族は、彼の癌が治らないと本人には言うべきではないと決めた。

J'ai décidé que ce projet n'était pas réalisable.
この計画は実現不可能だと私は判断した。

Si on décide qu'on peut faire quelque chose, en général, on peut.
何かができると判断した時は、概してできるものだ。

9- décider + 疑問詞 + 節

Je n'ai pas encore décidé quand je partirai pour l'Europe.
ヨーロッパにいつ出発するかまだ決めてません。

Tu as décidé dans quelle université tu veux aller?
どの大学に行きたいか決まった？

Quand tu auras décidé ce que tu veux faire, tu me | préviens.
| préviendras.
やりたいことが決まったら僕に予め教えてね。

10- se décider

Après dix ans à l'étranger, il pense à retourner dans son pays natal, mais il n'arrive pas à se décider.
十年の外国生活の後、彼はそろそろ祖国に戻ろうと考えてはいるが、決心がつかずにいる。

Il me propose de m'associer à lui pour fonder une entreprise; dire oui ? dire non ? Je n'arrive pas à me décider.
彼は、会社を設立するにあたって、私に仲間に入らないかと言ってきている。受け入れるべきか否か、私は決めかねている。

À certains tournants de la vie, il faut longtemps pour se décider.
人生のいくつかの転機においては、決意を固めるのに長い時間が必要だ。

11- se décider à + inf.

Tu t'es enfin décidé à sortir du lit ? À midi ! Bravo !
やっとベッドから起き上がる気になったの？ 正午にね！ すばらしいこと！

Après avoir longuement hésité, je me suis enfin décidée à chercher un autre travail.
長い間迷った末、私は結局別の仕事を探そうと決心した。

Il a mis trois ans à se décider à demander le divorce.
彼は離婚を切り出そうと決めるのに三年かかった。

Mes parents se sont enfin décidés à faire installer le chauffage central.
私の両親は、ようやくセントラル・ヒーティングを入れることを決めた。

注 意：décider de + inf.は比較的早く下される決断であるのに対し、se décider à + inf.は決定までにかなりの時間を要する場合に用いる。

12- fixer + 限定詞＋特定の名詞 [+ à + SN]

Le cardiologue ne peut pas me fixer de rendez-vous avant deux semaines.
その心臓専門医は、二週間以内には診察の予約が取れない。

Le gouvernement a fixé la nouvelle taxe à 5%.
政府は新しい税を5％に決定した。

Le dentiste a fixé mon prochain rendez-vous au 19.
歯医者さんは私の次回の診察を19日に入れた。

特定の名詞：**12～13**, heure, date, réunion, horaire, détail, taxe, montant, rendez-vous など

比 較：Ils ont décidé de se marier et ils ont fixé la date de leur mariage au 10 mai.
彼らは結婚することを決意し、結婚式の日取りを5月10日に決めた。

13- 限定詞 + 特定の名詞 + être fixé

L'heure du départ n'est pas encore fixée. 出発時間はまだ決まっていない．

La prochaine réunion est fixée au 10 juin. 次回の会議は6月10日と決まっている．

比　較：La visite du Président de la République au Maroc a été décidée, mais les détails n'ont pas encore été fixés.
フランス共和国大統領のモロッコ訪問が決定されたが，詳細はまだ決められていない．

14- SN (人) + être fixé sur + SN

Personne n'est encore fixé sur la date de la visite du Président des États-Unis.
合衆国大統領の訪問の時期については，誰もはっきりと知らされていない．

100　déjà

確認問題

次の文の誤りを正しなさい．
A. Il finit déjà ses devoirs.
　　彼はもう宿題を終えている．
B. Il n'a pas déjà fini ses devoirs.
　　彼はまだ宿題を終えていない．

解答：A. finit déjà → a déjà fini cf.2　　B. déjà → encore cf.2

1- 動詞（現在）+ déjà

C'est déjà le 1er mai ! Que le temps passe vite !
もう5月1日だよ．何て時の経つのは早いんだろう．

Roger a déjà 18 ans et sa sœur 15. ロジェはもう18才で，妹は15だよ．

Rentrons, il fait déjà nuit. 帰ろう．もう夜だよ．

Ça fait déjà trois ans que je ne l'ai pas vu. 彼と会わなくなってもう3年になります．

参　考：**1～5**, (E) already

2- 助動詞（avoir）+ déjà + 動詞（過去分詞）

J'ai déjà terminé ma dissertation. もう小論文は書き終えた．

- Vous avez déjà fait une excursion au mont Fuji ?
- Oui, une fois.

　　―あなたたちは以前に富士山に遠足に行ったことがありますか？
　　―ええ，一度．

J'ai déjà skié deux fois sur les pistes du Hokkaido.

　　私は前に北海道のスキー場で二度スキーをしたことがあります．

反　意：**2～4**, ne ... pas encore; ne ... jamais
注　意：**2～4**, 否定文では déjà は用いられない．
比　較：À Paris, tu as mangé des escargots ?
　　　　Tu as déjà mangé des escargots ?
　　　　Tu as déjà mangé tes escargots ! Prends ton temps.
　　　　パリでエスカルゴを食べたの？
　　　　エスカルゴをもう食べてみた？
　　　　もうエスカルゴを食べちゃったの！　急がなくていいんだよ．

3- 助動詞 (être) + déjà + 特定の過去分詞

- Ton père est déjà parti.
- Si tôt !

　　―君のお父さんはもう出かけちゃったんだ．
　　―こんなに早く！

À cette heure, il devrait être déjà rentré.

　　この時間なら彼は家に帰っているはずだ．

- Tu es déjà allé à Okinawa ?
- Non, pas encore.

　　―沖縄には前に行ったことある？
　　―いいや，まだだよ．

Le train pour Lille est déjà parti.

　　リール行きの列車はもう発車しました．

特定の過去分詞：parti, arrivé, rentré, sorti, allé, venu など
比　較：Tiens, nous sommes déjà arrivés ! Le temps a passé vite.
　　　　Nous ne sommes pas encore arrivés. Il reste encore quatre heures de vol.
　　　　あれ，もう着いちゃったよ．時間の経つのって早いね．
　　　　まだ着いちゃいないよ．あと4時間飛ばなくちゃ．

- Monsieur Gervais, vous êtes déjà allé à Rome ?
- Oui, | une fois, en 87.
　　　 | plusieurs fois.
- Non, | pas encore. Mais j'ai l'intention d'y aller l'an prochain.
　　　 | jamais.
　　―ジェルヴェさん，もうローマには行かれましたか．
　　―ええ | 87年に一度．
　　　　 | 何回も．
　　―いいえ | まだです．でも来年行くつもりです．
　　　　　 | 一度もないんです．

4- être déjà + 特定の過去分詞

Tiens, tiens, tu es déjà levé !	おやまあ、もう起きてるの？
Vite, vite, le film est déjà commencé !	早く、早く。もう映画は始まってるよ。
À 18 ans, il était déjà fiancé.	18才で彼はもう婚約していました。
Quand nous sommes entrés dans le cinéma, le film était déjà commencé.	映画館に入った時には、映画はもう始まっていました。

> **特定の過去分詞**：levé, commencé, fiancé, marié, rendu, ouvert, fermé, fini, terminé, couché など

5- pas déjà (会話)

- Il est 9 heures.	― 9時です。
- [Pas] déjà ! Que le temps passe vite !	― まさか。何て時間は早く過ぎるんだ。
Ne pars pas déjà, je t'en prie, reste encore un peu.	まだ行かないで、お願い。もう少しいて。
Tu n'es quand même pas déjà fatigué ! À ton âge, tu devrais avoir plus de souffle !	まさかもう疲れたなんて！ 君の年なら、もっと元気があるはずだよ。

101 demain / lendemain

> **確認問題**
>
> 次の文の（　）の中に適切な語句を入れなさい。
> A. Moi, (　　　), j'ai mille choses à faire.
>   僕は明日やらなきゃならないことが山ほどあるんだ。
> B. Si on boit trop, (　　　), on a la gueule de bois.
>   飲み過ぎると翌日二日酔いになるよ。
>
> 解答：A. demain cf.1　B. le lendemain cf.2

1- demain

Demain, s'il fait beau, on fait un pique-nique.	明日天気がよかったらピクニックをしよう。
Je suis trop fatigué pour écrire mes lettres ce soir, je le ferai demain.	疲れ過ぎて今晩は手紙を書けないな。明日書くことにするよ。
Demain, c'est dimanche. On va déjeuner au restaurant ?	明日は日曜だ。レストランに食事に行こうか？

説　明：今日を基準として用いる．

2- le lendemain

Le lendemain de son opération, Luc voulait déjà jouer au football.	リュックは手術の翌日にはもうサッカーをやりたがった．
Remettre les choses ennuyeuses au lendemain, n'est-ce pas une bonne idée ?	いやなことは次の日に延ばす，名案でしょ？
Les lendemains de fête, on ne retrouve pas facilement son esprit de travail.	パーティーの翌日，仕事をする気分に容易には戻れません．
Cet homme, c'est à n'y rien comprendre : un jour, il est malade, le lendemain, il se porte comme un charme.	あの男は，ほんとによく分からないよ．ある日病気かと思うと，翌日になるとピンピンしているんだから．

同　意：le jour suivant; le jour d'après
説　明：起点となっている日の次の日を指す．
比　較：Henri a dit qu'il me | rendra mon livre demain. (会話)
　　　　　　　　　　　　　　 | rendrait mon livre demain.
　　　　Henri avait dit qu'il me rendrait mon livre le lendemain.
　　　　アンリは明日本を返すと僕に言った．
　　　　アンリは翌日本を返すと僕に言っていた．

102　département / préfecture

確認問題

次の文の（　）の中から適切な語句を選びなさい．

A. (La préfecture/Le département) de l'Aomori est connu pour sa culture de la pomme.
　青森県はりんごで有名だ．

B. Poitiers est située dans (la préfecture/le département) de la Vienne ?
　ポワチエはヴィエンヌ県にあるんですか？

　　　　　　　　　　　解答：A. Le département cf.2　B. le département cf.1

1- [le département de] + 定冠詞 + フランスの県名

Il est né dans le Cher.	彼はシェール県で生まれた．
C'est un tout petit village situé dans le département de l'Aube, près de Narbonne.	それはナルボンヌに近い，オーブ県にある本当に小さな村です．

Quand j'étais petite, je passais toujours les grandes vacances chez ma grand-mère, à Niort, dans le département des Deux-Sèvres.

子供のころ、夏休みはいつもドゥー＝セーヴル県のニオールの祖母の家で過ごした。

参　考：(E) **1〜2**, préfecture

2- le [département du] + 日本の県名

Ninomiya Kinjiro est né dans le fief du Sagami, l'actuel département du Kanagawa.

二宮金次郎は相模の国、現在の神奈川県に生まれた。

Sa famille vient du [département du] Saga.

彼の家は佐賀の出だ。

使い方：仏訳する際は、「〜県」は le département du〜、「〜県に(へ)」は dans le département du〜と訳すとよい。

注　意：県名と県庁所在地が同名の場合、都市名は à〜、県名は dans le département du〜 と訳すとよい。

比　較：Je suis allée passer mes vacances à Nagano.
Je suis allée passer mes vacances dans le [département du] Nagano.
夏休みを長野市で過ごした。
夏休みを長野県で過ごした。

3- préfecture

Le Mans est la préfecture de la Sarthe.

ルマンはサルト県の県庁所在地である。

Pour renouveler votre passeport, vous devez aller à la préfecture de votre département.

パスポートを更新するには、在住する県の県庁に行かなければなりません。

Les cartes de séjour des étrangers sont délivrées par la préfecture du département où ils résident.

外国人の滞在許可証は居住する県の県庁が発行する。

使い方：県庁所在地を指すとともに県庁の意味でも用いられる。重要な証書(パスポート、免許証、車の登録証等)はここで発行される。

103　depuis / à partir de

── 確認問題 ──

次の文の誤りを正しなさい。
A. J'ai eu la grippe depuis deux jours.
　　私は二日前から流感にかかっている。

103 depuis / à partir de

> B. Il ne fait pas de ski depuis son accident.
>   彼は事故にあって以来スキーをしていない．
> C. Je suis libre depuis maintenant.
>   私は今から体があく．
>
>   解答：A. J'ai eu → J'ai cf.1　B. Il ne fait pas → Il n'a pas fait あるいは Il ne fait plus cf.6,7
>   C. depuis → à partir de cf.8

1- 動詞（現在形）+ **depuis** + 数形容詞 + 時を示す語句（期間を示す）

J'habite à Sakai depuis dix ans. 　　　　　私は十年前から堺に住んでいます．

Il travaille chez Mitsubishi depuis bientôt 　彼は三菱で働くようになってやがて4年
quatre ans. 　　　　　　　　　　　　　　　になる．

Il est couché depuis vingt minutes. Il ne 　彼は20分前から横になっているんだ．く
faut surtout pas le déranger. 　　　　　　　れぐれも起こさないように．

- Tes parents sont mariés depuis combien ―君のご両親は結婚してどれくらいにな
  de temps ? 　　　　　　　　　　　　　　　　るの？
- Depuis vingt-deux ans. 　　　　　　　　　―22年だ．

使い方：1) 肯定文のみで用いられる．
　　　　2) 英語と異なり，動詞は直説法現在形を用いる．
　　　　　　Je les connais depuis de nombreuses années.
　　　　　　I have known them for many years.
　　　　　　私は彼を何年も前から知っている．

説　明：時の表現として継続を表す．
同　意：ça fait + 数形容詞 + 時の名詞 + que + 節（現在形）；il y a + 数形容詞 + 時
　　　　の名詞 + que + 節（現在形）
参　考：(E) have + 過去分詞 + for + 数形容詞 + 時を示す語句
比　較：Il est sans connaissance depuis vingt minutes.
　　　　Il est resté sans connaissance pendant vingt minutes.
　　　　彼は20分前から意識がないままだ．
　　　　彼は20分間意識がなかった．
慣　用：Nous nous connaissons depuis très longtemps, depuis notre temps
　　　　de lycée.
　　　　私たちはずっと昔から，高校生のときからの知り合いだ．
　　　　François sait le grec depuis toujours, depuis qu'il est haut comme
　　　　ça.
　　　　フランソワはずっと前から，このくらいのちびだったころからギリシャ語を知っているんだ．

2- 動詞（現在形）+ **depuis** + **SN** (時を示す語句)（過去の時点を示す）

Monsieur Therrine est à la retraite depuis 1991. テリーヌ氏は1991年から現役を引退している。

J'ai mal au dos depuis ce matin. 今朝から腰が痛い。

Elle fait de l'arthrite depuis le mois de décembre 1989. 1989年の12月から彼女は関節炎を患っている。

Il est aux soins intensifs depuis le 7 avril. 彼は4月7日から集中治療を受けている。

Noriko fait du ballet depuis l'âge de 5 ans. 則子は5才のときからバレエをやっている。

説　明：時の表現として，始点を明示したうえで継続を表している。
参　考：2〜7, (E) have + 過去分詞 + since + SN (時を示す語句)
比　較：J'ai une migraine depuis | deux jours.
　　　　　　　　　　　　　　　　| hier.

　　　　ここ2日　　| 頭痛がする．
　　　　昨日から　 |

3- depuis + SN

Depuis ma blessure, j'ai du mal à marcher. ケガをしてから，歩くのが難儀だ。

Yukiko fait du kendo depuis son enfance. 由起子は子供の頃から剣道をやっている。

Il semble se fatiguer plus facilement depuis sa dernière opération. 前回の手術以来，彼は前より疲れやすくなったようだ。

− Tu fais de la plongée sous-marine depuis quand ? ―いつからスキューバダイビングをやってるの？
− Depuis mon entrée au lycée. ―高校に入ってからだよ。

使い方：1) 肯定文でしか用いられない．
　　　　2) 英語と異なり，動詞は現在形を用いる．
　　　　　 Il fait du foot depuis son temps de lycée.
　　　　　 He has been playing soccer since his high school days.
　　　　　 彼は高校時代からサッカーをやっている．

4- 動詞（半過去）+ depuis + SN

J'étais souffrante depuis le début du voyage. 旅行の最初から苦しかったのよ。

Elle était couchée depuis une heure quand son mari est rentré. 彼女が横になって1時間ほどして夫が帰宅した。

5- 特定の動詞（複合過去）+ depuis + SN

Il est resté paralysé depuis son accident. 彼は事故にあってからずっと麻痺が残っている.

Sandrine est demeurée en bonne santé depuis ce jour-là. サンドリーヌはその日から健康を保っている.

　特定の動詞 : demeurer, rester

6- ne + 動詞 (複合過去) + pas depuis + SN / que + 節

Je n'ai pas parlé italien depuis que j'ai quitté Milan. ミラノを離れて以来, 私はイタリア語を話していない.

Elle n'a pas recommencé à travailler depuis la naissance de son aîné. 彼女は長男が生まれてから, まだ仕事に復帰していない.

Je ne suis pas retourné dans ma région depuis longtemps. 私は長い間故郷に帰っていない.

　使い方：1) 否定形では複合過去形を用いなければならない.
　　　　　2) 特に動作を表す動詞と共に用いられる.

7- ne + 動詞 (現在形) + plus depuis + SN

Je ne fume plus depuis mon infarctus. 私は心筋梗塞を患ってからは, たばこをもう吸わない.

Elle ne travaille plus depuis ses maternités. 彼女は子供ができてからはもう働いていない.

　比　較： Je joue au bowling depuis l'âge de 15 ans.
　　　　　 Je n'ai pas joué au bowling depuis trois ans.
　　　　　 (= Je ne joue plus au bowling depuis trois ans.)
　　　　　 私は15才からボーリングをやっている.
　　　　　 私は3年前からボーリングをやっていない.

8- à partir de + 時を示す語句

- À partir de demain, j'arrête de fumer ! ―明日から禁煙するぞ.
- Tu es bien décidé ? ―決めたのね？

À partir d'aujourd'hui, nous avons un nouveau numéro de téléphone. 今日から我が家の電話番号が新しくなる.

L'école sera fermée à partir du 14 août. 8月14日から学校は閉まる.

À partir d'octobre, / du mois d'octobre, vous aurez un cours de grammaire. 10月から文法の授業が始まります.

使い方：1) à partir de の代わりに前置詞 de はこの場合用いられない。
2) **8〜9**, 前置詞 depuis はこの場合用いられない。depuis は過去を起点とする場合にしか用いられない。
参　考：**8〜9**, (E) from

9- à partir de ＋ 時を示す語句 ＋ jusqu'à ＋ 時を示す語句

L'école sera fermée à partir du 20 juillet jusqu'au 10 septembre. 　学校は7月20日から9月10日まで閉まっています。

使い方：à partir de＋語句＋à＋語句はこの意味では用いられない。
同　意：de＋語句＋à＋語句
参　考：(E) from ... until ...

104　depuis que / depuis quand

―― 確認問題 ――

次の文に誤りがあれば正しなさい。
A. Nous les connaissons bien depuis quand nous habitons à Sapporo.
　札幌に住んで以来、私たちは彼らをよく知っている。
B. Depuis qu'il a eu un fils, il rentre très tôt de son bureau.
　息子が生まれて以来、彼は会社からとても早く帰宅する。

解答：A. quand → que cf.2　B. il a eu → il a あるいは il a eu のまま cf.1,2

1- depuis que ＋ SN ＋ 動詞（複合過去）

Elle boite depuis qu'elle s'est cassé un pied. 　彼女は片足を骨折して以来、足を引きずっている。

Arnaud soigne plus son apparence depuis qu'il a commencé à avoir une petite amie. 　アルノーは、恋人ができてから格好に気を使うようになった。

Je ne l'ai pas revu depuis que nous avons eu la réunion de classe. 　クラスの集まりがあったとき以来、彼には会っていない。

Depuis qu'il a commencé à travailler avec un ordinateur, il ne le quitte plus. 　彼はコンピューターで仕事をするようになってから、コンピューターにかかりきりだ。

Il souffre de troubles cardiaques depuis qu'il est né. 　彼は生まれたときから心臓病を患っています。

使い方：1) **1〜2**, depuis や depuis que ＋ 節は、ある状態が継続していることを示す。
2) **1〜3**, depuis quand は用いられない。
3) **1〜3**, 可能な限り depuis ＋ SN という形を用いる。

説　明：複合過去で示される出来事が起点となる．
参　考：**1〜3**, (E) since + SN + 動詞（過去）

2- depuis que + SN + 動詞（現在，半過去）

Il fait du karate depuis qu'il est lycéen.	彼は高校生になってから空手をやっている．
Je m'intéresse à la musique classique depuis que Madame Tanaka me l'enseigne.	私は田中先生に教わるようになってからクラシック音楽に興味を持っている．
Elle fait du yoga depuis que je la connais.	彼女と知り合いになった時から，彼女はヨガをしている．
Depuis que je prends ce médicament, je me sens beaucoup mieux.	この薬を飲むようになってから，ずっと気分がよくなった．
Depuis qu'il habite dans ce quartier, il a des difficultés respiratoires.	彼はこの町に住むようになってから，呼吸障害を起こしている．

使い方：depuis que に続く節の動詞は，現在形を用いるのが普通だが，文脈によっては半過去形になることもある．
　　　　Depuis qu'il fait du ski, il a toujours désiré skier à Chamonix.
　　　　彼はスキーをやるようになってから，ずっとシャモニーで滑りたいと思ってきた．
　　　　Depuis qu'il faisait du ski, il avait toujours désiré skier à Chamonix.
　　　　彼はスキーをやるようになってから，ずっとシャモニーで滑りたいと思っていたのだった．

慣　用：Je m'intéresse à la musique pop depuis | que | je suis | haut
　　　　comme ça. | | ×j'étais |
　　　　 | | ×j'ai été |
　　　　 | | mon enfance. |

僕は｜ずっと前から｜軽音楽に興味があるんだ．
　　｜子どもの頃から｜

3- depuis que + SN + être + 特定の動詞の過去分詞

J'ai mal à la tête depuis que je suis levé.	起きたときから頭が痛い．
Elle a trouvé un nouveau travail depuis qu'ils sont installés à Hiroshima.	彼女は彼らが広島に住んでから新しい仕事を見つけた．
Josianne a bien grossi depuis qu'elle est mariée.	ジョジアンヌは結婚してからかなり太った．

特定の動詞：marié, fiancé, ouvert, fermé, installé, couché, levé など

比　較：1) Jennie porte un anneau depuis qu'elle | s'est fiancée.
　　　　　　　　　　　　　　　　　　　　　　　| est fiancée.
　　　　　　　　　　　　　　　　　　　　　　　| ×se fiance.
　　　　　　　　　　　　　　　　　　　　　　　| ×était fiancée.

　　　ジェニーは | 婚約した時以来指輪をしている．
　　　　　　　　| 婚約してから

2) Depuis qu'il | est devenu | directeur, il ne nous salue plus.
　　　　　　　　| est

　　彼は部長になってから私たちに挨拶しなくなった．

3) Depuis que Vincent | a été mis | à la retraite, il est plus souvent
　　　　　　　　　　　| est　　　 |　　　　　　　　　　　à la maison.

　　ヴァンサンは，定年になってからは以前よりよく家にいる．

4) | Il fume depuis qu'il est haut comme ça.
　 | Il fumait quand il était haut comme ça. Mais, heureusement,
　 | il a arrêté.

　　| 彼はこの位小さいときから煙草を吸っている．
　　| 彼はこの位小さいとき煙草を吸っていた．だが，幸いにも禁煙した．

5) Je vais beaucoup mieux depuis que | je prends des vitamines A.
　　　　　　　　　　　　　　　　　　　| j'ai commencé à prendre
　　　　　　　　　　　　　　　　　　　　　　　　　　　　des vitamines A.

　　ビタミンAを | 飲むようになってから | ずっと調子がいいんだ．
　　　　　　　　| 飲み始めてから

4- depuis quand + 節

- Depuis quand tu fais de l'aïkido?　　　　　―いつから合気道をやってるの？
- Depuis l'été dernier.　　　　　　　　　　　―去年の夏から．

- Vous travaillez à cette traduction depuis　―あなたはいつからこの翻訳に専心して
  quand?　　　　　　　　　　　　　　　　　　　いるのですか．
- Depuis le mois d'avril.　　　　　　　　　　―4月からです．

Dis-moi depuis quand tu prends des leçons　いつから歌のレッスンを受けているか教
de chant.　　　　　　　　　　　　　　　　　　えて．

　　使い方：直接，間接疑問文の疑問詞の一つとして．
　　参　考：(E) since when
　　比　較：- Tu ne te sens pas bien depuis quand?
　　　　　　- Depuis que la saison des pluies a commencé.
　　　　　　―いつから具合いが悪いの？
　　　　　　―梅雨が始まってからだよ．

105　dernier / précédent / d'avant / avant

dernier / précédent / d'avant / avant

> **確認問題**
>
> 次の文の誤りを正しなさい．
> A. Nous n'avons presque pas eu de cours l'année dernière.
> 最終学年は，私たちはほとんど授業がなかった．
> B. En 1985, il a obtenu sa maîtrise; l'année dernière, il avait obtenu sa licence.
> 1985年，彼は修士号を取ったが，その前年に学士号を取っていた．
>
> 解答：A. l'année dernière → la dernière année cf.4
> B. l'année dernière → l'année précédente cf.8

1- 定冠詞 + 特定の名詞（時）+ dernier

- J'ai très mal dormi la nuit dernière.　　　—昨晩ほとんど眠れなかった．
- Qu'est-ce que tu avais ?　　　—どうかしたの？

Je suis allé en Europe l'été dernier.　　　昨年の夏，私はヨーロッパに行ってきた．

Le mois dernier, tout le personnel a eu une augmentation de salaire.　　　先月，従業員全員の給料が上がった．

| L'an dernier, | j'étais à Lausanne à la même date.　　　去年の今日は，私はローザンヌにいた．
| L'année dernière, |

La semaine dernière, au bureau, tous les employés ont fait des heures supplémentaires.　　　先週その事務所では，すべての従業員が残業をした．

Notre fils Shotaro est né le 20 mars dernier.　　　私たちの息子の翔太郎は去る3月20日に生まれました．

　特定の名詞：année, mois, semaine, week-end, nuit, siècle, an, 季節名, 日付
　使い方：**1〜3**,「この前の〜」という意味では dernier は，必ず名詞の後に置かれる．
　注　意：soir, matin, après-midi と共には用いない．その場合は hier soir, hier matin, hier après-midi を用いる．月名については **3** を参照．
　反　意：**1〜3**, prochain

2- 曜日名 [+ dernier]

Dimanche [dernier], je suis allé à un récital de piano avec mes parents.　　　（先週の）日曜日，私は両親とピアノのリサイタルに行った．

La police a arrêté le suspect vendredi dernier.　　　警察は容疑者を先週の金曜日に逮捕しました．

　使い方：この場合，曜日名は定冠詞 le を伴わず，また前置詞も付けずに用いられる．
　強　調：ce + 曜日名

比　較：| Vendredi dernier,
　　　　| ×Le vendredi dernier,
　　　　| Le mois dernier,
　　　　| il y a eu un concert dans la salle des fêtes.
　　　　|先週の金曜に｜市のホールでコンサートがあった.
　　　　|先月

3- 前置詞 ＋ | 月の名　　　　　　 | [＋ **dernier**]
　　　　　　　 | **le mois de** ＋ 月の名 |

Je n'ai pas vu Françoise depuis
| avril [dernier].
| le mois d'avril [dernier].

私は，この4月以来フランソワーズに会っていない.

| En février　　　　　　 | [dernier], je suis allée
| Au mois de février　 |
à Manza avec ma mère.

この2月に，私は母と万座に行った.

　　使い方：この場合，定冠詞＋月名という形は用いない.
　　比　較：Mes parents sont revenus au Japon | en juin [dernier].
　　　　　　　　　　　　　　　　　　　　　　　　| au mois de juin [dernier].
　　　　　　　　　　　　　　　　　　　　　　　　| ×ce juin.
　　　　　　　　　　　　　　　　　　　　　　　　| ×le juin dernier.
　　　　　　　　　　　　　　　　　　　　　　　　| ×au juin dernier.
　　　　　　私の両親はこの6月に日本に帰国した.

4- 定冠詞 ＋ **dernier** ＋ 特定の名詞（時）

Le dernier soir avant les vacances, on s'est amusé[s] comme des fous.

ヴァカンスの前夜は，［みんな］思いっきり楽しんだ.

On a eu du beau temps pendant presque tout le séjour, sauf la dernière journée.

最終日を除いて，滞在中はほとんどずっと天気がよかった.

Quand est-ce que tu as vu Laurent la dernière fois ?

君がこの前ロランに会ったのはいつですか.

　　特定の名詞：soir, matin, jour, journée, année, mois, semaine, siècle, fois, 季節, 曜日など
　　使い方：**4〜7**,「最後の〜」「最新の〜」という意味では dernier は必ず名詞の前に置かれる.
　　反　意：定冠詞 ＋ premier
　　参　考：(E) the last
　　比　較：1) N'y a-t-il pas eu d'autres éruptions volcaniques au cours
　　　　　　　 | des deux ou trois dernières années ?
　　　　　　　 | de l'année dernière ?
　　　　　　　 |ここ2，3年の間に｜他の火山の噴火はなかったですか.
　　　　　　　 |去年

2) Je ne suis jamais libre le dernier mardi du mois.
   Je n'étais pas libre mardi [dernier].
   私は月末の火曜日がひまだったためしがない．
   私は(先週の)火曜日はひまではなかった．
3) Le dernier mois avant de mourir, | il a fait une rechute.
   Le mois dernier,
   亡くなる最後の月 | 彼は病気がぶり返した．
   先月
4) Maurice | a beaucoup faibli ces | derniers temps.
                                   | temps derniers.
           | avait beaucoup faibli les derniers temps avant de mourir.
   モーリスは | 最近随分弱ってきた．
             | 最期の頃は随分弱っていた．

5- 限定詞 + **dernier** + 名詞

Un dernier verre, puis j'arrête de boire.
最後の一杯，これで私は飲むのをやめます．

Donnons-lui une dernière chance, il est encore jeune.
彼に最後のチャンスを与えましょう．彼はまだ若いのだから．

C'est la dernière fois que je te dis de ne plus te pencher par la fenêtre !
もう窓から身をのり出すんじゃないよ．これっきりもう言わないからね．

Dépêchez-vous, vous allez rater le dernier train !
急ぎなさい．終電に乗り遅れますよ．

参　考：(E) 限定詞+last + SN

6- 定冠詞 + **dernier** + 名詞

Beaucoup de lecteurs ont aimé le dernier livre d'Élisabeth Badinter.
エリザベット・バダンテールの最新作を多くの読者は好んだ．

Tu as vu le dernier film de Kitano ?
北野の最新作を君は見た？

Les jeans troués et rapiécés, c'est la dernière mode ces temps-ci.
穴あき，つぎはぎのジーンズが，近頃の最新の流行だ．

Pendant la dernière guerre, mes grands-parents vivaient à Lille.
この前の戦争の間，私の祖父母はリールで暮らしていました．

Il n'était pas du tout content de sa dernière voiture. Il l'a revendue pour en acheter une autre.
彼はそれまでの自分の車に全く満足していなかった．買い替えるためにそれを売った．

使い方：一連のもののうち最も最近のものを指す．
参　考：(E) the latest + 名詞
慣　用：Je vous conseille ce modèle. C'est le tout dernier cri.
　　　　このモデルをおすすめします．最新作なんですよ．

7- à + 定冠詞 + dernier + 特定の名詞

| À la dernière minute,　| il a changé d'idée.　　土壇場になって，彼は考えを変えた．
| Au dernier moment, |

　　特定の名詞：minute, moment

8- 限定詞 + 特定の名詞（時）+ | précédent
　　　　　　　　　　　　　　　　　　| d'avant

Au mois d'avril, elle va voyager dans le　彼女は4月に関西を旅行する．その前の
Kansai; le mois précédent, elle a l'intention　月には北海道に行く予定だ．
d'aller dans le Hokkaido.

La semaine dernière, j'ai été débordé de　先週私は仕事に忙殺されていた．その前
travail; la semaine précédente, j'avais eu　の週はひまな時間がたくさんあった．
beaucoup de temps libre.

Lundi dernier, toute la classe était en-　先週の月曜日，クラス全員が風邪をひい
rhumée; le lundi précédent, tous les élèves　ていた．その前の月曜日は生徒全員が不
se portaient comme un charme.　　　　　思議なほど元気だったのに．

　　特定の名詞：année, mois, semaine, jour, nuit, 曜日名，季節名，fois, siècle など
　　使い方：1) この表現は単独では用いられず，常に基準となる時を示す語句を伴う．ただし，
　　　　　　文脈から基準が明確である場合には省略されることもある．
　　　　　　La semaine | précédente, | j'ai eu beaucoup de travail.
　　　　　　　　　　　 | d'avant,
　　　　　　その前の週，仕事がたくさんあった．
　　　　　　　　　　Le lundi | précédent, | il n'est pas venu au cours.
　　　　　　　　　　　　　　 | d'avant,
　　　　　　その前の月曜，彼は授業に来なかった．
　　　　 2) dernier の使用が必ず現在を基準としているのに対し，précédent は一般に現
　　　　　　在以外の時を基準とする．
反　意：限定詞 + 特定の名詞（時）+ | suivant
　　　　　　　　　　　　　　　　　　| d'après
参　考：(E) the previous year, month, week, day, Monday など
比　較：1) - Tu l'as vue ces derniers temps?
　　　　　　 - Pas la semaine dernière, mais la semaine précédente.
　　　　　　　—彼女最近見かけた？
　　　　　　　—先週は会わなかったけど，その前の週には会ったよ．

2) Cette année, il est parti à Paris pour Noël. L'année dernière, il y est allé pour Pâques. Mais l'année | précédente | il n'était pas
| d'avant |
parti du tout et les années | précédentes | non plus.
| d'avant |

今年，彼はクリスマスにパリに出かけた．去年は復活祭のときに行った．だが，その前の年は出かけなかった．その前もずっとそうだった．

9- 限定詞 + dernier + SN
SN + | précédent
| d'avant

Il a changé; je le trouve beaucoup plus positif alors que ses idées précédentes étaient négatives.

彼は変わった．彼の前の考え方は消極的だったけれども，今はぐんと積極的になっていると思うよ．

Son emploi actuel lui donne toute satisfaction alors que son dernier emploi le déprimait.

前の仕事には彼はげんなりだったけど，今の仕事は彼に十分満足を与えている．

La politique du gouvernement actuel plaît plus aux Français que celle du gouvernement d'avant.

現政府の政治は，前の政府の政治よりもフランス国民に気に入られている．

L'étudiant qui donne des leçons particulières à mon fils en ce moment est beaucoup plus compétent que l'étudiant précédent.

私の息子の今の家庭教師の学生は，前の学生よりもはるかに有能だ．

使い方：1)「今」と「前」を比べる場合で，現在が基準となっている場合，上記の3つの選択肢がある．
2) 暗黙のうちに現在を問題としているため，基準となる語句を示すまでもなく，単独でも用いられる．
3) SN + d'avant はどちらかというと口語的．
4) d'avant, dernier は，不定冠詞とともに用いられることはない．

参　考：**9～10**, (E) the previous + SN; the previous one

10- SN + | précédent
| d'avant

Je l'ai vu le 27; il était en pleine forme mais la fois | d'avant, | il était complètement
| précédente, |
déprimé.

彼には27日に会った．そのときは元気だったが，その前に会ったときはすっかり落ち込んでいた．

Son dernier film a rempli les salles de cinéma mais pour | celui d'avant, | elles avaient | le précédent, | été complètement vides.

彼の最新作は映画館を満員にしたが，前作は全く不入りだった．

La proposition qu'ils nous ont faite au cours de la dernière réunion était intéressante, mais | celle d'avant | ne tenait vraiment pas | la précédente | debout.

彼らが前回の会議で我々に提示した提案は興味深いものだったが，その前に提示された提案はまるで体を成していなかった．

Vous aurez une dernière entrevue avec la direction le 12, mais à | celle d'avant, | il | la précédente, | faudra déjà que vous ayez déjà présenté votre projet bien en détail.

12日に執行部と最後の会談が予定されているが，事前の会談の際，あなたの企画を詳細に提示しておかなければなるまい．

使い方：基準が現在でない場合，dernier は用いない．

11- 限定詞 ＋ **précédent** ＋ 名詞 (あらたまって)

Dans ce dictionnaire, les mots vieillis ont été supprimés; dans la précédente édition, on en trouvait encore un certain nombre.

この辞書では，すたれた語句は削除されている．前の版ではまだある程度の数見うけられたのだが．

Dans ce manuel de géographie, la présentation du Japon a été remise à jour; dans un précédent manuel, il était présenté sous forme stéréotypée.

この地理の教科書では，日本に関する記述が現状に即して改められた．前の教科書では，言い古されたお決まりの記述だったのだ．

Lors de ce voyage, j'ai visité beaucoup de musées; lors du précédent [voyage], je n'avais pas eu le temps de le faire.

私は今回の旅行では多くの美術館を訪れた．前回の旅行のときはそうする時間がなかったけれど．

参 考：(E) a previous one

12- 数形容詞 ＋ 特定の名詞 (時) ＋ **avant**

Tout le monde a été consterné par l'annonce de sa mort. Deux jours avant, il était encore au travail comme si [de] rien n'était.

彼の死の知らせに誰もが茫然とした．2日前には何事もないかのようにまだ仕事をしていたのだ．

Les cours commencent le 23 septembre. Nous vous conseillons donc d'arriver deux ou trois jours avant [cette date], ce qui vous donnera tout le temps nécessaire pour vous installer.

授業は9月23日に始まります。ですから[この日の]2～3日前に着かれるとよいと思います。そうすれば宿さがしも十分ゆっくりとできるでしょう。

特定の名詞：heure, minute, seconde, jour, semaine, mois, an, siècle など
使い方：明確に言及された時間的基準に対しての差を示す。
同　意：auparavant
注　意：基準が現在である場合には，avant ではなく il y a ～ を用いる。

106　devant / avant

─── 確認問題 ───

次の各文の（　）の中に devant もしくは avant を入れなさい。

A. On a servi un apéritif (　　) le dîner.
夕食の前に食前酒が出された。

B. Vous permettez ? Je peux passer (　　) vous ?
すみませんが，お先に失礼してよろしいですか。

C. Comme d'habitude, Madame Soufrant doit être (　　) la télévision.
いつものように，スーフラン夫人はテレビの前にいるに違いない。

解答：A. avant cf.3　B. avant cf.4　C. devant cf.1

1- devant + SN (場所)

Akio ? Il est passé devant mon bureau, il y a dix minutes à peine.

明夫ですか。ほんの10分程前に，私のオフィスの前を通っていきました。

Laissez-nous, s'il vous plaît, devant la gare de Yotsuya.

四谷駅前で降ろして下さい。

Je ne sais pas pourquoi, mais il est venu s'asseoir juste devant nous.

どういうつもりなのか，彼はこっちに来て私たちのすぐ前の席に腰を下ろした。

Le gardien a crié : "Circulez, circulez. Ne vous arrêtez pas devant les peintures."

守衛が声を高めた。「お進み下さい。絵の前で立ち止まらないで下さい。」

反　意：derrière + SN
参　考：(E) in front of + SN

2- devant + SN (人)

Dans la plupart des familles, on évite certains sujets de conversation devant les enfants. 大抵の家庭では，子供の前では触れない話題があるものだ．

Je te le répète, ce n'est pas poli de fumer devant les femmes. もう一度言うけど，女性の前で煙草を吸うのは失礼よ．

同　意：en présence de + SN

3- avant + 限定詞 + 時の名詞

Vous n'aurez pas d'examen avant les vacances. ヴァカンス前には試験はやりません．

Emi savait à peine faire la cuisine avant son mariage. 絵美は結婚するまで，ほとんど料理ができなかった．

Malheureusement, j'ai dû partir avant la fin. 残念ながら，途中でおいとましなければなりませんでした．

反　意：3〜5, après + SN
参　考：3〜5, (E) before + SN

4- avant + SN（人）

Je ne sais pas ce qui est arrivé, je suis parti avant eux. 何があったのかわからない．私は彼らより前に出ましたから．

― Il y avait un monsieur sans gêne qui a voulu passer avant moi. ―厚かましい人がいてね．僕の前に割りこもうとするんだ．
― Et qu'est-ce que tu as fait ? ―で，君はどうしたの．

比　較：Il est passé | avant moi chez le dentiste.
　　　　　　　　　　| devant moi sans me saluer.
　　　　　　　彼は | 私より先に歯医者に行った．
　　　　　　　　　| 私の前を通りすぎたが，挨拶はなかった．

5- 特定の動詞 + avant

La poste se trouve du même côté de la rue que la préfecture, mais juste avant. 郵便局は県庁の並びで，そのすぐ手前にある．

特定の動詞：être, se trouver, être situé, se situer, être situé, se placer など
比　較：Sa maison se trouve | avant | la poste.
　　　　　　　　　　　　　　| devant |
　　　　　彼の家は，郵便局の | 手前に | ある．
　　　　　　　　　　　　　　| 前に |

107 devenir / 特定の動詞 / il fait ... / aller / tomber

> **確認問題**
>
> 下線部の誤りを正しなさい．
> A. Il a devenu être riche; il a épousé une héritière.
>   彼は金持ちになったよ．金持ちの跡取り娘と結婚したんだ．
> B. Sa maladie devient bonne de jour en jour.
>   彼(女)の病気は日毎に良くなっていく．
>
>   解答：A. → est devenu cf.1   B. → s'améliore cf.3

1- devenir + 形容詞

Avec les années, elle devient plus mignonne.	年と共に彼女はどんどんかわいらしくなる．
En apprenant la nouvelle, elle est devenue folle de joie.	知らせを聞くと彼女は狂喜した．
Il est devenu morose ces derniers temps.	彼，最近暗くなっちゃったんだよ．
Quand les feuilles se mettent à tomber, je deviens mélancolique.	枯葉が舞い始める頃になると，私はメランコリックになってしまう．
L'eau de la rivière Arakawa est devenue très polluée.	荒川の水はとても汚くなった．
Je suis devenu plus grand que mon père.	僕は父よりも背が高くなりました．

使い方：1) devenir は不定法を伴わない．
  Je deviens mélancolique.
  × Je deviens être mélancolique.
    私はメランコリックになる．
  2) devenir の助動詞には être を取る．

強　調：devenir | de plus en plus | + 形容詞
         | de moins en moins |

2- devenir + 特定の形容詞（色に関して）
   特定の動詞

Quelle féerie, ces arbres qui deviennent rouges et jaunes !	夢のようにきれいだわ，あの紅葉した木々は！
En deux ans, les cheveux de papa ont blanchi.	2年のうちにおとうさんの髪は白くなったの．

特定の形容詞：rouge, noir, jaune, blanc, vert, gris, bleu, brun, pâle など

特定の動詞 : rougir, noircir, jaunir, blanchir, verdir, reverdir, grisonner, bleuir, brunir, pâlir など

3- 特定の動詞

1) Les jours vont rallonger jusqu'au 21 juin.　　昼の長さは6月21日まで長くなる。

Miyoko a grossi d'au moins cinq kilos.　　美代子は少なくとも5キロは太ったよ。

Son état de santé s'aggrave.　　彼(女)の健康状態は悪化している。

L'économie japonaise se développe de plus en plus.　　日本経済はますます発展している。

La condition des travailleurs clandestins se détériore.　　不法労働者をめぐる状況は悪化している。

Son visage s'est couvert de boutons.　　彼(女)の顔は吹出物だらけになった。

Avec le temps, Ruth embellit.　　時とともにリュトはきれいになるね。

Dans les pays africains, la condition féminine s'améliore de plus en plus.　　アフリカ諸国では女性の置かれた状況はますます良くなりますよ。

　特定の動詞 : grandir, grossir, maigrir, vieillir, rajeunir, raccourcir, embellir, rapetisser, s'améliorer, progresser, croître, s'aggraver, se détériorer, se dégrader, se développer, empirer, augmenter, baisser など

　注　意 : 3〜7、日本語の「〜になる」は常に devenir+形容詞という形になるとはかぎらない。

　強　調 : 特定の動詞 + | de plus en plus
　　　　　　　　　　　　　| de moins en moins

2) Pour ne pas se fatiguer, il avait décidé de venir à Tokyo en deux étapes.　　旅疲れしないように、彼は途中どこかで休んで東京に来ようと決めたのでした。

Quand on lui pose des questions, il se fâche.　　彼は人から質問されると怒るんです。

　特定の動詞 : se fâcher, se fatiguer など
　注　意 : devenir fâché, devenir fatigué とは言わない。

4- il fait | de plus en plus | + 特定の形容詞
　　　　　　| de moins en moins |

- Quelle chaleur !　　—暑いねえ！
- Oui, il fait de plus en plus chaud.　　—うん、ますます暑くなってきたね。

À mesure que l'hiver approche, il fait de plus en plus sombre.　　冬が近づいてくると、だんだん薄暗くなってくるね。

特定の形容詞：chaud, froid, humide, sec, sombre, beau, mauvais, doux など

5- SN + aller | de mieux en mieux
　　　　　　　　| de mal en pis

- Comment va ton père ?　　　　　　　　　—お父さんの具合はどう？
- Il va de mieux en mieux.　　　　　　　　—だんだん良くなってきてるよ.

比　較：En Amérique, la situation du chômage | va de mal en pis.
　　　　　　　　　　　　　　　　　　　　　　　| ×devient de mal en pis.
　　　　　　　　　　　　　　　　　　　　　　　| empire.

　　　　　アメリカでは失業をめぐる状況はますます悪化している.

6- tomber + 特定の言葉

Sur le coup, elle est tombée raide morte.　　突然彼女はばったり倒れて死んだ.

À partir du moment où j'ai parlé avec lui, je　私，彼と話をしてから，彼のことが好き
suis tombée amoureuse.　　　　　　　　　　　になっちゃったの.

Elle est tombée sans connaissance en plein　彼女は会議の真っ最中に気絶してしまい
milieu de la réunion.　　　　　　　　　　　　ました.

　特定の言葉：raide mort, amoureux, malade, sans connaissance, en panne,
　　　　　　en disgrâce, paralysé, dans l'oubli, dans le malheur, dans le coma,
　　　　　　dans les pommes (くだけて) など
　使い方：複合過去形で用いられ，助動詞には être を取る.
　説　明：急な行動を表す.
　慣　用：Sa grand-mère est retombée en enfance.
　　　　　彼(女)のおばあさんはもうろくしてしまった.

7- avoir eu + 数形容詞 + | an
　　　　　　　　　　　　　　| mois

Ma sœur a eu 20 ans au mois d'août.　　　　姉は8月で20才になった.
Son neveu a eu six mois hier.　　　　　　　　彼(女)の甥は昨日で生後6カ月になっ
　　　　　　　　　　　　　　　　　　　　　　た.

108　dieu

┌── 確認問題 ──
│　次の各文の（　）の中に必要に応じて冠詞を入れなさい.
│　A. L'homme propose et (　　) Dieu dispose.
│　　　人事を尽くして天命を待つ.

B. Allah est (　　) Dieu des musulmans.
アラーはイスラム教徒の神である．

解答：A. × cf.1　B. le cf.2

1- Dieu

– La pluie d'aujourd'hui est très forte.
– C'est comme si Dieu était fâché.
―今日は大雨だね．
―まるで神様が怒っているようだ．

J'ai demandé à Dieu de me donner la force de surmonter cette épreuve.
この試練を克服する力を授けたまえと神に祈った．

使い方：限定詞はつけないで用いる．
説　明：**1〜2**, 一神教の神に用いる．

2- 限定詞 + Dieu

Le Dieu de l'Ancien Testament est le Dieu d'Abraham, d'Isaac et de Jacob.
旧約聖書の神はアブラハム，イサク，ヤコブの神である．

"Le Dieu des chrétiens est un Dieu qui fait sentir à l'âme qu'il est son unique bien", a dit Pascal.
「キリスト教徒の神は，神が唯一の善であると心に感じさせる神である」とパスカルは言った．

使い方：限定詞をつけて用いる．
比　較：Le bon Dieu a eu pitié de moi.
　　　　　Dieu
　　　　　神様 が私をあわれんで下さった．
　　　　　神
慣　用：Mon Dieu, qu'est-ce qui se passe ?
　　　　　おやまあ，どうなってるんだ．

3- 限定詞 + dieu

Ces gens-là s'imaginent qu'il y a des dieux partout.
この人々はいたる所に神々がいると思いこんでいる．

Chez les Romains, Jupiter était le roi des dieux.
ローマ時代には，ジュピターは神々の王であった．

Dionysos était le dieu grec de la vigne et du vin.
ディオニュソスはギリシャのブドウとワインの神だった．

On dit que le Japon est le pays des 8 000 000 de dieux.
日本は八百万の神の国と言われる．

使い方：1) 語頭の d は小文字になる．

2) 多神教の神について用いる.

比　較：Dieu prononça ces paroles : "C'est moi le Seigneur, ton Dieu, qui t'ai fait sortir d'Égypte. Tu n'auras pas d'autres dieux face à moi. Car je suis un Dieu jaloux".
神はこう言われた.「お前をエジプトから連れ出してやったのは,主でありお前の神である私である. 私を前にして他の神をいただいてはならぬ. なぜなら私は嫉妬深い神だからだ.」

109　différent / divers

―― 確認問題 ――

次の文の誤りを正しなさい.

A. Évidemment, j'aurais agi autrement dans de différentes circonstances.
もちろん,別の状況では,私は違った風に行動したでしょう.

B. J'ai pris des divers remèdes, mais sans succès.
いろいろな薬を飲んでみたが,効果はなかった.

C. Elles sont très différentes sur le caractère.
彼女たちは性格が全く異なる.

解答：A. de différentes circonstances → des circonstances différentes cf.1
B. des divers remèdes → divers remèdes, あるいは différents remèdes cf.4
C. sur le → de cf.3

1- 限定詞 + 名詞（複数形）+ différents

Mon mari et moi avons des goûts différents.　夫と私は好みがちがいます.

Bien évidemment, les députés de l'opposition ont proposé des solutions complètement différentes.　当然ながら野党の議員たちは全く違った解決策を提案した.

2- différent de + SN

Il est très différent de son frère.　彼は兄(弟)とは随分違う.

Les deux frères sont très différents l'un de l'autre.　その兄弟はお互い全然違うんです.

Jean-François a des goûts différents des miens.　ジャン＝フランソワは私とは好みが違う.

Les Hara ont un style de vie différent de celui de leurs voisins.　原家の人々は周りの家の人たちとは生活の仕方が違う.

La vie au Maroc est complètement différente de la vie en Europe.
モロッコでの生活はヨーロッパでの生活と全く異なる．

使い方：différent que～という表現は用いない．

3- être différent de ＋名詞

Elles sont différentes de tempérament.
彼女たちは性格が違う．

4- |différents| ＋名詞（複数形）
　　 |divers　|

Les consommateurs étaient mécontents pour différentes raisons.
消費者たちはさまざまな理由で不満であった．

On peut donner diverses interprétations au mot "esprit".
"esprit"という語は，様々な解釈をすることができる．

Il existe différentes espèces de singes.
いろいろな種類の猿がいます．

Je l'ai vu à diverses reprises pendant les années 80.
彼とは80年代に何度か会いました．

使い方：限定詞なしで用いる．

同　意：plusieurs ＋名詞（複数形）

比　較：Il y a eu |diverses　　| réactions à sa proposition.
　　　　　　　　　|différentes|

Il y a eu des réactions différentes à sa proposition.

彼(女)の提案に対して様々な反応があった．
彼(女)の提案に対していくつか異なる反応があった．

5- les |différents| ＋名詞＋ |de ＋名詞（複数形）|
　　　　 |divers　 |　　　　　　|関係詞節　　　　 |

Vous pourriez donner les différents synonymes de "marcher"?
「歩く(marcher)」という語のいろいろな同意語を挙げていただけますか．

La couleur du mont Fuji change aux différentes heures de la journée.
富士山の色は1日のうちのいろいろな時間によって変わる．

J'ai été surpris des divers changements qui se sont produits depuis mon départ.
私が出発してから生じた様々な変化に驚いた．

反　意：les mêmes ＋名詞＋ |que ＋名詞（複数形）|
　　　　　　　　　　　　　|関係詞節　　　　　 |

6- 限定詞＋特定の名詞（複数形）＋ divers（言い回し）

Regarde à la page 7, dans la colonne des faits divers. 　7ページの社会面を見て．

Nous avons eu une conversation sur des sujets divers. 　私たちは様々なテーマについて話をしました．

Qu'est-ce qu'on va mettre sous l'en-tête des frais divers ? 　諸経費の項目に何を入れましょうか．

特定の名詞：frais, faits, dépenses, raisons, sujets など
同　意：限定詞 + 特定の名詞 + variés

110　difficile

――― 確認問題 ―――

次の各文の誤りを正しなさい．
A. Sans ce barrage, cette région sera difficile de développer.
　そのダムなしでは，この地方の発展は難しいだろう．
B. Sans ce barrage, il sera difficile à développer cette région.
　そのダムなしでは，この地方の発展は難しいだろう．

解答：A. de → à cf.1　B. à → de cf.2

1- SN + |difficile / être difficile| à + inf.

Le professeur nous a lu un texte difficile à comprendre. 　先生は難しいテキストを読み上げた．

Ton projet est difficile à réaliser. 　君の計画は実現困難だ．

Son écriture est trop difficile à lire, je trouve. 　彼(女)の字は読みにくすぎると僕は思うよ．

使い方：この形では不定法は他動詞でなければならず，SN がその直接目的補語．
　　×C'est une personne difficile à faire plaisir.
　　　Il est difficile de faire plaisir à cette personne.
　　　C'est une personne à laquelle il est difficile de faire plaisir.
　あの人を喜ばせるのは難しい．

Cette question est difficile |×à répondre. / à résoudre.
C'est difficile de |répondre à / résoudre| cette question.

この |質問に答える |のは難しい。
　　 |問題を解決する |

反　意：facile à + inf.

2- 特定の言葉 + difficile de + inf.

Il est difficile de trouver un appartement pas cher dans le centre de Tokyo.　東京の都心で安いマンションを見つけるのは難しい。

C'est difficile de réaliser ce projet.　この計画は実現困難だ。

Il est plus difficile de rassembler les membres d'un cercle, quand il y a plus de 60 membres.　サークルの全メンバーを集めるのは、60名以上もいるとより難しくなる。

特定の言葉：c'est, il est, ça devient, il semble
反　意：特定の言葉 + facile de + inf.
比　較：1) Le bonheur, |c'est une chose difficile à décrire.
　　　　　　　　　　　 |c'est difficile de le décrire.
　　　　　　　幸福，|それは口ではなかなか言い表せないものだ。
　　　　　　　　　 |それを口で言い表すのは難しい。
　　　　2) Comment faire ?|Ce problème est difficile à régler.
　　　　　　　　　　　　　|C'est difficile de régler ce problème.
　　　　　　　どうしたらいいだろう。|この問題は、解決するのが難しい。
　　　　　　　　　　　　　　　　　 |この問題を解決するのは難しい。
　　　　3) C'est une injustice |[qui est] difficile à supporter.
　　　　　　　　　　　　　　　 |qu'il est difficile de supporter.
　　　　　　　これは耐え難い不正だ。

3- |il + 補語人称代名詞（間接目的）+ est difficile
　　　|il est difficile pour + |限定詞 + 名詞
　　　　　　　　　　　　　　　|人称代名詞（強勢形）（会話）

Il est difficile, pour un enfant, de faire la part des choses.　子供にとって、すべてを考慮に入れるのは難しい。

Il m'est difficile de tout vous expliquer clairement, mais je vais faire de mon mieux.　あなたにすべてをご説明するのは難しいですけれど、できるだけやってみましょう。

Il leur a été difficile de s'adapter à leur nouveau pays.　彼らにとっては新しい国に適応するのは困難だった。

使い方：補語人称代名詞（間接目的）は est difficile の前に置かれるが、名詞は前置詞 pour を伴って、est difficile の後に置かれる。

比較：Il m'est difficile de déchiffrer son écriture. (あらたまって)
Il est difficile pour moi de déchiffrer son écriture. (会話)
僕には彼（女）の書いた字を解読するのは難しいよ．

111 dire / parler / raconter

確認問題

次の各文の（ ）の中に dire/parler/raconter の中で最も適切なものを選び，文に合う形にして入れなさい．

A. L'autre jour, Fabienne m'a ( ) de toi.
先日，ファビエンヌが僕に君のことを話してたよ．

B. Annie n'avait rien de spécial à me ( ).
アニーは私に特に言うことはなかった．

C. Depuis quelque temps, ce veuf ( ) de se remarier.
少し前から，妻を亡くしたこの男は再婚するつもりだと言っている．

D. Hier, tu es sortie avec Jean : allez, ( )-moi.
昨日ジャンと出かけたんでしょ，さあ，私に話を聞かせてよ．

E. ( )-nous en quelques mots où tu as passé ces trois jours.
君がこの三日間をどこで過ごしたのか，手短かに私たちに話しなさい．

解答：A. parlé cf.II-7 B. dire cf.I-1 C. parle cf.II-9
D. raconte cf.VI-1 E. Raconte あるいは Dis cf.VI-4,I-1

I- dire

1- dire ＋ 特定の言葉

1) Dis au revoir à mamie, Stuart.　　スチュアート，おばあさんにさようならを言いなさい．

- Il ne leur a même pas dit merci.　　—彼は彼らにありがとうさえ言わなかった．
- Il n'est pas très poli.　　—彼は礼儀正しくないね．

- Comment on dit "morning glory" en français?　　—フランス語で "morning glory"（三色朝顔）は何と言うの？
- Hum. On dit "belle-de-jour", je crois.　　—うーん，"belle-de-jour" だと思うよ．

Demandez à n'importe qui, on ne vous dira pas le contraire.　　誰でもいいから聞いてみて下さい．逆のことは言わないでしょうから．

特定の言葉：merci, bonjour, bonsoir, au revoir, à bientôt, oui, non, le contraire, la même chose など

慣　用： - Dis un grand bonjour pour moi à Valérie.
　　　　 - Je n'y manquerai pas.
　　　　―ヴァレリーに私からよろしくと言ってね．
　　　　―忘れずに言うよ．

2) Je ne savais pas quoi leur dire pour les remercier.
私は彼らに何と言って感謝したらよいのか分からなかった．

Hirokazu n'a pas autant de petites amies qu'il le dit lui-même.
博一は自分が言ってるほどたくさんは恋人などいないよ．

Vérifie dans ton livre de grammaire. Tu verras bien si ce que tu dis est correct.
きみの文法の本で確かめてごらん．君の言っていることが合ってるかどうかわかるよ．

- Tiens, un petit cadeau pour toi.
- Merci, dis-moi ce qu'il y a dans le paquet.
―ほら，君へのちょっとしたプレゼントだよ．
―ありがとう．中に何が入っているか教えて．

Je n'ai rien compris à ce qu'il m'a dit.
彼の話は何もわからなかった．

Hirohide a le don de nous faire savoir ce qu'il désire sans rien dire.
博英は，自分の望んでいることを，口には出さずに私たちに分からせる才能がある．

Jacques n'a pas de scrupules à dire tout haut ce que tout le monde pense tout bas.
ジャックは，みんなが心の中で思っていることを，平然と声高に言う．

Il faut lui dire comment s'y prendre.
彼(女)にどうふるまうべきか言うべきだ．

Anne, dis-moi où est la bouteille de whisky.
アンヌ，ウィスキーのボトルがどこにあるか教えて．

　　特定の言葉： ne ... rien, tout, quelque chose, ce que, ce qui, qu'est-ce que, ceci, quoi, le, comment, où など
　　使い方： 1) この意味では dire は必ず直接目的補語を必要とする．
　　　　　　 2) dire comme suit, dire comme ceci とは言わない．

2- dire + SN

Malheureusement, le visiteur n'a pas dit son nom.
残念ながらその訪問者は名をなのりませんでした．

Il ne t'a pas dit toute la vérité.
彼は君に真実のすべてを語ったわけではない．

Émilie ferait mieux de s'occuper d'elle-même au lieu de dire du mal des autres.
エミリーは，他人の悪口を言うよりも，自分自身のことをやった方がよいでしょう．

Et surtout ne dis pas de mensonge. いいかい．嘘を言っちゃいけないよ．

3- dire + 限定詞 + mot

Un enfant d'un an dit à peine quatre ou cinq mots. 1才の子供は，せいぜい四つか五つの言葉しか話せない．

Pierre ne dit encore que peu de mots en anglais. ピエールはまだ英語ではほとんど話せない．

慣 用：Évelyne n'a pas dit un seul mot de toute la soirée.
エヴリーヌはパーティの間ひと言も話さなかった．

4- dire + 特定の言葉 + | au sujet de | + SN
　　　　　　　　　　　 | à propos de |
　　　　　　　　　　　 | à + 限定詞　 | + | sujet
　　　　　　　　　　　 　　　　　　　　　| propos

Elle ne m'a absolument rien dit à ce sujet. 彼女はこのことに関して私に全く何も言わなかった．

Jean-Jacques dit tout ce qui lui vient à l'esprit à propos de n'importe quoi. ジャン＝ジャックは，何に関しても，ふと思いついたことを何でも言ってしまう．

Qu'est-ce que Valérie t'a dit au sujet de la réunion de lundi prochain ? 来週の月曜日の会についてヴァレリーは何と言ったの？

特定の言葉：ne ... rien, tout, que, ce que, qu'est-ce que, quelque chose, ne ... pas grand-chose, ceci, ça など

II- parler

1- parler

C'est moi qui vais parler le premier. Ensuite, vous prenez la parole. 私がまず話します．あなたはその次に発言して下さい．

Il va mieux, mais il parle encore avec beaucoup de difficulté. 彼はよくなったが，まだ話すにはかなり困難がある．

－ Pourquoi tu ne l'aimes pas ? ーなぜ君は彼が嫌いなの？
－ Parce qu'il parle toujours comme s'il savait tout. ーあいつは何でも知っているかのようにいつも話すから．

Comme il est fatigant ! Il n'arrête pas de parler ! 彼は何とうるさい奴だ．彼はひっきりなしにしゃべっている．

使い方：dire とは異なり，parler は普通直接目的補語なしで使われる．

比　較 : 1) Laisse-le parler, voyons.
　　　　　 Laisse-lui dire un mot, voyons.
　　　　　　彼に　　話させておきなさいよ.
　　　　　　彼(女)に

　　　　2) Muriel est connue pour　parler en l'air.
　　　　　　　　　　　　　　　　　　dire des choses en l'air.
　　　　　ミュリエルは口から出まかせを言うので有名だ.

2- parler + 特定の言葉

Je n'aime pas que les gens me parlent de cette manière.　私は人が私にそんな風に話すのを好まない.

Pourquoi vous me parlez sur ce ton ?　なぜあなたは私にそんな口調で話すのですか.

　特定の言葉 : sur ce ton, de cette manière, comme ça, de cette façon など
　比　較 : Pourquoi tu me　parles comme ça ?
　　　　　　　　　　　　　　dis ça ?
　　　　　なぜ君は僕に　そんな風に言うの　?
　　　　　　　　　　　そう言うの

3- parler + 言語名

Maria n'a jamais appris à parler italien.　マリアはイタリア語会話を習ったことがない.

- Vous savez parler russe aussi ?　―ロシア語も話されるのですか.
- Oh ! Un tout petit peu.　―ほんの少しですけどね.

　比　較 : - Pourquoi est-ce qu'il ne dit rien ?
　　　　　　 - S'il ne dit rien, c'est qu'il ne parle pas français.
　　　　　　　―なぜ彼は何も言わないのですか.
　　　　　　　―彼が何も言わないのは，フランス語を話せないからです.
　参　考 : parler + 言語名（無冠詞）という用法はあるが，écrire（あるいは lire）+ 言語名（無冠詞）という用法はない.

4- parler + [副詞] + le + 言語名

Il parle couramment l'espagnol et le portugais.　彼はスペイン語とポルトガル語を流暢に話す.

- Mary-Lou parle le japonais sans accent.　―メアリー＝ルーは日本語をなまりなく話す.
- C'est rare.　―それはめずらしいですね.

On parle l'espagnol dans la majorité des pays de l'Amérique latine.　ラテン・アメリカの大部分の国ではスペイン語が話されている.

De plus en plus d'étrangers parlent bien le russe.	ロシア語をうまく話す外国人が増えてきている。
En Bretagne, on parle encore le breton ?	ブルターニュ地方ではまだブルトン語を話すの？

5- parler ＋ 限定詞 ＋ 言語名 ＋ │形容詞
│de ＋ SN

Madame Iwasaki parle un japonais châtié.	岩崎さんは洗練された日本語を話す。
– Est-il vrai qu'au Québec on parle le français du XVIIe siècle ? – C'est ce qu'on dit.	―ケベックでは17世紀のフランス語を話しているって本当？ ―そういう話だよ。

6- parler ＋ 数形容詞 ＋ langues

– Combien de langues est-ce qu'il parle ? – Certainement une dizaine. – Oh ! C'est fantastique !	―彼は何カ国語話せるんですか。 ―きっと10カ国語くらいはね。 ―ああ，それはすばらしい。

7- parler de ＋ SN [＋ à ＋ SN]

L'Inde est un grand pays et je voudrais parler principalement de la condition féminine dans ce pays.	インドは大きな国です。私は主としてこの国の女性をめぐる状況について話したいと思います。
Il m'en a parlé mais je ne me souviens plus de ce qu'il a dit.	彼からその話は聞いたけど，何て言ってたかもう覚えてないわ。
Je n'ai pas encore parlé de ce projet à mes parents.	私はまだ両親にはこの計画のことを話していない。
Est-ce que Catherine t'en a parlé ?	カトリーヌは君にそのことを話した？
J'ignorais qu'il était question d'ouvrir une succursale; personne ne m'a parlé de cela.	支店を設けるかどうかが問題になっていたなんて，私は知らなかった。だれもそのことについて私に話してくれなかったから。
– Il s'attend à être transféré. – Tiens, il ne m'en a pas parlé.	―彼は配置替えを期待している。 ―おや，彼は私にはそんなこと言ってませんでしたよ。
Vous parlez de quoi ?	あなたは何の話をしているのですか。
Certaines personnes refusent absolument de parler d'elles-mêmes.	自分自身のことについて話すのを絶対に拒む人々がいる。

- Je ne connais pas Monsieur Delanoy.　　　―私はドゥラノワ氏を知らないよ．
- Mais si, je t'ai déjà parlé de lui.　　　―いや知ってるよ．彼のことは君にもう
　　　　　　　　　　　　　　　　　　　　話してるよ．

Tiens, je t'ai apporté le livre dont je t'ai　　ほら，この間話した本を持ってきたよ．
parlé.

　参　考：(E) speak about + SN
　比　較：1) Hélène | ne m'a parlé de rien.
　　　　　　　　　　| ne m'a rien dit du tout à ce sujet.
　　　　　エレーヌは | 私に何の話もしなかった．
　　　　　　　　　　| その件では私に何も言わなかったよ．
　　　　2) | De quoi est-ce qu'il parle ?
　　　　　 | Qu'est-ce qu'il dit ?
　　　　　 | 彼は何について話していますか．
　　　　　 | 彼は何と言っていますか．
　　　　3) | J'en ai parlé | à maman le lendemain.
　　　　　 | Je l'ai dit　 |
　　　　　　　私は翌日そのことをママに話した．
　　　　4) | Il t'a parlé de moi ?
　　　　　 | Qu'est-ce qu'il t'a dit à mon sujet ?
　　　　　 | 彼は私のことを君に話した？
　　　　　 | 彼は私のことを君にどう言ってた？
　　　　5) | J'ai à te parler.
　　　　　 | J'ai quelque chose à te dire.
　　　　　 | 君に話さなきゃならないことがあるんだ．
　　　　　 | 君に言っておかなきゃならないことがあるんだ．

8- parler [de] + 特定の名詞

Walton parle chômage et pauvreté avec　　ウォールトンは失業や貧困についてあき
fatalisme.　　　　　　　　　　　　　　　らめた様子で話す．

Il était interdit même aux officiers de parler　将校達でさえ，政治を論じるのは禁止さ
politique.　　　　　　　　　　　　　　　れていた．

　特定の名詞：chômage, politique, peinture, philosophie, pauvreté など
　使い方：1) 非常に抽象的な名詞とともに使われる．
　　　　　2) 限定詞はつかない．
　　　　　　Hier soir, nous avons parlé | [de] philosophie.
　　　　　　　　　　　　　　　　　　　　| de la philosophie d'Immanuel
　　　　　　　　　　　　　　　　　　　　　　　　　　　　　　　　　Kant.
　　　　　　昨夜私たちは | 哲学を論じた．
　　　　　　　　　　　　| イマヌエル・カントの哲学について話した．
　　　　　3) de がない場合，しゃれた言い方になる．

9- parler de + inf.

Maintenant que ses enfants sont grands, mon amie parle de retravailler.	私の友だちは、子供たちが大きくなったので、また働くつもりだと言っているわ。
Vous avez parlé de reprendre vos études. Avez-vous pris une décision ?	あなたは勉強を再び始めたいと話していましたが、決心しましたか？
On parle de bâtir une nouvelle autoroute.	新しい高速道路を建設すると言われている。

同 意 : il est question de + inf.

III- dire / raconter + SN

Raconte-moi ce qui est arrivé.	何が起こったか私に話して。
Ne le dis à personne.	そのことをだれにも言わないで。
Je ne t'ai pas dit ça pour que tu ailles le répéter !	口外してもらいたくて君に話したんじゃないよ！
Dis-nous comment ça s'est passé.	何がどうなったのか私たちに話しなさい。
Qu'est-ce qu'on raconte à son sujet ?	彼(女)のことをみんな何と言っているんだい？

使い方 : 1) ce que, ce qui, ça, des choses + 形容詞, qu'est-ce que などと共に。
　　　　2) 命令形でよく使われる。
注 意 : raconter の場合、軽蔑的ニュアンスを含むことがある。
　　　　Qu'est-ce que tu racontes encore ?
　　　　Qu'est-ce qu'il a à nous raconter ?
　　　　お前はまた何をほざいているんだ？
　　　　彼は私たちにどんなでまかせを言うことがあるのか？

IV- parler de / raconter + SN

Voudriez-vous nous raconter vos souvenirs d'enfance et de jeunesse ?	幼年期と青年期の思い出を私たちに語っていただけますか？
Raconte-nous ton dernier voyage.	君のこの前の旅行の話をしてよ。
Georges ne m'avait jamais parlé de cette histoire. Raconte.	ジョルジュは私にその話は一度もしてなかったな。聞かせてくれよ。
Marie est bien bavarde : elle parle toujours de choses drôles en classe.	マリーはとてもおしゃべりだ。彼女は授業中いつもおかしなことを話している。

V- | dire
  | parler de | + | ce que + 主語 + | dire
  | raconter | | | raconter
  | | | ce dont + 主語 + parler

Ne raconte à personne ce
　　　　　　　　　　| que je t'ai | dit.
　　　　　　　　　　| | ×raconté.
　　　　　　　　　　| dont je t'ai parlé.

| 私が君に言ったこと | をだれにも話さ |
| 私が君に話したこと | ないで。 |

Ne dis à personne ce que je t'ai | raconté.
　　　　　　　　　　　　　　　　| ×dit.

私が君に話したことをだれにも言わないで。

使い方：同じ動詞を繰り返さなくてもすむように，できれば別の同意語を使う方がよい．

VI- raconter

1- raconter [à + SN (人)]

On est obligés de déménager; c'est une longue histoire; asseyez-vous, on va vous raconter.

私たちは引っ越さなければならない．これは話せば長くなります．座って下さい．お話ししましょう．

Il n'est pas au courant de l'affaire des pots-de-vin? Raconte-lui.

彼はあの賄賂事件を知らないの？話してあげて．

2- raconter + 特定の言葉

Il ne raconte jamais rien d'intéressant. Elle, par contre, chaque fois que je la vois, elle a quelque chose d'intéressant à raconter.

彼はおもしろいことは決して何も言わない．これに反して，彼女は会う度に何かおもしろいことを言う．

Ce qu'il a raconté au sujet du sida nous a tous émus.

エイズに関して彼が話したことは，私たち皆を感動させた．

　　特定の言葉：ne ... rien, quelque chose, ce que など

3- raconter + 特定の名詞

Mamie, raconte-moi l'histoire du Petit Chaperon Rouge, veux-tu?

おばあちゃん，赤ずきんの話をしてくれる？

C'est toujours les mêmes histoires qu'il raconte.

彼が語っているのはいつも同じ話だ．

Elle m'a raconté en détail la mort de sa mère en pleurant.

彼女は泣きながらお母さんの死の様子を詳しく私に語った．

Raconte-nous l'histoire la plus amusante possible. 一番おもしろい物語を私たちに話して．

Eh bien, raconte-nous ton voyage en Inde. それでは，私たちに君のインド旅行の話を聞かせてよ．

特定の名詞：vie, mort, histoire, voyage, aventure など
注　意：3〜4, parler は用いられない．

4- raconter à + SN（人）+ 疑問詞 + 節

Tu ne m'as pas raconté en détail comment tu as fait pour devenir directeur. 部長になるためにどうしたかを君は私に詳しく話さなかった．

Elle ne m'a pas raconté pourquoi elle ne veut plus fréquenter les Delors. 彼女は，なぜもうドゥロール家に出入りしたくないのかを私に話さなかった．

112　ce que + SN + dit / mot / parole / vocabulaire

―― 確認問題 ――

次の文の下線部の誤りを正しなさい．

A. Il n'écoute pas les paroles que les autres disent.
   彼は他人の言葉に耳をかさない．

B. Mon perroquet sait dire deux paroles : "Bonjour" et "Ça va ?"
   私のオウムは二つの言葉を言える．「おはよう」と「元気ですか」だ．

C. Je ne parviens pas à parler avec un spécialiste de droit, je ne connais pas les mots.
   私は法律の専門家と話はできない．用語に明るくないからだ．

解答：A. → ce que les autres disent cf.1　B. → mots cf.3
　　　C. → le vocabulaire cf.10

1- ce que + SN + dit

Il n'écoute pas ce que les autres disent. C'est un handicap sérieux. 彼は他人の言葉に耳をかさない．これは深刻な欠点だ．

Il articule mal. Je comprends à peine ce qu'il veut dire. 彼は発音が悪い．何を言いたいのかほとんどわからない．

Pourriez-vous répéter ce que vous venez de dire ? 今の話をもう一度繰り返してもらえませんか．

Il faut se garder de juger les autres d'après ce qu'ils disent. 言葉で人を判断しないようにしなければならない。

注　意：所有形容詞 + mot, 所有形容詞 + parole とは言わない．

2- ce que + SN + dit
　　 所有形容詞 + paroles

Tes paroles lui sont allées directement au cœur. 君の言葉は彼の心を打ったと思うよ。

Ce qu'il m'a dit m'a profondément touché. 彼の言葉に私は大変心打たれた。

使い方：paroles は複数だけ用いる．
比　較：Ce que j'ai dit a｜eu l'air de le blesser.
　　　　Mes paroles ont
　　　　×Ma parole a
私が言ったことで彼は傷ついたみたいだ。

3- mot

Quelle est la traduction française des mots "yuyu jiteki"? 「悠々自適」をフランス語に訳すとどうなりますか。

- Je n'arrive pas à finir ce mot croisé. Tu ne connaîtrais pas un mot de sept lettres commençant par un "c" et désignant l'amour?
- Hum... voyons, c'est... charité!

―このクロスワードパズルどうしてもわからないよ。"c" から始って「愛」を意味する七文字の言葉知らないかなあ。
―うーむ、さて何だろう。えーと… "charité" だよ。

Chaque jour, le maître nous donnait une liste de mots à apprendre. 毎日先生は私たちに覚えるべき単語のリストをくれた。

Ce dictionnaire contient 30 000 mots. この辞書には30000語収録している。

使い方：具体的な語を示す．しばしば数を表す形容詞を伴う．

4- mot (言い回し)

Je vais lui dire un petit mot pour toi. 君がよろしく言ってたと彼（女）に伝えておくよ。

- Il cherche ses mots.
- C'est l'âge.

―彼，話をするとき言いよどむね。
―年だね。

Il ne m'a même pas dit un mot de remerciement. 彼は私にお礼の一言さえいわなかった。

Les amoureux n'ont pas besoin de mots pour se dire qu'ils s'aiment.	恋人たちには，気持ちを伝え合うのに言葉はいらない．
Élie n'a pas dit un seul mot de la soirée.	エリーはその夜の間一言も喋らなかった．
"La philosophie de l'amour", voilà de bien beaux mots!	「愛の哲学」とは大げさな言葉だ．
Je ne trouve pas les mots qu'il faut pour exprimer ce que je ressens.	自分が感じていることを表現するために必要な言葉が見つからない．

5- ces mots / ces paroles

"Il faut s'adapter aux coutumes du pays où l'on vit". Il faut bien se rappeler ces paroles.	「郷に入っては郷に従え．」この言葉をよく覚えておかなければならない．
"Adaptation! Adaptation!" Il n'a que ce[s] mot[s] à la bouche.	「順応，順応．」彼は口を開けばこれだ．

使い方：引用を受けて．

6- les paroles

Judith, tu connais les paroles de cette chanson?	ジュディット，この歌の歌詞知ってる？

7- 限定詞 + dernières paroles（複数のみ）

"Tu ne le regretteras jamais". Ce sont ses dernières paroles.	「決して後悔はしないから，やってごらん．」これが彼の最後の言葉だ．
Telles sont les dernières paroles de mon grand-père.	これが，祖父の最期の言葉だ．

8- 限定詞 + parole（言い回し）

Depuis, nous ne nous adressons plus la parole.	以来，私たちは口をきいていない．
Les paroles passent, les écrits restent.	口で言った言葉は消えるが，書いたものは残る．
Monsieur Régnier, c'est à vous de prendre la parole.	レニエさん，あなたが話す番です．
Je te donne ma parole, il n'a pas été tendre à ton endroit.	誓ってもいいが，彼は君に対して親切ではなかった．

慣　用：La parole est d'argent, mais le silence est d'or.
　　　　　言葉は銀，沈黙は金．

9- vocabulaire

À tout prendre, Enrico a un vocabulaire très limité. Il ne peut pas exprimer tout ce qu'il veut.
要するにエンリコは使える言葉がすごく少ないんだよ．何でも言いたいように言えるわけじゃないんだ．

J'ai perdu beaucoup de vocabulaire depuis que je suis revenu au Japon.
私は日本に戻ってからずいぶん語彙を減らしてしまった．

使い方：常に単数形で用いる．
比　較：Il n'a pas beaucoup de vocabulaire : il emploie à peine 300 mots pour s'exprimer.
　　　　　彼はあまり語彙を持っていない．何かを言うのにせいぜい300語を使う程度だ．

10- vocabulaire ＋ 特定の形容詞

Il a entrepris une étude sur le vocabulaire politique de Jean-Paul Sartre.
彼はジャン＝ポール・サルトルの政治用語についての研究にとりかかった．

特定の形容詞：technique, médical, juridique, scientifique など

113　discuter / disputer

― 確認問題 ―

次の文に誤りがあれば正しなさい．
A. Elle s'est discutée avec son fiancé avant-hier.
　　彼女は，おとといフィアンセと口論した．
B. J'en ai disputé avec le professeur et il est d'accord.
　　私はそのことで教授と議論し，教授は同意している．
C. Jeanne s'est fait disputer par son père pour avoir menti.
　　ジャンヌは嘘をついたことでお父さんから叱られた．
D. Ces trois romanciers ont disputé le prix Akutagawa.
　　この三人の小説家が芥川賞を争った．
E. Ce problème ne discute pas.
　　この問題は討論するに及ばない．

解答：A. discutée → disputée cf.9　B. disputé → discuté cf.2
　　　C. ○　cf.8　D. ont disputé → se sont disputé cf.10
　　　E. discute → se discute cf.6

1- discuter

Cessez de discuter et agissez.	もうあれこれ言うのはやめて，行動しなさい．
Il discute et rien ne se fait, c'est déplorable.	彼は議論はするが，何事も成就しない．これは歎かわしいことだ．
J'ai un ami qui passe son temps à discuter.	議論ばかりしている友人が私にはいる．

2- discuter | de + SN (物)
| sur + SN (物)

– Sur quoi est-ce que vous discutez ? – Sur l'importance de l'harmonie dans les relations internationales.	—何について討論しているのですか？ —国際関係における協調の重要性についてです．
On en a longuement discuté avec le recteur.	その件について，私たちは学長と長時間話し合った．

3- discuter [de] + 無冠詞名詞

Nous avons discuté [de] cinéma toute la nuit.	私たちは一晩中映画談議をした．
Monsieur Langevin passe son temps à discuter politique.	ランジュヴァンさんはいつも政治の話をしている．

使い方：de がないと，しゃれた言い方になる．
同　意：parler [de] + 無冠詞名詞

4- discuter + SN

Pour ou contre la peine de mort ? On a beaucoup discuté cette question.	死刑に賛成か反対か．この問題はずいぶん討論されてきた．
Nous avons discuté le projet pendant plusieurs séances. Nous ne sommes parvenus à aucune conclusion.	その計画については，何回にもわたって話し合ってきました．いかなる結論にも達してはいません．

使い方：グループでの話し合いに関して用いる．

5- discuter entre + 人称代名詞（複数）

J'ai observé que les Français aiment beaucoup discuter entre eux.	フランス人は，議論するのが大好きだと私にはわかった．
Discutez entre vous et vous me ferez connaître vos propositions.	あなた方の間で議論して下さい．そしてあなた方の提案を私に知らせて下さい．

6- SN (物) + se discuter

C'est une question qui pourrait se discuter. それは，議論の余地がある問題だ．

Voyons, ça ne se discute pas! いやあ，議論など論外だ．

使い方：se discuter は，人を主語としては用いられない．
参　考：(E) SN (物) + is debatable

7- disputer + SN (人)

Elles bavardaient comme des pies. J'ai dû les disputer. 彼女たちはしゃべりまくっていた．私は叱らなければならなかった．

Les Rondeau ne disputent jamais leur fille. ロンドー夫妻は決して娘を叱らない．

使い方：7〜9, disputer は口語的に使われる．
同　意：gronder + SN (人)
参　考：(E) tell + SN (人) + off; kick + SN (人) + off

8- se faire disputer [par + SN (人)]

− Elle s'est fait disputer par sa mère. ―彼女はお母さんに叱られたんだ．
− Pourquoi? ―どうして？

9- se disputer [avec + SN (人)] + | pour / à propos de / au sujet de | + SN

Il s'est encore disputé avec sa sœur. 彼はまた姉(妹)と口論した．

Ils se sont disputés à propos de l'héritage de leur père. 彼らは父親の遺産で口論した．

使い方：代名動詞のみがこの意味で使われる．この場合，se は直接目的語として扱う．
同　意：se quereller [avec + SN (人)]
参　考：(E) have a quarrel [with + SN (人)]；have an argument [with + SN (人)]

10- se disputer + SN

Les deux sont très intelligents. Ils se disputent toujours la première place. 二人ともとても頭がよい．彼らはいつも一番を競い合っている．

Ils vont se disputer le siège du Gumma à la Diète. Qui va l'emporter? 彼らは，群馬県の選挙区で国会議員の議席を争っている．誰が勝つだろうか．

使い方：この場合，se は間接目的語である．

注 意 : discuter と disputer は混同されることが多いので注意.

114 dissertation / devoir / composition / rédaction / mémoire / compte rendu / rapport

―― 確認問題 ――

次の文の（　）の中から適切な語句を選びなさい．

A. (Ma dissertation/Mon devoir/Ma composition/Ma rédaction/Mon mémoire/Mon compte rendu/Mon rapport) de maîtrise portait sur les erreurs de prononciation des Coréens qui apprennent le japonais.
私の修士論文は，日本語を学ぶ韓国人の発音の間違いに関するものでした．

B. Au retour, Bénédicte m'a fait un (compte rendu/rapport) détaillé de son voyage au Bangladesh.
帰ってくるとベネディクトは，私にバングラデシュ旅行の詳しい報告をした．

解答：A. Mon mémoire cf.6　B. compte rendu cf.7

1- dissertation

Quand j'étais au lycée, pour le cours de littérature, le professeur nous donnait une dissertation à faire par mois.
高校生のころ，文学の授業で先生から毎月一つずつ小論文を書かされた．

Vous avez fait une bonne dissertation mais c'est dommage qu'elle soit pleine de fautes d'orthographe.
出来のいい小論文でしたが，綴りのミスが多かったのが残念です．

説　明 : dissertation は，高校や大学で，文学的あるいは哲学的考察の訓練として，与えられたテーマについて書くもの．テーマの導入部（次に来る三つの部分を提示），三部からなる本論（正，反，合），結論というように，形式には一定のものがある．採点者の評価は形式（上記のように論は展開されているか）と内容（思考力，独自性など）の両面にわたる．dissertation は文学的な文体の訓練であって，すぐれてフランス的なものと言える．

参　考 : (E) essay

2- devoir

Nous avons un test et un devoir d'anglais par semaine.
私たちには，毎週英語のテストと宿題が一つずつ出る．

Tu n'iras pas jouer tant que tu n'auras pas fini tes devoirs.
宿題が終わらないうちは，遊びに行っちゃだめだよ．

説　明：devoir は，学校で出される課題のことで，一般に教わった内容のうち特定の部分を暗記させたり，実践させたりすることを目的とする．一定の形式というものはなく，単なる暗記であったり，筆記練習や口頭練習であったり，個々人の作文などであることもある．
参　考：(E) homework

3- composition

C'est lui qui a eu la meilleure note en composition française.　フランス語作文で最高点を取ったのは彼だ．

Les compositions trimestrielles commenceront la semaine prochaine.　期末試験が来週始まる．

説　明：初等教育で生徒に課す，口頭あるいは筆記の試験を指す．
参　考：(E) test, exam

4- composition [française]

Votre prochaine composition française portera sur Paul Valéry.　あなた方の次回のフランス語作文は，ポール・ヴァレリーについてです．

注　意：高校，大学でのフランス文学に関するレポートについてのみ用いる．
参　考：(E) French essay; French composition

5- rédaction

Voilà votre sujet de rédaction : "Racontez le plus beau jour de votre vie".　作文のテーマはこうです．「あなたの人生最良の日について語りなさい．」

J'ai eu une mauvaise note à ma rédaction.　私は作文の点が悪かった．

説　明：小，中学校で行われるもので，与えられたテーマについて書く作文練習．
参　考：(E) essay; composition

6- mémoire

Est-ce que le mémoire est exigé pour l'obtention d'une licence de psychologie ?　心理学の学士号を取得するのに，論文は要求されますか．

使い方：男性名詞
説　明：学士号，修士号を得るために，独自のテーマについての個人的な探求の成果を提示する論文の事であり，フランスでは，活字に打ち出し，製本するのが普通．（頁数は少なくとも30頁程度．）
参　考：(E) paper; dissertation

7- compte rendu

Le professeur a demandé aux élèves de faire un compte rendu du livre "Le Rouge et le Noir" de Stendhal.
先生は，スタンダールの『赤と黒』という本について感想文を書くように，と生徒たちに言った．

J'ai lu un compte rendu de cette expérience d'autogestion dans le journal.
私は，新聞で例の自主管理の経験の報告を読んだ．

注　意：口頭であれ文書であれ，特定のテーマについて構成を配慮しながら行う個人的な報告．主として，一つないし複数の物事を組織立てて，かつ客観的に紹介し，何らかの情報を伝える．学校教育の枠内では，宿題という形で出されることが多い．本の「書評」についてもこの語句を用いる．

参　考：(E) account, report, review

8- rapport

Je me suis empressé de faire un rapport confidentiel au directeur sur la situation.
現状についての部長あての内密の報告書を，私は取り急ぎしたためた．

On lui a demandé de rédiger un rapport sur la situation financière des petites et moyennes entreprises à Singapour.
彼は，シンガポールにおける中小企業の経営状態に関する報告書を作成するよう求められた．

Le rapport de police mentionne qu'il y avait des traces de sang dans la voiture.
警察の報告書には，車の中に血痕があったと記載されている．

− Est-ce qu'on vous a fait lire ses deux rapports sur les derniers événements politiques au Brésil ?
− Non, pas du tout.
―あなたは，ブラジルにおける最新の政治情勢に関する彼の二つの報告書を読むように言われていたのですか？
―いいえ，そうではありません．

説　明：どちらかというと公式な報告の部類で，口頭のこともあるが，たいていは文書でなされる．一般に相当徹底した調査，研究に基づいて，特定のテーマや出来事を対象とする．学校教育の枠内では用いられず，政治，経済，警察などの分野に限って用いられる．

参　考：(E) report

115　divorcer

――― 確認問題 ―――
次の各文の誤りを正しなさい．
A. Ils étaient mariés depuis quinze ans et ils se sont divorcés.
彼らは結婚して15年というところで離婚した．
B. Elle a divorcé son mari parce que son mari avait une liaison.
夫に愛人がいたという理由から彼女は離婚した．

解答：A. se sont divorcés → ont divorcé cf.1   B. divorcé son mari → divorcé cf.1

1- divorcer

C'est sa femme qui a voulu divorcer; lui ne voulait pas.　離婚したかったのは奥さんの方さ。彼はしたくなかったんだよ。

- Pourquoi est-ce qu'elle a divorcé ?　―なぜ彼女は離婚したの？
- Il paraît que son mari buvait et qu'il la battait.　―夫が酒ばかり飲んでいて，彼女を殴っていたらしいよ。

De nos jours, on n'a plus honte de divorcer.　最近では，離婚は恥ずべきことではなくなった。

Si l'on faisait un sondage, on découvrirait qu'à un certain moment de leur mariage, la plupart des époux ont rêvé de divorcer.　アンケートをとれば，既婚者の大部分は結婚後，一度は離婚を考えたことがあるという結果が出ることだろう。

使い方：1)「夫を/妻を divorcer する」とは言わない。divorcer は，自動詞であっていかなる直接目的補語も伴わない。
　　　　2) 代名動詞 (se divorcer) という形もない。
反　意：se marier
参　考：(E) divorce

2- être divorcé

- Je ne savais pas que tu étais divorcée.　―君が離婚していたとは知らなかったよ。
- C'est une chose dont je n'aime pas beaucoup parler, en général.　―普通，自分からはあまり話したくないことだから。
- Ça fait longtemps que je n'ai pas vu Philippe et Marie-Claire. Qu'est-ce qu'ils deviennent ?　―フィリップとマリー＝クレールに長いこと会っていないな。彼らはどうしてる？
- Ah oui, au fait, j'ai oublié de te le dire : ils sont divorcés.　―そうそう，実は君に言うのを忘れていた。彼らは離婚したよ。

参　考：1) être marié; être séparé; être veuf; être célibataire
　　　　2) obtenir le divorce（法律用語）
　　　　　Il a enfin obtenu le divorce, mais il paraît que la bataille juridique a été longue.
　　　　　彼はやっと離婚を勝ち得たが，法的な争いは長く続いたらしい。

116　c'est dommage / je regrette / regrettable / tant pis

> **確認問題**
>
> 次の文の誤りを正しなさい。
> A. C'est regrettable qu'il n'ait pas obtenu son doctorat.
> 　彼が博士号を取れなかったのは残念だ。
> B. J'ai complètement oublié la date de ton anniversaire, c'est dommage.
> 　君の誕生日をすっかり忘れてたよ。ごめんね。
> C. Ce n'était pas du tout regrettable pour moi d'avoir pris cette décision.
> 　僕はこの決心をしたことを一度も後悔したことはないよ。
>
> 　解答：A. C'est regrettable → C'est dommage cf.3
> 　　　　B. c'est dommage → je regrette (je m'excuse あるいは je suis désolé(e)) cf.4
> 　　　　C. Ce n'était pas du tout regrettable pour moi → Je n'ai pas du tout regretté cf.6

1- C'est dommage (会話)

- J'ai raté mes photos.　　　　　　　　　　　　　―私，写真を失敗しちゃった。
- [C'est] dommage.　　　　　　　　　　　　　　　―そりゃあ残念だね。

Tu n'es pas venu à la boum samedi soir. C'est dommage. On s'est bien amusés.　　　君は土曜日の夜のダンスパーティーに来なかったんだ。残念だね。とても楽しかったんだよ。

　参　考：(E) 1〜3, it is a pity; it is a shame

2- C'est dommage de + inf. (会話)

C'est dommage de rester à la maison par un si beau temps !　　　こんな天気のよい日に家にいるなんてもったいない。

- Elle n'a pas pu aller voir l'exposition des peintures de Goya.　　　―彼女はゴヤの絵画展を見に行くことができなかった。
- C'est dommage de ne pas y être allé; c'était bien.　　　―あれに行かなかったのは残念だ。よかったんだよ。

3- C'est dommage que + 節 (接続法) (会話)

C'est dommage qu'il ait échoué à l'examen.　　　彼が試験に落ちたとは残念だ。

C'est dommage que sa mère l'oblige à rentrer à 10 heures : c'est après 10 heures qu'on s'amuse le plus.　　　彼(女)の母親が彼(女)の門限を10時にしているとは残念だ。最も楽しめるのは10時以降だからね。

　使い方：この場合，C'est regrettable, SN (人) + regretter は使わない。

強　調 : c'est | très | dommage.
　　　　　　| vraiment |
　　　　　　| vraiment très |
　　　　　　| plus que |
　　　　　　| bien |

4- je regrette (会話)

| Je ne peux pas répondre à cette question, je regrette. | すみません．その質問には答えられません． |

| Je regrette, vous ne pouvez pas entrer. L'accès est interdit au public. | 申し訳ありませんがお入りになれません．一般の方の入場は禁じられています． |

使い方 : je m'excuse や je suis désolé(e) の代わりに用いられる更に丁寧な言い方．

5- regretter [+ de + inf.]

| Ce jour-là, j'ai fait une grosse bêtise, on n'y peut rien, je regrette [d'avoir fait ça]. | あの日，私は大きなへまをしでかしました．もうどうしようもありません．申し訳ありませんでした． |

| Je regrette d'avoir tardé à répondre à sa lettre. | 私は彼女の手紙に返事を書くのが遅くなってしまったことを悔やんでいる． |

| Il regrette aujourd'hui d'être parti après une dispute. Il voudrait la revoir et lui expliquer qu'il l'aime encore. | 彼はけんかしたまま家を出てしまったことを今日後悔している．できれば彼女にまた会って，今でも愛していると言いたいと思っている． |

| Je regrette d'avoir manqué cette émission. | あの番組を見逃したことを後悔している． |

| Monsieur Tamura regrette vraiment de ne pas pouvoir vous accompagner à l'aéroport. Il a un rendez-vous à cette heure-là. | 田村さんは，あなたを空港にお見送りすることができなくて本当に残念がっています．丁度その時間に人と会う約束があるんですよ． |

6- ne pas regretter de + inf.

| Il ne regrette pas du tout de s'être marié. Il se sent beaucoup plus heureux que quand il était célibataire. | 彼は結婚したことを全く後悔していない．独身だった頃よりもずっと幸福だと感じている． |

| Je ne regrette pas du tout d'être allée à Sapporo. Ce sont les plus belles vacances que j'aie passées depuis longtemps. | 札幌に行ったことをを私は全く後悔していません．これまで長い間に過ごした休暇の中でも最良のものでした． |

7- regretter que + 節 (接続法)

Je regrette que tu ne puisses pas nous accompagner.　　君が私たちと一緒に来られないのが残念だ。

Nous regrettons vraiment que vous ne veniez pas à la cérémonie.　　式典にあなたが出席されないのは本当に残念です。

8- 限定詞 + 名詞 + regrettable

Il a commis une erreur regrettable.　　彼は残念なまちがいをやった。

Cette décision est tout à fait regrettable pour les employés.　　この決定は職員たちにとっては全く不満なものです。

9- c'est regrettable

Il buvait trop. C'est bien regrettable car, à cause de cela, il a perdu son emploi.　　彼は飲み過ぎだったよ。残念なことだよ。そのせいで職を失ったんだからね。

- Malheureusement, mon client n'a pas d'alibi pour le soir du crime.
- Ça, c'est tout à fait regrettable !

―残念ながら依頼人は犯罪のあった晩にアリバイがないんだ。
―へえ、それは全く困ったことですな！

10- tant pis (会話)

- Dans ce bureau, le ménage est vraiment mal fait.
- Ça crée une mauvaise impression, mais tant pis.

―この事務所では、掃除が全くなってない。
―それが悪い印象を与えているんだね。でも仕方がない。

- Elle a oublié d'envoyer un faire-part de la naissance de sa fille à quelques amies.
- Tant pis; mais peut-être qu'elle pourra leur envoyer des photos à la place.

―彼女は何人かの友人に自分の娘の誕生通知を送るのを忘れちゃったの。
―しょうがないよ。でもその代わりに写真を送ればいいよ。

同　意 : ce n'est pas grave; ce n'est pas un problème
参　考 : (E) never mind
参　考 :
- J'ai raté mes photos d'excursion !
  - Tant pis !
  - C'est regrettable !
  - C'est dommage !
  ―遠足の時の写真、失敗しちゃったよ。
  ―仕方ないよ。
  ―がっかりだな。
  ―残念だね！

11- tant pis [pour + SN] (会話)

- J'ai échoué à l'examen du permis de conduire.
- Tant pis pour toi et .... tant pis pour ton moniteur qui t'a mal préparé.

―私は運転免許証の試験に落ちた．
―君には気の毒だし，教え方の悪かった先生にはお生憎様だね．

- Les gens prennent des trains archibondés.
- Tant pis pour eux et pour leur santé.

―みんなぎゅうぎゅう詰めの電車に乗ってるんだよ．
―お気の毒様．体にも悪いし．

12- tant pis si + 節 (直説法) (会話)

- Kaoru devait venir m'aider à réviser les maths, mais il n'est pas libre.
- Tant pis s'il ne vient pas, tu devras te débrouiller tout seul.

―薫は，僕が数学の復習をするのを手伝いに来てくれるはずだったんだけど，忙しくてだめなんだ．
―彼が来ないのは残念だね．君は一人で何とかやらなければならないね．

- Mon père dit qu'aller à l'hôtel, c'est trop cher.
- Tant pis si ce n'est pas possible, on trouvera peut-être à loger chez l'habitant.

―父は，ホテルに泊るのは高すぎると言っているんだ．
―無理なら仕方ないね．民家で宿泊できるところが見つかるだろうよ．

参 考 : (E) too bad; it can't be helped

117　on donne / recevoir

――― 確認問題 ―――
次の文の誤りを正しなさい．
A. Je serai donné le passeport dans une semaine.
　パスポートは一週間後にもらえます．
B. Les enfants ont été donnés des devoirs pour demain.
　子供たちには明日までの宿題が出しましたよ．

解答：A. → On me donnera le passeport dans une semaine.
　　　B. → On a donné des devoirs aux enfants pour demain.

| on donne à + SN (人) + SN (物)
| SN (人) + recevoir + SN (物)

Au jour de l'An, la plupart des enfants japonais reçoivent de l'argent.

お正月には日本の子供たちはたいていお年玉をもらいます．

On a donné à chacun une boîte de gâteaux secs. それぞれビスケットを一箱もらいました.

使い方: 1) 間接目的語である人を主語にして être donné の形は用いられない.
2) offrir や accorder (あらたまって) などについても同じ.

参 考: (E) be given
The children were given chocolate cake for their snack.
On a donné du gâteau au chocolat aux enfants pour leur collation.
おやつに子供たちはチョコレートケーキをもらった.

118 dont

確認問題

次の文の誤りを正しなさい.
A. Ce qu'il a peur, c'est des tremblements de terre.
   彼が恐がっているのは, 地震なんですよ.
B. Agnès cherchait un homme dont elle ne connaissait pas son nom.
   アニェスは名前も知らない男を探していた.
C. Laurent a acheté une voiture dont la ligne il adore.
   ロランは車を買ったんだけど, その形が大好きなんだよ.

解答: A. Ce qu'il → Ce dont il cf.3   B. son nom → le nom cf.6
C. dont la ligne il adore → dont il adore la ligne cf.6

1- dont + SN + 動詞

J'ai pu finalement aller voir le film dont tu m'as parlé. 君が話してた映画をやっと見に行けたよ.

C'est la seule chose dont je me souvienne. J'ai oublié le reste. 私が覚えているのはそのことだけです. あとのことは忘れました.

Quel est le grand secret dont il ne parle à personne ? 彼が誰にも話さないすごい秘密って何?

使い方: 1〜3, de を必要とする動詞や形容詞を伴う.

2- dont + SN + être + 形容詞

C'est la seule chose dont nous soyons entièrement certains. それが私たちが全く確信している唯一のことです.

Elle a perdu le beau bracelet dont elle était si fière.	あれほど自慢していた素敵なブレスレットを彼女はなくした.
Ce dont tout le monde est conscient, c'est qu'il faut stopper le sida.	誰もが意識しているのは、エイズを食い止めなければならないということです.

使い方：fier, satisfait, jaloux, responsable, coupable, originaire, certain, sûr, content, capable 等の前置詞 de を取る形容詞と共に.

3- ce dont + SN + 動詞

Il faut faire des recherches pour savoir ce dont les pays du Tiers-Monde ont besoin.	第三世界の国々が何を必要としているかを知るためには、調査を行う必要がある.
Quand il a appris ce dont il s'agissait, il a écrit une lettre d'excuse.	彼は何が問題になっているかわかると、お詫びの手紙を書いた.
Lorsque Maurice a appris ce dont il était question, il s'est mis en colère.	モーリスは問題となっていることを知ると怒り出した.

強　調：tout ce dont + SN + 動詞
比　較：1) Je doute de la véracité de cette histoire.
　　　　　Ce dont je doute, c'est de la véracité de cette histoire.
　　　　　その話の信憑性を私は疑う.
　　　　　私が疑っているのは、その話の信憑性である.
　　　2) Je suis content de mes résultats.
　　　　　Ce dont je suis content, c'est de mes résultats.
　　　　　私は、自分のやったことの結果に満足している.
　　　　　私が満足しているのは、自分のやったことの結果についてである.

4- la façon / la manière dont + 節

La plupart des gens diraient, je crois, que la façon dont on mange est aussi importante, sinon plus, que ce qu'on mange.	大部分の人は、どうやって食べるかの方が、何を食べるかと同じくらい重要、ひょっとするとそれ以上に重要だと言うだろうと私は思う.
Je n'approuve pas du tout la manière dont il nous a traités.	彼が私たちを扱ったやり方には、私は感心しない.
La manière dont ils se sont comportés a surpris tout le monde.	彼らのふるまい方は皆を驚かせた.
Alphonse juge trop souvent les gens d'après la façon dont ils sont habillés.	アルフォンスは服装で人を判断し過ぎだよ.

5- dont + 定冠詞 + 名詞 + 動詞

Dans ce village, il y avait un garçon dont le père était extrêmement riche.
その村には，父親が大金持ちの少年がいました。

On rapporte que les gens dont les revenus dépassent 90 000 dollars seront taxés davantage.
収入が9万ドル以上の人たちは増税になるという話だ。

使い方：1) de + 先行詞のかかる名詞が，関係代名詞節の動詞の主語となっている．
2) **5〜6**, de +先行詞のかかる名詞には，所有形容詞ではなく，定冠詞を用いる．

J'ai un ami dont | la mère | est actrice.
                 | ×sa mère |
                 | ×mère |

僕にはお母さんが女優の友だちがいる．

3) 体の部位を表わす名詞を用いる場合は，à +定冠詞+名詞 (体の部位) +色の形容詞という表現を用いる．

Il m'a avoué qu'il aime les femmes aux cheveux blonds.
彼は金髪の女性が好きなんだともらした．

6- dont + SN + 動詞 + 定冠詞 + 名詞

C'est un roman dont j'ai oublié le titre.
それは，題名は忘れましたが小説なんです．

J'ai goûté à toutes sortes de vin, mais naturellement il y en a plusieurs dont j'ai oublié le nom.
私はありとあらゆるワインを飲んでみましたが，当然名前を忘れてしまったワインもいくつもあります。

Est-ce que les choses dont nous avons dressé la liste sont toutes là ?
リストに挙げたものは全部ここにあるかしら？

使い方：英語とは異なり，目的補語は動詞の後に置かれる．

It's a novel whose author I forgot.
| C'est un roman dont j'ai oublié l'auteur.
| ×C'est un roman dont l'auteur j'ai oublié.
それは小説なんですが，著者は忘れました．
There was a lady whose voice I immediately recognized.
Il y avait là une dame dont j'ai tout de suite reconnu la voix.
ここに一人のご婦人がいましたが，声ですぐその人とわかりました．

7- SN + dont + 特定の言葉 + 動詞

Il a beaucoup de livres dont la plupart sont reliés en maroquin.
彼は本をたくさんもっているが，そのほとんどがモロッコ革で装丁されている．

Elle a brillé tout spécialement en plusieurs langues étrangères dont elle ne connaissait aucune en arrivant.

彼女はいくつもの外国語が目立ってよくできた。彼女はやってきた時、それらの外国語のどれ一つできなかったのであるが。

特定の言葉: aucun, pas un, plusieurs, personnes, quelques-uns など

119　dormir / endormir / s'endormir / avoir sommeil

確認問題

次の各文の（　）に dormir/endormir/endormi(e)/s'endormir/sommeil のいずれかを和訳を参考にして入れなさい。

A. Beaucoup de gens âgés n'arrivent pas à (　　) sans somnifères.
　高齢者には睡眠薬がないと寝つけない人が多い。

B. Chut ! Françoise ne s'est pas encore (　　).
　しーっ！ フランソワーズはまだ寝入っていないの。

C. Je suis rentré vers 3 heures du matin, j'ai (　　).
　朝の3時に帰ったんだ。眠いよ。

D. Maman, laisse-moi (　　) tard demain, je n'ai pas de cours.
　お母さん、明日はゆっくり寝かせておいてね。授業がないんだから。

E. L'anesthésiste n'a pas voulu l'(　　).
　麻酔医は彼(女)を眠らせたくなかった。

解答：A. s'endormir cf.6　B. endormie cf.6　C. sommeil cf.8
　　　D. dormir cf.3　E. endormir cf.4

1- dormir

La nuit dernière, je n'ai dormi que trois heures.　昨夜は3時間しか寝ていない。

- On dirait qu'il a mal dormi.
- En effet.

―彼は寝不足のようだね。
―そうそう。

Chut ! Plus de bruit ! Les enfants dorment.　しーっ！ 音を立てないで！ 子供が寝てるんだ。

- La plupart des étudiants dorment pendant son cours.
- Ce n'est pas normal, tu ne trouves pas ?

―彼(女)の授業では、大部分の学生が寝てるんだ。
―ひどいね。そうだろ？

Il y a des matins où je voudrais continuer à dormir même si j'ai des cours.　授業がある日でもそのまま眠っていたい朝がある。

119 dormir / endormir / s'endormir / avoir sommeil

- Il ne dort pas encore.
- La visite du zoo a dû l'énerver.

―あの子はまだ寝ていない．
―動物園に行って興奮しているんだろう．

Émilie dort n'importe où comme un loir.

エミリーはどんなところでもぐっすりと寝てしまう．

Bonne nuit, dors bien.

おやすみ．ぐっすりお眠り．

参　考：(E) sleep

2- SN (物) + faire dormir [+ SN (人)]

Le murmure de sa voix me fait dormir.

彼(女)のささやくような声を聞いていると眠くなってしまう．

La musique de Bach le fait dormir.

バッハを聞いていると彼は眠くなる．

- L'alcool, ça donne de l'énergie.
- Oui, peut-être, mais si on en prend une certaine quantité, ça fait plutôt dormir.

―お酒を飲むと元気が出るよ．
―うん，そうかもね．でもそこそこ飲むと眠くなるよ．

Le médecin lui a recommandé un calmant pour la faire dormir.

医者は彼女に眠れるようにと鎮静剤をすすめた．

3- SN (人) + laisser + SN (人) + dormir

Il ne faut pas la déranger. Laisse-la dormir, elle est fatiguée.

彼女を起こしちゃだめだよ．寝かせときなさい．疲れてるんだ．

Laisse | dormir Jeanne.
       | Jeanne dormir.

ジャンヌは寝かせておきなさい．

Jeannot se réveille à 6 h et il ne nous laisse pas dormir.

ジャンちゃんたら，6時に目を覚まして僕らを寝かせておいてくれないんだ．

4- SN (人) + endormir + SN (人)

Berce-le un peu pour l'endormir.

ちょっと揺すって寝かしつけて．

Je n'ai pas réussi à l'endormir avant minuit.

夜中の12時までに寝かしつけることができなかった．

参　考：(E) put to sleep; send to sleep

5- être endormi

J'étais à peine endormi que le chien du voisin s'est mis à aboyer.

寝入りばなに，隣の犬が吠えだした．

反　意：être réveillé

参　考：(E) be sleeping; be asleep
比　較：－ | Il est endormi?
　　　　　| Il dort?
　　　　 － Non, pas encore.
　　　　－ | 彼は寝ちゃった？
　　　　　| 彼は眠ってるの？
　　　　 －いや，まだだよ．

6- s'endormir

Jean-Marc s'est endormi pendant le cours de philosophie.
ジャン＝マルクは，哲学の授業中眠り込んでしまった．

Je me suis endormi vers 3 h du matin.
朝の3時頃寝ついた．

Le père rentre à la maison après que les enfants se sont endormis et, le lendemain matin, il repart avant qu'ils se soient levés.
父親は子供が寝た後で帰宅し，翌朝は子供が起きる前に出勤する．

Tu as de la chance de t'endormir aussitôt après t'être couché !
横になった途端眠れちゃうなんて，いいね．

Après m'être couché, cela prend une bonne dizaine de minutes avant que je m'endorme.
横になってから寝入るまでに，たっぷり10分はかかる．

反　意：se réveiller; se rendormir
参　考：(E) fall asleep
比　較：| Je me suis endormi | pendant le cours du professeur Koike.
　　　　| J'ai dormi |
　　　　　小池先生の授業中 | 眠り込んだ．
　　　　　　　　　　　　　 | 眠った．

Moi, après le déjeuner, si je ne prends pas de café, je m'endors sur ma chaise.
私は昼食後コーヒーを飲まないと，腰かけたまま寝てしまう．

7- laisser + SN (人) + s'endormir

Ma femme a estimé qu'il s'agissait d'un caprice et l'a laissé s'endormir tout seul.
妻はそれはわがままだと考えて，息子を一人で眠らせた．

Il ne faut pas le laisser s'endormir. Donne-lui une tape sur l'épaule.
彼を眠り込ませちゃだめだよ．肩をたたいてあげなさい．

反　意：SN + réveiller + SN (人)

8- avoir sommeil

Moi, si je ne prends pas de café après le déjeuner, j'ai sommeil presque tout de suite après. 　私は昼食後コーヒーを飲まないと、後ですぐに眠くなる。

C'est drôle, toi, tu n'as jamais sommeil avant 2 heures du matin ! 　変わってるねえ、君は。夜中の2時まで全然眠くならないなんて。

　参　考：(E) feel sleepy
　比　較：1) − Qu'est-ce que tu as à bâiller comme ça ?
　　　　　　− J'ai sommeil, j'ai mal dormi la nuit dernière.
　　　　　　—どうしたの。あくびなんかして。
　　　　　　—眠いんだ。昨夜はよく眠れなかったんだ。
　　　　　2) Ils dorment tous : qu'est-ce qu'ils ont à avoir tous sommeil ?
　　　　　　彼らみんな寝てるよ。みんな眠たいだなんて一体どうしたの？

120　drôle de + 名詞

―― 確認問題 ――

次の文の誤りを正しなさい。
A. Il y a une odeur drôle dans la maison !
　　家の中で変なにおいがするよ。
B. Il a des amis drôles.
　　彼には変な友達がいるんだよ。

　　　解答：A. une odeur drôle → une drôle d'odeur　B. des amis drôles → de[s] drôles d'amis

不定冠詞 + drôle de + 名詞

La nuit dernière, j'ai entendu de[s] drôles de bruits. 　昨晩、妙な物音が聞こえた。

J'ai senti une drôle de sensation. 　私は変な感じがした。

Tu t'es mis dans un drôle d'état, ce soir. 　君は今晩何だか変だよ。

J'ai fait un drôle de rêve. 　変な夢を見ました。

Il lui est arrivé une drôle d'histoire. 　彼(女)に変なことが起こった。

Ça m'a fait un drôle d'effet. 　それは私にとって妙な効果があった。

　比　較：Il est doué pour raconter | de | drôles d'histoires.
　　　　　　　　　　　　　　　　　 | des |
　　　　　　　　　　　　　　　　　 | des histoires drôles.

彼は |変な話| をするのにたけている。
   |笑い話|

慣　用：Ce garçon, c'est un drôle de pistolet.
　　　　こいつは変なやつだよ。

121　économie / sciences économiques / économie politique

── 確認問題 ──

次の各文の（　）の中に économie / économie politique / sciences économiques / économies の中から適切なものを選び，適切な限定詞をつけて入れなさい。

A. Le Premier ministre a avoué que (　　) du pays périclitait.
　　首相はこの国の経済が危機に瀕していると明らかにした。

B. Même si on a étudié (　　), on ne peut pas toujours devenir riche.
　　経済学を学んだとしても，必ずしも金持ちになれるわけではない。

C. Après sa retraite, il a pu faire construire la petite maison de ses rêves avec (　　).
　　退職後，彼は貯金をはたいて念願の小さな家を建てることができた。

解答：A. l'économie cf.1
　　　B. !les sciences économiques cf.4
　　　C. ses économies cf.3

1- économie

La Chine a une économie en pleine expansion.
中国の経済は大発展している。

Il a été beaucoup question de l'économie mondiale lors de la dernière réunion du Groupe des 7.
前回のG7の会議では世界経済が大きく取り上げられた。

Certains pays en voie de développement ont une économie dans un tel état de délabrement que, même l'aide internationale ne peut pas faire grand-chose.
発展途上国の中には経済が破綻している国があって，国際的援助をしてもどうにもならない場合がある。

使い方：特に単数形で用いられる。
参　考：(E) economy

2- faire + 不定冠詞 + économie de + |名詞|
　　　　　　　　　　　　　　　　　　　　　　　　|数詞|

Un bon système d'isolation permet de faire des économies de chauffage appréciables.

しっかりとした断熱設備をすると，相当に暖房費の節約になります。

Si vous partez avant le 18 juillet, vous pouvez avoir un billet pour 400 euros, aller-retour. Ça vous fera une économie de 25% environ.

7月18日よりも前に出発すると，往復400ユーロで切符が手に入ります。そうすると大体25%の節約になりますよ。

使い方：**2〜3**, 一般に複数形で用いられる．
参　考：**2〜3**, (E) savings

3- économies

J'ai quelques économies à la banque mais ce n'est pas encore suffisant pour me permettre d'arrêter de travailler.

銀行にいくらか貯金はありますが，仕事をやめられるほど十分な額ではありません。

Elle a placé ses économies dans une société fiduciaire qui a fait faillite.

彼女はある信託会社に貯金をあずけたが，その会社が倒産してしまった．

4- sciences économiques

Plus tard, Mika voudrait étudier les sciences économiques.

美香は，のちのちは経済学を勉強したいと思っている．

La plupart des politiciens ont fait leurs études en sciences économiques.

政治家たちの殆どは経済学を専攻した人たちです．

使い方：この場合 économie や économique は用いない．
参　考：(E) economics

5- économie politique

On dit que si vous voulez passer votre vie universitaire à vous amuser, il faut choisir la faculté d'économie politique. Je me demande si c'est bien vrai.

もしも大学生活を楽しみたいのなら政治経済学部を選ぶと良いと言う話ですが，それは本当でしょうかね．

Sans spécialistes d'économie politique, Singapour ne pourrait pas se développer comme il en a besoin.

政治経済の専門家なしでは，シンガポールは思うようには発展できまい．

参　考：(E) political science

> **── 確認問題 ──**
>
> 次の各文の誤りを正しなさい.
>
> A. Son effort est admirable.
>   彼の努力には頭が下がる.
>
> B. C'est une femme qui s'est efforcée pour être gentille avec tout le monde.
>   この女性はだれにでも親切であろうと努めて来たんだよ.
>
> C. Chacun devrait faire des efforts de diminuer le bruit.
>   騒音防止のためには各人が注意しなければならない.
>
> 解答：A.→ Ses efforts sont admirables. cf.3　B. pour → d' cf.7
>   C. de diminuer le bruit → pour que le bruit diminue あるいは pour diminuer le bruit cf.7

1- faire +副詞 +d'efforts

À partir de maintenant, je dois faire plus d'efforts.
今から僕はもっと努力しなければならない.

- Les fermiers attendent la récolte sans faire trop d'efforts.
- C'est ce que tu penses !

―農民は収穫までさしたる努力もしない.
―それは君がそう思っているだけだ!

Il dit qu'il travaille, mais je trouve qu'il ne fait pas tellement d'efforts.
彼は自分では勉強していると言うが, それほど努力しているとは思わない.

Il ne fait pas assez d'efforts, c'est évident.
彼は努力が足りないよ. 明白だよ.

2- |faire| + 不定冠詞 + |特定の形容詞(1) + efforts|
   |fournir| |efforts + 特定の形容詞(2)|

Jean-Marc a fait de gros efforts ces derniers temps.
ジャン=マルクはこのところ目一杯頑張っている.

S'il continue à faire des efforts, de vrais efforts, il obtiendra sa licence.
彼はこのまま努力すれば, 本気で努力すれば卒業できるよ.

Il est admirable, il fait des efforts continuels.
彼には感心する. 絶え間ない努力を重ねている.

La municipalité a fourni des efforts importants en vue de procurer à la population des équipements sociaux adéquats.
市当局は住民にしかるべき公共施設を供すべく多大な努力を払っている.

　特定の形容詞(1)：petits, gros, importants, grands, violents, vrais, inlassables など

　特定の形容詞(2)：importants, surhumains, désespérés, inlassables, physiques, intellectuels, répétés, nécessaires など

3- efforts (他の用法)

Continuez, vos efforts seront récompensés.
頑張って下さい。あなたの努力は報われますよ。

Il a échoué dans sa campagne électorale malgré tous ses efforts.
いろいろと苦心したが，彼の選挙キャンペーンは失敗だった。

Il n'y a pas de succès sans efforts, ça c'est sûr.
努力なくして成功なし，それは確かだ。

使い方：この場合普通複数で用いる。

Jean-Émile a fait tous les efforts dont il est capable pour s'adapter aux coutumes américaines.
ジャン＝エミールは，アメリカの習慣に適応するためにありとあらゆる努力を行った。

4- faire un + 特定の形容詞 + effort [pour + inf.]

Faisons un petit effort et nous serons au sommet.
ちょっと頑張ろう。もう頂上だよ。

Il a d'abord fait un long effort pour se souvenir. Mais l'événement lui a échappé.
彼はまず思い出そうと長い間努力した。けれどもその出来事を思い出せなかった。

特定の形容詞：petit, gros, financier, dernier, long, ultime など

5- ne faire aucun effort

Puis il n'a plus fait aucun effort pour guérir.
その後彼は治ろうという努力はもう何もしなかった。

6- faire l'effort de + inf.

Il ne fait même pas l'effort de lacer ses chaussures.
彼は自分の靴ひもを結ぶくらいの努力すらしないんだよ。

J'ai fait l'effort de m'intéresser à ce qu'elle faisait, mais elle n'a pas réagi.
僕は彼女がしていることに興味を持とうと努めました。けれども彼女は何も応えてくれませんでした。

7- faire tous + 限定詞 + efforts [pour + inf.]
faire des efforts [pour que + 節（接続法）]
s'efforcer de + inf.

À l'avenir, efforcez-vous d'arriver à l'heure.
これからは，努めて時間どおりに来るように。

Il faut que les hommes fassent tous leurs efforts pour éviter une troisième guerre mondiale. 　人類は万難を排して第三次世界大戦を避けなければならない。

Il n'a pas encore corrigé sa prononciation anglaise, mais il s'efforce de le faire. 　彼はまだ英語の発音が直っていないが，直そうとはしているのである。

　注　意：s'efforcer は単独では用いられず，de + inf. を伴う．

| J'ai fait des efforts, | mais je n'ai pas réussi.
| × Je me suis efforcé, |

　　　努力はしたが，うまく行かなかった．

　参　考：(E) make efforts; try hard

123　employer / dépenser / consommer

┌─── 確認問題 ───
│ 次の文の（　）の中から最も適切な表現を選びなさい．
│ A. Ce climatiseur (emploie/dépense/consomme) beaucoup d'électricité.
　　このエアコンは電気をたくさん食う．
│ B. J'ai (utilisé/employé/dépensé) une grosse somme pour ce voyage.
　　私はこの旅行に大金を使った．
　　　　　　　　　　　　　　　解答：A. consomme cf.7　B. dépensé cf.3

1- **employer** + 限定詞 + 特定の名詞

Marie-Jeanne a employé ses dernières forces pour aller chercher du secours. 　マリー＝ジャンヌは，助けを求めるため最後の力を振り絞った．

Tu regretteras plus tard d'avoir mal employé ta jeunesse. 　青春時代をうまく活用しなかったことをいつか後悔するよ．

Je suis très contente, j'ai vraiment bien employé ma journée. 　私は，今日一日を有意義に使えてとてもうれしい．

On a accusé le gouvernement de mal employer les ressources minières du pays. 　政府は国の鉱山資源を活用していないと非難された．

　特定の名詞：temps, argent, dons, journée, jeunesse, idées など
　使い方：bien, mal などの副詞と共に用いられる場合が多い．

2- **SN (人) + dépenser**

Ce qu'elle dépense en cosmétiques ! 彼女が化粧品に使う額といったら！

使い方：**2〜5**，お金について言う。

3- SN (人) + dépenser + SN

Elle dépense tout ce que son mari gagne. 彼女は夫が稼ぐはしから使ってしまう。

Combien tu dépenses par mois pour ta nourriture ? 君は食費に毎月いくら使う？

4- 限定詞 + 特定の名詞 + dépenser + 副詞 + pour + SN

La France dépense tellement pour la sécurité sociale qu'elle est en déficit. フランスは社会保障に対する支出があまりに大きいので，財政は赤字です．

Pour ses recherches, l'Institut de cardiologie dépense énormément. 心臓病研究所は，研究に莫大なお金を費やしている．

特定の名詞：国名, gouvernement, ville, centre de recherches, institut, école など

比　較：Le gouvernement emploie mal notre argent, il le dépense pour construire des routes qui ne servent à rien.
政府は我々のお金をうまく活用せず，何の役にも立たない道路を造るために費やしてしまう．

5- dépenser + 数量を示す副詞

Autrefois, on dépensait peu, on n'avait pas d'argent. 昔はお金は使わなかったな．お金がなかったからね．

À mon avis, Annie dépense trop [d'argent] pour des choses qui n'en valent pas la peine. 私の考えでは，アニーは何もそこまでと思われるものに(お金を)使いすぎる．

6- SN (人) + dépenser + 限定詞 + 特定の名詞

1) Regarde ces bambins : quelle énergie ils dépensent ! このちびっこたちを見てごらん．何というエネルギーを使っていることか．

Séverin dépense une énergie extraordinaire pour que son projet réussisse. セヴランは，自分の計画を成功させるために，並外れたエネルギーを用いる．

特定の名詞：1)〜2), énergie, forces

2) – Monsieur Weiss dépense toutes ses forces pour son travail.
– C'est un bourreau de travail.
—ヴァイス氏は，仕事に自分のあらゆる力をつぎ込んでいるね．
—仕事の虫だね．

7- SN (物) + consommer + 限定詞 + 特定の名詞

Ma vieille voiture consommait trop d'essence. 私の年代物の車はガソリンを食いすぎだった。

特定の名詞 : essence, électricité, gaz, énergie, pétrole など
同　意 : SN (物) + manger + 限定詞 + 特定の名詞 (くだけた言い方)

124　employer / se servir / utiliser / user / avoir recours

> **確認問題**
>
> 次の文の (　) の中から最も適切な語句を選びなさい。
> A. Dans la société de consommation, on jette ses vêtements avant qu'ils soient (employés/usés).
>   消費社会では、服は擦り切れる前に捨てられてしまう。
> B. Takashi, je peux (me servir de/user) ton appareil [de] photo ?
>   隆、君のカメラを使ってもいい？
>
> 解答 : A. usés cf.9　B. me servir de cf.1

1- employer / se servir de / utiliser + SN (物)

Pour faire de la cuisine française, on se sert de beaucoup de beurre.	フランス料理にはバターを沢山使う。
Plusieurs de mes amies possèdent d'excellents appareils électroménagers, mais elles ne s'en servent pas.	友達の中には、素晴らしい家電製品を持っている人が何人もいるが、実際には使っていない。
Mon mari a horreur d'employer le savon de l'hôtel.	夫はホテルの石鹸を使うのが大嫌いなの。
Les écologistes demandent qu'on utilise moins de papier.	エコロジストたちは、紙の使用を減らすよう求めている。
Pour ton maquillage, tu as utilisé quelle crème ?	お化粧にはどんなクリームを使ったの？
De nos jours, on utilise beaucoup les tissus synthétiques.	今日、合成繊維はよく使われている。

使い方 : 1) 一般的な文脈で具体的な名詞とともに用いる。抽象的な名詞に関しては **2** を参照。
　　　　2) utiliser と employer はどちらかと言えば改まった文脈で用いられる。一般に

se servir de の方がよく用いられる。
注　意：**1～2**, user, être usé は用いられない。
参　考：(E) use

2- | employer | + SN (物)
　　　| utiliser |

À la fin, je ne savais plus quel moyen employer pour le faire changer d'idée.
　　彼の考え方を変えさせるにはどんな方法を使ったらよいのか，結局私にはわからなくなっていた。

- Quelle expression les Japonais utilisent-ils lorsqu'ils partent de la maison ? Je l'ai oubliée.
- C'est *"itte kimasu"*.
　　―日本人は家を出るときにどんな表現を使うんでしたっけ？忘れてしまいました。
　　―「行ってきます」です。

Avec la conjonction "pour que", il faut employer le subjonctif.
　　"pour que"という接続詞には接続法を用いなければならない。

3- SN (物) + | être | employé
　　　　　　　| | utilisé
　　　　　　　| s'employer
　　　　　　　| s'utiliser

En japonais, les expressions *"domo"*, *"so desuka"* sont très souvent utilisées.
　　日本語では「どうも」，「そうですか」といった表現は非常によく使われる。

Le "yoshizu", c'est un genre de rideau | employé | au Japon.
　　　　　　　　　　　　　　　　　　　| qui s'utilise |
　　「よしず」とは，日本で使われるカーテンの一種です。

参　考：**3～4**, (E) be used

4- SN (物) + être | utilisé | par + SN (人)
　　　　　　　　　　| employé |

Cet instrument était utilisé autrefois par les bergers pour tondre les moutons.
　　この器具はその昔，羊の毛を刈るのに羊飼いが使っていたものだ。

Cette dénomination n'est plus employée par les gens.
　　この呼称はもう使われていない。

5- se servir de + 限定詞 + 特定の名詞

Dans un écrit, se servir des idées des autres sans les citer, c'est du plagiat.
　　ものを書くとき，出典を明示しないで他人の考えを用いるのは剽窃である。

Monsieur de Beaulac s'est servi de ses relations pour placer son fils chez Rhône-Poulenc. ド・ボーラック氏は人脈を利用して息子をローヌ・プーランク社に入れた。

特定の名詞：idée, relations, influence など

6- | se servir de | ＋ SN (人・物)
　　　| utiliser |

1) Les nazis et les communistes se sont en même temps servis de Sorge pour faire de l'espionnage. ナチと共産主義者たちはゾルゲを同時にスパイ活動に使った。

Il a essayé d'utiliser sa femme pour soutirer de l'argent à ses beaux-parents. 彼は妻を使って、その親から金を巻き上げようとした。

2) Tu peux te servir de ma voiture quand tu voudras. 好きな時に僕の車を使っていいよ。

Je peux utiliser ta bicyclette, Jean-Louis？ ジャン＝ルイ、君の自転車を使ってもいいかい？

Mademoiselle Reynaud m'a permis d'utiliser sa chambre pendant son absence. レノーさんは、留守の間彼女の部屋を使ってもいいと言ってくれた。

説　明：物を借りる場合に用いられる。

7- | employer | ＋ 限定詞 ＋ 特定の名詞
　　　| utiliser |
　　　| user de ＋ 特定の名詞
　　　| avoir recours à ＋ 限定詞 ＋ 特定の名詞 (あらたまって)

Les policiers ont dû utiliser la force pour maîtriser les manifestants. 警察はデモ隊を制圧するために武力を行使しなければならなかった。

Il a fallu user de patience pour les convaincre. 彼らを説得するには、忍耐力を使い果たさねばならなかった。

Peux-tu m'expliquer à quel stratagème les Grecs ont eu recours pour pénétrer dans la ville de Troie？ ギリシャ軍はどういう策略を用いてトロイの町に入って行ったか説明してくれないい？

Avec ces gens-là, il faut utiliser un peu de psychologie. ああいう人たちに対しては、心理的操作をちょっとやらないとね。

特定の名詞：force, ruse, stratagème, charmes, jugement, subterfuge, talents, psychologie, patience, persuasion, clémence, violence など

使い方：抽象名詞について用いる。

注意：se servir de + SN も同様に用いられるが，その場合，名詞は抽象名詞で，何らかの限定が必要．
Elle se sert de ses charmes auprès des membres de notre association.
彼女は，私たちの会のメンバーに対して媚びを売っている．

8- SN (人) + user + SN (衣類など)

– J'use quatre paires de chaussures par an.　　―私は1年に靴を4足はきつぶす．
– Comment fais-tu ?　　―どうしてそんなになるの？

9- SN (衣類など) + être usé

Mes chaussures sont usées; il faut que je m'en achète d'autres.　　靴をはきつぶしてしまった．新しいのを買わなければならない．

Sa robe est usée jusqu'à la corde.　　彼女のワンピースは擦り切れてしまっている．

Le transistor ne marche plus; la pile doit être usée.　　トランジスターラジオが鳴らなくなった．電池がなくなったに違いない．

使い方：être usé は衣服，靴，電池などに用いる．
注意：(E) be worn out
参考：On peut employer les pneus usés pour faire des aires de jeux pour les enfants dans les parcs.
古タイヤを使って公園に子どものための遊び場を作ることができる．

10- SN (衣類など) + s'user

Ces chaussettes s'usent en un rien de temps.　　この靴下はすぐに駄目になる．

À la longue, le linge de maison finit par s'user.　　家庭用布製品も長い間には結局消耗する．

Tout s'use, qu'on le veuille ou non.　　好むと好まざるとにかかわらず，すべては色あせるものだ．

参考：(E) wear out

125　emprunter / prêter / louer

―― 確認問題 ――

次の各文の ( ) の中の最も適切な語を選びなさい．
A. Pour aller à Bordeaux, j'ai (emprunté/prêté/loué) la voiture de mes

parents.
ボルドーに行くために両親の車を私は借りた。

B. Tu pourrais me (prêter/louer) 100 euros ? Je te les rends dans un mois, c'est promis.
100ユーロ貸してくれない？ 一か月したら返すよ。約束するよ。

C. J'ai (emprunté/loué) un petit appartement dans le quartier de Setagaya.
世田谷区に私は小さなマンションを借りた。

解答：A. emprunté cf.1　B. prêter cf.2　C. loué cf.3

1- emprunter + SN (物) + à + SN (人)

- Tu as emprunté ce livre à la bibliothèque ?
- Oui, à la bibliothèque de mon quartier.

―この本は図書館で借りたの？
―そう。近くの図書館でね。

Pour ce mariage, je vais emprunter une robe à ma cousine ; nous avons la même taille.

その結婚式には、私はいとこにドレスを借りる予定です。私たちは同じサイズですから。

Ça fait trois mois qu'elle m'a emprunté mon gros dictionnaire français pour trois jours !

3日間の約束で彼女は私からフランス語の厚い辞書を借りて行ったが、もう3ヶ月経つ。

Hier, quand j'ai voulu tondre le gazon, je me suis aperçu que la tondeuse ne marchait pas ; j'ai emprunté celle des voisins.

昨日、芝生を刈ろうと思った時、芝刈機が動かないことに気がついた。そこでお隣の芝刈り機を借りた。

参　考：(E) borrow + SN (物) + from + SN (人)

2- prêter + SN (物) + à + SN (人)

- Je lui ai encore prêté 10 000 yens.
- Tu crois qu'il va te les rendre ?

―私は彼にまた一万円貸した。
―彼が返すと思うのかい？

Il n'aime pas prêter son stylo : il dit que, quand il prête son stylo, la personne qui s'en sert abîme la plume.

彼は自分の万年筆を貸したがらない。彼の言うところによれば、万年筆を貸すと使った人がペン先を傷めるというのだ。

J'ai souvent prêté des livres : on a oublié de me les rendre.

私はよく人に本を貸したけれど、みんな私に本を返すのを忘れるよ。

使い方：1) 話し言葉では、Je peux | t' | emprunter + SN (物) ?
　　　　　　　　　　　　　　　　　　| vous |

よりも	Tu peux | me prêter + SN (物)?
	Vous pouvez |

を用いることが好まれる．

2) 書き言葉で最もよく用いられるのは **emprunter** である．

参　考：(E) lend + SN (物) + to + SN (人)

3- louer + SN (物)

Une fois arrivés à Los Angeles, nous allons louer une voiture. 　一旦ロサンゼルスに着いたら，車を借りるつもりだ．

Je cherche un appartement à louer à Neuilly. 　私はヌイイに貸部屋を探している．

Nous louons des chambres pendant l'été. 　私たちは，夏の間いくつか部屋を借りる．

参　考：(E) rent + SN (物)
比　較：louer には「借りる」だけでなく「貸す」の意味がある．
　　　　Elle a loué une maison.
　　　　Elle a une maison à louer.
　　　　彼女は家を借りた．
　　　　彼女には貸す家がある．

126　en (中性代名詞)

確認問題

次の文に誤りがあれば正しなさい．

A. Tu cherches un crayon ? Tu vas trouver un sur ma table de travail.
　鉛筆を探しているのかい？ 僕の机の上に一本あるよ．

B. Je cherche une feuille de papier, mais je ne la trouve pas.
　紙を探しているのだけど，一枚も見つからないわ．

C. — Ils ont acheté du vin ?
　— Oui, ils ont acheté trois bouteilles.
　—彼らはワインを買ったかしら？
　—ええ，3本買ったわ．

　　解答：A. trouver un → en trouver un cf.1　B. ne la trouve pas → n'en trouve pas cf.1
　　　　　C. ils ont acheté → ils en ont acheté cf.1

1- en + 動詞 + 数形容詞

– Ils ont une villa ?
– Oui, on m'a dit qu'ils en ont une à Kita-Karuizawa.

―彼らは別荘を持ってるの？
―ああ、北軽井沢に一軒持っているらしい。

– Vous voyez nos belles poires ?
– Oui, donnez-m'en deux kilos.

―このすばらしい梨はいかがですか？
―ええ、2キロ下さい。

Il aurait préféré des pêches mais il n'y en a pas à cette époque de l'année.

彼は桃の方がよかったのだろうが、この時期に桃はない。

– Il suffit qu'elle en prenne un ou deux verres pour se soûler.
– Tu parles du vin, bien sûr !

―彼女は一、二杯飲むと酔っぱらうんだ。
―もちろんワインのことを言ってるのよね。

J'en voudrais une autre tasse, s'il vous plaît.

もう一杯下さい。

Oh ! les beaux ballons ! J'en voudrais un jaune et trois verts.

ああ、きれいな風船！黄色を1つと緑を3つ下さいな。

比較：J'ai cherché un rasoir électrique à Akihabara, mais je n'en ai pas trouvé.
秋葉原で電気カミソリを探したが、見つからなかった。

Je lui ai prêté | un | rasoir électrique, mais il ne me l'a pas rendu.
　　　　　　　 | mon |

私は彼に |（一台の）| 電気カミソリを貸してあげたが、返してくれない。
　　　　 | 自分の　 |

2- en ＋ 動詞 ＋ 量を示す副詞

Cette année, le vin est excellent mais il y en a peu.

今年のワインはすばらしいが、モノが少ない。

– Où est-ce qu'on peut voir de très anciens temples bouddhistes ?
– On dit qu'il en reste encore beaucoup en Chine et en Inde.

―仏教の古い寺はどこで見られますか？
―中国とインドにはまだたくさん残っているらしいよ。

127　ne pas ... encore

―――― 確認問題 ――――

次の文の誤りを直しなさい．

A. J'attends un coup de fil de Louise depuis une demi-heure. Mais elle ne m'appelle pas encore.

私は30分前からルイーズからの電話を待っている．けれども、彼女はまだ私に電話をかけてきていない．

B. Elle a 35 ans et elle ne s'est pas encore mariée !
   彼女は35才なのに，まだ結婚していないわ．

   解答：A. elle ne m'appelle pas encore → elle ne m'a pas encore appelé cf.1
         B. elle ne s'est pas encore mariée → elle n'est pas encore mariée cf.2

1- ne ＋ 助動詞 ＋ pas encore ＋ 過去分詞

- Tu connais la dernière nouvelle ?　　　―君は最新のニュースを知っている？
- Ce matin, je n'ai pas encore lu le journal.　―今朝はまだ新聞を読んでいないんだ．

- Qu'est-que tu vas faire après ta sortie de l'université ?　―大学を卒業したら君は何をするつもりですか？
- Je n'ai pas encore décidé.　―まだ決めていません．

- Mariko n'est encore jamais allée en Suède.　―マリコはまだスウェーデンに行ったことがない．
- Ce ne sont pas les occasions qui lui ont manqué.　―機会がなかったわけではないけれど．

D'habitude, à 8 h, il n'est pas encore sorti de son bureau.　普段8時には，彼はまだ仕事場から出ていない．

- Vous avez déjà lu un des romans de Marguerite Yourcenar ?　―あなたはもうマルグリット・ユルスナールの小説を何か読みましたか？
- [Non,] pas encore.　―（いや）まだです．

Je vais t'expliquer une autre fois, si tu n'as pas encore compris.　君がまだ合点がいかないというのなら，今度説明しましょう．

Je ne sais pas ce que le chirurgien attend. Pierre n'a pas encore été opéré.　あの外科医が何をぐずぐずしているのか私にはわからない．ピエールはまだ手術を受けていない．

Il est 10 h et Yotaro n'est pas encore rentré.　今10時だが，陽太郎はまだ帰宅していない．

Quand nous sommes arrivés à la gare, le train n'était pas encore parti.　私たちが駅に着いた時，その列車はまだ出発していなかった．

　使い方：- Pierre est revenu ?
　　　　　- Non, pas encore.
　　　　　―ピエールは戻ってきた？
　　　　　―いや，まだだよ．
　注　意：日本語の場合と異なり，「まだ～していない」という結果に重点が置かれる場合，フランス語では現在形を用いない．
　反　意：**1～3**, déjà
　参　考：(E) **1～3**, not ... yet

2- n'être pas encore + 特定の過去分詞

Il est 8 h et Nobuo n'est pas encore levé; qu'est-ce qui se passe ?　　今8時だが信夫はまだ起きていない。どうしたのだろう？

　特定の過去分詞 : marié, fiancé, levé, couché, commencé, fini, terminé, ouvert, fermé など

　比　較 : Ne le dérange pas, il | n'est pas encore levé.
　　　　　　　　　　　　　　　　| dort encore.

　　　　彼の邪魔をしないで。彼は | まだ起きてませんから。
　　　　　　　　　　　　　　　　| まだ眠ってますから。

　　　　Elle | va encore se remarier, | à son âge !
　　　　　　 | n'est pas encore mariée, |

　　　　彼女はあの年で | また結婚しようとしている。
　　　　　　　　　　　 | まだ結婚していない。

3- ne + 動詞（直説法現在）+ pas encore

Il est trop petit, il ne marche pas encore.　　彼はまだ小さすぎる。まだ歩けない。

Il ne sait pas encore parler russe bien qu'il l'étudie depuis deux ans.　　彼はロシア語を2年前から学んでいるがまだ話すことができない。

Attends pour manger, ce n'est pas encore l'heure.　　食べるのは待ちなさい。まだそんな時間ではない。

Cette banane n'est pas encore mûre.　　このバナナはまだ熟していない。

Nous sommes à la fin du mois de mai et il ne fait pas encore très chaud.　　今は5月の下旬で、まだそれほど暑くはない。

Ce n'est pas encore la saison des pastèques.　　まだスイカの季節ではない。

128　endroit / place / espace / lieu / ailleurs / quelque part / nulle part

―― 確認問題 ――

　次の文の（　）の中から最も適切な語句を選びなさい。

A. C'est (l'endroit idéal/la place idéale) pour se détendre.
　　ここはくつろぐにはもってこいの場所だ。

B. Une Mercédès prend beaucoup trop (d'endroit/de place/d'espace/de lieu).
　　ベンツは場所を取りすぎる。

C. Cette personne a disparu. Elle ne se trouve (pas quelque part/pas

ailleurs/nulle part) dans les registres.
この人はいなくなってしまったんだ．名簿のどこにも見つからないんだよ．

D. Écrivez vos nom, adresse, occupation et (place/lieu/endroit) de naissance.
お名前，住所，職業，出生地をお書き下さい．

解答：A. l'endroit idéal cf.I-1　B. de place あるいは d'espace cf.III-1/IV-1
C. nulle part cf.IX　D. lieu cf.VI-1

I- endroit

1- endroit（単数）

1) Près de la rivière, il y a un bon endroit pour déjeuner.
川の近くに昼食をとるのによいきれいな所がある．

À Tokyo, il y a aussi un endroit qui s'appelle Nogizaka.
東京には乃木坂とよばれる所もある．

Il n'y a aucun endroit que je connaisse mieux que le mont Asama.
私は浅間山のことなら他のどこよりもよく知っている．

Il en conclut que les crèches ne sont pas le bon endroit pour élever un enfant.
そこから彼は，託児所は子供を育てるにはよい所ではないと結論付けている．

Habiter dans un bel endroit calme et ensoleillé, c'est le rêve de beaucoup de gens.
美しく，静かで日当たりのよい所に住むのは，多くの人の夢だ．

使い方：1) 品質形容詞を伴うことが多い．
　　　　2) 関係代名詞を伴うことが多い．
注　意：1) **1～2**, この場合は place は用いない．
　　　　2) **1～2**, 限定詞は un か l'．

2) Tu peux m'indiquer l'endroit sur la carte ?
地図でその場所を教えてちょうだい．

Autant que possible, choisissons un endroit près de Tokyo.
できるだけ東京に近い所を選ぼう．

C'est l'endroit précis où le crime a eu lieu.
犯罪が行なわれたのは，まさしくこの場所だ．

Ça vous fait mal lorsque j'appuie à cet endroit ?
ここを押すと痛いですか？

Pardon Monsieur, connaîtriez-vous un endroit pas cher où je pourrais passer la nuit ?
すみません．どこか安く一晩過ごせる所をご存じありませんか？

J'ai compris tout de suite que ce n'était ni l'heure, ni l'endroit où on pourrait discuter cette question. その問題を議論するべき時でも場所でもないことは、私にはすぐにわかった。

C'est bien l'endroit dont on m'a parlé. たしかにここが、私が聞いていた場所です。

2- endroits

On ne peut pas nager n'importe où, il y a des endroits dangereux. どこでも泳げるわけではない。危険な所がある。

Il y a déjà des endroits qui manquent d'eau. すでに方々で水が不足している。

Avant que l'on construise partout dans les villes, il y avait beaucoup d'endroits où les enfants pouvaient jouer. 町のいたるところに建物が建つ前は、子供たちの遊べる場所がたくさんあった。

Ceux qui habitent en dehors des villes connaissent beaucoup de beaux endroits. 町の外に住む人々は、きれいな場所をたくさん知っている。

Certains aiment se promener dans des endroits isolés; d'autres préfèrent les endroits bien fréquentés. 人気のない所を散歩するのを好む人もいれば、人が沢山来る所の方を好む人もいる。

参 考：(E) place, spot
慣 用：Vous êtes allé à quels endroits, aux États-Unis ?
あなたはアメリカで、どちらに行かれたのですか？

II- endroit / place

1- 特定の動詞 + 限定詞 + endroit / place

Je cherche un endroit pour pouvoir garer ma voiture. 私は車を停めておける場所を探している。

特定の動詞：chercher, trouver など

2- 特定の動詞 + SN + à + 限定詞 + endroit / place

Si tu laissais toujours ta bicyclette à la même place, tu la retrouverais sans problème. いつも同じ場所に自転車を置いておけば問題なく見つけられるのにねえ。

特定の動詞：laisser, déposer など

III- place

1- 特定の動詞 + **de la place**

Là, il y a de la place pour te garer.	あそこに車を停めるところがあるよ.
Faisons-lui de la place.	彼(女)に場所を空けてあげよう.
J'ai voulu m'asseoir, mais il n'y avait pas de place.	私は座りたかったが，場所がなかった.
Comment je vais faire pour mettre ce pantalon dans ma valise ? Il manque de la place.	どうやってこのズボンを鞄につめたものだろう．もう場所がない.

使い方：**1〜2**, 複数では用いない．
特定の動詞：il y a, faire, prendre, manquer de, avoir, occuper など

2- à + 限定詞 + **place**

Une fois que tu auras consulté ce dictionnaire, remets-le à sa place sur le rayon.	この辞書を使った後は，棚のもとの場所に戻してちょうだい.
Si tu mettais toujours tes lunettes à leur place, tu les retrouverais sans problème.	眼鏡をいつも同じ場所においていれば，難なく見つけることができるのに.
J'aime bien que chaque chose soit à sa place.	私は，物がそれぞれの決まった場所にあるのが好きだ.

使い方：家の中の物に言及する場合．
慣　用：Avant de partir, il faut tout remettre | à sa place.
　　　　　　　　　　　　　　　　　　　　　　　　 | en place.
　　　　帰る前に，全部 | 元の場所に | 戻さなければいけません．
　　　　　　　　　　　 | きちんと　|

3- 数形容詞 + **place**

1)
Deux places pour "Cyrano de Bergerac", s'il vous plaît.	『シラノ・ド・ベルジュラック』の席を二人分お願いします.
Toutes les places de ce compartiment sont réservées.	このコンパートメントの席は全部予約されています.

同　意：数形容詞 + billet
使い方：飛行機，電車，映画館，劇場など席の予約にのみ用いる．

2)
Il n'y a que quatre places dans sa voiture.	彼の車には四人分の席しかない.
Il y a 400 places assises dans ce cinéma.	この映画館には四百人分の座席がある.

IV- espace
1- de l'espace

Les enfants se plaignent avec raison; ils n'ont pas d'espace pour jouer.　　子供たちが不平を言うのも無理はない。遊ぶ場所がないのだ。

Au Japon, nous n'avons pas assez d'espace.　　日本は狭い。

　　参　考：1〜2, (E) space, room

2- espace entre + SN

Il n'y a pas d'espace entre les maisons. Elles sont serrées les unes contre les autres.　　家々の間にはほとんど間隔がない。互いにぴったりとくっついている。

Laissez environ deux centimètres d'espace entre chaque graine.　　種と種の間は約2センチあけて下さい。

Il y avait un petit espace entre le châssis et l'imposte et j'ai pu y passer la main.　　窓枠とその上の明かり取りの間にちょっと隙間があったので、そこに手を入れることができた。

V- | endroit
　　　| lieu

1- 限定詞 + | endroit de + 特定の名詞
　　　　　　　| lieu de + 特定の名詞 (あらたまって)

Rassemblement à l'endroit de départ à 8 h précises.　　出発地に8時ちょうどに集合のこと。

Montreux, c'est un lieu de villégiature très achalandé.　　モントルーはとても保養客の多い場所です。

　　特定の名詞：rassemblement, camping, rencontre, repos, arrivée, départ, villégiature, destination, culte など

2- | endroit
　　　| lieu (あらたまって)
　　　| lieux (あらたまって)

Peu de lieux sur la terre ont jamais enduré de tels dommages.　　地球上でもこんなひどい災禍を被ってきた場所はほとんどない。

C'est le moment et le lieu qui avaient été fixés pour sa mort.　　それが、彼に定められていた最期の時と場所であった。

Et Alexandre le Grand dut quitter les lieux.	そしてアレクサンダー大王はその地を離れなければならなかった.
Sylvain va souvent porter plainte à la gendarmerie du lieu.	シルヴァンはよく地元の警察に，苦情を訴えに行くんだよ.

VI- lieu

1- 限定詞 + **lieu de** + 特定の名詞

Lourdes est un lieu de pèlerinage très connu.	ルルドはよく知られた巡礼地だ.
Jacques a encore changé de lieu de travail.	ジャックはまた仕事場を変えた.

　　特定の名詞：naissance, décès, débauche, perdition, travail, passage, prière, séjour, promenade, pèlerinage, inhumation, résidence など

2- 限定詞 + **lieu** + 特定の形容詞

Versailles est un lieu touristique facile d'accès.	ヴェルサイユは交通の便のよい観光地だ.
Les Invalides sont un lieu historique, c'est là que reposent les cendres de Napoléon.	アンヴァリッドは史跡です．そこにナポレオンの遺骸が眠っているのです.

　　特定の形容詞：touristique, historique など

3- **les lieux**

On tolère de moins en moins le tabac dans les lieux publics.	タバコは公の場では次第に受け入れられなくなってきている.
Le meurtrier l'a entraînée dans un parc à l'écart des lieux trop fréquentés.	殺人犯は彼女を繁華街から離れた公園へとひっぱって行った.
Le témoin était sur les lieux quand l'accident s'est produit.	証人は事故が起こったときその現場にいた.
Le médecin légiste s'est rendu sur les lieux pour faire les constatations d'usage.	法医学者はいつもの現場検証のためにその現場に赴いた.
Pourquoi le criminel revient-il sur les lieux du crime ?	どうして犯人は犯行現場に戻ってくるのだろう？

　　使い方：1) 法律上の用法
　　　　　　2) 特に目的補語として用いられる.
　　慣　用：Il nous a aimablement fait visiter les lieux.
　　　　　　彼は親切にいろいろな場所を案内してくれた.

VII- ailleurs

S'il n'y a pas de bons vêtements dans ce grand magasin, allons voir ailleurs.   このデパートに良い服がなければ、よそを見に行こう。

Il est bon de savoir ce qui se passe en Europe et ailleurs.   ヨーロッパ内外で起こっていることを知っておくのがよい。

使い方：VII～IX の ailleurs, quelque part, ne ... nulle part は，何も限定詞をつけ加えずに用いる．また，前置詞も不要．

VIII- quelque part

Je l'ai déjà vue quelque part, cette femme-là.   あの女の人はどこかで見たことがある。

Vous avez mal quelque part ?   どこか痛いのですか？

Ton père doit avoir laissé ses lunettes quelque part dans le salon.   君のお父さんはきっと居間のどこかに眼鏡をおいてきたんだよ。

Regarde bien, tu vas trouver l'endroit quelque part sur la carte.   よく見てごらん。地図のどこかにその場所が見つかるよ。

比較：Pendant les week-ends, nous emmenons les enfants
| quelque part.
| dans un endroit où ils peuvent s'amuser.
週末にはいつも子供達を｜どこかに ｜連れていってやる。
｜どこか遊べるところに

IX- ne ... nulle part

J'ai bien cherché, mais je ne l'ai vu nulle part.   よく探したのだが、それはどこにも見当らなかった。

Soyez-en sûrs, vous ne pourrez voir ce phénomène nulle part ailleurs sur la terre.   地球上の他のどこでもこんな現象を目にされることはないでしょう。間違いありません。

129   enfant / bébé / fils / fille

―― 確認問題 ――

次の文の下線部の誤りを正しなさい．
A. Christine a eu <u>une bébé</u> adorable.
   クリスチーヌは愛らしい赤ちゃんを生んだ。
B. Émilie, c'est <u>un enfant capricieux</u>.

エミリーは気まぐれな子だ．
C. Mon enfant s'appelle Denis.
　私の子は，ドゥニという名前です．

解答：A. un bébé cf.3　B. une enfant capricieuse cf.1　C. Mon fils cf.2,4

1- 限定詞 + **enfant**

Jeanne et Florence, ce sont des enfants gâtées.	ジャンヌとフロランスは甘やかされた子供だ．
On m'a dit que c'était une enfant adoptée, c'est vrai ?	彼女は養女だって聞いたけど，本当？
Madame Genouvier a eu cinq enfants en six ans.	ジュヌヴィエさんは6年で5人の子を産んだ．
Les Latour ont quatre grands enfants.	ラトゥール夫妻には成人した子が4人いる．

使い方：1) **1～2**, enfant は女の子であることが明白である場合，女性名詞として扱う．
　　　　2) **1～2**, enfant 自体には女性形はない．

比　較：｜Georges, c'est un enfant unique.
　　　　｜Georgette, c'est une enfant unique.
　　　　｜ジョルジュはひとりっ子だ．
　　　　｜ジョルジェットはひとり娘だ．
　　　　｜Le petit à gauche, c'est l'enfant de ma sœur.
　　　　｜La petite à gauche, c'est l'enfant de ma sœur.
　　　　｜左側の男の子は妹の子だ．
　　　　｜左側の女の子は妹の子だ．

2- **les enfants de** + SN (人)

Les enfants de ma sœur sont tous établis maintenant.	私の姉の子供は，今では皆，自立している．
Comment vont vos enfants ?	お子さんは元気ですか？
Tous leurs enfants sont mariés.	彼らの子供はみな結婚している．

使い方：1) 複数形で用いられる．
　　　　2) 子供が一人の場合は fils, fille が用いられる．
　　　　　｜Mon fils　　　　｜a dix-huit ans.
　　　　　｜× Mon enfant｜
　　　　　私の息子は18才だ．

3- | enfant
       | bébé

– Les Makabe ont eu un bébé. C'est une fille.　　　　一真壁さんの家に子供が生まれたんだ。女の子だよ。
– Ils doivent être contents.　　　　一みんな喜んでいるに違いないわ。

Il est mignon, votre bébé, Madame.　　　　奥さん，あなたの赤ちゃんはかわいいですね。

Une de mes amies de lycée attend un enfant pour le mois prochain.　　　　高校時代の友人の一人が，来月出産を控えている。

　使い方：bébé は常に男性名詞として用いる。
　慣　用：Ma sœur a eu un bébé, une fille, elle s'appelle Marceline.
　　　　妹に女の子が生まれた。名前はマルスリーヌだ。

4- | le fils de | + SN (人)
       | la fille de |

La fille de Madame Tavernier a soutenu son doctorat en chimie.　　　　タヴェルニエ夫人の娘さんは，化学の博士号をとった。

Tu connais Monsieur Picard ? Hier, son fils a failli avoir un accident de bicyclette, paraît-il.　　　　ピカールさんを知ってる？ 昨日息子さんが自転車で事故にあいそうになったらしいよ。

Les Lebras veulent faire un grand mariage pour leur fille.　　　　ルブラさんの家では娘の結婚式を盛大にしたいんだよ。

　使い方：この形は，話題となっている息子あるいは娘が話し相手にそれほど良く知られていない場合に用いられる。**5** を参照。
　比　較：Le fils de Madame Picard s'appelle Émile.
　　　　　| Les enfants | de Madame Picard s'appellent Émile et François.
　　　　　| Les fils |
　　　　ピカール夫人の息子はエミールと言う。
　　　　ピカール夫人の | 子供達 | はエミールとフランソワと言う。
　　　　　　　　　　　| 息子達 |
　慣　用：1) Sur la photo, la petite fille en robe bleue, c'est la fille adoptive de Madame Latour.
　　　　　　写真の青いワンピースの女の子はラトゥール夫人の養女だ。
　　　　2) – Tu as des frères, des sœurs ?
　　　　　　– Non, je suis fils unique.
　　　　　一兄弟はいるの？
　　　　　一いや，一人っ子なんだ。

5- 名前

Madame Langevin, Pierre va mieux ?
ランジュヴァンさん、お子さん（ピエール）は良くなりましたか？

- Violette nous a dit qu'elle veut voyager seule.
―ヴィオレットはひとりで旅行したいと私たちに言っていたよ。
- Et qu'est-ce que son père a décidé ?
―で、お父さんはどう決めたんだい？

Jacquot a beaucoup d'appétit et il grandit normalement. Il est plein de santé.
うちの子（ジャックちゃん）は食欲旺盛で発育も正常だ。元気いっぱいだよ。

使い方：子供のことを言う場合、その子の名前を知っているときは、所有形容詞 + enfant という言い方よりも、直接名前を言う方が多い。

130　s'ennuyer / ennuyé / ennuyeux / ennuyant

確認問題

次の文の（　）の中から最も適切な語句を選びなさい。

A. Il nous a écrit qu'il (s'ennuyait/était ennuyé/était ennuyeux/était ennuyant) à Obihiro.
彼は帯広で退屈していると私たちに手紙を書いてきた。

B. Les Saint-Denis sont (ennuyés/ennuyeux/ennuyants) : ils ne parlent que du temps.
サン＝ドゥニ家の人々は退屈だ。天気の話しかしない。

解答：A. s'ennuyait cf.1　B. ennuyeux cf.3

1- s'ennuyer

Moi, quand je m'ennuie, je mange. Et ça, il n'y a rien de pire pour faire grossir !
私、退屈すると食べちゃうの。で、それが最悪で太っちゃうのよ。

Quand je m'ennuie, j'essaie de m'habiller avec des couleurs vives.
私は退屈している時には、派手な色の服を着るようにしている。

反　意：s'amuser
参　考：(E) be bored

2- ennuyé（人に関して）

Il est bien ennuyé, il ne pourra pas venir avec nous.
彼はとても困っている。私たちと一緒に来ることはできないでしょう。

Je suis ennuyé, Jean m'avait promis de m'envoyer un fax mais il ne l'a pas encore fait.　困っているんだ．ジャンはファックスを送ってくれると私に約束していたのに，まだ送ってこないんだよ．

使い方：精神的な面に関して，人についてのみ使う．
参　考：(E) be annoyed

3- ennuyeux

Les cours de Monsieur Hardy ont la réputation d'être ennuyeux.　ハーディ先生の授業は退屈だという評判だ．

Autrefois, l'apprentissage d'une langue étrangère était ennuyeux comme la pluie : il fallait tout apprendre par cœur.　かつては，外国語を学ぶことはひどく退屈であった．すべてを暗記しなければならなかったのだ．

Il y avait une émission ennuyeuse sur la cinq, hier soir.　昨夜5チャンネルで退屈な番組があった．

使い方：人または物について使うことができる．
参　考：(E) boring

4- c'est ennuyeux （会話）

J'ai toujours la même grippe depuis un mois. C'est ennuyeux.　私はここ一ヶ月ずっとインフルエンザにかかったままだ．困ったもんだ．

Je n'ai pas encore reçu de réponse à ma demande d'emploi, c'est très ennuyeux.　求職の願書の返事がまだない．本当に困ったものだ．

Je trouve [que c'est] ennuyeux d'avoir à garer ma voiture loin de la gare.　私は車を駅から遠くに駐車しなければならないのをわずらわしいと思う．

参　考：(E) it's annoying

5- ennuyant

参　考：ennuyant はやや古い語で，現在ではあまり用いられない．

131　ensemble / avec

──── **確認問題** ────

　次の文の（　）の中から最も適切な語句を選びなさい．
　A. Allons, chantez (avec tous/tous ensemble/ensemble tous).
　　さあ，みんなで歌ってください．

B. Ma femme est partie chez ses parents (avec les enfants/ensemble avec les enfants/les enfants ensemble).
妻は子供を連れて実家に行った。

解答：A. tous ensemble cf.1　B. avec les enfants cf.2

1- ensemble

Nous sommes partis et revenus ensemble.	私たちは行き帰り一緒だった。
Ne parlez pas tous ensemble, je ne vous entends pas.	みんな一緒に話さないで下さい。何を言っているのかわからないから。
On y va ensemble ?	みんなで行こうか。
Elles sont toujours ensemble : elles sont inséparables.	彼女たちはいつも一緒だ。離れられないのだ。

使い方：1) 意味上複数の主語にのみ用いられる。
　　　　　2) 副詞なので，無変化。
参　考：(E) together

2- avec + SN (人)

J'y suis allé avec Martine.	僕はマルティーヌと一緒にそこに行った。
- Tu y vas avec qui ? - Avec les Gilbert.	―そこに誰と行くの？ ―ジルベールさん一家とね。
- Nous ne voulons pas jouer avec lui. - Pourquoi ?	―私たちは彼とは遊びたくない。 ―どうして？

参　考：(E) with + SN
比　較：1) Répète avec | moi.
　　　　　　　　　　　　| nous.
　　　　　　Répétons ensemble.
　　　　　　×Répète ensemble.
　　　　　　私と　　　｜一緒に繰り返して下さい。
　　　　　　私たちと　｜
　　　　　　みんなで繰り返してみましょう。
　　　　2) Puis tu dîneras avec nous, à la maison.
　　　　　　Puis nous dînerons ensemble, à la maison.
　　　　　　×Puis tu dîneras ensemble, à la maison.
　　　　　　そのあと，私たちといっしょに家で夕食を食べて下さい。
　　　　　　そのあと，みんなで家で夕食を食べましょう。

3- venir avec moi / nous

Tu ne viens pas boire du vin avec nous ?	私たちと一緒にワインを飲みに行かない？
Eh, vous deux, venez avec moi.	おーい，二人とも，僕と一緒においでよ．
Tu viens avec moi ce soir ?	今晩一緒に行く？
Vous viendrez bien prendre quelque chose avec nous ?	私たちと一緒に，何か食べに行きましょうよ．

参考：(E) come with me / us

比較：
Elles vont venir ensemble.
Elle va venir avec nous.
×Elle va venir ensemble.
彼女たちは一緒に来るだろう．
彼女は私たちと一緒に来るだろう．

132 entendre / écouter

――― 確認問題 ―――

次の文の（　）に entendre か écouter を，文意に合う形にして入れなさい．

A. (　　　) bien ce que je vais te dire.
これから言うことをよく聞いてね．

B. Il parle si bas qu'on a de la difficulté à l'(　　　).
彼は声が小さいので，聞き取りにくい．

C. Chut ! J'ai (　　　) un drôle de bruit.
しーっ！ 変な物音がしたよ．

D. Je l'ai (　　　) se plaindre pendant une heure.
彼のぐちを一時間も聞かされたよ．

解答：A. Écoute cf.III-2 1)　B. entendre cf.I-2　C. entendu cf.I-2
D. écouté cf.III-3

I- entendre

1- entendre ＋ 特別な副詞

Avec les années, grand-mère entend moins bien.	寄る年波で，おばあちゃんは耳が遠くなってきている．

J'entends mal de l'oreille gauche.	左耳がよく聞こえない．
Il entend bien pour son âge.	彼は年の割りには耳がいい．
Essaie d'imaginer ce qui nous arriverait si nous ne pouvions entendre.	もし耳が聞こえなかったら私たちはどうなるか，想像してごらん．

特別な副詞 : bien, mal, parfaitement など
参　考 : 1～3, (E) hear

2- entendre + SN

Monsieur, je regrette, je n'ai pas entendu mon réveil.	すみません，目覚しが聞こえなかったものですから．
Janine, est-ce que tu as entendu le croassement des grenouilles la nuit dernière ?	ジャニーヌ，昨日の夜，カエルの鳴き声聞こえた？
J'ai été le seul, je crois bien, à entendre son arrivée.	彼が来たのに気付いたのは私だけだったと思う．
Les piles sont trop basses. On ne peut pas entendre ce qu'il dit.	電池がなくなったんだ．何を言っているのか聞こえないよ．
- Lui, avoir volé ! Pas possible ! - Mais je l'ai entendu de mes propres oreilles.	—彼が盗んだだって！ありえないよ！ —でも僕はこの耳で聞いたんだよ．
Parle plus fort, on ne t'entend pas.	もっと大きな声で言ってよ．聞こえないよ．
Depuis quelques années, on entend souvent l'expression "mort cérébrale".	何年か前から，「脳死」という言葉をよく耳にする．
Tous les jours, j'entends les baladeurs dans le train. Ça m'énerve !	毎日のことだが，電車に乗るとウォークマンの音が耳に入ってくる．いらいらするね．
- Jacques, tu m'entends ? - À peine.	—ジャック，聞こえる？ —かろうじてね．
Chaque soir, j'entends la radio des voisins.	毎晩，隣の家のラジオの音が聞こえてくる．
C'est ennuyeux d'entendre le piano de la petite fille qui habite au-dessous.	下に住んでいる女の子のピアノの音には参る．
Mes voisins ont parlé tellement fort que j'ai entendu toute leur scène de ménage.	隣の人たちは大声だったので，夫婦喧嘩も筒抜けだった．
J'allais sortir quand j'ai entendu cette nouvelle à la radio.	出掛けに，ラジオでこのニュースを聞いた．

慣　用：Victor, tu m'entends ? Ne me fais pas courir parce que tu vas le regretter !
ヴィクトル、いいわね。後悔することになるんだから無駄なことで私に骨を折らさないで。

3- entendre + SN + inf.

Tu as entendu Paul rentrer hier soir ?	昨日の晩、ポールが帰ってくる物音が聞こえた？
– Tout le monde t'a entendu ronfler, la nuit dernière. – Moi, ronfler ?	—昨日の夜の君のいびきは、みんなが聞いているよ。 —僕がいびきだって？
Il est impossible de ne pas entendre les voisins se disputer.	隣の人たちが言い合いをしているのが耳に入らないわけがない。
Tu as entendu le vent souffler, la nuit dernière ?	昨日の夜、風が吹く音聞こえた？
– C'était tout à fait la soirée que je voulais passer. – Je suis heureux de t'entendre dire cela.	—私が過ごしたかったのは、まさにこんな夜だったわ。 —そう君が言ってくれて嬉しいよ。
Ce matin, je n'ai pas entendu mon réveil sonner.	今朝、目覚ましが鳴るのが聞こえなかった。
– Mon ami américain joue du luth japonais. – J'aimerais bien l'entendre jouer.	—私のアメリカ人の彼は、琵琶を弾くのよ。 —聴いてみたいな。
Je déteste entendre mes parents se plaindre de leurs enfants.	僕ら子供のことで親がこぼすのを聞くのは絶対に嫌だ。

4- SN (人) + laisser entendre à + SN (人) + que + 節

Il laissait entendre à ses relations qu'il était danois.	彼は知り合いたちに自分がデンマーク人であることをほのめかしていた。
Ils ont laissé entendre à leurs amis qu'ils faisaient des économies pour faire le tour du monde en mer.	彼らは船旅で世界一周をしようと貯金していることを、友人たちにほのめかした。
Elle a laissé entendre à sa famille qu'elle avait la maladie d'Alzheimer.	彼女は家族に自分がアルツハイマー病であることをほのめかした。

参　考：(E) insinuate

II- faire | entendre / écouter | + SN (音楽、録音された物)

Je vais te faire écouter le dernier CD de Céline Dion.
じゃあ君にセリーヌ・ディオンの最新のCDを聴かせてあげよう.

使い方：音楽に限って用いられる.

III- écouter

1- écouter

Moins de bruit, les enfants ! Chut ! Écoutez attentivement !
みんな，静かに．しーっ！　よく聴いてね．

Si tu n'écoutes pas, tu sors de la classe !
聴いてないのなら，教室から出ていきなさい．

Et il paraît qu'elle écoute aux portes.
彼女がドアの向こうで聞き耳を立てているようだよ．

- Les psychologues passent leurs journées à écouter.
- Pas tous.

—心理学者は人の話を聞くのが仕事なんだ.
—みんながみんなじゃないよ.

Il a une grande qualité, il sait écouter.
彼にはひとつ長所がある．それは，人の話を聴けることだ．

Sa femme lui a conseillé maintes et maintes fois de changer de vie, mais il n'écoute pas.
妻は何度も何度も生活を変えるよう言ったが，彼は耳を貸さない．

比　較：1) Écoute bien et tu me diras ce que tu entends.
よく聴いてね，そしてわかったことを言ってね．

2) J'écoute mais je n'entends rien.
聴いてはいるんだけど，何も聞こえてこない．

3) Allô, Fabrice, | tu m'écoutes ?
　　　　　　　　　| tu m'entends ?
もしもし，ファブリス，| 聴いてるの？
　　　　　　　　　　　| 聞こえる？

参　考：1〜2, (E) listen to + SN

2- écouter + SN

1) Je n'écoute jamais les informations à la télévision.
テレビのニュースは全然聴かない．

- Qu'est-ce que tu fais ?
- Je suis en train d'écouter la Neuvième Symphonie de Beethoven.

—何してるの？
—ベートーヴェンの第九を聴いているところなんだ．

Marjolaine ne fait qu'écouter des disques de jazz. マルジョレーヌはジャズのレコードを聴いてばかりいる。

Je ne peux pas dormir sans écouter de la musique. 音楽を聴かないと眠れない。

比　較：J'écoute les nouvelles à la radio tous les soirs.
J'ai entendu la nouvelle hier soir.
私は毎晩ラジオのニュースを聴く。
私は昨晩そのニュースを耳にした。

慣　用：Eh bien, parlez, je vous écoute.
それではどうぞ、お話を伺いましょう。

2) Son défaut, c'est de ne pas écouter les autres. 彼(女)の悪い所は他人の話に耳を貸さないことだ。

On raconte que Shotoku Taïshi pouvait écouter sept personnes à la fois. 聖徳太子は一度に7人の人の話を聞き取ったということだ。

- Qu'est-ce que tu faisais derrière la porte ?
- Je vous écoutais.
—ドアのうしろで何してたの？
—君たちの話を聞いていたんだ。

D'autres lui ont dit qu'elle devrait réfléchir davantage, mais elle ne les a pas écoutés. もっとよく考えろと忠告する人もいたが彼女は聞こうとしなかった。

3- écouter + SN + inf.

Les gens passent la nuit du 31 décembre à écouter les cloches sonner le passage d'une année à l'autre. 12月31日の夜は、除夜の鐘を聴いて過ごす。

J'aime bien écouter la pluie tomber. 私は雨が降る音を聴くのが好きです。

Je les ai écoutés parler pendant une heure, c'était intéressant. 私は彼らが話すのを1時間聴きましたがとてもおもしろかったですよ。

比　較：1) Comme j'habite près d'un aéroport, quand je veux écouter de la musique, je n'entends jamais rien.
空港の近くに住んでいるので、音楽を聴きたいと思ってもまるで聞こえない。

2) J'ai | entendu | une nouvelle incroyable à la radio.
　　　 | ×écouté |
ラジオで信じられないようなニュースを耳にした。

3) Tu as | écouté | le concert de von Weizaker à la radio hier soir ?
　　　　 | ×entendu |
昨日の晩、ラジオでフォン・ヴァイザケールのコンサートを聴いたかい？

4) Les enfants font souvent semblant de ne pas écouter mais ils entendent parfaitement.

子供はしばしば聞いていないようなふりをしているが，ちゃんと聞こえているのだ．

133 entendre dire / entendre parler

確認問題

次の文の（　）に dire もしくは parler を入れなさい．

A. J'ai entendu (　　) par ma mère qu'il est hospitalisé, mais je ne savais pas que c'était si grave.
  母から彼が入院していると聞いたが，それほど重病とは知らなかった．

B. - Je vous présente Madame Lacours.
  - J'ai beaucoup entendu (　　) de vous par ma mère.
  —ラクール夫人をご紹介します．
  —お噂は母からよく聞いています．

解答：A. dire cf.1　B. parler cf.4

1- entendre dire que + SN + 動詞（直説法）

On entend de plus en plus dire que beaucoup d'enfants partent à l'école sans avoir pris leur petit déjeuner.
朝食をとらずに学校に行く子供が多いという話は，ますますよく耳にする．

使い方：**1〜4**，複合過去で用いられることが多い．
注　意：entendre que という用法はない．
同　意：**1〜3**, apprendre que + SN + 動詞
参　考：(E) hear that + 節

2- entendre dire que + SN + |aller（直説法現在）| + inf.
　　　　　　　　　　　　　　　|aller（半過去）|

- Vous avez entendu dire que le prix du pétrole va monter ?
- Oh, ce n'est qu'une pure rumeur.
—石油の値段が上がるという話を聞きましたか？
—ああ，それは単なる噂ですよ．

- J'ai entendu dire que les frais de scolarité vont augmenter.
- Vraiment ?
—学費が値上げされるっていう話を聞いたんだけど．
—本当？

Hier, j'ai entendu dire qu'il |allait se marier| l'an prochain.
　　　　　　　　　　　　　　|va se marier|
彼が来年結婚するという話を，昨日聞いた．

Ma voisine a entendu dire qu'on allait construire un immeuble de standing sur ce terrain vague. | お隣りが聞いたところでは，あの空き地に高級マンションが建つらしい．

使い方：que 以下には「私は〜という話を聞いた」の過去からみて，未来にあたる行為が示される．

3- entendre dire que + SN + 動詞（条件法）

J'ai entendu dire que Toshio ne serait pas le fils de Madame Shimizu. | 敏夫は清水さんの息子ではないらしいという話を聞いた．

J'ai entendu dire qu'il souffrirait de la maladie de Parkinson. | 彼がパーキンソン病にかかっているらしいという話を聞いた．

使い方：話し手が，自分の語る内容が単に噂にすぎないのかどうか確かでない時に用いられる．

- J'ai entendu dire à la télévision qu'on |avait|/|aurait| trouvé une poule qui pondrait trois œufs à la fois.
- Ce n'est pas possible, je ne peux pas y croire.

——一度に3個卵を産むニワトリが｜見つかったんだって．｜／｜見つかったらしいよ．｜テレビで言ってたよ．
——まさか．信じられないな．

4- entendre parler de + SN

- Tu as entendu parler du dernier roman de Françoise Sagan ?
- Non, pas du tout. Quel est le titre ?
- On vend des billets pour le premier voyage dans la lune.
- J'en ai vaguement entendu parler l'autre jour.

Il est question d'une guerre entre les États-Unis et l'Irak, tu en as entendu parler ?

- Tu sais ce qu'est devenu Paul, Paul Martin ?
- Je n'ai pas entendu parler de lui depuis notre sortie du lycée.

Quand on entend parler des animaux, on pense surtout aux animaux domestiques plutôt qu'aux animaux sauvages.

——フランソワーズ・サガンの最新作について何か聞いたことあるかい？
——ううん全然．タイトルは何ていうの？
——最初の月ツアーの切符が売られているんだって．
——この間，なんか聞いたな．

アメリカとイラクの戦争が話題になってるけど，聞いたことあるかい？

——ポールはどうなったか知ってるかい．ポール・マルタンさ．
——高校を卒業してから彼のことは聞いていないな．

動物が話題になっていると，野生の動物より，特に家畜を思い浮かべる．

Certains d'entre nous se souviennent de ces faits historiques dont ils ont entendu parler pendant leurs études.
私たちの中には，学生時代に耳にしたその歴史的事実を覚えている者もいる．

- 注 意：j'ai entendu parler que ... という表現はない．
- 参 考：(E) hear of + SN; hear about + SN
- 強 調：en entendre parler, de + SN (会話)
  Je ne veux plus en entendre parler, de ce voyage !
  僕はもう聞きたくないよ，その旅行のことなんか．
- 比 較：1) – J'ai entendu dire que Paul et Sylvie vont se fiancer cet été.
  – Tiens ! C'est la première fois que j'entends parler de ces fiançailles !
  —ポールとシルヴィーがこの夏婚約するという話を聞いたよ．
  —ええっ！　婚約というのは初耳だな．
  2) Je vous dis que vous le regretterez. Vous allez entendre parler de moi !
  いいか，後悔しても知らないぜ．覚えてろよ！

5- SN (人) + ne pas vouloir entendre parler de + SN

Jamais ta mère n'ira à l'hôpital, tu m'entends. Je ne veux plus entendre parler de ça !
母さんは病院には決して行かないよ．わかるかい？　その話はもう聞くのもごめんだよ．

Les employés ont fait une suggestion, mais la direction n'a pas voulu en entendre parler.
労働者側が提案をしたのに，経営陣は耳を貸そうとしなかった．

Tu ne veux pas aller à l'université; dis-le à ton père, mais jamais il ne voudra entendre parler de ta décision.
お前は大学に行きたくないのね．お父さんに話してごらん．でも，お前の決心にはきっと耳を貸そうとしないわ．

134 s'entraîner / faire / faire de l'exercice / prendre de l'exercice / travailler / s'exercer / répéter / pratiquer / mettre en pratique

確認問題

次の文の（　　）の中から最も適切な語句を選びなさい．

A. Pour devenir un bon joueur de bowling, il faut (pratiquer/s'exercer/répéter/s'entraîner) tous les jours.
ボーリングがうまくなるには，毎日練習しなければならないよ．

B. Il vaudrait mieux qu'elle fasse (des exercices/de l'exercice/les

exercices) pour garder sa ligne.
彼女が体の線を保つには，運動をするのが良いんだけどなあ．

C. Tu dois (t'entraîner au/répéter le/t'exercer au) piano avant le repas.
食事の前にピアノの練習をしなさいね．

D. Pour bien jouer le rôle de Cyrano, tu dois le (travailler/répéter/pratiquer/mettre en pratique) tous les jours.
シラノの役をうまく演じるには毎日稽古をしなくちゃいけないよ．

解答：A. s'entraîner cf.1   B. de l'exercice cf.3,4   C. t'exercer au cf.7
D. répéter cf.9

1- s'entraîner

On s'est entraînés même lorsqu'il pleuvait.　雨の日でさえ，トレーニングをした．

Pour le championnat, nous nous sommes entraînés dans le gymnase de l'Université du Tokaï.　選手権に向けて，私たちは東海大学の体育館でトレーニングした．

Tu t'es entraîné, c'est pour cela que tu as gagné.　君は練習した．だから君は勝ったんだよ．

使い方：スポーツのトレーニングに関して
参　考：(E) practice

2- faire + 部分冠詞 + 名詞（スポーツ）

Je fais du tennis trois fois par semaine.　私は週に3回テニスをやる．

Faire de la natation, c'est ce qui me convient le mieux comme sport.　水泳は，私に一番合っているスポーツです．

Il a décidé de faire du jogging tous les matins.　彼は，毎朝ジョギングをすることに決めた．

On nous faisait faire de la gymnastique tous les matins.　毎朝私たちは体操をさせられた．

3- faire + 限定詞 + exercice de + 特定の名詞

Je n'arrive pas à faire cet exercice de grammaire.　僕はこの文法の練習問題がうまく解けないよ．

Je ne crois pas beaucoup aux exercices de prononciation; ça ne sert à rien d'en faire.　私は発音の練習の効果を信じていない．そんなことをやっても何の役にも立たないよ．

Il n'y a rien comme faire des exercices de thème pour se former l'esprit. 　思考能力を鍛えるには、作文の練習に匹敵するものはない。

Ouvrez vos manuels à la page 86. Nous allons faire ensemble les exercices de vocabulaire. 　教科書の86ページを開きなさい。皆で単語の練習をやりましょう。

　特定の名詞：gymnastique, vocabulaire, version, thème, prononciation, articulation, style, mémoire, grammaire など

4- faire / prendre de l'exercice

Vous prenez de l'exercice de temps à autre ? 　時々運動をしますか？

- Quel genre de sport vous aimez ?
- N'importe lequel. J'aime beaucoup faire de l'exercice.
　ーどんな種類のスポーツが好きですか。
　ー何でも。私は運動をするのが大好きです。

Autant que possible, je fais de l'exercice tous les jours. 　できる限り、私は毎日運動している。

- Il est pâle.
- Il ne fait pas assez d'exercice !
　ー彼は顔色が悪いね。
　ー運動不足だよ。

　使い方：1) 単数のみで用いられる。
　　　　　2) この意味では s'exercer, exercer は用いられない。
　説　明：身体的運動に関して用いる。
　参　考：(E) take some exercise

5- travailler + SN （学校の教科など）

Lisette est allée à Groningen pour travailler son allemand. 　リゼットはフローニンゲンにドイツ語を勉強しに行きました。

Je te suggère de travailler principalement les mathématiques. 　君は主に数学をやったらいいと思うよ。

6- s'exercer

- Quelle est la meilleure façon d'apprendre à jouer du piano ?
- Il faut s'exercer tous les jours.
　ーピアノを習うのに最もよい方法は？
　ー毎日ピアノを練習することです。

J'ai un concert de guitare la semaine prochaine. Ces jours-ci, je m'exerce le plus possible. 　私は来週ギターのコンサートがある。最近は、できるだけ多く練習している。

Exerce-toi encore un peu et tu sauras bientôt jouer ton morceau de piano.

もう少し練習しなさい。そうすればじきにあの曲が弾けるようになりますよ。

　使い方：楽器の練習に関して．
　参　考：(E) practice

7- s'exercer à + 定冠詞 + 名詞（楽器）

Gertrude s'exerce au piano trois heures par jour.

ジェルトリュードは毎日3時間ピアノの練習をする．

Vous devriez vous exercer au violon tous les jours. Vous feriez des progrès.

あなたは毎日ヴァイオリンの練習をした方がいいですよ．上手になるでしょう．

8- s'exercer à + inf. [+ avec + SN]

Je m'exerce à parler italien avec mes voisins deux heures par semaine.

私は週に2時間近所の人とイタリア語を練習している．

Il faudrait qu'elle s'exerce à bien articuler avec des cassettes.

彼女はカセットを使って，はっきりと発音する練習をすべきでしょう．

　参　考：(E) practice + 動名詞

9- répéter [+ 限定詞 + 特定の名詞]

1) Nous répétons ce soir. N'oublie pas.

今晩舞台稽古をします．忘れないで．

2) Tu dois répéter ton rôle ! Tu ne le sais pas encore assez bien.

君は自分の役の稽古をしなければならない．まだよく役がつかめていない．

　特定の名詞：pièce, rôle, spectacle など
　使い方：芝居または役に関して
　参　考：(E) rehearse

10- pratiquer + 限定詞 + religion

– Il pratique une religion ?
– Oui, c'est un hindouiste fervent.

―彼は何か宗教を実践している？
―ええ，熱心なヒンズー教徒です．

　注　意：pratiquer には，英語の practice という動詞とは異なり，「練習する」という意味はない．
　参　考：(E) practice + 限定詞 + religion

11- pratiquer le + 名詞（言語名）

Depuis que je suis rentrée au Japon, je n'ai que rarement l'occasion de pratiquer l'espagnol. Je l'oublie à une vitesse inquiétante.

日本に帰って以来，ほとんどスペイン語を使う機会がありません。あれよあれよという間に忘れていきます。

12- mettre + SN (物) + en pratique

- Il vaut mieux réfléchir avant d'acheter quelque chose.
- Tu as raison. Mais c'est une idée difficile à mettre en pratique.

—何か買う時は，買う前によく考えた方がよい。
—君の言うとおりだ。でも，そのことを実行するのは難しいよ。

Mettez bien en pratique ce que vous avez appris.

習ったことを実行に移しなさい。

参 考：(E) put into practice

135　entreprise / société / maison / compagnie

― 確認問題 ―

次の文の（　）の中から最も適切な語を選びなさい。

A. Si une petite (entreprise/société/maison/compagnie) paie quelquefois un salaire plus bas, l'atmosphère y est plus familiale.
　小さな企業では給料が安いことがままあるが，雰囲気はより家庭的である。

B. Ces hommes veulent fonder une (entreprise/société/maison/compagnie) par actions.
　これらの人々は株式会社を設立しようと考えている。

C. Pour fonder une (entreprise/société/maison/compagnie) de commerce, il faut une très grosse somme.
　商社を設立するには，多額の資金が必要である。

　　　　　　　解答：A. entreprise cf.1　B. société cf.5　C. maison cf.8

1- 限定詞 + 特定の形容詞 + entreprise / entreprise + 特定の形容詞

Que l'on choisisse de travailler dans une entreprise publique, privée ou mixte, chacune a ses avantages.

公共企業，民間企業，あるいは半官半民の企業のどこで働こうと，それぞれに利点があります。

La plupart des jeunes cherchent à éviter les P.M.E. (=petites et moyennes entreprises). 大部分の若者は，中小企業で働くことを避けようとする．

注 意：petite, moyenne, publique, agricole, financière, privée, mixte, capitaliste, individuelle など
参 考：**1～2**, (E) firm

2- 限定詞 + **entreprise de** + 特定の名詞

Plus tard, Kazutoshi voudrait travailler dans une entreprise de bâtiment. 将来，和俊は，建設会社で働きたいと希望している．

Une entreprise de déménagement va s'occuper de tout. 引越し会社がすべてを引き受けてくれるだろう．

特定の名詞：bâtiment, travaux publics, plomberie, menuiserie, transport, déménagement など

3- | entreprise
    | société

Il faut un certain sens de l'aventure pour fonder une entreprise. 会社を設立するには，ある種の冒険心が必要だ．

Certaines entreprises ont de la difficulté à payer les indemnités de fin de carrière. 退職金を払うのが困難な会社もある．

使い方：会社を特定化したくない時の普通の用法．
参 考：**3～7**, (E) company

4- 限定詞 + **société** + 固有名詞

Il fait partie du conseil d'administration de la Société Sony. 彼はソニーの取締役の一人である．

La Société de bourse Didier Philippe recommande de vendre les actions avant une baisse qui lui semble inévitable. ディディエ・フィリップ証券は，回避し難いと思われる株価下落の前に，株を売ることを勧めている．

5- **société** + 特定の言葉

Cette société anonyme marche bien malgré le ralentissement général des affaires. 景気後退にもかかわらず，この株式会社は順調にいっている．

Il est préférable de consulter une agence de la S.N.C.F. (=Société nationale des chemins de fer français). ＳＮＣＦ（フランス国有鉄道）の代理店に相談するのが望ましい．

Dans une S.A.R.L. (=société à responsabilité limitée), la responsabilité d'un associé est limitée à son apport.

有限会社では，出資者の責任は出資分担額に制限されている。

> 特定の言葉：commerciale, par intérêts, en nom collectif, en commandite, simple, en participation, par actions, anonyme, à responsabilité limitée, à capital variable, financière, industrielle, immobilière, privée, nationale, d'État, civile など
> 説　明：一般に企業の出資形態を言う場合に用いる．
> 慣　用：Tu pourras en trouver chez Arnold et Cie.
> それはアーノルド社で見つかるよ．

6- entreprise / société / compagnie + 特定の形容詞

Pour travailler dans une compagnie financière, il faut un MBA (=Master of Business Administration).

金融会社で働くにはMBA(ビジネス業務の修士)が必要である．

> 特定の形容詞：commerciale, financière, industrielle など

7- compagnie + 特定の言葉

Si l'on travaille dans une compagnie d'assurances, on bénéficie de la sécurité de l'emploi.

保険会社で働くと，仕事が保障されるという利点がある．

Depuis la privatisation des chemins de fer, plusieurs compagnies ont été créées.

国鉄の民営化以後，いくつもの会社が創設された．

> 特定の言葉：d'assurances, maritime, aérienne, de navigation, de chemin de fer など

8- 限定詞 + maison de + 特定の名詞

Beaucoup de Français qui travaillaient dans des maisons de tissus ont perdu leur emploi parce que beaucoup de pays exportent leurs tissus.

繊維会社で働いていた多くのフランス人は職を失った．というのは，多くの国が繊維製品を輸出するからである．

Les maisons de vins en gros se heurtent à de grosses difficultés financières.

ワインの卸売会社は，経営上の大きな困難に直面している．

Ces dernières années, de plus en plus de maisons d'édition font faillite.

ここ数年，ますます多くの出版社が倒産している．

Lorsqu'une maison ne peut plus faire de bénéfices, elle ne peut que fermer. 商店が利益を上げなくなったら、店をたたむしかない。

特定の名詞: commerce, tissus, vins en gros, gros, détail, édition など
説　明: 多くは代々引き継がれた古い商店、商社を指す。
参　考: (E) firm

136　entrer à / entrer dans

┌─ 確認問題 ─────────────────────────────
│ 次の文の(　)の中から最も適切な語句を選びなさい。
│ A. L'aîné voudrait devenir médecin, le second, entrer (à/dans) Mitsui Shoji.
│ 　長男は医者になりたいと思っているし、次男は三井商事に入社したいと思っている。
│ B. Quand je suis entré (au/dans le) restaurant, il n'y avait personne.
│ 　レストランに入ると、だれも客はいなかった。
│ C. Je crois que ce n'est pas suffisant d'entrer (à une/à la/dans une/dans la) bonne entreprise.
│ 　良い企業に入ればそれでよしというわけではないと思う。
│ 　　　　　　解答：A. à cf.1　B. dans le cf.4　C. dans une cf.3

1- entrer à ＋ │定冠詞 ＋ 名詞 ＋ 固有名詞
　　　　　　　　　│固有名詞

Quelles conditions faut-il remplir pour entrer à [l'Université] Waseda ? 早稲田(大学)に入るには、どんな条件を満たさなければならないだろう。

Il est entré à IBM il y a seulement deux ans et il a déjà obtenu une promotion. 彼はＩＢＭに入社してたった２年で、もう昇進したんだ。

Quand elle avait dix-huit ans, elle est entrée au Conservatoire de musique de Musashino. 18才の時、彼女は武蔵野音大に入学した。

Il a demandé à son oncle Antoine de l'aider pour entrer à la B.N.P. (＝Banque Nationale de Paris). 彼はＢＮＰに入るために、おじのアントワーヌに助力を請うた。

　注　意：フランスの人の名前のついた会社については、entrer chez ... (例えば chez Renault)を用いる。それと同様に、外国の企業についても、たとえそれが個人の名前でなくても chez ＋ 外国の会社名 を用いる傾向がある。ところが、往々にして、たとえ会社名が個人の名前であっても à ＋ 会社名 を用いる場合もある。フランス人には、その外国の会社名が個人の名前をとってつけたものかどうか判断できないから

である．だから |chez IBM|, |chez Honda| の両方が正しいことになる．
           |à IBM | |à Honda |

2- entrer à + 定冠詞 + 特定の名詞

1) Il a fallu qu'il entre à l'hôpital pour se faire opérer.

彼は入院して手術を受けなければならなかった．

Je suis entrée à la maternité à 9 heures et ma fille est née à 11 heures et demie.

私が9時に産院に入って，娘は11時半に生まれました．

　特定の名詞：hôpital, clinique, maternité など
　使い方：治療のための入院の場合や，単にその種の建物に入る場合に用いる．

2) Vous êtes entré à l'université en quelle année ?

何年にあなたは大学に入学しましたか？

Quand elle était petite, elle voulait déjà entrer au couvent.

幼い時にすでに彼女は修道院に入りたがっていました．

　特定の名詞：université, conservatoire, lycée, parlement, ministère, sénat, assemblée nationale, couvent など
　使い方：1) 学業，職業，政治活動などの機関に所属するようになる場合に用いる．
　　　　　 2) 特定の名詞が，形容詞や関係節等で限定されていない場合に用いる．

3- entrer dans + SN（場所）

C'est grâce à un ami de mon père que j'ai pu entrer dans cette société.

この会社に入れたのは，父の友人のお蔭だ．

Maurice cherche à entrer dans un laboratoire de recherches.

モーリスはある研究所に入ろうと頑張っている．

À son retour des États-Unis, il a pu entrer dans une école où tout l'enseignement se faisait en anglais.

アメリカから帰ると，彼は授業がすべて英語で行なわれる学校に入ることができた．

Pour son opération, il est entré dans un hôpital |qui se spécialise dans|les greffes du| |spécialisé dans | cœur. |

手術のために，彼は心臓移植専門の病院に入った．

Si vous entrez dans notre compagnie, vous devrez d'abord faire un stage de formation pendant quelques semaines.

この会社に入ると，あなた方はまず数週間研修を受けなければなりません．

　使い方：1) 建物自体ではなく，制度，機関，組織などに関する場合
　　　　　 2) 場所が定冠詞以外の限定詞によって限定されている場合
　　　　　 3) 場所が形容詞，形容詞句，形容詞節によって限定を受けている場合

4) **3~4**, 不定冠詞は前置詞 à と共には用いられない.
Il ne fait pas autre chose qu'étudier pour entrer
| ×à | une université célèbre.
| dans |
| à l'Université du Tohoku.
| 有名大学に | 入るためにと, 彼は勉強以外のことはしない.
| 東北大学に |

4- entrer dans + SN（建物）

N'entre pas dans ma chambre quand je ne suis pas là. 　私の留守中は, 部屋に入らないでね.

Ferme la porte, les moustiques vont entrer dans la cuisine. 　ドアを閉めてくれ. 蚊が台所に入ってくるじゃないか.

Après quelques minutes, je me suis aperçu que j'étais entrée dans un grand hôpital et non dans un grand magasin! Je n'avais vraiment pas ma tête à moi, ce jour-là. 　何分か経ってから, 私はデパートにではなく大きな病院に入っていたことに気がついた. その日私は本当にどうかしていたのです.

Je déteste entrer dans une banque. J'ai toujours peur qu'il y ait un hold-up. 　私は銀行の中に入るのが大嫌いなの. いつも銀行強盗があるんじゃないかと思うと, 怖いのよ.

使い方：1)「建物の中に入る」という具体的な意味で用いられる場合.
　　　　2) 状況によって, dans の後の限定詞は, いろいろな形がありうる.

1- | Il est entré à l'école cette année.
   | Il est entré dans l'école.
   | Il est entré dans une école alors qu'il cherchait un musée.
   | Il est entré dans une bonne école de peinture.
   | Il est entré à l'École des Beaux-Arts de Paris.
   | 彼は今年学校に入学しました.
   | 彼は学校の中に入りました.
   | 彼は美術館をさがしていたのに, 学校の中に入ってしまった.
   | 彼は良い美術学校に入学しました.
   | 彼はパリの[国立]美術学校に入学した.

2- | Il est entré dans l'hôpital Keio.
   | Il est entré à l'hôpital Keio.（2つの意味がある）
   | Il est entré dans un bon hôpital.（2つの意味がある）
   | Il est bien entré dans le bon hôpital. Il a eu de la chance.

彼は慶応病院の中に入りました．
彼は慶応病院に入りました．（手術や治療を受けるため）（そこで働くため）
彼は良い病院に ｜入院｜ した．
　　　　　　　｜就職｜
彼は確かに良い病院に入った．彼は運がいい．

5- entrer dans ＋ 定冠詞 ＋ 特定の名詞

- Il voudrait entrer dans l'armée, plus tard.　—彼はいずれ軍隊に入りたいと思っているんだ．
- Il a encore le temps d'y penser.　—まだ考える時間はあるよ．

特定の名詞：armée, aviation, marine, ordres, enseignement など
参　考：(E) join the ＋ 特定の名詞
比　較：Il voudrait entrer ｜dans les ordres.
　　　　　　　　　　　　　｜chez les dominicains.
彼は ｜修道会　｜ に入りたいと思っている．
　　　｜ドミニコ会｜

137　environ / vers

― 確認問題 ―

次の文の（　）の中に environ もしくは vers を入れなさい．
A. Chez nous, on dîne (　　) sept heures.
　　我が家では，だいたい7時に夕食を食べます．
B. Il part en voyage pour (　　) deux mois.
　　彼は約2か月間旅行に出かける．
C. Il est venu me voir hier soir quand il était (　　) vingt-trois heures.
　　彼は昨日の夜ぼくに会いに来たけれど，夜の11時頃でしたよ．

解答：A. vers cf.4　B. environ cf.2　C. environ cf.3

1- ｜environ ＋ 数形容詞 ＋ 名詞
　　　｜数形容詞 ＋ 名詞 ＋ environ

À mon avis, il a 50 ans environ, 55 tout au plus.　私の考えでは，彼は50才位，せいぜい55才というところですよ．

Environ 2 000 personnes sont venues à la manifestation.　約2000人がデモに来ました．

– Et si on allait manger à "Chantecler" ce soir ?
– Ben... Je ne suis pas trop riche en ce moment... C'est combien par personne ?
– C'est 2 500 yens, mais avec l'apéritif et la boisson, ça revient à 3 500 yens par personne environ.

―ところで今晩「シャントクレール」に食べに行かない？
―そうね、私今あまりお金ないのよ。一人いくらするの？
―2500円だけど、アペリティフと飲み物を入れると一人大体3500円てとこよ。

La taxe sur la consommation va augmenter d'environ 5%.

消費税は5％ぐらい上がるだろう。

使い方：1) 概数を言うために用いる。
　　　　2) 用いられる数は一般におおまかな数である。約2385円や約247km といった細かい数は用いない。
同　意：**1～2**, à peu près
反　意：**1～2**, exactement
参　考：(E) about

2- | **environ** ＋ 数形容詞 ＋ 時の名詞
　　　| 数形容詞 ＋ 時の名詞 ＋ **environ**

Il nous faudra environ deux heures pour venir.

行くには，約2時間かかるだろう。

Cela fait environ dix ans qu'il travaille chez Nissho Iwaï.

彼が日商岩井に勤めて約10年になる。

Il a appris le français pendant trois ans environ.

彼は約3年間フランス語を習った。

L'avion atterrira dans trente minutes environ.

飛行機は約30分で着陸する。

Le métier de cuisinier s'apprend en trois ou quatre ans environ.

一人前のコックになるにはだいたい3，4年かかる。

Il a fallu environ un siècle pour construire Notre-Dame de Paris.

パリのノートルダム寺院を建てるのには約一世紀かかりました。

使い方：1) おおまかな期間を示す。
　　　　2) 前置詞と共に用いる場合には，普通 environ は名詞の後に置く。

3- il est | **environ** ＋ 数形容詞 ＋ **heure**
　　　　　 | 数形容詞 ＋ **heure environ**

- Tu as l'heure ?
- Non, mais je dirais qu'il est 5 heures environ.

―時計持ってる？
―いいや，でも大体5時頃だと思うよ．

- Est-ce que vous pouvez nous dire exactement à quelle heure vous avez entendu les coups de feu ?
- Je ne sais pas exactement mais il devait être environ 10 heures.

―何時に銃声が聞こえたのか，正確に言って下さい．
―はっきりとはわかりませんが，だいたい10時頃だったはずです．

Viens me réveiller quand il sera environ 8 heures.

8時頃に私を起こしに来てね．

使い方：大体の時間を示す．
注　意：この場合 vers は用いない．
同　意：à peu près
反　意：il est exactement + 数形容詞 + heure

4- 特定の動詞 + **vers** + [**les** +] 数形容詞 + **heure**

Si vous venez vers les 8 heures, ce sera parfait.

8時頃来て頂ければ結構です．

Passez vers 3 heures, je serai à la maison.

3時頃いらして下さい．家にいますから．

- À quelle heure est-ce que la réunion va finir ?
- Oh, vers 5 heures et demie.

―会合は何時に終わりますか？
―そうですね，5時半頃です．

特定の動詞：finir, commencer, rentrer, sortir, venir, partir, passer など
使い方：4〜6，何かが行なわれる，大体の時刻・時期を示す．また，4 に関しては会話では，à + 数形容詞 + heure | à peu près / environ | も可能．
強　調：特定の動詞 + vers + 数形容詞 + heure | à peu près / environ
反　意：à + 数形容詞 + heure précise
参　考：(E) around + 時刻，about + 時刻

5- **vers** + 定冠詞 + 特定の名詞 + **de** + SN

J'ai fait une mauvaise grippe vers le commencement du mois de février.

2月の初め頃に，ひどい風邪をひきました．

Vous recevrez le colis au plus tard vers la fin de la semaine.

遅くとも今週の終わり頃には小包が届きます．

Tout le monde court et s'énerve vers la fin de l'année.　年の瀬も近くなると，人はみな小走りになり，落ち着かなくなる．

Vers la fin de sa vie, il était dans le coma.　息を引き取る前には，彼は昏睡状態にあった．

　特定の名詞：fin, début, commencement, milieu など
　参　考：(E) around

6- vers ＋ 年号 / 日付

On finira ce travail vers le 20 juin.　6月20日頃にはこの仕事は終わるよ．
On dit qu'il s'est marié vers 1980.　彼は1980年頃結婚したらしい．

7- autour de ＋ 年号

Il a publié son premier roman autour de 1980.　彼は1980年頃，最初の小説を出した．

8- dans les années ＋ 特定の数詞

Si je ne me trompe pas, il a été élu une seconde fois dans les années 70.　たしか彼は70年代に2度目の当選を果しているはずだ．

　特定の名詞：50, 60, 70 など

138　envoyer

――― 確認問題 ―――

次の文の（　）の中から適切な語句を選びなさい．

A. Nous allons (faire aller/envoyer) Hitoshi dans une école privée.
　仁志を私立の学校に行かせましょうよ．

B. La mère de Fabienne l'a envoyée (pour voir/voir) le médecin.
　母親はファビエンヌを医者に行かせた．

　　　　　　　　　　　　　　　　解答：A. envoyer cf.1　B. voir cf.2

1- envoyer ＋ SN (人)

－ Où est Caroline ?　―カロリーヌはどこ？
－ Je l'ai envoyée à la poste.　―僕が郵便局に行ってもらったよ．

Pour estimer les dégâts, la compagnie d'assurances a promis de nous envoyer un expert.
保険会社は損害の見積もりに専門家を来させるって約束しましたよ。

Beaucoup de mères désirent envoyer leurs enfants à l'étranger dans des écoles internationales.
母親たちの中には子供を外国のインターナショナルスクールに行かせたがっている人が多い。

注 意：1～2, faire aller + 人は用いられない。

2- envoyer + SN (人) + inf.

Je vais envoyer Maurice acheter de la confiture.
モーリスにジャムを買いに行ってもらいますよ。

Ses parents l'ont envoyé passer deux semaines en Australie.
彼の両親は彼を2週間オーストラリアに行かせたんだ。

Nous voulions envoyer Charles vous chercher à l'aérogare.
私たちは、シャルルに空港まであなたを迎えに行ってほしいと思っていた。

139 espérer

確認問題

次の文の誤りを正しなさい。
A. J'espérais tellement que vous guérissez.
  あなたの回復を心から願っていました。
B. J'espère que ma fille va à Paris dans quelques années.
  何年かしたら娘がパリに行けるといいんだが。

解答：A. guérissez → guéririez cf.3　B. va → ira あるいは va aller cf.2

1- espérer + inf.

1) Notre directeur espère pouvoir vous donner une réponse définitive dans quelques jours.
何日かしたら、部長は最終的な回答ができると思っています。

J'espère avoir le temps de faire quelques emplettes à l'escale.
トランジットの間に少し買い物をする時間があるといいのだが。

N'espérez pas le convaincre facilement.
彼を簡単に説得できるなんて思わない方がいいですよ。

Le progrès aidant, on peut espérer assister un jour à une véritable révolution dans l'usage des robots.

技術の進歩のおかげで，いつの日かロボットの使われ方が，まさしく革命的に変わることだろう．

　使い方：動詞 espérer の主語と不定法の主語は同一．
　同　意：compter + inf.

2) J'espère ne pas vous avoir fait trop attendre.

ひどくお待たせしたでしょうか？ そうでなければ良いのですが．

　強　調：1〜3，強調の際に beaucoup を用いず，vraiment, réellement, sincèrement, bien などを用いる．

2- espérer que + SN + 動詞（直説法）

J'espère qu'on va avoir du beau temps à la montagne.

山では天気になるといいですね．

Les écologistes allemands espèrent que leur pays fera des efforts pour protéger la nature.

ドイツのエコロジストたちは国が自然保護のために努力するよう期待している．

J'espère qu'Étienne n'a pas été malade après la soirée ... Il a tellement bu.

エティエンヌがパーティーの後で具合が悪くならなかったならいいけど．彼ったらひどく飲んでいたから．

Espérons qu'il ne lui est rien arrivé de grave.

彼(女)に何も大変なことが起きなかったらいいんだけど．

J'espère que vous me comprenez ...

私の申し上げることをおわかりいただけると良いのですが．

J'espère qu'il avait assez d'argent pour acheter son billet.

彼，ちゃんとお金を持っていて切符を買えたかしら．そうだといいけど．

Tu as refusé, j'espère ...

いやだと言ったんでしょうね．

(dans une lettre) Chère Martine,
J'espère que tu es bien rentrée à la maison après notre sortie de samedi soir ...

(手紙で)マルティーヌへ．
君は土曜の夜僕といっしょに出かけた後，ちゃんと家に帰れたよね……

　使い方：繰り返し言う場合に espérer ça や espérer comme ça とは言わず，単に中性代名詞の le を用いるか，あるいは c'est ce que + SN + espérer を用いる．
　　　　　- Espérons que l'examen sera facile.
　　　　　- Oui, espérons-le !
　　　　　―試験が簡単だといいね．
　　　　　―うん，そうだといいね．
　　　　　Enfin, il est guéri, c'est ce que j'avais toujours espéré.
　　　　　やっと彼は病気が治った．それこそ私がずっと願っていたことだ．

注　意：**2〜3**，否定文・疑問文でなければ，que 以下に接続法は用いられない．

比　較：que 以下の動詞の時制によって，問題となっている事柄の時が示される．

Après tout ça, j'espère | que tu ne seras pas trop fatiguée.
| que tu n'es pas trop fatiguée.
| que tu n'étais pas trop fatiguée.

いろいろあるけど，あまり疲れないでね．
いろいろあったけど，君があまり疲れてないといいけど．
いろいろあったけど，君があまり疲れなかったらよかったのですが．

3- espérer（半過去）que + SN + 動詞（条件法）

Nous espérions qu'au moins on n'entendrait plus ces abominables sons de cloche.　とにかく，こんなひどい鐘の音は，もう聞きたくないと思っていた．

Il espérait que Cathy viendrait à notre petite fête ...　彼はキャシーが私たちのささやかなお祝いに来てくれたらと思っていた．

説　明：実現しなかった希望を言うのに用いる．

4- ne pas espérer que + SN + 動詞（接続法）

N'espérez pas qu'il soit réélu.　彼が再選されるなんて思ってはいけません．

同　意：ne pas escompter que + 動詞（接続法）

140　être étonné / ça m'étonne / s'étonner

──確認問題──

次の文の誤りを正しなさい．

A. Essaie cet onguent, tu te seras étonné des résultats.
　　この軟膏を試してみなさいよ．効き目に驚くよ．
B. Je suis étonnée qu'il fasse beau demain.
　　明日天気がいいはずないよ．
C. Avec lui, je ne serai plus étonné de rien.
　　彼にはもう，何も驚かないよ．
D. Ne vous étonnez pas que cette lettre met au moins une semaine à lui parvenir.
　　この手紙が彼(彼女)に届くのに少なくとも一週間かかってもびっくりしないでください．

解答：A. tu te seras étonné → tu seras étonné cf.2　B. Je suis étonnée → Je serais étonné cf.4　C. je ne serai plus étonné → je ne m'étonne plus cf.6　D. que → si cf.9

1- être étonné

On m'avait prévenu. J'ai été tout de même très étonné quand je l'ai vu pour la première fois.	人から聞いてはいたんだ。それでも彼に初めて会った時にはとても驚いたよ。
J'ai été extrêmement étonné parce que je n'avais jamais vu de femme aussi grosse qu'elle.	私は本当にびっくりしました。というのは、彼女のように太った女性にこれまで会ったことがなかったからです。
Mes parents ont été très étonnés quand je leur ai annoncé que j'allais épouser un Sénégalais de Dakar.	両親は私がダカール出身のセネガル人と結婚すると言い出した時にはとても驚いていました。

強　調：1〜3 で強調する場合は、être très étonné, être extrêmement étonné, être vraiment étonné となる。
注　意：1〜3 では s'étonner は用いられない。
参　考：1〜9, (E) be amazed; be surprised

2- être étonné de + SN

Le médecin lui-même était étonné d'un rétablissement aussi rapide.	医者自身があまりに早い回復に驚いていた。
Nous avons été étonnés des changements qui se sont opérés à Nara ces dernières années.	ここ数年の間に奈良で起こった変化に、私たちは驚きました。

3- être étonné de + inf.

Je suis étonné de le voir en aussi bonne santé.	彼があんなに元気なのを見て、僕はびっくりしています。
Il a paru étonné d'apprendre la nouvelle.	彼はそのニュースを聞いて驚いているようでしたよ。
― Je suis toujours étonné de voir passer des manifestants. ― Pas les Parisiens, ils y sont habitués.	―僕はデモ隊が通るのを見て、いつも驚いてしまいますよ。 ―パリの人は驚きません。慣れてますから。

4- être étonné que + SN + 動詞（接続法）

Tout le monde est étonné qu'il ait appris à marcher si petit.	彼があんなに小さいうちに歩けるようになったことに皆驚いている。
Je ne serais pas étonné qu'ils aient oublié l'heure.	彼らが時間を忘れても驚きもしませんが。

Je serais étonné qu'on puisse finir pour demain.　明日までに終えることができるはずがないよ。

5- ça m'étonne que + SN + 動詞 (接続法)

Ça m'étonne que son bébé ne soit pas plus gros.　赤ちゃんがもっと太っていないのは意外だな。

Ça m'étonnerait qu'il sache l'espagnol.　彼がスペイン語を話せるはずがない。

Ça m'étonne qu'on n'ait pas choisi un autre mot que "bouteur" pour franciser "bulldozer".　ブルドーザーをフランス語にするのに、よりによって"bouteur"にしちゃったのかな。

比　較：– Ça ne m'étonne pas que le français essaie de se débarrasser du franglais.
　　　　– Moi, si, mais les Français, eux, ça ne les étonne pas.
　　　―フランス語からフラングレ (英語からの新語や表現) をなくそうというのは、当然だと思うよ。
　　　―僕は変だと思うけれどね。でもフランス人には当然なんだね。

6- s'étonner de + SN

Personne ne s'étonne plus de ses oublis.　誰も彼の物忘れにはもう驚かないよ。

On s'est beaucoup étonné de la guerre en Bosnie et Herzégovine.　ボスニア・ヘルツェゴビナの戦争には全く驚いた。

Actuellement, c'est à la mode de s'étonner du chômage, mais si on réfléchit ...　今日、失業にはよく驚かされますが、よく考えてみると……

7- s'étonner de + 特定の言葉

Autrefois, quand les connaissances étaient moins répandues, les gens s'étonnaient de tout ce qu'ils voyaient pour la première fois.　昔、知識が今ほど広まっていない頃には初めて見るもの何もかもに、人々は驚いていました。

Il est difficile de vivre sans s'étonner de rien.　何にも動ずることなく生きるのは難しい。

Si l'on s'étonne souvent de quelque chose, cela met du sel dans sa vie.　何かに驚くことがよくありますが、それで人生に妙味が加わるんですよ。

　特定の言葉：tout, quelque chose, (ne ...) rien, tout ce + 関係代名詞
　比　較：Quand je suis allée en Chine, ×je me suis étonnée / j'ai été étonnée de voir le grand nombre de bicyclettes.
　　　　私は中国に行った時に、自転車の数が多いのを見てびっくりしたわ。

8- s'étonner que + SN + 動詞（接続法）

On s'étonne beaucoup que tellement d'étudiants soient toujours absents.	こんなに多くの学生たちがいつも欠席しているのには、ひどく驚かされる。
Les Français s'étonnent que la France compte tellement de SDF (=sans domicile fixe).	フランス人は、フランスにこれほどのホームレスがいるのを意外に思っている。
Beaucoup s'étonnent que tellement de personnes fassent du travail bénévole.	これほど多くの人たちがボランティアの仕事をしていることに驚いている人が多い。
Après cela, elle s'étonne qu'on ne s'occupe pas d'elle.	あのことがあってから、彼女は自分が構ってもらえないのを意外に思っている。
Je m'étonne que Rachelle ne vous ait pas dit merci, elle, une personne si distinguée !	私は、あれほど上品なラッシェルが、あなたにお礼を言わなかったので驚いています。
À vrai dire, je m'étonne qu'il n'ait pas consulté son médecin.	実を言えば、彼が主治医に相談しなかったのを私は意外に思うんだよ。

　　使い方：1）特に接続法現在形で使われる。
　　　　　　 2）parce que と共には用いられない。
　　　　　　 3）que 以下には、肯定文よりも否定文が続く場合が多い。

9- ne pas s'étonner si + SN + 動詞（直説法）

Il ne faut pas t'étonner si on t'ignore. Tu es tellement susceptible !	人に無視されたからといって、驚いちゃいけないよ。君はずいぶん傷つきやすいんだなあ！
Dans beaucoup de pays d'Asie, on ne s'étonne pas s'il y a des tremblements de terre.	アジアの国の多くでは、地震があっても意外ではない。

141　étranger（人に関して）

確認問題

次の文の誤りを正しなさい。
Chisa veut se marier avec un homme étranger mais ses parents s'y opposent.
ちさは外国人と結婚したがっているが、両親は反対している。

解答：un homme étranger → un étranger

限定詞 + étranger

Sylvain parle à un étranger même s'il ne sait pas la langue de ce dernier.	シルヴァンはたとえ相手の言葉がわからなくても外国人に話しかける.
Est-ce que les étrangers sont bien accueillis dans ton pays?	君の国では，外国人は歓迎されているかい?
Beaucoup d'étrangers veulent venir travailler au Japon.	日本に働きに来たいと思っている外国人は多い.

使い方：homme étranger, femme étrangère, personne étrangère, gens étrangers といった言い方はしない.
参　考：(E) foreigner

142　étranger / pays / pays étranger

― 確認問題 ―

次の文の(　)の中から適切な語句を選びなさい.
A. Je ne me sens pas le courage d'aller seule (à l'étranger/aux pays étrangers/à un pays étranger/dans un pays étranger).
　　私は一人で外国に行く勇気がない.
B. Au Japon, la télévision est plus répandue que (dans les étrangers/ dans les autres pays/aux pays étrangers).
　　日本では，どの国にもましてテレビが普及している.

　　　　　　　　　　　　　解答：A. à l'étranger あるいは dans un pays étranger cf.1,3
　　　　　　　　　　　　　　　　B. dans les autres pays cf.5

1- 特定の動詞 + à l'étranger

Elle n'a jamais voyagé à l'étranger de sa vie.	彼女は生まれてから一度も外国を旅したことがない.
Takeshi vit à l'étranger depuis son enfance.	武は子供の頃から外国で暮している.
– Qu'est-ce que tu vas faire l'an prochain? – Je me demande si je vais rester en France ou partir à l'étranger.	―来年どうするつもり? ―私はフランスに留まろうか, 外国に行こうか迷っています.
Le film a connu un grand succès au Japon comme à l'étranger.	その映画は, 海外でと同じように日本でも好評を博した.

特定の動詞：être, vivre, rester, aller, voyager, habiter, travailler, partir など
使い方：1〜2, 1) 慣用表現として用いられる.

2）この場合，常に単数．

説　明：**1〜2**，単数形であっても，いくつもの国を指している．
注　意：à un pays étranger, dans les pays étrangers, aux pays étrangers, en terre étrangère とは言わない．
参　考：**1〜3**, (E) abroad

2- 特定の前置詞 + l'étranger

Passons maintenant aux nouvelles venant de l'étranger.	次に，外国からのニュースに移りましょう．
Les enfants qui reviennent de l'étranger ont parfois des difficultés à se réadapter à la vie japonaise.	帰国子女は，日本での生活に適応するのにしばしば苦労する．
Par manque de ressources naturelles, le Japon doit les importer de l'étranger.	天然資源がないので，日本は海外から輸入しなければならない．

　　特定の前置詞：de, pour

3- dans un pays étranger

Mon père n'a pas eu l'avantage de vivre dans un pays étranger.	私の父は外国で暮す機会がなかった．

使い方：à l'étranger も言える．
説　明：暗にひとつの国を指している．

4- 限定詞 + pays étrangers

Quand j'aurai 20 ans, je voyagerai dans beaucoup de beaux pays étrangers.	20才になったら，美しい外国をたくさん旅行するつもりだ．

5- 限定詞 + autre pays

À mesure que se développent les relations entre le Japon et les autres pays, le Japon doit adopter une politique d'aide plus conséquente.	外国との関係が発展していくのに応じて日本はいっそう一貫した援助政策を取っていかなければならない．

143　être / devenir [＋ 限定詞] ＋ 名詞（職業・国籍・血縁関係）

――― 確認問題 ―――

次の文の（　）に必要に応じて適当な冠詞を入れなさい．

143　être / devenir [＋限定詞] ＋ 名詞（職業・国籍・血縁関係）

A. Il a rêvé de devenir (　　) oiseau, et il est devenu (　　) pilote d'avion.
　彼は鳥になりたいと夢見ていたが，飛行機のパイロットになったんだよ．
B. Finalement il est devenu (　　) assassin.
　ついに彼は人殺しになってしまった．
C. Depuis quand est-ce qu'Élizabeth II est (　　) reine d'Angleterre?
　いつからエリザベスⅡ世はイギリスの女王でしたっけ？
D. "De quelle nationalité sont-ils?" "Ils sont (　　) Polonais."
　「彼らの国籍はどこですか．」「ポーランド人です．」
E. Mozart était (　　) génie, à n'en pas douter.
　モーツァルトは天才だったよ，間違いなく．

解答：A. un, × cf.6,2　B. un cf.7　C. × cf.1-2)　D. × cf.1-3)　E. un cf.7

1- être / devenir ＋ 名詞（職業・国籍など）

1) Sueko rêve de devenir speakerine.　末子はアナウンサーになることを夢見ている．

Quand j'étais lycéenne, je n'aimais pas porter l'uniforme.　高校生の時，制服を着るのは好きじゃなかったわ．

Garde-malade, elle l'est devenue à l'âge de 54 ans.　彼女が病院の付き添い婦になったのは，54才の時だ．

Elle est chanteuse professionnelle.　彼女はプロの歌手だ．

- Qu'est-ce qu'il fait?　―彼の職業は何ですか？
- Il est journaliste.　―記者です．

- Ton frère est employé où?　―君の兄さんはどこの会社員？
- Chez Sumitomo.　―住友さ．

Mon neveu voudrait devenir prêtre.　私の甥は聖職者になりたがっている．

- Votre profession?　―ご職業は？
- Chômeur.　―失業中です．

- Qu'est-ce que tu veux | faire | plus tard?　―君は大きくなったら｜何をしたい｜？
　　　　　　　　　　　　| être |　　　　　　　　　　　　　　　　　　｜何になりたい｜
- Je voudrais devenir fleuriste comme ma tante Céline.　―セリーヌおばさんのようにお花屋さんをやりたいです．

Je ne suis pas plus jolie qu'une autre, mais ce monsieur m'a proposé de devenir mannequin.	私は他の子よりきれいなわけじゃないけど，その人がモデルにならないかと言ってきたの．
– Il est quoi, ton copain ? – Instituteur, il est instituteur.	—君の友人は何をやっているの？ —先生なんだ．小学校の先生．
– Qu'est-ce qu'elle fait ? – Elle est secrétaire du vice-président.	—彼女は何をしていますか？ —副社長の秘書です．

注　意：**1〜8**, être と devenir は同意語ではないが用法が類似しているため，便宜上同列に扱った．

使い方：1) 職業名を強調したい場合には不定冠詞を用いることもありえる．

Il a consacré toute sa vie à l'enseignement. Il a été, avant tout, un professeur.

彼は教育に一生を捧げた．彼は何よりもまず一人の先生であったのだ．

2) **1-** 1)〜3), 職業，国籍を表わす名詞は，限定詞を伴わず単独で用いる．

| Mon père était afghan.
| My father was an Afghan.

私の父はアフガニスタン人でした．

| Il a été instructeur à l'École militaire.
| He was an instructor at the Military Academy.

彼は士官学校の教師だった．

比　較：Gabriel Marcel était | philosophe.
　　　　　　　　　　　　　　| un philosophe.
　　　　　　　　　　　　　　| un philosophe chrétien.
　　　　　　　　　　　　　　| ×philosophe chrétien.

　　　　　ガブリエル・マルセルは | 哲学者だった．
　　　　　　　　　　　　　　　　| 一人の哲学者だった．
　　　　　　　　　　　　　　　　| キリスト教徒の哲学者だった．

Gabriel Marcel, c'était | un philosophe.
　　　　　　　　　　　　| un philosophe chrétien.
　　　　　　　　　　　　| ×philosophe.
　　　　　　　　　　　　| ×philosophe chrétien.

　　　ガブリエル・マルセル，彼は | 哲学者だった．
　　　　　　　　　　　　　　　　| キリスト教徒の哲学者だった．

2) Son père est comte.	彼（女）の父は伯爵だ．
Son grand-père était roi.	彼（女）の祖父は王様だった．
3) Il est américain, mais il vit aux Philippines.	彼はアメリカ人だが，フィリピンで生活している．

Son père est italien et sa mère, irlandaise. 彼の父はイタリア人で，母はアイルランド人だ．

Je suis japonais par mon père mais coréen par ma mère. 私は，父の側からすれば日本人で，母の側からすれば韓国人です．

比較：1) — Il rêve de devenir | pompier.
　　　　　　　　　　　　　　　 | un oiseau.
　　　　 — Oh ! Il est encore bien jeune !

―彼は | 消防士 | になることを夢見ている．
　　　 | 鳥　　 |

―おや，彼はまだまだ幼いね．

2) On raconte qu'il est | écrivain.
　　　　　　　　　　　　| l'auteur de ce roman.

彼は | 作家　　　　　　 | だと，人々が話している．
　　 | この小説の著者　 |

3) Masaki se comporte comme s'il était | français.
　　　　　　　　　　　　　　　　　　　 | un Français typique.

正樹はまるで | フランス人　　　　　 | のようにふるまっている．
　　　　　　 | 典型的なフランス人　 |

4) Marianne est diplômée en sciences politiques. マリアンヌは政治学の学士を持っている．

Il est docteur en droit de l'Université de Toulouse. 彼はトゥールーズ大学の法学博士だ．

On m'a rapporté qu'il est agrégé de physique. 人の言うところによると，彼は物理のアグレジェ（教授資格所有者）だ．

À dix-sept ans, il est étudiant en médecine ! 彼は17才で医学生だとは！

Mon frère est docteur en sciences depuis 1993. 私の兄は，1993年から理学博士だ．

5) Elle est devenue sourde à l'âge de 2 ans. 彼女は2才で耳が聞こえなくなった．

Il est cardiaque depuis une dizaine d'années. 彼は10年ほど前から心臓病だ．

Moi aussi, j'étais autiste autrefois. 私も昔，自閉症だった．

Il a grandi avec l'idée qu'il était idiot. 彼は大きくなるまで，自分は馬鹿だと思っていた．

使い方：病気等に用いる．

2- | **être**　　　 | ＋名詞（職業）＋ de ＋名詞
　　　 | **devenir**　 |

Son mari est professeur de chimie appliquée.	彼女の夫は応用化学の教授だ．
Il est acteur de cinéma ou de théâtre ?	彼は映画俳優，それとも舞台俳優？
Hum, il doit être instructeur de karaté.	うーん，彼は空手の先生に違いないよ．
Il m'a proposé de devenir vedette de cinéma.	彼は私に映画スターにならないかと提案した．
Il est spécialiste des maladies cardiaques.	彼は心臓病の専門家だ．

使い方：de の後の名詞には定冠詞などの限定詞が付く場合もあるが，比較的まれである．

3- être / devenir ＋名詞（政党・宗教）

À l'époque, je n'étais pas encore communiste.	その頃，僕はまだ共産主義者ではなかった．
Rudolf Steiner était antinazi.	ルドルフ・シュタイナーは反ナチスだった．
Ils sont socialistes de père en fils.	彼らは父子そろって社会主義者だ．
Je suis chrétienne, et je voudrais faire baptiser mes enfants.	私はクリスチャンで，私の子供たちにも洗礼を受けさせたいと思っている．
– Et sa religion ? – Il est musulman.	—で，彼の宗教は？ —イスラムだよ．

参　考：(E) I am a catholic.
　　　　　Je suis catholique.
　　　　　私はカトリックです．

4- être / devenir ＋名詞（血縁関係）

Takeshi va devenir père cette année.	武は今年父親になる．
Moi, je voudrais être mère de famille.	私はお母さんになりたいわ．
Je suis fils unique.	僕は一人っ子です．

使い方：属詞に限定語をつけない場合．

比　較：1) Antoine est médecin et fils de médecin.
　　　　　　　　　　 est le fils d'un médecin éminent.
　　　　　アントワーヌは 医者であり，医者の息子だ．
　　　　　　　　　　　　立派なお医者さんの息子だ．

2) Paul et Pauline sont jumeaux.
   Ce sont des jumeaux.
   ポールとポリーヌは双子だ．
   彼らは双子だ．
3) Elle est fille unique.
   Mme Certeaux a eu un bébé. C'est une fille.
   Elle est la fille de ma tante Alice.
   彼女は一人っ娘だ．
   セルトー夫人に赤ちゃんが生まれた．女の子だ．
   彼女は私の叔母のアリスの娘だ．

5- être / devenir ＋ 特定の名詞

Je suis membre du club de basket-ball [de mon lycée]. 　私は (高校の) バスケットボールクラブのメンバーです．

Monsieur Richard est membre du parti socialiste. 　リシャール氏は社会党員だ．

Elle est championne de patin à glace. 　彼女はアイススケートのチャンピオンだ．

Maria a grandi avec l'idée qu'elle était orpheline. 　彼女は大きくなるまで，自分はみなしごだと思っていた．

Elle est célibataire. 　彼女は独身だ．

Tu savais que Rosay est millionnaire ? 　ロゼが百万長者だって知っていた？

Augustin est partisan du régime végétarien. 　オーギュスタンは菜食主義の信奉者だ．

特定の名詞：membre, millionnaire, célibataire, orphelin, gourmet, adulte, partisan など

比　較：À la fin, il est devenu | millionnaire.
　　　　　　　　　　　　　　　 | un homme très riche.
とうとう彼は｜百万長者になった．
　　　　　　｜すごい金持ちになった．

6- être / devenir ＋ 不定冠詞 ＋ 名詞

― Moi, je suis un oiseau et je vole dans le ciel.
― Moi, je suis un poisson et je nage dans la mer.
― Et toi, Julien, qu'est-ce que tu es ?

―僕は鳥になって空を飛ぶんだ．
―私は魚になって海の中を泳ぐの．
―ジュリアン，君は何になるの？

使い方：幼児の話の中に頻出する．

7- être / devenir ＋ 不定冠詞 ＋ 特定の名詞

Si Ken et Tatsuo continuent comme ça, ils vont devenir des malfaiteurs.	健と竜雄がこんな風なことを続けていたら悪人になってしまう．
Il m'a regardé comme pour me dire que j'étais un voleur.	彼は，まるで私が泥棒だと言わんばかりの目つきで私を見た．
Personne n'a le devoir de devenir un révolté.	誰も反逆者になるという義務などない．
Marius a tout ce qu'il faut pour devenir un délinquant.	マリウスには，非行少年になる要素がすべてある．
Elle répétait partout que Laurence est une putain.	彼女はあちこちでロランスは尻軽だとふれまわっていた．
Sorge était un espion à la solde des Soviets.	ゾルゲはソビエトに雇われたスパイだった．
Il m'a confié : "Je suis un monstre !".	彼は私に打ち明けた．「僕はひどい奴なんだ」と．

特定の名詞 : génie, traître, malfaiteur, imbécile, voleur, criminel, bandit, voyou, meurtrier, scélérat, lâche, assassin, héros, détenu, marginal, prisonnier, clochard, salaud, espion, gangster, révolté, monstre, crétin, délinquant, escroc, putain など，一般に職業名とは見なされないもの．

比較：1) Gilles, tu es | un génie !
　　　　　　　　　　 | génial !
　　　　　　　　　　 | ×génie.

　　　　ジル，君は | すごいね．
　　　　　　　　　 | 天才だよ．

2) À son retour, il s'est cru | un héros.
　　　　　　　　　　　　　　　| le héros de cette aventure.

　　　帰る道々，彼は自分が | 英雄だと思った．
　　　　　　　　　　　　　 | この冒険の英雄だと思った．

8- être / devenir ＋ 不定冠詞 ＋ 特定の名詞

Elles se sont amusées comme si elles étaient des enfants.	彼女たちは，まるで子供のように楽しんだ．
Louise est devenue une grande fille.	ルイーズはお姉ちゃんになったんだ．

Elle est encore une enfant.　　　　　彼女はまだ子供だ．
- Ah, si j'étais un garçon ...　　　　　―ああ，私が男の子だったらなあ！
- Qu'est-ce que tu ferais ?　　　　　　―そうだったら，何をするの？
- De la boxe.　　　　　　　　　　　　―ボクシングよ．

特定の名詞：jeune, jeune fille, bébé, garçon, enfant など
慣　用：Avec l'âge, Monsieur Rivenc est devenu un bébé.
　　　　　リヴァンク氏は，年をとるにつれて赤ん坊のようになった．

144　être / devenir ＋ 名詞（職業・国籍・血縁関係など）（品質形容詞などと共に）

― 確認問題 ―

次の文の（　）に，必要があれば適当な冠詞を入れなさい．
A. Charcot est devenu (　　) chirurgien renommé.
　シャルコは有名な外科医になった．
B. Masahito est (　　) journaliste à l'Asahi.
　正仁は朝日新聞の記者です．
C. Monsieur Kurosawa, c'est (　　) metteur en scène qui a réalisé ce film.
　黒澤氏は，この映画を撮った監督です．
D. Son oncle est devenu (　　) recteur de l'Université du Kansaï.
　彼の叔父は，関西大学の学長になった．

　　　　　　　　　解答：A. un cf.1　B. ×　cf.3　C. le cf.6　D. le cf.5

1-　être / devenir ＋ 不定冠詞 ＋ 名詞（職業・国籍・血縁関係など）＋ 品質形容詞／関係詞節／de ＋ 名詞

M. Gourgues était un chercheur éminent.　　グルグ氏は傑出した研究者でした．
Madame Suzuki était une excellente chrétienne.　　鈴木さんは模範的なキリスト教徒でした．
Sa mère est un vrai cordon bleu.　　彼のお母さんは真の料理人だ．
Après être passé par bien des épreuves, il deviendra un grand homme, j'en suis sûr.　　多くの試練を経て，彼はきっと偉大な人物になるだろう．
Gustave est un policier qui inspire spontanément confiance.　　ギュスターヴは，思わず信頼してしまいたくなる警察官ですよ．

Elle a été une épouse exemplaire. 彼女は妻の鑑でしたよ。

Si vous voulez devenir de véritables éducateurs, gardez-vous de vouloir trop généraliser dans l'abstrait. あなたたちが真の教育者になりたいのなら、理論をふりかざして全てに当てはめようとしないように気をつけなさい。

Ce travail est moins ennuyeux que d'être une dactylo assise devant un ordinateur toute la journée. この仕事は一日中パソコンの前に座っているタイピストよりはましだ。

2- être / devenir │ bon + 名詞（職業）

Il est très bon professeur, tout le monde le reconnaît. 彼はとてもよい教師で、皆がそれを認めている。

Il est bon chirurgien, il a déjà sauvé la vie de plusieurs grands malades. 彼は名外科医で、すでに何人かの重病人の命を救った。

比較：1) Il est bon médecin.
　　　　Il est │ un bon médecin.
　　　　C'est │
　　　　彼は名医だ。（この3つの文は同意）

2) Paul-Henri a été │ bon dentiste │ et un bon père de famille.
　　　　　　　　　　　│ un bon mari　│
　　　ポール＝アンリは、良い │ 歯科医 │ であり、一家の良き父でもある。
　　　　　　　　　　　　　　　│ 夫　　 │

3- être / devenir │ + 名詞（職業）+ 前置詞 + SN（場所）

- Ta sœur, qu'est-ce qu'elle fait ?
- Elle est étudiante à l'Université Keio.
―君の妹は何をやってるの？
―慶応大学の学生です。

Elle est employée comme sténo-dactylo chez Renault. 彼女はルノー社の社員で、速記タイピストをやっている。

Paul est vendeur chez Michelin. ポールはミシュラン社で店員をしている。

Je suis serveur chez Renoir. 僕はルノワールでウェイターをしている。

Il est professeur de mathématiques au Lycée de Kita-Takasaki. 彼は北高崎高校の数学教師だ。

Marcel est professeur dans une université quelque part au Japon. マルセルは日本のどこかの大学の教授だ。

144　être / devenir ＋ 名詞（職業・国籍・血縁関係など）…

- Il est chef de service dans quel hôpital ?　―彼はどの病院の部長ですか？
- À l'hôpital Laennec.　―レネック病院だ。

Elle est garde-malade à l'hôpital Saint-Luc.　彼女はサン・リュック病院の付添婦だ。

Je suis chargé de cours à l'Université des Langues Étrangères de Tokyo.　私は東京外国語大学の講師です。

使い方：1) 上の例文とは逆に、関係詞節や形容詞などで限定を受けている場合、属詞の前には限定詞を用いる。
2) 日本語とは異なり、場所を示す場合、「～の」の意味で前置詞 de を用いるとは限らない。

- Qu'est-ce que tu veux faire plus tard ?
- Je voudrais devenir | professeur de lycée.
　　　　　　　　　　　| professeur de lycée dans le Shikoku.
　　　　　　　　　　　| professeur dans un lycée à Matsuyama.

―将来何をしたいの？
―| 高校の先生　　　　　| になりたいです。
　| 四国で高校の先生　　|
　| 松山の高校の先生　　|

| Son père est professeur dans le Shinshu.
| Il y a ici un professeur du Shinshu qui désire vous voir.

| 彼の父は信州で先生をしています。
| あなたに会いたがっている信州の先生がいます。

Mon père est employé | de banque.
　　　　　　　　　　| à la Banque de Tokyo-Mitsubishi.
　　　　　　　　　　| dans une banque.

私の父は | 銀行員です。
　　　　| 東京三菱銀行の行員です。
　　　　| ある銀行の行員です。

4- | être　　 | ＋ 特定の名詞 ＋ de ＋ SN
　　　| devenir |

Je suis membre d'un club de tennis.　僕はテニスクラブの会員ですよ。

André est partisan d'une réforme scolaire.　アンドレは教育改革の支持者です。

Est-ce que le Japon deviendra membre du Conseil de sécurité ?　日本は安全保障理事会のメンバーになるだろうか？

Il est correspondant d'un journal italien en Australie.　彼はイタリアの新聞のオーストラリア特派員です。

　特定の名詞：partisan, membre, correspondant など

5- être / devenir ＋ [定冠詞 ＋] 名詞（職業）＋ de ＋ SN

Le père de mon ami est [le] P.D.G. de la Mitsubishi Shoji.	私の友人の父は三菱商事の社長です。
Ensuite, il est devenu [le] président de sa société.	彼は次に自分の会社の社長になった。
Il est question qu'il devienne [le] directeur de la Banque de Yokohama.	彼が横浜銀行の部長になるという話が持ち上がっている。
Tu sais ce qu'il faut faire pour devenir le président de la République ?	大統領になるためにはどうしたらよいか知ってる？
Ensuite, il est devenu le maire de son village.	それから彼は彼の村の村長になった。

使い方：président, Premier ministre, maire などが単独で用いられる場合，冠詞は付かない。

比　較：1) Mon petit frère dit qu'il voudrait devenir | Premier ministre | plus tard.
　　　　　　　　　　　　　　　　　　　　　　　　　　　　 | [le] Premier ministre du Japon |

　　　　　　私の弟は，将来 | 総理大臣 | になりたいと言っている。
　　　　　　　　　　　　　　| 日本の総理大臣 |

　　　　2) Il est devenu | maire.
　　　　　　　　　　　　 | le maire de Tokaï.

　　　　　　彼は | 村長 | になった。
　　　　　　　　| 東海村の村長 |

6- être / devenir ＋ 限定詞 ＋ 名詞（職業）＋ de ＋ SN / 関係詞節

Elle travaille dans une banque et elle est aussi le professeur de piano de ma fille.	彼女は銀行で働いているが，私の娘のピアノの先生でもある。
Le docteur Rosenthal, c'est le médecin qui a opéré maman ?	ローゼンタール先生がママを手術した医師ですか？

比　較：Roger | est l'avocat qui a défendu Madame Dupuis.
　　　　　　　　| voudrait devenir avocat.

　　　　　ロジェは | デュピュイ夫人を弁護した弁護士です。
　　　　　　　　　| 弁護士になりたがっている。

7- être / devenir ＋ 限定詞 ＋ 名詞（国籍）＋ 形容詞 / 関係詞節

Je ne suis qu'un Américain comme les autres.　　私は他の人たちと同様に、一アメリカ人にすぎません。

Il n'est plus le Français que nous avons connu.　　彼は僕たちの知っていたフランス人ではもうないんだよ。

8- | être / devenir | + 限定詞 + 名詞（血縁関係） + de + | SN 名詞 |

Quand j'étais petite, je voulais devenir la femme de mon père.　　私は小さい頃、父のお嫁さんになりたかった。

Elle est devenue [la] mère de quatre enfants.　　彼女は四児の母親となった。

J'ai plusieurs amis qui sont des fils de médecins.　　私には医者の息子の友人が何人かいる。

比　較：Keiko est ambitieuse. Un jour, elle voudrait devenir
　　　　　la femme d'un ministre.
　　　　　femme de ministre.
　　　　圭子は野心家だ。いつか大臣の妻になりたいと思っている。

145　être + 形容詞 + que + SN + 動詞（接続法）/ être + 形容詞 + que + SN + 動詞（直説法）

――確認問題――

下線を引いた動詞のうち、接続法にすべきものを書き換えなさい。

A. Je suis certain qu'il <u>réussira</u>.
　　彼はうまくいくと思う。

B. Je suis contente qu'il <u>a réussi</u> du premier coup.
　　彼が一度で成功して私は嬉しい。

C. Je ne suis pas sûr qu'il <u>a bien compris</u>.
　　彼がよくわかっているかどうか怪しいと思うよ。

解答：A. そのまま cf.4　B. → ait réussi cf.2　C. → ait bien compris cf.3

1- | c'est + 特定の形容詞 + que + SN + 動詞（接続法）
　　il est + 特定の形容詞 + que + SN + 動詞（接続法）（あらたまって）

C'est regrettable que les fraisiers n'aient produit aucune fraise cette année.　　今年苺の苗に一つも実がつかなかったのは残念です。

De nos jours, il est rare qu'il y ait trois générations vivant sous le même toit.	今日では三世代が同居することはまれです。
Il est surprenant qu'il fasse tant de fautes à l'écrit, lui qui parle si bien.	彼が筆記試験でこんなにたくさん間違えるなんて驚きだ。話すのはあんなにうまいのにね。
Il est rare qu'un bébé soit la copie conforme de nos désirs.	赤ちゃんが我々の望み通りの姿であることはまれです。
Pour ce qui est de l'économie, il est possible que nous ayons une récession en automne.	経済に関しては、秋に景気後退があるかもしれない。

　特定の形容詞 : surprenant, regrettable, rare, important, possible, étonnant, impossible, nécessaire, étrange, utile, naturel, douteux, impensable, curieux, incroyable など
　注　意 : **1～3**, 直説法は用いられない。
　慣　用 : C'est dommage qu'Antoine ne soit pas avec nous.
　　　　　　アントワーヌが一緒にいないのは残念ですね。

2- SN (人) + être + 特定の形容詞 + que + SN + 動詞 (接続法)

Je suis heureuse que vous soyez en si bonne santé.	みなさんがとてもご健康で嬉しく存じます。

　特定の形容詞 : heureux, content, satisfait, surpris, triste, choqué, ravi など

3- ne pas être + 特定の形容詞 + que + SN + 動詞 (接続法)

L'entraîneur dit qu'il n'est pas certain que Cigar devienne un bon cheval de course.	調教師はシガールが良い競走馬になるかどうかはわからないと言っている。
Il n'est pas du tout certain qu'ils aient eu raison.	彼らが正しかったかどうかは全くはっきりしない。
Je ne suis pas sûre que tu aies fait un bon achat.	あなたはいい買い物をしたのかしらね。

　特定の形容詞 : sûr, certain, évident など

4- être + 特定の形容詞 + que + SN + 動詞 (直説法)

S'il y a des soldes à Marui, vous pouvez être sûr que des centaines de jeunes vont s'y précipiter.	丸井でバーゲンがある時は、何百人も若者が殺到すると思っていいですよ。
Il est probable que d'autres suspects seront appréhendés.	他に数人の容疑者が逮捕されるかもしれない。

Schliemann était sûr que l'endroit où il faisait des fouilles était bien Troie. シュリーマンは，彼が発掘をしている場所がまさにトロイアであると確信していた．

Il me paraît évident que nous avons besoin d'un nouveau système monétaire international. 私には明らかに，新たな国際通貨制度が必要であると思われます．

Nous étions sûrs que vous viendriez. 私たちは，あなたがきっと来るだろうと思っていました．

Il est plus que probable que seront ainsi ouverts de nouveaux champs d'application et d'exploration du savoir. この様にして知識の利用と探求の新たな分野が開拓されることは言うまでもない．

特定の形容詞：sûr, certain, vraisemblable, évident, probable, vrai, exact, clair, naturel など
使い方：1) 肯定文で用いる．
2) être の代わりに sembler, paraître が用いられる場合も，同様の規則に従う．
注意：主節の時制との関係から que 以下の動詞が条件法になることもある．
比較：Il est certain que Jean-Claude viendra.
Il n'est pas certain que Jean-Claude vienne.
きっとジャン＝クロードは来るだろう．
ジャン＝クロードが来るかどうかわからない．

5- il est + 特定の形容詞 + que + SN + 動詞（条件法）

Si nous nous étions levés plus tôt, il est possible que nous serions plus avancés. もっと早起きしてたなら，もっと進んでいたかもしれない．

Il est probable que les choses se seraient passées autrement. どうやら事態は別な風に起こったらしい．

特定の形容詞：possible, probable, vraisemblable など
使い方：言及された，あるいは想定された条件との関係で条件法が用いられることがある．

146 étroit / petit

確認問題

次の文に誤りがあれば正しなさい．
A. Dans cette maison, les chambres sont trop étroites.
　　この家の部屋はみな狭すぎる．
B. Cette porte est trop étroite.
　　この門は狭すぎる．

解答：A. étroites → petites cf.2　B. ○ cf.1

1- étroit

À Tokyo, la plupart des rues sont étroites. 東京の道路は大抵狭い。

Pour aller à la salle de bain, il faut suivre un couloir long et étroit. 風呂場へ行くには，長くて狭い廊下を通らなければならない。

Dans ma classe, l'espace entre deux rangées de tables est si étroit qu'on peut à peine passer. 私のクラスでは，机と机の間隔が狭くて，やっと通れるくらいだ。

使い方：通ることを前提とする道，廊下などに用いる。
反　意：large
参　考：(E) narrow

2- petit

Ils habitent dans un tout petit appartement à Shinjuku. 彼らは新宿のとても狭いアパートに住んでいる。

Je suis né à Melun, une petite ville de 40 000 habitants. 私はムランという，人口4万人の小さな町で生まれた。

- En France, cet été, je suis tombé sur le frère de Monsieur Morita. ―今年の夏，フランスで森田さんのお兄さんにばったり会ったんですよ。
- Quelle coïncidence ! Le monde est bien petit ! ―奇遇ですね。世の中狭いですね。

Chez moi, c'est très petit, vous m'excuserez. うちはとても狭いんです。ごめんなさいね。

Tu ne connais pas la République de Saint-Marin ? C'est en Italie mais c'est un tout petit pays indépendant. サンマリノ共和国を知らないの？　イタリアにあるんだけど，ほんとに小さな独立国なんだよ。

強　調：tout petit
反　意：grand
参　考：(E) small

147　études / étude / étudier

― 確認問題 ―

次の文の（　）の中から最も適切な語句を選びなさい。
A. Satoshi n'a jamais voulu poursuivre (l'étude/son étude/ses études).

智は勉強を続けたいとは決して望まなかった．

B. Il est connu pour avoir publié (l'étude/ses études/une étude) sur le style de Voltaire.
彼はヴォルテールの文体に関する研究を出版したことで知られている．

解答：A. ses études cf.1　B. une étude cf.2

1- études

Il a fait des études de droit international.
彼は国際法を学んだ．

- Où est-ce que tu as fait tes études [supérieures] ?
- À l'Université du Tohoku.

―どの大学で勉強しましたか？
―東北大学で．

Même s'il est très pris par l'entraînement de son club, il ne néglige pas ses études.
彼はたとえクラブの練習で忙しくとも，勉強をおろそかにしない．

Kazue ne sait pas encore quel genre d'études elle veut faire.
和恵はまだ自分がどんな勉強をしたいのかわからない．

使い方：この場合，複数でのみ用いる．

2- étude

1) L'étude du projet de la reconstruction de Beyrouth n'est pas encore terminée.
ベイルートの復興計画の調査はまだ終わっていない．

Ce projet est encore à l'étude.
その計画はまだ検討中だ．

2) Son étude sur l'influence de l'ukiyoe au XIXe siècle en Europe est remarquable. Elle restera.
19世紀のヨーロッパにおける浮世絵の影響に関する彼の研究は注目に値し，後世に残るだろう．

Plusieurs études ont été menées à propos de l'influence de la télévision sur les enfants.
子供に対するテレビの影響に関して，いくつもの研究が行なわれた．

Après vingt ans d'études, Einstein a fini par trouver la théorie de la relativité.
20年の研究の後，アインシュタインはついに相対性原理を発見するに至った．

Fernand a l'intention d'entreprendre une étude sur le romantisme de Schiller.
フェルナンはシラーのロマン主義についての研究にとりかかるつもりだ．

同　意：recherche

3- étudier + SN

- Annie a étudié l'espagnol quand elle était jeune.　　　―アニーは若い頃スペイン語を勉強したのよ。
- Est-ce qu'elle le parle ?　　　―話せるのかしら。

L'an dernier, j'ai étudié le symbolisme au XIXe siècle.　　　去年私は19世紀における象徴主義を勉強した。

注　意：étudier は，前置詞 sur と共には用いない。

比　較：Il a étudié Victor Hugo.
　　　　Il a fait | une étude sur Victor Hugo.
　　　　　　　　| des études sur Victor Hugo.
　　　　Il travaille sur Victor Hugo.

　　　　彼はヴィクトル・ユゴーを勉強した。
　　　　彼はヴィクトル・ユゴーに関して | ある研究を　　| 行なった。
　　　　　　　　　　　　　　　　　　　| 研究をいくつか |
　　　　彼はヴィクトル・ユゴーを研究している。

148　extérieur / dehors / hors de

──── 確認問題 ────

次の文に誤りがあれば正しなさい。
A. C'est difficile pour une femme mariée de travailler dehors.
　　結婚している女性にとって外で働くのは難しい。
B. Les enfants, allez jouer dehors de la maison.
　　子供たち，外へ遊びに行きなさい。

　　　　　　　　　解答：A. dehors → à l'extérieur cf.1,5
　　　　　　　　　　　　B. dehors de la maison → à l'extérieur/dehors cf.4

1- travailler à l'extérieur

L'idéal serait qu'une femme puisse travailler à l'extérieur après avoir élevé ses enfants.　　　理想は，女性が子供を育てた後，外で働けるようになることであろう。

- Qu'est-ce que vous faites dans la vie ?　　　―職業は何ですか？
- Je suis principalement mère de famille, mais je travaille aussi à l'extérieur, deux matinées par semaine.　　　―基本的には主婦ですが，外でも働いています。週2日，午前中だけですけど。

使い方：務め人が仕事をして「外で働く」という意味で用いる。
反　意：travailler à l'intérieur / dans la maison / à la maison
参　考：(E) outside

2- 前置詞 + l'extérieur

Ces portes ne s'ouvrent pas de l'extérieur.　　これらのドアは，外側からは開かない．

Dans leur salon, il n'y a aucune fenêtre qui donne sur l'extérieur.　　あの家の居間には，外に面した窓はひとつもない．

3- 特定の動詞 + à l'extérieur

Je vais déjeuner à l'extérieur, aujourd'hui.　　今日は私は外で昼食をとろう．

　特定の動詞：manger, déjeuner, dîner など
　同　　意：au restaurant

4- à l'extérieur [de la maison]
　　dehors (会話)
　　hors de la maison (あらたまって)

Ne laisse pas ton ballon dehors, il va pleuvoir.　　君のボールを外に置きっ放しにしないで．雨が降るよ．

Attends-nous à l'extérieur, nous arrivons.　　外で待ってて，今行くから．

Le chat est resté dehors toute la nuit.　　その猫は一晩中家の外にいた．

Ce soir, si on faisait un barbecue dehors ? J'ai tout ce qu'il faut.　　今晩は外でバーベキューをしようか．必要なものは揃ってるよ．

Madame Guérin déteste être dans la maison : elle passe tout son temps à l'extérieur dans son jardin.　　ゲラン夫人は家の中にいるのが大嫌いで，いつも外で，つまり自分の庭で時間を過ごす．

Sortons, il fait plus frais hors de la maison.　　外に出ましょう．外の方が涼しいですよ．

On devrait manger dehors, sur la terrasse, il fait tellement beau.　　外のテラスで食べた方がいいよ．こんなに天気がいいんだから．

　注　　意：au dehors, en dehors, dehors de la maison や en dehors de la maison は用いられない．
　反　　意：dedans, à l'intérieur [de la maison]
　参　　考：(E) outdoor, outside

5- travailler dehors

Moi, je n'aimerais pas être paysan. Il faut travailler dehors la plupart du temps, qu'il fasse beau, qu'il fasse froid.　　僕は農業はやりたくないな．天気がいいときも，寒いときも，ほとんど外での仕事になるから．

　使い方：農民や肉体労働者の野外での仕事に用いる．

6- 特定の動詞 + SN (人・動物) + dehors

Alors, un jour, il est allé la supplier de lui accorder encore une chance et elle l'a mis dehors.　　そしてある日彼は彼女にもう一度チャンスをくれるように頼みに行ったが、彼女は彼を追い出した。

特定の動詞：mettre, jeter, flanquer (くだけた表現), foutre (くだけた表現) など

7- hors de + SN

Tetsuro vit hors du Japon depuis trente ans.　　哲郎は海外生活が30年になる。

Sous le choc, il a été projeté hors de sa voiture.　　彼は衝撃で車の外に投げ出された。

Hors de chez elle, elle est heureuse comme un poisson dans l'eau.　　彼女は家の外では、水を得た魚のようになる。

慣　用：Il ne fait aucun doute qu'il vit hors de la réalité.
　　　　　彼の生き方が現実離れしているのは疑う余地がない。
　　　　　Élise a toujours vécu hors de son | temps.
　　　　　　　　　　　　　　　　　　　　　　| époque.
　　　　　エリーズの生き方はいつも時代とずれていた。

149　facile

確認問題

次の各文の(　)の中から正しい方を選びなさい。

A. Il faut avouer que cette question n'est pas une des plus faciles (à/d') étudier.
正直言って、この問題の研究は、お茶の子さいさいというわけにはいきません。

B. Il est difficile (à/d') entrer à Todai mais facile (à/d') en sortir.
東大に入るのは難しいが、出るのは簡単だ。

解答：A. à cf.1　B. d', d' cf.2

1- SN + être facile | à + inf.
　　　 SN + facile

Son écriture est assez facile à lire.　　彼女の字は読みやすい。

Maurice n'est pas facile à joindre au téléphone, comme vous le savez.　　おわかりでしょうが、モーリスは電話でもつかまりませんよ。

Je voudrais un puzzle facile à faire.　　簡単にできるパズルがほしい。

Les mots "fleur", "améliorer" et "bonheur" ne sont pas faciles à prononcer. | fleur や améliorer, bonheur といった単語は発音しにくい.

Le riz au curry est facile à faire. | カレーライスは作るのが簡単だ.

La seiche, ce n'est pas facile à faire cuire. | イカは調理が簡単ではない.

 使い方：1) 不定法は他動詞でなければならない.

   Admets que c'est | facile à dire | mais difficile à faire.
         | ×facile à parler |

   言うは易し, 行なうは難し, ということだよな.

  2) SN は不定法の直接目的語でなければならない（不定法には直接目的語をつけない）.

 反　意：difficile à + inf.

2- 特定の言葉 + **facile de + inf.**

Il a été facile de convaincre Jean-Maurice. | ジャン＝モーリスを説得するのは容易だった.

Il me semble facile de faire ce calcul. | この計算はやさしそうだ.

À Las Vegas, c'est facile de divorcer, me dit-on. | ラスベガスでは簡単に離婚できるらしい.

Ce n'est pas facile de conduire dans Tokyo. | 東京で車を運転するのは容易でない.

 特定の言葉：c'est, il est, ça devient, il semble, il paraît など
 反　意：特定の言葉 + difficile de + inf.
 比　較：1) | Il est facile de chanter "Alouette".
     | "Alouette" est une chanson facile à chanter.
     |「アルエット」を歌うのは容易だ.
     |「アルエット」は歌いやすい歌だ.
   2) | Il n'est pas facile de résoudre cette question.
     | Ce n'est pas une question facile à résoudre.
     | Il n'est pas facile de répondre à cette question.
     | ×Ce n'est pas une question facile à répondre.
     | この問題を解くのは容易でない.
     | これは解きやすい問題ではない.
     | この問題に答えるのは容易でない.
   3) Si les étudiants aiment "Le Petit Prince", c'est
     | que c'est facile de le lire.
     | qu'il est facile à lire.
     学生たちが『星の王子様』を好きなのは, | 読むのが易しいからだ.
                    | 読むのが易しいからだ.

3- | **il est facile pour** + 限定詞 + 名詞 + **de** + inf.
   | **il** + 補語人称代名詞（間接目的）+ **est facile de** + inf.

Il n'est pas toujours facile pour un jeune enfant de s'adapter à un nouveau milieu. 小さな子供にとって，新しい環境に適応するのは簡単とは限らない．

Il lui sera toujours facile de changer d'orientation, s'il le désire. Après tout, il est encore jeune. 気のおもむくままに進路を変えるのは彼には簡単だ．何せ彼は若いからね．

使い方：補語人称代名詞（間接目的）は，est facile の前に置かれるが，pour + 限定詞は est facile の後に置かれる．

150　façon / manière

---**確認問題**---

次の文の誤りを正しなさい．
A. La manière comment il articule les "i", indique qu'il est d'Akita.
　彼の「イ」の発音の仕方で，彼が秋田出身だと分かります．
B. Je n'approuve pas la façon qu'il élève les enfants.
　私には，彼の子育てのやり方が気に入りません．

　　解答：A. comment → dont cf.1,2
　　　　　B. qu'il → dont il, あるいは la façon qu'il élève → sa façon d'élever または la façon qu'il a d'élever cf.2

1- 限定詞 + | **façon**　| **de** + inf.
　　　　　 | **manière** |

Quelle drôle de façon de penser ! 何と奇妙な考え方だろう！

- Tu connais une bonne façon de vivre ?
- Oui, t'accepter tel que tu es.
—何かいい生き方ってあるかな？
—うん，自分をあるがままに受け入れることさ．

- Il a une manière de parler !
- Bien sûr, il n'est jamais allé à l'école.
—彼は独特の話し方をするね．
—それはそうさ．学校に行かなかったからね．

Il paraît que, dans certains pays, il y a une manière différente de se saluer selon qu'on est un homme ou une femme. 男か女かで挨拶の仕方が違う国があるらしいよ．

Les jeunes devraient réfléchir à leur manière de passer leurs loisirs. 若者は余暇の過ごし方についてよく考えた方がよいだろう．

使い方：**1〜2**，間接疑問文のように comment を用いることはない．

2- | la façon | + | dont + SN (人) + 動詞
      | la manière | | que + SN (人) + avoir de + inf.

Les gens ont été surpris de la manière qu'il a eue de présenter son collègue. — 彼の同僚の紹介の仕方にみんな驚いた．

Julien, fais attention à la façon dont tu tiens ton verre ! — ジュリアン，グラスの持ち方に注意してね．

La manière dont on donne quelque chose est aussi, sinon plus importante, que ce que l'on donne. — 何かを人にあげる時，そのあげ方は何をあげるかと同じくらい，あるいはそれ以上に大切です．

慣　用：Je suis très heureux de la façon dont les choses se sont déroulées.
　　　　私は物事がこんな風に運んで本当にうれしい．

151　faire + inf.

確認問題

次の文の誤りを正しなさい．
A. Ses parents voudraient la faire apprendre le français.
　　彼女の両親はできるなら彼女にフランス語を習わせたいと思っています．
B. André a fait lui raconter une histoire avant de se coucher.
　　アンドレは寝る前に彼にお話をしてもらった．
C. Sa Sunny est tombée en panne, il l'a faite réparer par un garagiste.
　　彼のサニーは故障したので，彼は修理屋さんになおしてもらった．
D. Ce qu'il a dit a fait fâcher son père.
　　彼の言ったことが父親を怒らせてしまった．

　　　　解答：A. la → lui cf.3　B. a fait lui raconter → lui a fait raconter cf.3
　　　　　　　C. l'a faite → l'a fait cf.4　D. fait fâcher son père → fâché son père cf.6

1-　faire + inf. [+ SN]

Les oignons font pleurer ma mère. — 玉葱のせいでお母さんは泣いているんだ．

Ils ont fait venir ce vase de Chine. — 彼らは中国の壺を取り寄せた．

C'est un film qui fait rêver. — これは夢見る気分にさせる映画だ．

使い方：1) **1〜4**，不定法を伴う faire の過去分詞は複合時制でも性数一致しない．

Cette robe, c'est | maman qui me l'a faite.
　　　　　　　　　| maman qui me l'a fait faire chez sa couturière.

この服は | お母さんが作ってくれたの．
　　　　 | お母さんがお母さんの行きつけの洋服屋で作ってくれたの．

2) **1〜4**, 他の準動詞とは異なり，人称代名詞は faire の前に置かれる．

Le médecin | lui fait prendre deux cachets d'aspirine par jour.
　　　　　 | devrait | lui donner deux cachets d'aspirine.
　　　　　 | pourrait |

医者は | 一日にアスピリン2錠を彼に飲ませます．
　　　 | アスピリン2錠を彼に飲ませるべきなのに．
　　　 | アスピリン2錠を彼に飲ませられるのに．

注　意：inf.が代名動詞の場合，再帰代名詞が省かれることが多い．

Fais | lever　　| Laurent.
　　 | ×se lever |

ロランを起こして．

2- 人称代名詞（直接目的補語）+ faire + inf.

Sa mère le fait trop étudier, j'ai l'impression.　　彼のお母さんは彼に勉強をさせすぎると私は思いますよ．

Ne la fais pas pleurer, voyons.　　おいおい，彼女を泣かせるなよ．

Étienne nous a raconté des histoires et il nous a fait rire toute la soirée.　　エティエンヌがいろんな話をしてくれて，一晩中僕らは笑わせられたよ．

Autrefois, mon frère m'a souvent fait pleurer.　　昔，兄にはよく泣かされました．

Arrête de pousser, tu vas me faire tomber.　　押すなよ，転んじゃうよ．

C'est son père qui l'a fait devenir médecin.　　彼を医者にしたのは父親です．

C'est son livre qui m'a fait changer d'idée.　　私の考えを変えたのは彼(女)の本なんです．

比　較：| Ne me fais pas sauter en l'air comme ça.
　　　　| Fais-moi sauter en l'air.
　　　　| Fais-la sauter en l'air pour l'amuser.

こんなふうに私を胴上げしないで．
僕を胴上げしてくれ．
彼女を胴上げして喜ばせてあげて．

3- | faire + inf. + SN + à + SN（人）
　　　| 人称代名詞（間接目的補語）+ faire + inf. + SN

Je voudrais faire connaître le Japon aux Français.	私は日本をフランスの人たちに紹介したいのです。
Je ne sais pas comment tu t'y es prise pour lui faire réussir l'examen d'entrée au ministère des Affaires étrangères.	君がどんなふうにして彼(女)を外務省入省試験に合格させたのかわからない。
Il nous a fait chanter "Au clair de la lune".	彼は私たちに「オー・クレール・ドゥ・ラ・リュヌ」を歌わせました。
Ma mère me fait faire la cuisine une fois par semaine.	母は私に週に一度料理をさせます。
C'est Pierre-Émile qui m'a fait connaître ma fiancée.	ピエール=エミールのおかげで、僕はフィアンセと知り合いました。
Leurs parents voudraient leur faire étudier le ballet.	彼女らの両親は、彼(女)らにバレエを習わせたがっています。

比　較：1) Attends, je vais | lui faire manger sa bouillie.
　　　　　　　　　　　　　| la faire manger.
　　　　　　　　　　　　　| faire manger Pierrette.

　　待って、| 私が彼女におかゆを食べさせてあげましょう。
　　　　　　| 私が彼女に食事をあげましょう。
　　　　　　| 私がピエレットに食事をあげましょう。

2) Ne | fais pas boire d'alcool à cet enfant. Il est trop jeune.
　　　| me fais pas boire d'alcool.
　　　| lui fais pas boire d'alcool.
　　　| le fais pas boire. Il ne supporte pas l'alcool.

　　| この子にお酒を飲ませないで。小さすぎます。
　　| 私にお酒を飲ませないで。
　　| 彼(女)にお酒を飲ませないで。
　　| 彼に飲ませないで。アルコールはダメなんだ。

4- faire + inf. + SN + par + SN

Je l'ai fait appeler par Bernard et je l'attends toujours.	ベルナールに彼を呼んでもらったんだけど、まだ待ってるんだ。
Elle m'a dit qu'elle faisait faire ses robes par Lanvin.	彼女はランヴァンで服をあつらえていると私に言ってたわ。

5- faire construire + SN

Ils voudraient faire construire leur nouvelle maison dans la région de Kisarazu.	彼らは木更津のあたりに新しい家を建てたいと思っている。

6- SN (物) + 動詞

Si on mange trop, ça nous fatigue l'estomac.		食べ過ぎると胃を疲れさせることになる。
Ce qu'il a dit a	fâché / indisposé	ses parents.	彼が言ったことが両親を怒らせた。

使い方：faire という使役動詞を用いる必要のない動詞があることに注意。
　Tu ne devrais pas mettre Jean en colère, il pourrait faire n'importe quoi.
　ジャンを怒らせちゃいけないよ。何でもやりかねないからね。

152　se faire + inf.

確認問題

次の文に誤りがあれば正しなさい。
A. Il a été volé son portefeuille dans le métro.
　彼は地下鉄で財布を盗まれた。
B. Elle va faire acheter un kimono pour fêter ses 20 ans.
　彼女は二十歳のお祝いに着物を買ってもらうんだよ。
C. Elle s'est faite jouer un mauvais tour par son cousin.
　彼女は従兄にだまされたんだ。

解答：A. a été volé → s'est fait voler cf.3　B. faire acheter → se faire acheter cf.1
　　　C. s'est faite → s'est fait cf.3

1- SN (人) + se faire + inf. + SN (物) + par + SN (人)

Vendredi soir, je me suis fait payer le dîner par Kuniyoshi.
　金曜の夜に国吉君に夕食をごちそうになった。

Va te faire expliquer ça par Christian. Il est plus intelligent que moi.
　それクリスティアンに説明してもらってよ。彼のほうが僕より頭がいいよ。

- Annick voudrait se faire acheter une voiture par son père.
　—アニックは父親が彼女に車を買ってくれればと思っているんだ。
- Elle a le permis de conduire ?
　—彼女、免許をもっているの？
- Comment est-ce que vous êtes venus ?
　—どうやって君たち来たの？
- Nous nous sommes fait expliquer la route par un passant.
　—通りがかりの人に道を説明してもらいました。

Tu t'es fait faire ton tailleur par qui ?
　どの仕立屋さんにスーツを作ってもらったの？

– Qu'est-ce que tu as ?	—どうしたの？
– Je me suis fait arracher une molaire par le dentiste.	—歯医者で奥歯を抜いてもらったんだ．
Il s'est fait opérer de l'estomac par le docteur Brouillard.	彼はブルイヤール先生に胃の手術をしてもらった．
Nos voisins vont se faire construire une maison à Kamakura.	隣の家の人たちはもうすぐ鎌倉に家を建てるんだよ．
Il faut que tu te fasses remettre un certificat de scolarité pour renouveler ton visa.	ビザを更新するには，在学証明書をもらってこなければなりません．

使い方：1〜5，不定法を伴う se faire の過去分詞は，複合時制でも性数一致しない．
参　考：(E) have + SN + 動詞の過去分詞

2- SN (人) + se faire + inf. [+ par + SN]

Tiens, tu t'es fait coiffer !	ほぉ，床屋に行ったんだね．
Fais-toi aider pour cette traduction.	この翻訳は手伝ってもらいなさい．
Monsieur Shimizu sait se faire adorer par ses élèves.	清水先生は生徒たちに好かれる術を知っている．

3- SN (人) + se faire + inf. (特定の動詞) [+ par + SN (人)]

Elle s'est fait voler son passeport à Copenhague.	彼女はコペンハーゲンでパスポートを盗まれた．
Je me suis fait battre au tennis par Maxime.	僕はテニスでマクシムに負けました．
Rentrons, nous nous faisons manger par les moustiques.	帰ろう，蚊に食われるよ．
Il s'est fait arrêter par la police pour excès de vitesse.	彼はスピード違反で警察につかまった．
Il se fera détester par ses subordonnés, j'en ai bien peur.	彼は部下に嫌われるよ，心配だなあ．
Monsieur Tousignant s'est fait remercier après vingt ans de loyaux services.	トゥジニャン氏は20年の精勤の末にクビになった．
Depuis qu'elle s'est fait piquer par une abeille, elle n'ose plus s'approcher des ruches.	彼女はハチに刺されて以来，もうハチの巣に近付こうとしないんだ．
Il a failli se faire prendre dans une affaire de drogue.	彼は危うく麻薬の一件でつかまるところだった．

Il s'est fait jouer un mauvais tour par son meilleur copain. 彼は一番の親友にだまされたんだよ．

Ma cousine s'est fait avoir par un marchand de sacs à main. 私のいとこはハンドバッグ屋にだまされました．

　特定の動詞：arrêter, tuer, jouer, battre, voler, pincer, prendre, piquer, détester, haïr, mettre à la porte, remercier, virer, inculper, disputer, frapper, écraser, jouer un mauvais tour, avoir など

　使い方：事柄が起こり得る場合，報道などの文では受動態を用いる．
　　　　Les Giants | se sont fait battre par les Carp, hier soir.
　　　　　　　　　| ont été battus par les Carp, hier soir.
　　　　ジャイアンツは昨夜，カープに負けました．

　説　明：好ましくない結果を示す．
　参　考：(E) **3～4**, be ＋動詞の過去分詞
　比　較：Il s'est fait tuer par un voyou.
　　　　　Il a été tué | dans un accident de la route.
　　　　　　　　　　 | ×par un accident de route.
　　　　　彼はごろつきに殺された．
　　　　　彼は交通事故で死んだ．

4- SN（人）＋ se faire ＋ inf.（特定の動詞）

Au début, il a eu du mal à se faire accepter. 初めの頃は彼はなかなか受け入れてもらえなかった．

Les journaux américains ont fait savoir que les héritiers éventuels sont priés de se faire connaître. アメリカの新聞諸紙は，相続権のある人は皆，連絡をするようにと紙面に書いた．

Marie-Claude a réussi à se faire engager par Siemens. マリー＝クロードはうまくシーメンスに雇ってもらった．

Dans ce pays, si vous ne connaissez pas la langue, vous ne pourrez pas vous faire comprendre. この国では言葉がわからなければ理解してもらうことはできません．

Il a fallu que je hurle pour me faire comprendre. 話を分かってもらうのに，僕は大声で叫ばなければならなかった．

Il s'est fait passer pour un Américain, mais, en réalité, il est Canadien. 彼は自分をアメリカ人だと思わせていたけれど，実はカナダ人なんです．

　特定の動詞：comprendre, connaître, accepter, reconnaître, passer pour, engager, inviter など

5- SN (物) + se faire + inf. (特定の動詞)

La relance économique se fait attendre.　　経済の回復が待たれる。

La baisse du taux de chômage se fait désirer.　　失業率の低下が望まれている。

特定の動詞：attendre, désirer など

153　faire + inf. (料理) / faire + SN (料理) / mettre + SN + à + inf. (料理)

―― 確認問題 ――

次の文の誤りを正しなさい．

A. Je vais sauter du veau, et toi, tu prépares de la salade, s'il te plaît.
　僕が肉をソテーするから，君はサラダを作ってね．

B. Paul, peux-tu mettre à réchauffer du lait.
　ポール，牛乳を火にかけて温めてちょうだい．

　　　解答：A. sauter → faire sauter cf.1
　　　　　　B. à réchauffer du lait → du lait à réchauffer cf.4

1- SN (人) + [補語人称代名詞 (間接目的)] + faire + inf. (特定の動詞)

Ensuite, tu fais mijoter la sauce pendant cinq minutes.　　次に5分間ソースをとろ火で煮てね．

Faire fondre du beurre dans la poêle puis y placer les croque-monsieur, à servir bien chauds.　　バターをフライパンに溶かして，そこにクロック・ムッシューを入れ，熱いうちに出して下さい．

Tu as fait dégeler le rôti de veau ?　　子牛のローストを解凍しといてくれた？

Les enfants, je vais [vous] faire griller du poisson pour le dîner.　　おまえたち，夕食に魚を焼いてあげるからね．

Jeanne, fais-moi chauffer de l'eau pour les nouilles, veux-tu ?　　ジャンヌ，麺を茹でるためのお湯を沸かしてくれる？

　特定の動詞：**1～2**, chauffer, cuire, rôtir, bouillir, griller, tremper, revenir, dégeler, fondre, geler, frire, mijoter, refroidir, réchauffer, macérer, rissoler など

　使い方：**1～2**, 主語は常に人．
　　Je vais faire bouillir de l'eau pour le thé.
　　湯を沸かしてお茶を入れましょう．

― Est-ce que l'eau bout ?
― Pas encore.
―お湯は沸いていますか？
―まだです．

参　考：(E) boil; cook など

2- SN (人) + se faire + inf. (特定の動詞)

Si tu n'es pas content, va te faire griller un œuf.　気に入らないなら，卵をやいてもらっておいで．

3- faire + SN (料理)

J'ai fait une bouillabaisse pour le dîner. 　夕食にブイヤベースを作った．

Elle m'a dit qu'elle nous ferait du gigot dimanche prochain. 　彼女は来週の日曜日に羊の腿肉の料理をしてくれると言った．

Attendez, je vais faire du café. 　ちょっと待ってください．コーヒーを入れましょう．

同　意：préparer + SN (料理)
参　考：(E) make; prepare
比　較：Elle n'est même pas capable de faire cuire une omelette et tu veux qu'elle se marie !
Je vais vous faire une omelette au jambon, ça vous plairait ?
彼女はオムレツを焼くことさえできないよ．なのに彼女が結婚すればよいと望むなんて！
ハム入りのオムレツをお作りしましょう．お好きですか？

4- mettre + SN + à + inf. (特定の動詞)

Jeanne, mets de l'eau à bouillir, s'il te plaît. 　ジャンヌ，お湯を沸かすのに火にかけてちょうだい．

Je vais d'abord mettre les carottes à cuire. 　まず，人参を煮ましょう．

Nettoyez bien le poisson afin d'enlever les écailles, coupez la tête et mettez-le à cuire très rapidement sur un gril bien chaud. 　うろこがとれるように，よく魚を洗い，頭を切ってからよく熱した網の上に置いて手早く焼いて下さい．

　特定の動詞：cuire, bouillir, frire, chauffer, griller, rôtir など

154　faire / être / avoir (天候)

――― 確認問題 ―――

次の文の(　)の中から最も適切な語句を選びなさい．

> A. Même lorsqu'il faisait (froid/le froid/un froid) glacial, les gens sortaient pour faire du ski.
> たとえ凍てつくほどの寒さでも，人々はスキーをするために出かけたものだ．
> B. Il a fait (beau/un beau/le beau) temps pendant tout le voyage.
> 旅行の間中，良い天気だった．
>
> 解答：A. un froid cf.I-3　B. beau cf.I-4

I- il fait

1- il fait ＋ 特定の形容詞

Il a fait très humide au mois d'août cette année.　今年8月はとてもじめじめしていた．

Il fait chaud dans cette salle : ouvrons les fenêtres pour aérer.　この部屋は暑い．換気するために窓をあけましょう．

- Quel temps fait-il à Tokyo au mois d'octobre ?
- Il fait beau et sec.
―東京では10月はどんな天気ですか？
―よい天気で，からっとしています．

Quand il fait froid, j'allume le radiateur à gaz.　寒い時，私はガスストーブをつける．

Il fait trop froid pour la saison, quel dommage !　この季節にしては寒すぎる．残念ですね．

特定の形容詞：1〜2, chaud, froid, humide, sec, frais, beau, mauvais, doux, bon, sombre, clair, noir, moite, gris など

注　意：devenir は用いない．
　　　　Ces jours-ci, il | fait de plus en plus chaud.
　　　　　　　　　　　　| ×devient de plus en plus chaud.
　　　　このところ，だんだん暑くなってきた．

比　較：| Il fait encore chaud.
　　　　| Ton café est encore chaud ?
　　　　| まだ暑いなあ．
　　　　| 君のコーヒー，まだ熱いの？

2- 特定の言葉 ＋ faire ＋ 特定の形容詞

Il continue à faire froid depuis deux semaines.　2週間ずっと寒い．

Enfin, il semble vouloir faire beau.　やっと天気になりそうだ．

特定の言葉：il continue à, il commence à, il semble vouloir, il va など

3- il fait + 不定冠詞 + 特定の名詞 + 形容詞（句）

Il a fait un temps magnifique toute la journée, et nous avons voulu en profiter.	一日中素晴らしい天気だった。私たちはこの天気を有効に使いたいと思った。
Aujourd'hui, il fait un temps couvert, [il est] impossible de voir le [mont] Fuji.	今日は曇りだ。富士山を見ることはできない。
- Cette nuit, il fait un temps à ne pas mettre un chien dehors.	—今晩は、犬を外に出せないくらいひどく寒いよ。
- Brr, il fait un froid de canard!	—ブルル、ひどい寒さだ。

特定の名詞：temps, chaleur, humidité, froid, sécheresse, soleil, brouillard, vent など

強調：il fait un vent du diable, il fait un froid de loup, il fait un brouillard à couper au couteau, il fait un soleil de plomb, il fait un froid de canard, il fait un froid de loup など

4- il fait | beau | [temps]
             | mauvais |

Quand le soleil est rouge comme ça, cela veut dire qu'il fera beau temps le lendemain.	このように太陽が赤い時は、翌日晴れるということを意味する。
- Et en Angleterre, quel temps a-t-il fait ? - Il a fait mauvais tout le temps.	—イギリスでは、どんな天気でしたか？ —いつも悪天候でした。

5- le temps qu'il fait

Pauline, dis-moi le temps qu'il fait ce matin.	ポリーヌ、今朝どんな天気か教えてちょうだい。
C'était l'hiver, je ne me souviens plus du temps qu'il faisait.	あれは冬のことでした。どんな天気だったか、私はもう思い出せない。
En cours de route, nous avons parlé du temps qu'il ferait.	道すがら、どんな天気になるか、私たちは話した。

6- il fait + 部分冠詞 + 特定の名詞

Il a fait du soleil pendant toute la traversée.	航海の間中、天気が良かった。
Je n'aime pas les jours où il fait du vent.	風の強い日は好きじゃない。

特定の名詞：vent, soleil, orage など

7- il fait + 特定の名詞

Il fait nuit plus tôt, ces jours-ci.　　　この頃日が暮れるのが早くなった.

On m'a dit que le 21 juin, il fait jour 24 heures sur 24 au pôle Nord.　　　私の聞いたところでは，6月21日は北極では一日中昼間である(白夜).

Il faisait nuit noire quand nous sommes rentrés à la maison.　　　家に帰った時には真っ暗になっていた.

特定の名詞：nuit, jour

8- il fait + 数形容詞 + degrés

Aujourd'hui, il fait 15 degrés à New York.　　　今日，ニューヨークでは15度です.

À Zao, il faisait 5 degrés au-dessous de zéro.　　　蔵王では，零下5度でした.

II- être + 特定の形容詞
1- le temps est + 特定の形容詞

Le temps était lourd; de temps en temps, on entendait un grondement de tonnerre.　　　天気はうっとうしく，時々雷のごろごろ鳴る音が聞こえた.

特定の形容詞：ensoleillé, brumeux, lourd, nuageux, couvert, étouffant, frisquet, glacial, doux, orageux など

2- le ciel est + 特定の形容詞

Il va pleuvoir, le ciel est couvert.　　　雨が降りますよ. 空が曇っている.

特定の形容詞：couvert, gris, bleu, sombre, nuageux など

3- la nuit est + 特定の形容詞

Il a plu sans cesse et les nuits ont été très froides.　　　雨が降り続き，夜はとても寒かった.

特定の形容詞：chaud, froid, tiède など

III- avoir
1- SN (人) + avoir du + 特定の形容詞 + temps

La météo dit que nous aurons du beau temps demain.　　　天気予報によれば明日は良い天気らしい.

特定の形容詞：beau, mauvais

2- SN (人) + avoir un temps + 特定の形容詞

Ces jours-ci, nous avons un temps très sec. 最近とてもからっとした天気が続いている。

On a eu un temps pluvieux pendant toute la semaine dernière. 先週はずっと雨模様の日が続いた。

特定の形容詞：sec, humide, doux, pluvieux, exécrable, magnifique, merveilleux, formidable など

155 il faut ... pour ... / il faut compter / prendre ... pour ... / durer / demander / en avoir pour ... / mettre ... pour ...

確認問題

次の（　）の中から最も適切な語句を選びなさい。

A. (Il t'a pris / Ça t'a pris / Tu as pris) combien d'heures pour écrire ta composition ?
君はこの作文を書くのに何時間かかりましたか。

B. (Ça prendrait deux heures / Deux heures seraient nécessaires / On demanderait deux heures) pour terminer ce livre.
この本を読み終えるには2時間かかるだろう。

解答：A. Ça t'a pris cf.2　B. Ça prendrait deux heures cf.1,5

1- | il faut / ça prend | ＋数形容詞＋名詞＋ | pour ＋ inf. / pour que ＋節（接続法）

Il a fallu une semaine pour que cette lettre me parvienne de Rio de Janeiro. この手紙がリオデジャネイロから私のところに届くのに一週間かかった。

Ça prend de longues années d'entraînement pour devenir un Yannick Noah. ヤニック・ノアのような名人になるには長年の訓練が必要だ。

参　考：1〜4, (E) it takes ＋ SN

2- | il ＋ 補語人称代名詞（間接目的）＋ faut / ça ＋ 補語人称代名詞（間接目的）＋ prend | ＋数形容詞＋名詞＋ | pour ＋ inf. / pour que ＋節（接続法）

Il lui faudra bien une journée entière pour vous le réparer. それをあなたのために修理するのに、彼にはまる一日必要でしょう。

Il me faudrait encore 9 000 yens pour faire 110 000.
　　11万円にするには，私にはあと9千円必要だ．

Ça te prendra au moins 70 000 yens par mois pour louer un studio à Tokyo.
　　東京で部屋を借りるには，君には少なくとも月に7万円必要でしょう．

- Ça vous prend combien de temps pour rentrer chez vous ?
- Il me faut à peu près une heure.
　　―家に帰るのにどのぐらい時間がかかりますか．
　　―約一時間です．

3- SN (物) + durer + 数形容詞 + 時の名詞

La séance de fin d'année a duré deux heures et demie.
　　年末の会は2時間半続いた．

4- il faut compter + 数形容詞 + 名詞

Il faut compter treize heures pour aller de Tokyo à Paris non-stop.
　　東京からパリまで直行便で13時間かかる．

Il faut compter trois ans avant que les pommiers commencent à donner des pommes.
　　りんごの木に実がなりはじめるまでには三年かかる．

5- SN (物) + | prendre / demander | + 数形容詞 + 名詞

La préparation va demander une semaine environ.
　　準備に約一週間必要でしょう．

Le trajet prend au plus trois heures.
　　そこへ行くのにはせいぜい3時間あればいい．

6- SN (人) + en avoir pour + 数形容詞 + 名詞（時・金額など）

Nous en avons encore pour trois heures avant d'arriver à l'aéroport de Narita.
　　成田空港に着くまでにまだ3時間あるよ．

Pour atteindre l'objectif fixé, nous en avons encore pour 15 000 dollars.
　　到達目標までまだ15000ドルある．

慣　用：1) Avec son cancer, Georges n'en a plus pour longtemps.
　　癌になったんじゃ，ジョルジュはもう長くはないなあ．

2) Excusez-moi, j'en ai pour une toute petite minute.
　　すみません．すぐ終わりますから．

7- SN (人) + mettre + 数形容詞 + 時の名詞 + pour + inf.

Je n'ai mis que dix minutes pour rentrer chez nous.
お宅に帰るのにほんの10分しかかかりませんでしたよ。

Léonard de Vinci a mis combien de temps pour peindre la Joconde ?
レオナルド・ダ・ヴィンチはモナリザを描くのにどれほど時間がかかったのだろう？

Nous avons mis une heure pour sortir de Tokyo.
僕らが東京から出るのに1時間かかったよ。

156 faux / mauvais

--- 確認問題 ---

次の文の（　）の中から適切な語を選びなさい。

A. Il s'est présenté sous un (faux/mauvais) nom. En fait, il s'appelle Laurentin.
彼は偽名を名乗った。本名はローランタンです。

B. Au carrefour, nous avons pris la (fausse/mauvaise) route.
私たちは交差点で道を間違えた。

解答：A. faux cf.1　B. mauvaise cf.2

1- faux

1) Ton si bémol est faux. Recommence.
シのフラットの音がはずれた。やり直し。

Le chauffeur a fait une fausse manœuvre et il est allé s'écraser contre un mur.
運転手は運転操作を誤って、壁に激突した。

反　意：correct

2) Ses bijoux sont des faux, j'en suis persuadée.
彼女の宝石は偽物だと私は確信しているの。

Les pompiers sont venus, mais ce n'était qu'une fausse alarme.
消防士たちがやって来たが、単なる誤報だった。

Renzo Inoue a vécu dans le Hokkaido sous un faux nom.
井上廉三は、北海道で偽名で暮らした。

反　意：vrai
参　考：1〜2, (E) wrong

2- mauvais

Nous nous sommes adressés à la mauvaise porte.	私たちは家を間違えた.
Le gendarme avait le droit d'agir ainsi : nous roulions du mauvais côté de la route.	警官がそんな風に行動するのも無理はなかった. 私たちは反対車線を走っていたのだから.
On nous a envoyés au mauvais guichet.	私たちは見当違いの窓口を指示された.
Dans mon énervement, j'ai failli prendre le mauvais train.	私はいらだっていて, 列車を間違えそうになった.
Vous avez commencé à ouvrir le colis par le mauvais côté.	あなたは反対側から荷物を開け始めてしまった.

注　意：この意味では mal は用いない.
反　意：bon
比　較：Il s'est trompé et il m'a donné un mauvais numéro de téléphone.
　　　　Il m'a donné un faux numéro de téléphone, exprès.
　　　　彼は間違って, 違う電話番号を私に教えた.
　　　　彼はわざとその電話番号を私に教えた.

157　femme / épouse

―― 確認問題 ――

次の文の（　）の語句のどちらが文意に適当か, 選びなさい.

A. Madame Curie, c'était une (épouse/femme) remarquable.
　　キュリー夫人は素晴らしい女性だった.

B. Le Premier ministre s'est rendu aux États-Unis accompagné de (son épouse/sa femme).
　　首相は夫人同伴で米国に赴いた.

解答：A. femme cf.1　B. son épouse cf.2

1- femme

On rencontre, à la tête de plusieurs grandes entreprises, des femmes géniales.	優秀な女性がトップについている大企業が何社もある.
Divers organismes travaillent à la libération de la femme en Afrique.	様々な組織がアフリカの女性解放のために活動している.

反　意：homme
参　考：(E) woman

2- | femme
   | épouse (あらたまって)

- Hubert, je te présente ma femme, Caroline.
- Enchanté, Madame.

―ユベール、女房のカロリーヌを紹介するよ。
―はじめまして。

Dans la culture grecque, Pénélope est l'image de l'épouse fidèle.

ギリシャの文化においては、ペネロペは貞淑な妻の象徴である。

Il laisse, pour le pleurer, son épouse et ses trois enfants.

彼は亡くなり、あとには妻と3人の子供が残されました。

反　意：mari, époux
使い方：1) しばしば所有形容詞を伴う。
　　　　　2) épouse はいささか上品な言い方になる。
　　　　　3) une bonne femme という言い方には、否定的なニュアンスがあるため、femme に形容詞 bonne はつけない。une bonne épouse とすべきである。
　　　　　Il a eu la chance de trouver une bonne épouse comme Martine.
　　　　　彼は運よくマルティーヌという良き伴侶を見つけることができた。
　　　　　Au coin de la rue, une bonne femme a voulu me vendre des œillets.
　　　　　街角でおばちゃんがカーネーションを売りつけようとしてきた。
参　考：(E) wife

158　femme au foyer / femme sans profession / ménagère / femme de ménage

――― 確認問題 ―――

次の文の誤りを正しなさい。

A. Les femmes sans profession se plaignent de la hausse des prix, et avec raison.
　　主婦たちは物価の高騰を嘆いているが、無理もないことだ。

B. Cette omelette est délicieuse. Tu deviendras une bonne femme au foyer.
　　このオムレツはおいしい。いい奥さんになるよ。

　　解答：A. Les femmes sans profession → Les ménagères あるいは Les femmes au foyer cf.1,3
　　　　　B. femme au foyer → ménagère あるいは épouse cf.3

1- 限定詞 + femme au foyer

- Ton amie, qu'est-ce qu'elle fait ?　　　　―あのお友達は何をしてるの？
- Elle est femme au foyer.　　　　　　　　―主婦よ。

Les femmes au foyer travaillent parfois plus　主婦の方が、仕事をしている女性よりも
que les femmes qui ont une profession.　　　多く働いていることもある。

Que sa maison soit jolie ou pas, sa cuisine　家が小綺麗であるとか、料理が何とか口
mangeable ou pas, cela lui est égal; elle　　にできるとか、そんなことは彼女にはど
n'est pas du tout femme au foyer.　　　　　うでもいい。彼女はいわゆる主婦ってタ
　　　　　　　　　　　　　　　　　　　　　イプじゃないんだよ。

　説　明：1～2,「良い，悪い」などの形容詞はつかない。

2- 限定詞 + **femme sans profession**

Les femmes sans profession qui restent à la　家にいる専業主婦も、夫たちと同じ位働
maison travaillent autant que leurs maris.　　いている。

　説　明：sans profession とは家の外で仕事についていないということを示す。この表現
　　　　　は、特に女性に対して用いられる。
　使い方：femme sans profession も femme au foyer も公的書類で用いられる。
　参　考：(E) housewife

3- 限定詞 + **ménagère**

Quatre heures, c'est l'heure où les ménagè-　4時は主婦たちが買い物にでかける時間
res sortent pour faire leurs achats.　　　　　だ。

Madame Savin, c'est une ménagère accom-　サヴァン夫人は非の打ちどころのない主
plie.　　　　　　　　　　　　　　　　　　　婦である。

　使い方：ménagère はいささか古くさい言い方で、だんだん femme au foyer の方を用
　　　　　いるようになってきている。
　説　明：ménagère は家事をする女性を意味するが、外に働きに出ていてもこの語は使え
　　　　　る。
　参　考：(E) housewife

4- 限定詞 + **femme de ménage**

Ma femme de ménage vient une fois par　私のところには週一回金曜に家政婦がく
semaine, le vendredi.　　　　　　　　　　　る。

159　la + 祝祭日の名前 / **la fête de** + 祝祭日の名前 / **le [jour de]** + 祝祭日の名前

確認問題

次の文に誤りがあれば正しなさい。

A. La fête de Mère tombe à quelle date, cette année ?
　今年は母の日は何日になりますか。

B. Je t'inviterai à dîner à la Pâques ou à la Trinité.
　いつかそのうちに夕食をご馳走するよ。

解答：A. de Mère → des Mères cf.3　B. à la Pâques → à Pâques cf.1

1- Noël / Pâques / la fête de Noël / la fête de Pâques

Comment est-ce que vous allez célébrer [la fête de] Noël, cette année ? — 今年はクリスマスをどうやってお祝いするつもりですか？

Qu'est-ce que tu vas faire pendant les vacances de Noël ? — クリスマス休暇に君は何をするの？

Avec Noël qui approche, tout le monde achète des cadeaux. — クリスマスが近づくとだれもがプレゼントを買う。

使い方：クリスマス（Noël）と復活祭（Pâques）には冠詞がつかない。

2- [la fête de] + 定冠詞 + キリスト教の祝日

Envoie-lui un petit cadeau pour la Saint-Valentin. — バレンタインデーに彼に贈り物をしなさいよ。

Le 15 août, c'est [la fête de] l'Assomption. — 8月15日は聖母被昇天祭です。

Tu peux m'expliquer ce que c'est que l'Épiphanie ? — 御公現の祝日（Épiphanie）って何か私に教えてよ。

使い方：Pentecôte, Rois, Ascension, Toussaint も同じ使い方をする。

3- la fête de + 限定詞 + 特定の名詞

Le jour de la fête des Pères, je lui ai donné une cravate. — 父の日にネクタイをあげました。

Dans ton pays, est-ce qu'on célèbre la fête des Garçons ? — 君の国では、男の子のお祝いの日（子供の日）はありますか？

特定の名詞：1) Pères, Mères, Jeunes Filles, Garçons, Personnes âgées

2) Constitution (憲法記念日), Anniversaire de la naissance de l'Empereur (天皇誕生日), Action de grâces (勤労感謝の日)
3) Jour de l'An (元旦)

4- le [jour de] + 祝祭日の名前

Ils iront à New York à l'occasion du Thanksgiving Day.	彼らはサンクスギビングデーにニューヨークに行く。
Comment tu vas te costumer pour l'Halloween ?	ハロウィーンにはどんな仮装をするの？
Nous aurons plusieurs jours de congés pour [le jour de] l'Obon.	お盆には何日間かの休みが取れます。

使い方：外国のあまり知られていない祝祭日について用いる。

160　jeune fille / fille

―― 確認問題 ――

次の( )の中から適切な語句を選びなさい。
A. La voilà, la (jeune fille/fille) de M. et Mme Brunel.
　ほら，来ましたよ。ブリュネル夫妻の娘さんです。
B. Connaissez-vous cette (jeune fille/fille) qui a les cheveux longs ?
　この髪の長い女の子をご存じですか？

解答：A. fille cf.3　B. jeune fille cf.1,2

1- 限定詞 + jeune fille

Hiroko est la plus jolie jeune fille de mon club.	弘子は私のクラブで最もきれいな女の子です。
Il y avait plusieurs jeunes filles qui étaient prêtes à aller en boîte.	すぐにでもディスコに行ける女の子たちが何人かいた。
Tu as remarqué la jeune fille au volant de la voiture ?	車のハンドルを握っていたあの女の子に気がついた？

参　考：(E) girl

2- fille

C'est une fille qui a une très mauvaise réputation dans le quartier.	あの子は，この辺で評判がよくない女の子です。

Il a la réputation de courir après les filles.　彼は女の子の後を追い回しているという噂だ。

　説　明：fille は単独で用いられると，軽蔑的な意味合いをもつことが多い。ふつうは jeune fille を用いること。
|Cette fille |se considère comme la fiancée de Philippe.
|Cette jeune fille|
|あの娘は |自分がフィリップのフィアンセだと思いこんでいる。
|あの若い女性は |

3- 定冠詞 + fille de + SN (人)

Voici Jeanne, la fille de mon frère.　この子は，私の兄の娘のジャンヌです。

La fille de Monsieur Vernier est partie au Japon.　ヴェルニエ氏の娘は日本へ出発した。

　反　意：定冠詞 + fils de + SN (人)
　比　較：Vous voyez la jeune fille là-bas avec une robe rouge ? C'est ma fille.
　　　　　赤いワンピースを着た，あそこの女の子が見えますか？　あれは私の娘です。
　参　考：**3〜4**, (E) daughter

4- 数形容詞 + fille

Les Jouhandon ont un garçon et deux filles.　ジュアンドン夫妻には男の子が1人と女の子が2人いる。

Madame Bernard a déjà un fils mais maintenant, elle voudrait une fille.　ベルナール夫人には息子が1人いるが，今度は娘を欲しがっている。

　反　意：数形容詞 + garçon(s)，数形容詞 + fils

161　film / cinéma

──　確認問題　──

次の文に誤りがあれば正しなさい．
A. J'aime bien les cinémas français.
　私はフランス映画が結構好きです．
B. Elle va souvent regarder un cinéma avec ses amis.
　彼女は友人とよく映画を見に行く．
C. Tu as vu le dernier cinéma de Catherine Deneuve ?
　カトリーヌ・ドヌーヴの最新の映画を見たかい？

D. Au cinéma "Rex", on donne un film italien.
レックス映画館ではイタリア映画を上映している。

解答：A. les cinémas français → le cinéma français または les films français cf.3
B. regarder un cinéma → au cinéma または voir des films または voir un film cf.2,6
C. cinéma → film cf.1
D. ○ cf.1

1- film

Qu'est-ce qu'on passe comme film à la télévision ce soir ?	今晩テレビで映画は何をやるの？
- Quel genre de films est-ce que tu aimes ? - Les films drôles.	—どんなジャンルの映画が好きなの？ —笑える映画だよ。
J'ai trouvé son dernier film extrêmement ennuyeux.	彼の新しい映画はひどく退屈だと思ったよ。
Mireille préfère les films d'Alain Delon.	ミレイユはアラン・ドロンの出ている映画の方が好きだ。
- Qui a tourné le film "La Ballade de Narayama" ? - C'est Imamura Shohei, je crois.	—『楢山節考』という映画の監督は誰ですか？ —今村昌平だと思います。
Le film va commencer à 19 h 10 précises.	映画はきっかり19時10分に始まりますよ。
Les films, ça change les idées.	映画は気晴らしになる。

注　意：1〜2、この場合 cinéma は用いられない。
比　較：Si on dînait｜avant le film ?
　　　　　　　　　　｜avant la séance de cinéma ?
　　　　　　　　　　｜avant d'aller au cinéma ?
　　　　　　　　　　｜× avant le cinéma ?
　　　映画に行く前に夕食にしませんか？

2- voir + 限定詞 + film

Je vois trois films par semaine, en moyenne.	私は平均して週に3本映画を観る。
J'aime beaucoup les vieux films; j'en ai vu plusieurs.	古い映画が大好きで、何本も観ている。

参　考：(E) see + 限定詞 + movie
注　意：regarder un cinéma や voir un cinéma といった表現は用いられない。

3- 特定の動詞 + | **les films** | + 国の形容詞
　　　　　　　　 | **le cinéma** |

Thierry adore le cinéma indien.　　　ティエリーはインド映画が好きだ.

　特定の動詞 : aimer, adorer, être fou de など

4- le cinéma

Les années 58, 59 constituent l'âge d'or du cinéma japonais.　　　1958, 59年は日本映画の黄金期である.

Je suis allé au festival du cinéma d'animation. C'était formidable.　　　僕はアニメ映画のフェスティバルに行ったんだ. すごかったよ.

Le cinéma, à la différence de la littérature, est un art où il faut inclure les opinions de plusieurs personnes.　　　映画という芸術では, 文学と違って何人もの人の意見を取り入れなければならない.

5- cinéma

Les fauteuils de | cette salle de cinéma | sont confortables.　　　この映画館の椅子は座り心地がよい.
　　　　　　　　 | ce cinéma |

Il m'a payé une place de cinéma.　　　彼は私の映画館の入場料を払ってくれた.

　参　考 : (E) cinema, movie, theater
　比　較 : Dans ce cinéma, on présente une rétrospective des films de Charlot.
　　　　　 この映画館ではチャップリンの映画の回顧特集をやっている.
　　　　　 On observe des gens calculer à la minute près la durée d'une séance de cinéma pour pouvoir se précipiter à un dîner dès la fin du film.
　　　　　 映画が終わり次第, 夕食へと急いで行けるよう, 上映がいつ終わるか, 分刻みで気にしている人がいるものだ.

6- aller au cinéma

Je vais rarement au cinéma, je suis tellement occupé.　　　映画にはめったに行かない. それほど忙しいのだ.

　比　較 : Il ne va au cinéma que pour voir des films classiques.
　　　　　 Hier, je suis allé au cinéma et j'ai vu un très bon film.
　　　　　 彼は映画館に行っても古典的名画しか観ない.
　　　　　 昨日映画館に行って, 実に良い映画を観た.

参　考：(E) go to the movie

162　fleuve / rivière / ruisseau

確認問題

次の各文の誤りを正しなさい．
A. Quelles sont les principales rivières du Japon ?
　日本の主要な河川といえば何だろう．
B. Le fleuve de la Seine se jette dans l'Atlantique au Havre.
　セーヌ川はル・アーヴルで大西洋に注いでいる．

　　　　　　　　　　解答：A. les principales rivières → les principaux fleuves cf.1
　　　　　　　　　　　　　B. Le fleuve de la Seine → La Seine cf.1

1- fleuve

Le Shinano est le plus long fleuve du Japon.　信濃川は日本で一番長い川だ．

Le Rhône est le seul fleuve français à se jeter　ローヌ川は唯一地中海に注ぐフランスの
dans la Méditerranée.　河川である．

L'Amazone arrose le Pérou et le Brésil.　アマゾン川はペルーとブラジルを流れている．

使い方：1) 1〜2, 固有名詞は定冠詞とともに用いられる．男性(le)か女性(la)かは慣用による．
　　　　2) 普通, le fleuve Tone とか le fleuve Amazone とは言わず, le Tone, l'Amazone と言う．
説　明：海に注ぐ大きな河川のこと．
参　考：1〜2, (E) river

2- rivière

Derrière la maison, coule une petite rivière　家の裏手に, 魚の沢山いる小さな川が流
très poissonneuse.　れている．

Nous avions l'habitude de nager dans cette　昔はこの川でよく泳いだものだ．そんな
rivière autrefois. Dommage qu'elle soit　川が汚染されたのは残念だ．
polluée !

説　明：湖や他の河川に注ぐ川のこと．
比　較：1) Vous pouvez me donner les noms de quelques rivières qui se jettent dans la Seine ?
　　　　　セーヌ川に注ぎ込む川の名前をいくつか挙げてくれますか．

2) La Durance est un affluent du Rhône.
デュランス川はローヌ川の支流である．

3- ruisseau

Ce ruisseau est à sec la plupart de l'année sauf au printemps.
この小川は春以外は干上がっている．

Le ruisseau qui passe derrière notre maison de campagne se jette dans le lac Léman.
私たちの田舎の別荘の裏を流れる小川はレマン湖に注いでいる．

163 fort / à haute voix / tout haut / à tue-tête / appeler

――― 確認問題 ―――

次の文の誤りを正しなさい．
A. Crions plus grand pour qu'ils nous entendent.
彼らに聞こえるようにもっと大きな声で叫ぼう．
B. D'abord, faites une lecture silencieuse de votre texte, puis lisez-le à grande voix.
まずテキストを黙読して，次に音読しなさい．
C. Il a dit tout grand ce que les autres pensaient tout bas.
彼は他の人たちがあえて口にしないことを声高に言った．

解答：A. grand → fort cf.1-1)　B. grande → haute cf.3　C. grand → haut cf.4

1- 特定の動詞 + fort

1) Parlez plus fort, s'il vous plaît, je ne vous entends pas.
もっと大きな声で話して下さい．よく聞こえないんです．

Qui crie fort comme ça ? Ça me dérange.
誰がこんなに大声で叫んでいるのだろう．耳障りだ．

Chut ! Ne parle pas si fort.
しーっ，そんなに大声で話さないでくれ．

Le professeur parle trop fort, tu ne trouves pas ?
先生は，大きな声で話しすぎると思わない？

特定の動詞：parler, chanter, crier, hurler, siffler, ronfler, rire, respirer など
反　意：d'une petite voix; d'une voix faible; d'une voix fluette; à voix basse
参　考：(E) loudly; in a loud voice
慣　用：Il se laisse trop influencer par ses camarades qui lui parlent haut et fort.

彼は，物言いがはっきりしている友人たちに影響されすぎる．

2) Les musiciens ont joué très fort pour marquer la fin du banquet. 演奏家たちは，宴会の終わりを告げようと大音響で演奏した．

　　特定の動詞：jouer, souffler など
　　反　意：特定の動詞 + faiblement

2- mettre + 限定詞 + 特定の名詞 + fort

Je t'en prie, ne mets pas la télévision si fort, veux-tu ? テレビの音をあんまり大きくしないでくれる？

　　特定の名詞：télévision, radio, appareil, moteur など
　　参　考：(E) loudly

3- 特定の動詞 + | à haute voix
　　　　　　　　　　　| à voix haute
　　　　　　　　　　　| d'une voix + 副詞 + haute

Georges s'est penché vers moi et m'a dit ça d'une voix suffisamment haute pour que mon voisin l'entende. ジョルジュは私の方に身をかがめ，隣にいる人にも聞こえるような声で，私にそう言ったのだ．

Il y a des enfants qui sont incapables de lire un texte à haute voix par timidité. 内気なために教科書を大きな声で朗読できない子供たちがいます．

Elle a l'habitude de réciter ses soutras à haute voix et ça me dérange. 彼女はスートラを大声で読経する習慣があって，参ってしまう．

　　特定の動詞：parler, lire, prononcer, prier, réciter, chanter, penser など
　　反　意：à voix basse
　　参　考：(E) aloud

4- 特定の動詞 + tout haut

La nuit, dans ses rêves, mon mari parle tout haut. Ça me dérange beaucoup. 夜，夢を見て，夫は大声で寝言を言う．それにはとても参る．

　　特定の動詞：dire, parler, rêver, réciter, prier, rire など
　　反　意：tout bas
　　慣　用：Il faudra parler haut et clair, j'ai l'impression.
　　　　　　大声ではきはきと話すべきでしょう．そう思いますよ．

5- 特定の動詞 + à tue-tête

J'ai crié à tue-tête mais ils n'ont pas remarqué que j'étais là. 声を限りに叫んだのに，彼らは私がそこにいるのに気付かなかった．

Je n'aime pas les semaines de campagne électorale. Les candidats n'arrêtent pas de hurler à tue-tête. 私は選挙戦がきらいだ．候補者たちが絶えずがなり立てているから．

特定の動詞：crier, chanter, parler, brailler, hurler, pleurer など

6- appeler + SN

Appelle-les, je suis sûr qu'ils vont venir. 彼らを呼んでよ．きっと来てくれると思うよ．

- Il a disparu dans la foule au moment où je l'ai aperçu. —私が彼に気づいた時，彼は人混みの中へ消えてしまったんだ．
- Pourquoi tu ne l'as pas appelé ? —どうして声を出して呼ばなかったの？

注　意：appeler à haute voix, appeler fort などとは言わない．

164　fumer

確認問題

次の文の誤りを正しなさい．
A. Il est de plus en plus interdit de fumer des cigarettes dans les endroits publics.
公共の場での喫煙は次第に禁じられるようになってきている．
B. Rumiko préfère fumer des cigarettes gauloises.
留美子はゴロワーズを吸うのが好きなんだよ．

解答：A. des cigarettes を取る．cf.1
　　　B. des cigarettes gauloises → des gauloises cf.2

1- fumer

- Quel âge as-tu ? —君は何才なの？
- 12 ans. —12才だよ．
- Et tu fumes ? —それで，タバコを吸うのか？

Ma mère fumait mais elle a arrêté il y a trois ans. 私の母はタバコを吸っていましたが，3年前にやめました．

Si tu n'arrêtes pas de fumer, tu vas attraper le cancer. タバコをやめなければ，癌になるよ．

Tu as commencé à fumer à quel âge ? いくつの時からタバコ吸ってるの？

　使い方：単に「タバコを吸う」という場合，fumer une cigarette, fumer du tabac
　　　　というように目的語を用いる必要はない．
　参　考：(E) smoke

2- fumer + SN

Si on fume des cigarettes avec filtre, ce n'est peut-être pas aussi mauvais pour la santé.　フィルター付きのタバコを吸うなら，健康のためにはそれほど悪くないかもしれないね．

Mon patron fume trois paquets par jour.　私のボスは日に3箱タバコを吸います．

Après un bon repas, mon oncle adore fumer un cigare de La Havane.　おいしい食事の後にハバナの葉巻をふかすのが，伯父は大好きなんだ．

Beaucoup d'Anglais fument la pipe.　イギリス人にはパイプを吸う人が多い．

Certains Français pensent que fumer des gauloises, c'est viril.　ゴロワーズを吸うのは男らしいと考えるフランス人もいます．

　使い方：1) fumer + SN は，何を吸うのかを特定する．
　　　　2) fumer は葉巻，特定銘柄のタバコ，パイプまたは量を特定して（例えば1箱など）用いられることがある．

165　gare / station

> **確認問題**
>
> 次の文の誤りを正しなさい．
> Les trains pour Matsumoto partent de la station Shinjuku.
> 松本方面への列車は新宿駅から出ます．
>
> 　　　　　　　　　　　　　　　　　　　解答：station → gare de cf.1

1- la gare [de + 固有名詞]

Attendez-moi à la sortie de la gare de Shinanomachi.　信濃町駅の出口で私を待っていて下さい．

　使い方：1) la gare は，地下鉄以外の電車の発着駅を示す．
　　　　2) 1〜2, gare, station はしばしば省略される．
　参　考：1〜2, (E) station

2- la station [+ 固有名詞]

Mon bureau se trouve près de l'Opéra.	僕の会社は オペラ座の近くにある。
la station Opéra.	地下鉄オペラ駅の近くだ。
Il faut marcher jusqu'à [la station] Cluny.	クリュニー駅まで歩かなくては。

使い方：地下鉄の駅

166 gens / habitants / peuple / hommes

確認問題

次の文の誤りを正しなさい．
A. Les peuples de la région s'y sont violemment opposés.
　その地域の人々は，それに激しく抗議しました．
B. Les gens italiens ont un faible pour les pâtes.
　イタリア人はパスタには目が無いんです．
C. Les peuples d'Okinawa parlent un dialecte spécial.
　沖縄の人々は特殊な方言を話します．
D. À Osaka, les habitants sont tous sympathiques.
　大阪では，人はみな感じがいいんですよ．

解答： A. Les peuples → Les gens cf.1　B. Les gens italiens → Les Italiens cf.5
　　　　C. Les peuples → Les gens/Les habitants cf.3　D. les habitants → les gens cf.2

1- **les gens de** + 限定詞 + 特定の名詞

– Les gens de la campagne se plaignent souvent.	— 田舎の人はしばしば不平を言う．
– Pour quelle raison ?	— どういう理由でですか．
Les gens d'aujourd'hui sont trop pressés.	現代の人々はあまりにも忙しすぎる．
Dans les pays industrialisés, on ne sait pas comment vivent les gens des pays en voie de développement.	先進工業国では，開発途上国の人々がどのような生活をしているかを知らない．
C'était une personne inconnue des gens de l'endroit.	その人は，その地区の人々にとっては見かけない人でした．
Tous les gens étaient dans la rue pour voir l'accident.	人々は皆，事故を見ようと通りに出ていた．

Les gens des autres pays nous accueillent cordialement. Alors pourquoi nous, nous ne les accueillons pas cordialement ?
他の国々の人々は私たちを友好的に迎えてくれます。どうして私たちが彼らを友好的に迎えないことがあり得ましょうか。

特定の名詞 : campagne, bourg, ville, quartier, coin, voisinage, aujourd'hui, autrefois, pays, région, village など

参　考 : **1~7**, (E) people

2- │前置詞 ＋ 名詞（場所の固有名詞），**les gens** │ ＋ 動詞
│**les gens de** ＋ 名詞（場所の固有名詞）│

À Osaka, les gens sont ouverts et sympathiques.
Les gens d'Osaka
大阪の人々は開放的で感じがよい。

À Tokyo, les gens n'aiment pas ce mot "patient".
東京では，人々は「忍耐強い」という言葉を嫌う。

C'est en tout cas l'opinion des gens de Totsuka.
いずれにせよ，それが戸塚の人たちの考えです。

Il faut reconnaître que les gens de l'Ancienne Égypte avaient une civilisation très avancée.
古代エジプトの人々が非常に進んだ文明を持っていたことを認めなければなりません。

使い方 : 1) 前出の les gens de ... という構文のバリエーション
2) ある町，地方の住民を表わす名詞がフランス語にない場合に使われる．

3- │**les gens**　　│ de ＋ 場所の名
│**les habitants**│

Les gens d'Évry sont fiers de leur architecture moderne.
エヴリーの人々は自分たちの現代風の建築を誇りに思っている。

Les habitants du Hokkaido s'adonnent surtout à la pêche et à la culture du blé et des pommes de terre.
北海道に住む人たちは，漁業や麦とじゃがいもの栽培に特に力を入れています。

Les gens du Texas aiment porter un chapeau de cow-boy.
テキサスの人々はカウボーイハットをかぶるのが好きです。

La plupart des gens de Detroit travaillent chez Ford ou à la General Motors.
デトロイトの住民の大部分は，フォードかゼネラル・モーターズで働いている。

Les efforts de tous les habitants de la commune ont contribué au succès du festival.
その町の全住民の努力の結果，その祭典は成功した。

Les habitants d'Osaka sont de gros travailleurs. 大阪の人たちはすごく働き者なんです。

> 使い方：フランス語にその都市の住民を表わす名詞がない場合．

Les habitants de Kobe	sont accueillants.
Les gens de Kobe	
×Les peuples de Kobe	
×Le peuple de Kobe	
Les Napolitains	

|神戸の人は　|愛想がいい．
|ナポリっ子は|

4- 数形容詞 + habitants

Le grand Tokyo compte plus de vingt millions d'habitants. 首都圏には二千万人以上の住民がいる。

C'est un petit patelin de 120 habitants. それは人口120人の小さな村です。

> 使い方：ある国や町の人口に関する場合．
> 同　意：âmes
> 参　考：(E) inhabitants
> 比　較：Il y a combien |d'habitants à Carpentras ?
> 　　　　　　　　　　　|de personnes dans la salle ?
> |カルパントラには何人の住民がいますか．
> |部屋には何人の人がいますか．

5- | les　　| + 名詞（国，市の住民を表す名詞）
　　 | 数形容詞|

J'espère que les Japonais se mettront à l'étude de leur culture au lieu de se plonger dans les bandes dessinées. 私は、日本人が漫画に夢中になっていないで、自分たちの文化の研究を始めてほしいと思っています。

Ils ont engagé deux Vietnamiens dans leur restaurant. 彼らは、自分のレストランに2人のベトナム人を雇った。

J'ai rencontré beaucoup de Coréens qui parlaient japonais. 私は日本語を話す韓国人にたくさん出会った。

Les Mexicains préfèrent le riz au pain. メキシコの人はパンよりも米を好む。

J'ai été surprise de voir le nombre d'Africains à Paris. 私はパリにアフリカの人がたくさんいるのを見て驚いた。

Les Londoniens portent toujours leur parapluie, à ce qu'on dit. ロンドン市民はいつも傘を持ち歩いているということだ。

注意：この意味では，homme ＋ 形容詞(国の)，gens ＋ 形容詞(国の)，peuple ＋ 形容詞(国，市の)という表現はいずれも用いない．

6- 限定詞 ＋ **peuple** ＋ 国の形容詞

- À l'époque de Heian, le vent passait à travers les maisons.
- Comment le peuple japonais a-t-il pu supporter cela !

―平安時代には，風が家屋を吹き抜けていたんだよ．
―日本人はどうやってそんなことに耐えられたのでしょう．

Le peuple belge adorait la reine Astrid.

ベルギー国民はアストリッド女王を敬愛していた．

Le peuple américain a voté plutôt républicain, cette fois-ci.

アメリカ国民は今回は共和党に多く投票した．

使い方：単数でのみ用いられる．
説　明：全体としてとらえた抽象的な民衆を指す．

7- **les peuples de** ＋ 地域の名

La chose qui compte, c'est la volonté des peuples du Tiers-Monde.

重要なことは，第三世界の国の人々の意志です．

Les peuples de l'Asie du Sud-Est sont réputés pour leur gentillesse.

東南アジアの国の人々は親切なことで有名です．

Les peuples des steppes tendaient à la polygamie.

ステップに住む民族は一夫多妻制になる傾向があった．

比　較：De tous les peuples, c'est le peuple juif qui a le plus souffert.
すべての民族のうちで最も苦しんだのはユダヤ人だ．

8- 数形容詞 ＋ **hommes**

MacArthur avait combien d'hommes dans son armée ?

マッカーサーの軍隊は総勢何人だったのか．

Léonidas avait 300 hommes lorsqu'il essaya d'arrêter l'armée de Xerxès.

クセルクセスの軍隊を阻止しようとした時，レオニダスの軍勢は300人だった．

使い方：兵員の意で用いられる．

167　gens / personne / individu / peuple

――― 確認問題 ―――
次の文の誤りを正しなさい．

> A. Le peuple de plus de 18 ans a le droit de vote.
> 　18才以上の人には投票権があります。
> B. Les blindés ont foncé tout droit sur le peuple.
> 　装甲車はまっすぐに人々の中に突っ込んだ。
> C. Les personnes mangent trop de nos jours, tu ne penses pas ?
> 　人々は今日飽食していると君は思いませんか？
> D. Comme souverain, il voulait se tenir près des gens.
> 　君主として，彼は民衆の近くに身を置きたかった。
> E. Hier, une personne louche m'a téléphoné, et elle m'a posé des questions embarrassantes.
> 　昨日，変なやつから電話があって，いろいろうるさく聞かれたんだよ。
>
> 　　解答：A. Le peuple (...) a → Les personnes (...) ont cf.10　B. le peuple → les gens cf.1,2
> 　　　　C. les personnes → les gens cf.1　D. des gens → du peuple cf.13
> 　　　　E. une personne (...) elle → un individu (...) il cf.11

1- les gens

Serge a la mauvaise habitude d'aller chez les gens sans les prévenir.	セルジュは，前もって知らせずに人の家に行くという悪い癖がある。
Il est important de chercher à faire plaisir aux gens.	人々を喜ばせようと努めるのは大切なことだ。
En général, les gens souffrent plus ou moins de folie.	一般に，人々は多かれ少なかれ，狂気に苦しんでいるものです。
Il faut savoir prendre les gens par leur point fort.	長所をおだてて人を動かす術を知らなければならない。
Pour monter dans les trains, les gens se transforment en lutteurs de sumo.	列車に乗るときには，みんな相撲取りみたいになる。
Comme il arrive souvent dans ces cas, les gens deviennent paralysés par la peur.	こうした場合によく起こるように，人々は恐怖で身動きできなくなる。
On est obligé d'apprendre aux enfants à se méfier de tous les gens qu'ils ne connaissent pas.	子供たちに，知らない人はどんな人でも警戒するように教えざるを得ません。
Ses œuvres ne correspondent pas au goût des gens.	彼(女)の作品は人々の好みに合っていない。
Elle a vite décelé qu'il pouvait être brutal dans sa manière de traiter les gens.	彼は人々を手荒く扱うことがあると彼女はすぐに見抜いた。

Les gens ont dit : "Mais cet Abebe, c'est un vrai lièvre !"	人々は、「アベベって本当に野うさぎのようだ」と言った。

注　意：**1〜6**, peuple は使わない．

2- 限定詞 ＋ gens

– Tu connais ces gens ?	—君はあの人たちを知ってる？
– Non, c'est la première fois que je les vois.	—いや，彼らを見るのは初めてだよ．
Ces gens-là sont effrontés.	あの人たちはずうずうしい．
Tous ces gens en cercle, qu'est-ce qu'ils font ?	輪になってるあの人たちは皆，何をしているの？

3- 限定詞 ＋ gens ＋ 形容詞

Les Beaulieu, ce sont des gens aimables et dévoués.	ボーリュー家の人々は親切で忠実な人たちだ．
Il fait partie des gens bien qui habitent dans les beaux quartiers.	彼は，高級住宅街に住む裕福な人々の一人だ．

4- 限定詞 ＋ │特定の形容詞 ＋ gens（あらたまって）（慣用）
　　　　　　│gens ＋ 特定の言葉

Le maire de la ville a supplié les bonnes gens de le soutenir.	市長は自分を支持するよう，善良な市民にお願いした．
Il est certain qu'à l'époque, les petites gens ont été exploités par le fisc.	確かに，当時は貧しい人々は税金をしぼりとられていた．
Les vieilles gens étaient assis au soleil sur les degrés menant à la place principale.	お年寄りたちは陽光のもと，中央広場に通じる階段に腰をおろしていた．
– J'envie les gens de la ville.	—都会の人がうらやましいよ．
– Pourquoi ?	—どうして？
Il y a toujours quelqu'un comme Staline pour tuer les braves gens.	善良な人々を殺すスターリンのような人はいつだっている．

　特定の形容詞：simples, petites, pauvres, vieilles, bonnes, braves など
　特定の言葉：sans histoires, sympathiques, de la ville, de la campagne など
　使い方：形容詞は gens の直前に置かれると，伝統的に女性複数形にする．

5- │gens
　　 │personnes

Il y a des gens qui n'ont pas du tout de cœur.	真心を全く持たない人々がいる.
Il y a des personnes qui ne pensent qu'à elles-mêmes.	自分自身のことしか考えない人々がいる.
Il y a des gens qui n'ont pas un sou de vitalité.	活力が全くない人々がいる.
Chaque fois que je cause avec des gens qui viennent de cette université, je me sens mal à l'aise.	あの大学出身の人と話すたびに, 私は気詰まりに感じる.
On prie les gens qui ne sont pas munis de billet de se présenter au guichet numéro 2.	券を持っていない人は二番の窓口に行って下さい.
Il y a des gens qui croient aux phénomènes extra-terrestres.	宇宙人の存在を信じている人々がいる.
Il faut toujours des gens qui se dévouent pour les autres.	他人のために献身的に奉仕する人々がいつも必要です.

使い方: personne は, 男性を指していても, 文法的には女性名詞である.

6- 限定詞 + **personnes** + 特定の言葉

Elle vit dans une maison pour les personnes âgées.	彼女は老人ホームで生活している.
Les taches de rousseur se développent davantage sur les peaux fragiles des personnes rousses ou blondes.	そばかすは赤毛や金髪の人たちの敏感な肌に, より多くできる.

特定の言葉: âgées, handicapées, souffrant de ..., déprimées など

7- 限定詞 + **personne** + 形容詞 (単数)

Il a l'air d'être une personne extrêmement chaleureuse.	彼は非常に心の温かい人のようだ.
Jean, c'est une personne plutôt réservée.	ジャンは, どちらかと言えば控え目なんだ.

使い方: personne は, 形容詞か関係節をともなうことが多い.
同 意: quelqu'un de + 形容詞 (単数)

比　較：1) Quand | une personne fume, les gens autour d'elle sont incom- |
| | modés.
| | un homme fume, les gens autour de lui | sont incom-
| | | modés.
| | une femme fume, les gens autour d'elle |

   ある人がたばこを吸うと　　　｜まわりの人が迷惑する．
   一人の男性がたばこを吸うと
   一人の女性がたばこを吸うと｜

  2) Une personne que j'ai vue hier m'a fait penser à vous. C'était un homme de votre taille. De loin, j'ai cru que c'était vous.
   私が昨日見た人は，あなたのことを思い出させました．あなたと同じ位の背丈で，遠くから見て，あなただと思ったのです．

慣　用：J'ai découvert ce jour-là que les grandes personnes savaient mentir aussi bien que moi.
   あの日，私は，大人も私と同じようにうまく嘘をつくんだということを知った．

参　考：7～10, (E) person

8- chaque personne

Chaque personne recevra un ticket-repas.　　各自が食券を受け取ることになります．

 同　意：chacun

9- ［限定詞＋］ personne

Quand j'ai vu Antoine deux ans plus tard, ce n'était plus la même personne.　　二年後に私がアントワーヌに会った時，彼はもう以前と同じ彼ではなかった．

Comme personne, il est sympathique, mais comme directeur, il est dur.　　個人的には彼は感じがよいけれど，部長としては厳しい．

10- 定冠詞 + personne

Les personnes qui ne seront pas munies d'une invitation ne seront pas admises.　　招待状をお持ちでない方は，入場できません．

Il faut respecter les droits de la personne.　　人権を尊重しなければならない．

 使い方：法的観点，責任の観点から．

11- 限定詞 + individu

Un drôle d'individu m'a arrêté dans la rue et m'a demandé le chemin.　　変なやつが私を道で呼び止めて，道を尋ねた．

Qu'est-ce qu'il peut bien nous vouloir, cet individu ? あんなやつが、いったいわれわれに何の用があるんだ。

Un individu mal habillé t'a demandé. Je lui ai répondu que tu reviendrais à 14 h. みすぼらしい服装をしたやつが君を訪ねてきた。君は午後2時に戻ると言っておいたよ。

À Shinjuku, on rencontre souvent des individus bizarres. 新宿では，変なやつに会うことが多い。

使い方：男性にのみ用いる．
説　明：軽蔑をこめた使い方で，見知らぬ，不安感を抱かせる人に用いる．
参　考：C'est | une personne | entre deux âges.
　　　　　　　| un individu　|
　　　　それは中年の人です．
　　　　それは中年男だ．

12- 限定詞 + **individu**

1) Si la médecine pouvait suivre l'évolution de la maladie d'un individu, elle pourrait le sauver. もし医学の手で人の病気の進行を辿ることができれば，その人を救うことができるのだろうが．

On doit respecter la vie de chaque individu. 各人の生命を尊重しなければならない．

Il a fait tous les efforts dont il est capable pour être un individu et, en même temps, un membre de son groupe. 個人であると同時にグループの一員でもあるために，彼はできるだけの努力をした．

使い方：医学的生物学的に見た「人間」を指す．
反　意：groupe

2) Les gibbons vivent en communauté. Les individus mâles en sont parfois chassés. テナガザルは，群で生活している．オスの個体は時として追い出されることがある．

使い方：ほ乳類に用いる．

13- **peuple**

1) Dans une démocratie, le gouvernement idéal est "le gouvernement du peuple, par le peuple et pour le peuple". 民主主義においては，理想的な政府は，「人民の，人民による，人民のための政府」である．

2) Quand il y a de la colère dans le peuple, il faut, je pense, créer des conditions pour qu'elle s'exprime. 民衆の中に怒りがある場合，その怒りが表に出るような状況を作らなければならない，と私は思う．

"Montre ma tête au peuple, elle en vaut la peine". (Danton)　人民に私の首を見せろ。それだけの価値はある。(ダントン)

注 意：フランス語では peuple は一般に「人々」という意味では用いない。

168　gens / personnes / monde

> **確認問題**
>
> 次の文の誤りを正しなさい。
> A. Le boulevard Meiji était plein de gens.
>   明治通りは，人でいっぱいだったよ。
> B. Dites-moi, vous serez combien de monde ?
>   あのー，すみませんが，あなたたちは何人になりますか。
> C. Dans ma vie, j'ai rencontré plusieurs gens qui m'ont impressionné.
>   これまでの人生で，何人もの人に出会い感銘を受けました。
>   解答：A. gens → monde cf.7　B. de monde → de personnes, あるいは de monde を取る cf.5
>   C. gens → personnes cf.6

1- 特定の言葉 + des gens

La plupart des gens qui regardent ces programmes s'endorment après quelques minutes.　こうした番組を見る人たちのほとんどが何分か経つと眠り込んでしまうものです。

La majorité des gens ont voté contre.　反対票を投じた人が大多数だった。

　特定の言葉：la plupart, la majorité など
　注 意：1～8, peuple は用いられない。
　参 考：(E) people

2- 特定の言葉 + de gens

Une foule de gens se pressait à l'ouverture du musée.　美術館の開館に人が大勢つめかけていた。

　特定の言葉：une foule, une marée, une multitude など

3- 特定の副詞 + de gens qui + 節

Il y avait beaucoup de gens qui n'avaient pas de parapluie.　傘を持っていない人がたくさんいた。

Il y a tellement de gens qui aimeraient voyager mais qui ne peuvent pas le faire.　旅行したいと思っていてもできない人はとてもたくさんいるよ。

Il y a peu de gens qui voyagent dans les trains après 10 h.　10時以降に列車に乗っている人はほとんどいない。

　　特定の副詞：peu, beaucoup, tellement, un tas (会話) など

4- 特定の言葉 + de personnes (複数)

Un petit nombre de personnes seulement savaient de quoi il s'agissait.　ほんの少数の人だけが、何が問題となっているのかを知っていた。

　　特定の言葉：un grand nombre, un petit nombre など

5- 数形容詞 + personne

Monsieur, il y a deux personnes qui désireraient vous voir.　あの、お目にかかりたいという方が二人見えてます。

– Il y avait combien de personnes à sa réception de mariage ?
– Oh ! une soixantaine, environ.　—彼の結婚式のパーティーには、何人の人がいましたか？
—そうね、60人ぐらいかな。

– Vous étiez combien [de personnes] ?
– Une dizaine.　—みんなで何人でしたか？
—だいたい10人くらいでした。

La sécheresse au Soudan pourrait tuer un million de personnes.　スーダンで干ばつがあれば、何百万人もの人が死んでしまうかもしれない。

Cinq millions de personnes en France vivent au-dessous du seuil de pauvreté.　フランスでは500万人が普通以下の貧困な状態で暮らしています。

　　使い方：1) 数える時。
　　　　　 2) 女性名詞ではあるが、男性も女性も指す。
　　慣　用：Il y aura une coupe de champagne par personne.
　　　　　一人にシャンパン一杯ずつが出されるだろう。

6- 特定の言葉 + personnes

Plusieurs personnes sont incapables de parler anglais, alors qu'elles sortent de l'université.　大学を出てはいるけれども、英語を話すことができない人が何人もいる。

Quelques personnes n'étaient pas satisfaites de l'organisation.　組織に満足していない人が何人かいた。

Il est l'une des personnes les plus intelligentes que je connaisse.　彼は私の知っている最も頭のいい人たちのうちの一人だ。

Pourquoi certaines personnes sont-elles sujettes au mal de mer et d'autres, pas ?	船酔いしやすい人とそうでない人がいるのはどうしてでしょうか。
Si vous allez à Ochanomizu, vous pouvez facilement trouver quelques personnes qui essaient de parler aux passants.	お茶の水に行けば、通行人に話しかけようとする人たちが簡単に見つかりますよ。
Tu me recommandes laquelle de ces personnes ?	君はこれらの人たちのどの人を僕に推薦する？
Je suis [l']une de ces personnes qui ne peuvent pas s'exprimer sans être contrôlées par la grammaire.	私は文法のことを気にせずには、自分の意見を言えない者のひとりです。
Je me suis aperçu, par la suite, qu'il y avait beaucoup de personnes corpulentes aux États-Unis.	私は後で、アメリカには肥満の人がたくさんいることに気がついた。

特定の言葉：plusieurs, quelques, certaines, diverses, différentes, une ou deux, deux ou trois, beaucoup de, peu de, [l']une des, laquelle de, pas mal de など

使い方：比較的少ない数と共に用いられる．

7- 特定の副詞 + de monde

Il n'y avait pas tellement de monde à son concert.	彼のコンサートにはあまり客がいなかった。
À cause d'une menace de grève des transports, il y a peu de monde dans les gares.	交通機関のストが懸念されるため、各駅ともほとんど人がいない。

特定の副詞：peu, beaucoup, tellement, un tas (会話) など

8- du monde

Partout où on regardait, on ne voyait que du monde.	見渡す限りいたるところ、人しか見えなかった。
Il y avait du monde, du monde !	人、人、人ばかりだったよ。

説　明：1) 常に大勢の人々を指す．
　　　　2) du monde は主語としては用いられない．
　　　　　Il y avait du monde dans la rue.
　　　　　×Du monde était dans la rue.
　　　　　通りには人がたくさんいた．

9- ne ... pas beaucoup de monde
ne ... pas grand monde (会話)

Sauf au moment des cerisiers en fleurs, il n'y a pas beaucoup de monde dans les parcs de Tokyo.　　桜の咲く頃を除けば，東京の公園には人はそれほどいない．

Le dimanche, il n'y a pas grand monde à Marunouchi.　　日曜日は，丸の内には人はあまりいないね．

169　goût / avoir le sens de / être doué pour / avoir un don pour / avoir la bosse de

― 確認問題 ―

次の文の（　）の中から最も適切な表現を選びなさい．

A. Mon père a (un goût très vif/du goût/des goûts vifs) pour la littérature.
　私の父は大の文学好きだ．

B. Corinne a (un goût/du goût/des goûts) pour se coiffer.
　コリーヌはセンスのよい髪型をしている．

C. Jean-Étienne a (un goût bizarre/du goût bizarre/des goûts bizarres).
　ジャン＝エティエンヌは，妙な趣味を持っている．

解答：A. un goût très vif cf.4　B. du goût cf.7　C. des goûts bizarres cf.2

1- goût（単数）

Séverine s'habille avec beaucoup de goût.　　セヴリーヌは，とてもセンスのいい服装をしている．

- J'aime beaucoup sa façon de s'habiller.
- En effet, elle, c'est une personne qui a du goût.
　―彼女の服装が私はとても好きです．
　―確かに彼女はセンスがある人だね．

Geneviève n'a aucun goût pour se maquiller.　　ジュヌヴィエーヴはまるで化粧のセンスがない．

　説　明：服装などの「センス」に関して用いられる．

2- 限定詞 + goûts（複数）

- Est-ce qu'un CD lui ferait plaisir ?
- Malheureusement, je ne connais pas ses goûts.
　―ＣＤを彼(女)にあげたら喜ぶでしょうか．
　―残念ながら，彼(女)の好みを知りません．

Elle a les mêmes goûts que sa mère.　　彼女は母親と同じ趣味だ．

3- avoir du goût pour + SN (特定の名詞)

Cet enfant a du goût pour les sciences naturelles. — この子は自然科学が好きだ．

– Pourquoi est-ce que presque tous les grands chefs sont des hommes ?
– Parce qu'ils ont du goût pour la cuisine !
— なぜ，一流のコックは男なんだろう？
— 男は料理が好きなのさ．

  特定の名詞：travaux ménagers, cuisine, sciences, maths など
  使い方：3〜4，スポーツや遊びには用いられない．
  同　意：s'intéresser à + SN

4- avoir un goût + 特定の形容詞 + pour + 限定詞 + 特定の名詞

Honorine a un goût très marqué pour la musique classique. — オノリーヌはクラシック音楽が特に好きだ．

Junko a un goût infaillible pour un kimono approprié. — 淳子の着物の趣味は完璧だ．

Pour bien juger une œuvre, il faut avoir un goût délicat pour l'art. — 作品を判断するには，芸術的センスが必要だ．

  特定の形容詞：marqué, très vif, passionné, infaillible, douteux, naturel など
  特定の名詞：art, musique, sculpture, peinture, poésie, littérature, sciences, décoration d'intérieur など
  同　意：avoir un penchant pour + 限定詞 + 特定の名詞

5- n'avoir | aucun goût | pour + SN
       | pas de goût |
   avoir peu de goût

Les hommes ont peu de goût pour les travaux ménagers. — 男性は家事はあまり好きではない．

Les femmes ont peu de goût pour le bricolage. — 女性は日曜大工があまり好きではない．

Il n'a pas de goût pour les sciences humaines. — 彼は人文科学は好きじゃない．

6- SN (人) + avoir le goût de + 定冠詞 + 特定の名詞

Si tu voyais sa chambre ! Il a le goût de l'ordre. — 彼の部屋を見るといいよ！ 彼は整理整頓好きなんだ．

Il faut avoir le goût du risque pour faire l'ascension du Kilimandjaro. キリマンジャロに登るには冒険好きじゃないとね。

特定の名詞 : ordre, aventure, risque, livres など

7- avoir du goût pour + inf.

La plupart des femmes ont du goût pour bien s'habiller. 女性は概して服装のセンスがある。

注 意 : この表現は文脈によっては「好きだ」「関心がある」の意になることがある。

8- SN (人) + avoir le goût de + inf. (特定の動詞)

À la fin, il n'avait plus le goût de vivre. しまいには、彼には、生きようという意欲がなくなっていた。

特定の動詞 : vivre, risquer, découvrir など
同 意 : avoir envie de + inf.

9- avoir le sens de + 定冠詞 + 特定の名詞

Notre plus jeune fils a le sens des affaires. 一番下の息子は商才がある。

Je n'ai jamais vu quelqu'un avoir le sens de l'humour comme Paul-Henri. ポール=アンリみたいにユーモアのセンスのある人は見たことがない。

Il adore le jazz et il a le sens du rythme. Il devrait réussir. 彼はジャズに夢中だしリズム感もあるから、きっと成功するだろう。

特定の名詞 : affaires, humour, rythme, mesure, orientation, équilibre, ridicule, réalités, convenances, proportions, couleur など

10- être doué / avoir un don / des dons pour + 定冠詞 + 名詞

Jim est très doué pour les sports, en particulier le base-ball. ジムはスポーツ万能で、特に野球がうまい。

Son mari est doué pour le travail manuel. 彼女の夫は手先が器用だ。

Ange est douée pour la musique. Elle a déjà joué dans des concerts. アンジュには音楽の才能がある。もうコンサートで演奏しているのだ。

Cet enfant a sûrement un don pour la peinture. Il ira loin. この子はきっと絵の才能があるに違いない。大物になるだろう。

Mon professeur m'avait dit autrefois que je n'avais pas de don pour le piano.　私は昔先生から，ピアノの才能はないと言われていた．

　参　考：(E) have a gift for + SN; have a talent for + SN; be gifted for + SN
　比　較：Hiroshi a | un don | pour les maths.
　　　　　　　　　　| un goût |
　　　　　浩は数学 | の才能がある．
　　　　　　　　　 | が好きなんだ．

11- avoir | le don　　| de + 定冠詞 + 特定の名詞
　　　　　　| la bosse | de + 定冠詞 + 特定の名詞（会話）

Il a le don des sciences.　彼には科学の才能がある．

Séverin a la bosse des maths.　セヴランには数学の才能がある．

　特定の名詞：mathématiques, sciences, commerce, langues など
　参　考：(E) have a gift for

12- avoir le don de + inf.

Stéphanie a le don de faire plaisir aux autres.　ステファニーには人を喜ばせる才がある．

Irène a le don de m'énerver lorsqu'elle me parle.　イレーヌは私と話すと，決まって私をいらいらさせてくれるわ．

Il a le don de nous mettre à l'aise.　彼は私たちをリラックスさせるのがうまい．

170　grand / gros（人・動物）

---確認問題---

次の文に誤りがあれば正しなさい．
A. Michel est un gros amateur du tabac.
　　ミッシェルは大の愛煙家だ．
B. Mon frère a attrapé une grande mante religieuse hier.
　　兄さんは昨日大きなカマキリを捕まえた．
C. Monsieur Lioure, c'est un gros propriétaire terrien.
　　リウール氏は大した地主だ．

解答：A. gros → grand cf.5-2)　B. grande → grosse cf.6-2)　C. ○ cf.8

1- SN (人・動物) + être grand

Il est grand pour son âge, il mesure combien ?
彼は年のわりに大きいね。何センチあるの？

Quand Potchi sera grand, il fera un bon gardien.
ポチが大きくなったらよい番犬になるね。

Sa sœur est plus grande qu'elle, de cinq centimètres.
彼女の姉(妹)は彼女より5センチ背が高い。

Laisse-le, il est assez grand pour savoir ce qu'il faut faire.
あの子を放っておきなさい。もう大きいんだから何をすべきかくらいわかるはずだ。

2- SN (人) + grand

C'est un homme grand et très musclé.
彼は背が高く，筋肉質だ。

3- 限定詞 + grand + 名詞 (会話)

Nénette est devenue une grande fille. Elle s'occupe de sa petite sœur.
ネネットはお姉ちゃんになったね。妹の世話をしているよ。

Les Turgeon ont deux grands enfants.
テュルジョン夫妻には成人した子供が二人いる。

Comment va le grand garçon ?
坊や，元気？(子供本人に向かって)

　使い方：子供に関して用いられる。
　比　較：Tous leurs enfants sont grands. Ils mesurent au moins 1 m 80.
　　　　　Maintenant, les Ceyrac ont de grands enfants.
　　　　　彼らの子供たちは皆背が高く，少なくとも1m80はある。
　　　　　今ではセラック夫妻には成人した子供たちがいる。
　慣　用：Mon grand frère chausse du 40.
　　　　　私の兄はサイズ40の靴をはく。

4- 限定詞 + grand + 名詞 (会話)

Voilà le grand canard et il est courageux. Et puis le petit canard, il n'est pas si courageux.
ほら，あそこに大きな鴨がいる。元気のいい奴だ。それに小さな鴨もいるけど，あまり元気がないなあ。

Telle est l'immensité de la mer, son grouillement innombrable d'animaux grands et petits.
以上が海の広大さだ。大小の動物が無数に群がっている。

　使い方：動物に関して用いられる。
　慣　用：Petit poisson deviendra grand.

今は小さくても末が楽しみだ。

5- 限定詞 + **grand** + 特定の名詞

1) De Gaulle aura été le plus grand homme politique français du XXe siècle.　　ドゴールは20世紀で最も偉大なフランスの政治家ということになるでしょう。

Madame Monet, c'est une grande dame, il n'y a pas de doute.　　モネ夫人が立派なご夫人であることは間違いありません。

特定の名詞：monsieur, dame, homme など
比　較：C'est un grand homme.
　　　　　homme grand avec une barbe très fournie.
　　　　Il est de grande taille.
　　　　Il est grand.
　　　　彼は立派な人だ。
　　　　彼は背が高くてあごひげのたっぷりした人です。
　　　　彼は背が高い。

慣　用：Il fait le grand seigneur, mais il n'a pas tellement d'argent.
　　　　彼は大富豪のふりをしているが、お金はあまりない。

2) S'il persévère, il va devenir un grand peintre, j'en suis convaincu.　　彼が根気よく努力すれば大画家になると、私は確信しています。

Notre voisin, c'est un grand amateur de vin.　　隣りの人は大のワイン通だ。

Monsieur Ogawa, c'est un grand spécialiste de la littérature allemande du XIXe siècle.　　小川氏は、19世紀ドイツ文学の大家だ。

Edgar Allan Poe est un grand conteur.　　エドガー・アラン・ポーは偉大な物語作家だ。

Georges, c'est un grand ennemi du bruit.　　ジョルジュは大の騒音嫌いだ。

特定の名詞：職業名, amateur, spécialiste, conteur, peintre, connaisseur, ennemi など

3) C'est un grand malade.　　この人は重病人です。

Priez pour moi à Jérusalem car je suis un grand pécheur.　　エルサレムで私のためにお祈りをして下さい。というのも私はひどく罪深い者ですから。

特定の名詞：malade, blessé, nerveux, pécheur など
使い方：しかし、次のような場合には、grand を用いない。
　　　Jeanne a été gravement blessée à la jambe droite.
　　　ジャンヌは右足に大怪我をした。
　　　Sa maladie est grave, elle ne pardonne pas.

彼(女)の病気は重くて，治る見込みがない．

6- 限定詞 + **gros** + 名詞

1) Madame Maizières a eu un gros bébé de quatre kilos.
メジエール夫人は，4 キロの丸々とした赤ちゃんを産んだ．

Une grosse femme est venue s'asseoir entre nous deux.
太った御婦人がやってきて，私たちの間に座った．

Il est trop gros pour sa taille.
彼は身長のわりには太っている．

Maman, nous avons fait un gros bonhomme de neige !
お母さん，すごく大きな雪ダルマ作ったんだよ！

使い方：1) 人を示す名詞とともに用いる．
2) gros は女性について用いると軽蔑的なニュアンスがあるので，forte や bien prise あるいは costaude という表現を用いる．
C'est une femme forte.
堂々とした女性ですよ．

2) Un gros moustique m'a piqué la nuit dernière.
昨晩大きな蚊に刺された．

Les Périer ont trois gros chats siamois.
ペリエ家には，3匹のでっぷりとしたシャム猫がいる．

– Quel gros saumon !
– Oui, je l'ai fait venir directement du Hokkaido.
―なんて肉厚の鮭なんでしょう．
―そう．北海道から直送してもらったの．

使い方：動物を示す名詞とともに用いる．

比　較：Soudain, un | gros chien | s'est jeté sur moi.
　　　　　　　　　　　| grand chien |
突然　| 太った　　　| 犬が私に飛びかかってきた．
　　　| 背が高い　 |

7- 限定詞 + **gros** + 特定の名詞

Henri, c'est un gros fumeur.
アンリはヘビースモーカーだ．

Keiichi, c'est un gros joueur de pachinko.
恵一は大のパチンコ好きだ．

Daisuke, c'est un gros polisson.
大輔は大のわんぱく坊主だ．

特定の名詞：fumeur, buveur, mangeur, joueur, lecteur, dévoreur de livres, coureur de jupons, polisson, menteur, dormeur など

説　明：軽蔑的なニュアンスと共に用いられる．

比　較：C'est un | gros | mangeur de sushis.
　　　　　　　　| ×grand |
　　　　　彼はすしの大食いだ．

8- 限定詞 + **gros** + 名詞

C'est un gros financier. 　　　　　　彼は大した資本家だ．

Elle s'est mariée avec le fils d'un gros indus-　　彼女ったらすごい実業家の息子と結婚し
triel. 　　　　　　　　　　　　　　たんだよ．

使い方：以下のようないくつかの職業名と共に軽蔑的なニュアンスをこめて用いられる．
　　　　　financier, industriel, propriétaire など
同　意：riche
比　較：Georges, | c'est un gros marchand de fruits et légumes.
　　　　　　　　 | ×c'est un grand marchand de fruits et légumes.
　　　　　　　　 | c'est un grand spécialiste des maladies nerveuses.
　　　　　　　　 | ×c'est un gros spécialiste des maladies nerveuses.
　　　　ジョルジュは | 野菜と果物を手広く売り買いしてるんだよ．
　　　　　　　　　　 | 神経病の大家だ．

171　grand / gros / long（物，身体の部位）

確認問題

次の文に誤りがあれば正しなさい．
A. Les Brunet ont eu un grand accident de voiture.
　　ブリュネー家は大きな交通事故にあった．
B. Ils ont commencé à nous lancer de grosses pierres.
　　彼らは私たちに大きな石を投げ始めた．

　　　　　　　　　　　　　解答：A. grand → gros, grave cf.5　B. ○ cf.3

1- 限定詞 + **grand** + 名詞

1) Jeanne a de grands yeux. 　　　　ジャンヌは目が大きい．

Annie a de grandes oreilles. Elle les tient de　　アニーは耳が大きい．祖母譲りだ．
sa grand-mère.

Quand je lui ai parlé, elle a eu un grand　　彼女に話しかけると，にっこり笑ったよ．
sourire.

Elle a une grande bouche qui la défigure.　　彼女は不細工なほど口が大きい．

使い方：体の部位を示す名詞とともに用いる．

2) Bois ce grand verre d'eau minérale. この大きなコップ一杯のミネラルウォーターを飲みなさい。

Chaque matin, il ne mange rien, il se contente d'un grand bol de café au lait. 彼は毎朝何も食べずに、大きなカップ一杯のカフェオレを飲むだけにしている。

Ils m'ont donné un grand panier de raisin. 彼らは大きな籠一杯のぶどうをくれた。

On nous a servi une grande assiette de fèves au lard. そら豆のラード煮が大皿で出たよ。

使い方：容器などを指す名詞とともに用いる。

3) Les gens ont poussé de grands cris et je ne savais pas pourquoi. 人々は大きな叫び声をあげたが、私には理由がわからなかった。

4) En Égypte, au temps de Moïse, il y a eu une grande famine. エジプトではモーゼの頃、大飢饉があった。

Un grand vent s'est levé sur le lac. 湖に強風が吹いた。

Le dernier grand froid a fait beaucoup de victimes. 先日の大寒波により、多くの犠牲者が出た。

使い方：自然現象や人の行為を示す名詞とともに用いる。

慣　用：Cette année, les grandes vacances commencent quand?
今年、夏休みはいつ始まるの？

5) Puis il s'est fait un grand silence. そして全くしーんとなった。

Il y a une grande distance entre chez elle et la gare. 彼女の家から駅までは相当距離がある。

2- 限定詞 ＋ |grand| ＋ 特定の名詞
　　　　　　　 |gros |

1) Il n'y a pas de grande différence entre un rhinocéros unicorne et un rhinocéros bicorne. 角が1本のサイと2本のサイとは、大した違いはない。

－ Je remarque de gros progrès dans ton français.
－ Oh! C'est vrai? ―君のフランス語は非常に上達したと思うよ。
―え、ほんと？

特定の名詞：différence, amélioration, diminution, changement, progrès, ressemblance など

2) Nous avons eu de grandes difficultés à le rejoindre à Narita. 彼と成田で合流するのに随分苦労しました。

特定の名詞：difficultés

3) Son père dirige deux grandes entreprises à Osaka.　　彼の父親は大阪で大きな会社を二つ経営している。

特定の名詞：entreprise, société
使い方：車に gros を用いると軽蔑的な意味になる。

Il est reparti dans une | grande | voiture couleur tabac.
　　　　　　　　　　　　| grosse |

彼はタバコ色の | 大きな　　　| 車で立ち去った。
　　　　　　　| ばかでかい |

3- 限定詞 + **gros** + 名詞

1) - Il prend toujours le plus gros morceau de gâteau.　　―ケーキを切ると彼はいつも一番大きいのをとるんだ。
   - Ce qu'il est gourmand !　　―食いしん坊なんだから！

- Tu as quelque chose pour la soif ?　　―のどが渇いたんだけど何かある？
- Oui, une grosse orange. On peut la partager, si tu veux.　　―うん。大きなオレンジさ。よかったら半分こしよう。

Elle avait fait un gros gâteau au chocolat pour le dessert.　　彼女はデザート用に大きなケーキを作っていた。

使い方：大きさを示す語で，果物，野菜，料理とともに用いられる。
慣　用：Cette année, nous avons eu des tomates grosses comme le poing.
　　　　今年はこぶし大の大きなトマトがとれた。

2) - Stéphane a un gros ventre.　　―ステファーヌはおなかが出ている。
   - Pas étonnant, il ne fait que manger et boire.　　―驚くことはないよ。のべつ飲み食いしているんだから。

使い方：1) 人の体の部位を示す語とともに用いる。
　　　　2) 軽蔑的な意味で用いる。
比　較：Il a un | gros　| nez, comme celui de Cyrano.
　　　　　　　　| grand |

彼の鼻はシラノのように | 大きい。
　　　　　　　　　　　| 長い。

Monsieur Renard porte | une grosse moustache.
　　　　　　　　　　　 | une grande barbe.

ルナール氏には | 大きな口髭 | がある。
　　　　　　　 | 大きな顎髭 |

3) Nous avons essuyé une grosse tempête de neige qui a duré deux jours. 2日も続くすごい吹雪にあった。

Il y a un gros orage qui se prépare. 雷雨が来そうだ。

Regarde au-dessus de nos têtes, il y a de gros nuages noirs. 頭の上を見てごらん。大きな黒雲が来てるよ。

使い方：自然現象を示す語とともに用いる。

4) J'ai entendu l'eau faire flic flac dans ses gros souliers. 彼のでかい靴から、びちゃびちゃ水の音がした。

5) – Achète-moi le diamant le plus gros possible, chéri.
– Surtout n'y compte pas !
――一番おっきいダイヤを買ってね。あなた。
――くれぐれも本気であてにしないでくれよ。

6) Regarde ce gros bouquin, je l'ai trouvé chez un bouquiniste au bord de la Seine. このぶ厚い本を見て。セーヌ川沿いの古本屋で見つけたのよ。

J'ai besoin d'un plus gros dictionnaire; celui-ci n'est pas assez complet. もっと大きな辞書が必要だ。これには十分説明がない。

4- 限定詞 + **gros** + 特定の名詞

1) Élie a fait de gros efforts pour mémoriser son rôle. エリーは自分のセリフを覚えようと非常に努力した。

La grêle a causé de gros dégâts. L'architecte dit qu'il faudra faire de grosses réparations. 雹が大きな被害を引き起こした。大がかりな修理が必要だろうと、建築家は言っている。

使い方：複数で用いられる。
特定の名詞：efforts, progrès, dépenses, pertes, réparations, dégâts, problème など

2) Le professeur dit que Guy a fait une grosse faute de grammaire. ギィは文法の大きなミスをしたと先生が言っている。

3) Ils ont un gros commerce à Lyon. 彼らはリヨンで大きな商売をやっている。

特定の名詞：commerce, affaire (cf. **2**-3))
比　較：Les Sone possèdent une | ×grande affaire | à Osaka.
　　　　　　　　　　　　　　　　　| grosse affaire |
曽根さんの家は大阪で大会社を経営している。

4) Il a perdu une grosse somme d'argent aux courses de chevaux. 彼は競馬で大金をすったんだ.

Elle a sorti un gros billet de 10 000 yens. 彼女は大きいお札, 1万円を出した.

J'ai fait de grosses dépenses à Paris. 私はパリで大きな出費をした.

　特定の名詞 : somme, montant, dépense, billet, pot-de-vin など

5) Le gros problème avec ces gens, c'est qu'ils font beaucoup de bruit. あの人たちですごく問題なのは, とても騒がしいということですよ.

　特定の名詞 : problème

5- 限定詞 + **gros** + 特定の名詞

J'ai un très gros mal de tête. ひどい頭痛がしている.

Monsieur Martin a eu une grosse attaque cardiaque l'an dernier. マルタン氏は去年, 心臓の大発作を起こした.

Germaine a eu de très gros ennuis de santé, ces derniers temps. ジェルメーヌはこのところ健康をひどく害していたんだ.

- Qu'est-ce qu'il a ?
- Une grosse crise de nerfs, semble-t-il.
―彼はどうしたの?
―ヒステリーらしいよ.

　特定の名詞 : mal, attaque, crise など
　使い方 : 病気などに関して用いられる.
　同　意 : 限定詞 + grave + 特定の名詞
　比　較 : Il y aurait un gros bruit dans le moteur.
　　　　　Il y aurait eu un grave accident d'avion à Singapour.
　　　　　モーターが大きな音をたてているらしい.
　　　　　シンガポールで大きな飛行機事故があったそうだ.

6- 限定詞 + **grand** / **long** + 特定の名詞

Elle a de grandes jambes. 彼女は脚が長い.

Tu as les bras plus longs que les miens. 君は僕より手が長いね.

Abebe avait de grandes jambes. アベベは脚が長かった.

　特定の名詞 : bras, doigts, jambes など

確認問題

次の文の（　）の中に grand/haut/élevé から最も適切なものを入れなさい。

A. Le prix des terrains est moins (　　) en dehors de Tokyo.
　　地価は東京の郊外の方が安い。

B. Le plus (　　) édifice de Tokyo se trouve à Ikebukuro.
　　東京で一番高い建物は池袋にある。

C. Es-tu assez (　　) pour replacer ce livre sur l'étagère ?
　　この本を棚に戻すんだけど，君背が届くかなあ？

　　　　　　　　解答：A. élevé cf.7　B. haut cf.5-1)　C. grand cf.1

1- grand（人に関して）

Elle est plus grande que son mari; elle a dix centimètres de plus que lui.　彼女はご主人より背が高い。10センチ大きいのだ。

C'était un adolescent grand et maigre.　背が高くやせた青年だった。

　使い方：1) 人に関してのみ用いる。
　　　　　2) 特に属詞として，あるいは名詞の後に用いる。
　参　考：(E) tall

2- grand（動物に関して）

Ils ont acheté un grand lévrier noir.　彼らは黒い大きなグレーハウンドを買った。

3- 限定詞 + grand + 特定の名詞

1) Près de là, il y a un grand cèdre centenaire.　その近くに樹齢100年あまりのヒマラヤスギの背の高い木がある。

　特定の名詞：arbre, échelle, escalier など
　比　　較：－ Regarde ce gros arbre, Armand !
　　　　　　－ Il doit avoir bien plus de cent ans.
　　　　　　　　―この太い木を見てごらん，アルマン。
　　　　　　　　―きっと樹齢100年は越えてるね。
　参　考：(E) high

2) Dans les grandes pointures, il y a moins de choix que dans les pointures moyennes.　大きいサイズは普通サイズに比べて種類が少ない。

　特定の名詞：taille, pointure

3) Plus on a de grands désirs, plus on se sent loin du bonheur.　　人は大きな欲望を抱くとそれだけ幸福から遠ざかってしまう気がするものだ.

Napoléon avait de grandes ambitions.　　ナポレオンは大きな野心を抱いていた.

特定の名詞：ambitions, désirs, espoir, amour, mérites, capacités など

4- |grand| comme ça （人に関して）
　　　|haut |

Je me souviens de lui quand il était grand comme ça.　　彼の背がこれくらいだったころのことを憶えている.

5- haut （特定の名詞に関して）

1) Les Alpes sont la plus haute chaîne de montagnes de l'Europe.　　アルプスは，ヨーロッパで最も高い山脈だ.

La tour de Tokyo est plus haute que la tour Eiffel de combien de mètres?　　東京タワーはエッフェル塔より何メートル高いんですか.

特定の名詞：édifice, tour, mur, montagne, pylône, building など

2) Elle porte ses souliers à talons hauts uniquement pour sortir.　　彼女がハイヒールをはくのはお出かけの時だけだ.

特定の名詞：talon, taille

比　較：C'est un homme de |grande| taille qui a l'air très distingué.
　　　　　　　　　　　　　|haute |
Je voudrais un maillot de bain de grande taille.
とても上品そうな背の高い男性だ.
大きなサイズの水着が欲しいのですが.

3) En Inde, les hautes castes jouent un rôle politique.　　インドでは，カーストの位の高い人たちが政治を取り仕切っています.

特定の名詞：caste, clergé, administration, finances など

6- 数形容詞 + mètre de haut

L'édifice |fait| dix mètres de haut.　　その建物は高さが10メートルある.
　　　　　|a　|

7- être élevé

Tu as remarqué comme le prix des champignons est élevé ? マッシュルームの値段が高いのに気がついた？

Le pourcentage des enfants sourds est particulièrement élevé. 耳の聴こえない子供たちの割合がとりわけ高いんです。

Ses revenus sont élevés, ce qui lui permet de voyager à l'étranger. 彼(女)の収入は多い。それで彼(女)は外国旅行ができるのだよ。

使い方：物の値段や数値に関して用いる。
反　意：bas

173　grand / large / vaste

---- 確認問題 ----

次の文の(　)の中に grand もしくは large を適当な形で入れなさい。

A. Il faut dire que la ville n'est pas tellement (　　).
　　言っておかねばならないが、町はそれほど大きくはない。

B. Dans ma ville, les rues sont plus (　　) qu'ailleurs.
　　私の住んでいる町では、道路はほかよりも広い。

C. Quel (　　) jardin vous avez, Monsieur Laudry !
　　なんて広い庭なんでしょう、ロードリーさん！

解答：A. grande cf.1　B. larges cf.3　C. grand cf.1

1- 限定詞 + grand + 名詞

1) Il lui faut une grande table pour travailler. 仕事をするのに彼(女)には大きなテーブルが必要だ。

Je n'aime pas dormir dans un grand lit. ダブルベッドで寝るのは好きじゃない。

使い方：家具を示す名詞とともに用いる。
注　意：1〜2, ここでの grand は平面的広がりを意味する。
反　意：petit
参　考：(E) large

2) Quel est le plus grand pays du monde ? La Chine, la Russie ou le Canada ? 世界で一番大きな国はどこだろう。中国かロシアかカナダか。

Je ne sais pas si la plus grande ville du monde est Tokyo, Pékin ou Shanghaï. 世界最大の都市は東京なのか北京なのか上海なのかわからない。

Le XXe siècle aura été caractérisé par de grands brassages de population. 20世紀の特徴は大規模な人口移動ということになろう.

3) Nous avons trouvé un grand appartement à Neuilly. 私たちはヌイイに大きなアパルトマンをみつけた.

Ils ont une grande cour de récréation où ils peuvent jouer. 大きな校庭があり，彼らはそこで遊ぶことができる.

Dessine d'abord un grand, grand cercle. まず，大きな大きな輪を描いてごらん.

Son père possède un grand terrain à Ikebukuro. 彼の父親は池袋に広い土地を持っている.

  使い方：平面的広がりを示す名詞とともに用いられる. 幅や間口の広さを意味する large はここでは用いられない.
  比　較：La région comprend trois | grands lacs.
  　　　　　　　　　　　　　　　　　　| ×larges lacs.
  　　　その地方には3つの大きな湖がある.

2- 限定詞 + | grand | + 名詞
　　　　　　　　| large |

Deux larges fenêtres donnent sur le lac. 二つの大きな窓が湖に面している.

  参　考：2～3, (E) large; wide
  比　較：Cette ruelle donne sur | une grande avenue | bordée d'arbres.
  　　　　　　　　　　　　　　　 | une large avenue |
  　　　この路地は，街路樹のある大通りに通じている.

3- 動詞 + large (属詞として)

À cet endroit, la plage devient plus large. この場所では，浜はより幅広くなっている.

À son embouchure, la rivière devient large et profonde. 河口付近では，川は幅も深さも増す.

  反　意：étroit

4- 限定詞 + 特定の名詞 + large

1) On peut dire que Churchill était un homme politique aux idées larges. チャーチルは，度量の大きい政治家であったと言える.

Il était connu pour avoir l'esprit large. 彼は柔軟な精神を持っていることで知られていた.

  特定の名詞：idées, vues, esprit, conscience など

2) À mon avis, le traducteur a donné au texte une interprétation trop large. 私の考えでは，訳者はテキストにあまりに広すぎる解釈をした．

Son système de notation est plutôt large. 彼女(の)採点方法はむしろ甘いほうだよ．

Dans un sens large, on peut dire que votre travail rejoint celui de Descartes. 広い意味では，あなたの仕事はデカルトのそれに通じていると言えます．

　特定の名詞：interprétation, notation, sens, acception, mesure など
　慣　用：Lui et sa femme mènent une vie large.
　　　　　彼と奥さんは贅沢な生活を送っています．

5- SN + large（慣用）

Les Akimoto ont un large cercle d'amis. 秋本さん一家はつきあいが広い．

Il a esquissé un large sourire. 彼は満面の笑みをさっと浮かべた．

6- 限定詞 + |grand|vaste| + 名詞

1) Derrière leur maison, ils ont un vaste jardin. 彼らは家の裏手に広大な庭を持っている．

De vastes plaines s'étendent à perte de vue. 広大な平原が果てしなく広がっている．

Puis on trouve de grandes forêts où le gibier abonde. それから，獲物にこと欠かない広大な森がある．

　注　意：6～7, vaste は grand よりも意味が強い．一般に，ただ大小を言う場合は, grand, petit を用いる．
　同　意：1)～2), 限定詞 + immense + 名詞

2) Ils ont l'intention de lancer une grande entreprise en Chine. 彼らは中国で一大事業を起こそうと思っている．

Il nous a peint une vaste fresque de la Renaissance italienne. 彼は私たちにイタリア・ルネサンスの一大鳥瞰図を描いてくれた．

7- 限定詞 + |grand|vaste| + 特定の名詞

Le père nourrissait de vastes ambitions. 父親は壮大な野心を抱いていた．

Elle a fait preuve de vastes connaissances dans sa conférence. 彼女は講演で博識ぶりを示した．

Il caresse de vastes projets, est-ce qu'il pourra les réaliser tous ? 彼は遠大な計画をあたためている。それを全部実現できるだろうか。

　特定の名詞：ambitions, projets, connaissances, érudition, expérience など

8- 限定詞 ＋ 特定の名詞 ＋ être vaste

Toute la question est de savoir si ce sujet est trop vaste pour le mémoire [de licence] que je veux écrire. 問題は、私が書きたいと思っている［卒業］論文には、このテーマは大きすぎないかどうかということなんです。

　特定の名詞：sujet, matière, réseau など

174　grave / sérieux

確認問題

次の文の grave/sérieux に関して誤りがあれば正しなさい。
A. À Berlin, on souffre d'une sérieuse crise du logement.
　ベルリンは、深刻な住宅問題に悩まされている。
B. S'il s'est absenté, c'est qu'il doit avoir une raison sérieuse.
　彼が欠席したのは、何かちゃんとした訳があるからに違いない。
C. Pour cette question très sérieuse, nous avons discuté pendant trois heures.
　この重大な問題に、私たちは3時間も議論した。
D. C'est un homme un peu trop grave, mais à part ça, il est sympa.
　彼はちょっと真面目すぎるけれど、それを除けばいい人だよ。

　　　　解答：A. sérieuse → grave cf.1　B. ○ cf.8　C. sérieuse → grave cf.1
　　　　　　　D. grave → sérieux cf.7

1- SN ＋ grave
　　限定詞 ＋ grave ＋ 特定の名詞

1) Nous devons bien réfléchir au grave problème de l'ozone. オゾンの由々しき問題について、我々はよく考えてみる必要がある。
— Par les temps qui courent, il faut protéger la nature. —現状では自然を保護する必要がある。
— Oui, c'est une question grave qu'il faut débattre. —ええ、話し合うべき深刻な問題ですね。
L'avion a subi de graves dommages. 飛行機はひどい損傷を受けた。

L'aide aux pays en voie de développement est un problème grave. 発展途上国への援助は大きな問題です．

> 特定の名詞 : question, ennuis, problème, préoccupation, dommages, perte など
> 反　意 : léger
> 説　明 : 1)～3)，事柄が深刻，あるいは望ましくないことを意味する．
> 参　考 : (E) serious

2) À mon avis, il a commis une grave erreur de jugement. 私の考えでは，彼らは重大な判断ミスをしたのだと思います．

Les estimations sont plus difficiles en raison de la très grave crise économique. 重大な経済危機のために，見通しはますます難しくなっている．

> 特定の名詞 : erreur, faute, échec, crime, acte, crise など

3) Le médecin a diagnostiqué une maladie très grave. 医者は病気が大変重いとの診断を下した．

Il y a eu un grave accident sur la nationale 7 : cet accident a fait trois morts et quatre blessés. 国道7号線で大事故があり，3人の死者と4人の怪我人が出た．

Il dit qu'il sent un grave malaise du côté droit du cœur. 彼は心臓の右側にひどく違和感があると言っている．

Rien de grave : une petite égratignure. 大したことはないよ．ほんのかすり傷だ．

Il serait, paraît-il, dans un état grave. 彼は深刻な状況にあるらしい．

Il doit subir une très grave opération du cerveau. 彼は脳の大手術を受けなければならない．

> 特定の名詞 : maladie, état, blessure, attaque, malaise, opération, crise, accident, trouble, danger など

2- être grave

Ce n'est pas seulement vis-à-vis de la loi que son crime est grave : il a tué un enfant. 彼の罪が重いのは何も法律上のことだけではない．子供を1人殺したんだから．

Lorsque le déficit immunitaire est grave, il faut consulter un médecin. 免疫力が極端に弱ったのなら，医者に診てもらわなければならない．

Depuis quelque temps, Pierre ne se sent pas bien; tant qu'il refusera de consulter un médecin, on ne saura pas si c'est grave ou non.　　近頃，ピエールは体の調子がよくありません．医者に行くのを嫌がっている限り，重い病気なのかどうかわかりませんよ．

Ce qui se passe de nos jours dans le monde est très grave.　　今日の世界情勢は実に深刻だ．

3- ce n'est pas grave （会話）

- Tu t'es fait mal?　　―怪我をした？
- Non, non, ce n'est pas grave.　　―いや，大したことないよ．
- Roger ne peut pas se lever, il a mal au ventre.　　―ロジェは起きられないの．お腹が痛そうよ．
- Ce n'est pas grave; aujourd'hui, il a une composition de mathématiques!　　―心配ないよ．今日は数学の試験があるんだよ．

4- 定冠詞 + 特定の名詞 + est grave

L'heure est grave, c'est pourquoi nous devons prendre une décision sans tarder.　　事態は深刻です．だからすみやかに決断を下さなければなりません．

　　特定の名詞：heure, moment, minute, instant, affaire など

5- 限定詞 + 特定の名詞 + grave / sérieux

1) Il y a là une affaire très grave.　　そこに非常に重大な問題があるのだ．

La politique est une affaire trop sérieuse pour qu'on la laisse aux politiciens.　　政治はあまりにも重大な問題であり，政治屋どもにまかせておくわけにはいきません．

Il s'est passé quelque chose de grave entre eux.　　彼らの間で何かのっぴきならないことが起こった．

　　特定の名詞：affaire, chose, situation, événement, incident など．

2) Il est profondément sourd, c'est un sérieux handicap.　　彼は耳が全く聴こえないんです．大きなハンディキャップですね．

Henri a subi un grave échec quand il a voulu convertir son avoir en valeurs boursières.　　アンリは財産を株式に換える時に大失敗をした．

　　特定の名詞：défaite, handicap, échec など

3) Puis, il a pris un air sérieux qui ne lui convenait pas du tout.

それから彼は，深刻そうな顔をしたが，それは全く彼に似つかわしくなかった．

　特定の名詞 : air, visage, ton, regard など
　同　意 : sévère

6- 限定詞 ＋ 特定の名詞 ＋ être | grave / sérieux

Au Moyen-Orient, la situation [politique] est sérieuse : il risque d'y avoir une guerre.

中東の[政治]情勢は厳しいものがあります．戦争になるかもしれない．

Des milliers de gendarmes et d'agents participent aux recherches. C'est que l'affaire est grave, très grave.

何千人もの警官が捜査にあたっています．本件が実に重大だからです．

L'affaire aurait pu être beaucoup plus grave.

問題はもっと深刻なものになっていたかもしれない．

　特定の名詞 : situation, affaire など

7- SN (人) ＋ être sérieux

- En terminale, les élèves deviennent sérieux.
- Bien sûr, ils veulent réussir au bac.

―テルミナル（高校の最終学年）になると，生徒たちは真面目になる．
―当然だよ．バカロレア（大学入学資格試験）に合格したいんだから．

Cette jeune fille est trop sérieuse ; elle ne trouvera jamais de mari.

あの娘はあまりにも堅苦しいので，お婿さんはまず見つからないだろう．

Satoru n'est pas très sérieux dans ses études.

悟は，あまり真面目に学業に専念していない．

Les gens avaient du mal à rester sérieux, tellement la situation était ridicule.

人々は真面目な顔をしていられなかった．それほど状況は滑稽だったのだ．

　参　考 : (E) earnest

8- 限定詞 ＋ 特定の名詞 ＋ sérieux

1) Pierre fait des lectures bien sérieuses pour son âge.

ピエールは年の割には随分真面目な本を読みます．

Tu aurais quelque chose de sérieux à lire ?

何か堅い読み物はないかな．

　特定の名詞 : lecture, conversation, film, roman, pièce [de théâtre] など
　参　考 : 1)～4), (E) serious

2) Dans cette école, les professeurs exigent du travail sérieux.　　この学校では，先生は真面目に勉強するようにと言う．

On doit reconnaître qu'ils ont mené une enquête sérieuse.　　彼らが綿密な調査をしたことは，認めなければならない．

　　特定の名詞：travail, enquête, analyse, programme, réflexion, projet など
　　同　意：限定詞 + 特定の名詞 + soigné

3) On a répandu le bruit qu'une nouvelle ligne de métro allait être construite; ce n'était pas un renseignement sérieux.　　地下鉄の新線が建設されるという噂が広まったが，確かな情報ではない．

Le mariage est une chose très sérieuse : il faut s'y préparer.　　結婚は大事なことなので，心してかからなければなりません．

　　特定の名詞：renseignement, chose, information など
　　同　意：限定詞 + 特定の名詞 + important

4) Je n'ai aucune raison sérieuse de refuser votre proposition.　　私には，あなたの提案を断るもっともな理由などありません．

J'ai des doutes sérieux sur ces données scientifiques.　　私はこれらの科学的データに重大な疑念を抱いています．

　　特定の名詞：motif, raison, doute など

9- 限定詞 + | 特定の名詞 + sérieux
　　　　　　 | sérieux + 特定の名詞

Il faudrait entreprendre une sérieuse réforme de nos institutions politiques.　　我が国の政治制度の徹底的な改革に取りかからねばならないだろう．

　　特定の名詞：réforme など
　　同　意：限定詞 + | 特定の名詞 + profond
　　　　　　　　　　 | profond + 特定の名詞

175　s'habiller / être habillé / mettre / porter

―― 確認問題 ――

次の文の（　）の中から最も適切な表現を選びなさい．
A. Dépêchez-vous de (porter un vêtement/vous habiller/être habillé) ! Nous partons dans vingt minutes !
早く服を着てください．あと20分で出発します．

B. Aujourd'hui, je ne sais pas quoi (m'habiller/porter/mettre).
今日は何を着たら良いのかわからない．

C. Jacques (s'habille/porte/met) des lunettes depuis l'âge de 6 ans.
ジャックは6才の時から眼鏡をかけている．

解答：A. vous habiller cf.1　B. mettre cf.5　C. porte cf.7

1- s'habiller

1) Alain est trop petit, il ne peut pas s'habiller seul.
アランはまだ小さいので，一人で服は着られません．

Habille-toi, il ne fait pas chaud.
服を着なさい．暑くないんだから．

注　意：1)〜2)では，s'habiller un vêtement などとは言わない．この動詞は直接目的補語なしで用いられる．
反　意：se déshabiller
参　考：(E) dress, get dressed

2) Pour aller à ce mariage, je ne sais pas comment m'habiller.
その結婚式に何を着ていったらよいのかわかりません．

参　考：(E) dress up

2- s'habiller en + 名詞

Pour la mascarade, je m'habillerai en cowboy.
仮装舞踏会には，私はカウボーイの格好をするよ．

同　意：se déguiser en + 名詞

3- être bien habillé / être mal habillé

Il est toujours mal habillé.
彼はいつも身なりがきちんとしていない．

Tu es très bien habillée aujourd'hui, qu'est-ce qui se passe ?
今日はまたずいぶんおめかししてるね．どうしたの．

4- être habillé en + 名詞

1) À la mascarade, Junko était habillée en geisha et je ne l'ai pas reconnue.
仮装舞踏会で，淳子は芸者の格好をしていたので，彼女とは分からなかった．

2) La mariée était habillée en rose pâle.
新婦は淡いバラ色の衣装を着ていた．

参　考：(E) be dressed

5- mettre + SN (衣服, 靴, 宝石, 眼鏡)

Mets ton imperméable, il va pleuvoir.	レインコートを着なさい。雨が降るよ。
Laisse-moi faire, papa, je vais te mettre ta cravate.	パパ、私にやらせて。私がネクタイを結んであげるわ。
Je ne mets mes lunettes que pour lire.	眼鏡をかけるのは本を読むときだけです。
Ne mets pas tant de bijoux, tu as l'air d'une bijouterie ambulante.	そんなに宝石をつけない方がいいわ。まるで宝石のセールスみたいよ。
Par un froid pareil, tu devrais mettre ton manteau.	こんなに寒い日は、オーバーを着た方がいいよ。
Elle met toujours une robe d'Yves Saint-Laurent pour ses sorties.	彼女は外出の時は、いつでもイヴ・サンローランのドレスを着る。
Mets-lui ses chaussettes : je n'aime pas qu'il coure nu-pieds.	あの子に靴下をはかせなさい。裸足で走りまわられるのはいやなんだ。
On ne peut plus passer une soiréee sans mettre de tricot.	もうセーターなしでは夜は過ごせないね。

反　意: enlever + SN (衣服, 靴, 宝石, 眼鏡)
参　考: (E) put on; (反意) take off, put off
比　較: – Qu'est-ce que tu vas mettre｜pour le mariage de
　　　　　Comment est-ce que tu vas t'habiller｜　　　Laurence ?
　　　　– Je vais mettre ma robe habillée bleue.
　　　　―ロランスの結婚式に｜何を着るの？
　　　　　　　　　　　　　｜どんな服装にするの？
　　　　―私は青いフォーマルなドレスを着るわ。

6- | mettre | + SN (衣服, 靴, 宝石, 眼鏡, 帽子)
　　　| porter |

En hiver, il vaut mieux mettre des sous-vêtements en cachemire.	冬は、カシミアの下着を着た方がいいよ。
Tu te souviens ? Il portait toujours des chemises et des cravates bizarres.	覚えているかい。彼はいつも一風変わったシャツとネクタイをしていた。
Dans les universités américaines, c'est la mode pour les jeunes de porter des jeans.	アメリカの大学では、若者はみんなジーパンをはくのが流行なんだ。

使い方: この場合、動詞は現在形もしくは半過去形で用いられることが多い。
比　較: L'uniforme scolaire est pratique; on n'a pas besoin de réfléchir à

ce qu'on va | mettre, porter | on | porte met | toujours des vêtements convenables et on est toujours habillé correctement.
　学校の制服は便利だ．何を着たらよいか考える必要がない．いつでもきちんとした服装でいられるし，いつでも間違いがないよ．

7- porter + SN （衣服，靴，宝石，眼鏡，帽子）

Tu portes un joli manteau ! Où l'as-tu acheté ?	素敵なオーバーを着てるね．どこで買ったの？
Elle portait un chapeau vert avec une blouse jaune et un pantalon vert. Ça faisait chic !	彼女は，黄色のブラウスと緑のズボンに，緑の帽子をかぶっていたが，なかなか粋だった．
Quel est l'insigne qu'il porte à la boutonnière ?	彼が襟元のボタン穴につけているバッジは何だい？
– Il porte la même chemise depuis une semaine. – Il serait temps qu'il se change.	—彼は，この一週間同じシャツを着ている． —そろそろ着替える頃だよ．

使い方：porter は現在形もしくは半過去形で用いられることが多い．
説　明：porter は，今着ているという状態を示す．
参　考：(E) be wearing; wear
比　較：1) Qu'est-ce qui se passe ? | Tu portes une jolie robe !
　　　　　　　　　　　　　　　　　　 | Tu as mis une jolie robe !
　　　　　　どうかしたの？ 素敵なドレスなんか着こんじゃって！
　　　　2) – Je me souviens du jour où je t'ai rencontrée.
　　　　　　– Moi aussi, tu | portais | un pantalon vert.
　　　　　　　　　　　　　　| avais mis |
　　　　　　—僕は君と出会った日のことを覚えているよ．
　　　　　　—私もよ．あなたは緑のズボンをはいていたわ．

176　s'habituer / être habitué / avoir l'habitude / prendre l'habitude

――― 確認問題 ―――

次の文の（　）の中から最も適切な語句を選びなさい．

A. Elles (ne s'habituent pas à / n'ont pas l'habitude d' / ne sont pas habituées à / ne prennent pas l'habitude d') être en retard, que se passe-t-il ?
　彼女達は普段遅れて来ることなどないのに，どうしたのだろう．

B. Beaucoup d'employés de bureau (s'habituent à/ont l'habitude de/ sont habitués à/prennent l'habitude de) se lever tôt.
多くの会社員は早起きに慣れている。

解答：A. n'ont pas l'habitude d' cf.5
B. sont habitués à または ont l'habitude de cf.4,5

1- s'habituer à + SN

Je ne m'habitue pas au bruit de Tokyo. 私は東京の騒音には慣れない。

Ton père va se remarier ? Tu t'habitueras vite à ta nouvelle petite sœur. 君のお父さんは再婚するのですか。君は新しい妹にすぐになじまなければね。

Il faut un certain temps pour que le mari et la femme s'habituent l'un à l'autre. 夫と妻がお互いに慣れるには一定の時間が必要である。

参 考：1～2, (E) get used to + SN

2- s'habituer à + inf.

Ça doit être dur de s'habituer à se lever à 5 h. 決まって5時に起きるようにするなんてきついだろうね。

Devenu adulte, Mauriac n'a jamais pu s'habituer à se lever tôt. 大人になってからモーリヤックは早起きする習慣を決して持てなかった。

3- être habitué à + SN

Beaucoup de Parisiens sont si habitués à leur ville qu'ils ne pourraient vivre ailleurs. 多くのパリっ子達は、よそでは暮らしていけないほど、パリに深くなじんでいる。

Une fois qu'on est habitué au traitement de texte, tout se passe bien. 一旦ワープロに慣れてしまえば、万事オーケーです。

Les petits enfants ne sont pas encore habitués à ce qui les entoure; tout les étonne. 小さな子供というのは、周りのものにまだ慣れていない。だから何にでも驚くのです。

参 考：3～5, (E) be used to

4- être habitué à + inf.

Pour bien parler en public, il faut y être habitué. 公衆の面前で上手に話すためには、慣れが必要だ。

Elle est habituée à travailler de nuit ? 彼女は夜働くのに慣れたのかい。

5- avoir l'habitude de + inf.

Autrefois, j'avais l'habitude de faire quatre kilomètres par jour.　かつて私は1日に4km歩くのを習慣としていた.

J'ai l'habitude de faire une heure de piano par jour.　私は1日に1時間ピアノを弾くことにしている.

6- prendre l'habitude de + inf.

Elle a pris la bonne habitude de se coucher à 10 h.　彼女は10時に就寝する良い習慣を身につけた.

Il faut que je prenne l'habitude de ranger ma chambre; je n'ai plus de place pour dormir !　私は部屋を整頓する習慣を身につけなければならない. もはや寝る場所もないのだ.

Si cet enfant ne prend pas l'habitude de manger proprement, il mangera tout seul à la cuisine.　その子が汚さずに食べる習慣がつかないなら, 一人で台所で食べさせなさい.

　参　考：(E) get into the habit of

177　heure

―― 確認問題 ――

次の文に誤りがあれば正しなさい.
A. Il est l'heure, partons.
　　時間だ. 出かけよう.
B. Alfred, c'est l'heure d'aller te coucher.
　　アルフレッド, 寝る時間だよ.
C. À ma montre, c'est 14 h 4.
　　私の時計では14時4分です.
D. Fais un effort pour arriver à heure.
　　時間通りに着くように頑張れ.

解答：A. Il est → C'est cf.1　B. ○ cf.2　C. c'est → il est cf.3
D. à heure → à l'heure cf.4

1- c'est l'heure (会話)

C'est l'heure, restons-en là pour aujourd'hui.　時間だ. 今日はここまでにしておこう.

　参　考：(E) it's time

2- c'est l'heure | de + inf.
| où + 節

Allez, les enfants, c'est l'heure de vous coucher. さあ、子供たち、寝る時間ですよ。

15 h, c'est l'heure où les Napolitains font la sieste. 15時はナポリの人たちは昼寝の時間だ。

参　考：(E) it's time to + inf.; it's time when + 節

3- il est + 数形容詞 + heure(s)

- Tu as l'heure ?　　　―今何時？
- Oui, il est 8 h 15.　―8時15分だよ。

Il est déjà 7 h 30 et ils ne sont pas encore arrivés ! もう7時30分なのに、彼らはまだ着いていないなんて。

参　考：(E) it's + 数形容詞 + o'clock

4- 特定の動詞 + à l'heure

Tiens, pour une fois, tu es à l'heure ! あれ、めずらしいね。時間通りじゃないか。

Impossible de commencer à l'heure; personne n'est là ! 時間には始められない。誰も来ていないんだ。

特定の動詞：être, arriver, partir, commencer, finir など
反　意：en avance; en retard
参　考：(E) 動詞 + on time

178　heureux / content / joyeux / gai / de bonne humeur

― 確認問題 ―

次の文に誤りがあれば正しなさい。
A. Il n'est pas heureux de recommencer son année scolaire.
　もう一度同じ学年をやり直すのは、彼には不本意だ。
B. On a passé une soirée très contente.
　とても楽しい夕べを過ごした。
C. Quand je suis allé chez lui, il était de bonne humeur.
　私が彼の家に行った時、彼はとても機嫌がよかった。

解答：A. heureux → content cf.3　　B. contente → gaie cf.8　　C. ◯ cf.9

1- heureux

- Il y a beaucoup de personnes qui ne sont pas heureuses.　―幸せじゃない人はたくさんいる。
- En effet, la richesse ne fait pas nécessairement le bonheur.　―そうだね。お金があれば幸せという訳じゃないしね。

Il n'est plus heureux depuis la mort de sa femme.　妻が死んでから、彼は幸せではなくなった。

Julie avait l'air heureuse dans sa robe de mariée.　ジュリーはウェディングドレスを着て幸せそうだった。

Ils ont tout pour être heureux.　彼らには幸福の条件は何でも揃っている。

Si je pouvais me marier avec lui, je serais très heureuse.　もし彼と結婚できるなら、私はとても幸せになれるんでしょうけどね。

反　意：malheureux
参　考：**1〜5**, (E) happy
慣　用：1) Je vous souhaite à tous une bonne et heureuse année.
　　　　　みなさんにとってよい年になりますように。
　　　　2) Il est heureux comme un poisson dans l'eau.
　　　　　彼は水を得た魚のようだ。

2- être |heureux| de + inf.
　　　　　|content|

Je suis content de te revoir, André.　また会えて嬉しいよ、アンドレ。

Il sera certainement très heureux de vous aider.　彼はきっと喜んでお手伝いするでしょう。

使い方：1) 出会った時の挨拶などに用いられる。
　　　　2) heureux, ravi は content よりも丁寧である。
説　明：très heureux の意味で ravi が用いられることがある。
　　　　Ma femme et moi, nous étions ravis de faire connaissance avec eux.
　　　　妻と私は、彼らと知り合いになってとても嬉しかった。
同　意：être enchanté de + inf.

3- être content de + inf.

Elle nous a dit qu'elle n'était pas du tout contente de partir en vacances.
ヴァカンスに出かけるのはちっとも嬉しくないと彼女は私たちに言った。

À tout prendre, il n'est pas content de changer de situation.
要するに、彼は状況を変えるのはいやなんだよ。

4- content

Je suis arrivé en retard de vingt minutes et elle n'était pas du tout contente.
私が20分遅刻したので、彼女は大いに不満そうだった。

Quand les gens nous ont parlé en anglais et que nous avons répondu en français, ils ont semblé à la fois étonnés et contents.
英語で話しかけてきた人たちに我々がフランス語で答えると、彼らはびっくりしていたが嬉しそうにも見えた。

- Sonia ne fait que se plaindre.
- Oui, elle n'est jamais contente.
—ソニアは文句を言ってばかりいる。
—そう、彼女は決して満足しないのよ。

5- être content de + SN

Papa était content de mes résultats.
お父さんは私の成績に満足していた。

Je n'étais pas content de sa décision et je le lui ai dit.
彼(女)の決定には不満があったので、彼(女)にそう言った。

Viens mon Jean-Paul. Comme je suis content de toi !
おいでジャン＝ポール、お前は本当にいい子だよ。

S'ils ne sont pas contents de mes services, qu'ils cherchent une autre personne.
私のやり方が気に入らないのなら、彼らは別の人を探せばいいよ。

同 意：être satisfait de + SN
反 意：mécontent
比 較：Le professeur nous a dit qu'il était | content de nous.
　　　　　　　　　　　　　　　　　　　　　　| ×heureux de nous.
先生は私たちに満足していると言った。

6- joyeux

Ayant réussi à l'examen, il est rentré chez lui tout joyeux.
彼は試験がうまく行ったので、大喜びで家に帰った。

La veille des vacances, les élèves étaient joyeux.
ヴァカンスの始まる前の日、生徒たちはわくわくしていた。

Philippe a repris l'avion, joyeux à la pensée de revoir sa femme et ses enfants.
フィリップは妻と子供たちに会えると思うと、ウキウキして飛行機に乗り込んだ。

Au mariage, les invités, joyeux, racontaient des histoires drôles et riaient.

結婚式で, 招待客は楽しげにおかしな話をして笑い合っていた.

7- gai (人・動物に関して)

Quand j'ai vu ce beau soleil, je me suis sentie toute gaie, mais quand la pluie s'est mise à tomber, ma gaieté s'est envolée.

美しい太陽を見て, 私はすっかり陽気な気分になったが, 雨が降り出したら, 陽気な気分は消え去った.

Il était morose. Le téléphone a sonné. Il est devenu gai. Mystère !

彼は沈んでいた. 電話が鳴ると顔色が明るくなった. 不思議だ.

Comment font les oiseaux pour être si gais ?

どうして鳥たちはこんなに楽しげなのだろう.

Un verre de champagne a suffi pour rendre tout le monde gai.

シャンパン一杯でみんなが陽気になった.

反意 : triste
慣用 : Maurice chante tout le temps : il est gai comme un pinson !
モーリスは絶えず何か歌っている. 実に陽気だ.

8- gai (物に関して)

1) Il a un tempérament gai, c'est indéniable.

彼は陽気なたちだ. それは確かだ.

Marcel n'a pas semblé supporter l'atmosphère qui régnait dans la maison et qui n'était pas spécialement gaie.

マルセルは, 家の中の取り立てて陽気でない雰囲気を我慢しているようには見えなかった.

使い方 : atmosphère, ambiance, tempérament, caractère などと用いる.
慣用 : Il a le vin gai.
彼は酔うと陽気になる.

2) Mets une musique gaie, veux-tu.

陽気な音楽をかけてくれないか.

Moi, je me servirais d'une couleur plus gaie.

私だったらもっと鮮やかな色を使うな.

使い方 : musique, roman, pièce [de théâtre], couleur, voix などと用いる.

9- être de bonne humeur

Quand je ne suis pas de bonne humeur, je sens le besoin d'écouter de la musique.

私は気分がよくない時, 音楽を聴く必要を感じる.

Qu'est-ce qui se passe ? Anne n'a pas l'air de bonne humeur.

何があったの? アンヌは機嫌が悪いようだけど.

反意 : être fâché, être de mauvaise humeur

179 incident / accident / affaire / événement

> **確認問題**
>
> 次の文の誤りを正しなさい。
>
> A. Vous avez entendu parler de l'incident ? Le directeur va donner sa démission !
>   例の件聞きましたか？ 部長が辞職するんですよ。
> B. Personne n'a réussi à démêler l'événement de la rue Saint-Denis.
>   だれもサン・ドニ街の事件を解決できなかった。
> C. Il avait complètement oublié l'accident de la veille.
>   彼は前の日のトラブルをすっかり忘れてしまっていた。
> D. Beaucoup de gens ne prennent pas l'avion par peur des incidents.
>   事故を怖がって飛行機に乗らない人が多い。
>
> 解答：A. l'incident → l'événement cf.7　B. l'événement → l'affaire cf.6
> C. l'accident → l'incident cf.1　D. des incidents → des accidents cf.3

1- incident

La cérémonie d'accueil du président a été gâtée par des protestataires; heureusement, le président ne s'est pas aperçu de cet incident.

大統領の歓迎式典は、抗議に集まった人々のために台無しになったが、幸い大統領はこの騒ぎに気付かなかった。

Lors de la visite de la reine Elisabeth à une famille américaine, la maîtresse de maison l'a embrassée; cet incident amusant a fait sourire la presse.

エリザベス女王が、あるアメリカの家族を訪問した際、その主婦が女王に挨拶のキスをした。この愉快な出来事をマスコミは面白がった。

En jouant sa pièce, un acteur a eu un trou de mémoire et a dû inventer les gestes et le texte; personne ne s'est aperçu de cet incident fâcheux.

ある俳優が、劇を演じた際にど忘れし、動作と台詞をでっちあげたが、誰もこのけしからぬトラブルに気付かなかった。

注　意：pénible, malheureux, amusant, désagréable, ennuyeux, fâcheux, petit のような形容詞とともに用いられることが多い。

説　明：1〜2, incident は、損害を引き起こさない、ちょっとした出来事である。

2- incident ＋ 特定の言葉

Lorsque les ressortissants d'un pays franchissent une frontière sans permission, cela peut créer un incident diplomatique.

ある国に属する人が許可なしに国境を越える時、外交上のトラブルを引き起こす可能性がある。

特定の言葉：diplomatique, de frontière, frontalier, de parcours など
参　考：(E) incident

3- accident

Les accidents sur les routes augmentent pendant les vacances.
ヴァカンス中は交通事故が増える。

Bien des accidents sont dus à la négligence.
多くの事故は不注意から起こる。

Un enfant tombé du sixième étage a atterri dans les branches d'un arbre; sans l'arbre, l'accident aurait été mortel.
7階から転落した子供は、木の枝にひっかかった。木がなかったならば命にかかわる事故になっていたかもしれない。

Le bain d'une jeune mère et de son bébé s'est terminé par un accident; la jeune femme s'étant endormie, le bébé s'est noyé.
ある若い母親と赤ん坊の入浴は事故に結びついてしまった。母親が寝入ってしまい、赤ん坊は溺死した。

使い方：mortel, grave のような形容詞とともに用いられる。
説　明：3〜4, accident は、損害を引き起こすものである。
参　考：3〜4, (E) accident

4- 限定詞 + accident de + 特定の名詞

L'accident de train de la semaine dernière a fait trois morts et quatre blessés.
先週の列車事故で死者3名、負傷者4名が出た。

Son mari est mort dans un accident de voiture.
彼女の夫は自動車事故で亡くなった。

Le port obligatoire du casque contribue à faire diminuer le nombre des accidents de moto.
ヘルメット着用の義務は、バイクの事故を減らすのに役立つ。

特定の名詞：train, avion, voiture, moto, circulation, travail, bicyclette など

5- 限定詞 + accident de + 定冠詞 + 特定の名詞

Les accidents de la route ont augmenté de 15 % le mois dernier.
先月、交通事故が15％増加した。

Il faut tout faire pour éviter qu'un tel accident du travail se répète.
このような仕事上の事故が繰りかえされないよう万全の対策を取らねばならない。

特定の名詞：travail, route など

6- affaire

Tout le monde a entendu parler de l'affaire Dreyfus. 誰もがドレフュス事件のことを聞いたことがある.

Il y a quelques années, l'affaire Lockheed a fait beaucoup de bruit. 何年か前に，ロッキード事件で世間は騒然となった.

Plus tard, on a parlé de l'affaire Recruit. 後になって，リクルート事件が話題となった.

Dans cette affaire, des trafiquants de drogue sont impliqués. この事件には麻薬密売人たちが関与している.

使い方：1) affaire は，複雑な状況が話題になる時用いられる.
2) 固有名詞とともに用いられることが多い.
参　考：(E) affair

7- événement

Le nouveau Premier ministre français est une femme; ça, c'est un événement heureux, surtout pour les femmes. フランスの新しい首相は女性だ．これは特に女性にとって喜ばしい出来事だ.

L'arrivée au pouvoir des socialistes a été un grand événement pour les Français. 社会党が政権についたことは，フランス人にとって大きな事件であった.

La première fois que des hommes sont allés dans la lune, l'événement a fait le tour du monde. 人類が初めて月へ行った時，その壮挙は世界中に知れ渡った.

使い方：1) événement は，かなり重要性をもつ事実が話題になる時用いられる.
2) événement は，grand, heureux, important, triste, imprévu といった形容詞と共に用いられる.

180　individuel / personnel / particulier / privé

---- 確認問題 ----

次の文の（　）の中から最も適切な語を選びなさい.

A. Est-ce que la liberté (individuelle/personnelle/privée/particulière) se définissait de la même manière en Union soviétique qu'aux États-Unis?
個人の自由というものがソ連とアメリカで同じように定義されていただろうか.

B. Est-ce que je pourrais vous poser une question très (individuelle/personnelle/privée/particulière), Madame?
すみませんが，非常に個人的な質問をしてもよろしいでしょうか.

C. Il faut toujours respecter la vie (individuelle/personnelle/privée/particulière) des autres.
他人の私生活は常に尊重しなければならない。

解答：A. individuelle cf.1   B. personnelle cf.2   C. privée cf.4

1- 限定詞 ＋ 特定の名詞 ＋ **individuel**

1) Tu as un compte individuel en banque ? 君は銀行に自分の口座を持ってる？

Les soldats reçoivent chacun une ration individuelle, trois fois par jour. 兵士には、各自1日3回個別に食料が配給される。

Chaque délégué a été reconduit dans une voiture individuelle. 各議員は個別の車で送られた。

 特定の名詞：salle de bain, cas, chambre, compte [en banque], contrôle, douche, livret, maison, ration, voiture など
 反　意：1)～2), collectif
 比　較：1) Je voudrais réserver une chambre | individuelle.
                 | à un lit.
                  | pour une personne.
    一人部屋を予約したいのですが。
   2) Quand j'étais jeune, je n'avais pas de chambre | individuelle,
                       | personnelle,
   je devais coucher avec mon frère.
    僕が幼い頃、自分の部屋がなかったので、兄(弟)と寝なければならなかった。

2) Dans ce cas, je vois mal comment on devrait s'y prendre pour définir la responsabilité individuelle. この場合、個人の責任を明確にするには、どう手をつけるべきなのか私にはわかりませんね。

 特定の名詞：liberté, responsabilité, efforts, psychologie など

3) On remarque des différences individuelles chez les hirondelles, mais peut-on, dans ce cas, en tenir compte au point de vue scientifique ? つばめに一羽ごとのちがいはあるが、この場合科学的に見て、それを考慮することができるだろうか。

 特定の名詞：différence, ressemblance

4) Je préfère les sports individuels aux sports d'équipe. 私は団体競技より個人競技が好きです。

 特定の名詞：sport

2- 限定詞 + 特定の名詞 + **personnel**

1) Pour devenir journaliste, il faut avoir des idées personnelles. ジャーナリストになるには，独自の考えを持つ必要がある．

Il doit avoir des raisons personnelles que nous ignorons. 彼には，私たちにわからない個人的な理由があるに違いない．

Au préalable, il a évité de se faire un jugement personnel sur la question. 彼はその問題についてあらかじめ個人的判断を下すことは避けた．

Je terminerai en ajoutant quelques remarques personnelles. いくつか個人的な感想を付け加えて終わりたいと思います．

特定の名詞：jugement, idée, style, raison, remarque など

2) Ce sont ses affaires personnelles, je n'ose intervenir. それは彼(女)の個人的な事柄なので，私はあえて介入しません．

Le psychologue m'a demandé si j'avais des problèmes personnels. ケースワーカーは私に，個人的な悩みがあるかどうか聞きました．

特定の名詞：question, raison, affaire, travail, comportement, attitude, opinion, conflit, fortune, problème, vie, usage など

比　較：Les hommes d'état sont appelés à faire la part des choses entre leur vie personnelle et leur vie publique.
Il existe souvent des conflits entre la vie individuelle et la vie collective.
政治家は，自分の私的生活と公的生活を区別するよう求められる．
個人としての生活と集団生活には，葛藤があることが多い．

3) Écris-lui un petit mot personnel, ça lui fera plaisir. 彼に個人的にちょっとした手紙を書いてあげなさい．彼は喜ぶでしょう．

特定の名詞：mot, lettre など
参　考：**2〜4**, (E) private

3- 限定詞 + 特定の名詞 + **particulier**

1) Il prend des leçons particulières avec une dame anglaise. 彼はイギリス人女性から個人レッスンを受けている．

Fabienne prend des cours de ballet particuliers. ファビエンヌはバレエの個人授業を受けている．

特定の名詞：leçon, cours, professeur, secrétaire など
反　意：限定詞 + 特定の名詞 + commun

参　考：(E) private
He's taking private lessons.
Il prend des leçons particulières.
彼は個人レッスンを受けている.

2) Dans cette rue, on ne voit que de belles et vieilles maisons particulières.
この道には古くて立派な一戸建てしかない.

Sa société lui accorde l'usage d'une voiture particulière.
彼は会社から特別車の使用を許可されている.

　特定の名詞：maison, chambre, hôtel, voiture, résidence, domicile など

3) Chacun avait des motifs particuliers de collaborer à la réalisation du projet.
各自が，その計画の実現に協力するに至った特別な動機を持っていた.

　特定の名詞：raison, motif, cas など
　同　　意：spécial
　比　　較：Chacun avait des raisons | particulières / personnelles | de rester attaché à cette école.
　　各自，その学校に関わりを持っていたいという，いくつかの | 特別な / 個人的な | 理由があった.

4-　限定詞 ＋ 特定の名詞 ＋ **privé**

1) Les propriétaires m'ont loué une chambre avec [une] salle de bain privée.
大家さんは私に風呂付きの部屋を貸してくれた.

　特定の名詞：toilettes, douche, salle de bain, sortie など

2) Tous mes frères ont étudié dans des écoles privées.
私の兄弟たちは皆私立の学校で学んだ.

– On ne peut y entrer à moins d'en être membres.
– Tu veux dire que c'est un club privé ?
―会員でなきゃ[そこに]入れないんだ.
―つまり会員制クラブなの？

Il est défendu de passer, c'est une propriété privée.
立入禁止です．私有地ですから.

　特定の名詞：école, université, collège, société, clinique, entreprise, maison, club, détective, résidence, domicile, propriété, chemin など

3) Les gens adorent lire la correspondance privée des grands écrivains.
人々は，大作家の私的書簡を読むのが大好きだ.

Le pape a accordé une audience privée à l'ambassadeur de Pologne.　教皇は，ポーランド大使に非公式な謁見を許可した。

　　特定の名詞 : correspondance, audience, cours, affaire, source など

4) Sa vie privée ne nous regarde pas.　彼(女)の私生活は，我々に関係ないよ。

Il n'y a rien à lui reprocher dans sa vie privée.　彼(女)の私生活には，何ら非難すべきことがない。

　　特定の名詞 : vie

5) Le Premier ministre voyage toujours dans son avion privé.　首相はいつも専用の飛行機で移動する。

　　特定の名詞 : avion, train など

181　動詞 + 限定詞 + influence / influencer / influer

確認問題

次の文の誤りを正しなさい。

A. Flaubert a donné une grande influence sur la littérature du XXe siècle.
　　フロベールは20世紀の文学に大きな影響を与えた。

B. N'essaie pas d'influencer sur sa décision.
　　彼(女)の決心を左右しようなんて思っちゃ駄目だよ。

　　　　　　　　解答：A. donné → exercé cf.3　B. sur を取る cf.2

1- SN (人) + | exercer / avoir | + 限定詞 + influence sur + SN (人)

Il faut aussi considérer l'influence que les voitures exercent sur la vie des gens.　自動車が人々の生活に及ぼす影響も考慮しなければならない。

Le professeur de japonais a exercé une bonne influence sur nous tous.　その日本語の先生は，私たち皆に良い影響を与えました。

Autrefois, les Portugais avaient pour mission de diffuser le christianisme. Il a exercé une immense influence sur mon pays.　昔ポルトガル人は，キリスト教の布教活動をしていました。キリスト教は我が国に大きな影響を及ぼしたのです。

Madame Bernard a eu une influence positive sur ses trois filles.　ベルナール夫人は三人の娘に良い意味で影響を与えた。

– Qui est-ce qui a exercé le plus d'influence sur toi ?
– C'est mon professeur d'histoire.

―君が一番影響を受けたのは誰だい？
―歴史の先生だよ。

使い方：**1～2**，大抵の場合，形容詞か副詞を伴って用いられる．
注　意：**1～3**，donner + 限定詞 + influence sur + SN は用いない．
反　意：**1～2**，SN (人) + | subir l'influence de | + SN (人)
　　　　　　　　　　　　　 | être influencé par |

2- SN (人) + influencer + SN (人)

Monsieur Laurent a beaucoup influencé ses élèves.

ロラン先生は生徒たちに大きな影響を与えた。

Les « Pensées » de Pascal m'ont certainement influencé.

パスカルの『パンセ』は，確かに私に影響を及ぼした。

3- SN (物) + | exercer | + 限定詞 + influence sur + SN (物)
　　　　　　 | avoir |
　　　　　　 | influencer + SN (物)
　　　　　　 | influer sur + SN (物)

Jusqu'à quel point la publicité influence-t-elle les décisions des consommateurs ?

広告は，消費者の選択にどの程度影響を与えるのだろう？

La télévision influe sur l'opinion publique plus qu'on ne [le] croit.

思ったよりテレビは世論に影響を及ぼすなあ。

4- SN (物) + influer sur + SN (物)

Les médecins prétendent que le taux de cholestérol influe sur la santé.

医者の言うところでは，コレステロール値が健康を左右するんだってさ。

Est-ce que le climat influe sur le caractère ?

気候は気質に影響を与えるのだろうか。

使い方：科学や医学などを扱った文章で用いられる．

182　insensible / distant / réservé / froid / sans cœur

――― 確認問題 ―――

次の文の（　）の中から最も適切な語句を選びなさい。

A. On lui a reproché d'être (distant/insensible/froid) au malheur des autres.

彼は他人が不幸でも平気でいると非難された。

B. Depuis son retour d'Angleterre, je la trouve plutôt (glacée/réservée/insensible).
イギリスから帰国して以来，彼女はどちらかというとよそよそしい．

C. Ce garçon a abandonné sa petite amie pour épouser une fille riche. Il est (sans cœur/froid).
この青年は，裕福な娘と結婚するために恋人を捨てた．薄情な人間だ．

解答：A. insensible cf.2　B. réservée cf.6　C. sans cœur cf.8

1- insensible

Comme Sylvie ne montre jamais ses émotions, on croit qu'elle est insensible.
シルヴィーは感情を決して顔に出さないので，冷淡だと思われている．

Il dit des choses blessantes sans même s'en rendre compte : il est vraiment insensible !
彼は人を傷つけることを言いながら自分では気づいてさえいない．本当に無神経なやつだ．

　同　意：sans pitié

2- insensible à + SN (物)

Jeanne est insensible au froid.
ジャンヌは寒さを感じないたちだ．

On a accusé le roi d'être insensible à la pauvreté de ses sujets.
王は臣民の貧窮がわかっていないと非難された．

Il est insensible à la poésie.
彼は詩がわからない．

3- insensible à + SN (人)

Il est injuste de lui reprocher d'être insensible aux autres.
他人に対して冷たいと彼(女)を非難するのは正しくない．

Dans sa famille, tous les membres sont insensibles à l'un de leurs proches, même s'il est très malade.
彼(女)の家では，みな親戚には冷淡だ．たとえその親戚が重病であってもだ．

- La mère de Ghislaine a l'air d'être contre le mariage de sa fille.
- Oui, elle se montre insensible à son futur gendre.

—ジスレーヌのお母さんは，彼女の結婚には反対のようですね．
—ええ，将来のおむこさんにはにべもないですね．

4- froid

1) Tout ce qu'on peut dire, c'est qu'il s'est montré très froid. 　言えるのは、彼は実に冷淡な態度だったということだけだ。

C'est l'homme le plus solitaire du quartier : il est froid, sévère, avare. 　あの人はこの界隈で最も孤独な男だ。彼は冷淡で、手厳しく、けちなのだ。

Les gardiens de prison se montrent froids à l'égard des prisonniers. 　看守は囚人に対して冷淡な態度をとる。

Monsieur Dandenault se montre plutôt froid à l'égard de ses employés. 　ダンドゥノー氏は従業員に対して割合冷やかだ。

注　意：4～7，三人称に対して用いるのが普通で、面と向かった相手に対しては用いない。

2) Comme tu es froid ce soir ! Tu ne m'embrasses pas ! 　今夜は冷たいのね！キスもしてくれないんだから。

使い方：この意味では恋人や夫婦などの間でしか用いられない。

5- distant

Il devient distant ces jours-ci. Pour quelle raison ? 　彼は最近よそよそしくなっている。なぜだろう。

比　較：Tout le monde sait qu'il est froid et distant dans le travail, mais qu'avec ses amis il est affectueux et chaleureux. 　誰もが知っていることだが、彼は仕事では冷淡でそっけないが、友達には優しく思いやりがある。

6- réservé

Marguerite les trouve très réservés. 　マルグリットは彼らをとても水くさいと思っている。

L'une des questions que chacun se pose est celle-ci : faut-il être réservé ou ouvert à l'égard des autres ? 　誰もが自問する問題の一つに、他人に対して遠慮深くあるべきか、率直であるべきか、ということがある。

7- 特定の名詞（態度など）+ | réservé
froid（会話） | [à l'égard de + SN（人）]

Leur accueil a été, disons, poli mais réservé. 　彼らのもてなしは、そう、丁寧ではあったが、構えたところがあった。

Son attitude était pour le moins réservée. 　彼（女）の態度は、少なくとも堅苦しいものだった。

Disons qu'il a un abord plutôt froid. 　ぼくに言わせれば、あいつは冷淡で近寄りがたいってとこかな。

Les sentiments de Jeanne sont devenus froids à l'égard de ses beaux-parents.　ジャンヌの気持ちは，義理の両親に対して冷やかなものになった．

特定の名詞：attitude, accueil, comportement, sentiments, abord など
同　意：guindé（あらたまって）

8- SN（人）+ être sans cœur / ne pas avoir de cœur　（会話）

- Il n'écrit jamais à ses parents, ne leur téléphone jamais, ne va jamais les voir.
- Il est sans cœur !　　―彼は両親に手紙も書かなければ電話もしないし，会いにも行かないんだ．
　　―薄情なんだね．

Il a refusé d'aider ses enfants financièrement, il n'a pas de cœur.　彼は子供たちに経済的援助を拒んだ．冷酷な男だ．

使い方：avoir le cœur froid, être froid とは言わない．
強　調：SN（人）+ être de glace / avoir un cœur de glace
参　考：(E) be heartless
比　較：- Je n'ai pas eu le temps d'aller voir mon ami Christian à l'hôpital.
　　　　- Tu es vraiment sans cœur.
　　　　　　　　　×froid.(cf.4)
　　　　 Tu n'es pas gentil.
　　　―時間がなくて病院に友達のクリスティアンを見舞いに行けなかったんだ．
　　　―君は本当に冷たい奴だね．
　　　　優しくないね．

9- SN + sans cœur

On considère comme des personnes sans cœur ceux qui ignorent les véritables besoins des autres.　他人の心からの願いを顧みない人は薄情な人とみなされる．

183　ne ... jamais ... / ne ... jamais l'expérience

―――確認問題―――
次の文の誤りを正しなさい．
A. Je ne fais jamais d'auto-stop.
　　僕はヒッチハイクしたことはないよ．
B. Je n'ai pas eu l'expérience de vivre sous la tente.
　　私はテントの中で寝起きしたことはありません．

解答：A. ne fais jamais → n'ai jamais fait cf.1　B. pas → jamais cf.2

1- ne ... jamais ...

Je n'ai jamais mangé d'escargots. C'est la première fois.	エスカルゴを食べたことはないんです。初めてです。
Il n'a jamais voyagé à l'étranger.	彼は外国を旅したことがない。
Elle n'est jamais allée à un service religieux.	彼女は教会のおつとめに行ったことがない。
Dans notre famille, personne n'a jamais pris l'avion.	我が家では，誰も飛行機に乗ったことがない。

　使い方：1) ne ... jamais ... は，行為について用いられる。
　　　　　2) **1～2**，大抵の場合，動詞は複合過去になる。
　参　考：(E) never

2- ne ... jamais | avoir | l'expérience de + | SN
　　　　　　　　　 | faire |　　　　　　　　　| inf.

Les Allemands de l'Est, qui n'avaient jamais eu l'expérience de la démocratie, ont eu du mal à s'habituer à leur nouvelle façon de vivre.	旧東ドイツの人々は民主主義を経験したことがなかったので，新しい生活様式に慣れるのに大変だった。
Les enfants qui n'ont jamais fait l'expérience de la guerre croient que c'est un jeu.	戦争を経験していない子供たちは，戦争などゲームのように考えている。
Si l'on n'a jamais fait l'expérience du chômage, on ne peut pas comprendre le découragement des chômeurs.	失業の経験がなければ，失業者の失意のほどは理解できない。
Je n'ai jamais fait l'expérience d'une longue maladie et j'espère ne jamais la faire.	私は長い闘病経験がないし，これからも経験したくないものだ。

　注　意：この場合，expérimenter という動詞は用いない。

184　jeunes / jeunes gens / jeune homme / garçon

──── 確認問題 ────
　次の文に誤りがあれば正しなさい。
A. L'armée a besoin de jeunes hommes en bonne santé, fiers de leur pays.

軍隊は，健康で祖国を誇りに思う若者を必要とする．

B. La mort de John Lennon a influencé les jeunes gens.
ジョン・レノンの死は，若者に影響を及ぼした．

解答：A. jeunes hommes → jeunes gens cf.1-2)　B. ○ あるいは gens をとる cf.1-1), 2

1- 限定詞 + **jeunes gens**

1) Tous ces jeunes gens sont bien habillés : beaux complets et belles robes.
そこにいる若い男女は皆，美しい三揃いや美しいドレスで着飾っている．

Les jeunes gens aiment sortir ensemble; c'est normal : depuis tout petits, filles et garçons aiment se fréquenter.
若い男女は（カップルで）出かけるのを好む．それが普通で，非常に小さいときから男の子と女の子は仲良くするのが好きだ．

説　明：若い男女両方を含む語として用いる．
参　考：(E) youth; young people; young

2) Il n'y avait pas assez de jeunes gens, nous n'avons pas pu danser.
若い男の人があまりいなかったので，私達は踊れなかったね．

Les trois jeunes gens ont eu des réactions bien différentes.
三人の若者は三人三様の反応を示した．

説　明：jeune homme の複数形として用いる場合がある．des jeunes hommes とは言わない．
反　意：jeunes filles
　　　Puis des jeunes filles et des jeunes gens se sont mis à danser.
　　　そして若い乙女たち，青年たちは踊り始めた．
参　考：(E) young men; boys

2- 限定詞 + **jeunes**

Les jeunes d'aujourd'hui sont plus sérieux que ceux d'autrefois.
今の若者は昔の若者よりも真面目だよ．

Il faut faire confiance aux jeunes, c'est mon avis.
若者をもっと信頼しなければならないと，僕は思うね．

Cette année, beaucoup de jeunes auront du mal à trouver un travail, les filles plus encore que les garçons.
今年は仕事を見つけるのに苦労する若者が多いだろう．男子よりも女子の方がより苦労するだろう．

Je me suis trouvé face à une bande de jeunes vêtus de cuir noir.
私は黒い革の服を着た若者のグループの前に偶然出くわした．

Les jeunes ne savent pas ce que c'est que la pauvreté.　貧困がどういうものか若い人たちは知らない.

　説　明：1) 若い男女両方を指す.
　　　　　2) 今日 jeunes gens よりもよく用いられる.

3- jeune homme (単数)

Elle m'a présenté un jeune homme très, très sympathique.　彼女は, とても感じのよい若者を紹介してくれた.

Il y avait un jeune homme sous le portique qui semblait attendre quelqu'un.　柱廊には, 誰かを待っているらしい青年が一人いた.

　使い方：単数形のみで用いる.
　反　意：**3~4**, jeune fille
　参　考：**3~4**, (E) young man

4- 限定詞 + garçon (単数)

C'est un garçon beaucoup plus jeune qu'elle.　その人は, 彼女よりずっと若い男の子だ.

Quel genre de garçon te plairait ?　どんな男の子がお気に入りかしら？

　使い方：jeune homme は呼びかけに用いると, 軽蔑的ニュアンスを持つので, garçon を用いる.
　　　　Allons, de la tenue, | jeune homme.
　　　　　　　　　　　　　 | mon garçon.
　　　　| おい, お前, | 行儀をよくしろよ.
　　　　| ねえ, 君,　|

185　jouer / faire

――― 確認問題 ―――

次の文に誤りがあれば正しなさい.

A. Vous savez jouer au ski ?
　　あなたはスキーができますか.

B. Pour se détendre, il fait de la natation.
　　彼はリラックスするために水泳をやっている.

C. Elle joue au violon comme une virtuose.
　　彼女は名手のようにバイオリンを弾く.

D. Comme hobby, elle fait de la guitare.

> 趣味として彼女はギターをやっている．
>
> E. Maintenant, il va nous jouer une sonate avec sa flûte.
> ほら今から，彼はフルートでソナタを演奏してくれるよ．
>
> 解答：A. jouer au → faire du cf.12   B. ○ cf.12   C. au violon → du violon cf.5
> D. ○ cf.11   E. avec → sur cf.8

1- jouer à + 定冠詞 + 特定の名詞

Quand elle était petite, elle jouait très souvent à la poupée.	小さい頃，彼女はよくお人形遊びをした．
S'il pleut, nous jouerons au poker.	雨なら，ポーカーをして遊ぼう．
Cet après-midi, on pourrait jouer au monopoly.	今日の午後，よかったらモノポリーをしようか．
Je voudrais que tu cesses de dépenser de l'argent en jouant au pachinko.	パチンコをしてお金を無駄使いするのはやめてほしいんだけど．
Tu sais jouer aux échecs ?	チェスを知っているかい？
Il n'a pas eu de chance : il a joué à la roulette et il a perdu 300 euros.	彼は運がなかった．ルーレットをやって，300ユーロすった．

  特定の名詞：balle, marelle, échecs, poupée, marchande, bridge, poker, cartes, pachinko, go, cow-boy, Indiens, école, soldats, papa et à la maman, malade, monopoly, médecin et au malade, petite guerre など
  説 明：室内ゲームや小さい子供の遊びに用いる．
  比 較：Autrefois, elle aimait jouer à la poupée.
       Jeanne, va jouer avec ta poupée.
       その昔，彼女はお人形さんごっこが好きだった．
       ジャンヌ，お人形で遊んでらっしゃい．

2- jouer à + 特定の名詞

Viens avec nous jouer à cache-cache.	僕たちとかくれんぼをしにおいでよ．

  特定の名詞：cache-cache, chat perché, qui peut imiter le tigre ? など

3- jouer à + inf.

- Jouons à faire les bulles de savon les plus grosses possible. - D'accord.	—できるだけ大きなシャボン玉を作って遊ぼうよ． —いいよ．

4- jouer à qui + 動詞（未来形）

Jouons à qui sautera le plus loin possible. 誰が一番遠くまで跳べるか，やってみようよ．

Ils jouent à qui fera le plus beau château de sable. 彼らは，誰が一番きれいな砂の城を作るか競争している．

5- jouer de + 定冠詞 + 名詞（楽器）

Micheline a appris à jouer de la flûte, mais elle ne joue pas tellement bien. ミシュリーヌはフルートを習っていたけど，あんまり上手くない．

Vous sauriez jouer du piano ? Nous aurions besoin d'un accompagnateur. ピアノをお弾きになれますか．伴奏者が一人必要なんですが．

Finalement, j'ai découvert qu'elle ne savait pas jouer de la guitare. 結局彼女はギターが弾けないということがわかった．

À mon avis, il est important de jouer d'au moins un instrument de musique. 私は，少なくとも一つ楽器をやることが大切だと思う．

　参　考：(E) play the + 名詞（楽器）

6- jouer de + 定冠詞 + 作曲家名

Joue-nous un peu de Ravel, le Boléro, par exemple. ラヴェルをちょっと弾いてよ．ボレロか何か．

Il ne joue que du Rachmaninov. 彼はラフマニノフしか弾かない．

　注　意：作曲家が女性の場合でも du を用いる．
　　　　　Elle joue du Clara Schumann.
　　　　　彼女はクララ・シューマンを弾く．

7- jouer + 限定詞 + 名詞（曲など） + à + 定冠詞 + 特定の名詞（楽器）

－ Qu'est-ce que tu vas nous jouer au piano ? －ピアノで何を演奏してくれるんだい？
－ Une sonate de Beethoven. －ベートーヴェンのソナタさ．

　特定の名詞：piano, orgue, clavecin, guitare, harmonica など
　参　考：(E) play + SN + | on the | + 楽器
　　　　　　　　　　　　| with |

8- jouer + 限定詞 + 名詞（曲など） + sur + 限定詞 + 特定の名詞（楽器）

Joue-nous quelque chose sur ta clarinette. 君のクラリネットで何か演奏してくれよ．

Joue-nous du Chopin sur ton piano. 君のピアノでショパンを弾いてよ．

特定の名詞：piano, violon, clarinette, flûte, accordéon, orgue, clavecin など

9- SN (子供) + jouer avec + SN

Les enfants sont en train de jouer avec leurs cerfs-volants.	子供達は凧上げをしている.
Le chat aime jouer avec la souris avant de la manger.	猫はネズミを食べる前にじゃれつくのが好きだ.
Flora joue souvent avec la poupée de sa petite sœur.	フロラは妹の人形でよく遊んでいる.

　同　意：SN (子供) + s'amuser avec + SN

10- jouer à / faire de + 定冠詞 + 特定の名詞 (スポーツ)

- Les petits Américains préfèrent jouer au base-ball. Et les petits Français ? - Au foot.	ーアメリカの子供達は野球をする方が好きだ. フランスの子供達はどうだい. ーサッカーだよ.
Pour sa santé, mon père fait du golf.	父は健康のためにゴルフをしています.
Je n'ai jamais appris à jouer à la pétanque.	ペタンクは習ったことがありません.
Martine adore jouer au volley.	マルティーヌはバレーボールをするのが大好きだ.
Je voudrais lui apprendre à faire du foot quand il sera plus grand.	彼がもう少し大きくなったら, サッカーを教えてやりたいと思っている.

　特定の名詞：tennis, volley[-ball], base-ball, softball, golf, soccer, foot[ball], rugby, badminton, ping-pong, pétanque, crosse, cricket, curling, hockey など
　説　明：球技について用いる.

11- jouer / faire de + 定冠詞 + 名詞(楽器)

Danielle fait du piano dans ses moments de loisir.	ダニエルは暇な時にはピアノを弾いている.
Je fais de la clarinette pour me détendre.	私は気晴らしにクラリネットを吹く.
Ma sœur joue de l'accordéon.	私の姉(妹)はアコーディオンをやっている.

　説　明：習慣的に行っている音楽活動について用いる.
　慣　用：N'oublie pas de faire ton piano.

ピアノの練習するの忘れないでね.

12- faire de ＋ 定冠詞 ＋ 特定の名詞（スポーツ）

1) À l'université, j'aimerais faire de l'aïkido.　　大学では合気道をしたいと思っています.

Il s'est refait la santé en faisant du kendo.　　彼は剣道をやって健康を回復した.

Il n'y a rien de mieux que de faire du sport.　　スポーツをするのが一番です.

Le ski est un sport d'hiver et il y a beaucoup de gens qui veulent en faire.　　スキーは冬のスポーツです. スキーをやりたい人はたくさんいます.

　特定の名詞：1) **10** であげた特定の名詞のすべて
　　　　　2) ski, boxe, lutte, escrime, judo, sumo, aïkido, voile, karaté, vélo, patinage, bicyclette, course, marche à pied, danse, jogging, ballet, cheval, surf sur neige など
　説　明：習慣的に行っているスポーツについて用いる. 球技以外の場合, jouer は使えないことに注意.

2) Chaque week-end, je vais faire de la voile à Aburatsubo.　　毎週末僕は油壺にヨットをやりに行きます.

Les estivants font beaucoup de voile et de pêche.　　夏のヴァカンスに出た人たちは, ヨットや釣りを盛んにやる.

　特定の名詞：voile, natation, canoë, yatching, plongée sous-marine, surf, planche à voile, pêche
　説　明：水上, 水中のスポーツに用いられる.

3) Chaque jour, je fais un peu de gymnastique pour ma santé.　　毎日, 健康のために体操を少しやります.

Comme passe-temps, elle fait de la marche.　　ひまつぶしに, 彼女はウォーキングをやっています.

Le médecin lui a recommandé de faire du yoga.　　医者は彼（女）にヨガをするようにすすめた.

　特定の名詞：exercice, gymnastique, marche, yoga など
　説　明：習慣的に行っている身体運動, およびレクリエーションについて用いる.

13- faire un ＋ 特定の名詞

Hé, les amis! Faisons un billard, voulez-vous.　　なあ, みんな！ ビリヤードをやらないか.

Si tu viens à la maison, nous ferons un monopoly.　うちに来るならモノポリーをしようよ．

　　特定の名詞：**13〜14**, billard, tarot, scrabble, belote, go, domino, bridge, poker, monopoly, casse-tête, mah-jong など
　　参　考：(E) **13〜14**, have a game of ＋ 特定の名詞

14- faire une partie de ＋ 特定の名詞

Pour le décider à faire une partie d'échecs, il faut qu'Adrien l'invite.　彼にチェスをやらせようってのなら，アドリアンが彼を呼ばなくっちゃ．

À 6 h tous les soirs, il fait une partie de mah-jong avec ses copains.　毎晩6時に彼は同僚と麻雀をする．

　　特定の名詞：1) **13** であげた特定の名詞のすべて
　　　　　　　 2) cartes, échecs など

186　jouer ＋ 副詞 ＋ SN（スポーツ）／ c'est un ＋ 形容詞 ＋ 名詞（スポーツをやる人）／ être ＋ 形容詞 ＋ |en / pour| ＋ SN（教科，技術）

---- 確認問題 ----

次の文の誤りを正しなさい．

A. Il est très doué dans les sports d'hiver.
　　彼はウィンタースポーツの才能に非常に恵まれている．
B. Henri est fort pour échecs.
　　アンリはチェスが強いんだ．
C. Miki est médiocre dans la conversation espagnole alors que moi …
　　美紀はスペイン語会話が苦手なんだけれど，私は …
D. Il n'est pas bon au football.
　　彼はサッカーがうまくない．

解答：A. dans → pour cf.5　B. pour → en cf.4　C. dans la → en cf.3
D. Il n'est pas bon au football → Il ne joue pas bien au football. cf.1

1- jouer ＋ 副詞 ＋ à ＋ 定冠詞 ＋ 名詞（スポーツ）

Il joue beaucoup mieux au foot[ball] qu'au base-ball, tu ne crois pas ?　彼は野球よりサッカーの方がずっとうまいね．そう思わない？

Je n'ai jamais vu quelqu'un d'aussi doué pour bien jouer à la pétanque.	ペタンクがこんなに上手な人を見たことがない。
Pour bien jouer au volley, il faut beaucoup s'entraîner, c'est mon expérience.	バレーボールがうまくなるには沢山練習しなければならない。私の経験から言ってそうだ。

使い方：**1〜2**，あるスポーツが上手だという場合，être + bon, meilleur, mauvais, fort + à + 定冠詞+名詞（スポーツ）という形や，bien faire + 部分冠詞 + 名詞（スポーツ）といった表現は用いない。

1) × Il fait bien du tennis.
　× Il est bon au tennis.
　Il joue bien au tennis.
　C'est un bon joueur de tennis.
　彼はテニスがうまい。

2) × Il n'est pas | fort | au tennis.
　　　　　　　　| bon |
　× Il ne fait pas bien du tennis.
　Il ne joue pas bien au tennis.
　Ce n'est pas un bon joueur de tennis.
　彼はテニスがうまくない。

参　考：**1〜2**, (E) be a + 形容詞 + player, play + SN + 副詞

2- c'est un + 形容詞 + 名詞（競技者）

Julien, c'est un excellent joueur de tennis.	ジュリアンはとてもテニスがうまい。
C'est une bonne joueuse de ping-pong. Elle me bat toutes les fois qu'on joue.	彼女は卓球がうまいよ。私はやるたびに負かされるんだ。
Takashi, c'est un excellent lutteur de sumo.	孝はすばらしい力士だ。

3- être + 特定の形容詞 + en + 名詞（教科名）

Mario est bon en mathématiques, mais faible en géographie.	マリオは数学は得意だが，地理は苦手だ。
Il est nul, mais vraiment nul en chimie organique.	彼はだめだ，有機化学はからっきしだめだ。
– Il est meilleur en algèbre qu'en physique. Ses notes le confirment. – Tu sais pourquoi?	―彼は物理よりも代数が得意だ。点を見ればわかるよ。 ―どうしてだか知ってる？

特定の形容詞：fort, nul, faible, bon, médiocre, meilleur, ignorant, brillant, calé（くだけた表現）

使い方：1) **3〜5**, en に続く名詞は無冠詞で用いなければならない。

Il est fort en biologie mais faible dans les autres matières.
彼は生物学は得意だが，他の分野は苦手だ．

2) **3〜5**, à は用いられない．

慣用: Ayant été lui-même fort en maths, le professeur ne pourrait pas imaginer qu'un fort en thème ne puisse pas comprendre son cours !
先生は自分自身数学が得意だったので，優秀な学生が自分の講義を理解できないとは思いもよらないだろう．

参考: **3〜4**, (E) 形容詞 + at + 名詞 (教科名, 技術)

4- être + 特定の形容詞 + en + 名詞 (技術)

Je serais bien surpris qu'il soit compétent en électronique, il n'a fait que des études de lettres.
まさか彼が電子工学に明るいだなんて，文学の勉強しかしてこなかったのに．

Je suis parfaitement ignorante en musique.
私は音楽に関しては全く無知です．

Ma femme est adroite en couture. C'est sa mère qui la lui a apprise.
私の妻は裁縫が上手だ．母親から教わったのだ．

特定の形容詞: bon, fort, nul, faible, maladroit, adroit, médiocre, expert, meilleur, compétent, incompétent, habile, ignorant, savant など

5- être doué | en + 名詞
            | pour + SN

Il est très doué en philosophie.
彼は哲学の才能が非常に豊かだ．

Je n'ai jamais vu une personne aussi douée pour les langues étrangères.
外国語の才にこれほど恵まれた人に今まで会ったことがない．

参考: (E) gifted for + SN

187 journal

---**確認問題**---

次の文に誤りがあれば，正しなさい．

A. On a parlé de l'affaire Tchernobyl dans tous les journaux.
全ての新聞がチェルノブイリの事故を取り上げた．

B. Il ne lit que le journal d'Asahi.
彼は「朝日新聞」しか読まない．

C. Achète-moi le journal, n'importe lequel.

> 新聞を買ってちょうだい．どれでもいいから．
> 解答：A. ○ cf.3 B. d'Asahi → Asahi cf.1 C. le journal → un journal cf.4

1- le journal + 新聞名

Le journal *Le Monde* a critiqué la politique gouvernementale.
日刊紙ル・モンドが政府の政策を批判した．

2- | le / 所有形容詞 | + journal

Mon père lit son journal tous les matins en buvant un café bien fort.
父は毎朝濃いコーヒーを飲みながらいつもの新聞を読む．

Il n'y a rien comme le journal pour savoir ce qui se passe.
起こっていることを知る上で新聞にまさるものはない．

J'ai lu la nouvelle dans le journal de ce matin.
今朝の新聞でニュースを知りました．

3- les journaux

- Les journaux n'en ont pas parlé.
- Tiens, c'est étrange !

—どの新聞にも出ていませんよ．
—へえ，それは変だね．

4- 不定冠詞 + journal

Ils publient un petit journal mensuel.
彼らは小さな月刊新聞を出している．

188 laisser

> **確認問題**
> 次の文の誤りを正しなさい．
> A. Maman, demain, c'est dimanche, fais-moi dormir.
>   お母さん，明日は日曜だよ．寝かせておいてね．
> B. Laisse la fenêtre ouvrir. Il fait très chaud.
>   窓を開けておいて．今日はすごく暑いよ．
> C. Réfléchissez-moi, je vous donnerai la réponse dans quelques jours.
>   考えさせて下さい．何日か後にあなたにお答えします．
> D. Son père lui laisse prendre sa voiture.
>   彼の父は自分の車を彼に使わせている．

解答：A. fais → laisse cf.1　B. ouvrir → ouverte cf.5
C. Réfléchissez-moi → Laissez-moi réfléchir cf.1
D. lui laisse prendre → le laisse prendre cf.3

1- SN（人）+ laisser + SN（人）+ inf.

- Papa, laisse-moi aller faire un safari en Afrique.　　―おとうさん，アフリカに猛獣狩りに行かせてよ．
- Un safari en Afrique ! Pas question !　　―アフリカで猛獣狩りだって！問題外だ．

- Papa, laisse-moi conduire la voiture.　　―おとうさん，車運転させて．
- Mais tu n'as pas le permis de conduire.　　―でもおまえは免許がないじゃないか．

Laissez-moi vous dire que tout le monde a poussé un ouf de soulagement.　　よろしければ申し上げますが，皆安心してほっとため息をついたのです．

Laisse-moi m'asseoir près de toi, veux-tu ?　　君のそばに座らせてもらっていいかな．

Pardon, voudriez-vous nous laisser passer, s'il vous plaît ?　　すみませんが，通していただけるでしょうか．

Laisse ton petit frère s'asseoir près de la fenêtre.　　弟を窓のそばに座らせてあげなさい．

Il ne faut pas laisser les enfants jouer dans la rue. Ce n'est pas prudent.　　子供たちを道で遊ばせておいてはいけませんよ．それは危ないですよ．

- Si on pouvait laisser chacun faire ce qu'il veut !　　―誰でもしたいことをさせてもらえたらなあ．
- Ce serait le paradis !　　―そうなれば天国だよ．

Mes parents ne me laissent jamais sortir après 10 h.　　両親は私を10時すぎには外に出してくれないの．

使い方：1) **1〜4**, 使役の faire の場合と同様に，代名詞は laisser の前に置かれる．
　　　　Il te | laissera | raconter ton histoire.
　　　　　　 | fera |
　　　　彼は君に君の話を｜自由にさせておくだろう．
　　　　　　　　　　　｜させるだろう．

　　　　Il veut te raconter son histoire.
　　　　彼は自分の話を君にしたがっている．

　　　2) **1〜7**, laisser は複合時制で過去分詞の性数一致をしない．

説　明：許可の意味がある．

慣　用：1) Laisse-moi faire, je vais m'occuper de la vaisselle.
　　　　　　任せてよ．僕がお皿を洗うよ．
　　　2) Bah, laisse courir, cela n'a pas d'importance.
　　　　　　うーん，成り行きにまかせてよ．大したことじゃないよ．

3) Je n'ai jamais compris pourquoi elle m'a laissé tomber.
どうして彼女が僕を振ったのか全然わからなかった.

2- laisser + SN + inf.
inf. + SN

Laisse le gâteau cuire encore un peu.	ケーキをもう少しよく焼きなさい.
Ma sœur a la mauvaise habitude de laisser | son réveil sonner. | sonner son réveil.	姉は悪いくせでいつも目覚ましを鳴らしたままにしておくの.
Ne laisse pas refroidir ta soupe. Mange-la tout de suite.	スープが冷めてしまいますよ. すぐに飲みなさい.
Laissons encore l'eau bouillir [pendant] quelques minutes.	あと何分間かお湯を沸騰させておきましょう.
Ils n'ont pas voulu nous laisser partir. Ils nous ont invités à dîner.	彼らは私たちをそのまま帰らせたくなかった. 私たちを夕食に招いてくれた.
Le professeur ne laisse pas les étudiants bavarder en classe.	先生は学生たちに教室で私語をさせてはおかない.
Va répondre, ne laisse pas | sonner le téléphone. | le téléphone sonner.	出てよ. 電話のベルが鳴りっぱなしだ.
Monsieur! Monsieur! Vous avez laissé tomber votre portefeuille.	そこのお方, 財布を落としましたよ.

使い方: 上記の形で SN が名詞の場合, そして用いられる inf. が自動詞, つまり直接目的補語を伴わない場合, SN は inf. の前でも後でも良い.

Il faut laisser | Paul parler.
| parler Paul.
| Paul dire ce qu'il veut.
| × dire Paul ce qu'il veut.

ポールに | 話をさせておこう.
| 言いたいことを言わせておこう.

比　較: J'étais tellement surprise que j'ai laissé tomber mon sac.
Quel vilain garnement! Tu as fait tomber ta sœur dans l'escalier.
私はひどく驚いたので, かばんを落としてしまったの.
なんて悪い子なんだ! 妹を階段から突き落とすなんて.

慣　用: Alors, ils ont tout laissé tomber, et ils sont partis pour le Brésil.
それで, 彼らは何もかもほっぽり出して, ブラジルに向かったんだよ.

3- SN + | le | laisser + inf. [+SN]
　　　　　| la |
　　　　　| les |

1) Laisse-le donc parler.　　　　　　　　　彼に話させておきなさい．

Pourquoi les as-tu laissé partir?　　　　どうして彼らをそのまま行かせたの？

Leurs parents ne les laissent pas fumer.　彼らの両親は，彼らにタバコを吸わせません．

2) Laisse-les voir ton album de photos.　彼らに君のアルバムを見せてあげなさい．

Laisse-moi t'aider. Je vais prendre une de tes valises.　僕に手伝わせてよ．スーツケースを一つ持ってあげるよ．

Pourquoi ne pas te taire et la laisser faire ce qui lui plaît?　少し黙ったらどうだい．で，彼女にしたいことをさせたらどうだい．

Ses parents le laissent étudier le polonais.　彼の両親は彼がポーランド語を勉強するのを認めている．

使い方：laisser の目的語となる人称代名詞は直接目的補語のみ．

比　較：

| Monsieur Grosjean | les laisse
× leur laisse | parfois chanter. |
| | les laisse
× leur laisse
leur fait | parfois chanter la Marseillaise. |

グロジャン先生は彼らに時折　歌を自由に歌わせる．
　　　　　　　　　　　　　　ラ・マルセイエーズを　自由に歌わせる．
　　　　　　　　　　　　　　　　　　　　　　　　　歌わせる．

4- laisser + SN + 特定の形容詞

1) Leurs parents les laissent complètement libres de faire ce qu'ils veulent.　彼らの両親は彼らのしたいことを全く自由にさせておくんだよ．

Tout ce que je te demande, c'est qu'on me laisse tranquille.　君にお願いすることは，僕をそっとしておいて欲しいということだけだよ．

Il ne faut pas laisser les enfants seuls dans une voiture.　車の中に子供たちだけを乗せておいてはいけません．

Chantal a demandé qu'on la laisse seule.　シャンタルは一人にしておいてと言った．

特定の形容詞：libre [de + inf.], tranquille, seul など

2) Sa remarque a laissé tout le monde perplexe. 彼(女)の指摘は皆を当惑させてしまった。

La politique me laisse indifférent. 政治には無関心なままですよ。

　　特定の形容詞：indifférent, froid, songeur, perplexe, triste など

5- laisser + SN + 過去分詞（特定の動詞）

Laisse la porte ouverte. Il fait tellement chaud. ドアを開けておいて。すごく暑いんだよ。

Ne laisse pas la télévision allumée quand tu vas te coucher. テレビをつけっ放しにして寝ないでね。

　　特定の動詞の過去分詞：ouvert, fermé, allumé, éteint, couché, assis など

比　較：1) Il laisse son magasin ouvert jusqu'à 19 h.
　　　　　 Le grand magasin Takashimaya reste ouvert jusqu'à 19 h.
　　　　　彼は店を19時まで開けている。
　　　　　高島屋デパートは19時まで営業しています。

　　　2) Laisse les enfants | couchés. Il est encore trop tôt.
　　　　　　　　　　　　　　| se coucher. Ils sont fatigués après une telle journée.
　　　　　子供たちを | 寝かしておきなさい。まだ早過ぎるよ。
　　　　　　　　　　 | そのまま寝かせなさい。大変な一日を過ごして疲れているんです。

　　　3) Laisse-moi | couché, je n'ai pas de cours aujourd'hui.
　　　　　　　　　　| dormir demain, je n'ai pas de cours.
　　　　　このまま寝かせておいてよ。今日は授業がないんだ。
　　　　　明日は眠らせておいてよ。授業がないんだ。

6- laisser + SN + 特定の言い回し

Christian, ne laisse pas tes CD par terre. クリスティアン、CDを床に置いておかないで。

Laisse les enfants au lit. Il est encore trop tôt pour les faire lever. 子供たちを寝かしておきなさい。起こすにはまだ早過ぎるよ。

Ce n'est pas poli de laisser un vieillard debout dans le train. 電車でお年寄りを立たせておくのは親切じゃないね。

Il ne faut pas laisser un chien et un singe ensemble, paraît-il. 犬と猿を一緒にしておいてはいけないらしいよ。

Depuis qu'elle est toute petite, elle a la mauvaise habitude de laisser sa chambre en désordre. すごく小さい頃から、彼女は部屋をちらかしておく悪いくせがある。

Il n'avait pas laissé d'argent de côté quand il est mort. 彼が死んだ時, 貯金は一銭もなかった.

　特定の言い回し：par terre, debout, ensemble, de côté, en ordre, en désordre, en paix, au lit, à genoux, sans le sou, sur place, dans l'embarras, sens dessus-dessous など

189 se laisser + inf.

― 確認問題 ―

次の文の誤りを正しなさい.
A. Les Dodgers se sont laissé battu par les Red Sox.
　ドジャースはレッドソックスに負けた.
B. Je suis laissé surprendre par la pluie à Ginza.
　僕は銀座で雨に降られてしまった.
C. Ce plat nous laisse manger, mais je préfère celui-là.
　この料理は食べられるけれど, 僕はあっちの方が好きだ.

　　　解答：A. se sont laissé battu → se sont laisssé battre cf.1
　　　　　　B. Je suis laissé → je me suis laissé cf.1　C. nous laisse → se laisse cf.2

1- se laisser + inf. (特定の動詞) [+ par + SN]

1) Les Allemands se sont laissé tromper par Hitler. ドイツ人はヒトラーにだまされたのだ.

Oda Nobunaga s'est laissé duper par Akechi Mitsuhide. 織田信長は明智光秀に裏切られた.

Je me suis laissé avoir par le marchand de chaussures. あの靴屋にだまされたよ.

Allons, ne te laisse pas faire! La prochaine fois, donne-lui un coup de poing, toi aussi. ねえ, 言いなりにならないで. 次はお前もあの子を殴ってやりなさいよ.

Elle a dû se laisser distraire par une autre voiture. 彼女は別の車で気晴らしをしたはずだ.

　特定の動詞：mener par le bout du nez, tromper, duper, battre, distraire, gagner, avoir (くだけた表現), ruiner, tourner la tête, embrasser, conduire, insulter など
　使い方：1〜8, se laisser は複合時制で過去分詞の性数一致をしない.
　比　較：Madame Séverin | s'est laissé voler par ses associés.
　　　　　　　　　　　　 | s'est fait voler par ses associés.

セヴランさんは，共同出資者たちに盗みを｜働かれてしまったんだ．
｜働かれたんだ．

慣　用：Il se laisse mener par le bout du nez par sa femme.
　　　　彼は妻の言いなりになっている．

2) Marianne s'est laissé tourner la tête par un beau garçon.
マリアンヌはハンサムな男の子を見て，めまいがした．

Il m'a dit : "J'ai l'impression que les Japonais se laissent influencer par les Américains dans cette affaire."
彼は私に言った．「僕の印象では，日本人はこの件に関してアメリカ人に左右されているんだよ．」

Il ne faut pas te laisser décourager.
がっかりしたままじゃいけないよ．

Il ne faut pas qu'elle se laisse abattre. Ce n'est qu'une petite épreuve.
彼女は落胆していてはいけない．大した試験じゃないんだ．

Bruno aurait préféré se laisser mourir de faim plutôt que de vivre en prison.
ブリュノーなら，刑務所で暮らすよりもむしろ餓死する方を選んだだろうね．

À la fin, il s'est laissé gagner par le sommeil.
とうとう彼は眠り込んでしまった．

Finalement, je me suis laissé convaincre.
結局，私は納得させられました．

Avec la retraite, ils pourront se laisser vivre modestement, mais tranquillement.
定年退職したら，彼らはつつましくのんびりと生きていくだろうね．

特定の動詞：vivre, caresser, influencer, décourager, abattre, convaincre, entraîner など

比　較：1) Notre chatte ｜ se laisse facilement caresser.
　　　　　　　　　　　｜ aime se faire caresser.
　　　　　うちの猫は｜すぐになでられるままになるよ．
　　　　　　　　　　｜なでてもらうのが好きなんだ．

　　　　2) － Qu'est-ce que tu as ?
　　　　　　－ Je me suis ｜ laissé piquer ｜ par une abeille.
　　　　　　　　　　　　　｜ fait piquer　　｜
　　　　　　―どうしたの？
　　　　　　―ハチに刺され｜てしまったんだ．
　　　　　　　　　　　　　｜たんだ．

2- SN (物) + se laisser + inf. (特定の動詞)

1) Leur piquette se laisse boire, sans plus.
あそこの安ワインは，まあ飲めるけど，それ以上のものじゃない．

－ Comment était le dernier film de Spielberg ?
－ Ce n'est pas son meilleur, il se laisse voir.
―スピルバーグの新しい映画，どうだった？
―最高傑作じゃないけど，悪くないよ．

2) Cette biographie de Napoléon se laisse lire comme un roman.

このナポレオンの伝記は、小説みたいに読めるね。

Ses gâteaux sont tellement bons qu'ils se laissent manger tout seuls.

彼女のお菓子はすごくおいしいから、いつの間にかなくなっちゃうなあ。

特定の動詞：manger, boire, lire, voir など

3- se laisser aller

- Comment va ton père depuis son deuxième infarctus ?
- Il ne veut plus manger. Il se laisse aller. Je ne crois pas qu'il en ait pour longtemps.

―二度目の心筋梗塞以来、君のお父さんはどうだい？
―もう食欲がないんだ。なげやりになっているんだ。もう長くないと思うよ。

Relâche tes muscles, laisse-toi aller. Bon, comme ça.

力を抜いて、なるがままにするんだ。そう、そんなふうに。

4- se laisser aller à + 限定詞 + 特定の名詞

Il s'est laissé aller au découragement. Pourtant tout allait si bien.

彼は気落ちしてなげやりになっていた。全てがうまく行っていたのにね。

- Madame Takagi s'est laissé aller à la dépense : un manteau de vison et trois robes du soir.
- Elle y est allée un peu fort.

―高木さんの奥さんはついついお金を浪費しちゃったんだよ。ミンクのコートに、イヴニングドレス3着も。
―それは、やりすぎだったなあ。

特定の名詞：jalousie, désespoir, colère, découragement, dépense, paresse, incertitude など

5- se laisser aller à + inf.

Je me suis laissé aller à lui faire des confidences, je n'aurais pas dû.

私はつい彼に打ち明け話をしてしまったんだけど、そうすべきじゃなかった。

6- se laisser dire [par SN (人)] que + 節 (あらたまって)

Je me suis laissé dire par Monsieur Aubry que vous allez vous présenter comme candidat aux prochaines élections. Est-ce que c'est vrai ?

オブリーさんからあなたがこの次の選挙に立候補するつもりだということをもれ聞きました。それは本当ですか？

Elle s'est laissé dire en cachette qu'elle allait devenir sous-directrice du lycée.

彼女は陰で、自分がその高校の副校長になるだろうと言われているのを耳にした。

同　意：entendre dire que + 節

7- se laisser faire

1) Laisse-toi faire une piqûre, ça ne va pas te faire mal.
黙って注射をしてもらいなさい。痛くないよ。

Laisse-toi faire, je vais te nouer ta cravate.
任せて。ネクタイを結んであげるよ。

Un inconnu a voulu l'embrasser mais elle ne s'est pas laissé faire.
見知らぬ男が彼女にキスをしたがったが、彼女はそうさせなかった。

2) Il m'a répété plusieurs fois qu'il n'avait pas l'intention de se laisser faire.
彼は何度も私に、このまま黙っているつもりはないんだと言った。

Je préfère les gens qui ne se laissent pas faire.
僕は、人のいいなりにならない人たちの方が好きだなあ。

8- se laisser pousser + 限定詞 + 特定の名詞

À partir de maintenant, je vais me laisser pousser une moustache.
これから僕は口髭を伸ばそうと思っているんだ。

Vous devriez vous laisser pousser la barbe, ça vous irait beaucoup mieux.
あなたは顎髭を伸ばしてみたらいかがですか？ その方がずっとよく似合うと思うのですが。

Si j'avais plus de cheveux, je me les laisserais pousser comme les Hippies.
もし髪の毛がふさふさしていたら、ヒッピーみたいに伸ばしておくんだけど。

特定の名詞：barbe, moustache, favoris, cheveux, ongles, poils など

190　le / c'est ce que / en / y

確認問題

次の文に誤りがあれば正しなさい。

A. Elle n'est pas aussi bavarde qu'on dit.
　彼女は人が言うほどおしゃべりではない。

B. Je pense qu'ils ont bien travaillé : tu ne le trouves pas ?
　彼らはよく働いたと思うけれど、そう思わない？

C. Maria est plus jeune que je ne la croyais.
　マリアは私が思っていたよりも若い。

D J'irai en Afrique même si mes parents m'en défendent.
　たとえ親が止めても私はアフリカに行く。

E. J'ai essayé de soulever le piano mais je ne le suis pas parvenu.
ピアノを持ち上げようとしたが、だめだった。

F. Elle est passée chez nous? Je ne me le suis pas aperçue.
彼女はうちに寄っていったの？ 気が付かなかったわ。

解答：A. ○、あるいは on dit → on le dit cf.1　B. tu ne le trouves pas → tu ne trouves pas cf.3
C. la → le ただしこの le は省略可能 cf.1　D. m'en → me le cf.2-1)
E. je ne le suis pas parvenu → je n'y suis pas parvenu cf.7
F. Je ne me le suis pas aperçue → Je ne m'en suis pas aperçu cf.5

1- [le] ＋ 特定の動詞 (会話)

1) – Elle s'est cassé le col du fémur la semaine dernière.　—彼女は先週大腿骨頸部を折ったんだ。
– Tiens, je ne [le] savais pas.　—えっ、知らなかった。

– Sur la recommandation de son école, Masahito est entré à l'Université Waseda.　—高校の推薦で正人は早稲田大学に入った。
– Ah! Je l'ignorais. / J'ignorais.　—えっ、知らなかった。

– Souhaitons qu'il fasse beau.　—天気がよくなるといいね。
– Je l'espère aussi. / J'espère　—そうだね。

Je l'admets, / J'admets, j'ai mes torts.　ごもっともです。私に非があります。

Comme tous les Japonais [le] savent, le prix des terrains à Tokyo est le plus élevé du Japon.　日本人なら誰でも知っているように、東京の地価は全国で一番高い。

La discussion ne s'est pas déroulée comme nous [l']avions prévu.　ディスカッションは、私たちが予想したようには展開しなかった。

– Il n'a pas à s'en faire.　—彼は心配することなんてないのさ。
– Oui, je sais, je sais.　—ええ、十分知ってますよ。

特定の動詞：savoir, faire, penser, ignorer, reconnaître, admettre, espérer, prévoir, imaginer, sentir, deviner, désirer など

参　考：1) これらの動詞は、非常によく用いられ、この場合、le はあってもなくてもよいが、le がある場合の方が改まった感じがする。
2) 会話文で、比較の後の le は用いても用いなくてもよい。虚辞の ne も同様。
Il est moins jeune qu'on [ne] [le] pense.
彼は人が思うほど若くはない。

Il est plus raffiné que | je ne l'imaginais.
　　　　　　　　　　　| j'imaginais.
　　　　　　　　　　　| je n'imaginais.
彼は私が思っていたより洗練されている。
La permissivité nuit à l'enfant beaucoup plus que les parents ne le pensent.
放任主義は親が思っているよりずっと子供に害を与えている。

2) - Vous serez là à 10 h ?　　　　　　―10時にはあちらにいらっしゃいますか？
　　- Oui, si nous [le] pouvons.　　　―ええ、できたらそうします。

S'il [le] faut, nous ferons un emprunt.　必要ならお金を借りましょう。

Si vous [le] voulez bien, nous allons passer à la salle de réception.
もしあなたがよければ、レセプションの会場に移りましょう。

Si tu [le] veux, on ira la saluer.　よければ彼女にあいさつに行こう。

　特定の動詞：pouvoir, vouloir, il faut, désirer など
　使い方：1) le は用いても用いなくてもよい。
　　　　　2) le が省略されている場合は、会話が少しくだけたレベルであることが示される。
Il voulait devenir ingénieur, mais ses parents ne [l']ont pas voulu.
彼はエンジニアになりたかったが、両親はそう望んではいなかった。
Beaucoup de jeunes ne sont pas en mesure d'affronter ces problèmes autant qu'il [le] faudrait.
多くの若者は、これらの問題に立ち向かうにしかるべき能力がない。

2- le ＋ 特定の動詞

1) - Je voudrais faire un voyage avec Cristel.　―クリステルと旅行したいんだ。
　　- Tes parents vont te le permettre ?　　　―君のご両親が許してくれるかな。

- Est-ce qu'il peut encore fumer ?　　　―彼はまだ煙草を吸っていいの？
- Non, le médecin le lui a défendu.　　―いや、医者に止められたんだ。

Il a quitté son travail sans me le dire.　彼は私に何も言わずに仕事をやめた。

- On t'avait dit de fermer la porte ?　　―ドアを閉めるよう言われてた？
- Oui, on me l'avait dit, mais j'ai oublié.　―うん、言われてた。でも忘れたんだ。

　特定の動詞：permettre, défendre, interdire, reprocher, dire, conseiller, demander, exiger, suggérer, oublier など
　使い方：1) 1)～3)、必ず le を用いる。
　　　　　2) これらの動詞は、前置詞 de ＋ inf. という形を導くが、この不定法の代わりには en ではなくて le を用いる。

Je te permets ce voyage.→ Je te le permets.
その旅行に行っていいよ.
Je te permets de voyager en Afrique.→ | Je te le permets.
| × Je t'en permets.
アフリカに旅行に行ってもいいよ.

2) Il est bien sympathique mais sa femme ne l'est pas autant que lui. 彼は実に感じがよいが,彼の奥さんは彼ほどではない.

Georges est avare mais il ne le paraît pas. ジョルジュはけちだが,外見はそうは見えない.

Ce qui est obligatoire pour l'aînée l'est aussi pour la cadette. 姉にとってやらなければならないことは,妹にとってもそうだ.

Le problème tibétain n'est pas encore à la mode, mais il le deviendra bientôt. チベット問題はまだはやりではないが,やがてそうなるだろう.

特定の動詞:être, devenir, paraître, rester など
注　意:le は中性代名詞で不変.
Paresseuse, cette fille ? Elle ne le paraît pas ! (=être paresseuse)
あの娘が怠け者だって? そうは見えないけどね.
50 ans, lui ? Il ne les paraît pas ! (les=les 50 ans)
50 ans, lui ? Il ne le paraît pas ! (le=avoir 50 ans)
彼は50才だって? そうは見えないね.

3) Il disait qu'il avait raison et il le pense toujours bien qu'on lui ait prouvé le contraire. 彼は,自分が正しいと言ってたし,人から違うと言われても,相変わらずそう思っている.

3- 特定の言い回し (le なしで用いる) (会話)

Il a, je crois, un complexe d'infériorité. 彼は劣等感を持っていると思うよ.

Il pourrait prendre mieux soin de sa personne, je trouve. 彼はもっと身なりに気を配ってもいいと思うよ.

- Il a l'air esquinté. —彼はへとへとのようだね.
- Tu trouves ? —そう思う?

特定の言い回し:je trouve, tu trouves, je crois, j'imagine, tu vois, vous voyez, je suppose, je pense, tu crois など
使い方:挿入節として用いる.

4- c'est ce que + SN + 特定の動詞

– La situation économique va de mal en pis.
– C'est ce que je pense moi aussi.

―経済情勢はますます悪くなっている．
―私もその通りだと思います．

L'homme des neiges existe, c'est ce que j'ai toujours cru.

雪男は実在する．私はずっとそう信じてきた．

– Ils cherchent un appartement au centre de Tokyo ?
– C'est bien ce qu'ils m'ont dit.

―彼らは東京の中心地にマンションを探しているのですか．
―彼らは私にたしかにそう言いましたよ．

　　特定の動詞：penser, croire, dire, imaginer, prévoir, supposer など
　　使い方：強調する場合 le の代わりに用いる．
　　参　考：(E) that is what ...

5- en + 特定の動詞

Avant que je m'en rende compte, le pickpocket avait déjà filé.

気づいたときには，すりはもう逃げ去っていた．

Il a pris ma bicyclette sans m'en parler.

彼は私に断わらずに，私の自転車を使った．

　　特定の動詞：se rendre compte, se moquer, s'apercevoir, se balancer, parler, convaincre, se foutre（くだけて）など
　　使い方：5〜6, en は de ではじまる前置詞句に代わる．

6- [en] être + 特定の形容詞（会話）

Elle deviendra une excellente pianiste, elle [en] est capable.

彼女はすばらしいピアニストになるでしょう．彼女にはそれが可能だ．

La ville de Jérusalem restera célèbre, j'en suis sûr.

エルサレムの町は有名であり続けると，私はそう確信しています．

　　特定の形容詞：capable, incapable, heureux, sûr, certain など

7- y + 特定の動詞

– Serais-tu d'accord pour emmener Sylvie avec nous ?
– J'y songerai.

―シルヴィーも一緒に連れて行ってもいいだろうか．
―考えてみるよ．

Je devais passer chez le pâtissier mais je n'y ai pas pensé.

あのお菓子屋さんに寄らなければならなかったのに，忘れてしまった．

　　特定の動詞：penser, songer, arriver, parvenir, se mettre など
　　使い方：y は à ではじまる前置詞句に代わる．
　　　　　　– Tu penses à entrer à l'université l'an prochain ?

– Oui, j'y pense de plus en plus.
―来年大学へ入ることを考えてる？
―うん，ますます考えるようになってきたよ．

191 lequel / quel / qui

確認問題

次の文の（　）の中に適切な語句を入れなさい．

A. (　　) histoire il t'a encore racontée ?
　　彼はまたどんな話をしたいんだい？

B. (　　) de ces deux solutions avez-vous choisie, finalement ?
　　あの二つの解決策のうちのどちらを結局選びましたか？

C. Dans (　　) branche de la chimie tu vas te spécialiser ?
　　君は化学のどんな部門を専門にするんだい？

D. (　　) était son prénom déjà ?
　　彼の名前は何だったっけ．

解答：A. Quelle cf.2　B. Laquelle cf.1　C. quelle cf.2　D. Quel cf.3

1- lequel

Lequel est le plus vieux ? Marc ou Jean-François ?
どっちが年上ですか．マルク，それともジャン＝フランソワ？

– Sur la photo, ta sœur c'est laquelle ?
– C'est celle qui porte un chapeau de paille.
―写真の中であなたの妹さんはどちら？
―麦藁帽子をかぶったほうだよ．

J'ai un billet d'une ligne aérienne, je ne sais plus laquelle.
私はある航空会社の航空券を持っているが，どの会社かは忘れた．

– Il a des habitudes bizarres, lui.
– Lesquelles, par exemple ?
―彼には変な習慣があるね．
―例えばどんな？

Apporte-moi un journal, n'importe lequel.
何でもいいから新聞を持ってきてちょうだい．

Tu as tellement de rêves qu'on se demande lesquels tu vas réaliser.
君にはたくさん夢があるから，その中のどれを実現させるつもりなのかと思う．

使い方：1) 名詞を伴わずに用いられる．
　　　　2) 疑問代名詞であり，主語あるいは直接目的語として用いられる．

注　意：Il y avait plusieurs romans, je ne savais pas lequel | choisir.
　　　　　　　　　　　　　　　　　　　　　　　　　　　　　| je devais
　　　　　　　　　　　　　　　　　　　　　　　　　　　　　|　　choisir.
　　　　　　　　　　　　　　　　　　　　　　　　　　　　　| × à choisir.

　　　　　　小説が何冊もあったので，どれを選んだらいいのかわからなかった．
参　考：(E) which one

2- quel + 名詞

Pour ton mémoire de licence, tu as choisi quel auteur ?　　卒論に選んだ作家は誰ですか？

Vous pouvez prendre n'importe quel train, ils s'arrêtent tous à Yokohama.　　どの電車に乗ってもいいですよ．全部横浜で停車しますから．

Tu pourrais me dire à quel employé je dois me présenter pour porter plainte ?　　苦情を言うには，どの職員に申し出ればよいのか教えてちょうだい．

Vous allez dans quelle direction, Messieurs ?　　どちらの方角にいらっしゃるのですか？

注　意：Il ne savait plus quelle attitude | prendre.
　　　　　　　　　　　　　　　　　　　　| il devait prendre.
　　　　　　　　　　　　　　　　　　　　| × à prendre.

　　　　　彼はどんな態度をとったらよいかわからなくなった．

比　較：Je vais acheter une revue, n'importe laquelle.
　　　　Je vais acheter n'importe quelle revue.
　　　　雑誌を買おう．何でもいいや．
　　　　どの雑誌でもいいから買おう．

参　考：(E) which + 名詞

3- quel est + SN (物)

Je ne sais pas quelle est sa nouvelle adresse.　　彼の新住所は知りません．

Quels sont les derniers développements en Chine ?　　中国の最近の情勢はどうですか．

使い方：quel は疑問形容詞で，常に名詞との関連があり，その名詞に性数を合わせる．
参　考：(E) what

4- qui est + SN (人)

J'ignore qui est l'auteur de ce roman.　　その小説の作者が誰かはわかりません．

- Qui est celui qui a fait ça ?　　―こんなことをしたのは誰ですか？
- Ce n'est pas moi, Madame.　　―私じゃありません，先生．

参考：(E) who

192 leur / leurs (所有形容詞)

> **確認問題**
>
> 次の文に誤りがあれば正しなさい．
> A. Quand mes enfants auront fini leur étude, ils devront travailler dans la société de leur père.
>   子供たちは学業を終えたら，お父さんの会社で働かなければならないでしょう．
> B. Beaucoup de couples disent que la naissance d'un enfant gâcherait leurs vies.
>   多くのカップルが，子供が生まれたりすると生活が台無しになるだろうと言う．
>
> 解答：A. leur étude → leurs études cf.2　B. leurs vies → leur vie cf.1

1- leur + 名詞 (単数)

1) Les deux sœurs aiment bien leur père.　その姉妹は父親をとても愛している．

Hier, je suis allé chez M. et Mme Leduc : leur maison est un véritable bijou.　昨日，ルデュック夫妻のお宅に伺いました．夫妻の家は本当に素晴らしいです．

Beaucoup d'employés disent que leur travail n'est pas intéressant.　多くの職員が，仕事が面白くないと言っています．

Les citoyens d'un pays disent toujours que leur pays est le plus beau du monde.　どの国の国民であれ，人はきまって自分の国が世界で一番素晴らしいと言うものです．

Marc et Jeannine ont célébré leur mariage en grande pompe.　マルクとジャニーヌは結婚式を盛大に行った．

　使い方：1)～2)，複数の所有者に属する場合でも，それが一つの同一の物や人であれば単数形を用いる．

2) Les trois astronautes d'Apollo XIII sont rentrés sains et saufs; leur courage est admirable.　アポロ13号の3人の宇宙飛行士は無事帰還した．その勇気たるや見事なものだった．

Dans cette institution pour enfants retardés, les infirmières croient que chaque enfant peut progresser; leur amour et leur patience pour les enfants sont extraordinaires.　知恵遅れの子供のためのこの学校において，看護婦たちは子供の一人一人が進歩すると考えている．子供たちに対する彼女たちの愛と忍耐は，けた外れである．

Ils ont dépensé tout leur argent au pachinko. 彼らは有り金全部パチンコですってしまった。

Leur train de vie dépasse tout ce qu'on pourrait imaginer. 彼らの暮らしぶりは想像を絶するほど豪勢だ。

Ils ont dû avouer leur ignorance. 彼らは自らの無知を認めなければならなかった。

使い方：抽象名詞や物質名詞とともに用いる．

2- leurs + 名詞（複数）

Les enquêtes sont à la mode mais leurs résultats ne sont pas toujours fiables. アンケートが流行していますが，その結果はかならずしも信用できるものではありません。

Tous ces candidats donnent l'impression d'être très capables; je me demande si leurs compétences sont réelles. 候補者たちは皆，非常に能力があるという印象を抱かせる。彼らの能力は本物なのだろうか。

Leurs dépenses sont excessives. 彼らの出費は甚だしい．

Ils ont parlé de leurs années de jeunesse. 彼らは青春時代について語った．

使い方：複数の所有者に属する場合，それが複数の人や物であれば複数形を用いる．
比　較：1) – Et les Lajoie ?
　　　　　　– Leurs trois enfants ont bien réussi.
　　　　　　―ところでラジョワ夫妻は？
　　　　　　―彼等らの3人の子供はとても成功している．
　　　　　　– Et Madame Lajoie ?
　　　　　　– Ses trois enfants ont bien réussi.
　　　　　　―ところでラジョワ夫人は？
　　　　　　―彼女の3人の子供はとても成功している．
　　　2) Leurs cadeaux m'ont fait | grand plaisir.
　　　　 Leur cadeau m'a fait
　　　　 彼らのそれぞれのプレゼント　　が，私にはとても嬉しかった．
　　　　 彼らのくれた（一つの）プレゼント
　　　3) Les Pasquier ont oublié leurs papiers dans leur voiture.
　　　　 パスキエ夫妻は身分証明書を車の中に忘れてきた．

3- leur + 名詞（単数）
　　 leurs + 名詞（複数）

Tous les étudiants devront apporter
leur dictionnaire.
leurs dictionnaires.
学生は皆，辞書を持参しなければならないだろう．

Trois ou quatre participants ont oublié	3〜4人の参加者が傘を忘れた．
leur parapluie.	
leurs parapluies.	

使い方：この場合，個別にとらえれば単数となり，全体としてとらえれば複数となる．

193 avoir lieu / se tenir / arriver / se passer / se produire / se faire / se donner

─ 確認問題 ─

次の文の（ ）の中から最も適切な語を選びなさい．

A. Un grand tremblement de terre (est arrivé/s'est tenu/a eu lieu) au Nicaragua.
   ニカラグアで大地震があった．

B. Personne ne sait comment l'incident (s'est passé/s'est produit/s'est tenu).
   どうしてそのトラブルが起きたのかは誰にもわからない．

C. L'action (a lieu/se passe/se produit) dans la Russie du XVIIIe siècle.
   舞台は18世紀のロシアである．

D. L'examen de Madame Tanaka (ne se tiendra pas/n'aura pas lieu/ne se passera pas).
   田中先生の試験はないだろう．

E. S'il (se passe quelque chose sur moi/m'arrive quelque chose/y a quelque chose pour moi), préviens ma femme.
   私の身に何かあったら，妻に知らせて下さい．

解答： A. a eu lieu cf.10　B. s'est produit cf.10　C. se passe cf.9
　　　　D. n'aura pas lieu cf.1　E. m'arrive quelque chose cf.5

1- SN + avoir lieu

Le professeur nous a annoncé qu'un examen pourrait avoir lieu n'importe quand.	先生は私たちに試験はいつやるかわからないと言いました．
À les en croire, l'assemblée n'aura pas lieu.	彼らの話では会議は開かれないだろう．
La kermesse aura lieu de toute façon, même s'il pleut.	慈善バザーは，雨天でも決行される．
J'étudie, en ce moment, la période où la Révolution française a eu lieu.	私は目下，フランス革命が起きた時代を研究している．

Malheureusement, comme c'était une fête nationale, la tombola n'a pas pu avoir lieu. 残念ながら国民の休日だったので，福引は行なわれなかった。

Des négociations auraient pu avoir lieu, s'il y avait eu plus de changement en Chine. 中国でもっと変革が起こっていたら様々な交渉がなされただろうに。

La migration des hirondelles a lieu au mois de mars. つばめの渡りは3月にある。

比 較： Aujourd'hui, son cours n'aura pas lieu.
×Aujourd'hui, il n'y aura pas son cours.
Il n'y aura pas de cours demain.
今日，彼の授業は行なわれない。
明日は授業がない。

参 考：**1～3**, (E) be held; take place

2- 限定詞 ＋ 特定の名詞 ＋ **avoir lieu**

Notre mariage aura lieu à l'église Saint-Ignace. 僕たちの結婚式は聖イグナチオ教会で行なわれる。

La récolte des poires a lieu en général vers le milieu du mois de septembre. 西洋梨の収穫は，おおむね9月中旬に行われる。

À quel endroit est-ce que votre concert aura lieu ? あなたのコンサートはどこであるのですか。

La réception aura lieu à l'Hôtel Impérial. レセプションは帝国ホテルで行なわれる。

特定の名詞：concert, fête, baptême, mariage, cérémonie, réception など

3- 限定詞 ＋ 特定の名詞 ＋ | **avoir lieu** | **se tenir**

La prochaine séance aura lieu quand ? 次の回はいつですか？

Les élections générales auront lieu quand ? 総選挙はいつ行なわれるの？

La conférence a eu lieu le 25 mai 1991. 会議は1991年5月25日にあった。

Le 8ème symposium aura lieu à Barcelone. 第8回シンポジウムはバルセロナで開かれる。

La réunion du mois prochain se tiendra une demi-heure plus tôt. 来月の会合は30分早く始まります。

Le dernier congrès des phonéticiens s'est tenu en mars 95, à Stockholm. 前回の音声学会議は，ストックホルムで95年3月に催された。

特定の名詞：réunion, élection, congrès, conférence, symposium, session, exposition, séance, meeting など
使い方：これら二つの動詞は、イベントの場所または時期についての情報を従える.

4- arriver

Personne ne saurait dire comment ce scandale est arrivé.	このスキャンダルの経緯は誰にもわからない.
Quoi qu'il en soit, une révolution devait arriver un jour ou l'autre.	いずれにせよ、いつの日か革命が起きる定めであった.
On va faire comme si le scandale n'était pas arrivé.	このスキャンダルが起きなかったかのように振る舞いましょう.
L'écrasement de l'avion de KAL vol 007 est arrivé un mois plus tard.	KAL007便の墜落事故が一ヶ月後に起きた.

使い方：4〜5, arriver の主語は、事故、不幸、スキャンダルなど.
参　考：4,6,7, (E) happen
慣　用：Un malheur n'arrive jamais seul, je te l'avais bien dit.
　　　　悪いことは重なるものだ. だから言ったじゃないか.

5- il + 人称代名詞（間接目的補語）+ arrive + 不定冠詞 + 名詞

- Il m'est arrivé une chose épouvantable. - Raconte.	—ぞっとするようなことがあったんだ. —聞かせてよ.
Les secours devraient être là depuis une demi-heure. Il leur est peut-être arrivé [un] malheur.	救助隊は、30分前に着いているはずなのだが. 彼らに災難が起きたのかもしれない.

6- 特定の言葉 + | arriver
　　　　　　　　　| se passer

Raconte-moi en détail ce qui est arrivé.	何があったのか、詳しく話してよ.
Les choses se sont passées comme je l'avais prévu.	事態は私が予測した通りになった.
Puis il est reparti comme si rien n'était arrivé.	それから彼は、何事もなかったかのように行ってしまった.
Allons, qu'est-ce qui se passe ?	さあ、どうしたんだ？
- Que se passe-t-il ? - Oh, rien de bien grave.	—どうしたんですか？ —いえ、大したことじゃないんです.

Qu'est-ce qui t'est arrivé ? On ne te voit 　どうしたの？顔も見せないで。
plus.

特定の言葉 : ce qui, rien ... ne, qu'est-ce qui, que, les choses など

7- il se passe / il arrive + 不定冠詞 + 名詞

Il se passe des choses étranges dans cette 　この家では，おかしなことが起きる。誰
maison. Qui a pris mon baladeur ? 　　　　　が私のウォークマンをとったんだ？

8- 特定の言葉(1) + se passer + 特定の言葉(2)

- Et l'excursion ? 　　　　　　　　　　　　─遠足はどうだった？
- Tout s'est bien passé. 　　　　　　　　　　─万事うまく運んだよ。

Je te préviens, ça ne se passera pas comme 　言っておくぞ，このままじゃ済まないか
ça ! 　　　　　　　　　　　　　　　　　　らな。

Tout se passe normalement. 　　　　　　　　万事異常なし。

特定の言葉(1) : tout, ça, rien, que, qu'est-ce qui など
特定の言葉(2) : bien, mal, comme ça, normalement, sans accroc など

9- 限定詞 + 特定の名詞 + se passer

- Où est-ce que la scène se passe ? 　　　　　─場面はどこですか。
- Dans la maison du Seigneur Orgonte. 　　　─オルゴント公の館です。

特定の名詞 : action, scène など

10- 限定詞 + 特定の名詞 + avoir lieu / se produire

Un accident s'est produit en plein devant 　事故はわが家のまん前で起きた。とても
chez moi. J'ai eu bien peur. 　　　　　　　　怖かった。

Tomoko est née en 33 et le grand tremble- 　知子は1933年に生まれたが，関東大震災
ment de terre du Kanto s'est produit 　　　　はその翌年に起きた。
l'année suivante.

Quand une éruption volcanique se produit, 　噴火があると火山灰が降る。
il tombe de la cendre.

Une terrible explosion risque de se produi- 　もっと気をつけないと，ものすごい爆発
re, si vous n'êtes pas plus prudent. 　　　　　が起こりかねない。

On s'est étonné qu'un meurtre ait pu se produire en plein dans un temple. 　殺人がお寺のまん真ん中で起こったことに人々は驚いた．

- Où est-ce que tu étais au moment où l'incident s'est produit ? 　—ことが起きた時，君はどこにいたの．
- Dans ma chambre. 　—自分の部屋にいたんだ．

　特定の名詞：tremblement de terre, panne d'électricité, cyclone, accident, incident, éruption volcanique, explosion など
　使い方：10〜12，特に不幸な出来事や急に起こる出来事について．

11- 特定の言葉 + se produire

Tout à coup, un grand brouhaha s'est produit. 　突然，すごいざわめきが起きた．

Une épidémie risque de se produire. 　伝染病が発生するかもしれない．

　特定の言葉：changement, tollé, brouhaha, épidémie など

12- il se produit + 不定冠詞 + 名詞

Il s'est produit un incident regrettable : un microscope électronique a disparu du laboratoire. 　残念なことが起きた．電子顕微鏡が実験室からなくなったのだ．

Il se produit de grands changements dans la politique gouvernementale. 　政府の政策に大きな変更が生じている．

13- 限定詞 + 特定の名詞 + se faire

Sous anesthésie générale, une intervention chirurgicale se fait sans qu'on y pense. 　全身麻酔のもとで，外科手術はあっという間に行われる．

La récolte de blé a pu se faire en quelques jours cette année. 　今年は数日間で麦の取り入れが終わった．

　特定の名詞：moisson, récolte, intervention chirurgicale など

14- 限定詞 + 特定の名詞 + avoir lieu / être donné

La réception aura lieu à l'ambassade du Canada, le 18 janvier prochain. 　レセプションは来る1月18日にカナダ大使館で行われます．

Une grande fête a été donnée à bord. 　大きなお祭りが船上で行われた．

　特定の名詞：fête, réception, soirée, boum, bal など

194 linge / lessive

> **確認問題**
>
> 次の文の（　）の中から最も適切なものを選びなさい。
> A. Je vais faire (le linge / les linges / la lessive / les lessives).
>   私は洗濯するわ。
> B. C'est (le linge / les linges / la lessive / les lessives) de maison qui me prend le plus de temps.
>   私にとって一番時間がかかるのは家族の洗濯物なんです。
>
> 解答：A. la lessive cf.3.　　B. le linge cf.1

1- linge

Pour rendre votre linge le plus propre possible, je vous conseille le "Bio-blanc".
洗濯物を最もきれいに仕上げるには、「ビオ・ブラン」をお勧めします。

Autrefois, il fallait mettre le linge dans la machine, le sortir, le mettre à sécher et ensuite laver la machine.
昔は洗濯機に洗濯物を入れ、出してから干して、次に洗濯機を洗わなければならなかった。

参　考：(E) linen; washing

2- laver du linge

Tu as du linge à laver ?
洗濯物ある？

3- | faire + 限定詞 + lessive
　　 | laver + 限定詞 + linge

Maman, je peux t'aider à faire la lessive ?
お母さん、洗濯のお手伝いしようか？

Je lave mon linge tous les mardis et tous les vendredis.
私は毎週火曜日と金曜日に洗濯をする。

使い方：この場合 linge も lessive も単数形でのみ用いられる。ただし、次のような例外もある。
　　　　　Sa mère allait au village voisin faire des lessives et des ménages chez les bourgeois.
　　　　　彼(女)のお母さんは、隣村に行ってお金持ちの家で洗濯と掃除をしていました。

参　考：(E) do the laundry; do the washing

195 long / du temps / longtemps / longuement

確認問題

次の文に誤りがあれば正しなさい．

A. Trois heures à attendre, c'est bien longtemps.
   3時間待つなんて長すぎる．

B. À cause de la grève des postes, il faut longtemps pour qu'une lettre arrive à destination.
   郵便局がストライキをしているので，手紙が着くのに時間がかかる．

C. Il te reste encore longtemps pour te préparer, heureusement.
   幸い，準備する時間はまだあるよ．

D. Excusez-moi, je n'en ai pas pour long.
   すみません．あまり長くはかかりませんから．

E. Vous n'auriez pas dû parler si long.
   あなたはあんなに長い間話すべきではありませんでした．

F. J'ai causé longtemps avec mon professeur à ce sujet.
   私は先生とそのことで長々と話した．

解答：A. longtemps → long cf.1   B. ○，あるいは longtemps → du temps cf.7
C. longtemps → du temps cf.6   D. long → longtemps cf.8 の注意   E. long → longtemps cf.10
F. longtemps → longuement cf.13

1- c'est long

On croit que passer quatre années à l'université, c'est bien long !
大学で4年過ごすのはいかにも長いと思われる．

Passer une heure à attendre chez le médecin, ce n'est pas trop long.
医者に行って1時間待つなんて，大して長くもないよ．

注　意：c'est longtemps は用いられない．

慣　用：J'ai trouvé le temps [bien] long : huit heures sans escale.
私は退屈してしまった．どこにも寄らずに8時間だから．

2- SN + être long à + inf.

Ils ont été longs à nous donner une réponse finale.
彼らはなかなか最終的な回答をくれなかった．

Maria est toujours longue à se maquiller.
マリアはいつも化粧が長い．

Sa plaie a été longue à guérir.
彼(女)の傷はなかなか治らなかった．

François n'a pas été long à revenir.
フランソワはほどなく戻ってきた．

参　考：(E) take a long time to + inf.

3- SN (人) + être long

Vous avez été long. Vous auriez pu dire la même chose en cinq minutes.　時間がかかりましたね。それくらいのこと、ものの5分で言えたでしょうに。

Ne soyez pas trop longs, le repas sera prêt dans une demi-heure.　あまりぐずぐずしないでね。30分後にはご飯だから。

参考：(E) be [too] long; take [too much] time

4- ça / SN (物) + prend du temps / + 副詞 + de temps

- Ça a pris combien de temps ?　—どれくらい時間がかかったの？
- Quinze minutes environ.　—15分ぐらい。

- J'espère que ça ne prendra pas de temps.　—あまり手間取らないといいけど。
- Ne vous inquiétez pas, il n'y en a que pour quelques minutes.　—心配しないで。ほんの数分だから。

Ça a pris plus de temps que prévu.　思ったより時間がかかった。

Les devoirs qu'ils nous donnent nous prennent toujours beaucoup de temps à corriger.　提出された宿題を採点するのにいつも時間がかかる。

注意：prendre du temps は、人を主語にしては用いられない。

5- mettre du temps / 副詞 + de temps / longtemps

J'ai mis longtemps à comprendre ce que Georges voulait insinuer.　ジョルジュがいったい何が言いたいのかわかるまで、長い時間がかかった。

- Combien de temps avez-vous mis ?　—どのくらい時間がかかったのですか？
- Oh, une petite demi-heure à peine.　—30分足らずですよ。

On met plus de temps pour aller chez elle maintenant qu'elle a déménagé.　彼女は引っ越したので、彼女の家に行くには前より時間がかかる。

Ce médicament met du temps à agir. Sois patient.　この薬は効いてくるまでに時間がかかるんだ。あせらないで。

Véronique met beaucoup de temps à / pour se maquiller.　ヴェロニックは化粧に時間をかける。

6- il reste du temps

Dépêchons-nous, il ne nous reste pas beaucoup de temps.　　急ごう。あまり時間がないんだ。

Il reste du temps avant la fin du semestre.　　学期末まで，まだ時間がある。

7- 特定の動詞 + | du temps
　　　　　　　　　　副詞 + de temps
　　　　　　　　　　longtemps

Il lui a fallu beaucoup de temps avant qu'il comprenne que tout était bien fini.　　万事うまくおさまったと彼が理解するまで長い時間を要した。

Il t'en a fallu du temps pour rapporter une baguette !　　バゲット一本買って来るのに，こんなに時間がかかったの！

Il n'a pas fallu beaucoup de temps pour que la rumeur se répande.　　その噂が広まるのに，さほど時間はかからなかった。

Écrire un livre demande beaucoup de temps.　　一冊の本を書くには多くの時間が要る。

　特定の動詞：il faut, mettre, demander, exiger, requérir など

8- 特定の動詞 + | du temps
　　　　　　　　　　副詞 + de temps

Je n'ai pas beaucoup de temps à moi.　　私にはあまり時間がない。

Il passe beaucoup de temps devant la télé à jouer aux jeux vidéo.　　彼はテレビゲームをして，何時間もテレビの前にいる。

Nous avons encore du temps avant notre avion.　　飛行機が出るまでにまだ時間がある。

　特定の動詞：avoir, passer
　注　意：longtemps は用いられない。
　　　　　ただし，ne pas en avoir pour lontemps は成句である。
　慣　用：Si je veux prendre le train de 8 h 10, je n'ai pas de temps à perdre.
　　　　　8時10分の電車に乗るのであれば，ぐずぐずしてはいられない。

9- le plus | de temps | possible
　　　　　　　longtemps

Quand on fait du yoga, il faut rester dans certaines positions le plus longtemps possible.　　ヨガでは，決まったいくつかのポーズでできるだけ長い間じっとしていなければならない。

10- 特定の副詞 + **longtemps**

Je t'en prie, reste aussi longtemps que tu voudras.
お願いだから、好きなだけいてちょうだい。

La réunion n'a pas duré aussi longtemps que je m'y attendais.
会合は思っていたほど長くは続かなかった。

> 特定の副詞：le plus ... possible, aussi, si など

11- 特定の言葉 + **longtemps**

J'ai vu Muriel, il n'y a pas très longtemps.
ミュリエルに会ったよ。そんなに前のことじゃない。

Il n'y a pas longtemps qu'ils ont acheté cette voiture.
彼らがこの車を買ったのはつい最近だ。

Le pays souffre depuis longtemps d'une disette chronique.
その国はこのところ、ずっと慢性的な食料不足にあえいでいる。

Quand il se bagarre, c'est toujours pendant longtemps.
彼はけんかをするといつも長くなる。

Il veut partir à l'étranger pour longtemps.
彼は長期間外国に行きたいと思っている。

Oh, merci ! Il y a bien longtemps que je désirais un collier de perles !
ああ、ありがとう。ずっと、パールのネックレスが欲しかったの。

Ça fait longtemps que vous peignez, Monsieur ?
以前から絵をお描きになっているんですか？

Je ne lui ai pas écrit depuis longtemps.
彼(女)には長いこと手紙を書いていない。

Les pruniers devraient fleurir avant longtemps.
プラムの木の花はほどなく咲くことだろう。

> 特定の言葉：il y a ～ que ..., pendant, depuis, pour, avant, ça fait ～ que ..., voilà ～ que ..., voici ～ que ...

12- [pendant] **longtemps**

Nous les avons attendus [pendant] longtemps.
彼らを長いこと待った。

Je ne lui ai pas parlé longtemps. Elle devait partir.
彼女と長いこと話していない。どこかに行ってしまったのだろう。

Ne vous pressez pas, restez donc plus longtemps.	お急ぎにならないで，もっといらして下さい．
Il n'est pas resté longtemps à l'hôpital.	彼の入院は長くはなかった．
- On ne sait pas ... Il faut attendre. - Longtemps ?	―わからないけど……待っていなきゃ． ―ずっと？
Il n'a pas été longtemps malade.	彼はずっと病気だったわけではない．
Il ne va plus vivre longtemps.	彼はもう長くない．
Jacques ne peut pas rester longtemps au même endroit.	ジャックは一ヵ所に長くとどまっていられない．
Papa a longtemps hésité avant de me donner la permission.	お父さんは長い間迷った挙げ句，私に許可を出した．

使い方：この場合，pendant は省略してもよい．

13- longuement

Leur projet d'excursion a été longuement médité.	彼らの遠足の計画は，時間をかけて練られたものだった．
Nous en avons causé longuement avec nos parents.	私たちは，そのことについて両親と長々と話し合った．
Après avoir longuement réfléchi, j'ai décidé de ne pas participer au voyage organisé par Émile.	よくよく考えた末に，エミールの計画した旅行には加わらないことにした．
Après l'avoir longuement examiné, le médecin a avoué qu'il n'avait rien trouvé.	彼を長いこと検査したのち，医者はどこも悪いところはなかったと言った．
Il m'a longuement expliqué ce qu'il entendait par l'expression "Bonne parole".	彼は私に「良い言葉」とはどういう意味でそう言っているのか，長々と説明してくれた．

説　明：longuement は longtemps と比べて「くどくどと」，「長々と」というニュアンスが加わる．

196　manquer de

―― 確認問題 ――
次の文の（　）の中から最も適切な語を選びなさい．
Le docteur Simon m'a dit que je manquais (de / des / les) vitamines.
私にはビタミンが不足しているとシモン医師が言った．

解答：de

manquer de + 名詞

Mes volubilis manquent de soleil.　私のマルバアサガオは日光が足りない。

La police manque de preuves pour les inculper.　警察には，彼らを告訴するだけの証拠が足りない。

Avec cette sécheresse, nous allons manquer d'eau.　これだけ日照りが続いたのでは，水不足になるね。

À mon avis, il a manqué de tact.　私の考えでは彼は機転がきかなかったのでしょう。

Elle manque de confiance en elle.　彼女には自信が欠けているんだよ。

使い方：manquer de は限定詞なしの名詞と共にのみ用いられる。
同　意：n'avoir pas assez de + 名詞；n'avoir pas suffisamment de + 名詞
参　考：(E) lack + 名詞
慣　用：Il ne manque pas d'esprit, ce garçon !
　　　　あの少年はユーモアたっぷりだね。

197　se marier / marier / être marié / épouser

― 確認問題 ―

次の文の誤りを正しなさい。

A. Madame Tezuka cherche à épouser son fils; vous ne connaîtriez pas quelqu'un ?
手塚夫人は息子さんを結婚させたいと願っておられます。どなたかご存じありませんか。

B. Il est marié une de ses secrétaires, mais il a divorcé peu de temps après.
彼は自分の秘書の一人と結婚したが，すぐに離婚した。

C. ― Ils se sont mariés depuis quand ?
　― Depuis le 1er août de cette année.
―彼らはいつから夫婦なのですか。
―今年の8月1日からです。

解答：A. épouser → marier cf.3　B. est marié → s'est marié avec あるいは a épousé cf.1　C. se sont mariés → sont mariés cf.4

1- SN (人) + | se marier avec + SN (人)
　　　　　　　| épouser + SN (人)

197 se marier / marier / être marié / épouser

Il va épouser une Taïwanaise. 彼は台湾の女性と結婚するつもりです。

Elle s'est mariée en 1982 avec un employé de la même société. 彼女は1982年に同じ会社の社員と結婚した。

Maman, au fait, pourquoi tu t'es mariée avec papa et pas avec un autre ? ママ、でもどうしてパパと結婚したの？他の人じゃなくて……

Francine voulait l'épouser à tout prix mais c'est lui qui n'a pas voulu se marier avec elle. フランシーヌは何が何でも彼と結婚したかったが、結婚を望まなかったのは彼の方だ。

使い方：1～2、1) s'épouser という表現はない。
　　　　　　2) épouser は目的語なしには用いられない。
参　考：(E) marry + SN (人) ; get married to + SN (人)

2- se marier

Monsieur et Madame Robert se sont mariés il y a 10 ans à Beaumont. ロベール夫妻は10年前にボーモンで結婚した。

- Tes parents se sont mariés quand ?
- En 1975, et je suis née l'année d'après. ―君の両親はいつ結婚したんだい。
―1975年です。で、一年後に私が生まれたのです。

Ils se sont mariés relativement jeunes. Lui, il avait 24 ans et elle 22. 彼らはどちらかというと若くして結婚した。彼は24才、彼女は22才だった。

Nous voulons nous marier à l'église. 私達は教会で結婚したいと思っています。

Elle avait beaucoup de prétendants mais, finalement, elle ne s'est jamais mariée. 彼女には求婚者がたくさんいたが、結局結婚せずじまいだった。

反　意：SN (人) + divorcer
参　考：(E) get married; marry

3- SN (人) + marier + SN (人) [+ à + SN]

Mon père a voulu me marier à un politicien comme lui, mais j'ai toujours refusé. 父は私を、彼のような政治家と結婚させたがったのですが、私はずっと断わってきたのです。

参　考：(E) marry + SN (人)
比　較：Il voulait marier sa fille à un médecin mais elle a préféré épouser un policier.
　　　　彼は娘を医者と結婚させたかったが、彼女は警官との結婚の方を選んだ。

4- SN (人) + être marié

Son frère aîné n'est pas encore marié. Alors, tu comprends ...
お兄さんがまだ結婚していないんですよね．だからわかるでしょ？

Maman, quand je pense qu'à mon âge tu étais déjà mariée !
お母さん！私の年のときにはお母さんはもう結婚していたと思うと……

使い方：この場合，marié は形容詞で，家族状況あるいは社会的立場を明らかにするのに用いられる．

反意：être célibataire; être séparé; être divorcé; être veuf; être remarié

参考：(E) be married

5- être marié à / avec + SN (人)

- Teruo est marié à une Américaine.
- Depuis quand ?

―照夫はアメリカ人の女性と結婚している．
―いつ結婚したんですか．

Elle est mariée avec un dentiste.
彼女は歯医者さんと結婚している．

- Et ton cousin, avec qui est-ce qu'il est marié ?
- Avec une Tchèque de Prague.

―君のいとこは誰と結婚しているの？
―プラハ出身のチェコ人の女性とだよ．

Je l'aime bien mais je ne me vois pas du tout mariée avec lui. On a des goûts trop différents.
彼のことは好きだけど，彼と結婚している自分なんて想像できないわ．趣味もちがいすぎるし……

参考：(E) be married to + SN (人)

198 mathématiques

―― 確認問題 ――

次の文に誤りがあれば正しなさい．
Je regrette, j'ai un cours de mathématique à cette heure-là.
残念だけど，その時間は数学の講義があるんだ．

解答：mathématique → mathématiques

mathématiques

Henri est professeur de mathématiques dans un lycée de jeunes filles.
アンリは女子高の数学の先生です．

Il n'y a que Sylvie qui déteste les mathématiques.
数学が嫌いなのはシルヴィーだけです．

使い方：常に複数形で用いられる．
同　意：maths（会話）
参　考：arithmétique（代数）と algèbre（幾何）は，単数で用いられる．

199　médecin / docteur

確認問題

次の文の（　）の中から適切な語を選びなさい．
A. Monsieur Francis est notre (médecin/docteur) de famille.
　フランシス氏は，うちのホームドクターです．
B. (Monsieur/Docteur), j'ai mal à l'estomac depuis une semaine.
　先生，一週間前から胃が痛いんです．
C. Le (médecin/docteur) Yamada vous attend dans son cabinet.
　山田先生が診察室でお待ちです．

解答：A. médecin cf.2　B. Docteur cf.6　C. docteur cf.7

1- médecin

Il a travaillé en Afrique comme médecin.	彼は医師としてアフリカで働いた．
Mon père ne veut pas arrêter de fumer, malgré les conseils du médecin.	お医者さんの勧めにもかかわらず，父はタバコをやめようとしません．
C'est en tant que médecin que je vous donne ce conseil.	この忠告をあなたにするのは，医者としてです．
Jocelyne, c'est une femme médecin très compétente.	ジョスリーヌはとても有能な女医です．
Il est déjà devenu médecin alors que moi, je n'ai pas encore terminé mes études universitaires.	僕はまだ大学も終えていないというのに，彼はもう医者になっている．

同　意：1～2,5, toubib（会話で男性の医師に限って用いられる）
参　考：1～7, (E) doctor

2- 所有形容詞 + médecin

Je vais téléphoner à mon médecin, c'est plus prudent.	かかりつけのお医者さんに電話してみるよ．念のためにね．
Son médecin lui a prescrit des calmants.	担当のお医者さんは彼（女）に鎮痛剤を処方しました．

比　較： Je te conseille d'appeler | ton médecin.
　　　　　　　　　　　　　　　　　 | × ton docteur.
　　　　　　　　　　　　　　　　　 | le médecin.
　　　　　　　　　　　　　　　　　 | le docteur.

かかりつけのお医者さんを | 呼んだ方がいいよ。
お医者さんを
医者を

3- médecin ＋ 特定の言葉（言い回し）

J'aimerais devenir médecin de campagne.	私は田舎の医者になりたいな。
Il est médecin légiste pour la ville de Toulouse.	彼はトゥールーズ市の法医学者です。
Jacques a été reçu médecin des Hôpitaux de Paris.	ジャックは，パリ病院の医者として迎えられた。
Est-ce que vous pourriez me donner l'adresse de votre médecin traitant ?	あなたの主治医の住所を教えて下さい。

　　特定の言葉： de campagne, de famille, des hôpitaux de ＋ 名詞（町名），légiste, militaire, traitant, généraliste など

4- médecin
　　docteur

Il deviendra bon médecin, j'en suis sûr.	彼は良い医者になるでしょう。私はそう信じています。
– Il semble qu'il y ait trop de médecins à Tokyo. – Oui, mais pas assez au Hokkaido.	―東京には医者が多すぎるように思われます。 ―ええ，でも北海道では不足していますよ。
Regarde la liste des docteurs de ton arrondissement dans le minitel, et tu vas en trouver un.	ミニテルで君の区の医者のリストを見てごらん。そうすれば1人は見つかるよ。
Tous ces docteurs... Je sais mieux qu'eux comment je dois me soigner !	あんな医者たちよりも自分の体の扱いはよくわかっていますよ。
Je ne me sens pas très bien, fais venir un docteur.	気分があまり良くありません。お医者さんを呼んで下さい。

　　使い方： 4〜5, docteur の方が多少口語的で，会話では好んで用いられる。

5- le | médecin
        | docteur

Appelle le docteur, je crois que c'est assez sérieux.　　お医者さんを呼びなさい。かなり(病気が)重いようだ。

Quand est votre rendez-vous chez le médecin ?　　医者の予約はいつですか？

6- docteur

Allô, docteur, pourriez-vous me donner un rendez-vous ?　　もしもし、先生、予約をお願いできますか？

- Est-ce que ça vous fait mal quand j'appuie ici ?　　―ここを押すと痛いですか？
- Oui, docteur.　　―ええ、先生。

使い方：医者に直接話しかける時、Monsieur や Madame, Professeur は用いない。

比　較：Docteur, dites-moi franchement ce que j'ai.
　　　　　Monsieur, je peux vous poser une question ?
　　　　　先生、私のどこが悪いのか、正直におっしゃって下さい。
　　　　　(教室にて)先生、質問してもいいですか。

7- le docteur ＋ 姓

La plus jeune de ses filles s'est mariée avec le docteur Milcent.　　彼(女)の一番下の娘はミルサン先生と結婚した。

- Tu as un bon spécialiste ?　　―よい専門の先生はいるんですか？
- Oui, le docteur Moreau …　　―ええ、モロー先生です。

Tu sais, chérie, le docteur [Mongeau] est très doué pour la peinture.　　ねえ、君、[モンジョー]先生は絵の才能がとてもあるんだよ。

比　較：Le docteur André | a regardé les résultats des analyses et il a dit
　　　　　Le docteur　　　 | qu'il n'y avait aucune raison de s'inquiéter.
　　　　　Le médecin
　　　　　アンドレ医師 | は検査結果を見て、何も心配することはないと言った。
　　　　　その医師

200　membre

――― **確認問題** ―――

次の文に誤りがあれば正しなさい。

La plupart de sa famille habite à Osaka.
彼の家族のほとんどは大阪に住んでいます．

解答：La plupart de sa famille habite → La plupart des membres de sa famille habitent cf.1

1- 限定詞 + **membre de** + 限定詞 + 特定の名詞 (単数)

Beaucoup de membres de mon club n'étaient pas d'accord.　私のクラブの会員の多くは賛同していませんでした．

Les membres de la famille Kitano sont connus pour leur intelligence.　北野家は頭が良いことで有名です．

特定の名詞：famille, club, communauté, parti politique, personnel, groupe, association, assemblée, cercle など

使い方：上記の特定の名詞は，複数の概念を含んでいないので，複数の意味を持たせる場合はmembres という語をつけ加えなければならない．

2- être / devenir **membre de** + SN (単数)

Hiroshi est membre d'un club de volley-ball.　弘はバレーボールクラブに入っている．

Elle voudrait devenir membre de notre association.　彼女はできれば我々の協会の会員になりたいと思っている．

同　意：faire partie de + SN

201　même que / identique à / semblable à

――― 確認問題 ―――

次の文に誤りがあれば正しなさい．

A. Ce soir, mon père rentre à la même heure à l'habitude.
今夜，父はいつもと同じ時間に帰宅します．

B. Sophie a beaucoup changé, elle n'est plus le même.
ソフィーは随分変わったよ．もう以前の彼女じゃないね．

解答：A. à l'habitude → que d'habitude cf.1　B. le même → la même cf.1

1- 定冠詞 + **même** + 名詞 + **que** + SN

Il a les mêmes goûts que toi.　彼らは君と同じ趣味を持っている．

- Ils ne sont pas encore arrivés.　　　—彼らはまだ到着していません。
- Pourtant ils avaient pris la même route que nous.　　　—彼らも私たちと同じ道で来たんですけど。

C'est la même mode à Paris qu'à New York.　　　パリもニューヨークと同じ流行です。

François se comporte de la même manière avec ses frères qu'avec ses parents.　　　フランソワは，兄弟に対しても両親に対してと同じ態度をとる。

Annie porte la même robe qu'hier, tu as remarqué ?　　　アニーは昨日と同じワンピースを着ているよ。気がついた？

使い方：même は定冠詞と共に用いられることが多い。
反　意：1〜2, différent de + SN; autre que + SN

2- 不定冠詞 + 名詞 + | identique | à + SN
　　　　　　　　　　　　　| semblable |

Nous avons abouti à des conclusions identiques aux leurs.　　　私たちは彼らのと同じ結論に達した。

Il a une maladie semblable à celle de mon frère.　　　彼は僕の兄の病気と似た病気にかかっている。

202　ménage / travaux ménagers / tâches ménagères

―――― 確認問題 ――――

次の文の（　）の中から適切な語句を選びなさい。

A. Laurent aide sa femme pour (certains ménages/certaines tâches ménagères).
　　ロランは妻を手伝って家事をいくつかやっている。

B. Une fois par semaine, je vais aider mon frère à faire (son ménage/ ses travaux ménagers).
　　週に一度，弟の部屋の掃除を手伝いに行きます。

解答：A. certaines tâches ménagères cf.2　B. son ménage cf.1

1- ménage

Il n'y a aucune raison pour que tu ne fasses pas le ménage de ta chambre.　　　どう考えても，お前が部屋を掃除しないでいいということにはならない。

Chez les Leduc, le ménage est toujours bien fait.
ルデュックさんのところはいつも掃除がいきとどいている．

- Qui s'occupe du ménage chez toi ?
- Une semaine, c'est ma mère, la suivante, c'est moi.

―君の家では誰が掃除をやってるの？
―母さんと私とで，一週ずつ交代でやってます．

使い方：普通，単数でしか用いない．ただし，次のような例外もある．
　Pour vivre, Madame Souchère doit faire des ménages dans plusieurs familles.
　生活のためにスーシェールさんは，いくつもの家で家政婦をしなければならないのだ．

参　考：(E) housecleaning

慣　用：Ma femme de ménage vient une fois par semaine.
　うちの家政婦は週に一回来る．

2- travaux ménagers
　　 tâches ménagères

Beaucoup de jeunes filles veulent travailler à l'extérieur; elles ne veulent plus rester chez elles à faire les travaux ménagers.
外で働きたいと思っている若い女性が多い．外に出ずに家事をするなどもういやなのだ．

- Les tâches ménagères n'en finissent jamais !
- Comme tu dis vrai !

―家事ってやり出したらきりがないね！
―ほんと，その通りね．

参　考：(E) housework; domestic chores

203 mer

―― **確認問題** ――

次の文の（　）の中に最も適切な語を入れなさい．
A. On n'a pas pu mettre les bateaux de sauvetage (　　) la mer.
　救命艇を海におろすことができなかった．
B. Il s'est noyé (　　) la mer à Kamakura.
　彼は鎌倉の海で溺れた．

解答：A. à cf.1-2)　B. dans cf.3

1- 特定の動詞 + à la mer

1) La famille de mon mari va à la mer chaque été.
夫の実家では毎夏，海に行きます．

特定の動詞：aller, partir など
参　考：1～2, (E) at the seaside; by the seaside

2) C'était la coutume autrefois sur un bateau lorsque quelqu'un mourait de jeter son corps à la mer.　　航海中に誰かが死んだ時に遺体を海に流すのが昔の風習だった.

特定の動詞：jeter, mettre, lancer など

2- 動詞 ＋ 限定詞 ＋ 特定の名詞 ＋ à la mer

Je compte prendre une semaine de vacances à la mer.　　海で一週間の休暇を過ごすつもりだ.

Les Leroi passeront leurs vacances à la mer, cette année.　　ルロワ家では，今年ヴァカンスを海で過ごすだろう.

特定の名詞：vacances, congés など

3- 特定の動詞 ＋ dans la mer

Arlette adore se baigner dans la mer.　　アルレットは海水浴が大好きだ.

Tu aimes mieux nager dans la mer, dans une piscine ou dans une rivière ?　　海とプールと川では，どこで泳ぐのが好きですか？

－ Il est tombé dans la mer.　　―彼は海に落ちたんだよ.
－ Est-ce que quelqu'un l'a secouru ?　　―誰かが彼を助けたのかい？

特定の動詞：nager, se baigner, plonger, se noyer, barboter, patauger, tomber など
参　考：(E) in the sea
慣　用：Tout cela, ce n'est qu'une goutte d'eau dans la mer. Il faudrait les aider beaucoup plus.
そんなのは焼け石に水にすぎないですからね. もっと援助してあげなくてはならないですよ.

4- en mer（言い回し）

En mer, il existe un accord de coopération internationale que tous les bateaux doivent respecter.　　海洋ではすべての船舶が遵守しなければならない国際的な協力協定があるのです.

Comme marin, il passe huit mois par an en mer.　　船員として彼は1年に8ヶ月は海上で過ごしています.

À 30 ans, je me suis aperçu que je n'avais jamais fait l'expérience de naviguer en haute mer.
私は30才にして、それまで沖に出たためしがないことに気づいた。

強　調：en pleine mer, en haute mer
比　較：1) Il est parti en mer et il n'est jamais revenu.
　　　　　Ils sont partis à la mer pour quelques jours.
　　　　　彼は海に出て行って二度と戻らなかった。
　　　　　彼らは数日間の予定で海に出かけました。
　　　2) Mon père préfère pêcher en mer plutôt que dans une rivière.
　　　　　父は川釣りより海釣りの方が好きです。

204　mieux / meilleur

――― 確認問題 ―――

次の文の（　）に mieux/meilleur の正しい方を入れなさい。ただし、meilleur は文によっては関係する名詞に一致した形にすること。

A. Il y a beaucoup de restaurants dans ce quartier; le (　　), c'est ''Le Cheval Blanc''.
　　この辺りには沢山レストランがあるけれど、一番いいのは「シュヴァル・ブラン」だ。

B. C'est (　　) de ne pas faire les choses au dernier moment.
　　ぎりぎりまでことを延ばさない方がいいよ。

C. Le (　　), c'est de faire de son mieux !
　　一番良いのは全力を尽くすことだよ。

D. Beaucoup font de gros efforts pour devenir (　　) que leur entourage.
　　まわりの人たちよりも優れたものになろうとすごく努力する人は多い。

　　　　解答：A. meilleur cf.13　B. mieux cf.1　C. mieux cf.8　D. meilleurs cf.10

1- c'est mieux ［de + inf.］
　　 il vaut mieux ［+ inf.］

Quand on ne se sent pas bien, il vaut mieux aller tout de suite chez le médecin que d'attendre.
体の調子が悪いときはぐずぐずしてないですぐ医者に行った方がいい。

Quand on a une difficulté avec une autre personne, c'est mieux d'en discuter.
誰かとの間に問題があるなら話し合う方がいい。

Prévenons-les d'avance, ce serait mieux.   彼らに前もって言っておこう。その方がいいよ。

Plutôt que de faire beaucoup de travail en une fois, c'est mieux de le répartir.   一気に沢山の仕事をこなすより，分散した方がいい。

Je pense qu'il aurait mieux valu vivre à cette époque-là pour la comprendre.   あの時代に生まれていれば，当時のことがよくわかったんだろうと思う。

- 注 意：c'est meilleur de + inf. や il est mieux de + inf. とは言わない。
- 同 意：c'est préférable de + inf. (会話) ; il est préférable de + inf. (あらたまって)
- 参 考：1〜7, (E) better

2- SN (物) + être mieux [que + SN]

Ce restaurant est mieux que celui où nous avons déjeuné la semaine dernière.   このレストランは，先週私達がお昼を食べたレストランよりもいい。

Autrefois, les employés étaient mal payés. Maintenant, ils le sont beaucoup mieux.   以前は労働者の賃金は低かった。今日ではずっと良い状況である。

- 使い方：名詞は決して伴わない。
- 慣 用：Elle est mieux que sa mère à tous points de vue.
  彼女はどこを取ってもお母さんより上です。

3- 動詞 + mieux

Il se sent beaucoup mieux depuis qu'il prend ses médicaments régulièrement.   彼は薬をちゃんと飲むようになってから随分具合がいい。

J'aime mieux le printemps que les autres saisons.   私は，ほかの季節より春が好きです。

Avec ces lunettes, je vois mieux et plus loin.   このめがねをかけると，はっきりと遠くまでよく見える。

Je travaille mieux dans le silence.   私は，静かな所の方がずっと仕事がはかどるんですよ。

Notre équipe de foot aurait pu faire mieux, il me semble.   僕らのサッカーチームはもっとやれたんじゃないかなあ。

- Fils d'ouvrier, il est devenu président de sa société.
- On ne peut pas mieux faire.
  —職工の息子なのに，彼は社長になったんだよ。
  —それはこの上ない話だ。

- 反 意：moins bien

4- SN + faire mieux de + inf.

Tu ferais mieux de déguerpir, sinon gare à toi ! さっさと消えな．さもないと承知しないぞ！

À mon avis, ils feraient mieux d'arrêter la grève. 彼らはストを止めた方がいいんじゃないかと私は思います．

Tu sais, Henri, tu ferais mieux de travailler un peu plus sérieusement. ねえ，アンリ，もうちょっとまじめに勉強した方がいいわよ．

参　考：(E) should + inf.

5- il n'y a rien de | mieux | que + SN
　　　　　　　　　　　 | meilleur |

Il n'y a rien de mieux pour la santé que la marche. 健康には歩くのが何よりもよい．

Il n'y a rien de meilleur pour une réussite assurée qu'une bonne préparation. 確実な成功のためには，しっかりとした準備が一番だ．

使い方：Il n'y a rien de mieux que ... は食べ物，飲み物には用いられない．

参　考：5〜6, (E) there is nothing better than ...

6- il n'y a rien de mieux à faire que de + inf.

Il n'y a rien de mieux à faire que de partager ses sentiments avec les autres. 自分の気持ちを他の人たちと分かち合うことほど良いことはありません．

Pour avoir un bon travail, il n'y a rien de mieux à faire que de persévérer. 良い職を得るには辛抱強くしているに越したことはない．

Pour devenir directeur d'une entreprise, il n'y a rien de mieux à faire que de monter dans l'échelle sociale. 会社の社長になるには，会社の中の段階を一つずつ上がっていくのが一番だよ．

7- il n'y a rien de mieux à + inf. + que + 名詞節

Il n'y a rien de mieux à dire que ce qui s'est passé. 起こったことを言うのが一番いいよ．

Il n'y a rien de mieux à désirer que ce qu'on peut réaliser. できることを望むのが一番いい．

使い方：この表現は選択の余地がない場合に用いられる．

参　考：(E) there is nothing better to + 動詞 + than ...

8- le mieux, c'est de + inf.

Beaucoup pensent que le mieux, c'est d'étudier les sciences. 一番良いのは科学を学ぶことだと思っている人が多い．

Si on a un problème, le mieux, c'est d'en parler avec un ami proche. 何か問題があれば，一番良いのは身近な友達に話してみることだ．

Tu as échoué à ton examen cette année; le mieux, c'est de ressayer l'année prochaine. 今年の試験に落ちたのか．一番良いのは来年また受けることだよ．

参 考：(E) it is best to + inf.

9- 不定冠詞 + meilleur + 名詞

Je peux vous indiquer un meilleur spécialiste. もっと良い専門家をお教えします．

Si vous avez une meilleure idée, j'aimerais l'entendre. もっと良い考えがあるならお聞きしたいですね．

Si on avait de meilleurs outils, on ferait du meilleur travail. 道具が良ければもっといい仕事ができるんだが．

Il faut acheter un meilleur dictionnnaire, tu trouveras tous les mots que tu cherches. もっといい辞書を買いなさい．今探してるような単語はみんな見つかるよ．

使い方：名詞に関して使う．
反 意：pire
参 考：(E) better

10- être meilleur [que + SN]

1) Le bordeaux est bien meilleur que le beaujolais nouveau. ボルドーはボージョレ・ヌーヴォーよりずっとおいしい．

Je crois que l'autre marque de télé est meilleure. こっちのメーカーのテレビの方がいいと思う．

使い方：食べ物，飲み物に使う．
比　較：1) Je crois que l'autre menu est | meilleur.
　　　　　　　　　　　　　　　　　　　　　| mieux.
　　　　　もう一方のコースの方がいいと思う．
　　　　2) On ne peut pas savoir
　　　　　　| ce qui est meilleur pour la santé : le jus d'orange ou de pamplemousse.
　　　　　　| ce qui est mieux pour la santé : | la marche ou le jogging.
　　　　　　　　　　　　　　　　　　　　　　　| marcher ou faire du jogging.
　　　　　| オレンジジュースとグレープフルーツジュースのどちらが健康にいいか | わからない．
　　　　　| 歩くのとジョギングとどちらが健康にいいのか |

2) Thierry est meilleur en anglais qu'en mathématiques. ティエリーは数学よりも英語が得意だ。

Leur équipe n'est certainement pas meilleure que la nôtre. 彼らのチームはうちのチームよりまず強くない。

使い方：スポーツ，学問に使う．

3) Parmi les êtres humains, certains sont meilleurs que d'autres. 人間には人よりも秀れた人もいるものだ。

Comment décider si une personne est meilleure qu'une autre ? どうしてある人が別の人よりも秀れているなどと決められようか。

説　明：この場合 meilleur には道徳的な意味がある．
参　考：(E) be better; be a better person

11- 特定の動詞 + meilleur (副詞)

Sortons, il fait meilleur au soleil. 外に出よう。お日様の下は陽気がいいから。

Les orchidées ne sentent pas meilleur que les roses. ランはバラほどいい香りがしない。

特定の動詞：il fait, sentir など
使い方：この場合 meilleur は副詞で無変化．

12- le meilleur + 名詞

Il est impossible de dire qui est le meilleur écrivain du monde. 世界で最高の作家が誰かなんて言えないよ。

La meilleure femme du monde, qui est-ce ? この世で最高の女性は誰？

Les meilleurs moments sont ceux qui apportent beaucoup de joie. 一番良い時というのは，喜びが大いに感じられる時のことだよ。

Il est difficile de dire quelles sont les meilleures professions. どの職業が一番いいか言うなんて難しいな。

使い方：le meilleur はその後に続く名詞と性数一致する．
参　考：(E) the best + 名詞

13- le meilleur, c'est + | 名詞
　　　　　　　　　　　　　| 代名詞

Chaque pays possède ses belles villes; pour les habitants de chacune, la meilleure, c'est celle où ils habitent.

どの国にもそれぞれ美しい町があるが、住んでいる人たちにとっては一番よいのは自分の住んでいる町なんです。

Chaque journée a ses bons moments. Pour beaucoup, le meilleur, c'est celui où on prend un bon dîner.

だれにとっても一日のうちには良い時間があるものだが、多くの人にとって一番良いのはおいしく夕食を食べる時だよ。

205 mille / million / milliard

― 確認問題 ―

次の文の誤りを正しなさい。

A. Il y a des millions enfants dans le monde qui n'ont pas suffisamment de quoi manger.
世界には食べる物が十分にない子供達が何百万人もいます。

B. Je n'ai que deux milles de yens sur moi.
私は2千円しか持ってないわ。

解答：A. enfants → d'enfants cf.3　　B. milles de → mille cf.1

1- 数形容詞 + mille + 名詞

C'est un village qui compte environ deux mille ..., deux mille trois cents habitants.

この村には2000人位、約2300人の住民がいる。

使い方：thousand (E)とは異なり、mille は不変（複数形なし）

2- mille + 名詞

Le total de l'examen est de mille points.
この試験は千点満点です。

Je voudrais changer 1000 dollars en francs suisses.
私は千ドルをスイス・フランに換えたいのですが。

使い方：mille には un はつかない。
参　考：(E) one thousand + 名詞

3- 数形容詞 + | million | de + 名詞
　　　　　　　　| milliard |

Ainsi, plusieurs millions de sauterelles ont pu être exterminées.

こうして数百万のバッタが駆除された。

La Chine compte un milliard huit cent millions d'habitants. 中国には18億人の住民がいる．

Le soleil va éclater dans quelques milliards d'années. 太陽は何十億年か後に爆発するだろう．

使い方：mille, cent, vingt といった数形容詞とは異なり，million, milliard は名詞であるので，前置詞 de とともに用いられる．

| Paul a gagné | deux millions d'
cent mille
cent
vingt
deux millions cinq cent mille | euros à la loterie. |

ポールは宝くじで　200万／10万／100／20／250万　ユーロあてた．

206　mince / svelte / élancé / maigre / fin / maigrir

確認問題

次の文の（　）の中から最も適切な語句を選びなさい．

A. Elle avait les doigts (élancés / fins / maigres).
　彼女はほっそりとした指をしていた．

B. Il (est devenu mince / est devenu maigre / est devenu svelte / a maigri) après avoir subi une opération.
　彼は手術の後，痩せたね．

解答：A. fins cf.5　B. a maigri cf.6

1- | mince
       élancé
       svelte

Pauline est jolie, assez grande et mince. ポリーヌはきれいで，かなり背が高くすらりとしている．

C'est une personne svelte et élégante. ほっそりして上品な人ですよ．

反　意：gros

2- rester mince / élancé / svelte
garder + 所有形容詞 + ligne

Qu'est-ce qu'une femme doit faire pour garder sa ligne ? スタイル(体の線)を保つために，女性は何をするべきか．

Si je fais du jogging tous les matins, c'est pour garder ma ligne. 私が毎朝ジョギングするのは，スタイル(体の線)を保つためです．

Elle veut rester svelte. C'est pourquoi elle se contente d'une tasse de café comme petit déjeuner. 彼女はスマートでいたいと思っている．だから，朝食はコーヒー一杯にしている．

Comment fait-elle pour rester si élancée ? あんなにすらりとしたままでいられるなんて，彼女はどんなふうにしているの？

使い方：1) garder + 所有形容詞 + ligne には所有形容詞が必要．
2) 女性にのみ用いる．

3- la / une taille mince / svelte / élancée / fine

Comme mannequins, on n'engage que des femmes ayant une taille fine. モデルとしては，すらりとした体型の女性しか採用されない．

La taille svelte des patineuses a fait l'admiration des spectateurs. 女子フィギュアの選手たちのすらりとした体型に，観客はほれぼれした．

4- maigre

Georges est maigre comme un clou. ジョルジュはガリガリにやせているね．

Bénédicte est extrêmement maigre : elle n'a que la peau et les os. ベネディクトはやせっぽちで，骨と皮だけさ．

Les magazines insistent pour dire que les jeunes filles maigres ne sont pas élégantes. 各雑誌は，やせ細った若い女性はエレガントではないと強調している．

説　明：maigre には「軽蔑的」で「病的」なニュアンスがある．
反　意：gros
比　較：Mon père raconte que ma mère | avait la taille fine | avant ma naissance.
　　　　　　　　　　　　　　　　　　　 | était maigre |
　　　　　　　　　　　　　　　　　　　 | était mince |

| 母は私を産む前は | すらりとしていた
やせ細っていた
ほっそりとしていた | と父は言う。 |

5- SN + fin

Caroline a des traits très fins.　　カロリーヌは端正な顔立ちをしている。

On rapporte que Marilyn Monroe avait des jambes fines : ce qui lui a valu beaucoup d'admirateurs.　　マリリン・モンローは脚がほっそりしていたという。多くのファンがいた所以である。

使い方：脚，手，指，顔立ちなどに用いられる。

6- maigrir

Elle a beaucoup maigri avec les années.　　彼女は年とともにやせ細ってしまった。

J'ai été surprise de voir comme il avait maigri !　　彼があまりにやせ細っていたのを見て，私はびっくりしました。

使い方：devenir maigre とは言わない。
反　意：grossir

207　moment / époque / temps

――― 確認問題 ―――

次の文の（　）の中に en ce moment, à ce moment-là, à cette époque-là のうちで最も適切なものを入れなさい。

A. Si je n'avais pas rencontré ma femme (　　), que serais-je devenu ?
もしあの時妻と出会っていなかったなら，ぼくはどうなっていただろう。

B. (　　), on parle beaucoup de football, mais je ne l'aime pas tellement.
ここのところよくサッカーが話題になるけれど，僕はあまり好きじゃないんだ。

C. (　　), on ne permettait pas aux Japonais d'aller à l'étranger.
当時，日本人は外国に行くことを許されていなかった。

解答：A. à ce moment-là cf.2　B. En ce moment cf.1　C. A cette époque-là cf.6

1- en ce moment

Qu'est-ce qui est à la mode en ce moment ?　　今，何がはやっているの？

En ce moment, je suis pas mal occupé. La semaine prochaine peut-être ...

ここんとところかなり忙しいんだ．来週ならひょっとして……．

  使い方：動詞は直説法現在で用いられる．
  同 意：actuellement
  参 考：(E) now

2- 動詞 + à ce moment-là

1) Dans deux ans, il aura économisé assez d'argent; à ce moment-là, il ira à Tahiti.

2年後には，彼は貯金もかなりできているだろう．その時点で，彼はタヒチに行くだろう．

À ce moment-là, j'étais en troisième année de lycée.

あの時私は高校3年生でした．

Vers les années 1850, il y avait une famine en Irlande. À ce moment-là, beaucoup d'Irlandais ont émigré au Canada ou aux États-Unis.

1850年代頃にアイルランドで飢饉があった．その時多くのアイルランド人がカナダやアメリカ合衆国に移住した．

  参 考：(E) 1)～2) at that time; then

2) Les amateurs de pachinko pensent qu'ils ne dépensent qu'une petite somme d'argent chaque jour. Mais s'ils faisaient les comptes, au bout de l'année, ils s'apercevraient à ce moment-là que ça atteint parfois des sommes fantastiques.

パチンコ好きの人は，毎日少額しか浪費していないと思っている．しかし，年間で通算してみたら，とんでもない金額に達していることに気づくこともあろう．

3- au moment de + SN

Voici ce qu'elle m'a dit au moment de sa mort.

彼女が死ぬ時に私に言ったことは次の様なものです．

Il était très ému au moment de son départ.

彼は出発の時には非常に感激していました．

Au moment de l'accident, Stéphanie ne s'est plainte de rien.

事故の直後には，ステファニーはどこも痛いと言っていなかった．

J'étais en meilleure santé au moment de mon mariage.

結婚した頃，私は今よりも健康だった．

Je ne voulais pas devenir moniteur de gymnastique au moment de mon entrée à l'université.

大学に入学した時には体育の先生にはなりたいと思ってはいなかった．

Tout le monde est toujours très agité au moment de Noël.
クリスマスの頃にはだれもがあわただしくしている。

Il y a, à Paris, un afflux de touristes au moment des vacances.
ヴァカンスの頃にはパリに旅行者がどっと押し寄せる。

参 考：(E) at the time of + SN

4- à l'époque de + SN

À l'époque des cheveux longs, j'étais encore au lycée.
長髪が流行った頃、僕はまだ高校生だった。

À l'époque de l'hégémonie athénienne, la philosophie a fleuri.
アテネ全盛時代には哲学が栄えた。

参 考：(E) at the time of + SN; at the epoch of + SN; at the age of + SN

5- à l'époque + 形容詞

On vient de retrouver le corps bien conservé d'un homme qui a vécu à l'époque glaciaire.
氷河期に生きていた人の遺体が良い保存状態でつい最近見つかった。

Puis on a gardé les mêmes voies de transport à l'époque gauloise.
その後、同じ交通路がガリア時代にも保持された。

6- à ce moment-là
   à l'époque (会話)
   à cette époque-là
   en ce temps-là (あらたまって)

À cette époque-là, les Japonaises portaient encore le kimono.
その当時日本の女性はまだ着物を着ていた。

- Tu étais en France en mai 68 ?
- Oui, mais à l'époque, j'étais encore trop jeune pour comprendre le sens des événements.

—君は1968年の五月革命の時、フランスにいましたか？
—ええ、でも、当時私は小さすぎて、一連の出来事の意味がわかりませんでした。

Si j'avais décidé de me suicider à ce moment-là, je n'aurais pas pu faire ce que je fais maintenant.
あの時、自殺してしまおうと決めていたなら、今僕がしていることをすることはできなかっただろう。

À ce moment-là, je n'avais pas encore passé mon baccalauréat.
その頃、僕はまだバカロレアを受けていなかった。

注　意：à ce temps-là は用いられない．
使い方：en ce temps-là はかなり文学的な文章で用いられる．
参　考：(E) then, at that time; at the time

7- | à l'époque | de + | 名詞（人名など）
　　| du temps | | SN（時代名など）
　　| au temps |

L'Empire romain a connu sa plus grande expansion à l'époque d'Auguste.　ローマ帝国はアウグストゥスの時代に最もその勢力を拡大した．

Le Japon a commencé à s'occidentaliser à l'époque de Meiji.　日本は明治時代に西洋化し始めた．

Comment les Anglaises s'habillaient-elles du temps de la reine Victoria?　ヴィクトリア朝の時代にはイギリスの女性たちはどのような服を着ていたのですか？

Dis, maman, est-ce qu'on mangeait avec une fourchette au temps de Louis XIV?　ねえ，ママ，ルイ14世の時代，フォークを使って食べてたの？

Est-ce que toutes les Pyramides ont été construites à l'époque des pharaons?　ピラミッドはすべてファラオたちの時代に建てられたのですか？

208　monde

確認問題

次の文の（　）の中に au monde, du monde, dans le monde のいずれか適切なものを入れなさい．

A. Il y a encore beaucoup d'autres problèmes graves (　　)．
　　世界中にはまだ他に重大な問題がたくさんある．
B. Croire, c'est la chose la plus importante (　　)．
　　信じるということはこの世で一番大切なことです．
C. Je crois qu'aucun homme (　　) ne ferait cela.
　　そんなことをする人はだれもいないと僕は思うよ．

解答：A. dans le monde cf.6　B. du monde あるいは au monde cf.1　C. au monde cf.4

1- [être] + 定冠詞 + | plus | + 形容詞 + 名詞 + | du monde
　　　　　　　　　　| moins | | au monde

- La Suisse, c'est le pays le plus enchanteur du monde. ーースイスは世界で最も魅力的な国です。
- Je ne suis pas de ton avis. C'est Bali. ーー私はそう思わないな。バリ島だよ。

Francis, c'est le meilleur homme au monde. フランシスは世界中で一番いい男だ。

　参　考：1～2, (E) in the world; on earth

2- ne + 動詞 + pas de + │名詞 + plus + 形容詞│+ au monde que
　　　　　　　　　　　　　　│meilleur + 名詞　　　│　　　　　　+ SN

Je ne connais pas de meilleur psychanaliste au monde que Freud. 私はフロイトほど素晴らしい精神分析医は（世界に）いないと思います。

Il n'y a pas de meilleur dentifrice au monde que "Poli-blanc". 「ポリ・ブラン」よりいい歯磨き粉は（世界に）ない。

Je ne connais pas de café plus savoureux au monde que celui de Colombie. （世界で）コロンビアのコーヒーほど美味なコーヒーを私は知りません。

　使い方：2～4, 強調するために用いる．

3- 動詞 + │le plus │ au monde
　　　　　　│le moins│

Le moyen de transport dont on se sert le moins au monde..., c'est la marche! 最も用いられていない交通手段は……徒歩です。

4- 特定の言葉 + au monde

Rien au monde ne peut le faire changer d'idée. 決して彼の考えを変えさせることはできない。

Mon pays ferait tout au monde pour que la guerre soit évitée. 戦争を避けるためなら我が国はありとあらゆることをするだろう。

Il n'y avait rien de plus beau au monde que les yeux de Cléopâtre. クレオパトラの目より美しいものは何もなかった。

Nulle part au monde vous n'allez trouver de si beaux jardins. どこへ行っても、これほど素晴らしい庭園は見つかりませんよ。

Personne au monde ne m'a aimé comme ma mère. 母ほど私のことを愛してくれた人はいない。

　特定の言葉：tout, rien ... [ne], aucun ... [ne], personne ... ne, nul ... ne など

慣 用 : Je suis décidé à ne | lui céder pour rien au monde.
　　　　　　　　　　　　 | pas lui céder pour tout l'or du monde.
　　　　どんなことがあっても，彼(女)の言いなりにはならない覚悟です．

5- 特定の形容詞 + au monde

C'était un spectacle unique au monde.　　それは世界でも類を見ないスペクタクルだった．

Depuis la mort de son mari, elle est seule au monde.　　彼女は夫が死んでから天涯孤独の身だ．

　特定の形容詞 : seul, unique など

6- dans le monde

Il y a peu de gens qui savent ce qui se passe dans le monde.　　世界中で何が起こっているかを知っている人はほとんどいない．

Le problème des ordures devient de plus en plus grave dans le monde.　　ごみの問題は世界中でますます深刻な問題になっている．

　使い方 : au monde はここでは用いない．

7- dans le monde entier

Les Jeux Olympiques ont fait du Japon un pays connu dans le monde entier.　　オリンピックのおかげで日本は世界中に知られる国となった．

Les accidents nucléaires comme celui de Tchernobyl ont des répercussions dans le monde entier.　　チェルノブイリのような原発事故は，世界中に様々な影響を及ぼす．

　使い方 : dans tout le monde は用いない．

8- [ne] pas le moins du monde

- Le voyage vous a fatigués ?　　―旅行で皆さん疲れましたか．
- Pas le moins du monde.　　―いいえ，ちっとも．

Je l'ai admiré. Il n'était pas le moins du monde énervé.　　彼はとても立派だったよ．少しもいらいらしなかったもの．

慣 用 : 1) Tout s'est passé le mieux du monde.
　　　　　万事うまくいった．
　　　　2) Les grévistes sont très en colère; pour rien au monde, ils ne veulent reprendre leur travail.
　　　　　ストライキをしている人たちはとても怒っている．何があっても仕事を再開したくないら

しい．

209 monsieur / madame / mademoiselle / dame / demoiselle

> **― 確認問題 ―**
> 次の文の誤りを正しなさい．
> Qui est la mademoiselle assise à côté du président ?
> 社長の隣に座っている若い女性はだれですか．
>
> 解答：mademoiselle → demoiselle cf.3

1- | Monsieur / Madame / Mademoiselle | + 人名

- Tu connais Monsieur Rivenc ?　　　―リヴァンク氏を知っている？
- De nom seulement.　　　―名前だけはね．

- Quel est le prénom de Mademoiselle Sauvageot ?　　　―ソーヴァジョさんの名前は何ですか．
- C'est Sophie.　　　―ソフィーです．

使い方：**1～2**，書く時は語頭を大文字にする．
注　意：この場合，人名は名字に限る．

2- | Monsieur / Madame / Mademoiselle

Est-ce que ce siège est libre, Madame ?　　　マダム，この席はあいてますか．

Voici votre billet, Monsieur.　　　はい，こちらがお客様の切符でございます．

Mesdames, Messieurs, je crois que nous pouvons commencer la séance de cet après-midi.　　　皆さん，今日の(午後の)会を始めましょうか．

3- 限定詞 + | monsieur / dame / demoiselle

Il y a un monsieur qui vous demande au téléphone.　　　あなたに男の方からお電話ですよ．

Les deux dames du troisième se sont plaintes.	4階の奥さんが二人とも苦情を言っていましたよ.
Trois messieurs ont téléphoné pour demander un rendez-vous.	三人の男の方から会う約束を取りたいと電話がありました.
Charlotte, c'est une vieille dame très distinguée.	シャルロットはとても上品な老婦人です.
Tu as vu sa tenue de demoiselle à la mode ?	彼女の今はやりのお嬢さん風の服を見たか?

注 意：madame, mademoiselle は限定詞と共に用いない.

210 monsieur / madame / mademoiselle / professeur

―― 確認問題 ――

次の文の誤りを正しなさい.
A. Monsieur le professeur, vous nous donnerez des devoirs ?
　先生, 宿題を出すんですか?
B. Cher mon professeur Sato,
　　　Je vous remercie de votre lettre du 5 courant.
　拝啓, 佐藤先生, 今月5日のお手紙ありがとうございます.

　　　　解答：A. le professeur を取る cf.1
　　　　　　　B. Cher mon professeur → Monsieur あるいは Cher Monsieur cf.3

1- Monsieur, Madame, Mademoiselle,

Madame, je peux vous poser une question ?	先生, 質問してもいいですか.
Monsieur, Monsieur, il est l'heure d'arrêter votre cours.	先生, 先生, 授業を終える時間です.

使い方：1) 会話で
　　　　2) 先生に呼びかけたい時
　　　　3) monsieur le professeur, madame la professeur, maîtresse などとは言わない.

2- Monsieur / Madame / Mademoiselle ＋人名

J'en ai parlé à Madame Kurata. Elle va soulever la question au conseil des professeurs. / そのことについて倉田先生に話しました。彼女はその問題を教授会で提起するでしょう。

L'an prochain, après trente ans d'enseignement, Mademoiselle Suzuki va prendre sa retraite. / 30年の教員生活を終え、来年鈴木先生は退職する予定だ。

使い方：先生に関して

3- [Cher] Monsieur / [Chère] Madame / [Chère] Mademoiselle [＋人名],

[Cher] Monsieur,
　　　J'ai lu votre lettre avec un grand plaisir et je vous en remercie. / 拝啓、お手紙を嬉しく拝見しました。ありがとうございます。

使い方：1) 手紙で。
　　　2) Cher professeur Suzuki, Cher mon professeur などとは言わない。

4- le professeur ＋ 人名

Le professeur Simon a donné une conférence sur les problèmes de l'immigration en France. / シモン教授は、フランスにおける移民の問題について講演を行った。

C'est le professeur Christian Barnard qui a réalisé la première greffe du cœur dans le monde. / 世界で初めて心臓移植を行ったのは、クリスチャン・バーナード教授だ。

À l'hôpital Cochin, nous avons fait la connaissance du professeur Dugas qui, peu de temps après, a rejoint le service du professeur Velin. / コシャン病院で、私たちはデュガ教授と知り合った。彼はそれから間もなくヴラン教授の医局に加わった。

注意：4～5、有名な教授あるいは医学部教授を指す場合にのみ用いる。

5- Professeur ＋ 人名

Professeur Durant, vous avez soigné les cancers les plus graves. / デュラン教授、あなたは最も篤なガンを治療なさいましたね。

6- madame / monsieur ＋ 定冠詞 ＋ 特定の名詞

Monsieur le Directeur, je voudrais enseigner les maths aux quatrièmes l'an prochain.　校長先生、来年4年生に数学を教えたいのですが。

特定の名詞: doyen, directrice, directeur
注　意: doyen は普通、女性にも男性形を用いる。

211　montagne / mont / sommet

確認問題

次の文のフランス語訳として適切なものを選びなさい。
彼は1987年の夏に富士山に登った。
A. Il a fait l'ascension du mont Fuji pendant l'été 1987.
B. Il est monté au mont Fuji pendant l'été 1987.
C. Il est allé au mont Fuji pendant l'été 1987.
D. Il a monté la montagne de Fuji pendant l'été 1987.
E. Il est monté au sommet du mont Fuji pendant l'été 1987.

解答：A, C, E cf,1,3,4

1- aller | à la | montagne
　　　　| en |

Si j'étais en meilleure santé, je pourrais aller à la montagne.　体の調子がもっとよかったなら、山に行けるのになあ。

C'est un fanatique. Il ne se passe pas un week-end sans qu'il aille en montagne.　彼は熱烈な(登山)愛好家で、週末には必ず山へ行く。

　使い方：1) monter à la montagne, monter une montagne, aller aux montagnes とは言わない。
　　　　　2) **1〜4** は（熟語的に）定型表現として用いる。
　参　考：(E) go to the mountain

2- faire de la montagne

Son sport préféré, c'est de faire de la montagne.　彼の好きなスポーツは登山です。

　同　意：faire de l'alpinisme

3- aller au mont + 山の名

Je suis déjà allé au mont Kompira deux fois.　私はこれまでに二回金毘羅山に登った。

- Le mont Sinaï est haut ?　　　　　—シナイ山は高いのですか。
- Je ne sais pas, je n'y suis jamais allé.　—知りません。行ったことがありませんから。

4- | faire l'ascension du | mont + 山の名
　　| gravir le
　　| monter | au sommet du
　　　　　 | sur le

- Quel est l'homme qui a fait la première ascension du mont Blanc ?　—最初にモンブラン登頂を行ったのは誰ですか。
- C'est Horace Bénédicte de Saussure, paraît-il.　—オラス・ベネディクト・ド・ソシュールだそうだ。

Avec ses amis, il a voulu monter au sommet du Kilimandjaro.　彼は友人達と一緒にキリマンジャロの頂上に登りたがった。

Ce n'est pas n'importe qui qui peut faire l'ascension du mont Fuji.　富士登山は誰にでもできるわけではない。

参考： (E) climb [up] Mount + 山の名
比較： Vous êtes déjà monté au sommet du mont Cervin ?
　　　 Vous montez l'escalier et c'est à droite.
　　　これまでにマッターホルンの頂上に登ったことがありますか。
　　　階段を上って右側です。

5- | monter sur　　　　　　| + 限定詞 + | mont
　　| faire l'ascension de　　　　　　　　| montagne

Laurent n'est jamais monté sur cette montagne.　ロランはこの山には登ったことがない。

212　morceau

――― 確認問題 ―――
次の文の誤りを正しなさい。
François a mis quatre sucres dans son café, c'est trop.
フランソワはコーヒーに砂糖を4つも入れるの。入れすぎよ。
　　　　　　　　　解答： quatre sucres → quatre morceaux de sucre

morceau [de + 名詞]

Tu voudrais un morceau de gâteau ?　ケーキを一切れどうですか。

Je voudrais encore un morceau de pain, s'il vous plaît.
パンをもう一切れいただきたいのですが、お願いします。

Comment trouvez-vous la viande, Monsieur Jeannot ? Vous en prendriez bien encore un petit morceau.
ジャノーさん、お肉のお味はいかがですか？よろしかったらもう一切れお取り下さいな。

使い方：パン，ケーキ，肉，バター，砂糖，チョコレート，タルトなどと用いられる．
参　考：(E) piece; lump
比　較：Je voudrais un autre | morceau de gâteau, maman.
　　　　　　　　　　　　　　| gâteau comme celui-ci, Madame.
ママ，このケーキをもう一切れ欲しいんだけど．
これと同じようなケーキをもうひとつ欲しいんですが．（ケーキ全体を指す）

213 morceau / musique / œuvre / composition / air / mélodie

確認問題

次の文の（　）の中から最も適切な語句を選びなさい．
A. Je vais te jouer (une musique/un air/un morceau) pour flûte de Mozart.
君にモーツァルトのフルート曲を吹いてあげよう．
B. Il n'y a rien comme (la musique/l'air/le morceau) de Mozart pour me détendre.
モーツァルトの音楽ほどリラックスできるものは他にない．

解答：A. un morceau cf.1　B. la musique cf.2

1- morceau [de musique]

Quel morceau [de musique] tu vas nous jouer ?
君は何の曲を弾いてくれるの．

Il a dit qu'il allait jouer deux morceaux de son répertoire.
彼は，レパートリーの中から二曲弾きましょうと言った．

参　考：(E) piece
使い方：具体的に言う場合は，次のような音楽用語が用いられる：symphonie 交響曲，sérénade セレナーデ, cantate カンタータ, duo 二重奏(唱), trio 三重奏(唱), quatuor 四重奏(唱), quintette 五重奏(唱), messe ミサ曲, choral 合唱(曲), oratorio オラトリオなど

Je préfère de beaucoup | les chorals de Bach.
　　　　　　　　　　　 | la musique de Bach.
　　　　　　　　　　　 | ×les musiques de Bach.

私は ｜バッハの合唱曲が｜ 特に好きです。
　　　｜バッハの曲が　｜

2- musique

En écoutant de la musique classique, je peux me relaxer.
クラシック音楽を聴くと，私はリラックスできる。

La musique de chambre est redevenue à la mode.
また室内楽が流行になった。

使い方：複数では用いない。

3- œuvre musicale / composition musicale

J'aime la plupart des œuvres musicales de Chopin.
私はショパンのほとんどの（音楽）作品が好きです。

— Qui est l'auteur de cette composition musicale ?
— Saint-Saëns, je crois.
—この曲の作曲は誰ですか？
—サン・サーンスだと思うよ。

4- 限定詞 + mélodie de + 作曲者の名

Dans son répertoire, il a plusieurs mélodies de Fauré.
彼のレパートリーにはフォーレの歌曲が何曲も入っている。

5- mélodie / air

J'ai en tête les paroles de cette chanson, mais pas l'air.
この歌の歌詞はわかっているんだけれどメロディーの方はだめだ。

L'air ne convenait pas, il me semble.
曲が合わなかったと僕は思うね。

Je ne me rappelle plus la mélodie, c'était ...
その曲をもう覚えていないなあ。えーと……。

La mélodie de "La Donna e mobile" est très connue.
「女心の歌」という歌曲はとても有名だよ。

214　名詞 + natal / région / campagne

―― 確認問題 ――

次の文の誤りを正しなさい。

214 名詞 + natal / région / campagne

A. Dans cette campagne, il neige beaucoup en hiver.
この地方では，冬にはたくさん雪が降ります．
B. Sa campagne, c'est Fukushima.
彼の田舎は福島ですよ．
C. Il a quitté la région pour aller travailler en ville.
街で働くために，彼は田舎を離れた．

解答：A. campagne → région cf.5　B. Sa campagne → Son pays natal cf.1
C. la région → la campagne cf.6

1- le pays natal de + SN (人)

Pour la Golden Week, je suis retourné dans mon pays natal.
ゴールデン・ウィークには私は故郷へ帰った．

Mon pays natal, c'est un tout petit village de rien du tout.
私の故郷は，全く大したことのない，とても小さな村です．

使い方：1〜5 の意味では，campagne は用いない．

2- le village natal de + SN (人)

Mon village natal a 800 habitants.
私の生まれた村には800人の人が住んでいる．

3- la ville natale de + SN (人)

Ma ville natale a 3 000 habitants.
私の生まれた町には3000人の人が住んでいる．

- Quelle est la ville natale de Chateaubriand ?
- C'est Saint-Malo.
—シャトーブリアンの生まれた町はどこですか．
—サン＝マロです．

4- la région de + SN (人)

Il y a cinquante ans, on cultivait encore le ver à soie dans ma région.
50年前，私の地方ではまだ蚕を飼っていた．

5- 限定詞 + région [de + 名詞 (固有名詞)]

Il y a beaucoup de stations thermales dans la région de Beppu.
別府地方には多くの温泉がある．

Cette région est connue pour l'élevage des chevaux.
この地方は馬の飼育で知られている．

6- la campagne

La campagne, c'est agréable en été. 　　田舎はね，夏は快適だよ．

Cette ville conserve un certain charme de la 　この町には，まだ田舎らしい良さがいく
campagne. 　　らか残っている．

使い方：**6～7**，所有形容詞とともには用いられない．

7- à la campagne

- Où est-ce que vous allez passer vos vacan-　　—どちらで休暇を過ごされるのですか？
 ces ? 　　—田舎ですよ．レンヌの近くの村です．
- À la campagne, dans un village près de
 Rennes.

反　意：en ville
比　較：Le père est retraité et la famille est retournée vivre à la campagne,
　　　dans son village natal.
　　　父親は退職し，家族は生まれた村での田舎暮しに戻った．

215　ne ... pas du tout / ne ... rien / ne ... aucun / ne ... jamais

---
確認問題

次の文に誤りがあれば正しなさい．
A. Elle ne travaille rien à l'école.
　　彼女は学校では何も勉強しない．
B. Moi, je n'ai vu rien et entendu rien.
　　私は何も見ていないし，聞いていない．

解答：A. Elle ne travaille pas du tout à l'école./Elle n'apprend rien à l'école. cf.1,2
　　　B. Moi, je n'ai rien vu ni rien entendu. cf.2

1- ne ... pas du tout

1) C'est un garçon qui ne chante pas du 　　あの子は全然歌を歌わない少年です．
tout.

Hiroshi ne ressemble pas du tout à ses 　　浩は両親に少しも似ていない．
parents.

Je ne comprends pas pourquoi il ne sourit 　私は，どうして彼がにこりともしないの
pas du tout. 　　か，わからない．

Quelle jeunesse ! Vous n'avez pas du tout vieilli ! vieilli du tout !

お若いですね。ちっとも年をお取りになりませんね。

　使い方：1) 1)〜2), ne ... pas の強調．
　　　　　2) ここでは動詞は自動詞．
　参　考：1)〜2), (E) not at all

2) Il ne connaît pas du tout le chinois classique.

彼は古代中国語はまるでできない．

Shigeo voulait encore de l'argent mais je ne lui en ai pas donné du tout.

茂雄はまだお金を欲しがっていたが，私は一円もあげなかった．

Les gens ne savent pas du tout quoi faire en cas d'incendie.

人々は，火事の時はどうすればよいか，全然わかっていない．

- Tu n'as pas eu peur ?
- Mais non, pas du tout.

―怖くなかったの？
―まさか，全然．

Il n'aura pas du tout besoin de se faire opérer.

彼は手術の必要はまるでないでしょう．

　使い方：ここでは動詞は他動詞．

2- ne ... rien

- Je n'ai rien appris avec ce professeur.
- Tu es un peu dur envers lui.

―この先生からは何も教わるものがなかった．
―ちょっと手厳しいね．

Il n'y a rien de nouveau dans le journal de ce matin.

今日の朝刊には，目新しいことは何もない．

Je ne comprends rien à cette histoire.

その話は全く理解できない．

Il articule très mal : je ne comprends absolument rien à ce qu'il dit.

彼は，はっきり発音しないので，何を言っているのか皆目わからない．

　使い方：直接目的補語を必要とする他動詞とともに用いる．
　反　意：quelque chose
　参　考：(E) nothing
　比　較：1) Un jour, elle mange quelque chose, le lendemain, rien.
　　　　　　Un jour, elle mange beaucoup, le lendemain, pas du tout.
　　　　　　彼女は，何か食べる日もあるが，翌日には何も食べなかったりする．
　　　　　　彼女は，たくさん食べる日もあるが，翌日には全然食べなかったりする．

2) Je n'avais rien remarqué.
   Je n'avais | pas du tout remarqué | qu'elle habitait près de chez
              | × rien remarqué | moi.

   私は何も気がつかなかった．
   彼女が私の家の近くに住んでいることに，全く気がつかなかった．

3) Le professeur s'est plaint que ses élèves ne | travaillent pas
   du tout. | font rien
                                                 | × travaillent rien

   先生は，生徒たちが全く | 勉強しない | とこぼした．
                        | 何もしない |

4) Je n'ai | rien étudié quand j'étais jeune.
          | pas étudié du tout, hier soir.

   若い頃，何も勉強しなかった．
   昨夜は少しも勉強しなかった．

5) Ce matin, Martine | n'a rien mangé.
                    | n'a pas mangé du tout.

   今朝，マルティーヌは | 何も食べなかった．
                      | 全然食べなかった．

6) Ce garçon-là | n'a peur de rien.
               | n'a pas eu peur du tout.

   その男の子は | 何も怖がらない．
              | 全然怖がらなかった．

3- ne ... rien du tout

Dans ce cagibi, on ne voit rien du tout.　　この物置の中には全く何も見当たらない．

Il n'y a plus rien du tout dans le frigo.　　冷蔵庫の中にはもう全く何もない．

使い方：ne ... rien を強調する．
参 考：(E) nothing at all
比 較：Il m'a parlé en anglais, et je | n'ai rien compris.
                                          | n'ai rien compris du tout.
                                          | n'ai pas compris du tout.

彼は英語で話しかけてきたので，私は | 何もわからなかった．
                                  | 全く何もわからなかった．
                                  | 全然わからなかった．

4- ne ... aucun ＋ 名詞（単数）

Mathieu ne pratique aucun sport.　　マチューは全くスポーツをしていない．

Je n'ai encore aucun projet pour cet été.　　この夏は，まだ何の計画もない．

215 ne ... pas du tout / ne ... rien / ne ... aucun ...

Il n'y a aucun doute que l'hiver sera froid. | この冬は寒くなるのは疑いない。
Tu n'as aucun souci à te faire, tout va s'arranger. | 全然心配しなくていいよ。万事何とかなるよ。
Ils n'ont aucune chance de gagner contre le [club] Kyojin. | 彼らには巨人軍に勝つ見込みはまるでない。
- Avez-vous des questions à poser ?
- Aucune. | 一質問がありますか？
一ありません。
Je n'ai | aucune envie | de reprendre
       | pas du tout envie | l'avion. | もう飛行機には絶対乗りたくない。

使い方：常に単数形の名詞とともに用いられる。
比　較：Je n'ai | aucune pièce de dix yens.
              | pas du tout de monnaie.
　　　　| 10円玉が一枚もない。
　　　　| 小銭が全くない。
参　考：(E) no + 名詞 + at all

5- ne ... jamais

Mon mari ne va jamais jeter les ordures. | 夫は決してゴミを捨てに行かない。
Elle dit qu'elle ne se mariera jamais. | 彼女は絶対結婚しないと言っている。
Un temps de mai en mars, on n'a jamais vu ça ! | 三月なのに五月の天気だ。こんなのは見たことがない。
Il est si égoïste qu'il ne pense jamais aux autres. | 彼はエゴイストだから他人のことなど考えもしない。
Jamais une tortue ne marchera plus vite qu'un lièvre. | 亀は決して兎よりも速くは歩けないだろう。

説　明：「一度も〜しない」ということ。
参　考：(E) never
比　較：1) Mathieu ne travaille | jamais.
                         | pas du tout.
　　　　　　　マチューは | 決して | 働かない。
　　　　　　　　　　　　| 全然 |
　　　　　2) | Je n'ai jamais fumé de ma vie.
             | Après cela, il n'a plus fumé du tout.
　　　　　　　| 私は一度も煙草を喫ったことがない。
　　　　　　　| その後、彼はもう全然煙草を喫わなくなった。

6- ne ... jamais rien

Jérôme n'a jamais rien compris aux mathématiques.
ジェロームは数学が全然理解できなかった。

Je n'ai jamais rien vu d'aussi beau !
こんなに美しい物は今までに見たことがない。

216 nouveau / neuf

― 確認問題 ―

次の文の誤りを正しなさい。
A. J'ai de la difficulté à marcher avec ces nouveaux souliers.
この新しい靴を履いて歩くのは大変なのよ。
B. Entendu, donnons-lui une chance neuve.
分かりました、彼にもう一度チャンスを与えましょう。
C. Le moteur n'est pas nouveau, mais il est encore en bon état.
エンジンは新しくはないけれど、まだ調子はいいんだよ。

解答：A. nouveaux souliers → souliers neufs cf.III-1
B. chance neuve → nouvelle chance cf.I-2
C. nouveau → neuf cf.III-3

I- nouveau

1- 限定詞 + nouveau + 名詞（人に関して）

Nous recrutons de nouveaux membres pour notre club.
私たちは、私たちのクラブへの新入部員を勧誘している。

Le nouveau professeur de physique, il s'appelle comment ?
物理の新しい先生は、何という名前ですか？

Je te présente Virginie, une nouvelle amie.
君に、新しい友人のヴィルジニーを紹介します。

2- 限定詞 + nouveau + 名詞（物に関して）

1) – Il a commencé à apprendre une nouvelle langue.
– Encore une !
―彼はまた、新しい言語を学び始めた。
―またですか。

On annonce une nouvelle vague de chaleur.
猛暑がまた来るらしい。

Les habitants s'opposent à la construction d'un nouveau terrain de golf.
新しいゴルフ場の建設に、住民は反対している。

Ils m'ont dit qu'ils allaient publier une nouvelle édition, au mois de mars prochain. | この三月に，新しい版を出すつもりだと彼らは私に言った．

Voici mon nouveau numéro de téléphone. | これが私の新しい電話番号です．

説　明：「また別の」「もうひとつの」という意味に近い．

2) Ils ont acheté une nouvelle voiture. Qu'est-ce qu'il faut faire de l'ancienne? | 彼らは，新しい車を買った．古い車はどうすればいいんだろう．

- Regarde! Elle a mis son nouveau chapeau!
- Il est mignon. | ―見てごらん．彼女はまた新しい帽子をかぶっているよ．
―かわいい帽子ですね．

Le directeur voudrait adopter les nouvelles méthodes d'éducation. | 校長は新しい教育法を採用したいらしい．

La nouvelle pédagogie est une pédagogie de non-intervention. | 新しい教育法は，（教師が介入しない）不干渉の教育法です．

3- | tout est nouveau
       | rien n'est nouveau

Quand je suis venue à Tokyo, tout était nouveau pour moi. | 東京に来た時，私にはすべてが新鮮だった．

Patrick a tellement lu que plus rien n'est nouveau pour lui. | パトリックは相当本を読んでいるので，彼にとって目新しいものはもう何もない．

4- SN + nouveau

Le thé nouveau a toujours beaucoup plus de goût. | 新茶はいつもはるかに味が濃い．

- Tu as goûté au vin nouveau?
- Pas encore. | ―今年できたワインを味見した？
―まだだよ．

使い方：果物，野菜，ワインを示す名詞とともに用いられる．

II- | nouveau
      | neuf

1- 限定詞 + | nouvelles idées
              | idées neuves

Il nous est revenu d'Europe plein d'idées neuves. | 彼は，斬新なアイデアをいっぱい持ってヨーロッパから私たちの所へ帰ってきた．

同　意：限定詞 + idées différentes

2- 特定の言葉 + de | neuf
　　　　　　　　　　　 | nouveau

− Dis-moi, est-ce qu'il y a quelque chose de neuf dans le journal de ce matin ?
− Pas grand-chose.

―ねえ，今朝の新聞に何か変わったことある？
―大したことはないよ．

Tu as beau écouter les informations tous les jours, tu n'apprends rien de nouveau.

君は毎日ニュースを聞いてるけど，何も新しいことを学んでない．

　　特定の言葉：quoi, ne ... rien, quelque chose など
　　慣　用：1) − Quoi de neuf ?
　　　　　　　　　− Ça va toujours.
　　　　　　　　―何か変わったことは？
　　　　　　　　―相変らずだよ．
　　　　　2) − Rien de nouveau ?
　　　　　　　　　− Non, aucun changement.
　　　　　　　　―何か変わったことはない？
　　　　　　　　―ないよ．変化なし．

III- neuf

1- SN + neuf

Attention, tu vas salir ta robe neuve !

気をつけて．新しいドレスを汚しちゃうよ．

Si tu as des timbres neufs ou usagés, tu peux me les montrer ?

未使用でも使用済みでも，切手を持っているなら，僕に見せてよ．

J'ai trouvé un dictionnaire de philosophie flambant neuf à Kanda.

私は神田で，新品同様の哲学辞典を見つけた．

　　説　明：意味は「まだ使っていない」にほぼ同じ．
　　比　較：Elle va enseigner dans | une école toute neuve.
　　　　　　　　　　　　　　　　　　| une nouvelle école.
　　　　　　彼女は | 新設の学校で | 教えることになっている．
　　　　　　　　　| 別の学校で　 |

2- 限定詞 + 特定の名詞 + neuf

Le changement politique survenu en URSS nous invite à jeter un regard neuf sur l'avenir de l'Europe.

ソビエト連邦で起こった政治改革を考えると，私たちは，ヨーロッパの未来を新たな視点から見ようという気になってくる．

特定の名詞：œil, vision, regard, esprit, pensée など

3- SN (物) + être neuf

Madame Paulin a un four à micro-ondes qui n'est plus neuf.
ポーラン夫人は，もう新しくはない電子レンジを持っている．

La voiture d'occasion que nous avons achetée était comme neuve.
私たちが買った中古の車は，新品同様だった．

比　較：
1) Tiens, François, tu as une cravate neuve ?
   François met chaque jour une nouvelle cravate.
   おや，フランソワ，君は新しいネクタイをしているね．
   フランソワは毎日ちがうネクタイをつける．

2) Ce drap de lit est | usé, je vais le remplacer par un neuf.
                     | sale, je vais le changer.
   この使い古したベッドシーツを，新しいのと取り替えましょう．
   この汚れたベッドシーツを替えましょう．

3) Ma moto tombe souvent en panne.
   Ja vais | en acheter une neuve.
           | acheter un nouveau modèle.
   私のバイクはよく故障する．
   新しいのを買おう．
   新型のを買おう．

217　nouvelle / nouvelles / informations

―― 確認問題 ――

次の文の（　）の中から最も適切な語句を選びなさい．

A. J'ai (su/connu/appris) la nouvelle tout à fait par hasard.
   そのニュースは，全く偶然に知ったのです．

B. On n'a pas (leur nouvelle/leurs nouvelles/de leurs nouvelles) ces derniers temps.
   近頃，彼(女)らから便りがない．

解答：A. appris cf.2　B. de leurs nouvelles cf.4

1- connaître la nouvelle

Tu connais la nouvelle ? Clément a été reçu à l'examen national de médecine.
このニュース，知ってる？ クレマンは医師の国家試験に受かったんだよ．

2- apprendre la nouvelle

Je viens d'apprendre la nouvelle. Il était trop jeune pour mourir. 今そのニュースを聞いたところだ．彼は死ぬにはまだ早すぎた．

Tous mes amis ont été étonnés d'apprendre cette nouvelle. 私の友達は皆，この知らせを聞いて驚いた．

– Vous avez appris la nouvelle par qui ?
– Par Simon.
―そのニュースを，あなたは誰から聞いたのですか？
―シモンからです．

3- SN (人) + apprendre la nouvelle de + 限定詞 + 特定の名詞

Nous avons appris la nouvelle de sa mort à la télé. 私たちは，テレビで彼（女）の死を知った．

　特定の名詞：1) mort, décès, fiançailles, mariage, maladie, naissance など
　　　　　　 2) 何であれ目新しい出来事．
　注　意：**3〜4**, connaître, savoir は用いない．

4- SN (人) + avoir des nouvelles de + SN (人)

– Tu as des nouvelles de Yuki ?
– Non, aucune.
―ユキの近況を知ってる？
―いや，全く知らないよ．

– Je n'ai pas | de nouvelles d'elle
　　　　　　　| de ses nouvelles
　　　　　　　| de nouvelles la concernant
depuis longtemps. Qu'est-ce qu'elle devient ?
– Oh, elle travaille toujours à l'hôpital, comme infirmière.
―私は随分前から彼女の消息を知りません．彼女はどうしているんだろう．
―ああ，彼女は看護婦として相変わらず病院で働いている．

5- être sans nouvelles de + SN (人)

Nous sommes sans nouvelles de Patricia depuis quatre mois. 4ヶ月前からパトリシアの消息は知りません．

6- 限定詞 + informations (言い回しとして)

Le bulletin d'informations passe à 19 h. ニュースは19時に放送される．

Aux dernières informations, une bataille fait rage au sud de Jérusalem. 最新のニュースによれば，エルサレムの南で戦闘が激しくなっている．

Chaque soir, on nous donne les informations du jour à 19 h.

毎晩、7時に今日のニュースがある。

参 考：(E) news

218　s'occuper / soigner

── 確認問題 ──

次の文の誤りを正しなさい。
A. Madame Laudry soigne très bien son enfant.
　ロードリー夫人は子供の面倒をよくみる。
B. Vous devez avoir de la fièvre. Occupez-vous bien de vous !
　あなたは熱があるに違いない。お大事になさってね。

解答：A. soigne très bien → s'occupe très bien de cf.1
　　　 B. Occupez-vous bien de vous !→ Soignez-vous bien ! cf.4

1- SN (人) + s'occuper de + SN

Les professeurs n'ont pas le temps de s'occuper de chacun de leurs élèves.

教師たちは、生徒一人一人を見ている時間がない。

Depuis qu'ils sont à la retraite, elle s'occupe bien de leur maison et lui, de leur jardin.

彼らは退職してから、彼女が家事を担当し、彼が庭の手入れを担当している。

Un instant et je m'occupe de vous.

少々お待ち下さい。すぐ御用を承りますから。

参 考：(E) take care of; be in charge of + SN

2- SN (人) + soigner + SN (人，動物)

Il a attrapé la rougeole : sa mère est restée à la maison pour le soigner.

彼ははしかにかかった。母親は看病するために家にいた。

Rémi a eu une crise d'asthme en classe : la garde-malade ne savait pas comment le soigner.

レミは授業中に喘息の発作を起こした。看護の先生はどんな手当をすればよいのかわからなかった。

Émile a de la chance : c'est son père qui le soigne, quand il est malade.

エミールはいいなあ。病気になってもお父さんが看てくれるから。

参 考：(E) treat

3- SN (人) + être soigné [par + SN]

Dans cet hôpital, on est très bien soigné.　　この病院では看護が行き届いている。

Il a été très bien soigné par le docteur Séverin.　　彼はセヴラン先生にしっかりと治療してもらった。

4- SN (人) + se soigner

Soignez-vous bien! Dans quelques jours, vous irez mieux.　　お大事になさって下さい。何日かすればよくなりますよ。

Si tu ne te soignes pas, ton otite va s'aggraver.　　気をつけないと中耳炎が悪化するよ。

219 on

確認問題

次の文の（　）の中に nous, se または soi を入れなさい。
A. Après une telle journée, on rentre chez (　　) exténué.
　　あの様な一日を過ごした後は、くたくたになって帰宅するものだ。
B. On n'aime pas que les gens se moquent de (　　).
　　人に自分のことを馬鹿にされるのは、みな嫌なものだ。

解答：A. soi cf.3　　B. nous cf.1

1- on + 動詞

On n'a plus d'essence, mince!　　もうガソリンがない。困ったぞ。

On va se dégourdir les jambes. Tu viens?　　かじかんだ足を温めよう。おいで。

De nos fenêtres, on pouvait voir le mont Asama.　　私たちの部屋の窓からは浅間山が見えた。

Quand on a une nature courageuse, rien ne peut nous arrêter.　　大胆な性格をしているので何ものも私たちを抑えられない。

Si on commençait?　　始めましょうか。

Léon, ça fait une éternité qu'on ne s'est pas vus!　　レオン、随分長い間会わなかったね。

C'est facile d'entrer en contact avec la musique. On écoute d'abord la musique qui nous plaît.　　音楽に親しむのは簡単だ。まず自分の気に入った音楽を聞くことだ。

Ma sœur et moi, on se chamaillait toujours quand on était jeunes.　　姉と私は幼い頃いつも口げんかをしていました。

Chez nous, on est végétariens.　　うちではみんな菜食主義者なんです。

Si on est fatigués, on peut leur dire : "Les enfants, Papa, Maman ont besoin de repos."　　疲れているなら、こう言えばいいよ。「子供たち、お父さんとお母さんには休息が必要だよ」ってね。

使い方：1) この場合は、「私たち」の意味であり、on を受ける主語人称代名詞、目的補語、強勢形は nous、所有形容詞は son, sa, ses ではなく notre, nos。
2) 代名動詞の再帰代名詞は se になる。
3) 性数一致は意味に合わせるので、ここでは「私たち」に合わせる。

説　明：1〜5、主語の on は様々な意味になる。その指すものを決めるのは、文脈と状況である。

強　調：nous, on
Nous, on était bien embêtés, personne ne savait le chemin.
私たちは困りはてた。誰も道を知らなかったのだ。

参　考：(E) we

比　較：Si mon mari et moi, on reçoit une boîte d'oranges, nous en donnons la moitié aux voisins et nous gardons le reste.
夫と私がオレンジを一箱もらったら、半分は近所に配り、残りをうちの分にするわ。

2- on ＋ 動詞（会話）

Les enfants, on ne parle pas à table !　　みんな（子供たち）、食事中はおしゃべりしないで。

Ces vents-là, Monsieur, on ne se doute pas comme c'est traître.　　こんな風だと、どんなに危ないかなんて見当がつかないくらいですよ。

Pierre, on se dépêche un peu plus ?　　ピエール、もう少し急いでくれない？

Alors, qu'est-ce qui se passe ? On ne dit plus bonjour !　　ねえ、どうしたの？ あいさつもしてくれないなんて。

Pierre et Jean, on est prêts ?　　ピエール、ジャン、準備はいいかい？

On arrête de se disputer tous les deux ?　　二人とも口げんかはやめたの？

On est heureuse d'être maman ?　　お母さんになって嬉しい？

同　意：tu, vous
参　考：(E) you
On ne sait jamais ce qui peut t'arriver.
　　　　　　　　　　　　　　　　　arriver.
自分に何が起きるのか、君は全くわかっていない。
何が起きるのか全くわからない。

3- on ＋ 動詞

"Quand on veut, on peut."	やろうと思えばできる.
Quand on se fait voler sa valise, on doit aller déclarer le vol à la police.	スーツケースを盗まれたら，警察に届けに行かなければならない.
Qu'on soit jeune ou vieux, on doit s'intéresser à quelque chose.	老いも若きも，何かに興味を持たなければならない.
Quand on travaille, on est sûr de réussir.	一生懸命やっている時には，うまく行くと思っているものだ.
"On a toujours besoin d'un plus petit que soi", qui a dit cela ?	「人はいつでも自分より劣ったものが必要なのだ」とは誰が言ったのですか？
On ne dit pas toujours ce qu'on pense !	人は思っていることを言うとは限らない.
On dort mal pendant la saison des pluies.	梅雨の頃にはよく眠れないものだ.

使い方：1) 一般的真理を表現するのに用いられる.
　　　　　2) この場合，on を受ける主語人称代名詞は il ではなく on であり，目的補語としては se, 強勢形は soi, 所有形容詞としては son, sa, ses を用いる.

参　考：(E) one; you

比　較：1) À Madrid, quand on s'est fait voler notre valise,
　　　　　　|on est allés　　　　|déclarer le vol à la police.
　　　　　　|nous sommes allés|
　　　　　マドリッドで，スーツケースを盗まれた時，私たちは警察に届けに行った.
　　　　　2) C'est |lorsqu'on croit qu'on a raison qu'on a tort.
　　　　　　　　　|lorsque chacun croit qu'il a raison qu'il a tort.
　　　　　自分が正しいと思うときこそ，間違っている.
　　　　　3) On pourrait |se |demander pourquoi nous soutenons la
　　　　　　　　　　　　　|nous |　　　　　　　　　　　　politique de Chirac.
　　　　　我々がどうしてシラクの政策を支持しているのか|と不思議に思うかも知れません.
　　　　　　　　　　　　　　　　　　　　　　　　　　　|と聞かれることもあり得ます.

4- on ＋ 動詞（会話）

On t'a demandé au téléphone pendant ton absence.	君がいない間に電話があったよ.
On sonne à la porte, va répondre.	ドアのベルが鳴ってるよ. 行ってみて.
On m'a demandé de tes nouvelles l'autre jour ... Je ne me rappelle plus qui c'était.	君のこと聞かれたんだよ，この前. 誰だったかもう忘れちゃったけど.

同　意：quelqu'un ＋ 動詞

5- on + 動詞

Autrefois, au Japon, on ne mangeait qu'avec des baguettes.	昔、日本人は、食べる時に使うのは箸だけだった。
Entre Chinois, est-ce qu'on se serre la main ?	中国人同士では握手はしますか？
– À Paris, on rentre chez soi pour déjeuner. – Pas tout le monde, je crois.	―パリでは昼食に自宅に帰ります。 ―みんなじゃないと思うけど。
À Los Angeles, on trouve difficilement un taxi.	ロサンゼルスではなかなかタクシーがつかまらない。

使い方：この場合、on は都市や国などの場所を表わす副詞句を伴う。
同　意：les gens + 動詞

220　on + 動詞 + SN

― 確認問題 ―

次の文の誤りを正しなさい。

A. Rien n'est plus trouvé à ces prix-là, vous savez.
　こんな値段では、ほかにはもうありませんよ。

B. Elle a été volée trente mille yens à Manille.
　彼女はマニラで3万円盗まれた。

　　　　　　　　　　解答：A. Rien n'est plus trouvé → On ne trouve plus rien cf.5
　　　　　　　　　　　　　B. Elle a été volée → On lui a volé cf.9

1- on appelle + SN + SN

On appelle "nouveaux pauvres" ceux qui ont perdu leur travail et n'en ont pas retrouvé d'autre.	失業してまだ再就職していない者は「新たなる貧者」と呼ばれている。
Ce sont des "ersatz" comme on les appelle.	それは、いわゆる「代用品」である。

使い方：1～10、これらの場合、受動態ではなく、on を主語とする文を用いる。

2- on donne + SN + à + SN (人)

J'aime toujours le prénom qu'on m'a donné.	私は自分につけられた名前が今でも気に入っています。
On a donné la parole à chacun des délégués.	代表者一人一人に発言が許された。

On donne rarement du travail important aux femmes. 女性には重大な仕事はまず与えられない.

Il paraît qu'on leur a donné cinquante millions de dollars en pots-de-vin. 彼らに賄賂として5000万ドル渡ったらしい.

3- on accorde + SN + à + SN

On lui a accordé la permission de se rendre en Roumanie. 彼(女)にルーマニアに行く許可が与えられた.

On lui a accordé le doctorat à l'âge de 18 ans. 18才にして彼(女)に博士号が授与された.

4- on met + SN

On nous a mis dans un taxi. 私たちはタクシーに乗せられた.

5- on trouve + SN

On trouve des gens qui n'ont pas du tout le sens des convenances. マナーというものを一向に解さない人がいる.

On n'a trouvé aucune trace des malfaiteurs. 犯人たちの足取りは全くつかめていない.

6- on rencontre + SN

On rencontre rarement des familles qui n'ont pas la télévision en couleurs. カラーテレビのない家は滅多にない.

7- on voit + SN

On voyait à peine la voiture qui nous précédait. 前の車がほとんど見えなかった.

8- on entend + SN

Je n'aimerais pas qu'on nous entende. 話を人に聞かれたくないのです.

9- on |vole / prend| + SN (物) + à + SN

On m'a volé mon portefeuille deux fois pendant ce voyage. この旅行中に2度財布を盗まれた.

10- on ramène + SN

On l'a ramené chez lui inconscient.　　彼は意識のないまま自宅に運ばれた.

221　on + 特定の動詞 + que + 節 / on + 動詞 + 疑問詞 + 節

確認問題

次の文の誤りを正しなさい.
A. Il est raconté qu'il reçoit des pots-de-vin.
　彼は賄賂を受け取っているという話だよ.
B. Il est dit que c'est elle qui se marie.
　結婚するのは彼女っていう話だよ.
C. On est affirmé que les responsables seront punis.
　責任者たちは懲戒を受けることに決まっているそうだ.

解答：A. Il est raconté → On raconte cf.5　B. Il est dit → On dit cf.1
　　　C. On est affirmé → On affirme cf.2

1- on dit que + 節

On dit qu'il n'y aura pas de guerre atomique.　　核戦争は起こらないと言われている.

On dit que les éléphants ont une bonne mémoire.　　象は記憶力がよいと言われている.

On ne peut pas dire qu'ils sont malheureux.　　彼らが不幸だと言うことはできない.

使い方：1〜11, この場合, 英語や日本語とは異なり, フランス語では受動態は使われない.

2- on affirme que + 節

- On affirme que Picasso est le plus grand peintre du XXe siècle.　　―ピカソは20世紀の最も偉大な画家だというのが定説だよね.
- Moi, je pense que c'est Marc Chagall.　　―僕はマルク・シャガールだと思うな.

On affirme qu'il y a eu plus de 5 000 victimes lors du grand tremblement de terre du Hanshin.　　阪神大震災の時に5000人以上の犠牲者が出たことは確実とされている.

3- on entend dire que + 節

On entend dire que bientôt on trouvera un médicament pour soigner et même guérir le sida. 近々エイズを治療し、完治すらできる薬が見つけられると言われている。

使い方：**3〜4**, 1) 新聞，雑誌の言葉でよく用いられる．
2) 現在形で用いられる．

4- on rapporte que + 節

On rapporte que certains pays qui avaient aboli la peine de mort veulent la rétablir. 以前に死刑を廃止した国の中には、死刑を復活させたがっている国もあると言われている。

On rapporte que la ville manque d'eau et d'électricité. 町では、水と電気が不足していると報告されている。

5- on raconte que + 節

On raconte que c'est sa deuxième femme. あれは彼の二番目の奥さんだという話だよ。

On raconte qu'ils ne s'entendent pas très bien. 彼らはあまり仲がよくないという噂だ。

使い方：噂である場合．

6- on prétend que + 節

On prétend que le gouvernement va abandonner le contrôle des prix du riz. 政府は米価の統制を断念すると言われている。

On prétend que ce pays doit arrêter ses essais nucléaires. その国は核実験を中止すべきだという声が上がっている。

7- on pense que + 節

On pense qu'il sera possible de faire pousser tous les légumes à la lumière artificielle. 人工の光で全ての野菜を育てることが可能となるだろうと考えられている。

8- on croit que + 節

On croit que les chercheurs trouveront un moyen de guérir la maladie d'Alzheimer. アルツハイマー病を治す方法が研究者の手で発見されるだろうと考えられている。

9- | on dirait / on a l'impression | que + 節

On dirait que le chien est malade.　　その犬は，まるで病気みたいだ．

On aurait dit qu'elles allaient pleurer.　　彼女たちは泣き出さんばかりだった．

- On a l'impression qu'il y a un tremblement de terre.　　―地震みたいだね．
- Non, c'est un camion qui vient de passer.　　―いいえ，今トラックが通ったのよ．

10- on exige de + SN (人) + que + 節 (接続法)

On exige des jardinières d'enfants qu'elles sachent faire beaucoup de choses.　　幼稚園の先生は，多くのことができることを要求される．

On exige des médecins qu'ils soient compétents.　　医師は有能であることが求められる．

11- on imagine + 疑問詞 + 節

Après leurs deux semaines d'examens, on imagine facilement avec quelle impatience les étudiants attendaient les vacances.　　二週間続いた試験が終わった今，学生たちが夏休みをどれほど首を長くして待っていたかは容易に想像される．

Quand on essaie d'imaginer ce que chacun pense, on se trompe forcément.　　各人がそれぞれ何を考えているか想像してみたところで，当然思い違いが起きる．

222　on permet / il est permis / on demande / on dit など

確認問題

次の文の誤りを正しなさい．

A. Les gens n'ont pas été permis d'avancer beaucoup plus loin.
   人々はあまり先に進み過ぎることは許されなかった．
B. On lui a demandé à écrire un article.
   彼は論文を書くように依頼されていた．
C. Nous sommes interdits de garder un animal dans l'appartement.
   このマンションでは，動物を飼うことは禁止されています．

　　解答：A. Les gens n'ont pas été permis → On n'a pas permis aux gens cf.1
　　　　　B. à écrire → d'écrire cf.6
　　　　　C. Nous sommes interdit de → On nous interdit de / Il nous est interdit de cf.2,4

1- on permet à + SN (人) + de + inf.

On te permet de sortir le soir après 10 h ?　　君は10時以降に外出してもいいの？

Quand elle était petite, on ne lui permettait pas de jouer avec les enfants du quartier. 彼女は小さい頃，近所の子供たちと遊ぶことを許されていなかった．

使い方：**1〜8**，これらの動詞では，人を主語とした受動態は用いられない．

参　考：(E) 英語では次のように受動態で言う．
　　　　Are you allowed to go out after 10 o'clock ?

2- on | défend | [à + SN (人)] + de + inf.
　　　　| interdit |

On défend de prendre des photos dans ce musée. この美術館内では写真撮影は禁止です．

On interdit aux gens du Hokkaido de pêcher du saumon sans permis de pêche. 北海道の人たちは，許可証なしで鮭を採ることを禁止されている．

3- il est permis à + SN (人) + de + inf. (あらたまって)

Il y a une centaine d'années, il n'était pas permis aux femmes de faire l'ascension du mont Fuji. 約百年前，富士登山は女性には許されていなかった．

À l'époque, il n'était pas permis aux Chinois d'aller à l'étranger. 当時，中国人は海外に行くことが許されていませんでした．

参　考：(E) it is allowed to + SN (人) + to + inf.

4- il est | défendu | [à + SN (人)] + de + inf. (あらたまって)
　　　　　 | interdit |

Il est défendu de fumer ici, Messieurs. 皆さん，ここは禁煙です．

Il est interdit aux élèves de chanter dans les corridors. 生徒が廊下で歌うのは禁止されています．

参　考：(E) It is forbidden [to + SN (人)] + to + inf.

5- on dit à + SN (人) + de + inf.

On m'a dit de m'adresser ici. ここに問い合わせるようにと言われました．

On nous a dit de ne pas nous presser. 急ぐことはないと，私たちは言われた．

6- on demande à + SN (人) + de + inf.

Ensuite, on a demandé à Sontoku Ninomiya de relever l'état des finances du principal vassal du seigneur d'Odawara. 次に二宮尊徳は，小田原藩の重臣から，財政再建を依頼された。

比　較：On demande aux visiteurs de ne pas prendre de photos.
(E) Visitors are asked not to take any picture.
入館者の皆様は写真は撮らないようお願いいたします。

7- on recommande à + SN (人) + de + inf.

Pour plus de sécurité, on recommande aux gens de se munir d'un visa. より安全を期するために，人々はビザを携行するように勧告されている。

参　考：(E) be advised to

8- on conseille à + SN (人) + de + inf.

On conseille à ceux qui voyagent à l'étranger de prendre une assurance. 外国旅行をする人は，保険に入った方がよいと言われている。

223　opinion / avis / idée

― 確認問題 ―

次の文の（　）の中から最も適切な語句を選びなさい．
A. Je suis tout à fait de votre (opinion/avis/idée).
　私は全くあなたと同意見です．
B. Même après cet accident, il n'a pas changé (d'idée/l'idée/des idées) sur sa façon de conduire.
　あんな事故が起こった後も，彼は自分の運転の仕方について意見を変えなかった．
C. Elle s'intéresse quelque peu aux (opinions/idées) de Rousseau.
　彼女はルソーの思想に多少興味を持っている．

解答：A. avis cf.4　B. d'idée cf.7　C. idées cf.8

1- SN (人) + tenir compte de l'opinion de + SN (人)

— Est-ce qu'ils ont tenu compte de votre opinion ?
— Malheureusement pas.
―彼らはあなたの見解を考慮したのですか？
―残念ながら考慮しませんでした．

Le gouvernement actuel ne tient pas compte de l'opinion des gens. 現政府は国民の意見を考慮していない．

使い方：**1～8**, avis, opinion は，普通単数で用いられる．

2- 限定詞 + | opinion / avis | [+ | sur / à propos de | + SN]

Les opinions sont partagées entre la direction et les employés.
経営者側と従業員側の見解は分かれている．

Je voudrais avoir l'avis des jeunes sur le monde tel qu'ils le voient.
若者たちの目に世界はどう映っているか彼らの意見を知りたいのです．

Quel est votre avis sur le nouveau système de taxation ?
新しい税制についてのあなたの意見はどうですか．

Remarque, je ne lui en fais pas un reproche, mais il voudrait émettre un avis sur tout.
いいこと，別に文句があるわけじゃないんだけど，あの人何にでも一言言いたがるのよ．

Je te donne une opinion personnelle. Mais fais comme tu voudras.
僕の考えは言うよ．でも自分の思うようにしなよ．

3- 特定の動詞 + | l'opinion / l'avis | de + SN (人) [+ à + SN (人)]

Mais moi, je vous donne mon avis. Vous ferez, vous, ce que votre cœur de père a envie de faire.
ただ，私の意見は意見として申し上げますが，あなたはあなたで父としてしたいと思っていらっしゃることをおやりなさい．

Il est souhaitable de lui demander son opinion sur la façon d'organiser l'excursion.
遠足の予定をどうするかは，彼の意向を聞くことが望ましい．

Salam n'a pas voulu donner son opinion sur la situation politique de son pays.
サラムは，自分の国の政治状況について自分の見解を言いたがらなかった．

On l'a changé de section sans solliciter son avis.
彼は意見も聞かれないままに部署を移された．

Jean-Léon n'a pas suivi ton avis et il le regrette maintenant.
ジャン＝レオンは君の忠告に従わなかったんで，今後悔しているんだ．

特定の動詞：donner, demander, solliciter, suivre など

比　較：Georges n'a pas voulu donner | son avis.
　　　　　　　　　　　　　　　　　　 | son accord.

ジョルジュは｜自分の意見を言いたがらなかった．
　　　　　　｜同意したがらなかった．

4- SN (人) + être d'accord avec + SN (人)
　　　　　　　　du même avis que + SN (人)
　　　　　　　　de l'avis de + SN (人)
　　　　　partager l'avis   de + SN (人)
　　　　　　　　　l'opinion
　　　　　　　　　les idées

Je suis du même avis que Monsieur Simon.	私はシモンさんと同じ意見ですよ.
Je ne suis pas de votre avis.	私はあなたと意見が異なります.
- Tu es d'accord avec Stéphanie ? - À un ou deux détails près, oui.	―ステファニーに賛成なの？ ―うん，多少の細かな点を除いてはね.
Nous sommes entièrement de l'avis du directeur de la séance. Il faudrait approfondir la question.	私たちは議長のお考えと全く同意見です．問題を掘り下げる必要があるでしょう.
Madame, je ne partage pas votre avis. C'est votre enfant, ce n'est pas le mien, et c'est à vous qu'il appartient de décider.	奥様，お考えには同意しかねます．あなたのお子様であって私どもの子ではございません．お決めになるのはあなたの役目です.

注　意：être d'accord avec l'idée   de + SN (人)
　　　　　　　　　　　　　l'opinion
　　　　　　　　　　　　　l'avis
や, être pour l'avis de + SN (人), être de + 所有形容詞 + opinion という表現は用いない.

強　調：être entièrement   d'accord avec + SN (人) など
　　　　　　complètement
　　　　　　parfaitement

参　考：(E) agree with + SN (人)

5- l'avis de + SN (人)

Son avis m'a toujours été utile.	彼(女)の助言は，私にはいつも有益だった.
Elle est allée rejoindre son ami aux États-Unis malgré l'avis contraire de ses parents.	彼女は両親の意見に逆らって，アメリカの恋人の元へ行ってしまった.
Et ça, si vous voulez mon avis, ce n'est pas une réaction normale.	私の意見を言わせていただければ，それは普通の反応の仕方じゃないですね.

慣　用：À mon avis, la situation économique ne s'est pas améliorée.
　　　　　私の考えでは，経済状況は改善されていない.

6- opinion / idée

Il faut se faire une opinion personnelle avant de parler.
話す前に，自分の考えをまとめなければならない．

- Qu'est-ce que tu penses des nouvelles religions ?
- Je n'ai pas d'idée sur la question.

―新興宗教について君はどう思う？
―その問題に関してはよく知らないんだ．

7- changer d'idée / d'avis / d'opinion

1) Il a changé d'idée, il ne viendra pas avec nous à Enoshima.
彼は考えが変わったんだよ．僕らと一緒に江ノ島には来ないよ．

2) Je ne changerai pas d'avis. C'est toujours 500 euros.
気持ちは変わりません．やはり500ユーロです．

Nous ne sommes pas parvenus à le faire changer d'avis.
私たちは，彼(女)の考えを変えさせるには至らなかった．

3) Madeleine change d'opinion, d'un moment à l'autre.
マドレーヌは意見をころころと変えるんだ．

使い方：所有形容詞と共には用いない．

説　明：idée, avis, opinion は「考え，意見」という意味だが何についての意見かによって使い分けがある．

比　較：À partir de ce moment-là, j'ai changé d'idée sur les Taïwanais.
Tu devrais aller à Kurashiki, ça te changerait les idées.
あの時から台湾人についての意見が変わった．
君は倉敷に行くべきだろうね．気分転換になるだろうに．

慣　用：Il change d'idée comme de chemise.
彼は考えをしょっちゅう変えるんだよ．

8- 限定詞 + idées

Je n'approuve pas du tout les idées de Karl Marx.
私はカール・マルクスの思想に全く賛同しない．

Nous avons besoin de transformer la politique, mais aussi, avant tout, nos propres idées.
私たちは政治を変える必要があるが，何よりもまず，私たち自身の考え方を変えなければならない．

Voyagez à l'étranger pour élargir vos idées.
ものの見方の幅を広げるためには，外国を旅行しなさい．

Avec ces idées, il n'ira pas loin.
そんなことを考えているようでは、彼は出世しないね。

使い方：複数で用いられることが多い。

慣　用：1) Il a toujours eu le courage de ses idées comme Rosa Luxembourg.
彼はローザ・ルクセンブルクのように、敢然として自分の信念を貫き通した。

2) Pour me changer les idées, j'écoute de la musique.
気分転換に私は音楽を聴く。

3) Fais-lui faire du mah-jong, ça lui changera les idées.
彼(女)にマージャンをやらせてあげなさい。気分転換になるでしょう。

9- à l'idée | de + inf.
　　　　　　 | que + 節

Madame Chenu est paniquée à l'idée d'avoir à prendre l'avion.
シュニュ夫人は飛行機に乗らなければならないと思っただけでうろたえてしまう。

Je ne suis pas du tout contente à l'idée qu'il faudra de nouveau déménager.
また引越さなければならないと思うとまったくうんざりだわ。

強　調：à la seule idée | de + inf.
　　　　　　　　　　　 | que + 節

10- 不定冠詞 + idée

J'ai une idée. Je connais un bon menuisier. Je vais te le présenter.
いい考えがある。いい建具屋さんを知ってるんだ。君に紹介するよ。

Vous avez une meilleure idée?... Non? Alors, on s'y met.
もっと良いお考えはありますか。ありませんか？　それでは始めましょう。

Georges a des idées pour le moins étranges : il voudrait reconstruire la tour de Babel.
ジョルジュは少なくとも奇妙な考えを持っている。バベルの塔を再建したいんだそうだ。

Je n'ai jamais rencontré une personne avec des idées aussi étroites.
あれほど了見の狭い人にはこれまでに会ったことがない。

J'ai plein d'idées pour cette excursion.
その遠足については、私にはアイデアが山ほどある。

慣　用：1) Quand je lui ai dit qu'il n'existe pas de roses bleues, elle a été surprise. Ça ne lui était jamais venu à l'idée.
私が彼女に青いバラは存在しないと言った時、彼女は驚いた。彼女はそんなことを考えてみたこともなかったからだ。

2) - Allons voir l'exposition des arts martiaux à Ueno.

― Bonne idée ! Je t'accompagne.
―上野の武術博覧会を見に行こうよ.
―いいねえ！ 君について行くよ.

224 où / que

---確認問題---

次の文の（　）の中に適切な語句を入れなさい.

A. Je ne connais pas le pays (　) il vient.
　私は, 彼の出身国を知りません.
B. L'endroit (　) Pierre et moi, nous nous sommes connus, c'était un bal.
　ピエールと私が知り合った場所はダンスホールでした.
C. J'ai aimé tous les musées (　) j'ai visités.
　私は, 見学した美術館はどれも気に入った.
D. Au Japon, il y a des salles de pachinko partout (　) on va.
　日本では, いたるところにパチンコ屋がある.

解答：A. d'où cf.5　B. où cf.1　C. que cf.6　D. où cf.3

1- SN（場所）＋ où ＋ 節

Je connais un parc où on peut faire des promenades magnifiques.
素晴らしい散歩ができる公園を知っている.

La ville où j'ai vécu pendant mon enfance est située au pied d'une montagne.
子供の頃住んでいた町は山の麓にある.

Là, c'est le virage où beaucoup échappent de justesse à un accident.
そこは, 多くの人があやうく事故を起こしそうになるカーブだ.

Je me suis trouvé placé dans des situations où j'ai pu mesurer le fond de la misère humaine.
私はたまたま様々な状況の下に置かれ, その中で人間の悲惨さがどれほど奥深いものであるかを知ることができた.

Le terrain où ils vont faire construire leur maison se trouve près d'un lac.
彼らの家の建設予定地は湖のほとりにある.

Hier, j'ai lu un article où il était question d'un jeune homme qui s'est suicidé.
自殺した青年のことが話題となっている記事を昨日読んだ.

参　考：(E) where

2- là où + 節

Léon n'est jamais là où on croit le trouver. レオンはここにいるかなと思うところには，いたためしがない．

C'est précisément là où son argumentation et la mienne se heurtent. 彼の論法と私の論法がぶつかるのは，まさにその点である．

3- partout où + 節

À Waïkiki, partout où on va, il y a des Japonais. ワイキキではいたる所に日本人がいる．

Les touristes salissent partout où ils passent. 旅行者は行く所，行く所を汚して行く．

4- SN (場所) + où + inf.

Les enfants ont peu d'endroits où s'amuser. 子供たちには遊び場がほとんどない．

Nous cherchons un endroit où garer la voiture. 私たちは駐車する場所を探している．

　使い方：不定法の主語は，主文の主語と同一．

5- SN (場所) + d'où + 節

C'était un vieil hôtel d'où sortaient des odeurs nauséabondes. それは，むかつくような臭気を発する古いホテルだった．

　参　考：(E) from which

6- SN (場所) + que + 節

Parmi les pays que je connais, je préfère ceux d'Europe. 私の知っている国の中では，ヨーロッパの国々が好きだ．

Le paysage que je vois de ma fenêtre est magnifique. 私の部屋の窓から見える景色はすばらしい．

　参　考：(E) which
　使い方：この場合，先行詞は，que 以下の関係詞節の中の動詞の直接目的語である．
　比　較：L'école que j'ai fréquentée n'existe plus.
　　　　　L'école où j'ai étudié n'existe plus.
　　　　　私が通った　　　小学校はもうない．
　　　　　私が勉強をした

確認問題

次の文の誤りを正しなさい．
A. L'année quand je suis né, mon grand-père est mort.
  私が生まれた年に祖父が死んだ．
B. Mon frère est né en 1985 où mon grand-père est mort.
  私の弟は祖父が無くなった1985年に生まれた．
C. Vous arriverez à Paris le 23 et c'est ce jour-là où vous prendrez un TGV qui vous conduira à Lyon.
  あなたは23日にパリに到着し，その日のうちにＴＧＶでリヨンに行くことになります．

解答：A. quand → où cf.1 B. en 1985 où → en 1985, l'année où cf.1-1) C. où → que cf.2

1- SN (時) + où + 節

1) Le plus beau jour de ma vie ? C'est peut-être le jour où je me suis mariée.
人生最良の日ねえ……結婚した日かな．

Nous pouvons causer de tout cela un soir où nous serons plus libres.
そんなことは，もっと暇な晩にでも話そうよ．

C'est arrivé l'automne où grand-papa Martin a eu son infarctus.
それはマルタンおじいさんが心筋梗塞を起こした秋に起こった．

　注　意：年号，月名のほか la veille (前日), le lendemain (翌日) などの語は où の先行詞にならない．
　　×Mon frère est né en 1985 où mon grand-père est mort.
　　→ Mon frère est né en 1985, l'année où mon grand-père est mort.
　　私の弟は祖父が死んだ1985年に生まれた．
　　×Les cours commenceront le lendemain où vous aurez passé le test d'orientation.
　　→ Les cours commenceront le lendemain du jour où vous aurez passé le test d'orientation.
　　クラス分けテストを受けた翌日から，授業は始まります．

　参　考：(E) SN (時) + when + 節．ただし，英語では，関係詞が省略される場合があるが，フランス語では省略されない．
　　(E) They got married in 1953, the year [when] Stalin died.
　　Ils se sont mariés en 1953, l'année où Staline est mort.
　　彼らはスターリンが死んだ1953年に結婚した．

2) Il y a des matins où, comme tout le monde, j'aimerais bien dormir plus longtemps.
みんなと同じで，もっと長く寝ていたいと思う朝がある．

Il y a des moments dans la vie où [l']on ne sait plus quoi faire. 人生にはどうしたらよいかわからなくなる瞬間が何度かあるものだ.

Il y a tout de même des cas où il est difficile de prendre une décision. 決定を下すのが難しい場合がやはりある.

3) Vous commencerez à courir au moment où je vous | donnerai | le signal.
　　　　　　　　　　　　| aurai donné |
合図をしたら走り出して下さい.

À l'époque où Louis XVI était roi de France, les gens n'avaient pas de quoi se nourrir alors que la cour vivait dans le faste. ルイ16世の治世下では，宮廷のくらしは華美だったが，人々は食べるにこと欠いていた.

Du temps où j'étais encore étudiant, je me plaignais de ne pas avoir assez d'argent pour mes loisirs. まだ学生だったころは遊ぶお金がないと不平を言っていたものだ.

C'est arrivé au temps où Jean-François n'était pas encore né. それはジャン＝フランソワがまだ生まれてない時に起こったことだ.

On vit à une époque où les possibilités de développement technologique semblent illimitées. テクノロジーの発展の可能性に限りがないように思われる，そんな時代に私達は生きている.

Je l'aime depuis le moment où je l'ai vue pour la première fois. 僕は彼女に初めて会った時から彼女を愛している.

À partir du jour où je lui ai dit franchement ce que je pensais de son attitude, il ne m'a plus jamais adressé la parole. 彼の態度をどう思っているか率直に言った日から，彼はもう二度と私に声をかけなくなった.

4) 3 h, c'est le moment [de la journée] où je suis le plus occupé. 3時というと私が一日の中で一番忙しい時間だ.

Les rares fois où je l'ai rencontrée, elle ne me paraissait pas malade. そんなに会ってるわけじゃないけど，彼女は病気には見えなかった.

Mon grand-père se souvient encore de l'époque où il était militaire. 祖父は軍人だった当時のことをまだ覚えている.

La seule fois où je me suis fâché, c'est quand j'ai perdu 100 000 yens. 私が怒った唯一の時は，10万円なくした時だ.

2- c'est + 指示形容詞 + 特定の名詞 -là que + 節

Le lundi 8 janvier 1996, c'est ce jour-là que le président François Mitterrand est décédé. 1996年1月8日月曜，この日にフランソワ・ミッテラン大統領が逝去した.

特定の名詞：jour, matin, soir, année, mois, semaine など
使い方：この場合 où は用いない。C'est ... que .... は強調構文である。
比　較：1986, oui, je m'en souviens très bien, c'est cette année-là que je suis arrivée au Japon.
1986, oui, je m'en souviens très bien, c'est l'année où je suis arrivée au Japon.
1986年、そう、よく覚えているわ。その年に私は日本に来たの。
1986年、そう、よく覚えているわ。私が日本に来た年ね。

3- 定冠詞 + 特定の名詞 + **qu'il** + 動詞（言いまわし）

Sauriez-vous l'heure qu'il est ? 今何時かおわかりになりますか。

Avec le [mauvais] temps qu'il fait, impossible de sortir ! こんな［悪い］天気だと、外出は無理だね。

特定の名詞：heure, temps

4- 不定冠詞 + 特定の名詞 + **où** / **que** + 節（会話）

Il s'est confié à moi un soir qu'/où il était de bonne humeur. 彼は機嫌のいいある晩、私に本心を明かした。

Un jour qu'il fera beau, allons à Enoshima. いつか天気のよい日に江ノ島へ行こうよ。

Me lever à l'heure que je veux, tel est mon rêve. 好きな時に起きる、それが私の願いだ。

特定の名詞：soir, nuit, jour, matin, heure, année など

5- **quand** + 節

1) Je me demande quand la saison des pluies va finir. 梅雨はいつ明けるのだろう。

Quand est-ce que tu comptes finir ta traduction ? 翻訳はいつ終えるつもりだい。

注　意：quand は疑問副詞。

2) Tu sortiras quand tu auras fini tes devoirs. 宿題が終わったら、おもてに行ってもいいよ。

Il avait l'air vraiment surpris quand il m'a vue. 彼は私を見たとき本当に驚いた様子だった。

Il a obtenu son doctorat en 88 quand son deuxième fils est entré à l'école primaire. 彼は88年，次男が小学校に入った年に博士号を取った．

注 意：quand は接続詞．

226　où + être / où + se trouver / où + être situé

─── 確認問題 ───

次の文の誤りを正しなさい．
A. Dis-moi où est située maman.
　　ママがどこにいるか教えてよ．
B. Il ne savait plus où la vidéo des Beatles était.
　　彼はもうビートルズのビデオがどこにあるかわからなかった．

解答：A. est située → est cf.3
　　　B. la vidéo des Beatles était → était la vidéo des Beatles cf.3

1- où + être + 代名詞（主語）?

- Je ne reconnais pas ce quartier. Où sommes-nous ?
- [Nous sommes] rue du Faubourg Saint-Honoré, une rue très chic.

Et les autres, où sont-ils ?

―この界隈には覚えがありません．ここはどこなの？
―フォブール・サントノレ通り，とてもシックな通りですよ．

で，他の人たちはどこにいるの？

使い方：1) 直接疑問文では，主語代名詞は，動詞の後に置き，ハイフンでつなぐ．

　　　Où | sont-ils ?
　　　　 | vont-ils ?
　　　彼らはどこに | いるのか？
　　　　　　　　 | 行くのか？

2) 間接疑問文では，主語代名詞は動詞の前に置かれる．

　　　Je ne sais pas où | il est.
　　　　　　　　　　　 | ×est-il.
　　　私は彼がどこにいるかわかりません．

2- où + être + SN（名詞）?

Où est mon stylo ? Tu ne l'as pas vu ?
- Dis-moi où est papa.
- Je ne sais pas.

僕のペンはどこだ．見なかったかい？
―パパがどこにいるのか教えて．
―知らないわ．

Où était le chien quand les voleurs sont entrés chez vous ?　泥棒があなたの家に入った時, 犬はどこにいたのですか。

- Où sont les élèves ?　―生徒たちはどこですか？
- À la cantine, probablement.　―おそらく食堂でしょう。

使い方：2〜3, 主語が代名詞ではなく名詞であり, 動詞が être, se trouver, se situer の場合, 直接疑問文であれ, 間接疑問文であれ, 主語は動詞の後におかれる。

Sais-tu | où | est maman ?
　　　　|　　| ×maman est ?
　　　　|　　| si maman est dans la cuisine ?

ママはどこか　　　　　　　　　｜知ってる？
ママは台所にいるのかどうか　｜

Je ne sais pas | où | sont mes lunettes.
　　　　　　　|　　| ×mes lunettes sont.
　　　　　　　|　　| pourquoi mes lunettes sont ici.

私のめがねがどこにあるか　　　　　　｜わかりません。
どうして私のめがねがここにあるのか｜

3- où + être　　　　　　+ SN (特定の名詞) ?
　　　　　se trouver
　　　　　être situé + SN (特定の名詞) ? (あらたまって)

- Où est Versailles ?　―ヴェルサイユはどこですか？
- C'est tout près de Paris.　―パリのすぐそばです。

- Où se trouve Kosovo sur la carte ?　―地図上でコソヴォはどこにありますか？
- En Serbie, près de l'Albanie.　―セルビアで, アルバニアの近くです。

- Peux-tu me dire où est situé le fleuve Amour ?　―アムール川がどこにあるか, 教えてくれる？
- Entre la Russie et la Chine.　―ロシアと中国の間です。

Pourriez-vous me dire où se trouve la bouche de métro la plus proche d'ici ?　ここから一番近い地下鉄の入口はどこか教えて下さいますか。

- Où se trouve la poste ?　―郵便局はどこですか？
- Dans la rue parallèle à celle-ci.　―この通りと平行して走っている通りにあるよ。

- Où se trouve leur magasin ?　―彼らのお店はどこですか？
- Près d'Ikebukuro.　―池袋の近くです。

特定の名詞：地名, 建物を示す名詞

使い方：1) これらの動詞は不定冠詞, 部分冠詞のついた主語と共には用いられない。

Pardon, Madame, est-ce qu'il y aurait un sushi bar dans les

environs?
すみませんが，この辺りにお寿司屋さんはありますか？
2) être situé は，特別な場合以外，人に対しては使われない．

Dis-moi où est situé | ×Simon.
| Tunis sur la carte.

×シモンはどこにいるか　　　|教えてよ．
地図ではチュニスはどこにあるか|

比　較：| Où est le sushi bar ?
| ×Où est un sushi bar ?
| Il y a un sushi bar ?
| (あの)寿司屋はどこですか？
| 寿司屋はありますか？

227　feuille de papier / papier / copie / document / carte

┌──── 確認問題 ────
次の文の（　）の中から正しいものを選びなさい．
A. Voudrais-tu me prêter deux ou trois (papiers/copies de papier/ feuilles de papier) ?
紙を2，3枚貸してくれないかな．
B. Tu as (du papier /des papiers /ton papier) ?
紙はあるかい．
C. Il manque (une copie /un document /un papier) dans votre dossier d'inscription.
あなたの登録書類には書類が一つ足りません．
解答：A. feuilles de papier cf.1　B. du papier cf.3　C. un papier あるいは un document cf.5,8

1- feuille de papier

Après avoir déplié une feuille de papier, il a pris la parole.
彼は一枚の紙を広げてから話し始めた．

Il ne me reste plus une seule feuille de papier. Tu m'en prêterais deux ou trois ?
紙がもう1枚も残ってないよ．2，3枚貸してくれない．

注　意：papier は不可算．feuille が可算．
使い方：しかしながら，例外的に以下のような使い方もある．
　Vous avez une interro (=interrogation). Prenez un papier et un stylo. (くだけた言い方)
　試験をやるぞ．紙とペンを出して．

参　考：(E) sheet of paper

2- 限定詞 + 特定の名詞 + **de papier**

Qu'est-ce que c'est que ces bouts de papier déchirés qui traînent par terre ? 床に散らかっているこの紙切れはどうしたのか？

Chacun doit écrire son nom et son adresse sur un morceau de papier. 各々、紙に名前と住所を書かなければならない。

　特定の名詞：bout, morceau
　参　考：(E) piece of paper

3- **du papier** (単数)

Le Japon consomme trop de papier. 日本は紙を消費しすぎている。

Il y a des entreprises qui jettent plus d'une tonne de papier par jour. 1日に1トン以上も紙を捨てている会社がありますよ。

C'est indéniable, il y a un important gaspillage de papier. 明らかなことですが、相当紙の無駄使いがありますね。

　説　明：du は部分冠詞。
　参　考：3〜4 (E), paper

4- **papier** + 特定の言い回し

J'ai été surprise d'apprendre que le papier d'emballage était recyclé. 包装紙が再生紙だったとは驚きました。

Il n'y avait même pas de papier hygiénique. トイレットペーパーさえなかった。

Il a fait un grand ménage. Il a mis toutes les saletés dans du papier journal. 彼は大掃除をしたんだ。ゴミというゴミを新聞紙にくるんだ。

Je vais refaire mes murs. Je voudrais du papier peint, s'il vous plaît. 壁を張り替えるので壁紙を下さい。

　特定の言い回し：à lettres, d'emballage, hygiénique, à musique, buvard, carbone, à dessin, journal, d'argent, d'aluminium, peint など
　比　較：Vous auriez | du papier à lettres ?
　　　　　　　　　　　| quelques feuilles de papier à lettres ?
　　　　　　　　　　　| ×quelques papiers à lettres ?
　　　便箋をお持ちですか。
　　　何枚か便箋をお持ちですか。

5- 限定詞 + **papier** (単数)

Maman, j'ai besoin d'un passeport. Signe-moi ce papier, s'il te plaît.

ママ、私にはパスポートが要るの。この書類にサインして。

Maman, j'ai un papier à te faire signer. Il vient de l'école.

ママ、サインしてもらいたい書類があるんだ。学校の書類なんだけど。

使い方：「書類（公的でないものの場合が多い）にサインする」などと言うときの「書類」という意味で用いられることが多い。

6- 限定詞 + **papiers** [+ 特定の言い回し]

L'agent des douanes m'a demandé: "Présentez vos papiers, s'il vous plaît".

税関の係官が「身分証明書をお見せ下さい。」と言った。

J'ai perdu mes papiers de voiture vendredi dernier.

先週の金曜日に車関係の証明書をなくした。

特定の言い回し：de voiture, militaires, d'identité など
使い方：複数では「証明書」の意味でのみ用いられる。
参　考：(E) papers

7- **copie** [d'examen]

Il est défendu de jeter un coup d'œil sur la copie [d'examen] de son voisin.

隣りの者の解答用紙に目をやることは禁じられている。

J'ai rendu ma copie après n'avoir répondu qu'à deux questions.

私は問題を2問解いただけで答案を提出した。

参　考：copie は、普通「答案」の意味で用いられることが多い。日本語の「コピー」にあたる語は本来は photocopie であるが、「写し（控え）」という意味では copie も用いられる。

Vous avez besoin de la copie de l'acte de votre état civil certifié conforme.

原本と相違ないことを証明された戸籍謄本の写しが必要です。

8- **document**

Il vaudrait mieux mettre ces documents à l'abri, dans le coffre-fort.

これらの資料は、金庫に保管しておいた方がよいでしょう。

Son premier travail a été de classer des documents.

彼(女)の最初の仕事は、書類を仕分けることだった。

9- **carte d'identité**

Chaque fois que j'entre à l'usine, je dois présenter ma carte d'identité.

工場に入るたびに身分証明書を見せなければならない。

228 il paraît / on dit / il semble

―― 確認問題 ――

次の文の（ ）の中に Il paraît もしくは Il semble のいずれかを入れなさい。

A. (　　) que votre fille est fiancée.
　あなたの娘さんは婚約しているそうですね。

B. (　　) que le début du XXIe siècle sera une période de nationalisme intense.
　21世紀初頭はナショナリズム高揚の時代になりそうだ。

C. (　　) que sa femme a le cancer.
　彼の奥さんはどうやら癌のようですよ。

解答：A. Il paraît cf.1　B. Il semble cf.2　C. Il paraît cf.1

1-
il paraît	que + 節 (直説法あるいは条件法)
on dit	
dit-on	(挿入節として)
paraît-il	

Il paraît que Jean-Pierre voudrait faire H.E.C. (= l'École des hautes études commerciales).
　ジャン＝ピエールは，高等商業学校へ入りたいといううわさだ。

On va construire des immeubles de standing dans ce quartier, paraît-il.
　この界隈に高級マンションが建設されるという話ですよ。

On dit que les prix vont encore monter.
　物価はさらに上がると言われている。

Les agents des P. et T. vont, paraît-il, se mettre en grève.
　郵便局職員がストライキに入ろうとしているとのことです。

使い方：1) 条件法になると，報告される内容に話し手が確信を持っていないことを示す。
　　　　2) il semble que との混同に注意。

同　意：on raconte que + 節；on rapporte que + 節；le bruit court que + 節；à ce qu'il paraît; à ce qu'on dit

参　考：(E) they say that ...; it is said that ...

比　較：
| Il paraît | malade. |
| Il semble | |

　彼は病気のようだ．

| Il paraît | qu'il est malade. |
| On dit | |

| Il est malade, paraît-il. |

　彼は病気であるらしい．

2- | on dirait que + 節 (直説法)(会話)
　　　| il semble que + 節 (直説法あるいは接続法)
　　　| dirait-on　　　| (挿入節として)
　　　| semble-t-il

Regardez le ciel; on dirait qu'il va pleuvoir.	空を見てください．まるで雨でも降りそうな空模様です．
Tu as vu sa figure? On dirait qu'il est en colère.	彼の顔を見たかい．まるで怒ってでもいるみたいだよ．
On dirait que ce typhon ne va pas s'abattre sur Tokyo.	台風は東京に上陸しない模様です．
Sa jambe est guérie, dirait-on.	彼の脚はなおったみたいだね．
Ces deux voitures sont défoncées et il y a une ambulance : on dirait qu'il y a eu un accident grave.	車が二台大破しているし，救急車が一台止まっている．大事故のようだね．
Il semble que le climat soit en train de se réchauffer.	また暖かくなってきたようだ．
Personne ne sait comment résoudre les problèmes écologiques, semble-t-il.	誰一人，環境問題を解決する術を知らないようだ．
Il semble que la foi des hommes du XXIe siècle en l'avenir ne soit plus de mise aujourd'hui.	21世紀の人間は未来を信じているなどという考えは，今日もはや通用しないようだ．

同　意：on penserait que + 節 ; on croirait que + 節 ; à ce qu'il semblerait
参　考：(E) it looks as if ...; one would think that ...; it seems that ...
説　明：il semble 以下の接続法は話し手が表明された意見に同意していないか，それとも距離を保ちたいことを示す．
　　　　Il semble qu'aucun système politique ne | puisse | rendre l'homme heureux.
　　　　　　　　　　　　　　　　　　　　　　　　| peut　|
　　　　どんな政治体制も人を幸福にできないようだ．

3- | il me semble que + 節 (直説法)
　　　| à ce qu'il me semble

Il me semble que ce jugement n'est pas juste.	その判断は適切ではないように私には思われる．
Il me semble que ces enfants font trop de sport.	あの子供達はスポーツのしすぎではないかと私には思える．

Vous avez maigri à ce qu'il me semble.	お見かけしたところ、おやせになりましたね。
Il me semble que, si vous demandiez une bourse, on vous l'accorderait.	奨学金は申請すればもらえるようですよ。
Il me semble qu'il aurait dû s'excuser de son absence.	彼は来られなかったことを謝るべきだったと思うよ。

　同　意：à mon avis, d'après moi
　参　考：(E) it seems to me

229　parler [le] ＋ 言語名 / parler ＋ 限定詞 ＋ 言語名 / 特定の動詞 ＋ en ＋ 言語名 / 特定の動詞 ＋ le ＋ 言語名

---確認問題---

次の文の誤りを正しなさい。
A. Masao parle en français impeccable.
　　正夫は完璧なフランス語を話します。
B. Elle parle italien et comprend aussi espagnol.
　　彼女はイタリア語が話せるし、スペイン語もわかります。
C. Posez des questions par le français, si possible.
　　できるならフランス語で質問して下さい。

　　　　　解答：A. en français → un français cf.2　B. espagnol → l'espagnol cf.4
　　　　　　　　C. par le français → en français cf.3

1- parler [le] ＋ 言語名

- Vous parlez [l']italien, Monsieur ? - Oui, un peu.	―イタリア語を話されますか？ ―ええ、少し。
Il parle bien [le] russe, c'est agréable de l'entendre.	彼はロシア語がうまいんだよ。彼が話しているのを聞くのは心地よいなあ。
Annie parle chinois avec l'accent du Fujian.	アニーは福建なまりの中国語を話すんです。
Il ne parle pas [l']espagnol mais il le lit. C'est un polyglotte !	彼はスペイン語は話せないけど読めるんだよ。まったく語学の達人だ！
- Quelles sont les langues que vous parlez ? - Anglais, français et un peu de chinois.	―何語を話すことができますか？ ―英語とフランス語、それから中国語を少しです。

　使い方：parler の後の言語名には定冠詞が省略されることが多い。

2- parler + 限定詞 + 言語名

Elle parle un anglais châtié. 　　　　彼女は洗練された英語を話します。

C'est vrai qu'au Québec on parle le français 　　ケベックで話されているのは17世紀のフ
du XVIIᵉ siècle ? 　　　　　　　　　ランス語だというのは本当ですか？

　使い方：言語名に何らかの形容詞句が付いている場合．

3- 特定の動詞 + en + 言語名

Monsieur, parlez en français, s'il vous plaît. 　すみません。フランス語で話して下さい。

Parle-lui en anglais, c'est la seule langue 　彼には英語で話してあげて。それしかわ
qu'il connaisse. 　　　　　　　　　からないんだよ。

Monsieur, est-ce que vous pouvez répéter 　すみません。ご質問を今度は英語で言っ
votre question en anglais, cette fois ? 　　てもらえませんか？

Vous vous êtes parlé en quelle langue ? 　あなたたちは何語で話したのですか？

　特定の動詞：répéter, s'exprimer, parler, poser des questions, interpeller など
　比　　較：Tout à l'heure, je l'ai entendu parler en français. Mais quand
　　　　　　est-ce qu'il a appris le français ?
　　　　　　さっき，彼がフランス語で話すのを聞いたけど，いつ彼はフランス語を習ったの？

4- 特定の動詞 + le + 言語名

J'écris l'espagnol, mais je ne le parle pas. 　スペイン語は書けますが，話せません。

Au collège, j'ai étudié l'allemand comme 　中学で第二外国語としてドイツ語を勉強
deuxième langue étrangère. 　　　　しました。

En plus, il lit l'espagnol et le russe. 　その上，彼はスペイン語とロシア語が読
　　　　　　　　　　　　　　　　　めるんですよ。

Mademoiselle Arnold comprend le français, 　アーノルドさんはフランス語がおわかり
n'est-ce pas ? 　　　　　　　　　　ですよね？

　特定の動詞：écrire, étudier, apprendre, lire, comprendre, enseigner など

230　parmi + SN / dans + SN / de + SN / entre + SN

確認問題

　次の文の（　）の中から最も適切な語を選びなさい．
A. Marie s'est assise (parmi/dans/entre) nous deux.
　　マリーは，私たち二人の間に座った．
B. Un certain nombre (parmi/de/entre) clients se sont plaints comme

elle.
何人かの客が，彼女と同様に不満を訴えた。
C. (Parmi/Dans/Entre) les membres de sa famille, certains rêvent d'aller sur la planète Mars !
彼の家族の中には，火星に行くことを夢見ている者もいるんだよ。
D. Il y a environ 40 % de femmes (dans/de/entre) la population active.
労働人口の中には，約40パーセント女性がいる。

解答：A. entre cf.11　B. de cf.7　C. Parmi cf.5　D. dans cf.4

1- parmi + SN (複数)

J'ai retrouvé ton certificat de fin d'études parmi ces documents.
この書類の中から，私は君の卒業証書を見つけました。

Parmi ces travaux, aucun ne m'a satisfait.
これらの論文の中には私の満足するものはなかった。

Parmi les cas de très jeunes enfants que j'ai étudiés, j'ai rencontré une seule exception à la règle.
私が研究した幼児の事例の中で，私はたった一つだけ例外に出会った。

Est-ce qu'il y aurait par hasard un médecin ou une garde-malade parmi vous ?
皆さんの中にひょっとしてお医者様か看護人の方はいらっしゃいませんか。

Il y en a parmi eux qui refusent d'engager leur avenir.
彼らの中には自分の将来が拘束されるのを拒む人もいる。

Parmi ces robes, c'est la jaune qui me plaît le plus.
これらのドレスの中で，私が一番気に入っているのは黄色のです。

　使い方：**1〜3, 5〜6**, parmi は普通複数名詞を伴う。
　慣　用：1) Magellan a été parmi les premiers à faire le tour du monde.
　　　　　マゼランは最初に世界一周をした人たちのひとりであった。
　　　　2) À mon avis, le 1er janvier n'est qu'un jour parmi d'autres.
　　　　　私の考えでは，元旦は他の日と同様の一日でしかありません。

2- 特定の形容詞 + parmi + SN (複数)

John Lennon demeure populaire parmi les jeunes.
ジョン・レノンは相変わらず若者に人気がある。

C'est un dictionnaire très répandu parmi les étudiants de français débutants.
これは，初めてフランス語を学ぶ学生によく売れている辞書です。

Mon prénom, Yumi, est plutôt banal parmi les jeunes filles de ma génération.
由美という私の名前は，私の世代の女の子の中では比較的平凡な名前です。

特定の形容詞：répandu, populaire, connu, célèbre, banal など

3- 特定の動詞 + parmi + SN (複数)

Simon se classe toujours parmi les premiers.	シモンはいつも上位グループにいる.
La Porsche se place parmi les voitures les plus rapides.	ポルシェは最も速い車の一つに数えられる.
Ils acceptent également des étrangers parmi leurs élèves.	彼らは，外国人たちも同様に，生徒として受け入れる.
Il faut vivre parmi les Pakistanais pour les comprendre.	パキスタン人を知るにはパキスタン人の中で生活しなければならない.
Les émissions musicales sont parmi les plus suivies.	音楽番組は最も人気のある番組のひとつである.

特定の動詞：se classer, se ranger, accueillir, compter, vivre, être など

4- parmi / dans + 定冠詞 + 特定の名詞 (単数)

Je n'ai pas reconnu Rita dans la foule, tellement il y avait de monde.	大勢の中でリタがどの人かわからなかったわ. それほど人が多かったから.
Dans l'assistance, il y avait bon nombre de spécialistes venus de l'étranger.	出席者の中には外国から来た専門家が多くいました.
Il y a eu beaucoup d'applaudissements parmi l'auditoire.	聴衆から喝采が巻き起こった.
La nouvelle a causé des remous dans le peuple.	そのニュースは国民に動揺を引き起こした.
J'ai vainement cherché Amandine parmi la foule des voyageurs.	私は旅行者たちの中でアマンディーヌを捜したが見つからなかった.

特定の名詞：foule, assistance, public, population, auditoire, peuple などの集合名詞

比　較：Il y a eu des applaudissements | parmi / dans | l'assistance.
　　　　　　　　　　　　　　　　　　 | parmi / ×dans | les assistants.

聴衆から拍手がわいた.

5- parmi les membres de / dans + 限定詞 + 特定の名詞

Les médecins ont trouvé plusieurs cas de daltonisme dans la famille du mari. 医者たちは，夫の家系に色盲の事例をいくつか見つけた．

Dans un groupe, les opinions sont toujours partagées. 集団においては，意見は常に分かれるものだ．

Dans une classe, on distingue les étudiants avec une très forte personnalité et ceux avec une personnalité moins développée. クラスの中では個性の非常に強い学生とそれほど個性的ではない学生とに分かれる．

特定の名詞：famille, club, groupe, classe, section, parti politique, assemblée, équipe など

比　較：
Dans sa famille,	
Parmi les membres de sa famille,	il y a quelques cas de bégaiement.
× Parmi sa famille,	

彼の家族の中には，どもる人がいく人か見られる．

| Il y a eu un désaccord | dans
×parmi | l'équipe. |
| | parmi
×dans | les membres de l'équipe. |

チーム内に　　　　　　　意見の対立が起きた．
チームのメンバー間に

6- | Parmi | + | tous | + SN
　　　| De　 |　　| toutes |

De toutes les solutions possibles, André choisit toujours la plus facile. ありとあらゆる解決法の中から，アンドレはいつも最も易しいものを選ぶ．

Parmi tous les voyages que j'ai faits au Japon, c'est celui du Hokkaido que j'ai préféré. 私が日本でした旅行の中では，北海道旅行が一番気に入りました．

De toutes les jeunes filles que mon fils a rencontrées, c'est Céline qu'il préfère. 息子が出会った女の子たちの中で，彼の好きなのはセリーヌです．

Parmi tous les emplois que mon mari a eus, c'est celui de conducteur de poids lourds qui lui a plu le plus. 夫が経験した職種の中で，彼が一番気に入ったのは大型トラックの運転手の仕事です．

De tous les tableaux que cet artiste a peints, je me demande quel est le plus beau. この画家が描いた絵の中で，どの絵が一番美しいだろうか，と私は考える．

Parmi toutes les questions posées à l'examen, beaucoup de candidats n'ont pu répondre qu'à quelques-unes. 試験に出た問題の中で，受験者の多くがそのうちのいくつかしか答えられなかった．

使い方：最上級や限定表現を伴う場合は，普通文頭に用いる．

7- 特定の言葉 + de + SN / 名詞

Un de mes frères a le diabète.	私の兄弟のうち，一人は糖尿病です．
La majorité des étudiants sont opposés à ce projet de loi.	学生の大半はこの法案に反対している．
Peu de personnes dans la salle ont compris ce problème de philosophie.	教室にいる者のうち哲学のこの問題を理解できる人はほとんどいなかった．
Beaucoup de visiteurs n'ont pas aimé l'exposition.	客の多くはその展覧会が気に入らなかった．

特定の言葉：1) la majorité, un, l'un など（後ろに de + SN が続く）
　　　　　2) une + 形容詞 + quantité, un + 形容詞 + nombre, peu, beaucoup, trop, assez など（後ろに de + 名詞が続く）

8- entre + SN + et + SN

On dit qu'il y a une entente secrète entre les États-Unis et les pays de l'OTAN.	アメリカとＮＡＴＯ諸国の間で密約があるということだ．
Quelle est la différence entre un dromadaire et un chameau ?	ヒトコブラクダとフタコブラクダの違いは何ですか？
Il est nécessaire que l'harmonie règne entre un mari et une femme.	夫婦は仲むつまじくあることが必要です．
Il y aurait des ressemblances frappantes entre le japonais et le basque.	日本語とバスク語の間には，驚くほど似たところがあるらしい．
Le niveau d'éducation est différent entre une école de campagne et une école de ville.	田舎の学校と都会の学校では教育水準が異なる．
Si vous comparez le prix des loyers entre Paris, Tokyo et New York, vous vous apercevrez sans doute que c'est à Tokyo qu'il est le plus élevé.	パリと東京とニューヨークの家賃を比較してみると，おそらく家賃が最も高いのは東京だということに気付くでしょう．
Est-ce que ce train s'arrête entre Shinjuku et Nakano ?	この電車は新宿と中野の間で停車しますか．

使い方：1) **8〜15**, entre は，後ろに母音（あるいは無音の h）で始まる語が来ても母音字省略が行われない．

2) **8〜11**，二人の人，二つの物について用いる．

9- entre ＋ 限定詞 ＋ [deux] ＋ 名詞 (複数)

Il y a des conflits frontaliers entre ces deux pays.	この2国間には国境紛争があります．
Nous avons dix minutes de repos entre les cours.	授業と授業の合間に10分間の休みがあります．
J'ai trouvé cette vieille photo du mariage de mes parents entre deux pages de ce dictionnaire.	私はこの辞書のページの間から，両親の古い結婚写真を見つけた．
Le patron hésite entre ces deux employés pour leur confier un travail qui exige un très gros effort.	社長は，この二人のうちのどちらの社員に，大変な労力のいる仕事を任せようか迷っている．

10- entre deux ＋ 名詞

Je n'ai même pas eu le temps de prendre une tasse de café entre deux trains.	列車を乗り継ぐ間にコーヒー一杯飲む時間さえなかったのです．
Il a pu me téléphoner entre deux cours.	彼は授業の合間に私に電話をかけてきた．
Elle a eu du mal à choisir entre deux sociétés qui l'avaient acceptée comme informaticienne.	彼女は，自分をコンピュータオペレーターとして採用を内定してくれた二つの会社のどちらを選ぶかで困った．

11- entre ＋ 人称代名詞強勢形 [＋ deux]

Entre eux deux, ce sont les liens familiaux qui comptent le plus.	彼ら二人の間では，最も大切なのは家族の絆です．
Partagez cette somme entre vous deux, mais ne le dites à personne.	このお金をあなたたち二人で分けて下さい．でも他のだれにも言ってはなりません．
C'est un secret que nous gardons entre nous deux.	これは私たち二人の間だけの秘密です．
Ces deux femmes se connaissent depuis leur enfance : une énorme amitié s'est développée entre elles deux.	この女性二人は，子供の頃からの知り合いです．彼女たちの間には，固い友情がつちかわれてきたのです．

12- entre ＋ SN (複数)

Les motos ont l'avantage de pouvoir se faufiler entre les voitures.	バイクは車の間を縫って走ることができるという利点がある。
À Naples, il n'y a pas beaucoup d'espace entre les maisons.	ナポリでは家と家の間にあまり間隔がない。
Avec le T.G.V. (=train à grande vitesse), les heures de voyage entre les villes ont diminué.	TGVによって都市間の移動時間が短くなった。
Un prisonnier passe toute sa journée entre les murs.	囚人は、壁に囲まれて一日を過ごす。

使い方：**12〜15**，複数名詞とともに用いる．

慣　用：Nous avons beaucoup discuté. Sylvie nous a raconté entre autres [choses] son expérience au Népal.
私たちはずいぶん話し合いました。シルヴィーは私たちに、とりわけネパールでの体験について話してくれました。

13- 限定詞 + 特定の名詞 + **entre** + **SN** (複数)

Toutes les musulmanes portent un tchador : il y a une grande ressemblance entre ces femmes.	イスラム教徒の女性は皆チャドルを着ています。こうした女性たちは皆同じように見えます。
Anne, tu vois une différence entre les Asiatiques ?	アンヌ、アジア人同士の間にある違いがわかりますか？
Je ne vois pas le rapport entre toutes ces idées.	これらの思想の関連性がわかりません。
Les liens entre les membres de cette famille se manifestent très ouvertement.	この家族の間にある絆は、とてもはっきりと見てとれる。

特定の名詞：ressemblance, différence, lien, rapport, similitude, divergence, rapport, relation など

14- 特定の動詞 + **entre** + **SN** (複数)

Nous avons hésité entre plusieurs routes. Finalement, nous sommes passés par Charleroi.	私たちはいくつもの道のうち、どれを取るか迷った。結局、シャルルロワを通る道を行った。
Il a été forcé de choisir entre diverses solutions.	彼は様々な解決策の中から選択するよう強いられた。
La succession a été répartie à parts égales entre les enfants.	遺産は子供たちに平等に分配された。

特定の名詞：choisir, hésiter, répartir, distribuer など

15- 代名動詞 ＋ entre ＋ 人称代名詞強勢形（複数）

Ils se respectent entre eux. C'est admirable de les voir !
彼らは互いに尊敬し合っている．彼らに会うと感心しちゃうよ．

Il faut nous aider entre nous.
私たちは助け合わなければなりません．

- Dans votre groupe, vous vous traitez bien entre vous.
―あなたたちのグループでは，皆が互いにうまくつきあっていますね．

- Oui, entre nous, il n'y a que de l'amitié.
―ええ，私たちの間には，ただ友情だけがあるのです．

使い方：動詞の意味を強めるために用いる．
同　意：代名動詞 ＋ l'un l'autre (les uns les autres)

231
特定の言葉 ＋ parmi ＋ 人称代名詞強勢形 ／
特定の言葉 ＋ d'entre ＋ 人称代名詞強勢形 ／
特定の言葉 ＋ de ＋ 人称代名詞強勢形 ／
特定の言葉 ＋ de ＋ SN

確認問題

次の文の（　）の中から最も適切な語句を選びなさい．

A. (D'entre/Parmi/Dans) vous, il n'y a personne qui accepte de faire ce travail.
あなたたちの中では，誰もこの仕事を引き受ける人がいません．

B. Nul (de/dans/d'entre) nous n'a osé protester.
私たちのうち，誰もあえて抗議はしなかった．

C. Lequel (parmi/de/d'entre) ces tableaux impressionnistes préférez-vous ?
これらの印象派の絵のうちで，どれがお好きですか？

解答：A. Parmi cf.6　B. d'entre cf.2　C. parmi, de, d'entre のいずれも可 cf.7

1- 特定の言葉 ＋ parmi ＋ 人称代名詞強勢形（複数）

Personne parmi nous n'avait fait de pétanque.
私たちの中では誰もペタンクをしたことがなかった．

特定の言葉：personne ... ne
注　意：1〜7, dans は用いられない．

2- 特定の言葉 ＋ |parmi / d'entre| ＋ 人称代名詞強勢形（複数）

La plupart d'entre elles sont nées aux Philippines. 彼女たちのほとんどがフィリピンで生まれました．

Les enfants, combien parmi vous ont été absents hier ? 皆さん，あなたたちのうちで何人が昨日欠席しましたか？

Laquelle d'entre elles va la remplacer ? 彼女たちのうち誰が彼女の代わりをするのでしょう．

Beaucoup d'entre nous devraient lire davantage. 私たちのうちの多くがもっと本を読まなければならないだろう．

Après leurs souffrances dues à la guerre, combien parmi eux pourront retrouver une vie normale ? 戦争による苦しみをなめた後に，彼らのうちの何人が普通の生活に戻ることができるのでしょう．

特定の言葉：la plupart, nul … ne, peu, beaucoup, quelques-uns, certains, plusieurs, combien, lequel, qui など
使い方：1) d'entre は音調がよいため，よく用いられる．
2) de や dans は用いられない．
比　較：Cet optimisme va choquer certains |parmi / d'entre / ×de| vous.
こうした楽観的な見方には，あなたたちのうち何人かがひどく驚くことでしょう．

3- 特定の言葉 ＋ |parmi / d'entre / de| ＋ 人称代名詞強勢形（複数）

Aucun d'entre nous n'avait de dollars américains. 私たちのうちの一人もアメリカドルを持っていなかった．

L'un d'eux a dû oublier de fermer la porte à clef. 彼らのうちの誰かがドアに鍵をかけるのを忘れたに違いない．

Chacune parmi elles a dû verser 3 000 yens. 彼女たちのそれぞれが，3000円ずつ支払わなければならなかった．

Si l'un de nous refuse, tous les autres refuseront. 私たちのうち，一人でも断わると，他の人も全員が断わるだろう．

特定の言葉：aucun … ne, pas un …, l'un, chacun, pas un seul, un など

4- 特定の言葉 ＋ d'entre ＋ 人称代名詞強勢形（複数）

La majorité d'entre eux arrête ses études après l'école primaire.
彼らのうちの大多数が小学校を出ると学業を離れる。

Ce n'est qu'une minorité d'entre eux qui deviendront fonctionnaires.
彼らのうちで公務員になるのは少数でしかない。

特定の言葉：majorité, minorité, nombre など

5- de / parmi ＋人称代名詞強勢形（複数）＋ tous

De nous toutes, Fernande était celle qui avait l'esprit le plus ouvert.
私たちみんなの中ではフェルナンドが最も開かれた精神の持ち主だった。

- Parmi vous tous, qui deviendra un grand écrivain ?
- Moi, Monsieur, parce que j'écris les meilleures compositions de nous tous.

―あなた方のうちで誰が大作家になるのでしょうか。
―私です。私はみんなの中で作文が一番うまいのですから。

使い方：5～6，たいてい文頭で用いる。

6- Parmi ＋人称代名詞強勢形，特定の言葉 …

Parmi elles, combien attacheront de l'importance à la vie de famille et combien à une carrière ?
彼女たちのうち何人が家庭を重視し，何人が仕事を重視するのでしょうか。

Parmi eux, lesquels ont vraiment réussi leur vie ?
彼らのうちどの人たちが本当に人生で成功したのですか。

Parmi nous, quelques-uns seulement ont été malades.
私たちのうち，何人かだけが病気でした。

Il y a diverses solutions. Parmi elles, laquelle choisissez-vous ?
色々と解決法はあります。そのうちのどれを選びますか。

Parmi nous, n'y aurait-il pas quelqu'un qui pourrait jouer du jazz ?
私たちの中でジャズを演奏できるような人は，誰かいないのでしょうか。

特定の言葉：combien, qui, certains, quelqu'un, ne … personne, lequel, aucun … ne, nul など

比　較：Parmi nous, aucun ｜ n'avait de monnaie.
　　　　Aucun, parmi nous,
　　　　Aucun d'entre nous
　　　　×D'entre nous, aucun
われわれのうち，誰も小銭を持ち合わせてなかった。

7- 特定の言葉 + parmi / d'entre / de + SN

Chacun des membres de mon club voudrait devenir champion de ski.
私のクラブのメンバーのうちのそれぞれが，スキーが一番うまくなりたいと思っています．

Un grand nombre de ces malades ont vécu des expériences traumatisantes.
この病気にかかった人の多くが心に傷の残るような体験をしています．

Il a fini par découvrir qu'aucun des médecins qu'il avait consultés ne pouvait l'aider.
彼はしまいには，彼が診てもらった医者たちの誰ひとりとして，彼を救えないのだとわかった．

Le rédacteur en chef est l'un de ses amis.
編集長は，彼(女)の友人のひとりです．

Très souvent, la majorité des enseignants tient un discours qui a peu de chance d'être compris des élèves.
よくあることだが，先生の大多数が，生徒たちにはほとんどわからない話をしている．

特定の言葉：**2〜6** の特定の言葉
注　意：後ろに人称代名詞強勢形ではなく，名詞がくる場合，parmi, d'entre, de のどれを用いてもよい．
比　較：Lequel | de / parmi / d'entre | tes frères va étudier à l'Université Columbia ?
君の兄弟の誰がコロンビア大学で勉強するのですか？
Lequel | parmi / d'entre / ×d' | eux va étudier à l'Université Columbia ?
彼らのうちの誰がコロンビア大学で勉強するのですか？

232　最上級 + parmi + SN / 最上級 + d'entre + 人称代名詞 / 最上級 + de + SN

確認問題

次の文の誤りを正しなさい．
A. D'entre mes oncles, Pascal est le plus sympathique.
　僕の叔父さんの中では，パスカルが一番いい人だな．
B. C'était le plus petit d'eux qui avait couru le plus vite.
　一番速く走ったのは，彼らの中で一番幼い子だった．
C. Ikebukuro est l'une des plus grandes gares dans Tokyo.
　池袋は，東京で最も大きな駅のひとつです．

解答：A. D'entre → Parmi cf.1　B. d'eux → d'entre eux あるいは parmi eux cf.2
　　　C. dans Tokyo → de Tokyo cf.5

1- Parmi + SN (複数)

Parmi nos amis, c'est avec les plus proches que nous sommes le plus en rapport.
友人たちの中で，一番よく付き合いがあるのは，最も近くに住んでいる人たちです．

Parmi les lois de chaque pays, les plus importantes sont difficiles à comprendre.
各国の法律のうち，最も重要なものが分かりにくい．

Il y a beaucoup de grands magasins à Shibuya. Parmi eux, c'est Seibu que j'aime le mieux.
渋谷にはデパートがたくさんあります．その中で私が一番好きなのは西武です．

Parmi ces jolies reproductions, elle ne sait pas lesquelles choisir.
それらのすてきな複製品の中から彼女はどれを選んだらよいのかわからない．

　　使い方：文頭で．
　　比　較：|Parmi / ×De / ×Entre / ×D'entre| mes cours, celui de maths est le moins intéressant.
　　僕の授業科目の中では数学が一番面白くないな．

2- 最上級 + |parmi / d'entre| + 人称代名詞強勢形 (複数)

Les meilleures parmi elles deviendront certainement des ballerines professionnelles.
彼女たちの中で最も優れた人たちがプロのバレリーナにきっとなることだろう．

Les plus compréhensifs parmi vous pourront aider les autres à résoudre leurs problèmes.
あなた方の中で最も思いやりのある人たちが，他の人を助けて問題を解決できるでしょう．

Tous ont remis leur version jusqu'au plus timide d'entre nous.
私たちの中で一番引っ込み思案な者までが，みんな訳を提出した．

Il y a tellement de poètes dans la littérature allemande qu'on ne peut pas dire lequel est le plus grand d'entre eux.
ドイツ文学にはあまりに数多くの詩人がいて，彼らの中で誰が最も偉大であるかなど言うことはできない．

　　使い方：1) 人称代名詞と共に de は用いられない．
　　　　　　2) d'entre は eux, elles の前でもエリジョンしない．

3- 最上級 + de + SN (複数)

- Quel est le plus petit des animaux ? 　　　―動物の中で一番小さいのは何かなあ.
- C'est la puce ..., je crois. 　　　―ノミだと思うけど.

À Tokyo, le plus haut des buildings n'est plus le Sunshine 60. 　　　東京で一番高いビルは今やサンシャイン60ではありません.

On dit que c'est le moins intéressant de ses romans. 　　　彼(女)の小説の中ではそれが一番面白くないという話だよ.

Ce qu'il propose, c'est la meilleure des solutions. 　　　彼の提案しているのが, 解決法の中では一番いいよ.

Les plus connus des canyons, ce sont ceux du Colorado. 　　　峡谷の中で一番有名なのはコロラドのグランドキャニオンだ.

比　較： Les plus belles | de / ×d'entre / ×parmi | ces toiles sont celles de Monet.
これらの油絵の中で一番美しいのはモネの絵です.

　　　　　Les plus belles | parmi / d'entre / ×d' | elles sont celles de Monet.
それらの中で一番美しいのはモネのです.

4- 最上級 + de + SN (単数)

Nora, c'est la jeune fille la plus sympathique de la classe. 　　　ノラはクラスの中で一番感じのよい女の子です.

Grâce à eux, j'ai eu les plus grandes joies de toute ma vie. 　　　彼らのおかげで, 私は人生で最高の喜びを感じました.

- Ayako est la plus grande de son équipe de volley. 　　　―綾子はバレーのチームの中で一番背が高いんだ.
- Elle mesure combien ? 　　　―どれくらい身長があるの？

Les critiques affirment que c'est le meilleur film de l'année. 　　　評論家たちは, これが今年の最高の映画だと言っている.

Enclavée dans la République d'Italie, la République de Saint-Marin est la plus petite république du monde. 　　　サンマリノ共和国はイタリア共和国に囲まれているが, 世界で一番小さな共和国です.

注　意： 4〜5 では, dans は用いられない.

比　較： | C'est Maxime qui est le plus studieux | de ma classe.
| | des étudiants de ma classe.
| | ×dans ma classe.
| | ×parmi ma classe.

| Parmi les étudiants de ma classe, | c'est Maxime qui est le plus
| Des étudiants de ma classe, | studieux.

マキシムは｜僕のクラスで　　　　　｜一番よく勉強する。
　　　　　｜僕のクラスの学生の中で｜

5- 最上級 ＋ de ＋ SN（国名あるいは地方などの名）

Quel est le meilleur sumoïste du Japon ?　　日本で一番の力士は誰ですか？

On dit que Kennedy a été le plus grand président des États-Unis.　　ケネディはアメリカで最も偉大な大統領だったと言われています。

L'Île du Prince-Edouard est la plus petite province du Canada.　　プリンス・エドワード島は，カナダで一番小さな州です。

Vous buvez là le meilleur vin de France.　　そこではフランスで一番おいしいワインが飲めますよ。

L'Everest est non seulement la plus haute montagne de l'Himalaya, mais du globe.　　エベレストはヒマラヤで一番高い山であるだけでなく，地球の最高峰です。

- Quel est le plus long fleuve des États-Unis ?
- C'est le Mississipi.

―アメリカで一番長い川はどれですか？
―ミシシッピ川です。

- Quelle est la ville la plus agréable du Canada ?
- Peut-être est-ce Montréal ?

―カナダで一番住みやすい町はどこでしょう？
―モントリオールかもしれないな。

233　quelque part / ne ... nulle part / n'importe où / partout / endroit / là où

― 確認問題 ―

次の文に誤りがあれば正しなさい。

A. Y a-t-il quelque part où on pourrait garer la voiture ?
　　どこかにこの車を駐車する場所がありますか。

B. Partout, dans les villages du Japon, vous trouverez un temple.
　　日本のどこの村にもお寺がありますよ。

C. Asseyez-vous n'importe où vous voulez.

どこでもお好きな所にお座り下さい。

解答：A. quelque part où → un endroit où cf.5　B. ○ cf.2
　　　C. n'importe où → là où, あるいは n'importe où, là où cf.3,6

1- quelque part (ne ... nulle part)

Je m'excuse, mais est-ce qu'on ne s'est pas déjà rencontrés, quelque part ?	すみません，前にどこかで会ったことがありませんか？
Si vous ne voulez aller ni au cinéma, ni au parc d'attractions, ni à la piscine, eh bien, on n'ira nulle part et on restera à la maison !	君たちが，映画にも遊園地にもプールにも行きたくないのなら，もうどこにも行くのはやめて，家にいることにしよう。
On n'en trouve nulle part ailleurs, excepté à Kanda.	それは，神田以外には，どこにもありませんよ。
- Où est-ce qu'ils habitent ? - Quelque part à Kichijoji.	一彼らはどこに住んでいますか？ 一吉祥寺のあたりです。
Je me souviens [d']avoir lu cette nouvelle quelque part dans le journal.	このニュースは，新聞のどこかで読んだ覚えがある。
Les boules de pétanque ? Je n'en ai jamais vu nulle part à Tokyo.	ペタンクのボールですか？ 東京ではどこだって見たことがありませんね。

使い方：**1〜3**，場所の名前が続く場合，前置詞 de は用いない．

Mon père est allé quelque part | à Paris.
　　　　　　　　　　　　　　　| ×de Paris.
　　　　　　　　　　　　　　　| en France.
　　　　　　　　　　　　　　　| au Japon.

父は，| パリの　　| どこかに行った．
　　　| フランスの|
　　　| 日本の　　|

2- partout

J'ai cherché mon porte-monnaie partout, mais je ne l'ai pas retrouvé.	私は財布をあらゆる場所で探したが，見つからなかった。
Mon père est allé partout dans le monde, sauf en Afrique.	父は，アフリカを除いて，世界中のどこにでも行きました。
Il y avait du monde partout sur les Champs-Élysées.	シャンゼリゼ通りは，そこらじゅう人，人，人だった。
J'avais du sable partout, jusque dans les oreilles.	耳の中まで，すっかり砂だらけだった。

3- n'importe où

Bien sûr, vous pouvez vous installer n'importe où dans la salle, à condition que la place soit libre !
　　　もちろん、どこに座っていただいてもいいですよ。席が空いていればの話ですけどね。

- Où est-ce que je mets ce carton ?
- N'importe où, ça n'a pas d'importance.
　　　—この箱をどこに置くの？
　　　—どこでもいいよ、どこでも大差ないんだ。

Déposez votre manteau n'importe où, là où vous voudrez.
　　　コートはどこでもお好きなところに置いて下さい。

　注　意：n'importe où の後に節を続ける場合は、n'importe où, là où + 節となる。
　　Tu peux aller n'importe où, là où tu veux habiter.
　　どこでもお前の住みたいところへ行けばいいさ。

4- partout / dans tous les endroits　　où + 節

Il a laissé un très bon souvenir dans tous les endroits / partout où il est passé.
　　　彼は、訪れたどの場所にも、とても良い思い出を残した。

Partout où on va en Espagne, on fait des expériences intéressantes.
　　　スペインでは、どこへ行っても面白い体験ができる。

5- 限定詞 + endroit + 関係代名詞 + 節

Est-ce que tu pourrais m'indiquer un endroit où je pourrais laisser mes affaires ?
　　　私の持ち物を置く所を、どこか指示してくれますか。

J'aimerais mieux aller dans un endroit qui ne soit pas trop cher.
　　　どこかあまりお金のかからない所に行きたいんですが。

Je n'ai trouvé aucun endroit où j'aurais pu déjeuner.
　　　昼ご飯を食べられそうな所は、どこにもなかったよ。

6- là où + SN + vouloir [+ inf.]

André a travaillé comme garçon de café là où on a bien voulu l'engager.
　　　アンドレは雇ってもらえる喫茶店なら、どこでもウェイターとして働いた。

確認問題

次の文の ( ) の中に faire partie/participer/appartenir のいずれかを，文に合わせて適当な形にして入れなさい．

A. Il a longtemps ( ) du Parti communiste.
彼はずっと共産党員である．

B. Ce château ( ) à la famille Duvivier depuis trois siècles.
この城は3世紀前からデュヴィヴィエ家の所有になっている．

C. Il (1) du club de football mais il ne (2) jamais aux matchs.
彼はサッカークラブに所属しているが，試合には一度も出ていない．

解答：A. fait partie cf.1 B. appartient cf.3 C. (1) fait partie (2) participe cf.1,2

1- faire partie de + SN (団体)

Il a refusé de faire partie du Conseil d'administration.	彼は理事会に加わるのを拒否した．
Ma mère fait partie d'un club de bridge.	母はブリッジのクラブに入っている．
Faire partie d'un club de gymnastique? Ah, non! Jamais de la vie!	体操クラブに入れって？いやだ，絶対にいやだ．
Sa mère fait partie d'un groupe de dames qui s'occupent d'enseigner le japonais à des étrangers.	彼(女)の母親は外国人に日本語を教える女性サークルに入っている．
Il fait partie de la minorité des députés qui ont voté contre le projet [de loi].	彼は法案に反対票を投じた少数派の議員に属する．
Il fait partie des éternels mécontents.	彼は常に不平を言う輩の部類に入る．

　同　意：être membre de + SN
　参　考：(E) belong to + SN

2- participer à + SN

As-tu l'intention de participer à notre prochain voyage?	この次の私たちの旅行に参加するつもりある？
Ils participent régulièrement aux activités de notre club.	彼らは定期的に私たちのクラブの活動に参加しています．
S'il le faut, je suis prêt à participer aux frais de transport.	必要なら，私は旅行の費用を分担するつもりです．

— Annick ne veut pas participer à la soirée dansante.
— Qu'est-ce qui lui prend ?

—アニックはダンスパーティに参加したくないんだって。
—どうしたのかしら？

比　較： Beaucoup d'écologistes font partie de groupements divers et participent aux actions qui ont pour but de préserver la nature. Faire partie d'un groupe n'a aucun sens si l'on ne participe jamais à ses activités.
様々な団体に属して，自然保護を目的とする活動に加わっているエコロジストがたくさんいる。
グループに所属していても，その活動に参加しなければ全く意味がない。

参　考： (E) participate in + SN

3- SN (物) + appartenir à + SN (人)

Ce dictionnaire m'appartient.

この辞書は私のものだ。

Il dit que ces meubles lui appartiennent; tout le monde sait que c'est faux, ils appartiennent à ses parents.

彼は，これらの家具は自分の物だと言っているが，それが嘘なのは誰もが知っている。親のものなのだ。

Dans les pays socialistes, les moyens de production appartiennent à l'État.

社会主義国では生産手段は国家に属する。

参　考： (E) belong to + SN (人)

4- SN (人) + appartenir à + SN

Il appartient à une vieille famille irlandaise.

彼は古いアイルランドの家系に属している。

On est à peu près sûr que le criminel appartient à la mafia.

その犯人がマフィアの一味であることはほぼ確実だ。

Les Beauregard appartiennent à ce que l'on pourrait appeler les nouveaux riches.

ボールガール家は，ニューリッチと言える階層に属している。

説　明：この場合，社会的な所属を示す。

235　partir / s'en aller / disparaître / aller / sortir

――― 確認問題 ―――

次の文の (　) の中から適切な語句を選びなさい。

A. Jeanne (est partie/s'en est allée) mettre une lettre à la poste.
ジャンヌは手紙を出しに行きました。

B. Il est (sorti/parti) à la pêche et il reviendra ce soir.
   彼は釣りに出かけましたが，今晩には戻ってきます。

C. Monsieur Lantin est enfin (parti/sorti) de l'hôpital.
   ランタンさんはやっと退院しました。

D. Madame Ragueneau est tellement occupée avec ses jeunes enfants qu'elle n'a pas le temps de (partir/sortir).
   ラグノーさんは幼い子供たちの世話で忙しくて，出かける暇がありません。

解答： A. est partie cf.10   B. parti cf.5   C. sorti cf.12   D. sortir cf.11

1- SN (人) + partir

1) Tu ne pourras pas voir Sophie, elle est déjà partie.
ソフィーには会えませんよ。彼女はもう出かけてしまいました。

Je lui ai téléphoné pour leur dire que je serais en retard, mais ils étaient déjà partis.
私は遅れる旨を告げようと，彼(女)に電話をかけたのですが，彼らはもう家を出ていました。

S'ils étaient partis une heure plus tôt, ils vous auraient manqué.
もう一時間早く出発していたら，彼らはあなたに会えなかったでしょう。

2) – Je croyais que vous alliez rester encore quelques années dans la région.
– Non, Jacques vient de trouver un meilleur travail à Bruxelles et on va partir.
―お宅は，この地方にまだ何年かいらっしゃるだろうと思っていました。
―いいえ，ジャックが丁度ブリュッセルに今より条件のよい仕事を見つけたところなので，この際引越すことになりました。

同　意 : SN (人) + déménager

2- SN (乗り物) + partir

Il y a un train pour Osaka qui part à 10 h 10.
10時10分発の大阪行きの列車があります。

Simon a pris un avion qui est parti avec trois heures de retard.
シモンの乗った飛行機は3時間遅れで飛び立った。

3- SN (人) + partir + |前置詞| + SN (場所)
                        |pour |

– Dimanche, mes vacances commencent.
– Vous partez dimanche ?
– Oui, on part très tôt à la montagne.
―日曜日から休暇になります。
―日曜日から出かけるのですか？
―ええ，朝早く，山へ出発します。

Après avoir pris une bouchée de pain, je suis partie à l'université.	パンを一口食べると，私は大学に向かった．
Je pars en / pour la Bretagne avec les enfants.	私は子供たちとブルターニュに行きます．

注　意：sortir はこの場合用いない．

4- partir de + 限定詞 + 名詞 (場所)

La course partira de l'Hôtel de Ville.	レースは市役所から出発します．
Nous nous sommes donné rendez-vous devant la gare de Mito et c'est de là que nous partirons.	私たちは水戸駅の前で待ち合わせることにした．そこから出発する予定だ．
Ils sont partis de chez moi vers 11 h, je crois.	彼らは私の家を11時頃出たと思う．

5- partir + 特定の言い回し

Monsieur Marchand est parti en vacances au bord de la mer, il y a trois jours.	マルシャンさんは3日前に海辺へバカンスに出かけました．
Ils sont partis en excursion pour toute la journée.	彼らは丸一日の日帰り遠足に出かけた．

特定の言い回し：en vacances, en excursion, à la pêche, en promenade, à la chasse, à la guerre, à la conquête de + SN, à la recherche de + SN, à l'étranger, en guerre contre + SN, en ballade など

6- SN (人・動物) + partir / s'en aller

Dépêchons-nous, c'est l'heure de partir.	急ごう，出かける時間だ．
– Il est tard, je m'en vais. – On s'en va ensemble ?	――遅くなりました．もう失礼します． ――一緒に帰りますか．
Quand je me retrouve avec des gens que je n'aime pas, je m'en vais le plus vite possible.	好きじゃない人たちと一緒になった時にはできるだけ早くその場から離れることにしています．
Partons avant qu'il [ne] soit trop tard.	あまり遅くならないうちに出かけましょう．
Allons-nous-en; on gêne les Dumont et on ne peut pas les aider.	さあ，もうおいとましましょう．デュモンさんの家にご迷惑ですし，何の役にも立ちませんから．

Ne traînez pas; allez-vous-en avant qu'il [ne] pleuve.
ぐずぐずしないで雨が降らないうちに帰りなさい。

Pourquoi vous voulez partir ? On va manger le gâteau ensemble.
どうして帰るなんておっしゃるの？一緒にケーキを食べましょうよ。

　使い方：**6〜9**, SN (人) + s'en aller という表現は，直説法単純過去，複合過去では，一人称，二人称では用いられず，三人称では改まった言い方になるなど，用法はかなり制限される。

　　　Il s'en | est allé | vivre à Hawaii.
　　　　　　| alla　　|

　　　彼はハワイで暮らすために行ってしまった。

　参　考：**6〜9**, (E) leave

7- SN (人・動物) + | partir
　　　　　　　　　　　| s'en aller (あらたまって)　　　+ 形容詞句

Ils partent toujours souriants.
彼らは別れ際にはいつもにこやかだ。

Après notre dispute, il s'en est allé déprimé.
私たちが喧嘩した後，彼はしょげて行ってしまった。

Elle s'en va toujours de chez sa meilleure amie, réconfortée.
彼女は親友の家を後にする時はいつも元気になっている。

On a été heureux de les voir s'en aller soulagés.
彼らがほっとして帰ったのを見て嬉しく思いました。

- Pourquoi tu t'en vas l'air aussi triste ?
- Parce que je vois bien que tu es content que je m'en aille !

―どうしてそんなに悲しそうな顔をして帰るの？
―だって，私に帰ってほしいとあなたが思っているのが分かるんだもの。

8- | partir
　　　| s'en aller 　　+ inf.

Paul déteste la campagne française; il part habiter dans une grande ville.
ポールはフランスの田舎が大嫌いです。彼は都会に出て暮らします。

Quand j'arriverai à l'âge de la retraite, je m'en irai vivre à la campagne.
私が定年を迎えたら，田舎に行って生活します。

　使い方：大がかりな場所の移動（引っ越しなど）について用いる。

9- SN (物) + | s'en aller
　　　　　　　| disparaître

La mauvaise odeur s'en ira avec un produit spécial. / この悪臭は特殊な製品を使えばなくなるでしょう。

Le mercure qui empoisonne les rivières s'en ira si les usines arrêtent de le faire écouler dans l'eau. / 河川を汚染する水銀は、工場が河川へのたれ流しをやめればなくなるでしょう。

Si la tuberculose est bien soignée, elle disparaît. / 結核は十分に治療すれば治る。

使い方：SN (物) + s'en aller は、単純時制でのみ用いる。複合時制では、disparaître のみが用いられる。

Frottez et la tache | s'en ira.
　　　　　　　　　　| disparaîtra.
　　　　　　　　　　| ×partira.

こすれば汚れはなくなります。

J'ai frotté et la tache | a disparu.
　　　　　　　　　　　| ×s'en est allée.

こすったら汚れは消えました。

10- | partir | + inf.
　　　　| sortir |
　　　　| aller |

- Où est Serge ? / —セルジュはどこにいるの？
- Il est sorti acheter le journal. / —新聞を買いに出かけました。

Maman est allée faire des courses. / お母さんは買い物に出かけたよ。

11- SN (人) + sortir

1) - Cette femme âgée se sent si laide qu'elle ne veut plus sortir. / —この老婦人は自分が醜いと思って、もう外に出たがらない。
   - Elle est à plaindre. / —それはおかわいそうですね。

参 考：1)~2), (E) go out

2) - Pour t'amuser, tu sors souvent. / —遊びにずいぶんと出かけるね。
   - Oh! oui, mes amis et moi, nous adorons sortir ensemble. / —うん、友達も僕も一緒に出かけるのが大好きなんだ。

- Il fait si beau aujourd'hui qu'il faut absolument sortir. / —今日は天気が本当によいから、ぜひとも出かけなくてはね。
- Si on sortait ensemble ? / —じゃ、一緒に出かけませんか。

- Est-ce que je pourrais parler à Monsieur Lemaire, s'il vous plaît ?　　―ルメールさんとお話がしたいのですがお願いします。
- Excusez-moi, mais il est sorti.　　―申し訳ありませんが、彼は席をはずしています。

12- SN (人) + sortir de + | SN (場所)
|　　　　　　　　　　　　　　　chez + SN (人)

1) - À quelle heure finit cette pièce ?　　―この劇は何時に終わるの？
   - Les gens sortent du théâtre à 11 h, donc elle finit un peu avant 11 h.　　―劇場から11時に人が出てくるから、11時より少し前に終わるんです。

Nous sommes sortis de chez les Messier à 11 h 30.　　私たちはメシエさんの家を11時半に出ました。

En sortant de la réunion, j'ai rencontré Martine.　　会議を終えて出た時、私はマルティーヌに会った。

- Madame, je ne vous ai pas vue depuis longtemps.　　―奥さん、ずいぶんお久しぶりですね。
- J'étais à l'hôpital; je viens d'en sortir.　　―入院していたんです。退院したばかりなんですよ。

使い方: cinéma, théâtre, église, musée, maison, école, hôpital などの場所を示す名詞と共に用いられることが多い。
注　意: 12～13, sortir の後に前置詞 à や chez は用いない。

2) Kyoko est sortie de l'Université Keio, il y a trois ans.　　京子は3年前に慶応大学を卒業した。

参　考: (E) graduate

13- SN (人) + sortir de + 特定の名詞

Il s'est fait reprendre : il venait juste de sortir de prison.　　彼はまた逮捕されたよ。刑務所から出てきたばかりだったんだ。

Nous sommes sortis de table à 15 h 30.　　私たちは15時30分に食事を終えた。

特定の名詞: prison, table など

236　passer / avoir / réussir / obtenir / être accepté / être reçu / être admis

---
確認問題

次の文に誤りがあれば正しなさい。
A. J'ai réussi le concours des bourses du Club Rotary.

僕はロータリークラブの奨学生試験に合格しました。
- B. Tetsuo n'a pas été admis à Sophia.
  哲夫は上智に受からなかった。
- C. Pour passer l'examen d'entrée de l'Université de Kyoto, il a dû faire deux années de classe préparatoire.
  彼は京都大学の入学試験に受かるために、2年間予備校に通わなければならなかった。

解答：A. le → au cf.3　B. ○ cf.3　C. passer → réussir à cf.3

1- **passer** ＋ 限定詞 ＋ 特定の名詞

Au Japon, pour entrer à l'université, il faut passer un examen. En France, le baccalauréat suffit.
日本では、大学に入るには試験を受けなければならない。しかしフランスでは、バカロレアだけでよい。

Cette année, tu as combien d'examens à passer ?
今年君はいくつ試験を受けなければならないの？

Quand est-ce que tu vas passer ton permis de conduire ?
いつ運転免許の試験を受けるの？

En quelle année est-ce que vous avez passé le bac ?
何年にバカロレアを受けましたか。

Si tu veux passer le permis de conduire, tu ferais bien de travailler pour amasser un peu d'argent. Ça coûte assez cher, tu sais !
運転免許を取りたいなら、ちょっとお金を稼ぐために働いた方がいいよ。かなり高くつくんだよ。

特定の名詞：examen, test, permis, baccalauréat, concours, brevet, C.A.P.E.S., agrégation など

使い方：1) この場合、passer は他動詞で、助動詞には avoir を用いる。
2) 普通「受ける」という意味だけ。
3)「受かる」の意で passer が用いられるのは、話題となっている試験などに受かっていることが文脈から確実である場合に限られる。そうでない場合は、passer avec succès を用いるのが望ましい。
Mon frère a finalement passé avec succès l'examen d'entrée à Waseda.
兄は早稲田大学の入学試験にとうとう受かった。

参　考：(E) take

2- **avoir / obtenir** ＋ 限定詞 ＋ 特定の名詞

Ma tante Yumiko a eu sa licence à 21 ans.　叔母の由美子は21才で大学を卒業した。

Après avoir obtenu ta maîtrise, qu'est-ce que tu vas faire ?　修士が終わったら、どうするつもりですか？

- Il a obtenu son diplôme d'ingénieur à l'âge de 22 ans.　—彼は22才でエンジニアの免状をとった。
- C'est bien jeune.　—随分若い時だね。

特定の名詞：doctorat, licence, maîtrise, その他、特定の試験や免状も含む。
反　意：échouer à, être recalé à, être refusé à, rater (会話)
説　明：この場合、「受かる」という意味しかない。
参　考：(E) get, pass

3- réussir
　　　　passer
　　　　être　reçu
　　　　　　　admis
　　　　　　　accepté

　　à + 限定詞 + 特定の名詞

Je n'ai étudié que deux heures et j'ai réussi à l'examen de Monsieur Moreau.　2時間しか勉強しなかったけれど、モロー先生の試験に通ったよ。

- Elle a été reçue à l'examen du barreau.　—弁護士試験に彼女は受かった。
- Finalement !　—とうとうやったね。

- Il est admis à Waseda et à Keio.　—彼は早稲田と慶応に受かった。
- Il va choisir quelle université ?　—どっちの大学を選ぶのだろうか。

- Il a été reçu à Hitotsubashi.　—彼は一橋に受かった。
- Il a de la chance.　—運のいいやつだ。

- J'ai été accepté au Journal Asahi et aussi au Yomiuri.　—朝日新聞と読売新聞に合格しました。
- Et qu'est-ce que tu vas décider ?　—で、どうするつもりだい？

Cette année, Maya a été admise à la pratique de la médecine.　今年マヤは医師国家試験に合格した。

特定の名詞：examen, concours, oral, écrit, 大学名, barreau, pratique de + 限定詞 + 名詞 など

比　較：1) Beaucoup de gens passent leur permis de conduire plusieurs fois avant de réussir.
　　　　　　多くの人は、何回も試験を受けて、やっと運転免許試験に合格する。
　　　　2) J'ai passé à l'écrit, mais échoué à l'oral.
　　　　　　私は筆記に合格したが、口頭試問には落ちた。

237 passer / se présenter / subir / suivre

--- 確認問題 ---

次の文の（　）の中から最も適切な語を選びなさい．

A. Tu vas (passer/recevoir/suivre) quels cours cette année ?
　君は今年，どんな授業を受けるつもりなの？

B. Il va (passer/recevoir) le test du sida demain.
　彼は明日エイズ検査を受けるらしい．

　　　　　　　　　　　　　解答：A. suivre cf.5　B. passer cf. 2

1- passer / se présenter à ＋ 限定詞 ＋ 特定の名詞

Ken voudrait passer le concours des bourses du gouvernement français.
健はフランス政府奨学生の試験を受けたいと思っている．

La plupart des gens n'aiment pas passer des examens, ils ont peur d'échouer.
大抵の人は試験を受けるのが嫌いだ．落ちるのがこわいんだよ．

J'ai passé les deux premières épreuves, il ne m'en reste plus que trois.
試験はもう2つ済んだから，あと3つだけだ．

　特定の名詞：examen, épreuve, oral, écrit, interro[gation] など
　使い方：**1～2**，動詞 prendre は用いられない．
　　　　　Hier, j'avais un examen | à passer.
　　　　　　　　　　　　　　　　 | ×à prendre.
　　　　　昨日試験があった．
　説　明：「受ける」の意．

2- passer / subir ＋ 限定詞 ＋ 特定の名詞

Tu vas subir ton examen médical à quel moment ?
いつ健康診断を受けるんだい？

　特定の名詞：examen, test など

3- subir ＋ 限定詞 ＋ 特定の名詞

Quand est-ce que Michel va subir son intervention chirurgicale ?
ミッシェルはいつ外科手術を受けるの？

　特定の名詞：intervention, opération など

4- faire passer / faire subir + 限定詞 + 特定の名詞 + à + SN (人)

Ils m'ont fait passer une radiographie des poumons. 　　私は肺のX線検査を受けさせられた．

Le médecin lui a fait subir une radio. 　　医者は彼にレントゲン検査を受けさせた．

特定の名詞：radio[graphie], examen [médical], test [médical] など

5- suivre + 限定詞 + cours / classe

Je vais suivre le cours du professeur Horiuchi, l'an prochain. 　　来年堀内教授の授業を受けるつもりだ．

En arrivant en France, Jun va d'abord suivre des cours de français. 　　フランスに着いたら，純はまずフランス語の授業を受けるつもりです．

注　意：recevoir はこの意味では用いられない．
参　考：(E) take

238　payer / dépenser

確認問題

次の文の誤りを正しなさい．

A. Il a payé de l'argent pour acheter une moto à son fils.
　　彼は息子にバイクを買ってやるお金を出した．

B. J'ai dû payer beaucoup d'argent pour ce vélo.
　　僕はこの自転車を買うのに大金を払わなければならなかった．

C. Il a payé beaucoup d'argent sa faute.
　　彼の失敗は高くついた．

　　解答：A. payé de l'argent pour acheter une moto → payé une moto cf.3
　　　　　B. beaucoup d'argent → une grosse somme cf.4　C. beaucoup d'argent → cher cf.2

1- payer

Laisse, je vais payer pour Martine. 　　いいよ，マルティーヌの分は払うよ．

À ta place, je n'aurais pas payé. 　　僕が君なら，払わなかったろうな．

- Le client est parti sans payer.
- Quel culot !

―お客さんが支払いをせずに行ってしまった。
―何てふてえ野郎だ！

Si tu me paies, je le ferai.

お金をくれるなら，それをやるよ。

2- payer cher + SN (物)

Allez à Okachimachi, vous paierez moins cher.

御徒町に行ってごらんなさい。もっと安く買えますよ。

Je ne l'ai pas payé tellement cher.

それはそんなには高くついたわけじゃないよ。

Hum ! Il a dû payer sa moto assez cher.

うーん。バイクが彼にはかなり高くついたにちがいない。

3- payer + SN

Qui va payer la note ?

勘定は誰が払うの？

Mon grand-père m'a payé tout le voyage.

おじいちゃんが，私の旅行のお金を全部出してくれたんだ。

Il a dû vendre sa maison pour pouvoir payer une indemnité à sa femme.

彼は妻に慰謝料を払えるようにと，自分の家を売らねばならなかった。

- | Ta robe, tu l'as payée combien ?
  | Combien est-ce que tu as payé [pour] ta robe ?
  | Tu as payé combien pour ta robe ?
- Douze mille yens.

―君のその服，いくらしたの？
―12000円よ。

Je lui ai déjà payé un mois d'avance.

私はすでに彼に月給の前払いをしました。

注 意：payer de l'argent という言い方はしない。
慣 用：Il me le paiera, un de ces jours !
　　　　やつにはいつかお返しをしてもらうさ！

4- | payer | une grosse somme pour + | SN (物)
     | dépenser | | inf.

Louis-Joseph a dû payer une grosse somme pour sa Mercédès !

ルイ＝ジョセフは自分のベンツに大金をはたいた。

Ils ont dépensé une très grosse somme pour acheter ce château.

彼らはこの城を買うのに膨大なお金を使った。

|同　意| : verser une grosse somme pour + | SN (物) |
| | | inf. |

強　調	:	payer	+	une somme folle	pour +	SN (物)
		dépenser		des sommes folles		inf.
				une fortune		

5- dépenser + 金額

Les Français dépensent environ 200 euros par mois pour leurs loisirs. フランス人は毎月200ユーロくらいレジャーに使っている．

Je lui avais donné 50 euros d'argent de poche pour le mois mais il a tout dépensé en deux jours. あの子に今月分のおこづかい50ユーロあげたんだけど，2日で全部使っちゃったのよ．

Combien dépensez-vous à peu près pour vos vêtements ? 洋服にはだいたいいくら使いますか．

239　pêcher

――― 確認問題 ―――

次の文の誤りを正しなさい．

A. Hier, Monsieur Hashimoto est allé pêcher des poissons à Izu.
　昨日，橋本さんは伊豆に魚釣りに行きました．

B. Mon père aime pêcher des poissons à la ligne, surtout à la mer.
　父は特に海釣りが好きですよ．

　　　　　　　　解答：A. des poissons を取る．cf.1　B. des poissons を取る．cf.1

1- pêcher

Monsieur Daulac va pêcher tous les week-ends. ドーラックさんは，週末はいつも釣りに出かけます．

- Quels sont ses passe-temps favoris ? ―彼の好きな趣味は何ですか？
- Il aime bien pêcher et jouer à la pétanque. ―釣りをしたりペタンクをしたりだね．

Les sensations sont plus fortes lorsqu'on pêche à la ligne, tu ne crois pas ? ―本釣りをする時の方がスリルがあるね．

使い方：単に「釣をする」という場合には，直接目的補語としての poisson は必要ない．

2- pêcher + 数形容詞 + poisson

Il a réussi à pêcher dix poissons l'un après l'autre. 彼は10匹もの魚を次々と釣り上げた.

Vous avez pêché un bien gros poisson ! すごく大きな魚を釣りましたねえ！

使い方：**2～3**，特に釣る（釣った）魚のことをはっきりと言いたい時に用いる.

3- pêcher + 限定詞 + 魚の名

- Qu'est-ce qu'on pêche dans cette rivière ? ―この川では何が釣れるの？
- De la truite, en général. ―たいてい鱒だね.
  Des truites,

Autrefois, on pêchait la morue au filet, plus maintenant. 昔は鱈が網で採れたんだけど，今はもうさっぱりだ.

240 pendant / durant

― 確認問題 ―

次の文に誤りがあれば正しなさい.
A. Il a fait du tennis pendant deux ans.
　　彼は二年間テニスをやった.
B. Il fait du tennis pendant deux ans.
　　彼は二年間テニスをやっている.
C. Qu'est-ce que vous faites durant les grandes vacances ?
　　夏休みの間は何をするのですか？

　　　　解答：A. ○ cf.1　B. pendant → depuis cf.1　C. ○ cf.2

1- 動詞（複合過去あるいは未来形）+ | **pendant** + 数形容詞 + 時を示す名詞
durant + 数形容詞 + 時を示す名詞
（あらたまって）

Ma famille a habité [à] Sapporo pendant quatre ans, de 1985 à 1989. 私の家族は1985年から1989年までの4年間，札幌に住んでいた.

Monsieur Akashi sera absent [pendant] les deux premières semaines de février. 明石氏は2月の初めの2週間お休みします.

- Fred a été inconscient [pendant] une minute ou deux. ―フレッドは1，2分間，意識がなかったんだ.
- Et maintenant ? ―で，今は？
- Oh, il va beaucoup mieux. ―なに，ずっとよくなってるよ.

Nous avons eu des chats siamois pendant deux ans. Mais nous avons dû les donner à des amis parce que ma sœur est allergique à ces animaux.
私たちは2年間シャム猫を飼っていた．だが妹が猫に対してアレルギーがあるので，友人に譲らねばならなかった．

- Finalement, j'ai pu le joindre par téléphone et je lui ai parlé [pendant] une dizaine de minutes.
- Il a toujours de nouveaux projets ?

―やっとのことで彼と電話でコンタクトがとれて，10分あまり話したよ．
―彼には，相変わらず新しいプランがあるの？

Pendant une minute, tout le monde s'est tu.
1分間，みんなが沈黙した．

Le médecin a dit à Flore qu'elle ne pourrait pas marcher pendant dix jours.
医者はフロールに，10日間は歩けないだろうと言った．

使い方：1) 特に複合過去か未来形とともに用いる．
2) pendant が，数形容詞 + 時を示す名詞とともに用いられる時，次の3つの条件を満たす場合に，pendant を省略することができる．
　　a) その表現が動詞のすぐ後に置かれ，
　　b) 状況補語がある場合は状況補語の前に置かれ，
　　c) 動詞が肯定形の場合．
　　　　Nous avons roulé | [pendant] trois heures sans arrêt.
　　　　　　　　　　　　 | sans arrêt pendant trois heures.
　　　　私たちは3時間休まずに走り続けた．
　　　　On n'a pas vu les Valois pendant deux semaines.
　　　　ヴァロア家の人々を2週間見かけませんでした．

説　明：この用法は単に，動詞が表している行為が，話し手の話している時(現在あるいは過去)には完全に終わっているということを意味する．
　　À l'université, j'ai étudié l'espagnol pendant trois ans.
　　J'étudie l'espagnol depuis trois ans. Ça me plaît beaucoup.
　　大学では3年間スペイン語を勉強した．
　　3年前からスペイン語を勉強している．とても気に入っている．

参　考：(E) 動詞(完了形または未来形) + for + 数形容詞 + 時の名
比　較：
- Tu t'es laissé pousser une moustache pendant combien de temps ?
- Pendant deux ans, puis je l'ai coupée.
- Elle t'allait bien pourtant.

―どれくらいの間，髭を伸ばしていたの？
―2年さ．そのあと剃ったんだ．
―でも，似合ってたよ．

- Tu te laisses pousser une moustache depuis combien de temps ?
- Depuis deux ans.
- Elle te va bien.

―いつから髭を伸ばしてるの？
―2年前からさ．
―とても似合ってるよ．

2- pendant + SN
durant + SN (あらたまって)

Nous avons été surpris par ses questions insolentes pendant le cours d'algèbre.	代数の授業中の彼の無躾な質問にはみんなびっくりした．
Pendant les grandes vacances, tu vas faire un voyage ?	夏休みには旅行するの？
Qu'est-ce que vous faites pendant votre temps libre ?	暇な時には何をしているのですか？
Pendant ses études, les horizons de Sonia se sont beaucoup élargis.	学業を通して，ソニアの視野は大きく広がった．
Pendant mon absence, vous trouverez tout ce qu'il faut pour manger, dans le frigo.	私が留守の間，食べるのに必要なものは全部冷蔵庫にあるからね．
Il enseigna la chimie dans le Vermont durant l'hiver 93-94.	彼は，93年から94年にかけての冬にヴァーモント州で化学を教えた．
Tu t'es bien amusé pendant ton séjour en Italie ?	イタリア滞在中は，楽しかった？
Il n'a guère eu le temps de s'informer des travaux qui avaient été exécutés par ses prédécesseurs durant toutes ces années.	彼には，これまでの何年かの間に前任者たちがやってきた仕事について調べるだけの時間がほとんどなかった．

強　調：**2～3**, pendant tout + SN
注　意：à, dans は用いられない．
参　考：**2～3**, (E) 動詞 (完了形または未来形) + during + SN
比　較：Papa, je peux me servir de ta voiture pendant le week-end ? Nous partons pour trois jours en week-end.
　　　　お父さん，週末に車を使ってもいい？ 3日の予定で週末旅行に行くんだ．
慣　用：Il n'a rien dit ni | avant le repas ni pendant.
　　　　　　　　　　　　　| avant ni pendant le repas.
　　　　彼は，食事の前にも食事中にも，何も言わなかった．

3- pendant + SN
durant + SN (あらたまって)

1) Il dort peu pendant la nuit mais beaucoup pendant la journée.	彼は夜はほとんど寝ずに，昼間よく寝ている．

- Le chien du voisin a encore jappé pendant la nuit.
- C'est une peste !
　―隣りの犬がまた夜中に吠えたんだ．
　―ほんとにいやだね．

2) J'ai fait de la tension pendant deux hivers de suite.
　私は昨年の冬，今年の冬と血圧が高くなった．

Il y a toujours de gros typhons pendant les mois de septembre et d'octobre.
　9月と10月には，大きな台風がいつもやってくる．

- Ils habitent [à] Kamata [pendant] la semaine.
- Et pendant le week-end ?
　―彼らはウィークデーは蒲田に住んでいる．
　―じゃあ週末は？

Cette année, je ne pense pas qu'il puisse faire du ski pendant l'hiver.
　今年彼は，冬の間スキーはできないと思う．

慣　用：1) Il est admirable, il a travaillé | pendant | + | toute sa vie.
　　　　　　　　　　　　　　　　　　　　| durant | | sa vie entière.
　　　　　　　　　　　　　　　　　　　　| sa vie durant.

　　　　　彼には感心する．一生働き詰めだったんだ．

2) Il m'a attendu [pendant] très longtemps devant la statue Hachiko.
　　彼はとても長い間，ハチ公像の前で待っていてくれた．

3) Il a fait de la fièvre pendant quelque temps.
　　彼は，しばらくの間，熱が出た．

241　pendant ＋ 所有形容詞 ＋ 特定の名詞 ／ dans ＋ 所有形容詞 ＋ 特定の名詞

---確認問題---

次の文の（　）の中の正しい方を選びなさい．

A. (Pendant/Dans) sa jeunesse, il était plutôt à gauche.
　彼は若い頃，どちらかというと左寄りだった．

B. (Pendant/Dans) sa vie, il a rencontré des tas de gens célèbres.
　彼は一生のうちで，たくさんの有名人に出会ってきた．

　　　　　　　　　　　　　　解答：A. Dans cf.2　B. Dans cf.2

1- pendant ＋ 所有形容詞 ＋ 特定の名詞

Je me suis beaucoup disputé avec mon frère pendant mon enfance.
　子供の頃，よく兄と口論した．

特定の名詞：enfance, adolescence
使い方：**1～2**, 必ず所有形容詞を伴う．

2- dans + 所有形容詞 + 特定の名詞

Il nous disait souvent qu'il avait fréquenté Sartre dans son jeune temps.
彼は，若い頃サルトルと付き合っていたとよく私たちに話していた．

Son frère n'a connu que des malheurs dans sa vieillesse.
彼の兄は晩年は不幸なことばかりだった．

特定の名詞：jeune temps, jeunesse, vieillesse, vie, jeune âge
注　意：adolescence と enfance には **1** のように pendant を用いる．

Il était malingre | dans sa jeunesse.
　　　　　　　　　| pendant son adolescence.
　　　　　　　　　| ×dans son adolescence.

彼は若い頃虚弱だった．

242　pendant / au cours de / dans le cours de / dans le courant de / dans

── 確認問題 ──

次の文の誤りを正しなさい．
A. J'ai failli m'endormir dans le cours de Monsieur Suzuki.
　鈴木先生の授業中に，あやうく寝てしまいそうになった．
B. Les mini-jupes, c'était la grande mode pendant les années 60.
　ミニスカートは60年代に大流行した．
C. Dans l'année 1986, il y a eu l'éruption du mont Mihara.
　1986年に三原山の噴火が起こった．
D. Qu'est-ce que vous allez faire dans les grandes vacances ?
　夏休みに何をするつもりですか？

解答：A. dans → pendant cf.2　B. pendant → dans cf.5
　　　C. Dans l'année → Pendant l'année あるいは En 1986 cf.3　D. dans → pendant cf.2

1- [pendant +] 数形容詞 + 名詞

Il a fallu marcher [pendant] une heure avant d'atteindre le prochain refuge.
次の避難小屋にたどり着くまで，1時間歩かなければならなかった．

Elle a été confinée [pendant] dix ans sur sa chaise roulante.
彼女は10年間，車椅子の生活を強いられた．

J'ai travaillé ce problème [pendant] des mois et des mois. 私は，何か月もの間この問題に取りくんだ．

- 使い方：pendant の省略に関しては，項目 **240** の **1** の使い方を参照．
- 参　考：(E) for + 数形容詞 + 名詞
- 比　較：J'ai fait du piano pendant quatre ans.
  Je fais du piano depuis quatre ans.
  - 私は4年間ピアノをやった．
  - 私は4年前からピアノをやっている．
- 慣　用：Il a été longtemps malade.
  - 彼は長い間病気だった．

2- pendant + SN

Hiroshi est allé à Okinawa pendant les vacances. 浩は夏休みに沖縄へ行った．

Le lait surit vite pendant la saison des pluies. 牛乳は梅雨どきにはすぐ酸っぱくなってしまう．

Je peux vous recevoir n'importe quand sauf pendant le repas de midi. 昼食時を除けばいついらしても結構です．

Si vous venez chez moi pendant mon absence, ne manquez pas de laisser votre nom et votre adresse. 私が不在でしたら，忘れずにお名前とご住所をお書き残し下さい．

Bernard se plaint d'avoir des cauchemars pendant son sommeil. ベルナールは眠っている間に悪夢を見ると嘆いている．

Il y a eu beaucoup de jeunes Coréens qui ont été forcés de devenir des soldats japonais pendant la Seconde Guerre mondiale. 第二次世界大戦中に日本兵になることを強要された朝鮮人の若者がたくさんいた．

Tu t'es bien amusé pendant ton voyage ? 旅行中は楽しかった？

- 注　意：この場合，à, dans は用いられない．
- 慣　用：Attendez-moi ici, pendant ce temps, je vais essayer de téléphoner à Henri.
  - ここで待っていて下さい．その間に私はアンリに電話をしてみますから．
- 比　較：Si on allait à Enoshima | pendant | le week-end ?
  　　　　　　　　　　　　　　　　| pour |
  　　　　　　　　　　　　　　　　| en week-end ?
  - 今週末に江の島に行かないか？
  - いつか週末に江の島にいかないか？

3- pendant / dans le cours de / courant de / au cours de + 定冠詞 + 時を示す名詞

On pourrait peut-être choisir une autre date pendant la seconde semaine du mois de juillet. 　7月の第2週の別な日を選ぶこともできるだろう．

Il a dit qu'il sera libre pendant le mois de juillet. 　彼は7月中は空いていると言っている．

Dans mon appartement, j'entends le bruit des voitures même pendant la nuit. 　私のアパルトマンでは，夜でも車の騒音が聞こえてくる．

Je les attends dans le courant de la semaine. 　今週いっぱい彼らを待ちます．

Pendant ce temps-là, qu'est-ce que nous allons faire? 　その間に何をすることにしようか．

Henri-Paul devrait me rappeler au cours de la soirée. 　アンリ＝ポールは今晩中に，私にもう一度電話をしてくるに違いない．

Je compte tout terminer pendant l'été. 　夏の間にみな終えるつもりだ．

参　考：(E) during + 定冠詞：in the course of + 定冠詞 + 名詞

比　較：La plupart des étudiants dorment | pendant son cours.
| dans sa classe.

学生たちのほとんどは，彼(女)の授業中に居眠りをする．

慣　用：Il a connu trois guerres au cours de sa vie.
彼は一生のうちで三回の戦争を体験した．
Au cours des siècles, la langue japonaise a bien évolué.
何世紀もの間に，日本語はいろいろ変わった．

4- dans + 定冠詞 + 特定の名詞

Hier, j'ai travaillé tard dans la soirée. 　昨日は夜遅くまで働いた．

La première conférence aura lieu dans la matinée du premier jour. 　第一回目の会議は，初日の午前中に開かれる．

Hier, dans la journée, | j'ai attrapé froid.
Dans la journée d'hier, | 　昨日の日中，私は風邪をひいた．

Évelyne devrait rappeler dans la matinée de mardi.
Mardi, Évelyne devrait rappeler dans la matinée. 　エヴリーヌは，火曜の午前中に電話をかけ直してくるはずだけど．

特定の名詞：matinée, journée, soirée, nuit, avant-midi, après-midi など
注 意：この場合、「〜の間ずっと」という意味にはならない。
参 考：4〜5, (E) in the course of + 特定の名詞

5- dans les + 特定の名詞

Les réactions de la malade devraient s'améliorer dans | les prochaines semaines.
| les semaines qui viennent.

病人の様々な反応は、ここ数週間のうちによくなるだろう。

On ne peut pas dire que nous nous attendions à la destruction du mur de Berlin dans les mois qui l'ont précédée.

何ヶ月も前からベルリンの壁の崩壊を予期していたというわけではない。

特定の名詞：jours, semaines, mois, années, siècles
使い方：必ず derniers, prochains, qui viennent, qui viendront, à venir と共に用いられる。

243 penser / songer / réfléchir

―― 確認問題 ――

次の文に誤りがあれば正しなさい。

A. Tu as bien pensé avant de prendre cette décision ?
   こう決める前によく考えたの？
B. Il est trop jeune pour penser sur le mariage.
   彼は結婚を考えるには若すぎる。
C. C'est ce que je pense, moi aussi.
   それは同感です。
D. Il ne songe jamais à sa vieille mère.
   彼は年老いた母親のことなどまったく考えていない。

解答：A. pensé → réfléchi cf.9 B. sur le → au cf.3 C. ○ cf.1 D. songe → pense cf.2

1- penser + 特定の言葉

- Selon Nostradamus, la fin du monde serait proche.
- La majorité des gens ne pense pas comme ça.
- Les examens ne plaisent à personne.
- C'est ce que je pense aussi.

―ノストラダムスによると、世界の終りは近いらしい。
―大方の人はそんな風には考えてないよ。

―試験を好きな人なんていないよ。
―私もそう思う。

Marie-Jeanne a dit tout haut ce que tout le monde pensait tout bas.	マリー＝ジャンヌはみんながこっそり考えていたことをはっきり口にした.
On ne sait jamais ce que Marc-André pense.	マルク＝アンドレは何を考えているのかさっぱり分からない.

特定の言葉: ce que, le, ça, comme ça
使い方: penser は特定の言葉以外の直接目的語を伴わない.

2- penser [+ 副詞] + à + SN (人)

Je pense souvent à ma vieille mère qui est restée à Komoro.	小諸に残った老いた母のことを, 僕はよく考える.
Je pense toujours à lui, je ne peux pas l'oublier.	私はいつも彼のことを考えています. 忘れられないのです.
Il pense rarement aux autres.	彼は他人のことをほとんど考えない.
Pensez aux enfants de Sarajevo qui n'ont pas de quoi manger.	食べ物もないサラエボの子供たちのことを考えてみなさい.

注 意: ここでは songer à は用いられない.

À Genève, | j'ai pensé à toi | et je t'ai acheté ce petit cadeau.
×j'ai songé à toi
×je t'ai songé

ジュネーヴで君のことを思い出して, このおみやげを買ったよ.

3- | penser | à + SN (物)
   | songer |

Quand on songe à tout ce gaspillage ...	こうした無駄使いを考えてみるとね……
Antoine ne songe qu'à ses intérêts.	アントワーヌは自分の利益しか念頭にない.
Il y a deux choses auxquelles je pense tout le temps : mon avenir et mes études à l'étranger.	いつも考えていることが二つある. 自分の将来と留学のことだ.

使い方: 3〜8, songer を用いると少々あらたまった意味になる.

4- | penser | à + SN + pour + | SN (物)
   | songer | | inf.

- Il nous faut un nouveau chef de section.	―新しい課長が必要だなあ.
- À qui avez-vous pensé ?	―誰がいいと思いますか？

J'ai pensé à un radiateur électrique pour chauffer notre chambre. 僕たちの部屋の暖房に電気ストーブはどうかと思ったんだ.

- J'ai songé à Séverin pour ce poste...
- Il ferait bien ça, en effet.

―そのポストにはセヴランを僕は考えたんだが……
―確かに,彼ならうまくやれるだろうね.

5- | penser | à + inf.
    | songer |

Mon épouse pense à prendre sa retraite. 妻は退職しようかと考えている.

Nous songeons à acheter une villa à Nasu. 我々は那須に別荘を買うことを考えています.

同 意 : projeter de + inf.

6- [人称代名詞（直接目的補語）+] faire | penser | à + SN
                                          | songer |

Ce nuage ne te fait-il pas penser à un mouton ? あの雲は羊みたいに見えない？

Leur maison me fait penser à un château. 私には,彼らの家がまるでお城のように思える.

Avec sa barbichette, il me fait songer à mon grand-père. 彼のあごひげを見ていると,私は祖父のことを思ってしまいます.

参 考 : (E) remind + SN (人) + of + SN

7- | penser | à + 特定の語句
    | songer |
    | réfléchir|

Tu as pensé à ce que j'ai dit l'autre jour ? この間言ったことを考えてくれただろうね.

- C'est d'accord ?
- Bon, bon, j'y songerai.

―いいね？
―わかった,わかった,考えてみるよ.

Songez un instant à ce qui pourrait vous arriver. どういうことになるか,ちょっと考えてごらんなさいよ.

Donne-moi une journée pour y réfléchir. 一日考える時間をくれ.

Et surtout, avant cela, je n'avais jamais réfléchi à ça. 言っとくけど,それまではそんなことを考えたこともなかったんだ.

Jean-Charles n'a pas encore vraiment l'idée de devenir moine. Il y pense seulement.	ジャン＝シャルルは、まだ本当に僧侶になる気になったわけではない。考えているだけにすぎない。
N'y pense pas trop, sinon tu ne pourras pas dormir.	考えすぎちゃだめだよ。眠れなくなるから。
Penses-y et tu me donneras la réponse.	考えて、お返事をちょうだいね。

特定の語句：ça, ce qui, ce que, y など
慣　用：
- Venez faire de la plongée sous-marine avec nous.
- Pensez-y, | j'ai 70 ans !
  Songez-y,
―私たちと一緒に、スキューバダイビングをしましょうよ。
―考えてもごらん！ 私は70才だよ！

8- penser / songer / réfléchir à ＋ 限定詞 ＋ 特定の名詞

Avant de venir à Tokyo, je n'avais jamais pensé à ce problème.	東京に来るまでは、その問題について一度も考えたことがありませんでした。
Jusqu'à ce jour, je n'avais jamais songé à mon avenir.	その日まで、僕は自分の将来について考えたことがなかった。
Il n'avait sans doute pas réfléchi aux conséquences de son acte.	彼はおそらく、自分の行動の結果がどうなるか考えないでやったのだろう。

特定の名詞：conséquences, suites, question, problème, avenir, risques など

9- réfléchir

Surtout, réfléchissez avant d'agir !	くれぐれも、よく考えてから行動しなさい。
J'ai lu plusieurs romans de Dostoïevski et ils m'ont fait réfléchir.	ドストエフスキーの小説を何冊か読んだが、どれも考えさせられるところがあった。
Il aura sans doute vendu sa propriété sans trop réfléchir.	彼は多分、あまりよく考えもしないで、所有地を売ってしまうだろう。
－ Alors, Madame, qu'est-ce que vous désirez ? － Hum … je vais réfléchir et je repasserai.	―何になさいますか？ ―ええと、よく考えて、また来ますわ。
J'ai eu le temps de … hum, réfléchir et voici ma décision.	じっくりと、ええー、考えまして、私の結論はこうです。

使い方：réfléchir は，補語を伴わずに単独で使うことができる．

10- réfléchir + 副詞 [+ à + SN]

Il a demandé à réfléchir encore un peu.	彼はまだもう少し考えさせてほしいと言った．
J'ai répondu sans avoir suffisamment réfléchi à la question.	十分に問題を考えずに答えてしまった．
Tu as bien réfléchi aux conséquences de ton acte?	君の行動がどんな波紋を引き起こすか，考えなかったのかい？
Elle a les idées d'une personne qui a beaucoup réfléchi, beaucoup lu.	彼女の思想は，書物に親しみ思考を重ねた人のものだ．
Vous y avez assez réfléchi pour vous décider.	もう十分考えたのだから，決めなさい．

使い方：bien, beaucoup, suffisamment, assez, pas assez, profondément, un peu, passablement のような副詞は，réfléchir と共に用いられる．

比較：Avant de te décider, réfléchis bien, pense à ta famille.
決める前によく考えろよ．家族のことを考えるんだぞ．

11- SN (物) + faire réfléchir + SN (人)

Sa mort nous a fait réfléchir.	彼(女)の死には考えさせられた．

244　penser à / penser de

---確認問題---

次の文に誤りがあれば正しなさい．

A. Tu as pensé de tout, merci.
　万事ぬかりなかったね，ありがとう．

B. Je n'ai pas pu m'empêcher de penser sur elle toute la journée.
　一日中，彼女のことを思わずにはいられなかった．

C. Comment est-ce que tu penses de Hinako comme professeur d'anglais?
　英語の先生としてひな子はどうかしら？

D. – Que pensez-vous de ce film?
　– J'en pense très intéressant.
　―この映画をどう思いますか？
　―とても面白いと思います．

> 解答：A. de tout → à tout cf.3　B. sur elle → à elle cf.1　C. Comment est ce que → Qu'est-ce que cf.4　D. J'en pense → Je crois qu'il est あるいは Je trouve qu'il est (Je pense qu'il est も可だが、できるだけ避ける) cf.4

1- penser à + SN

Il est trop jeune pour penser au mariage.　彼は結婚を考えるには若すぎる。

En voyant cette vieille dame, j'ai pensé à une peinture de Brueghel.　その老婦人を見て、ブリューゲルの絵が頭に浮かんだ。

- Quand tu seras à Bruxelles, pense à moi.
- Je ne t'oublierai pas, Kikuko.

―ブリュッセルに行っても私のこと忘れないでね。
―忘れないよ、喜久子。

C'est regrettable de voir des gens qui ne pensent qu'à eux-mêmes.　自分のことしか考えない人を見るのは嘆かわしい。

注　意：penser は、前置詞 sur と共には用いられない。

比　較：Quand on pense à l'aide aux pays du Tiers-Monde, on oublie de réfléchir à ce dont ces pays ont besoin.
第三世界への援助のことを考える時、これらの国々が何を必要としているのか、よく考えない。

慣　用：Pendant que j'y pense, n'oublie pas d'acheter deux camemberts.
そうだ、忘れないうちに言っておくわ。カマンベールを二つ買うのを忘れないで。

2- penser à + SN (物)

Tu as pensé à ton avenir ?　将来のことを考えたことある？

John pense déjà à sa retraite.　ジョンは、もう退職後のことを考えている。

同　意：songer à + SN (物)

3- penser à + 特定の言葉 (慣用)

Très souvent, je pense à ce que peut bien être le bonheur.　幸せとはどんなものだろうと、よく考えてしまう。

C'est ce à quoi j'ai pensé quand j'ai lu le titre de la dissertation.　その小論文のタイトルを読んだ時に私が考えたのは、こういうことなのです。

- À quoi est-ce que tu penses ?
- À rien de spécial.

―何を考えているの？
―いや、別に。

J'étais incapable de penser à autre chose qu'à la pluie.　私は雨のことしか考えられなかった。

特定の言葉：ce qui, ce que, ce à quoi, tout, rien, autre chose, quelque chose など

4- 特定の言葉 + SN + penser de + SN

- Qu'est-ce que tu penses de ma nouvelle coiffure ?
- Hum, elle te va très, très bien.

―今度の私の髪型どう？
―うーん，実によく似合ってるよ．

Les journalistes ont demandé au ministre de l'Agriculture ce qu'il pensait de la nouvelle politique gouvernementale en ce qui concerne les prix du riz.

新聞記者たちは，政府の新しい米価政策について，農水相の意見を求めた．

- Qu'est-ce que les voisins vont en penser ?
- Bof ! Ils ne vont rien dire.

―隣り近所の人たちはどう思うかな．
―なに，何も言わないさ．

- Qu'est-ce que vous en pensez ? Si on prenait le menu à 20 euros ?
  Si on prenait le menu à 20 euros ? Qu'est-ce vous en pensez ?
- Tout le monde serait d'accord, je crois.

―20ユーロのコースにしませんか？　どうでしょう？
―みんな，それでいいと思いますけど．

特定の言葉：ce que, que, qu'est-ce que
使い方：1) comment は用いず，ce que, que, qu'est-ce que を用いる．
　　　　2) これらの特定の言葉は，不可欠である．
　　　　3) 前置詞 sur, à, à propos は用いられない．
同　意：Qu'est-ce que tu penses de + SN ? の同義表現として，Comment est-ce que tu trouves + SN ? がある．
　　　　― Qu'est-ce que tu penses de son dernier film ?
　　　　 Comment est-ce que tu trouves son dernier film ?
　　　　― Je trouve qu'il n'est pas mal.
　　　　 Il n'est pas mal, je trouve.
　　　　― 彼の新しい映画はどう思う？
　　　　― 悪くないと思うよ．
強　調：1) 会話では，まず en または y を用い，その後で前置詞 de または à で始まる句を付け足すこともある．
　　　　　　― Qu'est-ce que tu en penses de la rencontre Clinton-Gorbatchev ?
　　　　　　― C'est une bonne chose, je crois.
　　　　　―クリントン・ゴルバチョフ会談をどう思う？
　　　　　―いいことだと思うよ．
　　　　　ただし，y の使用は，物を受ける場合に限られる．
　　　　　Elle y pense très souvent, à ce fameux voyage.
　　　　　彼女はよくあのことを，例のあの旅行のことを考えている．
　　　　2) 同意語は，特定の言葉 + en dire de + SN

慣　用：- Qu'est-ce que tu penses de son idée ?
　　　　- Pour le moment, je n'en pense rien.
　　　　―彼の考えをどう思う？
　　　　―今のところ，別に何も．

245　se perdre

> **― 確認問題 ―**
> 次の文の仏語訳として正しいものを選びなさい．
> 道に迷ったので遅れてしまった．
> A. On est en retard parce qu'on a perdu le chemin.
> B. On est en retard parce qu'on a perdu le nord.
> C. On est en retard parce qu'on a perdu la voie.
> D. On est en retard parce qu'on s'est perdu(s).
>
> 解答：D. cf.1

1- se perdre

Je me suis perdue dans la gare d'Ikebukuro.　私は池袋駅で迷ってしまった．

Les rues n'ont pas de nom, alors on se perd facilement.　道に名前がついていないので，すぐに迷ってしまう．

La télévision rapporte que trois Coréens se sont perdus en montagne.　韓国人が3人，山で遭難したとテレビが報道している．

　使い方：この場合 perdre son chemin は用いられない．
　参　考：(E) get lost

2- se perdre en chemin　en ＋ 現在分詞

Je me suis perdu en chemin deux fois en venant.　来る途中二度道に迷った．

Nous nous sommes perdus en chemin en revenant de Chiba.　私達は千葉から帰る途中で道に迷った．

　参　考：(E) lose ＋ 所有形容詞 ＋ way | to / from | ＋ SN

246　petit / enfant / jeune

確認問題

次の文の誤りを正しなさい。
A. Bien qu'il soit petit, il sait ce qu'il faut faire.
   若いのに，彼は何をすべきなのか知っている。
B. Quand elle était jeune, elle jouait toujours avec la même poupée.
   子供の頃，彼女はいつも同じ人形で遊んでいた。

解答：A. petit → jeune cf.2　B. jeune → petite あるいは enfant cf.1

1- petit / enfant

Étant petit, il a eu des problèmes de sommeil.
彼は小さい頃，夜よく眠れなくて困った。

Quand j'étais enfant, j'aimais jouer avec le téléphone.
私は子供の頃，電話をおもちゃにして遊ぶのが好きだった。

Tu vois, quand j'étais petit, petit comme toi, je n'allais pas réveiller ma mère toutes les nuits.
ねえ，お前と同じくらい小さかった頃，毎晩お母さんを起こしには行かなかったよ。

使い方：petit は特に子供の言葉として用いられる。
反　意：grand; vieux

2- jeune

- Quand j'étais jeune, il n'y avait pas de karaoké.
  ―私が若い頃にはカラオケなどなかった。
- Grand-papa, les temps ont bien changé.
  ―おじいさん，時代がすっかり変わったんだよ。

Mon père et un de mes professeurs de lycée étaient amis quand ils étaient jeunes.
私の父と，私の高校の先生は，若い頃，友達同士だったんだ。

反　意：vieux

247　peu / un peu

確認問題

次の文の（　）の中に peu もしくは un peu を入れなさい。
A. Il y a (　　) d'habitants dans ce village, sauf en été.
   夏の間を除けば，この村に住んでいる人はほとんどいない。

B. Nous étions (　　) nombreux, une dizaine environ.
　我々は約10人ほどと少人数だった.

　　　　　　　　　　　　　　　　　解答：A. peu cf.1　B. peu cf.4

1- **peu de** + 名詞（複数形）

Peu de mots peuvent vouloir dire beaucoup de choses.　　わずかな言葉でも多くのことを言い得る.

Très peu de gens sont allés voter.　　投票に行った人はほとんどいない.

– Il se fait peu de soucis.　　―彼は心配などほとんどしないよ.
– C'est son tempérament, que veux-tu ?　　―それは彼の性格さ. どうしようもないさ.

En Afrique, il y a peu d'écoles.　　アフリカにはほとんど学校がない.

En somme, il y avait peu de raisons de vous critiquer.　　結局，あなたを批判する理由はほとんどなかった.

　使い方：1〜6, 動詞は常に肯定形.
　強　調：1〜3, très (trop, si, tellement, bien, fort) + peu de + 名詞（複数形）
　同　意：1〜2, | presque pas de　　| + 名詞
　　　　　　　 | pas beaucoup de |
　参　考：(E) (a) few

2- **peu de** + 特定の名詞（単数形）

Tout le monde répète qu'il a peu d'argent.　　みんな口をそろえて，彼はお金をほとんど持っていないと言う.

Je regrette infiniment, j'ai très peu de temps libre.　　非常に残念ですが，私にはほとんど空いている時間がありません.

　特定の名詞：argent, monde, temps libre, espoir, entente など

3- **peu** + | 形容詞
　　　　　　　| 副詞
　　　　　　　| 動詞

– Il est peu doué pour la mécanique.　　―彼は機械のことはからっきし駄目だよ.
– Ça se voit tout de suite.　　―それはすぐにわかるね.

Nous nous écrivons peu souvent.　　私たちはほとんど手紙をやりとりしない.

– Quand les as-tu vues, la dernière fois ?　　―最後に彼女たちを見たのはいつなの？
– Ce matin, peu après 7 h.　　―今朝，7時をほんの少し過ぎた頃です.

Frédéric dort très peu. フレデリックはほとんど眠らない．

4- être peu nombreux

Nous étions peu nombreux à assister à la réunion de classe. クラス会の出席者は多くなかった．

> 使い方：peu は単独では動詞 être の属詞として用いられない．
> | Les gens qui sont conscients du problème sont | peu nombreux.
> | | ×peu.
> | Il y a peu de gens qui sont conscients du problème.
> この問題を意識している人々は多くない．

5- un peu de + 名詞（単数形）

Ajoute un peu de mayonnaise et ce sera parfait. マヨネーズを少し足せば完璧だ．

Un peu de silence, les enfants. （子供に向かって）みんな，少し静かにしなさい．

- Encore un peu de vin ? ーもう少しワインはいかがですか．
- Non, merci, j'en ai bu un peu, ça me suffit. ーいいえ結構です．少しいただいたので十分です．

> 注　意：1) un peu de は複数名詞と共には用いられない．
> 2) un peu de の後の名詞には，一般に限定詞を付けないが，名詞が限定されている場合は限定詞が付く．
>
> À ta place, je prendrais un peu | de prunelle.
> | ×de | prunelle que ta mère a
> | de la |
>
> faite l'été dernier.
>
> 僕だったら | 梅酒を | 少しいただくんだが．
> | 君のお母さんが去年の夏に作った梅酒を |
>
> Donnez-moi un peu | de gâteau.
> | de ce gâteau.
> | de votre gâteau.
> | ×du gâteau.
> | du gâteau que vous avez fait.
>
> ケーキを | 少し下さい．
> このケーキを |
> あなたのケーキを |
> あなたが作ったケーキを |

強　調：**5〜6**, un petit peu; un tout petit peu
参　考：**5〜6**, (E) a little

比　較： C'est un homme qui boit peu de bière.
Donne-moi un peu de bière s'il te plaît.
　この人はほとんどビールを飲まない．
　少しビールを下さい．

6- un peu + 形容詞
　　　　　　　副詞
　　　　　　　動詞

1) Georges a été un peu malade.　　　　　　ジョルジュはちょっと具合いが悪かった．

   Viens t'asseoir un peu.　　　　　　　　　ちょっとこっちに座って．

   Il exagère un peu, tu ne crois pas?　　　彼はちょっと大げさだわ．そう思いません？

2) Est-il si difficile de parler un peu plus lentement?　　もう少しゆっくり話すのがそんなに難しいですか？

   Ah! Si j'avais un peu plus de courage!　　ああ，私にもう少し勇気があればいいのに．

   Ajoute un peu plus de farine.　　　　　　小麦粉をもう少し足しなさい．

   Sandrine gagne un peu moins que l'année dernière.　　サンドリーヌは去年よりも少し収入が減った．

248　peut-être / sans doute / probablement / environ / je pense / je crois

― 確認問題 ―

次の文の（　）の中に peut-être/sans doute/probablement/environ のうちの最も適切なものを入れなさい．

A. (　　) nous sommes-nous trompés de rue?
　ひょっとして僕らは道を間違えたのかもしれないよ．

B. (　　) aura-t-il mal compris ce que tu lui avais dit de faire.
　多分，君が彼にするように言ったことを，彼はちゃんと分かってなかったのかもね．

C. Il est (　　) dix heures, je crois.
　だいたい10時だと思うよ．

D. (　　) qu'il ne connaissait pas la route.
　多分，彼は道を知らなかったんだよ．

解答：A. Peut-être あるいは Sans doute cf.1,3　B. Sans doute cf.3　C. environ cf.4

> D. Sans doute あるいは Probablement cf.3, あるいは Peut-être cf.1

1- 動詞 + peut-être
peut-être que + 節

- Il faudra lui répéter encore une fois.
- Peut-être qu'il n'a pas bien compris.

　　―彼にはもう一度言ったほうがいいよ．
　　―よく分かってないかもしれないね．

Vous gagneriez peut-être à vous acheter un dictionnaire plus récent.

　　もっと新しい辞書を買うと，出来るようになるかもしれませんよ．

Personne ne répond : peut-être qu'il n'y a personne chez eux.

　　返事がない．家に誰もいないのかもしれない．

Il fait du cent à l'heure : peut-être qu'il est déjà arrivé.

　　彼は時速100キロ出すから，もう着いているかもしれない．

Il aura peut-être attrapé froid.

　　彼は風邪をひいたのかもしれない．

- Le canari ne bouge plus.
- Il est peut-être mort.

　　―カナリアが動かなくなっちゃった．
　　―死んじゃったのかもしれないね．

Peut-être est-ce le fruit de mon imagination, mais j'ai cru entendre Rumiko pleurer.

　　ひょっとして私の錯覚かもしれませんが留美子が泣いているのが聞こえたような気がしたんです．

使い方：文頭に peut-être が置かれると，次のいずれかの形になる．
　　1) que + 節が後に続く．
　　2) 後の主語，動詞が倒置される．

強　調：peut-être bien que + 直説法

慣　用：- Tu vas assister à la réunion de classe ?
　　　　　- Peut-être bien que oui, peut-être bien que non, je ne suis pas encore décidé.
　　　　―クラス会に出る？
　　　　―出るかもしれないし出ないかもしれない．まだ決めてないんだよ．

2- qui sait,　　　　+ SN + 動詞 + peut-être
sait-on jamais,　　　peut-être que + 節

- Qui peut bien nous appeler à cette heure-ci ?
- Qui sait, c'est peut-être Annie.

　　―こんな時間に電話してくるなんて，いったい誰だろう？
　　―ひょっとしてアニーかもしれないな．

Qui sait, peut-être sera-t-il millionnaire dans une dizaine d'années.

　　ひょっとして彼が，10年もたてば大金持ちになることだってあるかもしれないよ．

Achetez un billet, sait-on jamais, peut-être que vous serez l'heureux gagnant.

くじを買って下さい。もしかするとあなたが当たることもあるかもしれませんよ。

同　意： | il se peut que
il est possible que | + 節（接続法）

3- | 動詞 + | sans doute
probablement
sans doute
probablement | que + 節

- Tu vois les gens là-bas?
- Ce sont probablement des manifestants.

―あそこの人たち、見える？
―たぶんデモをしている人たちだよ。

C'est sans doute le facteur.

たぶん、郵便屋さんだよ。

Sans doute sera-t-il choqué, en apprenant la nouvelle, j'en ai bien peur.

たぶん、この知らせを聞いたら、彼はショックを受けるだろうなあ。心配だな。

- Si tu avais beaucoup d'argent, qu'est-ce que tu ferais?
- Sans doute que je ferais un voyage à l'étranger.

―もし大金持ちだったら何をする？
―たぶん、海外旅行をするだろうなあ。

使い方：1) peut-être の場合と同じ状況で用いられる。
　　　　2) sans doute, probablement が文頭に置かれると que が続く。また、sans doute に que が伴わないと、後の主語、動詞が倒置される場合もある。

説　明：peut-être は、単に「ありうる」ということを示しているにすぎないのに対し、sans doute, probablement は、可能性の度合を問題にしている。

- La lettre que j'avais envoyée à Claire m'a été retournée.
- Elle a | peut-être
sans doute
probablement | déménagé.

―僕がクレールに出した手紙が戻ってきたんだ。
― | ひょっとして引っ越したのかもしれないね。
多分引っ越したんだよ。

強　調：動詞 + sans aucun doute; tout probablement

4- | environ + 数形容詞 + 名詞
数形容詞 + 名詞 + environ

- Il a quel âge?
- Il doit avoir 50, 55 ans environ.

―彼は何才ですか？
―だいたい50か55才になっているはずだよ。

Je n'ai pas ma montre, mais il doit être 14 h environ. 時計をしてないけれど、だいたい14時になっているはずだ。

Ce billet va te coûter environ 15 000 yens. その切符は、だいたい15000円はするだろうと思うよ。

Il reste environ 50 km jusqu'à Macon. マコンまではまだ約50キロあるよ。

Il y a dix jours environ, j'ai reçu un fax de lui. だいたい10日前に、彼からファックスをもらった。

使い方：peut-être, sans doute, probablement は、数形容詞と共には用いられない。

同　意：aux alentours de + 数形容詞 + 名詞；autour de + 数形容詞 + 名詞；à peu près + 数形容詞 + 名詞

5- je pense / je crois

- Tu vas prendre des fraises ou un feuilleté au chocolat ?
- Un feuilleté au chocolat, je crois.

―苺にする？チョコのパイ菓子にする？
―チョコのパイ菓子にしようかな。

- Comment est-ce que tu vas retourner chez toi ?
- Par l'express, je pense.

―家まで何で帰るの？
―快速だね、多分。

注　意：5〜6, この場合「多分」という意味合いは、上記の構文で表現され、peut-être, sans doute, probablement は用いられない。

6- je pense que / oui / non / si

- Vous allez revenir la semaine prochaine ?
- Je pense bien que oui.

―来週いらっしゃいますか？
―多分来ると思います。

- Est-ce qu'il n'a pas dit qu'il viendrait avant 2 h.
- Je pense que si.

―2時までに来るって、彼言わなかったっけ？
―言ってたと思うよ。

249　pièce / théâtre

確認問題

次の文の（　）の中に la pièce もしくは le théâtre のいずれかを入れなさい。
A. Attendez-moi devant (　　) Kabukiza.

歌舞伎座の前で私を待っていて下さい。
B. Il reste à peine dix minutes avant le début de (   ).
　　芝居が始まるまであと10分もないよ。
C. (   ) de Molière est le plus souvent comique.
　　モリエールの劇はたいていは喜劇だ。

　　　　　解答：A. le [théâtre] cf.2　B. la pièce cf.1　C. Le théâtre cf.3

1- pièce [de théâtre]

Cette pièce m'a plu énormément.	私はこの芝居がものすごく気に入った。
- Tu as déjà vu une pièce de nô ? - Oui, deux fois.	―君は能の舞台を観たことがありますか？ ―ええ、2回。
Vite, courons, la pièce est déjà commencée.	早く、走ろう、芝居はもう始まっているよ。
Autrefois, j'ai joué dans la pièce "Le Bourgeois gentilhomme".	昔、私は『町人貴族』の劇の中で役を演じたことがある。
Nous allons analyser deux pièces de Musset, cette année.	今年はミュッセの二つの戯曲を分析します。

　参　考：(E) play

2- théâtre

1) Les portes du théâtre ouvrent à 17 h.　　劇場の開場は17時である。

À la sortie du théâtre, j'ai pu voir Jean-Louis Barrault.　　劇場の出口で、私はジャン＝ルイ・バローを見ることができた。

　説　明：劇が演じられる場所が話題となっている。
　参　考：2〜3, (E) theater

2) Mon mari va rarement au théâtre.　　私の夫は、めったに劇を観に行かない。

Je n'aime pas aller au théâtre quand je ne connais pas les acteurs.　　出演する役者を知らないと、その劇を観に行きたくはない。

Tu ne pourrais pas accompagner ta mère au théâtre, ce soir ?　　今夜、お母さんについて劇を観に行ってあげてくれないかい。

Nous avons passé une agréable soirée au théâtre.　　私たちは劇場で楽しい夕べを過ごした。

比 較 : Ce soir, je vais | au théâtre.
              | au théâtre Koma.
              | voir une pièce de théâtre.

今夜私は | 劇場に行く．
        | コマ劇場に行く．
        | ある芝居を観に行く．

3- le théâtre | de + | 時代名
                 | | 作者名
                 | + 特定の言葉

Le théâtre grec est tragique, foncièrement tragique.　　ギリシア演劇は悲劇的，本質的に悲劇的である．

- Le théâtre de Lorca a commencé à être connu en France après la Seconde Guerre mondiale.　―ロルカの演劇は，第二次世界大戦後，フランスで知られ始めた．
- Tu veux parler de Federico Garcia Lorca ?　―君が言っているのは，フェデリコ・ガルシア＝ロルカのことですね？

特定の言葉 : antique, classique, moderne, contemporain, burlesque, cornélien, racinien, grec, du Moyen Âge, de la Renaissance など
説　明 : ある作家，ある学派の戯曲全体が話題となっている．

250　動詞 + à pied / marcher

―― 確認問題 ――

次の文の誤りを正しなさい．
A. Je marche toujours à mon école à pied.
　私はいつも学校まで徒歩で行く．
B. Le musée n'est pas loin. Tu peux marcher.
　美術館は遠くないよ．歩いて行けるよ．

解答 : A. à pied を取る，à → jusqu'à あるいは marche → vais cf.1,3
　　　B. marcher → y aller à pied cf.1

1- 特定の動詞 + à pied

Il va à son bureau à pied.　彼は徒歩で仕事場に行く．

Je pars toujours à pied sauf quand il pleut.　私は雨の時以外は，いつも歩いて出かける．

Il prend un taxi même quand il pourrait aller quelque part à pied.　彼は，歩いて行こうと思えば行ける場所にさえタクシーを使って行く．

– On prend la voiture pour aller au restaurant ?
– Non, allons-y à pied.　　　　　　　　　　　　　—レストランに行くのに車に乗る？
　　　　　　　　　　　　　　　　　　　　　　　　—いや，歩いて行こう．

Dans la mesure du possible, je vais partout à pied.　　　　　　　　　　　　　　　　　　　できる限り，私はどこへでも徒歩で行く．

– De la gare, vous rentrez chez vous comment ?
– À pied, je marche.　　　　　　　　　　　　　—駅から家へはどのようにして帰るのですか．
　　　　　　　　　　　　　　　　　　　　　　　　—徒歩で．歩きます．

　　特定の動詞 : aller, partir, rentrer, venir など
　　参　考 : (E) 動詞 + on foot

2- marcher

Il marche beaucoup.　　　　　　　　　　　　　彼はたくさん歩く．

Ce chien a marché des centaines de kilomètres pour retrouver son maître.　　　　この犬は，自分の主人を見つけるために何百キロも歩いた．

Au XXIe siècle, on marche de moins en moins.　　　　　　　　　　　　　　　　　　　21世紀，人はますます歩かなくなっている．

Marcher le nez en l'air, c'est agréable à la campagne.　　　　　　　　　　　　　　　　　　上を向いて歩くのは，田舎では快適だ．

J'ai marché de Shinjuku à Shinanomachi.　　私は新宿から信濃町まで歩いた．

　　使い方 : marcher à pied とは言わない．
　　参　考 : (E) walk

3- marcher | jusqu'à + SN (場所)
　　　　　　　| jusque chez + SN (人)

Marchons jusqu'à la gare.　　　　　　　　　　駅まで歩きましょう．

Il faudra marcher jusqu'au prochain arrêt d'autobus.　　　　　　　　　　　　　　　　　次のバス停まで歩かなければなりません．

Il a fallu que je marche jusque chez moi : il y avait une grève des transports publics.　　私は家まで歩かざるを得なかった．公共交通機関がストをやっていたからだ．

　　使い方 : 1) marcher à は用いられない．
　　　　　　2) marcher cette rue とは言わない．むしろ，次のように言う．
　　　　　　　　Prenez cette rue et allez jusqu'au feu.
　　　　　　　　この道を信号のところまで行って下さい．

251 à la place de / au lieu de

> **確認問題**
>
> 次の文の誤りを正しなさい．
>
> A. Tu peux faire des courses à la place de moi ?
>   私の代わりに買い物をしてくれる？
>
> B. À la place des neuf personnes qui avaient été prévues, nous ne serons que huit.
>   予定されていた9人ではなく、皆で8人になるでしょう．
>
> C. À la place d'aller au cinéma, beaucoup de gens vont louer des cassettes dans les vidéoclubs.
>   映画館に行く代わりに、貸しビデオ屋にビデオを借りに行く人が多いね．
>
> 解答：A. à la place de moi → à ma place cf.1　B. À la place de → Au lieu des cf.6
> C. À la place d'→ Au lieu d' cf.7

1- à la place de + SN (人)

Maman, laisse, je vais faire le repas à ta place.
　ママ、いいよ．代わりに私が食事の用意をするわ．

Mettez-vous à leur place.
　彼らの立場に立ってみなさい．

Il a commencé à expliquer à ma place, mais il n'a pas pu continuer.
　彼は僕に代わって説明し始めたが、続けることができなかった．

C'est Madame Poulenc qui va nous enseigner l'anglais à la place de Madame Servin.
　セルヴァン先生の代わりに私たちに英語を教えてくれるのはプーランク先生です．

注　意：1～2, à la place de moi は不可で、à ma place になる．その他の人称代名詞強勢形も同様．

参　考：(E) instead of + SN (人)

2- [si j'étais] / [si j'avais été]　à la place de + SN (人)

Je me tais, mais si j'étais à la place de ses parents ...
　私は何も言わんよ．だけど、もし自分が彼(女)の両親の立場にあったとしたら、と思うとね．

À votre place, nous demanderions une augmentation de salaire. Pourquoi pas ? 私達があなただったら，給料のアップを要求するでしょうね．当然ですよ．

À ta place, je lui aurais donné un coup de poing en pleine figure. 僕が君だったら，あいつの顔面に一発かましていただろうね．

使い方：主節の動詞は条件法．
参　考：(E) if + SN (人) + were + SN (人)

3- | à la place de | + SN (物)
　　　| au lieu de |

À la place du 3ème concerto, on donnera la suite en sol mineur de Bach. 第3コンチェルトの代わりに，バッハのト短調組曲を演奏いたします．

Je vais prendre du pain à la place du riz. ごはんの代わりにパンを食べることにします．

使い方：SN が物の場合，所有形容詞を用いて à sa place とは言わない．
Je regrette, Madame. Il n'y a plus de tarte aux cerises. Qu'est-ce que je vous donne à la place ? すみませんが，サクランボのタルトはもうありません．その代わりに何にいたしましょうか．

4- au lieu de + SN (時)

Cette année, notre école aura son match de tennis en juin au lieu de juillet. 今年，僕らの学校では，7月じゃなくて6月にテニスの試合があります．

Cette année, j'ai mon cours de philosophie le jeudi au lieu du vendredi. 今年は，金曜ではなく木曜に哲学の授業があります．

Ce projet n'a pu être réalisé que cette année au lieu de l'année dernière. この計画は，昨年ではなく今年になってでないと実現し得なかったんだよ．

Cette année, le séminaire de physique aura lieu le jeudi au lieu du mardi. 今年，物理の研究会は，火曜の代わりに木曜になるでしょう．

5- au lieu de + SN (場所)

Pour les vacances, beaucoup choisissent la mer au lieu de la campagne. 休暇に，田舎ではなく海を選ぶ人が多い．

Un très grand nombre de personnes âgées préfèrent la cuisine de la campagne au lieu de celle de la ville. 高齢者の大多数は，都会風の料理よりも田舎風の料理を好む．

6- 数形容詞 + 名詞 + au lieu de + 数形容詞 [+ 名詞]

En France, on peut passer certains examens deux fois au lieu d'une.	フランスでは，一度ではなく二度受けられる試験もあります。
Alors donnez-m'en six au lieu de quatre.	じゃあ，それを4つじゃなくて6つ下さい。
Est-ce que travailler 32 heures au lieu de 39 diminuera le chômage ?	週39時間労働を週32時間労働にすることで，失業者は減るのだろうか？
Cette année, la saison des pluies a duré deux semaines au lieu d'un mois entier.	今年，梅雨は一ヶ月ではなく二週間で終わった。

参　考：(E) instead of + SN

7- au lieu de + inf.

Au lieu de pleurer, elle s'est mise à sourire.	彼女は泣くどころか微笑しはじめた。
Au lieu de bavarder, vous feriez mieux de chercher la réponse !	おしゃべりをしないで，答を考えなさい。
Au lieu de dormir dans votre fauteuil, pourquoi n'iriez-vous pas au lit ?	椅子の上で眠るのはやめて，どうしてベッドに行かないのですか。
Les hommes sont peut-être les seules créatures qui vivent pour manger au lieu de manger pour vivre !	人間は，生きるために食べるのではなく，食べるために生きるおそらく唯一の生物です。

注　意：à la place de + inf. は用いられない。
参　考：(E) instead of

252　plaindre / se plaindre

確認問題

次の(　)の中から正しい表現を選びなさい。

A. (Ne te plains pas à/Ne te plains pas de/Ne plains pas à/Ne plains pas de) ton sort. Il y en a de plus malheureux que toi.
自分の運命を嘆いてはいけないよ。君よりもっと不幸な人々がいるんだから。

B. Deux accidents en trois mois. Elle n'a vraiment pas de chance, (je la plains/je lui plains/je me plains d'elle/je me plains à elle) !
3か月の間に2回も事故に遭うなんて，彼女は本当についていない。気の毒だね。

解答：A. Ne te plains pas de cf.4　B. je la plains cf.1

1- plaindre + SN (人)

Il a eu ce qu'il méritait, je ne le plains pas du tout. 奴は自業自得だ。あいつなんかに全然同情しないね。

Tu ne devrais pas le plaindre, il va finir par se croire vraiment malade. あいつのことをかわいそうに思ってはだめだよ。あいつは本当に自分が病気だと思いかねないからね。

Vous mettez vraiment deux heures, tous les jours, pour aller au travail? Ah, je vous plains! あなたは通勤に毎日本当に2時間もかかるのですか？　ああ、お気の毒に。

参　考: (E) pity + SN (人); feel sorry for + SN (人)

2- plaindre + SN + de + inf.

Je les plains de partir comme ça sous la pluie. 雨の中をこのように出かける彼らが気の毒です。

Je vous plains de vivre avec des voisins pareils. あのような人が近所にいるなんて、あなたはお気の毒ですね。

Je la plains d'avoir à travailler avec lui. 彼と一緒に仕事をしなければならないなんて、彼女は気の毒ですね。

参　考: it's a pity that + SN + have to + inf.

3- se plaindre

Les élèves se sont plaintes au directeur et elles avaient raison. 女生徒たちは校長に不平を言ったが、それはもっともなことだった。

Je n'ai pas à me plaindre. J'ai tout ce qu'il me faut. 私には不満はありません。必要なものはすべて持っています。

参　考: 3～4, (E) complain

4- se plaindre de + SN

Les citoyens se plaignent de la lenteur des services postaux. 市民は郵便局の仕事ののろさに不満をもらしている。

De quoi se plaint-il? Il a tout ce qu'il lui faut pour vivre. 彼は何について愚痴をこぼしているんだろう。生きるために必要なものはすべてそろっているのに。

Anne-Marie se plaint du régime alimentaire que le médecin lui a imposé. アンヌ＝マリーは、医者に課された食餌療法に文句を言っている。

慣　用: - Anne se plaint de plus en plus de maux d'estomac.
　　　　- Elle a vu un médecin ?

—アンヌはますます胃痛に苦しんでいる．
—医者に行ったのか？

参 考：(E) complain of / about ＋名詞

5- se plaindre de + inf.

Clara se plaint d'avoir à déménager encore une fois. クララは，また引越さなきゃならないとこぼしている．

Elle ne s'est pas plainte d'avoir été renvoyée. 彼女は解雇されたことに不平を言わなかった．

253　à plaindre / pauvre / malheureux

― 確認問題 ―

次の文に続く表現として正しいものを選びなさい．
Elle a perdu ses enfants dans un accident de voiture.
彼女は子供たちを交通事故で失った．

それは気の毒だ．
A. Elle est pauvre.
B. Elle est à plaindre.
C. Pauvre d'elle !
D. La pauvre !
E. C'est bien malheureux pour elle.

解答：B. cf.1　C. cf.6　D. cf.3　E. cf.9

1- SN + être à plaindre

- Je ne peux pas venir à l'université en moins de deux heures.
- Oh, tu es bien à plaindre !

—私は2時間以内で大学に来ることができないのよ．
—へぇー，君はかわいそうだね．

Les enfants des réfugiés sont bien à plaindre. 難民の子供たちはかわいそうだ．

Les gens qui vivent près des rues bruyantes sont à plaindre, tu ne crois pas ? 騒音のひどい通りの近くに住んでいる人たちは気の毒だ．そう思わない？

Il n'est pas du tout à plaindre, il a tout ce qu'il lui faut : une maison, une voiture de sport, une bonne petite femme et deux enfants intelligents comme des singes.

Je suis bien à plaindre. Je n'ai plus qu'à leur envoyer une lettre d'excuse.

彼には全く同情することはない。必要なものは何でも持っている。家もスポーツカーも、かわいくて働き者の奥さんも、とても賢い二人の子供も。

私は嘆かわしい状況にある。謝罪の手紙を彼らに送るしか手だてがない。

強　調：SN + être bien à plaindre
参　考：(E) be pitied

2- pauvre + 人名

- Il s'est coupé l'index !
- Pauvre Pierre ! On dirait que le malheur court après lui.

- Avec sa jambe cassée, il ne pourra pas courir même s'il le veut.
- Pauvre Paul !

Pauvre Monsieur Lavigne ! Il n'a vraiment pas eu beaucoup de chance dans la vie.

―彼は人差し指を切断したんだ。
―かわいそうなピエール。まるで彼には不幸がついてまわっているみたいだ。

―脚を折ってしまっては、走りたいと思っても彼は走ることができないだろう。
―かわいそうなポール！

ラヴィーニュ氏は気の毒だ。彼の人生は本当についてなかった。

使い方：人称代名詞強勢形と共に用いる場合は **6** を参照せよ。
注　意：**2〜5**, 1) これらの場合、「SN + être pauvre」という構文は用いない。
　　　　　　 2)「pauvre + 人称代名詞強勢形」という構文は用いない。
参　考：**2〜5**, (E) poor

3- 定冠詞 + pauvre [+ 特定の名詞]

Les pauvres ! Ils doivent faire leur cuisine lorsque leur mère travaille.

- Gérard doit abandonner ses études, son père est mort.
- Oh ! Le pauvre [garçon] !

かわいそうな子供たち！ お母さんが働いている時には自分で料理をしなければならないんです。

―ジェラールは学業を捨てなければならない。お父さんが亡くなったんだ。
―なんてかわいそうな！

特定の名詞：homme, femme, garçon, fille, enfant, bébé, petit, gens など

4- | mon / ma / mes + pauvre [s] [+ 特定の名詞]
　　　| pauvre + 特定の名詞

- Le professeur m'a dit que je devais refaire ma dissertation.
- Mon pauvre enfant !

―先生から小論文を書き直しなさいと言われたよ。
―それはかわいそうに。

Mon pauvre Jean, je sympathise avec toi.　かわいそうに，ジャン。君の気持ちはよく分かるよ。

特定の名詞：1) enfant, dame, monsieur, chéri, petit, maman, papa など
　　　　　　 2) あるいは，話しかけている人の名前と共に．
使い方：1) 二人称に用いる．
　　　　2) pauvre 単独では用いられない．

5- 指示形容詞 + **pauvre** + 名詞

Cette pauvre Henriette, elle ne sait plus où donner de la tête ! 　あのかわいそうなアンリエットは何から手をつけたらいいかわからなくなっている。

- Qui est ce pauvre malheureux ?　—このかわいそうな人は誰なんだろう。
- Un sans domicile fixe, probablement.　—ホームレスだよ，多分。

Ces pauvres gens ont sans doute de la famille au village.　こうした気の毒な人たちは，家族を村に残してきているにちがいない。

6- **pauvre de** + 人称代名詞強勢形（あらたまって）

Pauvre de lui ! Il a commis une erreur monumentale.　彼はかわいそうだ！ とんでもない間違いをしでかした。

同　意：SN (人) + ne pas avoir vraiment de chance
　　　　C'est bien | malheureux | pour + 人称代名詞強勢形
　　　　　　　　　| dommage |
　　　　　　　　　| triste |

比　較：- D'après ce que j'ai entendu dire, ses parents ont divorcé l'année dernière.
　　　　- Oh ! | La pauvre [petite] !
　　　　　　　 | Elle est à plaindre !
　　　　　　　 | Qu'elle est à plaindre !
　　　　　　　 | Ce qu'elle est à plaindre !
　　　　　　　 | Je la plains !
　　　　　　　 | Pauvre Lucie !
　　　　　　　 | ×Quelle pauvre enfant !
　　　　　　　 | ×Elle est pauvre !
　　　　　　　 | ×Quelle pauvre !
　　　　　　　 | ×C'est pauvre !
　　　　　　　 | ×C'est pauvre elle !
　　　　　　　 | ×Pauvre leur enfant !
　　　　　　　 | ×Pauvre leur petit enfant !
　　　　—聞いたところでは，彼女の両親は去年離婚したんだって。

―まあ，｜かわいそうに．
　　　　｜お気の毒に．
　　　　｜なんて彼女は気の毒なんだ！
　　　　｜なんて彼女は気の毒なんだ！
　　　　｜お気の毒に．
　　　　｜かわいそうなリュシー．

7- c'est un pauvre + 特定の名詞（くだけた表現）

Plus personne ne veut l'engager, c'est un pauvre gars !　もうだれも彼を雇いたがらないよ．かわいそうなやつだ！

　特定の名詞：fille, gars, type, mec, bougre など
　注　意：間投詞として用いると，ののしりとなる．
　　　　Pauvre type ! Va te faire voir !
　　　　情けないやつめ！消え失せろ！

8- malheureux

Il a été malheureux toute sa vie. Il n'a pas eu de chance.　彼は一生不幸だった．彼はついてなかったんだ．

Il a rendu toute sa famille malheureuse.　彼は家族みんなを不幸にした．

Elle se rend malheureuse. Elle s'occupe trop de ses neveux et nièces sans penser à ses propres besoins.　彼女は自分からつらい思いをしている．自分のことを考えないで，甥や姪たちの面倒を見すぎなんだ．

9- C'est bien malheureux pour + SN (人)

Il a encore raté l'examen d'entrée à l'université. Ça fait la troisième fois. C'est [bien] malheureux pour lui.　彼はまたしても大学入試に落ちた．これで3度目になる．彼は本当に不幸だね．

254　pluie / neige

―― 確認問題 ――

　次の文の仏語訳として最も適切なものを選びなさい．
雨の中を散歩するのはおいやですか？
A. Vous n'aimez pas vous promener dans la pluie ?
B. Vous n'aimez pas vous promener avec la pluie ?
C. Vous n'aimez pas vous promener sous la pluie ?

1- sous la pluie

Je t'ai attendu une heure sous la pluie et j'ai fini par attraper un rhume.　雨の中で君を一時間待ったので，ついに風邪をひいてしまった．

　注　意：dans la pluie という表現はない．

2- sous la neige

C'était un petit hameau enseveli sous la neige.　それは雪に埋もれた小さな集落であった．

Les toits des maisons ont disparu sous la neige.　家々の屋根が雪の下に埋もれてしまった．

3- dans la neige

Jeannot, tu viens jouer dans la neige ?　ジャンちゃん，雪の中で遊ばない？

Nos pieds s'enfonçaient dans la neige, tellement elle était épaisse.　私たちの足は雪にはまり込んでいた．それほど雪が深く積もっていたのであった．

255　la plupart / la majorité / une majorité / la plus grande partie

―確認問題―

次の(　)の中から最も適切な語句を選びなさい．

A. La plupart de nos amis (a/ont/avons) bien aimé la soirée.
　私たちの友人の多くが，あの夜のパーティーを気に入った．
B. La plus grande partie (du travail/des travaux) est déjà terminée.
　その仕事の大部分はもう終わっています．

解答：A. ont cf.2　B. du travail cf.5

1- une majorité de ＋ 名詞（人）（複数形）

Une majorité d'électeurs s'est déclarée contre l'initiative du gouvernement.　有権者の大多数が，政府の発議に反対だと表明した．

Une majorité de Français a été mécontente des résultats du match. 大部分のフランス人がその試合結果には不満だった。

強　調：une [très] forte / immense majorité de ＋ 名詞（人）（複数形）
同　意：un grand nombre de ＋ 名詞（複数形）
反　意：une minorité / un petit nombre de ＋ 名詞
慣　用：Dans leur immense majorité, les personnes interrogées se sont dites satisfaites de leur mode de vie.
質問に答えた人々は，圧倒的大多数で，自分たちの生活様式に満足だと言った。

2- | la plupart / la majorité | des ＋ 名詞（人）（複数形）

J'ai pu saluer la plupart des gens avant mon départ. 私は出発前に，ほとんどの人々に挨拶することができた。

On me dit que la plupart des Japonais vont au temple le premier janvier. 1月1日には大部分の日本人が神社や寺に行くと聞いております。

Dans la plupart / majorité des cas, les clients ne font pas de réclamation. たいていの場合，客はクレームをつけません。

Le dimanche, la majorité des gens ne va pas à Shinjuku ou à Ikebukuro que pour faire des achats. 日曜日，ほとんどの人々は，買い物をするためだけに新宿や池袋へ行くわけではない。

使い方：1) **2～4**，数えられる物や人についてのみ用いる．
　　　　2) **2～4**，la plupart de の後には常に複数形の名詞または代名詞が置かれる．
　　　　3) **2～4**，la majorité de に続く動詞の活用形は単数，複数のいずれも可能．

比　較：La plupart des citoyens | ont exercé / ×a exercé | leur droit de vote.
　　　　La majorité des citoyens | a exercé son / ont exercé leur | droit de vote.
大多数の市民が投票権を行使した。

慣　用：Ce sont, pour la | plupart, / majorité, | des candidats qui ont terminé leurs études universitaires.
大部分は，大卒の受験者です。

3- | la plupart / la majorité | ＋ | d'entre / parmi | ＋ 人称代名詞強勢形（人）（複数形）

La plupart d'entre vous | n'étaient | pas complètement d'accord.
　　　　　　　　　　　| n'étiez |

あなた方のうちの大部分は完全に賛成というわけではなかった.

La majorité parmi nous ne pouvait pas se faire comprendre à Madrid.

私たちの多くはマドリッドで話が通じなかった.

Au bout d'un an, lorsque la société a fermé ses portes, deux mille ouvriers ont été licenciés. La plupart [d'entre eux] se sont retrouvés sans travail du jour au lendemain.

一年後，その会社が倒産した時，二千人の労働者が解雇された．その大部分は一夜にして失業者となってしまった．

使い方：la plupart d'entre / parmi ＋ 人称代名詞強勢形（複数形）が主語に置かれる時，動詞は，その人称代名詞（複数）または三人称複数に一致する．

慣　用：Pour la plupart [d'entre eux], ils ont dix-huit, dix-neuf ans.
彼らの大半は18才か19才です．

4- | la plupart | des ＋ 名詞（物）（複数形）
       | la plus grande partie |

La plupart des arbres ont été cassés par le dernier typhon.

木々は大方，最近の台風で折れてしまった．

La plupart des lettres anonymes doivent être jetées au panier.

匿名の手紙はほとんどくずかごに捨てられているに違いない．

La plupart des travaux sont déjà terminés.

工事の大部分はもう終わっています．

Il a laissé la plus grande partie de ses affaires ici.

彼は持ち物の大部分をここに残して行った．

注　意：la plupart du temps は，特定の言い回しであり，独立して用いられる．
La plupart du temps, ils ne sont pas chez eux. Ils sont toujours en train de voyager.
彼らはたいていは家にいない．いつも旅行中だ．

5- la plus grande partie de ＋ 限定詞 ＋ 名詞（単数形）

Ce pays doit employer la plus grande partie de cette aide à l'achat de produits américains.

この国はその援助の大部分をアメリカ製品の購入に当てなければならない．

Fred a perdu la plus grande partie de son argent à Las Vegas.

フレッドは持ち金をあらかたラスベガスですった．

- Cette maison est magnifique !
- Oui, la propriétaire vient d'en faire réparer la plus grande partie.

―この家はすばらしいですね．
―ええ，家主が家の大部分を改修したところなんです．

使い方：不可算名詞と共に用いる．
比　較：S'il y avait un tremblement de terre,
　　　　　la plus grande partie de Mexico serait détruite.
　　　　　la plupart des maisons de Mexico seraient détruites.
　　　　もし地震があったとしたら，｜メキシコ市の大部分は　　　｜壊れてしまうでしょうね．
　　　　　　　　　　　　　　　　｜メキシコ市の大部分の家は　｜

6- la plus grande partie de + 限定詞 + 特定の名詞

J'ai passé la plus grande partie de mon temps d'université à jouer au foot.

私は，大学時代のほとんどの時間を，サッカーをするのに費やした．

La plus grande partie de la journée a été consacrée à la préparation du concert du lendemain.

その日の大部分は翌日のコンサートの準備に費やされた．

Il a vécu pendant la plus grande partie de sa vie chez les peuplades d'Afrique centrale.

彼は生涯の大半を，中央アフリカの小部族のもとで過ごした．

特定の名詞：temps, journée, année, vie など
慣　用：Il passe ｜la plus grande partie de｜ son temps à jouer au mah-jong.
　　　　　　　　 ｜la plupart de　　　　　 ｜
　　　　彼はほとんどの時間，マージャンばかりしている．

7- passer ｜la plus grande partie de｜ ＋所有形容詞＋特定の名詞（複数形）
　　　　　 ｜la plupart de　　　　　 ｜

Ils passent la plus grande partie de leurs journées dans les cinémas.

彼らは一日のほとんどを映画館で過ごしているんだよ．

Brigitte a passé la plus grande partie de ses premières années au lit.

ブリジットは生まれてから数年間を寝たきりで過ごした．

特定の名詞：années, journées など
同　意：passer le plus clair de ＋所有形容詞＋特定の名詞

256　plusieurs / quelques / quelque

確認問題

次の文の（　）の中から適切な語を選びなさい．
A. Il a gagné (plusieurs/quelques) centaines de dollars.

彼は何百ドルも稼いだ。

B. Dans ce quartier, il ne reste que (plusieurs/quelques) maisons en bon état.
この地区には，よい状態で残っている家屋は数軒しかない。

解答：A. plusieurs cf.2 B. quelques cf.3

1- plusieurs + 名詞（複数）

Pour transporter le piano, il faudra plusieurs hommes, peut-être quatre.
ピアノを運ぶには何人も男手が要るだろう。4人は要るかもしれない。

Je veux déménager; j'ai vu plusieurs appartements mais aucun ne me convient.
私は引越したいと思っている。何軒も見てまわったが，どれも好みに合わない。

René veut travailler dans une société financière; il a écrit plusieurs lettres de demande d'emploi.
ルネは金融関係の会社で働きたいと思っている。求職の願書を何通も書いた。

Il lit plusieurs livres par semaine.
彼は一週間に何冊も本を読む。

使い方：**1〜5**，他の限定詞を一緒に用いることはできない。
×Il connaît des plusieurs langues.

説　明：plusieurs, quelques ともに「ひとつより多い，いくつかの，不確定の数の」という意味。plusieurs には「数が多い」というニュアンスが含まれ，quelques には「数が少ない」というニュアンスが含まれる。

参　考：**1〜2**, (E) several + 名詞

2- plusieurs + 特定の名詞 + de + 名詞（複数）

Plusieurs centaines de personnes ont assisté à ce procès.
何百人もの人がこの裁判に出た。

Plusieurs centaines de milliers de Rwandais sont morts du génocide et du choléra.
何十万人ものルワンダ人が，大虐殺とコレラによって死んだ。

特定の名詞：dizaines, centaines, milliers, millions, billions など

3- quelques + 名詞（複数）

À nous tous, nous arriverons bien à trouver quelques idées.
我々で力を合わせれば，いいアイデアが見つかるだろう。

Si vous me donnez quelques indications, je crois que j'arriverai à me servir de cet appareil.
いくつかの指示を頂ければ，この機械を使えると思います。

En général, il suffit de lire quelques pages pour savoir si un livre mérite d'être lu ou non. 概して、ある本が読むに値するか否かは数ページ読むだけでわかる．

Si je n'avais pas su l'italien, j'aurais eu quelques difficultés à Rome. イタリア語を知らなかったら、ローマで困っただろうね．

Si on achetait quelques gâteaux pour la pause-café ? コーヒーブレークにケーキをいくつか買わない？

Antoine a quelques amis qui l'aident mais très peu. アントワーヌには何人か助けになる友だちはいるけれど、数は少ない．

参　考：(E) some + 名詞；a few + 名詞（複数）
比　較：1) Annie parle | quelques langues étrangères.
　　　　　　　　　　　 | plusieurs langues étrangères.
　　　　　　　　　　　 | アニーは、いくつか外国語を話す．
　　　　　　　　　　　 | アニーは、いくつも外国語を話す．
　　　　2) Elle m'a menti | quelques fois.
　　　　　　　　　　　　 | plusieurs fois.
　　　　　　　彼女は私に | 何回か | 嘘をついた．
　　　　　　　　　　　　 | 何回も |
　　　　3) Julien fait | quelques progrès.
　　　　　　　　　　　| des progrès.
　　　　　　　　　　　| quelque progrès.
　　　　　　　　　　　| ×plusieurs progrès.
　　　　　ジュリアンは | いくらか進歩しているよ．
　　　　　　　　　　　| 進歩しているよ．
　　　　　　　　　　　| なんとか進歩しているよ．

4- | ne ... que | quelques + 名詞（複数）
　　　| seulement |

Dans le monde, il n'y a que quelques grands volcanologues. 世界中で、一流の地震学者はわずかしかいない．

Je ne vois que quelques personnes intéressées par cette proposition. その提案に興味を持った人は数人しか思い当たらない．

J'ai acheté seulement quelques boîtes de conserve, rien d'autre. 私は、ただ缶詰を何缶か買っただけで他には何も買わなかった．

On ne peut parler de sujets personnels qu'à quelques amis. 個人的な問題を話せるのは、何人かの友人に限られるものだ．

Il n'est tombé que quelques gouttes de pluie. 雨はほんの数滴、ぱらっと降っただけだった．

5- 前置詞 + **quelques** + 特定の名詞（複数）

Je les ai vus il y a quelques instants à peine.　　ほんの今しがた，彼らに会ったんだ．

Votre voiture sera réparée dans quelques minutes.　　あなたの車の修理は数分で終わります．

　　特定の名詞：instants, secondes, minutes など

6- 限定詞 + **quelques** + 名詞（複数）

Ces quelques remarques vont vous aider, je pense.　　これらのいくつかの指摘は，あなたの助けになると思いますよ．

Les quelques jours que j'ai passés à Nice m'ont beaucoup reposé.　　ニースで過ごしたあの何日間かで，ずいぶん休養できた．

　比　較：Tu connais | les quelques compositeurs | qui ont renouvelé la
　　　　　　　　　　　| quelques compositeurs　 |　　　　musique classique ?
　クラシック音楽を変革したあの何人かの作曲家を知っていますか？
　クラシック音楽を変革した作曲家を何人か知っていますか？

7- **quelque** + 名詞（単数）（慣用表現）

1) Tu as quelque idée de ce qu'il faudrait faire ?　　何をしたらよいのか，大体わかってる？

Il habite à quelque distance de son collège.　　彼は通っている中学校から少し離れた所に住んでいる．

　　同　意：un certain + 名詞（単数）

2) J'ai quelque peine à croire qu'ils vont reconnaître leur erreur.　　彼らが自分たちの間違いを認めるとは，ちょっと信じ難いね．

Cela fait quelque temps que je ne lui ai pas parlé.　　彼女とずいぶん話をしていないなあ．

　　同　意：un peu de + 名詞（単数）
　　慣　用： – La personne assise dans l'escalier a l'air malade.
　　　　　　 – Il faudrait faire quelque chose.
　　　　　　―階段にすわり込んでいる人，具合が悪そうよ．
　　　　　　―何かしてあげた方がいいね．

257　poisson / poissons / 魚の名

257 poisson / poissons / 魚の名

> **― 確認問題 ―**
>
> 次の文の誤りを正しなさい．
> A. On dit que manger les poissons rend intelligent.
>   魚を食べると頭が良くなるんだって．
> B. Du saumon, c'est un poisson qui retourne à sa rivière d'origine.
>   鮭は生まれた川に戻ってくる魚だよ．
> C. Il n'y a plus des poissons dans ce lac. On ne peut pas pêcher.
>   この湖にはもう魚はいないよ．釣りはできないんだ．
>
> 解答：A. les poissons → du poisson cf.1　B. Du saumon → Le saumon cf.3
>   C. des poissons → de poisson[s] cf.7

1- du poisson

Je vais vous faire frire du poisson pour le dîner.　あなたたちのために，夕食は魚をフライにしましょう．

― Monsieur Verdier, vous avez déjà mangé du poisson cru ?
― Non, pas encore.
―ヴェルディエさん，刺身を食べたことがありますか？
―いや，まだないんですよ．

― Vous voudriez quoi comme poisson ?
― Du thon.
―魚は何がよろしいですか？
―マグロを．

Comment voulez-vous qu'il grandisse sans manger de viande ni de poisson ?　肉も魚も食べずに，彼はどうやって大きくなるというのですか．

> 使い方：「魚肉」として用いる場合は常に単数で用いる．

2- 数形容詞 + 名詞 + de + 名詞（魚の名）

Une boîte de saumon et deux boîtes de sardines, s'il vous plaît.　鮭缶一つと鰯の缶詰二つ下さい．

― Vous avez pris combien de truites, Monsieur Gabin ?
― Une bonne douzaine.
―ギャバンさん，鱒を何匹釣りましたか？
―12匹はいるね．

比　較：Cent grammes de | sardines.
　　　　　　　　　　　　| hareng fumé.
　　　　　　　鰯　　　　| 100グラム．
　　　　　　　にしんの燻製 |

3- 定冠詞 + 名詞（魚の名）（単数）

Le saumon, c'est combien ?　鮭はいくらですか？

Comment on s'y prend pour pêcher le thon ? マグロを釣るには，どうするんですか．

4- 定冠詞 ＋ 名詞（魚の名）（単数／複数）

L'anguille vit | à la fois dans la mer et うなぎは，海でも川でも育つ．
Les anguilles vivent | dans les rivières.

Le prix | du crabe | a baissé.   カニの値段が下落した．
        | des crabes |

5- le poisson
les poissons

Regardez | tous les poissons que nous avons pêchés.   私たちが釣った魚を見て下さい．
         | tout le poisson que nous avons pêché.

比　較： J'ai mangé | le | poisson qu'on nous avait préparé, et j'ai été malade.
                   | un |
Au dîner, nous avons mangé du poisson.

私は，私たちのために用意されていた | 魚を | 食べて，その後体調が悪くなった．
                                  | 魚を一匹 |

夕食に，私たちは魚を（いくらか）食べた．

6- 特定の動詞 ＋ le poisson

Amandine adore le poisson frit.   アマンディーヌは，魚のフライが大好きだ．

特定の動詞： aimer, adorer, préférer など
比　較： Mon mari adore | le poisson cru.
                       | manger du poisson cru.

夫は | お刺身が | 大好きなんです．
     | お刺身を食べるのが |

7- 不定冠詞 ＋ 名詞（魚の名）

Papa, qu'est-ce que c'est un poisson globe ?   パパ，フグってなあに？
Ma tante Rosine élève des poissons rouges.   ロジーヌおばさんは金魚を飼っている．
Ils vendent | d'excellents poissons.   彼らはとびきり上等の魚を売っている．
            | un excellent poisson.

Il y a des poissons qui n'ont pas de dents.　歯のない魚もいる.

慣　用：Tu devrais en trouver chez le marchand de poissons du coin.
　　　　　近所の魚屋で，それは見つかるはずだけど.

8- 数形容詞 ＋ | poisson
　　　　　　　　　 | 名詞（魚の名）

Nous voudrions trois truites meunières.　鱒のムニエルを三つお願いします.

Deux soles bien frites, s'il vous plaît.　よく揚げた舌平目のフライを二つ下さい.

使い方：レストランや魚屋で注文する時に.

258　動詞 ＋ pour ＋ 人称代名詞（強勢形）／
　　　　人称代名詞（間接目的補語）＋ 動詞

―― 確認問題 ――

次の文の仏語訳として適切なものを選びなさい.

A. 彼にこのCDを貸したのは彼女だよ.
1. C'est elle qui lui a prêté ce CD.
2. C'est elle qui a prêté ce CD pour lui.

B. 彼女はこの歌を特に君のために歌っているんだよ.
1. Elle te chante cette chanson spécialement.
2. Elle chante cette chanson spécialement pour toi.

解答：A. 1 cf.1　B. 2 cf.2

1- 人称代名詞（間接目的補語）＋ 動詞 ＋ SN

－ Et pour le dîner, je vous prépare une fondue.　―じゃ夕食にフォンデュを作るわ.
－ Oh, Maman, comme tu es gentille !　―おかあさん，うれしいよ！

Tu pourrais me faire chauffer de l'eau ?　できればお湯をわかしてくれないかしら.

Attendez, je vais vous ouvrir la porte.　待って下さい．今ドアを開けます.

Je vais te faire du thé au citron avec du miel.　君に蜂蜜の入ったレモンティーを作ってあげよう.

Il a dit qu'il allait m'acheter une bouteille de parfum "Désir Voluptueux".　彼は私に「デジール・ヴォリュプテュー」という香水を買ってくれると言ったわ.

Tu as pensé à lui acheter un cadeau pour son anniversaire ?	君は彼(女)の誕生日のプレゼントを買うの忘れなかった？
Je vais leur chanter une vieille chanson d'autrefois.	僕が彼らに昔の古い歌を唄ってあげよう.

2- 特定の動詞 + pour + 人称代名詞（強勢形）

Tu peux faire ça pour moi ? Sois gentil.	私のためにそれしてくれるかしら？ねえお願い.
Entendu, je prépare un café pour elle et deux thés pour nous deux.	いいよ. 彼女にはコーヒー, 僕ら二人には紅茶を入れるよ.
– Il a fait cela spécialement pour vous. – Je ne sais pas comment le remercier.	—彼は特にあなたのためにそれをしたんだよ. —何とお礼を言ったらいいか.

特定の動詞：préparer, acheter, apporter, jouer, chanter, faire, répondre など
使い方：話者が特に感情を込めて間接目的補語の人称代名詞を強調する方法.
強　調：特定の動詞 + spécialement pour + 人称代名詞（強勢形）
比　較：1) Je vais | jouer une valse de Strauss pour vous.
　　　　　　　　　| vous jouer une valse de Strauss.
　　　　　　　　　| あなたのために | シュトラウスのワルツを弾いてあげましょう.
　　　　　　　　　| あなたに |
　　　　2) | Laissez, je vais payer l'apéritif pour vous deux.
　　　　　 | Venez, je vais vous payer l'apéritif.
　　　　　 | ちょっと待って. 私が食前酒をお二人にご馳走しましょう.
　　　　　 | こちらへどうぞ. 食前酒をご馳走しましょう.

3- 動詞 + pour + 人称代名詞（強勢形）

Maman, laisse, je vais faire la vaisselle pour toi.	ママ, 置いといて. 僕が代わりに皿を洗うよ.
Est-ce que je peux signer pour elle ?	彼女の代わりにサインしてもいいですか.

同　意：à + 所有形容詞 + place

4- [être] pour + 人称代名詞（強勢形）

– Tiens, ces fleurs sont pour toi. – Oh, merci !	—ほら, 君に花束だよ. —あら, ありがとう.
Cette lettre est pour moi ?	この手紙は私にですか？

比　較：Bon anniversaire ! | Voici | un cadeau pour toi.
　　　　　　　　　　　　　　　 | | ton cadeau.
　　　　　　　　　　　　　　　 | ×Voici mon cadeau pour toi.

誕生日おめでとう。ほら | 君へのプレゼントだよ。
　　　　　　　　　　　 | (君の)プレゼントだよ。

259　pour + SN (時) / jusqu'à + SN (時)

確認問題

次の文の(　)に pour もしくは jusqu'à を入れなさい。
A. J'ai vécu à Sapporo (　　) l'âge de 4 ans.
　　私は4才まで札幌に住んでいた。
B. Ne manque pas d'être rentrée (　　) 11 h au plus tard, chérie.
　　遅くとも11時までにはちゃんと戻っておいでよね。
C. Vous devez rapporter ces livres (　　) lundi prochain.
　　これらの本は来週の月曜までに持ってきて下さい。

　　　　　　　　　　　解答：A. jusqu'à cf.7　B. pour cf.2　C. pour cf.1

1- pour + SN (時)

Il me faut absolument ma voiture pour demain après-midi. | 明日の午後は絶対に私の車が要るんだ。

- Monsieur, notre composition, c'est pour quand ? | ―先生、作文の締め切りはいつですか？
- Pour jeudi prochain, le 20 mai. | ―今度の木曜、5月20日です。

Il me faut une place d'avion pour le 7 octobre. | 10月7日の飛行機の席が一つ要る。

Est-ce que vous pourriez développer cette pellicule pour demain ? | このフィルムを明日までに現像していただけますか？

- Le début du concert est prévu pour quelle heure ? | ―コンサートの開始は何時の予定？
- Pour 20 heures. | ―20時だよ。

Tu peux me prêter ta raquette pour cet après-midi ? | 今日の午後、君のラケットを貸してくれないか？

　使い方：**1〜8**, pour か jusqu'à かは、動詞による。
　強　調：**1〜2**, au plus tard pour...
　説　明：**1〜2**, 締め切り日、最終期限をさす。

参　考：**1〜4**, (E) for
比　較：1) J'ai cette dissertation à terminer │ ×mardi.
　　　　　　　　　　　　　　　　　　　　　　　│ pour mardi.
　　　　　　　　　　　　　　　　　　　　　　　│ ×jusqu'à mardi.
　　　　この小論文を火曜日までに仕上げなければなりません.
　　　2) Rentrez │ à 11 h.
　　　　　　　　│ pour 11 h.
　　　　　　　　│ avant 11 h.
　　　　　　　　│ ×jusqu'à 11 h.
　　　　│11時に　　│帰ってきなさい.
　　　　│11時までに│
　　　　│11時前に　│

2- 動詞（助動詞 + 過去分詞）+ pour + SN (時)

Nous devons avoir fini nos thèses pour vendredi prochain.　来週の金曜には，博士論文を終えていなければならない.

Je dois vous quitter, maman m'a demandé de rentrer pour 10 h.　おいとましなければなりません．母に10時までに帰るように言われているんです.

　比　較：Je dois │ rentrer　　│ à la maison │ pour 10 h.
　　　　　　　　　│ être rentré │   │ ×jusqu'à 10 h.
　　　　私は10時までに家に │ 帰らなければならない.
　　　　　　　　　　　　　　│ 帰っていなければならない.

3- pour + SN (時)

Il part souvent à l'étranger pour deux ou trois semaines.　彼はしばしば2〜3週間外国にでかける.

Teruo part en Amérique pour un an.　輝男は一年の予定でアメリカに行く.

Quitter sa famille pour six mois, cela passe, mais pour dix ans, c'est dur.　半年家族と離れるのは我慢できるけど，10年間はきついな.

－ Tu seras absent [pour] combien de temps?　―君はどの位の間留守にするの？
－ [Pour] deux ou trois jours.　―2, 3日だよ.

　説　明：**3〜4**, 期間を示す.

4- SN (人) + en avoir pour + 数形容詞 + 時の名詞

J'ai presque fini ma dissertation, j'en ai encore pour deux heures.　小論文はほぼ終わりましたが、あと2時間必要です。

J'en ai encore certainement pour un mois avec mon mémoire de maîtrise.　私は修士論文を仕上げるのに、おそらくあと1ヶ月はかかります。

Le chirurgien m'a dit que j'en avais encore pour dix bonnes années.　私は、まだ10年は十分大丈夫だと外科医に言われた。

慣　用：Excusez-moi de vous déranger, j'en ai pour une minute.
お邪魔してすみません。すぐ終わりますから。
Attends-moi, je n'en ai pas pour longtemps.
待ってて、長くはかからないから。

5- pour + 特定の前置詞 + SN (会話)

Votre manteau sera prêt pour dans huit jours.　あなたのコートは一週間後に仕上がります。

Ils m'ont promis ma voiture pour après les vacances de Noël.　彼らは、私の車はクリスマス休みの後には仕上がると約束した。

特定の前置詞：dans, après

6- jusqu'à + SN (時)

1) Je suis resté debout jusqu'à 1 h du matin.　朝の1時まで起きていた。

Il lit parfois dans son lit jusqu'à 3 h du matin.　彼は時にはベッドの中で午前3時まで本を読むことがある。

参　考：6〜8, (E) till; until
比　較：Aujourd'hui, je travaille jusqu'à 6 h.
　　　　Je pense avoir terminé pour 6 h.
今日は6時まで仕事をする。
6時までに終えていると思う。

2) Je n'ai pas vu le film jusqu'à la fin.　その映画をおしまいまで見ていない。

Il est resté pauvre jusqu'à sa mort.　彼は死ぬまで貧しいままだった。

Ils se sont écrit des lettres d'amour jusqu'à quelques jours avant son opération.　彼(女)の手術の何日か前まで、彼らはラブレターを互いに書いた。

比　較：Tu dois ｜ le terminer pour quand ?
　　　　　　　 ｜ attendre jusqu'à quand ?
君はそれをいつまでに終えなきゃならないの？
君はいつまで待っていなきゃならないの？

7- avoir jusqu'à + SN (時) + pour + inf.

Tu as jusqu'à mardi pour me donner ta réponse finale.
火曜までに最終的な返事をちょうだいね。

Le gouvernement a jusqu'à la fin de la prochaine année fiscale pour réformer le système des impôts.
政府は次の会計年度末までに税制改革をしなければならない。

8- jusqu'à ce que + 節 (接続法)

Attends-moi ici jusqu'à ce que je revienne. Tu as compris ?
僕が戻ってくるまでここで待ってて。わかったかい？

- J'ai une amie africaine en France.
- Pourvu qu'elle y reste jusqu'à ce que tu y retournes !

―フランスにアフリカ人の友達がいるんだ。
―君が戻るまで彼女がいてくれるといいんだけどね。

260　préféré / favori

確認問題

次の各文の (　) の中に préféré(e)/favori(te) のいずれかを入れなさい。

A. Ton équipe de football (　), c'est le Verdi, n'est-ce pas ?
君の応援しているサッカーのチームは，ヴェルディだよね。

B. Camille Pissarro, c'est mon peintre (　), si j'ose dire.
あえて言うと，カミーユ・ピサロが僕の気に入っている画家なんです。

解答：A. favorite cf.2　B. préféré cf.1

1- 定冠詞 + 名詞 + préféré de + SN (人)

Sylvain, c'est son fils préféré.
シルヴァンは彼のお気に入りの息子だ。

- Dites-nous quel est votre auteur français préféré.
- C'est ... c'est Antoine de Saint-Exupéry.

―あなたの好きなフランスの作家は誰か教えて下さい。
―それは……それはアントワーヌ・ド・サン＝テグジュペリです。

Hibari Misora, c'était ma chanteuse préférée.
美空ひばりは，私の大好きな歌手でした。

C'est le magazine préféré de ma femme.
これは私の妻の好きな雑誌です。

使い方：**1〜3**，たいていは次のような構文になる。

le ＋ 名詞 ＋ |préféré| de ＋ SN (人)
　　　　　　　|favori|

所有形容詞 ＋ 名詞 ＋ |préféré|
　　　　　　　　　　|favori|

同　意：**1～2**, 定冠詞 ＋ 名詞 ＋ que ＋ SN ＋ |aimer le mieux|
　　　　　　　　　　　　　　　　　　　　　　　|préférer|

参　考：**1～3**, (E) favorite

2- 定冠詞 ＋ 名詞 ＋ **favori de** ＋ **SN** (人)

Le numéro 12, c'est mon cheval favori.	12番が，私の本命の馬だ．
Pour le prochain tournoi de sumo, quel est ton lutteur favori ?	今度の場所で，君が応援している力士は誰ですか？
De l'avis de tous, le cheval "Bucéphale" est le favori.	大方の意見では，ビュセファルという馬が一番人気だ．

説　明：何らかの競争（競技）に加わっている者のうちで，特別に応援している者に用いる．

3- 限定詞 ＋ 名詞 ＋ |**préféré**| de ＋ **SN** (人)（物に関して）
　　　　　　　　　　　|**favori**|

La choucroute, c'est le plat préféré des Allemands.	シュークルットは，ドイツ人が好きな料理だ．
"Marie Claire", c'est la revue favorite de ma sœur.	「マリ・クレール」は，私の姉のお気に入りの雑誌だ．
– Les Parisiens ont un mot favori. – Lequel ? – C'est "Pardon".	―パリッ子には，お気に入りの言葉があります． ―どんな言葉ですか？ ―「失礼」という言葉です．
Le plat favori des petits Japonais, c'est le riz au curry, sans aucun doute.	日本の子供の大好きな料理は，文句なしにカレーライスだ．
Dans mon restaurant favori, la propriétaire nous donne toujours une bonne place.	私のお気に入りのレストランでは，店の女主人は私たちをいつもよい席に案内してくれる．

使い方：favori には「特別に応援している」というニュアンスがあるが，物に用いた場合，結果的に préféré と同じような意味になる．

261　préférer / aimer mieux

261　préférer / aimer mieux

> **確認問題**
>
> 次の文の(　)の中から最も適切な語句を選びなさい．
> A. Il aime mieux jouer au tennis (à/plutôt qu'/qu') au golf.
> 　　彼はゴルフをするよりもテニスをする方が好きだよ．
> B. Il préfère le whisky écossais (à/plutôt que/que) l'américain.
> 　　彼はスコッチの方がバーボンよりも好きです．
> C. Les enfants, vous préférez rester à la maison (que/plutôt à/plutôt que de) sortir ?
> 　　みんな，出かけるより家にいる方がいいの？
> 　　解答：A. qu' cf.4　B. à あるいは plutôt que cf.1,3　C. que あるいは plutôt que de cf.2

1- préférer + SN + | à + SN
　　　　　　　　　　| plutôt que + SN (会話)

- Je préfère les oranges aux mandarines.　　　　　—僕はマンダリンよりオレンジの方が好きだ．
- Moi, c'est le contraire.　　　　　　　　　　　　　—僕は逆だな．

Moi, je préfère l'ail plutôt que les oignons.　　　私はといえば，玉葱よりもむしろニンニクの方が好きです．

Mon frère préfère les sports individuels aux sports de groupe.　　私の兄は団体競技より個人競技のスポーツの方が好きです．

- J'aime bien le pain.　　　　　　　　　　　　　　—私はパンがわりと好きです．
- Moi, je préfère le riz.　　　　　　　　　　　　　—私はね，ごはんの方が好きです．

　使い方：**1～2**, plutôt は多用される．
　　　　　1～4, aimer mieux と préférer は，使い方は違うが意味はほぼ同じである．
　参　考：(E) prefer ... to ...

2- préférer + inf. + | que + inf.
　　　　　　　　　　| [plutôt] + que de + inf.
　　　　　　　　　　| à + inf. (あらたまって)

Annette préfère jouer avec la fille de la voisine | que de jouer avec sa sœur.　　アネットは妹と(遊ぶ)よりも隣の家の女の子と遊ぶ方が好きだ．
　　　　　　　　　　　　　　　　　　　　　　　| qu'avec sa sœur.

De plus en plus de femmes préfèrent avoir un enfant quelques années après leur mariage plutôt que de l'avoir très tôt.　　結婚後，早々に子供を産むよりも，何年かしてから産む方がいいと思う女性が増えている．

Je ne sais toujours pas si je préfère aimer à être aimé. 私は愛されるより愛する方がいいのかどうか，今でもわからない．

3- aimer | mieux | + SN + que + SN
    ** | plutôt |**
    SN + plutôt que | + SN
    SN + mieux que |

Thérèse aime plutôt l'étude que le sport. テレーズはスポーツよりも勉強の方が好きだ．

En général, les enfants aiment plutôt les oranges que les pommes. 普通，子供はリンゴよりもミカンが好きだ．

J'aimerais mieux une petite fête intime qu'une réception, et toi ? 私は，レセプションよりも，打ちとけた小さなパーティーの方が好きなんだけど君はどう？

Les jeunes enfants aiment mieux les bananes que les pommes. 幼児はリンゴよりもバナナの方を好む．

使い方：aimer + SN + | plutôt que | + SN の語順も誤りではないが，
                    | mieux que |
       aimer | mieux | + SN + que + SN の方がよく用いられる．
             | plutôt |

比　較：Lucienne aime mieux la musique de Saint-Saëns que celle de Ravel.
                 préfère la musique de Saint-Saëns | à | celle de
                                                   | plutôt que | Ravel.
                                                   | ×que |

リュシエンヌはラヴェルの音楽よりもサン＝サーンスの音楽の方が好きだよ．

4- aimer mieux + inf. [+ que [de] + inf.]

Mon mari aime mieux aller à la gare à pied qu'attendre l'autobus. 夫はバスを待つより，駅まで歩いて行く方がいいって言うんです．

J'aimerais mieux ne pas trop insister. Mais il faudrait que tu te décides rapidement. あまりしつこく言いたくはないんだが，早々に決めてくれないと．

参　考：(E) like ... better than ...

262　prendre / manger / boire

確認問題

次の文に誤りがあれば正しなさい.

A. Sylvain, mange ta soupe sinon tu n'auras pas de dessert.
シルヴァン, スープを飲みなさい. 飲まないとデザートはあげませんよ.

B. Elle ne boit jamais de potage.
彼女はポタージュスープは決して飲まない.

C. Madame, vous boirez deux de ces comprimés avant de vous coucher.
寝る前に, この錠剤を2錠お飲み下さい.

D. Les médecins disent que ce n'est pas bon de trop boire en mangeant.
医者たちは, 食事しながらお酒を飲み過ぎるのはよくないと言う.

解答：A. ○ cf.3　B. boit → prend cf.2　C. boirez → prendrez cf.1　D. ○ cf.5

1- prendre ＋ SN（医薬品）

Le médecin m'a dit que je devais prendre des vitamines C.
医者は私にビタミンCをとらなければならないと言った.

Jean-Jacques, tu as pensé à prendre tes médicaments avant le repas ?
ジャン＝ジャック, 食前に薬を飲むのを忘れなかったでしょうね.

注　意：1～3, この場合 boire は用いられない.
参　考：(E) take a / some medicine

2- prendre ＋ 限定詞 ＋ 特定の名詞

Moi, je prends le consommé.
私はコンソメスープにするわ.

Messieurs, Dames, qu'est-ce que vous allez prendre comme potage ?
みなさん, ポタージュは何になさいますか.

注　意：potage, consommé, velouté など
参　考：2～3, (E) eat soup

3- manger ＋ 限定詞 ＋ soupe

Maman, je ne veux pas manger de soupe aux pois.
お母さん, エンドウ豆のスープは飲みたくないよ.

Mange ta soupe, Jeannot, sinon ...
ジャンちゃん, スープを飲みなさいね. 飲まないと……

4- prendre / boire + SN

Le médecin m'a recommandé de boire un verre de lait plusieurs fois par jour. 医者は私に牛乳を一杯ずつ日に何度も飲むように言った。

- Qu'est-ce que vous allez prendre comme apéritif ?
- Un doigt de whisky avec de l'eau.

―食前酒は何になさいますか？
―水割りをシングルで。

Vous ne pouvez pas rester dans cet état. Vous allez prendre un alcool. こんなままでいてはいけませんよ。お酒でも飲んで下さい。

- Tu ne boirais pas quelque chose ?
- Un jus de pamplemousse, s'il te plaît.

―何か飲みませんか？
―グレープフルーツジュースがいいな。

Buvez votre thé à petites gorgées, il est bouillant. お茶は少しずつ飲んで下さいね。熱いですから。

- On va prendre un pot ?
- D'accord, c'est une bonne idée !

――一杯飲もうか。
―ＯＫ、そりゃいいね。

5- boire

Il avait trop bu ce soir-là. Il ne savait plus ce qu'il disait. あの晩彼は飲み過ぎていた。もう自分で何を言っているのかわからない程だった。

Il boit, mais toujours dans des limites raisonnables. 彼は酒は飲むが、いつも適量におさえている。

263 prendre / manger / déjeuner / dîner / luncher / souper

―――― 確認問題 ――――

次の文の誤りを正しなさい。

A. Les Orientaux prennent surtout du riz.
   東洋人はとりわけ米を食べる。

B. Marc-André n'a pas l'habitude de manger de petit déjeuner.
   マルク＝アンドレは朝食をとる習慣がない。

C. Est-ce qu'on mange la cuisine française ce soir ?
   今夜はフランス料理を食べようか。

D. Mon père a toujours son dîner très tard.
   父はいつも夜遅く夕食を食べる。

> 解答：A. prennent → mangent cf.5　B. manger → prendre cf.6
> C. la cuisine française → de la cuisine française cf.3　D. a → prend cf.6

1- prendre + 限定詞 + 特定の名詞

Pour ne pas grossir, il ne prend que deux repas par jour.
太らないようにと彼は日に二食しか食べない。

Tu as tort de ne pas prendre le petit déjeuner le matin.
朝食を食べないのは間違ってるよ。

Mon frère prend son petit déjeuner en cinq minutes.
兄は朝食を5分でたいらげる。

　特定の名詞：[petit] déjeuner, repas, collation, dîner, souper, goûter など
　注　意：この場合、manger はこれらの名詞とともには用いられない。
　参　考：(E) eat

2- prendre + SN

Je prends le menu à 20 euros.
私は20ユーロのコースにする。

Nous prendrons un deuxième plat de salade.
サラダをもう一皿とりましょう。

- Qu'est-ce que tu prends comme dessert ?
- La ganache au chocolat.
―デザートは何にする？
―チョコガナッシュにするよ。

- Et toi ?
- Je prendrai un café crème.
―きみは？
―カフェオレにしよう。

　使い方：レストランやカフェで注文を言うときに用いる。
　参　考：(E) order
　比　較：La dernière fois, j'ai mangé un bifteck au poivre, mais cette fois, je prends du poisson.
　　　　　この間はペッパーステーキを食べたけれど、今回は魚を食べることにします。

3- | prendre un repas | + 形容詞（国名）
　　　| manger de la cuisine |
　　　| manger + 形容詞（国名）（会話）

Si on prenait un repas italien, qu'en diriez-vous ?
イタリア料理を食べるというのはどうですか。

À la maison, on mange de la cuisine coréenne une fois par semaine.
家では週に一度韓国料理を食べる。

Il a fallu manger chinois pendant tout le voyage. 旅行中はずっと中華料理を食べなければならなかったんだよ。

Je vous invite tous à prendre un repas français. 君たち皆にフランス料理をご馳走するよ。

注意：manger la cuisine ＋ 形容詞 (国名) とは言わない。

4- manger

Si tu ne manges pas, tu vas avoir faim. 食べないとおなかがすいちゃうよ。

On a très mal mangé, ce soir-là. あの晩の夕食はひどかった。

Il vaut mieux ne pas trop manger, si on a mal à l'estomac. 胃が痛い時は食べ過ぎない方がいい。

Ce soir, on va manger au restaurant. 今晩はレストランで食事しよう。

On dit que ce n'est pas bon de boire en mangeant. 食事をしながら酒を飲むのはよくないと言われる。

Charles a la mauvaise habitude de manger entre les repas. 間食はシャルルの悪い癖だ。

注意：manger le repas (le dîner, le déjeuner) とは言わない。

5- manger ＋ 限定詞 ＋ SN (食べ物)

- J'ai très faim et je suis exténuée. Tu ne ferais pas la cuisine pour une fois ?
- Entendu, qu'est-ce que tu voudrais manger ?
- Des spaghettis à la bolognaise.

―おなかがぺこぺこだし、へとへとなのよ。今日だけは料理を作ってくれない？
―わかったよ。何が食べたいの？
―スパゲティ・ミートソース。

Nous avons mangé tout ce qui restait dans le frigo. 私たちは冷蔵庫のものを残らず食べた。

Monsieur Eyrolles, vous avez déjà mangé du natto ? エロールさん、納豆を食べたことがありますか？

Il a mangé tout le plat de légumes à lui seul. 彼は野菜料理をまるまる一人で食べてしまった。

Il faut faire manger beaucoup de fruits et de légumes à votre fils. 息子さんには果物と野菜を沢山食べさせなければなりません。

Tu as donné quelque chose à manger à Potchi ? ポチに何か食べ物をあげた？

Pour la vue, les médecins recommandent de manger des épinards ou des carottes.
眼をよくするためには，ほうれん草やにんじんを食べるように医者はすすめる．

À cause de son régime, il ne mange pas de féculents.
ダイエットのため，彼は炭水化物をとらない．

Après son opération de l'estomac, il n'est plus en état de manger de nourriture solide, ça le rend malade.
胃の手術の後，彼は固形食をもう食べられなくなった．調子が悪くなるのだ．

Mon père mange rarement du dessert.
父はめったにデザートを食べない．

Je n'ai rien mangé depuis ce matin.
朝から何も食べていない．

6- | **prendre** + 限定詞 + 特定の名詞
| **déjeuner / dîner / luncher / souper**

| Mon mari | prend toujours son dîner | très |
| | dîne toujours | tard. |

夫はいつも夜遅く夕食をとります．

- Il n'est que 11 h et tu as déjà pris ton déjeuner?
- Oui, je le prends toujours très tôt.

―まだ11時なのにもうお昼を食べたの？
―うん，いつも早いんだよ．

À cette heure-là, au Japon, on a déjà fini de dîner.
今ごろ日本ではもう夕食が終わっている時間だ．

J'aimerais bien aller dîner avec eux un de ces soirs.
近いうちに彼らと夕食を食べに行きたい．

特定の名詞：petit déjeuner, déjeuner, dîner, souper, lunch など
使い方：1) luncher は特にビジネスマンの間で使われ，軽食をとることを意味する．
　　　　　 2) souper は観劇などの後で，外で夜食をとることを指して用いられることが多い．
参　考：(E) have lunch, dinner, supper など

264　près / proche

―――― 確認問題 ――――

次の文に誤りがあれば正しなさい．
A. Où se trouve la pharmacie la plus près?
　　最も近い薬屋はどこですか？
B. Ces bâtiments sont tout proche de cette station.
　　それらの建物はこの(地下鉄の)駅からすぐそばだ．

　　　　　　　　　解答：A. la plus près → la plus proche cf.5

B. tout proche → tout proches あるいは tout près cf.1,4

1- près de + SN (場所)

Ils habitent près de Tours. 彼らはトゥールの近くに住んでいる.

Son bureau se trouve près d'un centre commercial. 彼の事務所はショッピングセンターの近くにある.

　使い方：1〜3, près de は前置詞句.
　強　調：1〜3, tout près de + SN; très près de + SN
　参　考：Julie habite tout près [d'ici].
　　　　　ジュリーは[この]すぐ近くに住んでいる.
　　　　　Près de là, il y a un musée d'art contemporain.
　　　　　そこの近くに現代美術館がある.

2- près de + SN (人)

Assieds-toi près de moi. 僕の近くに座って.

Je me suis trouvée assise près de la présidente. 私は女社長の近くに座っていることがわかった.

3- il est près de + 数形容詞 + heures

Il devait être près de 8h quand il m'a téléphoné. 彼が私に電話をかけてきた時, 8時近くだったに違いない.

　同　意：il est un peu moins de + 数形容詞 + heures

4- proche de + SN

Oh ! Tu es très proche de la bonne réponse. ああ, 君は正解までもう一息だよ.

Les maisons sont proches les unes des autres. それらの家は密集して建っている.

　使い方：proche は形容詞である.
　強　調：4〜5, très proche, tout proche
　比　較：Ils habitent un appartement | proche du boulevard Solférino.
　　　　　　　　　　　　　　　　　　　| près du boulevard Solférino.
　　　　　彼らはソルフェリノ大通り近くのマンションに住んでいる.
　　　　　| Les toilettes sont tout près.
　　　　　| Les toilettes sont toutes proches.
　　　　　トイレはすぐそばですよ.

5- proche

Les vacances d'été sont proches : plus qu'une semaine. 夏休みはもうすぐだ。もうあと一週間しかない。

C'est une rue très proche, on peut y aller à pied. それはすぐ近くの通りだから、歩いて行けるよ。

慣 用 : Ils habitent dans la proche banlieue de Marseille.
　　　　彼らはマルセイユの近郊に住んでいる。

265　présenter / introduire

---- 確認問題 ----

次の文に誤りがあれば正しなさい。
A. Maintenant, chacun va s'introduire.
　　さあ，各自自己紹介をしましょう。
B. Elle m'a présentée dans son groupe de voyage.
　　彼女は私を旅行のグループに入れてくれた。
C. Ils ne m'ont pas introduite dans le salon.
　　彼らは私を客間に通さなかった。

解答：A. s'introduire → se présenter cf.2　B. présentée → introduite cf.3　C. ○ cf.4

1- présenter + SN (人) + à + SN (人)

Viens, je vais te présenter ma mère. おいで。君に母を紹介しよう。

C'est moi qui lui ai présenté sa future épouse. 彼に未来の妻となる女性を紹介したのは私です。

Maintenant, je vais vous présenter à nos téléspectateurs. さあ、あなたを視聴者にご紹介しましょう。

Plus tard, il m'a présenté à sa famille. 後になって、彼は私を自分の家族に紹介した。

参　考 : (E) introduce SN (人) + to + SN (人)

2- se présenter

Je me présente : je m'appelle Dominique Boisvert. 自己紹介をさせていただきます。私はドミニク・ボワヴェールと申します。

Elle s'est présentée à nous sous le nom de Christine Chevalier. 彼女は私たちに、クリスティーヌ・シュヴァリエだと名乗った。

3- introduire + SN (人) + | dans + SN (物)
　　　　　　　　　　　　　　　| auprès de + SN (人)

Il m'a demandé de l'introduire dans notre club de pêche.　　彼は、私たちの釣りクラブに入れてくれと私に頼んだ。

J'ai demandé à Tatsuyuki de m'introduire auprès des services commerciaux de son ambassade.　　私は達之に、大使館の通商部に紹介してくれるように頼んだ。

　使い方：この場合，dans の後には，組織やグループを示す名詞が来る．
　参　考：**3～5**, (E) introduce

4- introduire + SN (人) [+ 前置詞 + SN (場所)]

On nous a ensuite introduits dans la salle de réception.　　私たちは、次にレセプション会場に通された。

5- introduire + SN (物) [+ 前置詞 + SN (場所)]

Les Espagnols ont introduit la culture de la pomme de terre et du maïs en Europe.　　スペイン人は、じゃがいもととうもろこしの栽培をヨーロッパに取り入れた。

L'ancien directeur a introduit cette coutume dans notre école.　　以前の校長先生が私たちのの学校にこのような習慣を取り入れました。

6- 限定詞 + 特定の名詞 + | s'introduire　　[+ 前置詞 + SN (場所)]
　　　　　　　　　　　　　　| être introduit

La mode du pantalon s'est introduite en France au XVIe siècle.　　長ズボンをはく流行がフランスに入ったのは16世紀のことです。

Ça a pris beaucoup de temps avant que cette coutume soit introduite.　　こうした習慣が取り入れられるには随分と時間がかかった。

　特定の名詞：coutume, mode, loi, idée, invention など
　同　意：限定詞 + 特定の名詞 + être admis [+ 前置詞 + SN (場所)]

266　problème

―― 確認問題 ――
次の文の誤りを正しなさい．
A. Le sida, c'est un grand problème social.
　エイズは大きな社会問題だ．

B. Avec ce changement de situation, le problème devient plus grand.
　状況がこう変わると，問題はもっと大きくなる．

　　　　　　　　　解答：A. grand → grave あるいは gros cf.1,3　B. grand → grave cf.2

1- 限定詞 ＋ grave problème / problème grave

Le gouvernement doit se pencher sur ce grave problème.　政府は，この重大な問題を検討しなければならない．

使い方：1〜3, problème という語には，grand という形容詞は用いない．
参　考：(E) serious problem

2- 限定詞 ＋ problème est grave

Le problème du logement est plus grave qu'il n'en a l'air.　住宅問題は見かけ以上に深刻である．

3- 限定詞 ＋ gros problème

L'avenir de Sylvain, c'est un gros problème.　シルヴァンの将来は，大きな問題だよ．

Le gros problème avec le directeur, c'est qu'on ne sait jamais s'il dira oui ou non.　あの部長のとても難しいところは，彼がよいと言うかだめと言うか全く予想がつかないということです．

参　考：(E) big problem
比　較：La population de mon village diminue d'une année à l'autre.
　　　C'est un | gros | problème.
　　　　　　 | grave |
　　　　　　 | ×grand |
　　　C'est un problème | sérieux.
　　　　　　　　　　　 | grave.
　　　　　　　　　　　 | ×grand.
　　　私の村の人口は，毎年減っている．
　　　これは，| 大 | 問題だ．
　　　　　　 | 深刻な |

267　prochain / ce / suivant

―― 確認問題 ――

次の文の（　）の中から適切な語を選びなさい．
A. (La fois prochaine/La prochaine fois), je ferai mieux.

今度はもっとうまくやるよ．
B. (Le train prochain/Le prochain train) pour Komoro est à 8 h 10.
  小諸行きの次の列車は 8 時 10 分です．
C. Grand-maman doit venir (le mois prochain/le prochain mois/le mois suivant).
  おばあちゃんが来月に来るはずだよ．

解答：A. La prochaine fois cf.4   B. Le prochain train cf.4   C. le mois prochain cf.1

1- 定冠詞 + 特定の名詞 + **prochain**

L'an prochain, | nous projetons d'aller au Mexique.　来年，私たちは，メキシコに行く計画です．
L'année prochaine, |

Ne nous pressons pas. Attendons encore jusqu'au mois prochain. Nous aurons plus de temps.　急がなくてもいいよ．来月まで待とうよ．もっと時間ができるから．

Je compte commencer à skier à partir de l'hiver prochain.　今度の冬からスキーを始めてみようと思うんだ．

特定の名詞：1) an, année, semaine, mois, week-end, nuit など
　　　　　　　2) automne, été, printemps, hiver
説　明：**1〜3** は，現在を基準として用いる．
反　意：**1〜3**, dernier

2- 特定の名詞 + [**prochain**]

Je serai absente mardi [prochain].　私は(次の)火曜日は休むわ．

Dimanche [prochain], c'est la fête des mères, ne l'oublie pas.　(今度の)日曜日は母の日だよ．忘れるなよ．

特定の名詞：曜日名と共に．
使い方：1) 英語と違って，前置詞なしで用いる．
　　　　　2) しかしながら，慣用表現では前置詞 à を用いる．
　　　　　　 – À mardi [prochain] !
　　　　　　 – Entendu, à mardi [prochain].
　　　　　　 ―(今度の)火曜日にね！
　　　　　　 ―わかったよ，(今度の)火曜日に．
　　　　　3) 一般には ce jeudi, le jeudi de cette semaine, le jeudi prochain といった用い方はしない．cf.**5**-3)
同　意：曜日の名 + en huit
　　　　　Lundi | prochain, | j'ai [un] rendez-vous avec le dentiste.
　　　　　　　　| en huit, |

比　較：
次の月曜日に歯医者に行くことになってるんだ．
- Dimanche prochain, qu'est-ce que tu vas faire ?
- Je vais rester au lit jusqu'à 12 h.
―次の日曜日には何をするつもり？
―昼まで寝ているつもりだよ．
- Le dimanche, qu'est-ce que tu fais habituellement ?
- Je reste au lit jusqu'à 12 h.
―日曜日にに普段何をしているの？
―昼まで寝ているよ．

3- au mois de + 月の名 [+ prochain]
    en

Tu penses qu'elle va passer en deuxième année au mois d'avril [prochain] ?
en avril [prochain] ?

彼女は（今度の）4月に2年生になれると思う？

使い方：l'avril prochain, cet avril [prochain] などは用いられない．

4- 限定詞 + prochain + 名詞

Le train va faire un arrêt de trois minutes à la prochaine gare.
列車は次の駅で3分間停車します．

Il faut marcher deux kilomètres avant d'arriver au prochain village.
次の村に着くまでに2キロ歩かなければならない．

Le prochain match sera nul, nous en sommes sûrs.
次の試合は引き分けだよ．絶対そう思うよ．

- La station Sèvres-Babylone, s'il vous plaît.
- Vous descendez à la prochaine.
―セーヴル・バビロンヌの駅はどこですか？
―次で降りるんですよ．

La prochaine guerre, ce sera la dernière.
次の戦争が，最後の戦争になるだろう．

Qu'est-ce que je vais mettre pour la prochaine soirée ?
今度のパーティに何を着ようかしら．

Il devrait y avoir un important changement de cabinet dans les six prochains mois.
6か月以内に内閣の大幅な改造があるはずです．

Cette stabilité va se poursuivre pendant les prochaines années.
この安定は今後数年間続くことだろう．

Va pour cette fois-ci, mais la prochaine fois ...
今回はいいよ．でも次は……．

5- ce + 特定の名詞

1) Je me propose d'aller en Europe cet été. 　私はこの夏にヨーロッパに行くつもりです．

Il dit qu'il n'est pas libre ce soir. 　彼は今晩暇じゃないんだって．

Dites, qu'est-ce que vous allez faire cet après-midi ? 　ねえ，今日の午後何をするつもりですか？

　特定の名詞：1)～2)，été, automne, hiver, printemps, matin, après-midi, soir, nuit など
　使い方：ここでは未来の意味で用いられている．

2) Je suis allé à Zao, cet hiver. 　この冬，蔵王に行ったよ．

Mika a mal dormi cette nuit. 　美香は，昨夜よく眠れなかった．

　使い方：ここでは過去の意味で用いられている．

3) – Est-ce que tu ne sortirais pas avec moi jeudi [prochain] ? 　—今度の木曜に私と出かけない？
　– Pas ce jeudi qui vient mais jeudi en huit. 　—今度の木曜はダメだけど，次の木曜ならいいよ．

　特定の名詞：曜日の名
　使い方：勘違いを避けるためにのみ用いる．

6- 定冠詞 + 時の名詞 + suivant

Le 23 octobre, un vendredi, nous avons visité le British Museum. Le mardi suivant, nous sommes allés à Hyde Park et dans les environs. 　10月23日金曜日に，私たちは大英博物館に行きました．次の火曜日には，ハイドパークとその周辺に行きました．

J'ai fait ma demande un lundi et la semaine suivante, j'avais le poste. 　月曜日に私は応募したんです．すると次の週にはもう仕事に就いていました．

Heureusement, nous avons gagné la fois suivante. 　幸運にも，その次には私たちが勝ちました．

On commencera l'entraînement après-demain et on le continuera les jours suivants. 　練習はあさってから始めて，そのあとしばらく続けます．

　使い方：過去，あるいは未来のある時点を基準として用いる．
　反　意：定冠詞 + 名詞 + précédent

7- SN + suivant

La citation suivante pourrait nous aider à mieux comprendre ce poème. 次の引用文は、この詩をもっとよく理解するのに役立つでしょう。

Vous trouverez l'information que vous cherchez à la page suivante. 次のページに、あなたの探している情報が載っているでしょう。

La voiture suivante nous a serrés de trop près. 後ろの車が、私たちの車に近付きすぎた。

Ce n'est pas ici, c'est dans la rue suivante. ここじゃありません。もうひとつ先の通りですよ。

Maintenant, au tour de la personne suivante. さて、次の方の番ですよ。

同 意：SN + qui suit
反 意：SN + précédent ; SN + qui précède

268 programme / émission / télévision / téléviseur

確認問題

次の文の誤りを正しなさい。
A. La télévision du dimanche est toujours bien.
日曜のテレビはいつもいいね。
B. Vous voyez souvent la télévision ?
よくテレビを見ますか？

解答：A. La télévision → Les programmes および est → sont cf.1 B. voyez → regardez cf.3

1- programme

Ce soir, quel est l'horaire des programmes sur la chaîne 1 ? 今夜、1チャンネルの番組はどうなってるの？

Moi, je prends "Télépoche", C'est le meilleur pour les programmes de télé. 私は「テレポッシュ」にするわ。番組案内だとこれが一番だわ。

2- émission

C'est une émission qui ne va pas plaire à tout le monde. これは万人向けの番組というわけではない。

J'ai raté l'émission sur le chômage des jeunes. Tu ne l'as pas enregistrée, par hasard ? 若者の失業を扱った番組見逃しちゃった。もしかして録画してない？

3- télévision

La télévision est un délassement pour les personnes âgées.
テレビはお年寄りにとっては気晴らしです．

Sa belle-mère passe son temps à regarder la télévision.
彼女の姑は，テレビを見てばかりいる．

使い方：1) **3～6**，会話では，télé という省略形を耳にすることが多い．
　　　　2) 普通，voir la télévision とは言わない．

4- regarder + SN + à la télévision

En principe, je ne regarde que les informations à la télévision.
原則として私はテレビではニュースしか見ない．

- Qu'est-ce que tu as fait hier soir ?
- J'ai regardé le match de foot à la télé.
―昨日の晩何してた？
―テレビでサッカー見たよ．

5- voir + SN + à la télévision

Tu as vu le film de Catherine Deneuve à la télévision hier soir ?
君は昨日の夜，テレビでカトリーヌ・ドヌーヴの映画を見たかい？

6- | télévision
　　　| télé
　　　| téléviseur

Nous avons trois téléviseurs à la maison.
家にはテレビが3台ある．

Si tu veux, je peux te prêter ma télévision portative.
よかったら私のポータブル・テレビを貸してあげるよ．

- Quelle marque de téléviseur tu voudrais acheter ?
- Je voudrais un Sony.
―どのメーカーのテレビを買いたいの？
―ソニーのを買いたいんだ．

269　projet / plan

――― 確認問題 ―――

次の文の（　）の中から適切な語を選びなさい．

A. Jean-Charles a un grand (projet/plan) : il veut écrire un roman.
　ジャン＝シャルルにはすごい計画がある．小説を書きたいんだって．

B. J'avais formé le (projet/plan) de faire le tour du monde, mais je l'ai

abondonné.
私は世界を一周する計画を立てたのでしたが，それはあきらめました．

解答：A. projet cf.1　B. projet cf.4

1- 限定詞 + **projet**

- Qu'est-ce que tu fais dimanche, Takashi? ―隆志，日曜日に何をするの？
- Je ne sais pas, je n'ai aucun projet. ―わからないな，何も決めてないんだ．
- Tu as un projet concret pour les vacances? ―ヴァカンスの計画，何か具体的にある？
- Je n'ai rien décidé pour le moment. ―いや，今のところ何もきめてないよ．

Tes parents connaissent ton projet? 君の両親は君の計画を知っているの？

参　考：1～6, (E) plan

2- 限定詞 + **projets** [de + 特定の名詞] [+ 特定の形容詞]

Quand on demande à Anne si elle a des projets de mariage, elle se contente de sourire. アンヌに結婚するつもりがあるのかどうか聞くと，にっこりするだけなんだ．

La plupart des gens actifs font leurs projets de vacances longtemps à l'avance. 活動的な人たちの多くは，ずいぶん前からヴァカンスの計画を立てる．

Quels sont les projets politiques du nouveau Premier ministre? 新しい首相の政策はどのようなものですか？

特定の名詞：mariage, avenir, recherches, vacances など
特定の形容詞：économiques, politiques, administratifs, criminels など

3- 限定詞 + **projet de** + 特定の名詞

Nous devons remettre notre projet de thèse pour le vendredi 29. 私たちは，29日の金曜日までに，博士論文の草案を提出しなければならない．

特定の名詞：loi, livre, agrandissement, thèse, assainissement など

4- faire / former **le projet de** + inf.

Ces quatre amis vont avoir 50 ans cette année; ils ont fait le projet de faire une grande fête. この友人4人は，今年50才になる．彼らは盛大なお祝いをする計画を立てた．

Sylvie a formé le projet d'écrire une thèse sur la chute du communisme.

シルヴィーは，共産主義の崩壊について博士論文を書く計画を立てた。

注　意：avoir le projet, avoir le plan de + inf. という形は用いられない。

5- 限定詞 + **plan**

Teruo avait calculé qu'il deviendrait rapidement directeur ; son plan a échoué.

照夫は，自分がすぐにも部長になれると見込んでいたが，彼の計画はうまくいかなかった。

Hajime a imaginé un plan pour nous approvisionner si un tremblement de terre se déclare.

肇は，地震が発生した際，どうやって私たちに食糧を供給するかという計画を考えた。

Pour devenir riche sans travailler, ce jeune homme avait décidé de fréquenter des jeunes filles de la haute société et, au bout de quelques années, d'épouser la plus riche : son plan a réussi.

働かずに金持ちになろうと，この若者は上流社会の若い娘たちのところに足しげく通い，数年後にはその中でもっとも裕福な娘と結婚しようと決めたのだった。彼の思惑はうまくいった。

Ne pouvant trouver assez de personnel pour son entreprise, ce patron a décidé de proposer certains avantages : logements gratuits, bons salaires, formation continue, etc. ; grâce à ce plan, il a été obligé de refuser certains candidats.

自分の会社に十分な人員が見つけられないので，この社長はいくつか有利な条件を出してみることにした。例えば無償の社宅，高い給料，継続研修制度など。こうした計画によって，彼は志願者を数人は断わらなければならないほどになった。

説　明：5〜6, plan (計画) は projet (計画) よりも入念に作られた計画であり，projet よりも多くの準備を要し，多くの作業が含まれ，より複雑である。

6- 限定詞 + **plan de** + 特定の名詞

Monsieur Lepetit nous a demandé de remettre notre plan de dissertation vendredi.

ルプティ氏は，私たちに小論文の計画書を金曜日に提出するようにと求めた。

Après avoir beaucoup réfléchi, le Conseil d'administration de la société a mis au point un plan d'assainissement qui devrait permettre de doubler les bénéfices en deux ans.

熟慮の末に会社の取締役会は，収益を2年間で倍増させる経営の健全化計画をまとめた。

Le plan d'austérité mis en place par le gouvernement devrait redresser l'économie.

政府が設定した緊縮財政計画によって，経済は立ち直るはずなのだが。

Pour que ses élèves réussissent au baccalauréat, ce professeur leur a fait un plan d'étude très strict.

生徒たちがバカロレアに合格するために、この先生は彼らにとても厳しい学習計画を立てた。

特定の名詞：bataille, campagne, route, vol, œuvre, devoir, dissertation, roman, comédie, redressement, stabilisation, austérité, urbanisme, travail, action, carrière, assainissement, sauvetage, cours など

比　　較：Le directeur a approuvé notre plan de voyage : nous partirons à 8 h en autocar, nous arriverons à l'hôtel à 17 h. Puis il y aura un grand banquet à 19 h.

部長は、私たちの旅行計画に賛成してくれました。それは8時にバスで出発し、17時にホテルに到着、その後19時に宴会を開くというものです。

Aller à l'étranger, c'est un projet [de voyage] réalisable même pour la plupart des étudiants japonais.

外国に行くことは、大部分の日本の学生たちにとっても、実現可能な(旅行)計画なのです。

270　puisque / comme / parce que / car

確認問題

次の文の(　)の中から適切な表現を選びなさい。

A. Elle est arrivée en retard (puisqu'/parce qu') il y a eu un accident de train.
   彼女は遅刻した。電車の事故があったからだ。

B. (Puisque/Car) tu parles sur ce ton, je vais me coucher.
   そんな調子で私に話すのなら、私はもう寝るわ。

C. C'est (comme/parce que) je n'avais pas ton numéro que je n'ai pas pu te joindre par téléphone l'autre jour.
   先日君に電話で連絡できなかったのは、番号がわからなかったからなんだ。

解答：A. parce qu' cf.3　B. Puisque cf.1　C. parce que cf.5

1- 主節 ＋ puisque ＋ 従属節

Je ne peux pas te donner d'argent puisque je n'en ai pas !

私は、お金を持ちあわせていないのだから、君にあげられないよ。

Les poules ne peuvent pas mâcher puisqu'elles n'ont pas de dents.

雌鶏は歯がないんだから噛むことはできないよ。

Va lui en parler toi-même puisque tu le connais.

君は彼を知っているんだから、自分でその件を話しに行ったらいいんだ。

Il devrait pouvoir réparer ton grille-pain puisqu'il est électricien.
彼は君のトースターを直せるはずだ。電気技師なんだから。

C'est vrai puisque je te le dis !
僕が君に言っているのだから本当だよ。

Il ne peut pas devenir pilote puisqu'il est myope.
何しろ彼は近眼なんだもん、パイロットにはなれないよ。

Pourquoi as-tu tout recommencé puisque c'était déjà très bien la première fois ?
1回目でもう十分うまくいってたのに、どうしてまた始めからやり直したんだい？

Puisque tu es là, je vais te demander un petit service.
ちょうどそこにいるんだから、ちょっと頼もうかな。

Puisque vous insistez, j'accepte.
そんなにおっしゃるのですから、お引き受けしましょう。

使い方：1) 普通，主節の後に置くが文頭に置くこともある。
2) **1～2** とも、会話で多用される。接続詞は省略されることも多い。そんな時は、イントネーションや手や顔の表情や動きによって示される。

Il est midi, allons déjeuner.
12時だからお昼を食べに行きましょう。

Tu ne veux pas venir au cinéma, j'y vais seule.
あなたは映画に行きたくないと言うんだから、私は一人で行くわ。

説　明：1) **1～2**，すでに知られている理由を示す。
2) **1** と **2** との意味の違いはない。語順に注意すること。

参　考：**1～2**, (E) since, as

2- Comme + 従属節，主節

Comme on a encore un peu de temps, allons prendre un café !
まだちょっと時間があるから、コーヒーを飲みに行こうよ。

Comme il n'a pas plu depuis longtemps, on a demandé aux citoyens d'économiser l'eau.
長い間雨が降っていないので、市民に対して節水するように呼びかけた。

使い方：文頭においてのみ使われる。
強　調：étant donné que + 従属節
Etant donné qu'on est à Kyobashi, allons à Takashimaya.
僕たちは京橋にいるのだから、高島屋に行こう。

3- 主節 + | **parce que** + 節
　　　　　| **car** + 節 (あらたまって)

J'ai attrapé un rhume parce que j'ai marché sous la pluie et qu'il faisait froid.
風邪をひいてしまったよ。というのも、雨の中を歩いたんだ。寒かったしね。

Je suis sûr qu'elle sera promue parce qu'elle est la plus capable. 彼女が昇進すると確信しているよ。なぜなら，彼女が一番有能だからだ。

Le communisme est tombé, car les pays d'Europe de l'Est voulaient leur liberté. 共産主義は崩壊した。東ヨーロッパ諸国が自由を欲していたからだよ。

使い方：文頭には決して来ない。
強　調：car, en effet, + 節（あらたまって）
参　考：3〜6, (E) because

4- parce que + 節

- Pourquoi les Japonais disent-ils "itadakimasu" avant de commencer un repas ? ―どうして日本人は，食事の前に「いただきます」と言うのですか？
- [Parce que] c'est la coutume. ―習慣だよ。
- Pour quelle raison tu ne manges plus de tomates ? ―どういう理由で君はトマトを食べなくなったんだ？
- Parce qu'elles causent de l'acidité gastrique. ―胃酸過多になるんだ。

使い方：1) pourquoi... ?, pour quelle raison... ? で始まる疑問文の答えとして。
　　　　2) この用法では，文頭に置かれる。
説　明：理由を説明する文を導く。

5- c'est parce que + 節 + que + 節

C'est parce qu'il n'a pas l'âge requis qu'il a été refusé. 彼が受け入れてもらえなかったのは，年が若すぎるせいなんだ。

Tu vois, c'est parce que tu ne veux pas m'écouter que je t'ai grondé. わかるね，おまえを叱ったのは，おまえが言うことをきこうとしないからだよ。

注　意：5〜6, parce que を強調した構文。

6- si + 節, c'est [parce] que + 節

S'il est fatigué, c'est parce qu'il fait des heures supplémentaires. 彼が疲れているのは，残業をするからだよ。

S'il a de l'argent, c'est qu'il a eu la chance d'investir dans les puits de pétrole. 彼にお金があるのは，運よく油井に投資したからなんだ。

同　意：si + 節, la raison en est que + 節

---── 確認問題 ───

次の文の誤りを正しなさい．
A. Comment est-ce que tu le dirais si on prenait l'autoroute ?
高速道路に入るってのはどうだろう？
B. – Comment est-ce que tu penses de cette idée ?
 – Je la pense intéressante mais pas facile à réaliser.
―このアイデアをどう思う？
―面白いと思うけど，実現は容易ではないね．
C. – Que croient tes parents sur ton voyage en Inde ?
 – Ils sont contre.
―君のインド旅行について親はどう考えてるの？
―反対してるよ．

解答：A. Comment est-ce que tu le dirais → Qu'est-ce que tu en dirais cf.4
　　　B. tu penses de → tu trouves（あるいは，Comment est-ce que → Qu'est-ce que），Je la pense → Je la trouve cf.5
　　　C. croient → pensent および sur → de cf.2

1- quel est + 限定詞 + 特定の名詞

– Je suis allé pour la première fois au Portugal en 1963.　　―1963年に，僕は初めてポルトガルに行きました．
– Quelles ont été vos impressions ?　　―印象はいかがでしたか？

Quelles ont été ses réactions lorsque vous lui en avez parlé ?　　あなたがそのことを彼(女)に話した時，彼(女)の反応はどんなでしたか？

特定の名詞：réaction, impression など
使い方：1) 1〜4, comment はこの場合用いられない．
　　　　2) 1〜4, これらの表現では「〜について」の意味で前置詞 sur は用いられない．
比　較：Ils ont réagi comment ?
　　　　Quelles ont été leurs réactions ?
　　　　彼らはどのように反応しましたか？
　　　　彼らの反応はどうでしたか？

2- que　　　　　　+ SN + penser de + SN
　　qu'est-ce que
　　動詞 + ce que + SN + penser de + SN

– Qu'est-ce que tu penses d'Émilie ?　　―エミリーをどう思う？
– Elle n'est pas mal. Elle est vraiment charmante, très cultivée, et elle a un sens musical développé.　　―なかなかだよ．本当に魅力的だし，教養も高いし，それに，音楽的センスもいい．

Tu as vu le dernier film de Kurosawa ? 　黒澤の新しい映画を見たの？　率直に言
Dis-moi franchement ce que tu en penses. 　ってどう思った？

- Que pensez-vous de ce projet ? 　　　　―この計画をどう思いますか？
- Je le trouve farfelu. 　　　　　　　　　―ちょっとおかしいですね。

Je n'imagine pas du tout ce que les Japonais 　日本人がフランス人をどう思っているの
pensent des Français. 　　　　　　　　　か、とても想像できない。

　参　考：(E) what do you think of ... ?

3- qu'est-ce que | tu en penses | si + 節 (半過去)
　　　　　　　　　| vous en pensez |

- Qu'est-ce que tu en penses ? Si on lui 　―君はどう思う？　彼に意見を訊いてみ
  demandait son avis ? 　　　　　　　　　ようか。
- C'est une bonne idée. 　　　　　　　　―それはいい考えだ。

- Si on allait manger à l'italienne, qu'est-ce 　―イタリア料理を食べに行きましょう
  vous en pensez ? 　　　　　　　　　　　か、どうですか？
- D'accord. 　　　　　　　　　　　　　―いいですよ。

- Si on allait se baigner à Zushi, qu'est-ce 　―逗子に泳ぎに行かないか、どうだい？
  que tu en penses ? 　　　　　　　　　　―なかなかいいね。
- Ce n'est pas une mauvaise idée.

4- 動詞 + ce que | + SN + dire + si + 節 (半過去)
　　　　qu'est-ce que |

- Si on l'engageait comme secrétaire, 　―彼女を秘書として雇いましょうか、ど
  qu'est-ce que vous en diriez ? 　　　　　うです？
- Elle ferait bien l'affaire, je crois. 　　　―大丈夫、やってくれると思います。

5- 動詞 + comment + SN + trouver + SN
　　　comment + SN + trouver + SN

- Il est comment ? 　　　　　　　　　　―彼はどんな人？
- En un mot, c'est un garçon très sympathi- 　―一言で言うと、とても感じのいい男の
  que. 　　　　　　　　　　　　　　　　子です。

- Comment trouvez-vous le Premier minis- 　―今の首相をどう思いますか？
  tre actuel ? 　　　　　　　　　　　　　―まあまあですね。
- Comme ci comme ça.

― Comment tes parents trouvent-ils ta fiancée ?
― Ils la trouvent sympathique.
― ご両親は君の婚約者のことをどう思っているの？
― とても感じがいいって。

― Docteur, dites-moi comment vous avez trouvé Sylvie.
― Je l'ai trouvée un peu pâle.
― 先生，シルヴィーはどんなですか？
― ちょっと顔が青白いですね。

Je ne sais pas comment les autres trouvent la famille Legros ; moi, je les trouve tous un peu fous !
他の人がルグロ家の人々をどう思うかわからないが，私はみんなちょっとおかしいと思う。

注 意：trouver とともには，que, ce que, qu'est-ce que は用いられない。
参 考：(E) what do you think of... ? ; how do you find... ?

272 quel / que / comme / ce que / qu'est-ce que / combien（感嘆文）

――― 確認問題 ―――

次の文に誤りがあれば正しなさい。

A. Quelle est grande, leur maison !
　彼らの家は何て大きいのだろう。

B. Comme heureuse je suis de vous revoir !
　また会えて本当にうれしいわ。

C. Qu'est-ce qu'il est gênant, ce garçon !
　何て人騒がせなやつだ，あの少年は！

D. Que de raison vous aviez !
　あなたの言うことはもっともだった。

E. Si tu savais combien je t'aime !
　どんなに愛しているか，君がわかってくれたなら。

解答：A. Quelle est → Qu'elle est cf.5
　　　B. Comme heureuse je suis → Comme je suis heureuse cf.5
　　　C. ○ cf.5　D. Que de raison vous aviez → Que vous aviez raison cf.6　E. ○ cf.9

1- quel ＋ 名詞

Madame Curie, quelle femme !
キュリー夫人は何という女性だろう。

Quels enfants ! Ils font tellement de bruit !
何て子供たちだ。うるさいと言ったらない。

Mon Dieu, quelle ardeur au travail !
いやはや，何という仕事への情熱だろう。

Quelle affaire ! Il a perdu son passeport !	困ったな，彼はパスポートをなくしてしまった．
Antoinette, quel sérieux !	アントワネットは何て真面目なんでしょう．(sérieux は名詞)
Ton père, quelle jeunesse !	君のお父さん，若いねえ！
Quel dommage que tu n'aies pas été là !	君がいなかったのは，実に残念だ．
Quel plaisir de te revoir !	君にまた会えるとは，本当に嬉しい．

使い方：**1〜3**，1) quel は名詞にのみかかり，感嘆文を形成する．
　　　　　2) 動詞が être, devenir, sembler, paraître などの場合，SN + 動詞は普通つけない．
　　　　　　　×Quelle femme elle est !
　　　　　3) 名詞が単数であっても，不定冠詞はつけない．
　　　　　　　Quelle femme !
　　　　　　　×Quelle une femme !

2- quel + │名詞 + 形容詞│
　　　　　│形容詞 + 名詞│

Ton projet, quelle bonne idée !	君の計画は何ていい考えなんだろう！
Quelle curieuse question, Monsieur ... !	とても興味深い質問ですね……
Quel homme gentil !	何て優しい人なんでしょう．
Quel brave homme, ce Monsieur Beauchamp !	あのボーシャン氏は，何てお人好しなんだろう！
Quelles femmes dévouées !	何という献身的な女性たちでしょう．

使い方：名詞と形容詞の語順は，形容詞によって異なることに注意．
注　意：形容詞単独では用いられない．
　　　　Leur fils unique vient de mourir. │Quelle tragédie !
　　　　　　　　　　　　　　　　　　　　│×Quel(le) tragique !
　　　　彼らの一人息子が最近死んだ．なんという悲劇だろう．

3- quel + 名詞 + SN + 動詞

Quels jolis cheveux elle a !	彼女は何てきれいな髪をしているのだろう．
Quelle moue il m'a faite !	彼は何というふくれっ面だ．
Quelle journée nous avons passée ! Tu ne trouves pas ?	何とすごい一日だったことか．そう思わない？

使い方：目的補語であっても，文頭に置かれる．

参　考：(E) what a + 名詞 (単数); what + 名詞 (複数)

4- quel n'est pas + 定冠詞 + 特定の名詞 + de + SN (人) + de + inf.

Quelle n'a pas été notre surprise de le revoir !	彼に再会した時の私たちの驚きと言ったらなかった.
Quelle n'a pas été la stupeur des Meunier d'entendre le policier leur raconter la disparition de leur fille !	娘の失踪の話を警官が話すのを聞いた時の, ムニエ夫妻の呆然とした様子と言ったらなかった.

　　特定の名詞：surprise, stupeur, joie, tristesse など

5- que / comme / ce que (会話) / qu'est-ce que (会話)　+ SN + être + 形容詞

Qu'est-ce que les tomates sont chères !	何てトマトは高いのだろう.
Ces gens-là, qu'ils sont sympathiques !	この人たちは何て感じがいいのだろう.
Comme Nadine est polie !	ナディーヌは何て礼儀正しいのだろう.
Comme tu es peu soigneuse !	何て君は気が利かないんだ.
Ce que c'est gentil à vous de nous fournir cette occasion de voyager à peu de frais !	こんなに安く旅行する機会をいただいて本当にありがとう.
Ce qu'il est peu aimable, ce garçon-là !	何て可愛げがないんだろう, この子は！
Qu'est-ce qu'ils sont intelligents !	彼らは何と頭のよいことか！
Qu'est-ce qu'elle est chic aujourd'hui, j'aimerais lui dire plein de mots gentils.	今日の彼女は何て素敵なんだ. ほめてあげたいなあ.

　　使い方：1) 英語の "How busy I am!" という文は, "Comme / Que je suis occupé !" と訳される. 英語との語順の違いに注意.
　　　　　　2) 動詞 être を省略することはできない.
　　　　　　　　×Comme jolie fille !
　強　調：5〜6, ce que, que, qu'est-ce que を使う時, 助動詞 pouvoir は強調を表す.
　　　　　　Qu'est-ce qu'il peut être intelligent !
　　　　　　　何て彼は頭がいいのだろう.
　参　考：5〜6, (E) how

比 較：1)
- Qu' elle est grande, leur maison !
- Comme
- Que leur maison est grande !
- Comme
- ×Quelle grande leur maison est !
- ×Comme
- ×Comment
- ×Quelle est grande, leur maison !

  彼らの家は何て大きいのだろう．

2)
- Qu'elle est gentille, ton amie !
- ×Quelle est gentille, ton amie !

  君の彼女は，何て優しいのだろう．

6- que / comme / ce que (会話) / qu'est-ce que (会話) + 節

Hum ! Que ça sent bon !	うーん，何ていい匂い！
Que ça fait longtemps qu'on ne s'est pas vus !	どれほど長いこと会わなかったことか．
Qu'il fait mauvais ces jours-ci !	このところ何て天気が悪いんだろう．
Ce que ces artistes font de beaux tableaux !	この画家たちは何て美しい絵を描くのでしょう．
Ce qu'on peut se donner du mal pour réussir !	成功するためには何と苦労することか．
Comme tu as mis du temps !	随分時間がかかったね．
Comme il y a du monde !	何てたくさんの人だろう．

使い方：que は il y ではじまる文には用いられない．

7- c'est + 特定の形容詞 + ce que + 節（会話）

C'est fou ce que les gens sont distraits !	この人たちときたら本当にぼんやりしているんだから．
C'est incroyable ce qu'il a perdu d'argent au casino !	彼がカジノで負けた額といったら，そりゃ信じ難い額だよ．
C'est extraordinaire tout ce qu'une fourmi peut faire !	蟻が，これだけのことができるとは！

特定の形容詞：fou, incroyable, extraordinaire, génial など

8- | ce que / qu'est-ce que | + SN + 動詞 + comme + 名詞

Qu'est-ce qu'ils gaspillent comme argent ! 彼らは何と無駄使いすることか．
Qu'est-ce qu'il raconte comme histoires ! 彼は何てたくさん話をするんだろう．
Ce qu'il y avait comme monde ! 何と人がたくさんいたことか．

9- (節 +) | comme / combien | + 節

Si vous saviez comme il est embêtant ! 彼がどんなに困ったやつか，あなたがご存じだったら．

On ne peut jamais dire combien notre vision du monde change avec les années. 年月と共に，私たちの世界観がどれほど変わるか，わからないものだ．

Combien ça a été dur pour moi, je ne peux même pas l'exprimer par des mots. そのことで私がどれほど辛い思いをしたか，とても言葉では言い表せません．

参 考：(E) how

10- | combien de / que de | + 名詞

Combien de fois je le lui ai répété ! Et il ne m'a pas écouté ! 彼に何度同じことを言ったことか！でも耳を貸さなかったんだ．

Que de gens ne savent pas quoi faire le dimanche ! 日曜日に何をしたらよいかわからない人が何と多いことか！

Que d'argent ces jeunes dépensent pour les voyages ! あの若者たちは旅行に何てたくさん金を使うんだろう！

273　quel est / ce que / qu'est-ce que c'est / qu'est-ce que / ce que c'est que / ce qu'est

― 確認問題 ―

次の文の誤りを正しなさい．
A. Je me demande ce qu'est la meilleure façon de résoudre ce problème.
この問題を解くのに最もいい方法は何だろうと私は考えてしまう．

B. Elle ne savait pas du tout ce qu'on lui donnerait un cadeau.
彼女はどんなプレゼントをもらえるのか全然わからなかった．

C. C'est bien ce qu'était il pensait.
それがまさに彼の考えていたことですよ．

解答：A. ce qu'est → quelle est cf.1　B. ce qu'on lui donnerait un cadeau → quel serait le cadeau qu'on lui donnerait あるいは quel cadeau on lui donnerait cf.1,3
C. ce qu'était il → ce qu'il cf.3

1- 動詞 + **quel est** + SN

J'aimerais savoir quel est leur numéro de téléphone.
彼らの電話番号が何番か知りたいのですが．

Est-ce que vous lui avez indiqué quelles seraient les conditions à remplir ?
どんな条件を満たせばよいか彼(女)に教えましたか？

- Je voudrais bien savoir quelle est sa nationalité.
- Pakistanais.
―彼の国籍を知りたいのですが．
―彼はパキスタン人だよ．

比　較：Quel est son passe-temps favori ?
　　　　Je ne sais pas quel est son passe-temps favori.
　　　　彼(女)の趣味は何ですか？
　　　　彼(女)の趣味は何なのか知りません．

2- 動詞 + **quelle heure il est**

Sais-tu quelle heure il est, Jean-Claude ?
今何時かわかる，ジャン＝クロード？

3- **ce que** + SN + 動詞

Ce que Philippe a dit a l'air intéressant.
フィリップが言ったことはおもしろそうだね．

C'est bien ce que je croyais.
それはまさに私が思っていたことなんです．

"L'argent ne fait pas le bonheur", c'est ce que mon père m'a toujours dit.
「お金で幸福にはなれない」とは，私の父がいつも言っていたことです．

Yoya dit tout haut ce que les autres pensent tout bas.
陽哉は，他の人たちが心の中で考えていることを声高に言う．

Tu pourrais me dire ce que le mot "sabi" veut dire ?
「さび」という言葉の意味を教えてくれるかなあ．

On ne sait jamais ce que l'avenir nous réserve. 　未来にどんなことがあるのかなんて，決してわからない．

La serveuse a attendu quelques minutes avant de venir nous demander ce que nous voulions boire. 　ウエイトレスは何分か待って，私たちが何を飲むかを聞きに来た．

使い方：間接疑問の文で．
説　明：直接疑問の qu'est-ce que あるいは que に相当する．
比　較：Il est trop jeune, il ne sait pas ce | qu'est la vie.
　　　　　　　　　　　　　　　　　　　　　　| ×que la vie est.
　　　　　　　　　　　　　　　　　　　　　　| que la vie lui réserve.

彼は若すぎるので， | 人生の何たるかを　　　　　| 知らない．
　　　　　　　　　 | 人生，何が起こるものかを |

4- 動詞 + ce qu'est + SN

Dites-nous ce qu'est le chauvinisme. 　盲目的愛国心とは何か教えて下さい．

Tu peux m'expliquer ce qu'est un geste gratuit ? 　無償の行為とは何か説明してくれない？

比　較：Le giri-ninjo, qu'est-ce que c'est ?
　　　　Qu'est-ce que c'est, le giri-ninjo ?
　　　　Qu'est-ce que c'est que le giri-ninjo ? (強調)
　　　　Dis-moi | ce qu'est　　　　　| le giri-ninjo.
　　　　　　　　| ce que c'est que |

義理人情って何？

5- savoir ce | que c'est que | + SN
　　　　　　　 | qu'est　　　　 |

Au Japon, tout le monde sait ce que c'est que le pachinko. 　日本では，パチンコが何か，誰でも知っている．

Le karaoke se répand dans le monde entier. Tous les habitants des pays développés savent ce que c'est. 　カラオケが世界中に広まっている．先進国の人々は皆，それが何であるか知っている．

参　考：(E) **5〜6**, know what it is

6- SN, SN + savoir ce que c'est

L'Internet, vous savez ce que c'est ? 　インターネットって何かご存じですか？

Quand on habite à l'étranger, on voit beaucoup de choses et, dans bien des cas, on ne sait pas ce que c'est.

外国に住むと、多くの物を目にするが、たいていの場合、それらが何かわからないものだ。

274 quelqu'un

> **確認問題**
>
> 正しい文を選びなさい。
> A. Marie, c'est quelqu'un sympathique.
> B. Marie, c'est quelqu'un de sympathique.
> C. Marie, c'est quelqu'une de sympathique.
>
> 解答：B.

Il cherche quelqu'un de compétent comme secrétaire.

彼は誰か秘書として有能な人を探している。

使い方：quelqu'un は代名詞。女性を指す場合でも無変化で、quelqu'une とは言わない。また、形容詞を付す場合は、quelqu'un de + 形容詞（男性単数）とする。

慣 用：Elle se croit quelqu'un.
彼女は自分を偉い人間だと思っている。

275 poser + 限定詞 + question / questionner / interroger / demander

> **確認問題**
>
> 次の文に誤りがあれば正しなさい。
> A. Ne demandez pas de questions impertinentes.
>   無礼な質問はしないで下さい。
> B. Il a fallu questionner le chemin trois fois.
>   三回も道を尋ねなければならなかったんです。
> C. Quelle coïncidence ! Je m'interrogeais la même question.
>   何という偶然でしょう！私も同じ問題を考えていました。
>
> 解答：A. demandez → posez cf.1 B. questionner → demander cf.8
>   C. m'interrogeais → me posais cf.3

1- SN (人) + poser + 限定詞 + question [+ à + SN (人)]

Vous avez des questions à poser ?   質問がありますか？

C'est un enfant intelligent, il n'arrête pas de poser des questions.	この子は頭のよい子だ。ひっきりなしに質問をしている。
Il m'a posé plusieurs questions auxquelles je n'ai [pas] pu répondre.	彼は私にいくつか質問をしたが、私はそれらに答えられなかった。
Si tu ne comprends pas mon explication, n'hésite pas à me poser des questions.	もし君が私の説明が解らなければ、ためらわずに質問して下さい。

注意：demander + 限定詞 + question は用いない。questionner は意味が異なる。
参考：1〜6, (E) ask [+ 限定詞 + question]

2- SN (人) + poser + 限定詞 + question à + SN (人) + sur + SN / à propos / au sujet de + SN

Quand j'étais au Portugal, plusieurs personnes m'ont posé des questions sur le Japon.	私がポルトガルにいた時、何人もの人から日本について質問されました。
- Madame, j'aurais une question à vous poser... - C'est à quel sujet ?	―マダム、お訊きしたいことがあるのですが……。 ―どのようなことでしょうか。
Ils m'ont posé beaucoup de questions au sujet de Tama-la-Neuve.	彼らは多摩ニュータウンについて、私に多くの質問をしました。
Si vous n'avez pas de questions à poser à propos de ce poème, on va passer à un autre.	この詩について質問がないのなら、次の詩に移りましょう。

3- SN (人) + se poser + 限定詞 + question

Très jeunes, les enfants commencent à se poser des questions.	子供たちは、とても小さい頃に自問しはじめる。
Kenji Miyazawa s'est souvent posé cette question dans ses romans.	宮沢賢治は、自分の小説の中で、しばしばこの問題を問うた。
Son livre ne répond pas aux questions que je me pose.	彼の本は、私が問うていることに答えてくれていない。
On ne peut pas vivre sans se poser la question de savoir si le bonheur est possible ou non.	幸福は可能か否かという問題を自らに問わずして、人は生きることができない。

4- SN (物) + faire se poser + 限定詞 + question à + SN (人)

La lecture des "Frères Karamazov" nous fait nous poser des questions. 『カラマーゾフの兄弟』を読むと、人はさまざまなことを考えさせられる。

5- SN (人) + | questionner / interroger | + SN (人) [+ sur + SN]

La police a longuement questionné le suspect sur ses allées et venues. 警察は容疑者に行動や行き来について長時間質問した。

Sur quoi est-ce que le professeur vous a questionnés ? 何に関して先生は君たちに質問したのですか？

Arrête de le questionner toujours comme ça ! 彼をいつもそんな風に問いつめるのはやめなさい。

La police a interrogé plusieurs témoins mais sans succès. 警察は何人も証人を尋問したが、何の成果も得られなかった。

使い方：裁判や試験の質問に用いる。
参　考：(E) question

6- SN (人) + interroger + SN (人) [+ sur + SN]

1) Au prochain test, je vais vous interroger sur la conjugaison des verbes. 次のテストでは動詞の活用についての問題を出します。

2) Comme il y avait trois Françoise dans ma classe, on ne savait jamais laquelle le professeur voulait interroger. 私のクラスには3人フランソワーズがいたので、先生が3人のうちの誰に質問したいのか、いつもわからなかった。

使い方：6～7，学校の授業中の練習に関して。

7- SN (人) + être interrogé

À l'examen oral, j'ai eu de la chance : j'ai été interrogé sur Rimbaud que je connais bien. 口頭試験では運がよかった。僕はよく知っているランボーについて訊かれたんだ。

8- demander + SN

Il m'a demandé mon nom et mon adresse. 彼は私の名前と住所を尋ねた。
Je pourrais vous demander un conseil ? あなたの助言をいただきたいのですが。
Demande la route à un passant. 通りがかりの人に道を尋ねなさい。

使い方：単独（目的語なし）では用いない。

Quand Pierre te | ×demandera,
　　　　　　　　| le demandera,
　　　　　　　　| posera une question, | fais comme si tu ne savais
　　　　　　　　　　　　　　　　　　　　　　　　　　　　　　　　　　rien.

ピエールが君に尋ねたら、何も知らないかのように振る舞いなさい．

比　較：1) - Monsieur, j'ai | une question à vous poser.
　　　　　　　　　　　　　　| quelque chose à vous demander.
　　　　　　　- Bien, de quoi s'agit-il ?

　　　―質問があるのですが．
　　　―よろしい，どんなことですか？

　　　2) Quand on m'a | ×demandé
　　　　　　　　　　　　| posé des questions | sur l'accident, j'ai répondu
que je ne savais rien.

その事故について質問された時，私は何も知らないと答えた．

9- demander ＋ 疑問詞 ＋ 節

L'homme nous a demandé si nous connaissions un hôtel près d'ici. 　　その男は，近くにホテルを知っているかと私たちに尋ねた．

Il y a un visiteur qui demande quand le patron va rentrer. 　　社長がいつ戻るのかを尋ねるお客様がいらっしゃいます．

Le livreur demande où il faut déposer les colis. 　　配達業者が，どこに荷物を置けばよいか尋ねています．

比　較：1) | Si l'on me demande si la vie est longue ou courte,
　　　　　 | Si l'on me pose la question suivante : "La vie est-elle longue ou courte ?",
je réponds sans hésiter "courte".

もし，人生は長いか短いかと尋ねられたら，私は迷わずに「短い」と答えます．

　　　2) Quand Pierre te | demandera ce qui s'est passé,
　　　　　　　　　　　　　| posera une question sur ce qui s'est passé,
fais comme si tu ne savais rien.

もしピエールが君に何が起きたか訊ねたら，何も知らないふりをしなさい．

276　qui（強調構文）

――― 確認問題 ―――

次の文の qui に続く（　）内の動詞を指示に従って活用しなさい．

A. Pourquoi c'est toujours moi qui (se faire) gronder ?（現在形）
　　どうしていつも叱られるのは僕なの？

B. C'est vous qui (oublier) ce parapluie ?（複合過去）

この傘を忘れたのはあなたですか？

解答：A. me fais　B. avez oublié

Monsieur, c'est moi qui l'ai cassé. あの……, それを壊したのは私です.

Nous qui sommes nés avant la guerre n'avons pas tellement connu ce genre de musique. 戦前生まれの我々は, その種の音楽はよく知らなかった.

- Personne d'entre eux ne parle russe.
- Sans doute, mais il y en a qui parlent très bien l'espagnol.

―彼らのうちの誰も, ロシア語ができない.
―おそらくね. でもスペイン語をとてもうまく話す人はいます.

C'est toi qui vas commencer et moi qui vais continuer. 君が始めて, 僕があとを続けよう.

Ce sont eux qui ont tout organisé. すべてを企画したのは彼らですよ.

使い方：関係代名詞の qui に続く動詞は, 強調される主語［先行詞］の人称と一致させる.
説　明：C'est～qui ＋ 動詞は強調構文で, 主語を強調する場合に用いられる.

277　qu'il（非人称）/ qui

確認問題

次の文の誤りを正しなさい.
A. C'est une nouvelle qui est défendu de répandre.
　これは広めてはいけないニュースだよ.
B.- Qu'est-ce qu'il manque ?
　- Les bols à café ...
　―何が足りないの？
　―コーヒー用の大カップなんだけど……

解答：A. qui → qu'il cf.2　B. qu'il → qui cf.3

1- qu'il ＋ 特定の動詞

À mon avis, ce n'est pas le mari qu'il lui faut. 私の意見では, 彼女に必要なのは旦那さんではないと思う.

Prenons tout le temps qu'il faut. ゆっくり時間をかけましょう.

Ce qu'il lui faudrait, c'est une bonne leçon. 彼に必要なのはよい教訓です.

– Qu'est-ce qu'il vaut mieux leur dire ? ―彼らに何と言ったらよいでしょう。
– Hum ... Attendons encore un peu. ―うーん，もう少し待ってみましょう。

Personne n'a su ce qu'il était advenu de ces malheureux. あの不幸な人々の身の上に何が起こったのか，誰も知らなかった。

On sent toutefois que ses motifs ne sont pas aussi évidents qu'il n'y parait. いずれにせよ，彼(女)の動機は見てわかるほど明白じゃないと皆感じている。

　特定の動詞：falloir, y avoir, advenir, [y] paraître など
　比　較：1) – Qu'est-ce qu'il y a ?
　　　　　　– Il a l'air d'y avoir eu un accident au coin de la rue.
　　　　　　―どうしたの？
　　　　　　―そこの角のところで事故があったようなんだ。
　　　　2) – Qu'est-ce ｜×qu'il t'arrive ?
　　　　　　　　　　　 ｜que tu as ?
　　　　　　　　　　　 ｜qu'il y a ?
　　　　　　– Rien de particulier.
　　　　　　―｜君，どうしたの｜？
　　　　　　　｜どうしたの　　｜
　　　　　　―別段何も。

2- qu'il + 特定の動詞 + de + inf.

C'est ce qu'il convient de faire dans un cas pareil. こうした場合には，こうしなければならない。

En partant, il ne m'a pas parlé des précautions qu'il serait nécessaire de prendre. 彼は出かける時に，いざという時に必要な手立てについて何も言っていかなかった。

　特定の動詞：convenir, importer, être défendu, être permis, être + 形容詞など

3- qui + 特定の動詞 (非人称動詞)

– Qui est-ce qui manque ? ―誰がいないの？
– Personne, tout le monde est là. ―いや，みんないます。

Ce n'est qu'en arrivant à Hiroshima que j'ai appris les détails sur ce qui était arrivé. 広島にやって来て初めて私は，そこで起きたことを私は詳しく知ったのです。

– Qu'est-ce qui se passe ? ―どうしたの？
– Pierre fait encore des caprices. ―ピエールがまたダダをこねているんだ。

Du calme, c'est ce qui importe avant tout. 落ち着くことこそ，何よりも大切なことです。

Il faut savoir ce qui s'est produit avant le décollage de l'avion. 飛行機の離陸の前に何が起こったかを知らなければならない。

特定の動詞：manquer, arriver, se passer, importer, se produire など
比　較：
1) Qu'est-ce | qui est arrivé ? | Raconte.
　　　　　　| ×qu'il t'est arrivé ? |
　　　　　　| qui t'est arrivé ? |
　　　　　　| ×qu'il est arrivé ? |

どうしたの？ 話しなさい．

2) Qu'est-ce qui lui est arrivé ? Un nouveau malheur ?
　 Qu'est-ce qui m'arrive ? J'ai encore oublié mon étui à lunettes.

彼に何かあったの？ また悪いこと？
私はどうかしてる．またメガネケースを忘れた．

3) Que se passe-t-il ?
　 Qu'est-ce qui se passe ?
　 ×Qu'est-ce qu'il se passe ?
　 Dis-moi ce qui se passe.

どうしたの？

4- ce qui est + 形容詞, c'est ...

Ce qui est important, c'est de respecter l'opinion des autres.　　大事なのは，他の人たちの意見を尊重することだよ．

Il n'est pas conscient de ses erreurs, c'est ce qui est grave chez lui.　　彼は自分の間違いに気付いていないんだ．それが彼にとっては問題なんだよ．

Ce qui est admirable chez Pauline, c'est son ouverture aux autres.　　ポリーヌのすばらしいところは，他人に対してオープンな点だ．

5- ce qu'il + 特定の動詞, c'est + SN
　　　　　　　　　　　　　　c'est que + 節

Ce qu'il lui faudrait, c'est un laxatif.　　彼(女)に必要なのは下剤です．

Ce qu'il y a, c'est qu'il n'a jamais appris à lire les caractères chinois.　　問題はね，彼が漢字の読みを一度も習ったことがないことだ．

特定の動詞：y avoir, falloir など

278　de quoi + inf.

---- 確認問題 ----

次の文の誤りを正しなさい．
A. Je te prêterai quoi à aller chez le garagiste.

修理工場に行くお金は貸してあげるよ.

B. Vous auriez de quoi pour écrire ?
何か書く物をお持ちでしょうか.

解答：A. quoi à → de quoi cf.1　B. de quoi pour écrire → de quoi écrire cf.1

1- de quoi + inf.

Nous avons eu de quoi manger pendant cinq jours.	私たちには5日間食べるだけのものはありました.
Ils ont de quoi nourrir toute une armée. Il n'y a pas à s'inquiéter.	彼らには非常に多くの人々を養っていけるだけのものがある. ご心配なく.
Les Lévêque n'ont plus de quoi vivre.	レヴェク家にはもう生活の糧がない.
Les gens étaient reconnaissants au président Mao de leur avoir procuré de quoi se loger et se nourrir.	住むところと食べるものを自分たちに与えてくれた毛主席に人々は感謝していた.
Jules, tu aurais de quoi écrire ? J'ai oublié mon stylo à la maison.	ジュール,何か書く物持ってる？ 万年筆を家に忘れてきちゃったんだ.

2- il y a de quoi + 特定の動詞の inf.

Nous avons tout perdu dans ce tremblement de terre. Il y avait de quoi pleurer.	あの地震で私たちはすべてを失いました. 泣くのも無理はなかったのです.
- Elle a remporté le championnat de golf. - Il n'y a pas de quoi s'étonner. Elle a de l'étoffe.	―彼女はゴルフの選手権を勝ち取った. ―驚くことはないよ. 彼女には素質があるよ.
La situation est alarmante. Il n'y a pas de quoi rire.	憂慮すべき事態だ. 笑いごとじゃないんだよ.

特定の動詞 : rire, pleurer, s'étonner, être surpris, se fâcher など
強　調 : il y a là de quoi + inf.

279　avoir raison / être juste / être correct / être exact

―― 確認問題 ――

次の文の誤りを正しなさい.

A. Ce que vous dites n'a pas raison.
あなたのおっしゃることは正しくないですよ.

B. L'idée exprimée par ce proverbe est exact.

279 avoir raison / être juste / être correct / être exact

> この諺の言うところは正しい.
>
> C. Suis-je correct de penser que ce n'était qu'une vantardise de sa part ?
> それは彼の自慢話にすぎなかったと考えても良いものでしょうか？
>
> 解答：A. n'a pas raison → n'est pas juste/correct cf.6
> B. exact → correcte あるいは juste cf.6   C. Suis-je correct → Ai-je raison cf.2

1- SN (人) + avoir raison

Tu avais raison, il n'existe pas de lys bleus. J'ai vérifié la chose auprès d'un spécialiste.
君の言ったとおりだった. 青い百合はないね. 専門家に確かめたんだ.

Les Roubain sont exigeants avec leurs enfants et ils ont tout à fait raison.
ルーバン家では子供たちに多くを望むが, それは全くもっともなことだ.

- Ma sœur pense qu'elle a un bon jugement parce qu'elle me donne toujours de bons conseils.
- Elle a parfaitement raison.
—私の姉は自分には判断力があると思っているのだ. いつも僕によいアドバイスをしてくれるから.
—彼女が言うのは全く正しいよ.

Pendant la Semaine d'or, beaucoup de gens évitent d'aller dans les endroits touristiques: ils ont bien raison.
ゴールデンウィーク中は観光地に出かけるのを控える人が多い. もっともである.

使い方：**1～2**, 主語は人のみ.
強　調：**1～2**, avoir bien raison, avoir tout à fait raison
反　意：**1～2**, SN (人) + avoir tort [de + inf.]
参　考：(E) SN (人) + be right

2- SN (人) + avoir raison de + inf.

Les ouvriers ont eu raison de se plaindre, il me semble. Leurs conditions de travail étaient vraiment déplorables.
労働者たちが不平を言うのももっともだったと思う. 労働条件は本当にひどいものだったからだ.

Il a eu bien raison de ne pas aller à la conférence : elle était ennuyeuse et je n'ai rien appris.
彼が講演会に行かなかったのは正解だった. 退屈だったし, 私には得るものがなかったから.

Il a eu raison de renoncer à faire des études de médecine; il serait devenu un mauvais médecin.
あいつが医学を断念したのは正しかったよ. ひどい医者になったと思うよ.

参　考：(E) SN (人) + be right | in + 動名詞
　　　　　　　　　　　　　　　 | to + inf.

3- SN (人) + être + juste
###　　　　　　動詞

Tu as donné deux points à l'équipe de Marcel, je trouve que tu n'as pas été juste. 　君はマルセルのチームに2点与えたけれど, 不公平だったと思うな.

En donnant une part égale de ses biens à chacun de ses enfants, il s'est montré juste. 　彼は子供たちに財産を均等に与えることで, 公正さを示した.

　反　意：**3～4**, injuste

4- SN (物) + être + juste
###　　　　　　動詞

Un tel impôt serait juste parce qu'il éliminerait la misère. 　そのような税金なら公正でしょうね. 貧困をなくすでしょうから.

Sa condamnation à perpétuité est apparue juste à beaucoup. 　彼(女)への終身刑宣告は, 多くの人々にとって正しいと思われた.

Le jugement qui a été porté est juste, je n'ai aucun doute là-dessus. 　出されたその判決は正しいよ. 僕はその点に関して何の疑いも持っていない.

5- ce n'est pas juste de + inf.

Ce n'est pas juste de blâmer l'aîné d'un groupe d'enfants pour les bêtises du plus jeune. 　子供たちの一団のうち一番小さい子の不始末を理由に, 一番大きい子を責めるのは正しくない.

　参　考：(E) it's not fair to + inf.

6- 限定詞 + 特定の名詞 + être | juste
###　　　　　　　　　　　　　　　correct

"Qui veut faire l'ange fait la bête." Comme cette idée de Pascal est juste ! 　「高い理想を求めるあまり非人間的なことをしでかすことがある.」パスカルのこの考えは何と正しいことか.

Je ne suis pas d'accord avec vous sur ce point. Mais ce que vous dites est juste dans l'ensemble. 　この点ではあなたの意見には賛成できません. でもおっしゃることはおおむねごもっともです.

Votre raisonnement est correct, mais il faudrait le reformuler autrement. 　あなたの言っていることは正しいが, 言い方を変えたほうがいいでしょう.

Si cette thèse est juste, on devrait pouvoir la vérifier. 　この説が正しいのなら, 立証できるはずだろう.

Cette traduction n'est pas correcte, me semble-t-il.　　この訳は正しくないようだ.

Ce portrait de la "bonne mère" américaine ne me paraît pas juste.　　アメリカ人の「良き母」のこの紹介は、正しくないと思いますよ.

Votre réponse est juste, me semble-t-il, mais elle manque de nuances.　　あなたの答えは正解のようにも思われますが, 微妙に何か足りません.

Est-ce que cette adresse est correcte ?　　この住所は正確ですか ?

> 特定の名詞：idée, raisonnement, solution, approche, opinion, conclusion, développement, thèse, portrait, analyse, hypothèse, point de vue, réponse, adresse, référence, numéro [de téléphone], statistiques, ce que + SN + dire など
> 使い方：この場合, juste, correct には, 意味の違いはない.
> 反　意：限定詞 + 特定の名詞 + être faux

7- 限定詞 + 特定の名詞 + **être exact**

Le montant des dépenses est exact.　　出費の合計は正確です.

La date que tu supposes de leur mariage est exacte, mais tu te trompes d'heure.　　君の言っている彼らの結婚式の日取りは正しいけど, 時間が違うよ.

Cette somme est exacte, à quelques centimes près.　　何サンチームかの誤差は別にして, この合計は正しい.

Sa description des lieux est exacte.　　場所についての彼(女)の説明は正しい.

Les renseignements qu'il vous a fournis sont exacts.　　彼があなたに与えた情報は正確だ.

Cet accident ne s'est pas passé comme ça; la description que le journal en a faite n'est pas exacte.　　この事件の経緯はそうではなかった. 新聞の説明は正しくない.

> 特定の名詞：7～8, date, heure, montant, description, renseignement など
> 慣　用：Émile n'a qu'un seul défaut : il n'est pas exact à ses rendez-vous.
> エミールにはただひとつ欠点がある. それは約束の時間に来ないことだ.

8- 限定詞 + 特定の名詞 + **exact**

Tu connais l'heure exacte du rassemblement ?　　正確な集合時間を知ってる ?

Vous pourriez me dire la date exacte de la mort de Napoléon ?　　ナポレオンの死んだ日を正確に言っていただけますか ?

9- c'est exact（会話）

- Senno Rikyu a été le premier à faire la cérémonie du thé.
- Historiquement, c'est exact.

―千利休は、茶道の創始者です。
―歴史的に見れば、そのとおりです。

- Vous avez vécu plusieurs années aux États-Unis, je crois ?
- C'est exact, vous êtes bien renseigné.

―アメリカで何年も暮したんでしょう？
―そのとおりです。よくご存知ですね。

注 意：c'est correct, c'est juste は、c'est exact（そのとおりです）の意味では用いられない。

同 意：c'est vrai（会話）

比 較：
- Malgré tout, Yoshida Shoïn n'a pas réussi à aller à l'étranger.
- Oui, c'est exact.
- Mais c'était un grand homme.
- Vous avez raison.

―いろいろあったが結局、吉田松陰は海外に行くことができませんでした。
―はい、そのとおりです。
―でも、偉大な人物でした。
―そのとおりです。

280　raison pour laquelle / pour + 限定詞 + raison / pour quel motif / pourquoi / voilà pourquoi

―― 確認問題 ――

次の文の誤りを正しなさい。

A. Les voisins font trop de bruit, surtout celui qui habite au troisième. Voilà, c'est la raison qu'il s'est plaint.

隣り近所、特に四階の人がとてもうるさいそうだ。そういうわけで彼は不満をもらした。

B. Connais-tu pour quelle raison il est absent ?

どうして彼が休んでいるか知ってる？

C. Pour quelle raison refuser une telle invitation ?

どうしてそのような招待を断わるのですか。

解答：A. c'est la raison que → c'est la raison pour laquelle cf.2
B. quelle raison → la raison pour laquelle あるいは Connais → Sais cf.1
C. Pour quelle raison → Pourquoi cf.7

1- 定冠詞 + raison pour laquelle + 節（あらたまって）

Quelle est la raison pour laquelle les pompiers sont arrivés en retard ?　　消防車が遅れた原因は何ですか。

Je cherche la raison pour laquelle elle a changé de coiffure.　　彼女が髪型を変えた理由を考えている。

Donnez les raisons pour lesquelles la religion de Kobo Daïshi s'est répandue dans le Shikoku.　　弘法大師の教えが四国に広まった理由を挙げなさい。

2- | c'est | + | pourquoi | + 節
　　　 | voilà | | la raison pour laquelle |
　　　 | c'est | pour cette raison que |
　　　 | | pour ça que (会話) |
　　　 | cela explique pourquoi |

- Il n'a pas de réveil.
- C'est pourquoi il arrive toujours en retard !
　　―彼は目覚ましを持っていないんだよ。
　　―だからいつも遅刻するんだ。

Le gouvernement a proposé de maintenir le riz au même prix que l'an dernier. C'est la raison pour laquelle les fermiers sont mécontents.　　政府は米価を昨年の水準に抑えると提案した。それだから農民たちは不満なのだ。

注意：c'est la raison que, c'est la raison pour que, voilà la raison que, c'est la raison pourquoi, c'est la cause que という表現はフランス語にはない。

強調：| c'est | + | l'unique raison | pour laquelle + 節
　　　 | voilà | | la seule raison |
　　　 | | | la raison principale |

参考：(E) that's why... ; that's the reason why...

3- 数形容詞 + raison pour laquelle + 節

Il y a trois raisons pour lesquelles mes parents m'ont donné ce prénom.　　両親が私にこの名前を付けたことには、三つの理由があります。

4- | la raison pour laquelle | + 節
　　　| le motif pour lequel |

On ne connaît pas les motifs pour lesquels il aurait voulu se suicider.　　彼が自殺しようとした動機はわかっていません。

5- c'est une des raisons pour lesquelles + 節

La vitesse d'acquisition d'une langue étrangère varie avec l'âge. C'est une des raisons pour lesquelles le conseil des professeurs a proposé des réformes.
外国語を習得する速度は年齢によってさまざまである。教授会が改革を提案した理由の一つはこのことである。

C'est une des raisons pour lesquelles il a préféré ne pas signer la pétition.
それが彼が請願書に署名しなかった理由の一つです。

6- | pourquoi | + 節
| pour quelle raison |
| pour quel motif |

Pourquoi tu reviens si tard, chéri ?
ねえあなた、どうしてそんなに遅いの。

Papa, pourquoi est-ce que le ciel est toujours bleu ?
お父さん、どうしていつも空は青いの？

Je ne sais pas pourquoi il a voulu se dépêcher.
どうして彼が焦っていたのかわからない。

Pour quel motif ton père t'a-t-il grondé ?
何が理由でお父さんは君をしかったの。

Je ne vois pas bien pourquoi il n'irait pas lui-même.
どうして彼が自分で行かないのかよくわからない。

Personne ne sait pourquoi il a été refusé à l'oral de l'examen.
どうして彼が口頭試験ではじかれたのか誰もわからない。

比較 : Sais-tu | pourquoi | il est absent ?
              | pour quelle raison |
      Connais-tu | la raison pour laquelle | il est absent ?
                 | ×pour quelle raison |
                 | ×pourquoi |
どうして彼が休んでいるのか知ってる？

Personne ne | sait pourquoi | il n'y a pas
            | connaît la raison | pour laquelle
            | | ×pourquoi
d'œillets bleus sur la terre.
どうして青いカーネーションがないのか誰も分からない。

7- Pourquoi + inf. (反語的に)

Pourquoi nous dépêcher ? Nous avons tout le temps qu'il faut.
どうして急ぐの？十分時間があるんだよ。

Pourquoi obliger les femmes à faire le service militaire ? 　何故女性たちを徴兵しなければならないんだ？

注　意：pour quelle raison はこの場合用いられない．
同　意：ce n'est pas la peine de + inf.

281　rapide / tôt / vite

――― 確認問題 ―――

次の文の（　）の中から最も適切な語を選びなさい．
A. C'est la façon la plus (rapide/tôt/vite) et la plus facile de maigrir.
　これが最も速く，かつ簡単にやせる方法です．
B. Ma tante fait tout très (rapide/tôt/vite).
　私の伯母は何でも手早くやる．

　　　　　　　　　　　　　解答：A. rapide cf.1　B. vite cf.3

1- rapide

L'avion est beaucoup plus rapide que le train mais le trajet, de chez soi à l'aéroport, n'est, en général, pas rapide. 　飛行機は汽車よりはるかに速いけれども，自宅から空港までの道のりは概して時間がかかるものだ．

D'un geste rapide, il lui a flanqué une gifle. 　素早い動作で，彼はその人に平手打ちを食わせた．

Serge a eu une convalescence rapide. 　セルジュは，病気から早く回復した．

Ce cheval semble rapide. 　この馬は足が速そうだ．

Les étoiles filantes paraissent rapides, mais le sont-elles en réalité ? 　流れ星は速く動くように見えるが，実際速いのだろうか．

使い方：rapide は形容詞
反　意：lent
参　考：(E) fast

2- 動詞 + tôt

Chez moi, on dîne tôt, vers [les] 18 h. 　私の家では夕方6時頃，早目に夕食をとる．

Allons-y tôt pour ne pas manquer le début. 　最初を見逃さないように早目にそこへ行きましょう．

Une langue étrangère devrait s'apprendre tôt.	外国語は早期から習得するのが望ましい.
Qui d'entre nous se mariera le plus tôt ?	私達のうちで誰が一番早く結婚するだろうか.

使い方：**2～3**, tôt と vite は副詞.
説　明：通常そうであるとみなされる時よりも，時間的に前であることを意味する.
反　意：tard
参　考：(E) early

3- vite

1) 動詞 + vite

Avec un four à micro-ondes, le dîner peut être prêt très vite.	電子レンジを使うと，夕食が非常に短時間で用意できる.
À ce train-là, on n'arrivera pas vite.	その調子では着くのが遅くなるよ.
Mon petit frère mange si vite qu'on a peur qu'il soit malade.	私の弟はとても速く食べるので，病気にならないかと心配だ.
Viens vite, vite, la séance va commencer.	早くおいでよ. 早く. 次の回が始まるよ.
En général, les enfants apprennent et comprennent très vite.	一般に子供は習得し理解するのがとても早い.

同　意：1)～2), rapidement
反　意：1)～2), lentement
参　考：(E) quickly, fast
比　較：| Lève-toi vite.
　　　　 | Je voudrais me lever tôt, demain.
　　　　 | さっさと起きなさい.
　　　　 | 私は明日早く起きたいと思っています.

2) finir vite

Aujourd'hui, la réunion a fini très vite.	今日，会はとても早く終わった.
Jeanine finit toujours ses devoirs très vite.	ジャニーヌはいつも宿題をとても手早く終える.
Ce matin, la messe n'a duré que trente minutes; elle a fini très vite.	今朝ミサは30分しかかからなかった. とても早く終わった.
Quand elles détestent un travail, certaines personnes le finissent très vite pour s'en débarrasser.	嫌な仕事の時，厄介払いしようと，仕事をさっさと片付けてしまう人がいる.

参　考：(E) end up fast
比　較：Aujourd'hui, exceptionnellement, le cours a | vite | fini.
　　　　　　　　　　　　　　　　　　　　　　　　　| tôt |

今日はいつになく授業が | あっという間に | 終わった。
　　　　　　　　　　　 | 早い時間に |

282 récemment / dernièrement / ces jours-ci / ces temps-ci / ces derniers temps / ces derniers jours

確認問題

次の文の誤りを正しなさい．

A. Je croyais bien connaître Michel. Mais récemment il change beaucoup.
　私はミッシェルのことはよく知っているつもりだったが，彼は最近すごく変わってしまった．

B. Récemment je n'ai pas eu de nouvelles de lui.
　最近，彼から便りがない．

C. Le temps a bien changé. Il fait plus froid dernièrement.
　天候がひどく変わった．最近寒さが増している．

解答：A. il change beaucoup → il a beaucoup changé cf.1　B. ○ cf.1
　　　C. dernièrement → ces jours-ci/ces derniers jours cf.2

| 1- | récemment
dernièrement
ces jours-ci
ces derniers jours
ces temps-ci
ces derniers temps | ＋動詞（過去形） |

Malheureusement, ces derniers jours je n'ai pas eu de ses nouvelles.	残念ながら最近彼(女)から便りがありません．
Ces derniers temps, il a fallu qu'ils fournissent un plus grand effort.	ここのところ彼らはもっとずっと努力しなければならなかった．
Il est tombé malade, ces derniers jours.	最近彼は病気になった．
Récemment, Marcel et sa femme ne sont pas venus nous voir souvent.	マルセルと彼の妻は，このところ私たちにあまり会いに来ていない．
Dernièrement, il a fait une rechute.	彼は最近，また病気がぶり返した．

As-tu vu Julienne récemment ?	最近，ジュリエンヌに会った？
Récemment, Isamu a été nommé secrétaire à l'ambassade de Pékin.	勇は先日，北京の大使館の秘書官に任命された。
Récemment, sous la pression des écologistes, le gouvernement a été forcé d'ajourner son projet.	この度，エコロジストからの圧力を受けて，政府は計画の延期を余儀なくされた。
Encore récemment, il était en pleine santé.	最近まで，彼はとても元気にしていた。

使い方：1) **1～2**, 現在形を用いるか過去形を用いるかは，使われている動詞の意味による。

Henri │s'est marié │récemment.
      │   │dernièrement.
      │×se marie dernièrement.

アンリは最近結婚した。

Pour garder la ligne,
│elle a commencé│récemment   │à faire du jogging.
│   │dernièrement│
│×elle commence dernièrement à faire du jogging.

スタイルを保つために，彼女は最近ジョギングを始めた。

2) 普通，récemment, dernièrement は過去形とともにしか用いられないが，会話では現在形とともに用いられることもある。

同　意：il y a peu de temps
強　調：**1～2**, tout dernièrement, tout récemment
参　考：(E) recently

2- │**ces jours-ci**　　　＋動詞 (現在形)
　　　│**ces derniers jours**
　　　│**ces temps-ci**
　　　│**ces derniers temps**│

– Dis donc, ces jours-ci, Pierre est toujours souriant.	—ねえ，この頃ピエールはいつも愛想がいいね。
– Bien sûr. Tu ne sais pas qu'il est amoureux ?	—そのとおり。彼が恋をしていることを知らないの？
Il y a beaucoup d'actes de terrorisme ces jours-ci.	このところ，テロ行為が多発している。
– Ces jours-ci, tu ne lis que des livres sur l'écologie.	—このところ君はエコロジーについての本ばかり読んでるね。
– Qu'est-ce que tu veux ! C'est un gros problème.	—そりゃそうだよ。これは大きな問題だからね。

Ces derniers jours, il dit qu'il se sent mieux. このところ，彼は体調がよくなったと言っている．

Ces temps-ci, il pleut trop. 最近，雨が多すぎる．

- Ces derniers temps, les journaux parlent beaucoup de l'importation du riz au Japon.
- Tu ne trouves pas ça normal ?

—最近，新聞では日本への米の輸入のことがよく話題になるね．
—当然のことだと思わないかい？

参考：(E) recently, lately, these last days

比較：| Ces jours-ci, il y a | beaucoup d'inondations dans le midi de
| Récemment, il y a eu | la France.
　　　このところ　｜フランス南部で水害が｜多い．
　　　最近　　　　｜　　　　　　　　　　｜多かった．

283　recevoir / obtenir / gagner / remporter / se faire / accepter

---

確認問題

次の文の（　）の中から最も適切な語句を選びなさい．

A. Tadahiko (a reçu/a gagné/a obtenu) la note A en maths.
　　忠彦は数学でAの評価を取った．

B. Kenzaburo Oe (a obtenu/a pris/a gagné/a remporté) le prix Nobel de littérature de l'année 1994.
　　大江健三郎は，1994年のノーベル文学賞を取った．

C. Pour (gagner/obtenir/se faire) des amis, il ne faut pas craindre de faire les premiers pas.
　　友達を得るのには，最初の第一歩を踏み出すのを恐れてはいけない．

D. Il a réussi à (recevoir/obtenir/prendre) une réduction de 10%.
　　彼は10パーセントの割引をしてもらった．

　　　　　　　　　解答：A. a obtenu cf.2-2)　B. a obtenu/a remporté cf.4　C. se faire cf.10
　　　　　　　　　　　　D. obtenir cf.2-3)

1- recevoir ＋ 限定詞 ＋ 特定の名詞

1) J'ai reçu ta lettre et je t'en remercie.　お手紙を受取りました．どうもありがとう．

- Hier, j'ai reçu un coup de téléphone de Stéphanie.
- Elle va bien ?

—昨日ステファニーから電話があった．
—元気だった？

Tu as reçu un message d'Antoine ?	君にアントワーヌから伝言あった？
Je lui ai écrit, mais je n'ai pas reçu de réponse.	彼女に手紙を出したのに返事はない。
Leur lettre a été mise à la poste il y a deux semaines, mais nous ne l'avons reçue qu'hier.	彼らの手紙は2週間前に投函されたのに私たちが受け取ったのはなんと昨日のことだ。
Je n'ai pas reçu de coup de téléphone d'elle depuis très longtemps.	彼女からはもうずいぶん長いこと電話はもらってない。
Un des joueurs a reçu un coup de genou dans l'estomac.	選手の一人は胃に膝蹴りを受けた。

　　特定の名詞 : lettre, colis, mandat, télégramme, cadeau, coup de fil, coup de téléphone, réponse, coup de poing, message など

2) Il a reçu l'ordre de se rendre à New York.	彼はニューヨークへ行けという命令を受けた。
Jean-Jacques a reçu une formation plutôt littéraire.	ジャン＝ジャックは，どちらかというと文学的教育を受けた。
Il a reçu le choc de la nouvelle sans broncher.	彼はその知らせに衝撃を受けたが，顔には出さなかった。
Pauvre Philippe ! C'est lui qui a reçu tout le blâme !	かわいそうなフィリップ。非難を一手に引き受けちゃって。

　　特定の名詞 : demande, ordre, interdiction, éducation, formation, entraînement, conseil, blâme など

2- obtenir + 限定詞 + 特定の名詞

1) Ce n'est pas ma faute si Tomoko n'a pas obtenu une bonne note.	友子がよい成績を取れなかったとしても私のせいではありません。
Keiko voudrait obtenir une bourse [d'études] du Club Rotary.	圭子はロータリークラブの奨学金を取りたいと思っている。
J'ai obtenu l'autorisation du médecin de sortir de l'hôpital.	医者から退院の許可が出た。

　　特定の名詞 : bourse, autorisation, permission など
　　説　明 : obtenir は何かを得た者が何らかの努力をしたことが意味として含まれている。

2) Il a obtenu son doctorat de l'Université Berkeley.	彼はバークレー大学で博士号を取得した。

En Allemagne, qu'est-ce qu'il faut faire pour obtenir un permis de conduire ? ドイツでは運転免許証を取るにはどうすればいいのですか？

Teruo est le seul à avoir obtenu le maximum de points. 照夫はただ一人, 満点の成績をおさめた.

Dans votre cas, vous pouvez obtenir un congé de maladie. あなたの場合, 病気休暇を取ることができます.

Ça prend combien de temps pour obtenir un visa pour la Chine ? 中国のビザを取るのにどれくらい時間がかかるの？

La plupart des parents répètent à leurs enfants qu'on n'obtient rien sans faire d'efforts. 大半の親が, 努力しないと何も得られないと, 子供たちに繰り返し言う.

   特定の名詞 : diplôme, licence, doctorat, promotion, visa, note, permis, permis de conduire, passeport, congé, repos, licenciement, prêt, billet, ticket, bourse, certificat, mention, point, brevet, laisser-passer など
   注 意 : 1) recevoir une note, gagner une note とは言わない.
       2) prendre はここでは決して用いられない.
   比 較 : J'ai | obtenu | la note 100 au dernier examen.
              | eu |
              | ×pris |
              | ×reçu |
              | ×gagné |
       私はこの前の試験で100点を取った.

3) Le comité espère obtenir un meilleur salaire pour ses membres. 委員会は組合員の給与値上げを獲得したいと思っている.

   特定の名詞 : réduction, prêt, salaire, bonus など

4) – Monsieur Charles vient d'obtenir une promotion.
   – Encore !
―シャルル氏は, 最近昇進したんですよ.
―またですか.

Grâce à mon oncle, j'ai obtenu un travail à temps partiel. おじさんのおかげで, パートタイムの仕事を見つけられた.

Il a enfin obtenu la place de chef de section qu'il convoitait. 彼はねらっていた課長の椅子をとうとう手にした.

Dans les compétitions, il obtient toujours la première place. あらゆる競技会で彼は常に1位を取る.

   特定の名詞 : promotion, job, travail, place, mutation, travail à temps partiel, travail à plein temps, situation, petit job, emploi など

5) Anne n'arrive pas à obtenir la permission de rentrer après 10 h du soir. アンヌは夜10時以降に帰宅する許可をどうしてももらえない。

En Arabie Saoudite, les femmes n'ont pas encore obtenu le droit de vote. サウジアラビアでは、女性にはまだ選挙権がない。

特定の名詞：permission, exemption, droit, autorisation など

6) Vous obtiendrez tous ces renseignements à l'ambassade d'Australie. オーストラリア大使館に行けば、こうしたことはみなわかりますよ。

Les peuples de l'Europe de l'Est ont dû se battre pour obtenir la liberté. 東ヨーロッパ諸国の各国民は、自由を勝ち取るために戦わねばならなかった。

Les informations que l'on obtient à la télévision ne sont pas toujours objectives. テレビで得られる情報は、必ずしも客観的ではない。

特定の名詞：recommandation, sursis, promesse, mention, renseignement, informations, rendez-vous, liberté など

7) Avec ce médicament, vous obtiendrez exactement les mêmes résultats. この薬でも、全く同じ効果がありますよ。

特定の名詞：résultat, avantage など

8) Qu'est-ce qu'il faut faire pour obtenir la paix ? 平和を手にするにはどうすればよいのだろう。

Je ne peux pas obtenir le silence avec ces étudiants-là. この学生たちを黙らせておくようにできないんだ。

特定の名詞：bonheur, paix, silence など

3- obtenir ＋ 数形容詞 ＋ 時の名詞 ＋ de ＋ 特定の名詞

Saburo a obtenu deux semaines de congé pour se marier. 三郎は、結婚のために2週間の休みが取れた。

特定の名詞：repos, congé, sursis など

4- | recevoir / obtenir / remporter | ＋ 限定詞 ＋ 特定の名詞

Ce film a remporté le grand prix du festival de Cannes. — この映画はカンヌ映画祭でグランプリをとった．

Qui a obtenu le prix Nobel de la paix, cette année? — 今年のノーベル平和賞の受賞者は誰ですか？

Annie a reçu le deuxième prix au concours d'élocution. — アニーは弁論大会で2位に入賞した．

Ils ont remporté le premier prix au tournois de basket. — 彼らはバスケットのトーナメントで優勝した．

Je crois que c'est Jacques qui va obtenir la médaille d'or. — 金メダルを取るのはジャックだと思う．

特定の名詞：prix, trophée, médaille, fanion など
使い方：文学や文化，スポーツに関して．
同　意：avoir + 限定詞 + 特定の名詞

5- remporter / gagner + 限定詞 + 特定の名詞

Finalement, le Club Domino a remporté la victoire. — とうとう，ドミノクラブが勝利を収めた．

Toutes les semaines, j'achète un billet de loterie dans l'espoir de gagner le gros lot. — 大当りを目指して，毎週宝くじを買っている．

特定の名詞：course, match, finale, victoire, championnat, partie, série など

6- gagner + 特定の副詞

Les employés des grandes entreprises gagnent bien. — 大企業の社員は給料が高い．

Dans ces usines, on ne gagne pas beaucoup. — これらの工場では，給料があまりよくない．

Il gagne peu mais il se débrouille. — 彼は，稼ぎはほとんどないが，何とかやっている．

特定の副詞：bien, beaucoup, peu, assez, suffisamment など
参　考：(E) earn

7- gagner + 特定の言い回し

Mon rêve : gagner beaucoup d'argent pour prendre le Concorde. — わたしの夢，それは大金を稼いでコンコルドに乗ることだ．

Madame Renard gagne sa vie en enseignant le piano. ルナール夫人は，ピアノを教えて生計を立てている．

Gagner son pain : rêve irréalisable pour les femmes, autrefois. 自分で稼いで生計を立てること，それはかつては女性には叶わぬ夢だった．

　　特定の言い回し : de l'argent, son pain, sa vie など

8- gagner + SN (時)

Si on prend la nationale, ça nous fera gagner une heure. 国道を行けば，1時間節約できる．

Mes parents me répètent de m'organiser pour gagner du temps. 時間を無駄にしないように，手際よくやりなさいと，私は両親によく言われる．

A quoi ça sert de courir pour gagner cinq minutes ? 走ってどうなるというの？　たかだか5分早く着くだけじゃない．

En sautant une classe, Robert a gagné un an. ロベールは，飛び級をしたので，1年得した．

　　反　意 : perdre + SN (時)
　　参　考 : (E) save time; gain time

9- gagner [+ 数詞]

Les Giants ont gagné 8 à 4 contre les Tigers. ジャイアンツは8対4でタイガースに勝った．

　　反　意 : perdre [+ 数詞]

10- se faire + 限定詞 + 特定の名詞

Certaines personnes ont du mal à se faire des amis. 友達を作るのが苦手な人もいる．

Marcel est si ouvert qu'il se fait facilement des amis. マルセルはとてもあけっぴろげの性格なので，すぐに友達ができる．

Beaucoup de personnes qui séjournent à l'étranger ne se font pas d'amis. Le problème de la langue y est peut-être pour quelque chose. 外国にいる人の中には友達をつくらない人が多い．それは言葉の問題があるからかもしれない．

– Je ne veux pas déménager, il faudra que je me fasse de nouveaux amis.
– Ce n'est pas un problème, tu t'en feras facilement.

―引越しはしたくないな。新しく友達を作らなきゃならないし。
―何てことないよ。すぐにできるよ。

特定の名詞 : amis, ennemis, connaissances など
使い方 : gagner des amis とか, obtenir des amis とは言わない。
参　考 : (E) make + SN

11- accepter + SN

Vous nous feriez plaisir en acceptant notre invitation à dîner.
夕食にいらして下されば大変嬉しく存じます。

Le garçon n'a pas voulu accepter de pourboire.
ボーイはチップを受け取ろうとはしなかった。

Le professeur a dit qu'il n'accepterait pas nos devoirs si nous les remettions en retard.
先生は, 提出が遅れたら宿題は受け付けないと言った。

C'est un type d'homme qui n'accepte pas facilement les critiques.
彼は人の批判をやすやすと受け入れるような男ではない。

J'ai déjà déposé mon dossier mais il s'agit maintenant de savoir si l'université acceptera ma demande d'inscription.
もう書類は提出してあるんですが, 大学が願書を受け付けてくれるかどうかが問題なんです。

Elle n'a pas voulu accepter le disque compact que j'avais spécialement acheté pour elle.
彼女は, 私が特別に彼女のために買ったコンパクトディスクを受け取ろうとはしなかった。

反意語 : refuser + SN
比　較 : 1) J'ai reçu son invitation, mais je ne peux pas l'accepter.
　　　　　　彼女から招待を受けたが, 行けない。
　　　　2) J'ai accepté 10 000 yens pour ma vieille moto.
　　　　　 J'ai reçu 10 000 yens de mon père lors de mon anniversaire.
　　　　　 J'ai obtenu un prêt de 10 000 yens de Yasushi.
　　　　　 J'ai gagné 10 000 yens à la loterie.
　　　　　　私は, 使っていたバイクを売って一万円を手にした。
　　　　　　私は誕生日に父から一万円もらった。
　　　　　　私は靖から一万円借りることができた。
　　　　　　私は宝くじで一万円儲けた。

> **確認問題**
>
> 次の文に間違いがあれば正しなさい.
> A. Martine, vois ce que Nicolas m'a donné.
>   マルティーヌ，ニコラが僕にくれたものを見て.
> B. Elle peut à peine regarder le visage des gens.
>   彼女は人の顔もはっきり見えない.
>
> 解答：A. vois → regarde cf.3　B. regarder → voir cf.7

1- regarder [＋副詞]

Regarde, il neige !　　　ほら，雪が降ってるよ.

Regardez bien, il va sauter en parachute.　　　よくご覧なさい．彼がパラシュートで飛ぶから.

- Élise a traversé le boulevard sans regarder.
- C'est dangereux.

―エリーズは，左右を見ないで大通りを渡ったよ.
―危ないね.

- Je ne trouve pas ma chaussette.
- Tu as regardé sous ton lit ?

―もう一方のくつ下が見つからないんだ.
―ベッドの下を見た？

J'ai regardé partout dans ma chambre, mais je ne les ai pas trouvées.　　　部屋中を探したが，見つからなかった.

Papa, regarde, je vais traverser la rivière à la nage.　　　パパ見てて．川を泳いで渡るから.

参　考：1〜5, (E) look

2- regarder ＋ SN (人)

- Regarde la femme avec un grand chapeau noir.
- Qu'est-ce qu'elle a ?

―大きな黒い帽子をかぶった女の人を見て.
―あの人がどうかしたの？

- Je n'aime pas la façon dont il mange des hamburgers.
- Alors il ne faut pas le regarder.

―私は，彼のハンバーガーの食べ方がいやなの.
―じゃあ見なければいいよ.

Ne me regarde pas avec cet air-là !　　　そんな顔で私を見ないで.

Qu'est-ce qu'il a à regarder les jeunes filles comme ça ?　　　どうして彼はあんな風に若い女の子たちを見ているのだろう.

比　較：1) - Regarde dans la cour, tu vois quelqu'un ?
　　　　　　 - Non, je ne vois personne.

　　　　　—中庭を見て．誰かいる？
　　　　　—いいえ，誰もいないわ．
　　2) J'ai beau regarder, je ne vois personne.
　　　　　いくら見回しても誰もいない．

3- regarder + SN (物)

- Il passait son temps à regarder sa montre.　　—彼はずっと時計ばかり見ていたよ．
- Il devait être pressé.　　—急いでいたに違いないよ．

Regarde ce beau coucher de soleil.　　ほら，あの美しい夕陽を見てごらん．

- Regarde les érables.　　—メープルの木を見て．
- Quelle féerie !　　—何て美しいんだろう．

Regarde le chapeau de la dame là-bas.　　あのご婦人の帽子を見て．

4- regarder + 疑問詞 + 節

Regarde comment je fais, puis tu le feras à ton tour.　　僕がどうやるかを見てから，今度は君がやってごらん．

Regarde dehors si la voiture de Christine y est.　　クリスティーヌの車があるかどうか外を見て．

Regarde donc où tu mets les pieds !　　ほら，足元に気をつけなさいよ．

5- regarder + SN + inf.

Je l'ai regardé jongler pendant plusieurs minutes. C'était étonnant.　　彼が何分間も曲芸をするのを見たよ．見事だったよ．

Elle passe ses journées à regarder par la fenêtre, elle regarde les voitures passer.　　彼女は窓から外を眺めてばかりいる．車が行き来するのを見ているんだ．

6- voir

1) Tu vois, ce n'est pas si simple.　　ほらね，そんなに簡単じゃないでしょう．

Vous voyez, il n'avait pas compris.　　おわかりでしょう．彼はわかってなかったんです．

　参　考：6〜10, (E) see
　慣　用：Regarde, tu vois, il est capable de marcher.
　　　　　見て．ほらね，彼は歩けるのよ．
2) Papa ne voit presque plus.　　もうパパはほとんど目が見えない．

Allume, on [y] verra plus clair.　　明かりをつけて．もっとはっきり見えるから．

7- voir + SN (物)

Hier, j'ai vu un chien qui n'avait presque pas de pattes.
昨日, すごく足の短い犬を見たよ.

Je suis allé en Australie, mais je n'ai pas vu de kangourous.
僕はオーストラリアに行ったが, カンガルーは見なかった.

J'aimerais bien voir les chutes du Niagara, pas toi ?
ナイヤガラの滝に行きたいなあ. 君は行きたくない ?

De Hachioji, on peut voir le mont Fuji.
八王子から富士山が見えるよ.

> 比 較 : Tu voulais voir des tournesols, regardes-en, il y en a des tas par là.
> ひまわりが見たかったんだよね. ほらごらん. あっちにたくさん咲いてるよ.
>
> J'ai regardé, mais je n'ai rien vu.
> あたりをよく見たが, 何も見えなかった.

8- voir + SN (人)

Je les ai cherchés, mais je ne les ai pas vus.
彼らを探したんだけど, 見当たらなかった.

- Vous vouliez me voir, Monsieur Hérault...
- Oui, c'est à propos de la commande de voitures américaines.

—エローさん, 私にご用でしたね.
—そうです. アメリカ製の車の注文の件なんです.

Je n'ai jamais vu une personne aussi énergique.
あんなにエネルギッシュな人は見たことがないわ.

> 比 較 : - Regarde Marie-France là-bas.
> - Je ne la vois pas. Où est-elle ?
> —あそこにいるマリー＝フランスを見てごらん.
> —見えないよ. どこにいるの ?

9- voir + |疑問詞| + 節
　　　　　　|que|

Je ne vois pas comment ils vont s'en sortir.
どうやって彼らが切り抜けようというのか, 私にはわかりません.

Je vois que tout est en ordre.
なるほど, すべてが整頓されていますね.

10- voir + SN + |inf.|
　　　　　　　　|過去分詞|

André ? Je l'ai vu traverser la rue il y a un instant.
アンドレですか. 今さっき道を渡っているのを見かけましたよ.

C'est intéressant de la voir faire la cuisine. 彼女が料理をするのを見るのは面白いよ.

Je l'ai vue assise sur un banc dans le parc. 彼女が公園のベンチに座っているのを見たよ.

- Je n'aime pas la voir pleurer.
- Moi non plus.
―彼女が泣くのを見たくないな.
―僕もだよ.

285 regarder / voir (2)

―― 確認問題 ――

次の文に誤りがあれば正しなさい.
A. Hier, j'ai vu ton père à la télé.
昨日君のお父さんをテレビで見たよ.
B. J'ai regardé ce film la semaine dernière à Shinjuku.
先週この映画を新宿で見たよ.

解答：A. ◯ cf.3　B. regardé → vu cf.4

1- **regarder** ＋ 限定詞 ＋ 特定の名詞

Nous avons la télévision, mais nous ne la regardons jamais. 私たちはテレビは持っているが, まるで見ない.

Je ne regarde que le journal télévisé de 7 h. 私は7時のニュースしか見ない.

Quel programme tu veux regarder, ce soir ? 今夜はどの番組を見るの？

Il regarde les matchs de sumo tous les soirs. 彼は相撲の取り組みを毎晩見る.

- Qu'est-ce que tu as fait samedi soir ?
- J'ai regardé une vidéo.
―土曜の夜は何してたの？
―ビデオを見たんだ.

Je n'aime pas la télévision. Je la regarde rarement. 私はテレビが嫌いなのでめったに見ない.

特定の名詞：émission, vidéo, programme, télévision, journal, journal télévisé など

比 較：1) Le soir du 31 décembre, presque tous les Japonais cette émission. | ×voient | regardent |

12月31日の夜は, 日本人はほとんどみなこの番組を見る.

2) Tu as | ×vu | regardé | le journal de ce matin ? Il y a un article sur les extra-terrestres.

今朝の新聞見たかい？ 宇宙人についての記事があったよ.

2- | regarder / voir | + 限定詞 + film | en vidéo / à la télévision |

- Samedi prochain, on va voir "Le Grand bleu" ?
- Ah, moi, je l'ai déjà vu en vidéo.
―来週の土曜日『ル・グラン・ブルー』を見に行こうか？
―ああ、僕はもうビデオで見たよ。

- Tu as regardé le film de Godard à la télévision hier soir ?
- Non, j'étais sorti.
―きのうの夜、テレビでゴダールの映画を見た？
―いや、外出してたからね。

使い方：Tu as vu ce film ? は Tu connais l'intrigue de ce film ? という意味。これに対して、例えば、Qu'est-ce que tu as fait ? という問いには J'ai regardé un film à la télé. と答える。ただし、regarder un film という言い方はテレビで見るときにのみ用いられる。

3- voir + SN (人) + à la télé

Par hasard, j'ai vu Catherine Deneuve à la télé.
たまたまカトリーヌ・ドヌーヴをテレビで見たよ。

4- voir + 限定詞 + film [+ 前置詞 + SN]

- Où est-ce que tu as vu ce film de Hitchcock ?
- À Shibuya.
―ヒッチコックのこの映画をどこで見たの？
―渋谷だよ。

Elle m'a dit qu'elle avait vu ce film à Paris il y a deux ans.
彼女はその映画をパリで2年前に見たと私に言った。

- Tu as vu [le film] "Un homme et une femme" ?
- Oui, il y a bien longtemps.
―『男と女』（という映画）を見た？
―うん、随分前にね。

Le dernier film de Spielberg, je ne l'ai pas encore vu.
スピルバーグの最新作を私はまだ見ていません。

J'ai déjà vu plusieurs de ses films.
彼（女）の映画はすでに何本も見たよ。

使い方：時間あるいは場所を示す状況補語とともに用いられる。

286　régime / diète

――確認問題――

次の文の（　）の中に un régime/la diète のいずれかを入れなさい。
A. Elle suit (　) pour perdre du poids.

B. Il est à (　　) depuis hier.
彼は昨日から絶食している.

解答：A. un régime cf.1　B. la diète cf.2

1- 特定の動詞 ＋ 限定詞 ＋ régime

— Ça fait six mois que Kumi est au régime.
— Avec quels résultats ?

—久美がダイエットを初めて6か月になります.
—その結果はどうですか？

Son médecin l'a mise à un régime sans sel.

彼の主治医は彼に無塩食を課した.

Depuis qu'il est au régime, il est malheureux : il ne peut plus boire d'alcool.

食餌療法を始めてから，彼は不幸だ．もうアルコールを飲むことができないから．

- 特定の動詞：suivre, être à, imposer, observer, ordonner, mettre à, se mettre à, [se] soumettre à など
- 使い方：faire un régime という表現は使わない．
- 説　明：医療上の理由から，またはやせるために，食物を選んで食べること．
- 参　考：(E) 特定の名詞 ＋ 限定詞 ＋ diet; be on a diet

2- 特定の動詞 ＋ 限定詞 ＋ diète

Quand on a trop mangé, le meilleur remède, c'est de faire la diète le lendemain.

食べすぎた時の最も良い方法は，翌日絶食することです．

Le médecin l'a mis à la diète pour trois jours; il ne doit absolument rien manger.

医者は3日間の絶食を彼に課した．彼は全く何も食べてはならない．

- 特定の動詞：faire, se mettre à, être à, mettre à など
- 説　明：医者の命令に従って，節食，減食，絶食 (diète absolue) すること．
- 参　考：(E) (starvation) diet

287　rembourser / rendre / retourner / renvoyer / rapporter

―― 確認問題 ――

次の文の(　)の中から正しい語を選びなさい．

A. Je vais te (rembourser/rendre) ce CD le plus tôt possible.
できるだけ早くこのCD君に返すよ．

B. Il n'a pas encore (remboursé/renvoyé) sa dette.
彼はまだ借金を返していない．

C. (Rendez/Retournez)-nous cette marchandise avant 8 jours si elle ne vous plaît pas.

もしお気に召さなければ、この商品は1週間以内に御返品下さい。

解答：A. rendre cf.7　B. remboursé cf.1　C. Retournez cf.8

1- rembourser + SN (物)

Nous remboursons les frais de déplacement.　出張旅費は後で精算します。

Je me suis fait rembourser mes frais de voyage.　私は自分の旅費を払い戻してもらいました。

Ils ont dû rembourser tous les billets de vol.　彼らは航空券を全部払い戻さなければならなかった。

　特定の名詞：dette, frais, soins, déplacements, dépenses, billets など

2- rembourser + SN (人)

Prête-moi cinq cents euros, je te rembourserai à la fin du mois.　500ユーロ貸してよ。月末に返すから。

3- SN (人) + être remboursé

Je n'ai pas été remboursée et je me suis plainte au chef de la section des ventes.　私には返金されませんでした。それで販売業務課長に文句を言ったんですよ。

Tu seras sans doute remboursé par la Sécu (=Sécurité sociale).　おそらく社会保険から後で返金してもらえるよ。

Tu peux demander à être remboursé pour les impôts que tu as payés en trop.　余分に払った税金は還付請求できるよ。

4- SN (物) + être remboursé

Lorsque les concerts sont annulés, habituellement le prix du billet est remboursé.　コンサートが中止になった時には、入場券のお金は普通返してもらえるよ。

5- SN (人) + se faire rembourser

Il m'a fallu cinq ans pour me faire rembourser les 100 000 dollars que je leur avais prêtés.　私が彼らに貸した10万ドルを返してもらうのに5年もかかった。

6- rendre / rembourser + SN (物)

- Michel ne m'a pas encore rendu les 10 000 yens que je lui avais prêtés.
- C'est bien lui.

— ミッシェルは僕が貸した1万円をまだ返してくれてないんだよ。
— あいつらしいよ！

Il ne m'a remboursé qu'une partie de sa dette.

彼が私に返してくれたのは貸してあるお金の一部だけだった。

使い方：借りたお金，すでに支払われたお金に関して用いる．

7- rendre + SN + à + SN (人)

La serveuse t'a rendu la monnaie ?

ウェイトレスにおつりもらったかい？

J'ai donné dix mille yens à la caissière et elle m'a rendu deux mille.

1万円渡したらレジの人が2千円おつりをくれた。

- Georges t'a rendu ton parapluie ?
- Pas encore.

— ジョルジュは君に傘を返したの？
— まだなんだよ。

Je viens vous rendre la tondeuse que vous m'aviez prêtée ...

貸していただいた芝刈り機をお返しにまいりました。

使い方：借りた物，釣り銭に関して用いる．

8- retourner / renvoyer + SN (物) [+ à + SN (人)]

C'est bien la première fois qu'un client nous retourne un tableau.

お客さんが絵を返品してきたのは初めてです。

Ils ne permettent pas que nous retournions la marchandise.

商品の返品はできないということだ。

Retourne-moi le document dûment signé.

書類に正式にサインして送り返してね。

Si la pointure de ces chaussures ne te va pas, il faut les retourner par la poste.

靴のサイズが合わないのなら、郵便で送り返さなくっちゃ。

La poste m'a renvoyé l'enveloppe. Ils ont dû changer d'adresse.

郵便局から封筒が送り返されてきたよ。彼らはきっと住所が変わったんだよ。

使い方：郵便物，商品などの場合に用いる．

9- rapporter + SN (物)

La bibliothèque demande de rapporter les livres empruntés avant le 15 mars.

3月14日までに借りた本を図書館に返却して下さい。

使い方：自分で品物を持っていって返却する場合

288 rendre / faire + inf. / faire de + SN + SN / faire + 特定の言葉

---確認問題---

次の文に誤りがあれば正しなさい．

A. Ses malheurs l'ont faite folle.
　　数々の不幸で彼女は気が狂ってしまった．

B. Les bombardements ont rendu le conflit grave.
　　爆撃のため紛争は激化した．

C. Antoine saura faire une femme heureuse de Maria.
　　アントワーヌならマリアを幸福な女性にすることができよう．

D. L'alcool a fait de lui un vieillard.
　　アルコールのせいで彼は老け込んでしまった．

E. Véronique ne sait pas comment faire de sa vie.
　　ヴェロニックはどう生きて行けばいいのかわからない．

解答：A. faite → rendue cf.1-1)　B. rendu le conflit grave → aggravé le conflit cf.3
C. une femme heureuse de Maria → de Maria une femme heureuse cf.5
D. ○ cf.5　E. comment → quoi cf.7

1- rendre + SN + 特定の形容詞

1) À mon avis, plusieurs choses rendent la langue française difficile.
私の考えでは，フランス語が難しいのはいくつもの理由がある．

Les appareils électriques nous rendent la vie plus facile.
電気製品のおかげで，私たちは暮らしやすくなっている．

Les huîtres d'hier soir m'ont rendue malade.
昨夜のカキのせいで私は具合が悪くなったんだよ．

Les expériences nous rendent la vie plus riche, humainement parlant.
経験は人間的な意味で人を豊かにする．

L'automne nous rend romantiques, tu ne trouves pas ?
秋はロマンチックになるね．そう思わない？

Le bruit rend les rats nerveux.
騒音はねずみをいらいらさせる．

Tu crois que l'argent peut rendre l'homme heureux ?
お金があれば，人は幸せになれると思うかい？

- Qu'est-ce qui a rendu Madame Curie célèbre ?
- Le ... le ... radium.

―キュリー夫人は何で有名になったのでしょう？
―えーと，えーと，ラジウムです．

La pluie de la nuit dernière a rendu la chaussée glissante.

昨夜の雨のせいで路面が滑る．

- Il a la mauvaise habitude de toujours critiquer, ça me rend malade.
- Tu as raison.

―彼にはいつも人を批判するという悪い癖がある．頭が痛いよ．
―君の言うとおりだ．

特定の形容詞：malade, fou, gai, triste, mélancolique, heureux, furieux, célèbre, vivant, nerveux, romantique, difficile, jaloux, amer, nostalgique, glissant, peureux, courageux, capable de + inf., possible など

使い方：1) faire + SN + 形容詞という表現は，フランス語にはない．
2) 一般に SN と形容詞の語順は，入れ替え不可．しかし，以下のように SN が長い場合は語順は逆になる．
Monsieur Dontigny avait l'art de rendre intéressants tous les sujets dont il traitait.
ドンティニーさんは，自分の扱うテーマなら何でも上手におもしろくしてしまうのだった．

参　考：(E) make + SN + 形容詞

慣　用：- Elle est devenue jolie.
- C'est l'amour qui l'a rendue comme ça.
―彼女，きれいになったね．
―そうなったのは，恋をしているからさ．
- Elle est bien nerveuse.
- C'est sa mère qui l'a rendue comme ça.
―彼女は，とても神経質なんだ．
―彼女がそうなったのは，お母さんのせいさ．

比　較：Éric sait | rendre sa femme heureuse.
　　　　　　　　| ×faire sa femme heureuse.
　　　　　　　　| faire plaisir à sa femme.
　　　　　　　　| ×rendre sa femme contente.
エリックは，妻を幸せにする術を心得ている．

2) L'emprisonnement rend une vie normale impossible.

収監されると通常の生活は不可能になる．

Son état de santé le rend incapable d'occuper le poste de président.

今の健康状態では，彼は大統領職に就くことはできない．

特定の形容詞：capable de + inf., incapable de + inf., impossible, pénible な

ど

2- 限定詞 + 特定の名詞 + **rendre** + SN + 特定の形容詞

Un excès de bruit l'a rendue très nerveuse. あまりのうるささに彼女はとてもいらいらしてしまった.

- Une abondance de richesse est susceptible de rendre les gens égoïstes. ―あまりにお金があると人はエゴイストになりやすいよ.
- Je suis de ton avis. ―僕もそう思うよ.

　特定の名詞：abus, abondance, excès など
　特定の形容詞：上記 **1** の項目と同様の形容詞
　説　明：この意味では, 主語の名詞の前に trop de あるいは beaucoup de は用いられない.

3- 特定の動詞 + **SN**

Qu'est-ce qu'il faut faire pour améliorer mon audition du français ? フランス語の聴き取りがうまくなるにはどうしたらよいでしょう？

Le ministre a proposé d'alléger les horaires. 大臣は勤務時間の短縮を提案した.

Avec des enfants nerveux, il faut des techniques pour les calmer. 神経質な子供たちには, 落ち着かせるのにテクニックが必要だ.

Les démarches à faire ont ralenti le début des travaux. いろいろ下準備があって, 作業の開始が遅れた.

Le bruit me fatigue beaucoup plus qu'autrefois. 以前よりずっと, 騒音で疲れてしまうんだよ.

Même si on mène une vie ordinaire, on peut toujours l'enrichir. 平凡な生活を送っている人でも, やり方によっては生活は豊かにできるものだ.

Le dernier concert de Madonna nous a enthousiasmés. この前のマドンナのコンサートには熱狂した.

　使い方：1) 形容詞によっては「～にする」という意味でも rendre + 形容詞の形が適さないものがあり, この場合, 以下のような動詞を用いる.
　　　　　　clarifier, simplifier, alléger, faciliter, assombrir, alourdir, user, ralentir, valoriser, épaissir, calmer, aggraver, améliorer, réduire など
　　　　2) rendre + SN (物) + meilleur, faire + SN (物) + meilleur は使わず, améliorer とするが, SN が人の場合は, その限りではない.
　比　較：1) Écouter de la musique, ça me | calme.
　　　　　　　　　　　　　　　　　　　　　　　| ×rend calme.
　　　音楽を聴くと心が落ち着く.

2) Les engrais | ont amélioré le rendement de ce terrain de 20%.
　　　　　　　| ×ont rendu meilleur | le rendement de ce terrain de
　　　　　　　| ×ont fait meilleur　|　　　　　　　　　　　　　20%.

肥料のおかげで、この土地の収穫は20%向上した。

4- faire + inf.

Il a fait ajouter une pièce à sa maison.
彼は自宅に一部屋建て増しした。

Faire installer le chauffage central, ça coûte les yeux de la tête.
セントラル・ヒーティングを設置するのは、目の玉が飛び出るほど高い。

À l'école, on fait lire et écrire les enfants.
小学校では、子供たちに読み書きを教える。

Ce n'est pas une bonne politique de lui faire espionner ses camarades.
彼(女)に仲間たちの行動を探らせるのは、よいやり方ではない。

Si on fait faire un peu de sport aux enfants, ils gardent un meilleur équilibre physique.
子供たちにちょっとスポーツをさせれば身体的バランスがもっとよくなる。

Cette discussion télévisée m'a bien fait réfléchir.
このテレビ討論会には大いに考えさせられた。

Soudain, un bruit sourd a fait trembler le sol.
突然鈍い音がして、地面が揺れた。

参考：(E) have + 名詞/代名詞 + inf.

比較：Le vin de riz ne le rend pas morose; au contraire, il lui fait chanter des chansons.
彼は日本酒を飲むと、暗くなるどころか逆に歌を歌いだす。

5- faire de + SN + SN [+ 形容詞]

1) Ils voudraient faire de leur fille une grande pianiste.
彼らは娘を大ピアニストにしたいと思っている。

Ieyasu Tokugawa a fait de Tokyo sa capitale.
徳川家康は、東京を都とした。

2) Le roman "La danseuse d'Izu" a fait de Kawabata un des romanciers les plus célèbres de la littérature japonaise.
小説『伊豆の踊り子』で、川端は日本文学の中で最も有名な小説家の一人となった。

La maladie a fait de Bob quelqu'un de douillet.
病気のせいでボブは軟弱になった。

Les épreuves ont fait de lui un homme usé.
数々の苦難のために、彼はくたびれ果ててしまった。

使い方：1) faire は，rendre と違い，単独の形容詞のみでは決して用いられず，2番目の SN（名詞）は不可欠.
2) de で始まる目的補語は，faire の直後に来る.
3) 5〜6，語順は入れ替え不可.

比　較："La montagne Sainte-Victoire" a rendu Cézanne célèbre.
"La montagne Sainte-Victoire" a fait ｜×Cézanne célèbre.
｜×de Cézanne célèbre.
｜de Cézanne un peintre mondialement connu.

「サント・ヴィクトワール山」でセザンヌは有名になった.
「サント・ヴィクトワール山」でセザンヌは世界的に有名な画家になった.

6- faire de ＋ SN ＋ 不定冠詞 ＋ 名詞

Ma mère veut faire de moi un médecin, mais je ne veux pas. 母は私を医者にしたいと思っているが，私はいやだ.

Si c'est un garçon, nous ferons de lui un avocat, si c'est une fille, une infirmière. 男の子なら弁護士に，女の子なら看護婦にしよう.

Notre habitude de tout recevoir de nos parents fait de nous, jusqu'à leur mort, des écoliers, des enfants. 何でも両親からもらう癖がついてしまっていて，きっと両親が亡くなるまで私たちは小僧っ子もいいところだ.

7- faire ＋ 特定の語句 ＋ de ＋ SN

- Qu'as-tu fait de ton pantalon, Maxime ?
- Je l'ai déchiré, je regrette.
―ズボンをどうしたの，マキシム？
―かぎ裂きを作っちゃったの，ごめん.

Ses parents n'ont rien pu faire de lui. 彼の両親は彼をどうしてやることもできなかった.

- Dis-moi ce que tu as fait des cinq mille yens que je t'ai donnés.
- Je les ai tous dépensés.
―君にあげた5000円はどうしたっていうの？
―全部使っちゃった.

Odile ne sait pas quoi faire de ses journées. オディールは毎日をどう過ごしたらいいのかわからない.

L'arbre est très haut maintenant et il donne tant qu'on ne sait plus quoi faire de ses fruits. その木は今や相当の高さに達し，もてあますほどたくさんの実がなる.

特定の語句：ce que, que, quoi, qu'est-ce que, ne … rien, quelque chose など

8- faire ＋ 特定の言葉

Ta grand-mère fait très jeune.	君のおばあさんはとても若く見える.
Il fait beaucoup plus vieux que son âge.	彼は年よりもずっと老けて見える.
Annie fait déjà très femme.	アニーはもう大人の女のようだ.
Avec ses cheveux teints jaune moutarde, il fait très Punk.	髪をからし色に染めちゃって, 彼はまるでパンクだね.
Cette peinture au-dessus du sofa fait original.	ソファの上のあの絵は, まるで本物のようだ.
Avec ce chapeau, tu fais très cow-boy.	その帽子をかぶると, ほんとにカウボーイみたいだよ.
Avec son cigare, il fait très Shigeru Yoshida.	いつもの葉巻のせいで, 彼はまるで吉田茂だ.

特定の言葉：1) jeune, vieux, bien, original, moderne, vieillot
　　　　　　2) dans le vent, cow-boy, Punk など
　　　　　　3) 有名人の名前（固有名詞）
使い方：1) しばしば très とともに用いられる.
　　　　2) 会話でよく用いられる.
　　　　3) faire の後に形容詞が来る場合, 性数一致は任意.
参　考：(E) look + ｜特定の言葉
　　　　　　　　　｜like + SN

289　se reposer

―――― 確認問題 ――――

次の文の誤りを正しなさい.
A. Restez-vous un peu et vous repartirez ensuite.
　少し休んでから, その後で出掛けなさいよ.
B. Demain, c'est dimanche. Repose bien.
　明日は日曜日だ. ゆっくり休みなさい.

解答：A. Restez-vous → Reposez-vous　B. Repose → Repose-toi

Tiens! Un joli endroit où on pourrait se reposer!	おや, 休むことができそうなきれいな場所だ.
Il ne se repose que le dimanche.	彼は日曜日しか休息をとらない.
Vous courez toujours; quand est-ce que vous vous reposez?	あなたは, いつも走り回っていますが, いつ休むのですか？

Elle ne sait pas se reposer, c'est le reproche que je lui ferais.
彼女は休むことを知らない。彼女を僕がとがめるとすればこれぐらいだなあ。

使い方：rester はフランス語では、「休む」という意味で用いない。
Aujourd'hui, je reste à la maison et je me repose.
今日、僕は家にいて、のんびりするよ。

参　考：(E) rest; get a rest; relax

290　faire des reproches / reprocher

---確認問題---

次の文の誤りを正しなさい。

A. Son mari lui reproche chaque fois qu'elle rate un plat.
彼女が料理を失敗するたびに、彼女の夫は彼女をなじる。

B. On lui fait des reproches de ne pas avoir le sens des affaires.
彼はビジネスの才覚がないと責められる。

解答：A. lui reproche → lui fait des reproches cf.1
　　　B. lui fait des reproches → lui reproche cf.4

1- faire des reproches [+ à + SN (人)]

1) Vivre avec quelqu'un qui ne fait que des reproches et jamais de compliments, ce n'est pas drôle.
非難するばかりで決して褒めることなどしない人と一緒に暮らすのは面白くない。

Même si on n'aime pas faire des reproches, quelquefois, c'est indispensable.
たとえ人を非難するのは好まないにせよ、時にはそうすることも必要不可欠である。

Plutôt que de faire des reproches, mieux vaut une critique constructive.
非難するよりも、建設的な批判をした方がよい。

2) Tu ne devrais pas lui faire des reproches comme ça.
君は彼(女)をそんな風に非難するべきではないでしょう。

- Il n'arrête pas de lui faire des reproches.
- C'est une sorte de maladie, je crois.
―彼はいつも彼(女)を非難してばかりいる。
―それは一種の病気だと思いますね。

Je n'ose pas lui faire des reproches, il est tellement susceptible.
私は彼をあえて非難しようとは思わない。彼はとても傷つきやすいから。

Ses parents lui ont fait des reproches au sujet de sa mini-jupe.
彼女の両親は、ミニスカートのことで彼女を非難した。

使い方：1) **1〜2**, reproche は普通複数.
　　　　2) **1〜2**, reprocher はこの場合用いない.
反　意：faire des compliments [+ SN (人)]
参　考：(E) reproach, blame

2- se faire + 不定冠詞 + reproche

Il sera le premier à se faire des reproches, j'en suis sûre.

彼は真っ先に自分を責めるだろうと, 私は確信しているの.

3- reprocher + SN (物) + à + SN (人)

- Qu'est-ce qu'on te reproche ?
- Oh, pas grand-chose. On se plaint que j'arrive trop souvent en retard.

―どうして君は非難されてるの？
―いや, 大したことじゃないんだ. 僕は遅刻が多すぎると文句を言われてるのさ.

Ma conscience ne me reproche absolument rien.

私は何ら良心の呵責を覚えません.

Ce que je lui reproche, c'est son manque de sérieux.

私が彼を非難することとは, 彼に真剣さが足りないということだ.

使い方：**3〜5**, reprocher は常に直接目的補語と間接目的補語を必要とする.
比　較：
　×Je l' ai reproché.
　×Je lui
　Je lui ai fait des reproches.
　Je lui ai reproché son indifférence.
　私は彼を非難しました.
　私は彼の冷淡さを責めました.

4- reprocher à + SN (人) + de + inf.

On reproche souvent aux enfants de ne pas faire de leur mieux à l'école.

子供たちは, 学校でベストを尽くさないとしばしば責められる.

- Céline, je t'attends depuis vingt minutes !
- Tu as tort de me le reprocher.
- Pourquoi ?

―セリーヌ, 20分前から僕は君を待っているんだよ！
―私を責めるのはお門違いよ.
―どうして？

5- se reprocher + SN (物)

Je n'ai rien à me reprocher à ce sujet.

この件に関しては, 私は何らやましいところはない.

J'aurais dû les élever plus sévèrement, je me le reproche aujourd'hui. 私は彼らをもっと厳しく育てるべきだった。今、それを後悔している。

291 rester / demeurer

> **確認問題**
>
> 次の文に誤りがあれば正しなさい。
> A. Jean-Pierre reste encore malade jusqu'à maintenant.
>   ジャン＝ピエールは今日に至るまでずっと病気である。
> B. Reste la fenêtre fermée, s'il te plaît.
>   窓を閉めておいてね。
>
> 解答：A. reste encore → est resté cf.3　B. Reste → Laisse cf.5

1- rester（命令法）+ 形容詞

Les enfants, restez donc tranquilles ! （子供に向かって）みんな、おとなしくしなさいってば！

Reste calme, je vais appeler l'ambulance. 気を落ち着けてね。今、救急車を呼んでくるから。

Restez assise, je vais aller vous chercher du café. 座ったままでいて下さい。あなたにコーヒーを入れてきます。

2- SN（人）+ |rester / demeurer|（直説法現在）+ 形容詞 + 特定の語句

Malgré ses 75 ans, Madame Savarin reste encore tout à fait jeune. サヴァラン夫人は75才だが、まだまだ若さを保っている。

Tatsuo Hori demeure toujours [un auteur] populaire. 堀辰雄は依然人気がある[作家だ]。

Nanako reste encore jolie malgré son âge. 菜々子は年をとっても相変わらずきれいだ。

Elle reste seule depuis la mort de son mari. 彼女は夫の死後一人でいる。

Georges reste faible depuis sa maladie. ジョルジュは病気をしてからというものずっと病弱だ。

特定の語句：encore, toujours, depuis + SN
使い方：1) 状態が今現在もそのままであるということを示す。
　　　　2) **2〜6**, demeurer の方が rester よりも若干丁寧で文語的である。また、demeurer は人に対してのみ用いられる。

3- SN (人) + être | resté / demeuré | + 形容詞 + 特定の語句

1) Mon oncle Henri est resté célibataire jusqu'à l'âge de 70 ans.　叔父のアンリは，70才になるまで独身で通した．

Il est resté cloîtré dans sa chambre pendant tout son séjour.　彼は滞在中ずっと部屋にこもりきりだった．

Jeanne est demeurée jeune [pendant] toute sa vie.　ジャンヌは生涯若さを保った．

Il est resté fidèle à sa société jusqu'à sa mort.　彼は死ぬまで会社に忠実であり続けた．

　特定の語句：pendant + SN, depuis + SN, jusqu'à + SN
　使い方：この場合，現在の状態については言及していない．

2) Il était et il est resté très timide jusqu'à aujourd'hui.　彼は昔も，またそれからも，相変わらず恥ずかしがり屋だ．

Pauline est restée aussi jeune et jolie qu'autrefois.　ポリーヌは，昔と変わらず若くきれいなままだ．

Jusqu'ici, il est resté très fidèle à sa femme.　今日まで彼は妻一筋をとおしてきた．

　特定の語句：jusqu'à aujourd'hui, jusqu'ici, jusqu'à maintnant
　使い方：この場合，現在の状態についても言及している．

4- SN (人) + être | resté / demeuré | + 形容詞

Il m'est toujours resté sympathique malgré nos différences de caractère.　彼は性格は違っていたが，僕とはずっと馬が合った．

Il n'a pas changé du tout. Il est resté pantouflard.　彼はちっとも変わっていないよ．相変らずの出不精だ．

Son cœur est resté solide en dépit des ans.　年のわりには彼(女)の心臓はずっと丈夫だった．

　説　明：1) この場合，現在の状態について言及しているとも，言及していないとも取れ，文脈によって判断するほかない．
　　　　　2) 時として，動詞 être とほぼ同意となる．
　　　　　　| Je suis restée surprise | lorsqu'il m'a annoncé sa démission.
　　　　　　| J'ai été surprise |
　　　　　　彼が辞職すると告げた時，私は驚きあきれた．

比　較：Kazuhiko est resté fidèle à sa société jusqu'à sa mort.
　　　　Kazuhiko reste fidèle à sa société.
　　　　Kazuhiko est resté fidèle à sa société.
　　　　和彦は死ぬまでずっと会社に忠実だった．
　　　　和彦はずっと会社に忠実である．
　　　　和彦はずっと会社に忠実だった｜（し，今もそうだ）．
　　　　　　　　　　　　　　　　　　（が，今はそうではない）．

5- SN (物) + rester + 特定の形容詞

Les magasins "Seven-Eleven" restent ouverts toute la journée.　　セブン・イレブンは一日中開いている．

La lampe de la cuisine est restée allumée toute la nuit.　　台所の灯が一晩中ついたままだった．

Les grands magasins restent ouverts jusqu'à 19 h.　　デパートは19時まで開いている．

Si tu veux guérir, tu n'as qu'à rester couché demain matin.　　君が治りたいんなら，明日の朝起きないで寝ているしかないよ．

Mon gant est resté pris dans la porte du train.　　私の片方の手袋は，電車のドアに挟まれたままだった．

　特定の形容詞：allumé, couché, assis, allongé, éveillé, pris, étendu, ouvert, fermé など

　比　較：La fenêtre du salon est restée ouverte pendant la nuit.
　　　　Laisse la fenêtre du salon ouverte.
　　　　×Reste la fenêtre du salon ouverte.
　　　　居間の窓は夜中開いたままになっていた．
　　　　居間の窓を開けたままにしなさい．

6- SN (人) + rester / demeurer + 特定の語句

Il est demeuré sans connaissance pendant, disons, une bonne vingtaine de minutes.　　彼は，そうだね，優に20分は気を失ったままだったよ．

Cet enfant-là ne reste pas en place, il est tellement nerveux.　　この子はじっとしていない．落ち着きがない子だからね．

Nous avons dû rester en panne sur le bord de l'autoroute pendant une heure.　　私たちは1時間の間，高速道路の端で車が故障したまま立ち往生してしまった．

　特定の語句：en place, en ordre, en liberté, au lit, sans connaissance, debout, en désordre, en panne, sans bouger, en plan, sans rien dire, sans travail, sans dormir, en bonnes relations, dans le coma, à l'écoute など

比較：1) Ils doivent rester debout dans le train chaque matin pendant une heure, une heure et demie.
Je suis resté debout la nuit dernière pour préparer mon examen.
| 彼らは毎朝1時間から1時間半の間、電車の中で立っていなければならない．
| 私は試験の準備をするために昨晩徹夜した．

2) Il est resté dans le coma pendant huit jours.
Il est dans le coma depuis huit jours.
| 彼は一週間昏睡状態にあった．
| 彼は一週間前から昏睡状態にある．

292　réveiller / lever / 動詞 + debout / veiller / ne pas être couché / ne pas dormir

確認問題

次の文に誤りがあれば正しなさい．

A. Allô ! Excuse-moi de t'appeler si tard. Tu es encore réveillé ?
もしもし！ こんなに遅く電話してごめんね．まだ起きてた？

B. Pour le faire réveiller, il faut le secouer.
彼を起こすには揺すってやらないといけない．

C. C'est l'heure de faire lever les enfants ?
子供たちを起こす時間ですか？

D. Tetsuo, tu peux me lever demain à 6h, s'il te plaît ?
哲夫，明日6時に起こしてくれる？

E. Elle est restée levée jusqu'à 3h du matin.
彼女は夜中の3時まで起きていた．

解答：A. Tu es encore réveillé → Tu n'es pas encore couché cf.12
B. faire réveiller → faire lever cf.6 あるいは faire réveiller → réveiller cf.1
C. ○ ただし faire lever → lever も可 cf.5,6　D. me lever → me faire lever cf.6
E. ○ ただし est restée levée → a veillé も可 cf.9,10

1- SN (人，動物) + réveiller + SN (人)

Va la réveiller, sinon elle sera en retard pour ses cours.

あの子を起こしてきてね．授業に遅れちゃうから．

Maman, tu n'auras pas besoin de me réveiller, laisse-moi dormir, on n'a pas d'école demain.	お母さん、起こさなくてもいいからね。寝かせておいてね。明日は学校がないんだから。
Le chien de la voisine m'a encore réveillé à 6 h.	隣の家の犬のせいで、また6時に目が覚めた。
Dès 6 h, les infirmières doivent réveiller les malades, ensuite prendre leur température.	看護婦は6時から患者を起床させ、体温を計らなければなりません。

参　考：(E) wake up

2- SN (物) + réveiller + SN (人)

C'est le bruit des voitures qui me réveille.	車の騒音で目が覚める。
Leur coup de téléphone nous a réveillés en pleine nuit.	真夜中、彼らからの電話で目が覚めた。
Il faut deux réveils pour le réveiller.	彼の目を覚ますには目覚しが2つ要る。
Le chant des oiseaux m'a réveillé à 4 h ce matin.	鳥の鳴き声で今朝は4時に目が覚めた。

3- SN (人) + être réveillé

1) être réveillé

– Est-ce que Jeannot est réveillé ? – Pas encore.	―ジャンちゃんは目が覚めてる？ ―まだです。
Il n'est pas encore réveillé.	彼はまだ目覚めていない。
Il n'a pas l'air d'être réveillé.	彼はちゃんと目覚めていないように思える。
– Akihiko n'est pas encore réveillé ! Ça fait au moins dix fois que je l'appelle. – Il dort encore ! Ah le paresseux !	―明彦はまだ目が覚めてないの！ もう10回は呼んでるのに。 ―まだ寝てるよ！ 怠け者だねえ！
Va voir dans sa chambre s'il est réveillé.	彼が目覚めているかどうか、部屋に行って見てきて。
Je suis mal réveillé, ce matin. Je ne fais rien comme il faut.	今朝、私はまだよく目が覚めていない。何もちゃんとできない。

参　考：(E) be awake

2) être réveillé par + SN (物)

J'ai été réveillé deux fois par le bruit des sirènes. 　　2度もサイレンで目が覚めた.

Chaque matin, j'ai été réveillé par les rayons de soleil qui entraient dans ma chambre à travers le rideau de la fenêtre. 　　毎朝, 窓辺のカーテンを通して部屋に入ってくる陽の光で目が覚めた.

参　考：(E) be awakened by + SN

4- se réveiller

À la maison, c'est toujours ma mère qui se réveille la première. 　　家では最初に起きるのはいつも母だ.

Masako, réveille-toi, c'est l'heure! 　　雅子, 起きなさい, 時間だよ.

説　明：眠りから覚めて, 目を開けること.
参　考：(E) wake up
比　較：1) Je me suis réveillé à 2 h cette nuit, et je n'ai pas pu me rendormir.
　　　　　Un coup de téléphone m'a réveillé en pleine nuit. Je me suis levé pour répondre mais c'était une erreur.
　　　　　その夜は2時に目覚めてしまい, その後は眠れなかった.
　　　　　真夜中に電話の音で目が覚め, 起きて電話に出たが間違い電話だった.
　　　2) Pierre, réveille-toi, c'est l'heure de te lever. Tu vas encore être en retard.
　　　　　Maman est réveillée depuis une heure, mais elle n'a pas envie de se lever.
　　　　　ピエール, 目を覚ましなさい. 起きる時間だよ. また遅れちゃうよ.
　　　　　お母さんは1時間前から目を覚ましているが, ベッドから出たがらない.

5- lever + SN (人)

Qui va lever Pierrot, ce matin? 　　今朝は誰がピエールちゃんを起こすの？

Il faut du courage pour lever un petit enfant très tôt. 　　赤ちゃんを朝早く起こすには覚悟がいる.

使い方：赤ちゃんや, 病床にある人などに用いる.
説　明：ベッドから起き上がらせるという意味.
反　意：coucher + SN (人)

6- faire lever + SN (人)

Fais-la lever, il est 10 h. 　　彼女を起こして, 10時だから.

Tous les matins, c'est la comédie pour les faire lever. 毎朝，彼らを起こすのは一苦労だ．

使い方：子供でも大人でも，自分で起き上がれる者に用いる．
注　意：faire réveiller, faire se lever とは言わない．
反　意：faire coucher + SN (人)
参　考：(E) have + SN + get up

7- se lever

Le dimanche, je ne me lève jamais avant midi. 日曜日には，12時前に起きることは決してない．

Se lever tôt en hiver, c'est dur. 冬の早起きは辛い．

- Tu te lèves à quelle heure ordinairement ?
- Vers 7 h.
—普通は何時に起きるの？
—7時頃だよ．

Je ne peux pas me lever, j'ai un lumbago. 起き上がれない．腰痛なんだ．

Pour être au bureau à 9 h, il faut que je me lève à 7 h. 9時に会社にいるためには7時に起きなければならない．

説　明：ベッドや布団から出る．
参　考：(E) get up

8- être debout / être levé

Tiens, [tu es] déjà levé ! あれ，もう起きてたの？

Helena est toujours la première [à être] debout ! ヘレナはいつも最初に起きる．

Je suis levé depuis 6 h, ce matin. 私は今朝，6時から起きているんだ．

使い方：debout は無変化．
同　意：ne pas être couché
反　意：être couché

9- rester levé / debout

Je suis resté debout toute la nuit pour préparer mon examen. 試験の準備のために一晩中おきていた．

注　意：rester réveillé とは言わない．
参　考：(E) stay up; stay awake

慣用： J'ai passé une nuit blanche pour préparer mon examen d'allemand.
ドイツ語の試験勉強のために徹夜しちゃったよ．

10- veiller

Ne veille pas trop tard ce soir. — 今晩はおそくまで起きているんじゃありませんよ．

- Finalement, jusqu'à quelle heure vous avez veillé après notre départ ? — 結局，私たちが出発してから何時まで起きていたんですか？
- Jusqu'à 5 h du matin ! — 朝の5時までです．

Si je prends du café, c'est pour veiller plus tard. — コーヒーを飲むのは，もっと遅くまで起きているためです．

Hier soir, j'ai veillé jusqu'à ce que j'aie eu terminé mon devoir. — 昨晩は宿題を済ませるまでずっと起きていた．

11- faire veiller + SN（人）

Ils nous ont fait veiller trop tard, tu ne trouves pas ? — 彼らのせいで，ずいぶん遅くまで寝られなかったね．そう思わない？

12- ne pas être [encore] couché / ne pas [encore] dormir

Tiens, tu n'es pas encore couché ! — ああ，まだ寝てなかったんだ！

Va voir Claudine, il semble qu'elle ne dort pas encore. — クロディーヌのこと見てきて，まだ寝ないみたいよ．

293　revenir / rentrer / retourner

―― 確認問題 ――

正しい文に○，間違っている文には×を付けなさい．
Je suis allé une seule fois à Rome et
A. (　) je n'y suis jamais retourné.
B. (　) je n'y suis jamais rentré.
C. (　) je n'y suis jamais revenu.
ローマへは一度だけ行ったことがあるが，それ以来一度も行っていない．

解答： A. ○ cf.7　B. × cf.4,5,6　C. × cf.1,2,3

1- revenir

Attends-moi, je reviens tout de suite.	待っててね．すぐに戻るから．
En quittant le Japon, il a dit qu'il ne reviendrait plus jamais.	日本を離れる時，彼はもう二度と戻らないと言った．
Depuis qu'ils vivent à Hawaï, ils reviennent chaque année.	ハワイに住むようになってから，彼らは毎年帰って来る．
Pourriez-vous revenir plus tard? Je suis occupé pour le moment.	もう少し後でいらしていただけますか．今忙しいのです．

説　明：1〜3, 話し手のいる場所に向かって「戻る」場合に用いる．
注　意：1〜3, 聞き手のいる場所を中心に考えて revenir を用いる場合もある．
　　　　Je reviens tout de suite. (電話などで)
　　　　すぐ戻ります．
参　考：1〜3, (E) come back, be back, come again

2- revenir de + SN (場所など)

Les Buisson sont revenus de vacances. Ils sont en pleine forme.	ビュイソン家はヴァカンスから帰って来た．心身充実している．
Il est revenu d'Australie, dimanche dernier.	彼は先週の日曜にオーストラリアから帰ってきた．
Ils vont revenir de leur voyage de noces quand?	二人はいつ新婚旅行から戻るの？
Elle est revenue du carnaval de Rio très contente.	彼女はリオのカーニバルからすっかり満足して帰ってきた．

3- revenir + inf.

– N'attendez pas un an pour revenir nous voir. – Bon, entendu.	――一年以内にまた遊びに来て下さいね． ――ええ，わかりました．
Plusieurs étudiants ont oublié leurs dictionnaires. Et ils ne sont pas revenus les chercher.	辞書を忘れた学生が何人もいた．だが取りに来なかった．

4- rentrer

Georges est allé chez le coiffeur. Il va rentrer dans une heure.	ジョルジュは床屋に行きました．一時間したら戻るでしょう．
Mon mari a l'habitude de rentrer vers 9 h.	夫はいつも9時頃帰宅する．

Arrête-toi chez l'épicier en rentrant. 帰りがけに食料品店に寄ってちょうだい。

Rentrons avant qu'il ne pleuve. 雨が降らないうちに帰ろう。

説　明：**4～6**，母国や自宅など「本拠地」に帰るということであり，話し手のいる場所は問わない。ただし，学校や会社については「本拠地」とは見なされず普通 rentrer は用いられない。

比　較：
| Il reviendra bientôt.
| Il rentrera bientôt.
彼はじきに戻ってきます（話し手が家にいる場合，どちらも可能）

| Il reviendra bientôt.
| ×Il rentrera bientôt.
彼はじきに戻ってきます（話し手が会社や学校などにいる場合，rentrer は不可）

5- rentrer de + SN (場所など)

- À quelle heure est-ce que les enfants rentrent de l'école ?
- Vers 4 h.

―何時に子供たちは学校から帰ってくるの？
― 4 時頃です。

- Ton frère est rentré de Hong-Kong ?
- Non, pas encore.

―君の兄さんは香港から帰ってきたの？
―いや，まだなんだ。

Ils sont rentrés de leur voyage de noces, hier soir. 彼らは昨晩新婚旅行から戻った。

Yvon va définitivement rentrer du Brésil le mois prochain. イヴォンは来月ブラジルから帰ってきてもうブラジルには戻らないんですよ。

Elle m'a écrit que si la guerre continuait, ils allaient rentrer pour de bon de Bosnie. 彼女はもし戦争が続けば自分たちはボスニアから本気で戻るつもりだと書いてよこした。

6- rentrer [+ 前置詞 + SN (場所)]

Après deux ans d'absence, Yumiko est rentrée à Kobe. Elle a trouvé que la ville avait bien changé. 由美子は 2 年ぶりに神戸に帰った。町は随分変わったと思った。

Je regrette, je dois rentrer tout de suite [à la maison] : ma mère m'attend. 残念ですがすぐに家に帰らねばなりません。母が待っていますから。

- Je rentre à Komoro, ce soir.
- Mes amitiés à ta maman.

―今晩小諸に帰るんだ。
―お母さんによろしく。

Il rentre tard [à la maison] et sa femme s'en plaint. 彼の帰宅が遅いので奥さんは不満だ。

Il rentre au foyer toutes les fins de semaine. 彼は毎週末家に帰る.

Stephen est rentré définitivement dans son pays. スティーヴンは自分の国に帰り，もう戻って来ない.

> 使い方：rentrer を「帰宅する」という意味で用いる場合，à la maison は付けなくともよい.

7- retourner ＋ 前置詞 ＋ SN (場所)

Mon mari aime beaucoup cet endroit, nous y sommes retournés six ou sept fois. 夫はこの場所が大好きで，私たちは7，8回足を運んだ.

Il va falloir que tu retournes chez le médecin, j'ai bien peur. 君はまた医者に行かなければならないんじゃないかと心配だ.

Je ne suis allé qu'une seule fois à Berlin et je n'y suis jamais retourné. 僕はベルリンには一度だけ行ったんだけど，それからは一度も行ってないよ.

> 説　明：1) **7～8**, 以前いた，あるいは行ったことがある場所へもう一度行くこと. しかし，話し手は，話題になっているその場所に今はいない.
> 　　　　2) **7～8**, 必ず目的地を伴って用いられる.
> 参　考：**7～8**, (E) go [back] again
> 比　較：1) Beaucoup de gens | retournent | dans leur région natale pour la
> 　　　　　　　　　　　　　　| rentrent | Fête des Morts.
> 　　　　　　　　　　　　　　| reviennent |
> 　　　　　　お盆には故郷に | 帰る | 人がたくさんいます.
> 　　　　　　　　　　　　　　| 帰る |
> 　　　　　　　　　　　　　　| 戻ってくる |
>
> 　　　　2) Les maris japonais | rentrent | tard à la maison.
> 　　　　　　　　　　　　　　　 | reviennent |
> 　　　　　　　　　　　　　　　 | retournent |
> 　　　　　日本人の夫は家に遅く | 帰る.（家を中心に考えている）
> 　　　　　　　　　　　　　　　 | 戻ってくる.（話し手は家におり，その話し手中心に考えている）
> 　　　　　　　　　　　　　　　 | 帰る.（話し手は家におらず，帰る人を中心に考えている）

8- retourner ＋ inf.

J'ai oublié mon sac à main au café ; je suis retournée le chercher. カフェにハンドバッグを忘れたので取りに戻ったのよ.

L'appareil photo que Francis venait d'acheter ne marchait pas : il a dû retourner l'échanger. フランシスのカメラは，買ったばかりなのに調子が悪かった．交換しにまた店に行かなければならなかった.

N'ayant pas compris l'explication du professeur, il est retourné lui poser des questions. 先生の説明がわからなかったので，先生のところに行って質問した.

294 rue

> **確認問題**
>
> 次の文の誤りを正しなさい。
> A. Un de mes amis habite maintenant à la rue des Grands Degrés.
>   友達の一人が，グランドゥグレ通りに住んでいるんだ。
> B. J'ai rencontré Pierre rue des Écoles il y a trois jours.
>   3日前にピエールとエコール通りで会ったよ。
>
> 解答：A. à la rue → rue cf.2　B. rue →[dans la] rue cf.3

1- dans + 限定詞 + rue

Il y a eu un accident dans la rue près de chez moi.　私の家の近くの通りで，事故があった。

Bientôt des voitures qui n'ont pas besoin d'essence vont apparaître dans les rues du Japon.　ガソリンを必要としない車がもうすぐ日本の道路に出現するだろう。

Comme il n'y a pas de place sur le trottoir, les jeunes s'attroupent dans la rue.　歩道に十分なスペースがないので，若者たちは道路に群がっている。

使い方：前置詞 dans は，限定詞 + rue とともに一種の決まった表現として用いられる。
Les accidents de voiture se produisent plus souvent dans les rues des villes que sur les routes de campagne.
車の事故は，田舎の道より町中で起きる。

2- 特定の動詞 + rue + 道の名前（会話）

Mon meilleur ami habite rue Réaumur.　私の親友はレオミュール通りに住んでいる。

Les magasins les plus élégants de Paris se trouvent rue du Faubourg Saint-Honoré.　パリで最も素敵なお店は，フォブール・サン＝トノレ通りにありますよ。

特定の動詞：se trouver, habiter, loger など

3- [dans la] rue + 道の名前

J'ai rencontré Madame Savin [dans la] rue Saint-Jacques.　私はサン＝ジャック通りでサヴァン夫人に会った。

使い方：会話の中で通りの名前が用いられる場合は，前置詞 dans は省くことが可能（住所表記の影響）。

比　較：J'ai rencontré Mami [dans la] rue des Saints-Pères.
　　　　　　　　　　　　　　sur l'avenue des Champs-Elysées.
　　　　　　　　　　　　　　sur le boulevard Saint-Michel.
　　　　私は｜サン=ペール通りで　　　｜真美に出会った.
　　　　　　｜シャンゼリゼ大通りで　　｜
　　　　　　｜サン=ミッシェル大通りで｜

295　sans

―― 確認問題 ――

次の文の( )の中から最も適切な語句を選びなさい.
A. Je prends toujours mon thé sans (du/de/なし) sucre.
私はいつも紅茶に砂糖を入れない.
B. Il aura (sans doute/sans aucun doute) pris la mauvaise route.
彼はおそらく道を間違えたのだ.

解答：A. なし cf.1　B. sans doute cf.7

1- sans + 名詞 (無冠詞)

1) Il n'y a pas de repas français digne de ce nom sans vin ni fromage.
ワインとチーズがなければ，フランス式の食事という名に値しない.

À mon avis, les jeunes ne peuvent pas vivre sans musique.
私の考えでは，若者は音楽なしには生きていけないと思う.

Je dois te féliciter. Tu as écrit un devoir sans faute.
褒めてあげなければならないね. 君の書いた宿題はミスがなかった.

使い方：1) 食べ物，飲み物など，部分冠詞と共に用いられるべき名詞と共に.
　　　　2) sans のあとの名詞に形容語句はつけない.

2) (言い回し)

Takashi parle italien sans accent, comme un Florentin.
孝はさながらフィレンツェ人のように，訛のないイタリア語を話す.

Nous avons travaillé sans arrêt pendant six heures.
私たちは，休みなしに6時間働いた.

Les enfants n'aiment pas les livres sans images.
子供たちは，絵の入っていない本は好きじゃない.

Je vous l'expédie sans délai.
あなたに直ちにそれを発送します.

Vous trouverez l'endroit sans peine. その場所は簡単に見つかりますよ.

J'y serai sans faute. Compte sur moi. まちがいなく行くよ. あてにしていい よ.

慣 用：Un repas sans vin est comme une maison sans soleil.
ワインのない食事は, 陽の当たらない家のようなものだ.

2- sans un ＋ 名詞 (単数)

Il nous a quittés sans un mot d'adieu. 彼は私たちにさよならの一言も言わずに去って行った.

Perrine a appris la nouvelle du décès de son fils sans une larme. ペリーヌは息子の悲報を聞いても, 一すじの涙もこぼさなかった.

Émile parle japonais sans une seule trace d'accent. エミールの日本語には, 少しも訛が残っていない.

強 調：sans un seul ＋ 名詞 (単数)

3- sans ＋ 限定詞 ＋ 名詞

Je suis sorti sans mon parapluie. 私は自分の傘を持たずに出かけた.

J'imagine mal Soseki sans sa moustache. 口髭なしの漱石は想像しにくい.

On ne peut pas commencer sans eux. 彼らがいないと始められない.

Elle est allée en Afrique sans le consentement de ses parents. 彼女は両親の同意なしにアフリカへ行った.

使い方：特別に大事な物 (人) を表す名詞の前に用いられる.
反 意：avec ＋ 限定詞 ＋ 名詞
比 較：Grand-papa ne peut pas marcher sans | sa canne.
　　　　　　　　　　　　　　　　　　　　　　　　　　| ×une canne.
　　　　　　　　　　　　　　　　　　　　　　　　　　| canne.

おじいさんは | 自分の杖 | がないと歩けない.
　　　　　　 | 杖 |

4- sans ＋ 限定詞 ＋ 名詞, 主語 ＋ 動詞 (条件法)

Sans le médecin, Namiko serait morte. お医者さんがいなかったら, 奈美子は死んでいただろう.

Sans le golf, mon père ne pourrait pas vivre. ゴルフがなければ, 父は生きていけない.

Tout se serait bien passé sans cette histoire. その話さえなければ, すべてがうまく行っただろうに.

Sans mon père, je ne serais pas à l'université. 父がいなければ, 私は今ごろ大学にはいないだろう.

同　意：s'il n'y avait pas + SN, 主語 + 動詞（条件法）

5- sans + inf. + de + 名詞

Mon mari ne pourrait pas vivre sans manger de riz.
私の夫は米を食べないと生きていけない。

Les Londoniens ne sortent presque jamais sans emporter de parapluie.
ロンドン市民は，傘を持たずに外出することはまずない。

　使い方：この場合，不定冠詞と部分冠詞は，通常の否定文中と同じように de に変わるが，くだけた表現では部分冠詞を用いることがある。

$$\text{Je ne peux pas boire de café sans y mettre} \begin{vmatrix} de \\ du \end{vmatrix} \text{lait.}$$

私はミルクを入れないとコーヒーは飲めない。

6- sans + inf. + un seul + 名詞

Il se couche sans jamais prendre une seule goutte d'alcool.
彼はアルコールを一滴も飲まずに寝る。

Geneviève est partie sans verser une seule larme.
ジュヌヴィエーヴは，少しも涙を見せず行ってしまった。

- Il est parti sans dire un seul mot de remerciement.
- Quel culot !

―彼は，ありがとうの一言も言わないで行っちゃったんだ。
―まあ，ずうずうしい。

7- sans aucun + 名詞（単数）

Je te le dis sans aucun regret.
君にこんな話をしても何も後悔はない。

Mario parle japonais sans aucune trace d'accent.
マリオは少しも訛のない日本語を話す。

Si l'homme vivait sans aucun souci, ce serait un miracle.
何の心配事もなく暮らせるとしたら奇跡だろう。

Ils se sont adressés à nous sans aucune gêne.
彼らは私たちに全く無遠慮に話しかけてきた。

　説　明：sans の強調
　比　較：Sans doute essaiera-t-il de repasser l'examen.
　　　　　　多分，彼はもう一回受験を試みるだろう。
　　　　　Sans aucun doute, il va essayer de repasser l'examen.
　　　　　　間違いなく，彼はもう一回受験を試みるだろう。

8- sans | rien | + inf.
        | jamais |
        | + inf. + personne

Elle endure son mari sans jamais se plaindre.	彼女は少しも不平を言わずに夫に耐えている.
Il est parti sans avertir personne.	彼は誰にも告げずに行ってしまった.
Anne est sortie sans rien nous dire. C'est étrange !	アンヌは私たちに何も言わずに出て行った. 変だな.
Il est resté trois jours sans rien prendre.	彼は3日間飲まず食わずでいた.
Il l'a fait seul, sans [avoir une] personne pour l'aider.	彼はそれを一人でやった. 手伝ってくれる人は誰もいなかった.

9- sans que + 節（接続法）

Je ne peux pas prendre de congé sans que mon directeur en soit averti.	私は所長に届けずに休むことはできない.
Je l'ai aperçu à Shibuya sans qu'il me voie.	私は彼を渋谷で見かけたが, 彼は気づかなかった.

使い方：主節と従属節の主語が異なる場合.

296 santé

確認問題

次の文に誤りがあれば正しなさい.
A. Le tabac fait beaucoup de tort à la bonne santé des fumeurs.
煙草は喫煙者の健康を大いに害する.
B. Il a une santé florissante.
彼は非常に健康だ.

解答：A. bonne をとる cf.2　B. ○ cf.3

1- pour la santé

La marche, c'est un bon exercice pour la santé.	歩くのはね, 健康にいい運動なのよ.
Le sport, c'est bien pour la santé.	スポーツは健康によい.
Le stress, c'est mauvais pour la santé.	ストレスは健康に悪いんだよ.

- Je prends mon petit déjeuner un jour sur trois.　―朝食を食べるのは，3日に1度なんだ。
- Ce n'est pas bon pour la santé.　―体によくないよ。

　使い方：1) **1～2**，一般的に言う場合，定冠詞 la を用い，特定の個人の健康を具体的に言う場合，所有形容詞を用いる。
- Mon grand-père se promène avant de prendre son petit déjeuner.
- C'est bon pour | la | santé.
　　　　　　　　| sa |

―おじいさんは朝食前に散歩します。
―｜それは体にいいですね。
　｜それは(彼の)健康にいいですね。

　　2) **1～2**，一般に定冠詞の付いた santé には 形容詞 bonne をつけない。
　参　考：Bonne année ! Bonne santé ! と新年のあいさつなどで用いられる場合は別。

2- la santé de + SN

André fait du jogging tous les matins pour sa santé.　アンドレは健康のため毎朝ジョギングをしている。

Sur le conseil de son médecin, il a renoncé à boire et à fumer pour sa santé.　医者の忠告に従って，彼は健康のために酒と煙草をやめた。

Surtout, prenez bien soin de votre santé.　くれぐれもお体をお大切に。

C'est une folie de risquer sa santé.　自分の健康のことを顧みないなんて狂気の沙汰だ。

Pensez toujours à votre santé et suivez un régime approprié.　常に健康に気をつけて，適切な食餌療法を続けて下さい。

　慣　用：Il s'est ruiné la santé dans les mines du Kyushu.
　　　　　彼は九州の炭鉱で健康を損なった。

3- SN (人) + avoir | une santé + 特定の形容詞(1)
　　　　　　　　　　 | une + 特定の形容詞(2) + santé

Elle n'est pas débrouillarde. De plus, elle a une petite santé.　彼女は何でもこなせる方じゃない。おまけに体が弱い。

　特定の形容詞(1)：chancelante, délicate, fragile, précaire, florissante, faible, parfaite など
　特定の形容詞(2)：petite, faible, parfaite, bonne など
　慣　用：Il a une santé de fer.
　　　　　彼はいたって丈夫だ。

297 en bonne santé / bien portant / en forme / vigoureux / sain

---
確認問題

次の文に誤りがあれば正しなさい.
A. Depuis son opération, il n'a pas l'air en santé.
　手術以来, 彼は体調が良くないように見える.
B. Le climat de la région est connu pour la bonne santé.
　この地方の気候は, 健康に良いことで有名だ.
C. Il lui faut une nourriture saine.
　彼(女)には健康食が必要だ.

　　　　　　解答：A. en santé → en bonne santé cf.1,2　　B. la bonne santé → être sain cf.6-2)
　　　　　　　　　C. ○ cf.6-3)

1- en bonne santé / bien portant

Je suis en meilleure santé qu'autrefois.　　私は以前よりも健康である.
- Et ton père?　　　　　　　　　　　　　　－で, お父さんは？
- Il est toujours bien portant, merci.　　　　－お陰様で, 相変らず元気です.
Quand les vacances se terminent, on est bronzés et en bonne santé.　　ヴァカンスが終わると, みんな日焼けして, 健康そのものだ.
Ma mère est plutôt fragile alors que mon père, lui, est toujours en bonne santé.　　母はどちらかと言うと病弱だが, 父はと言えばいつだって病気知らずだ.

使い方：1〜2, この場合 santé は, bonne, meilleure, parfaite, excellente, pleine と共に用いる.
強　調：en très bonne santé; très bien portant; en parfaite santé
反　意：malade; maladif; en mauvaise santé

2- 特定の動詞 + en bonne santé

Il va souvent nager à la piscine universitaire pour se maintenir en bonne santé.　　彼は, 健康維持のため, よく大学のプールに泳ぎに行く.
Ce qui importe, c'est que tu te maintiennes en bonne santé.　　大事なのは, 君が健康でいることです.
Mange beaucoup pour rester en bonne santé.　　健康でいられるよう, たくさん食べなさい.

特定の動詞：se maintenir, rester, demeurer など

3- en forme (会話)

Il a l'air en forme pour son âge. 彼は年齢の割には健康そうだ．

― Je ne sais pas ce que j'ai, je ne suis pas en forme ce matin.
― Tu as mal dormi ?

―どこか悪いのかな．今朝は調子が悪いんだ．
―よく眠れなかったの？

Tes grands-parents ont l'air tout à fait en forme. 君のおじいさん，おばあさんは，元気一杯だね．

　強　調：en pleine forme

4- SN + être vigoureux

Ton grand-père est encore vigoureux malgré son âge. おじいさんは，高齢なのにかくしゃくとしている．

― Cet arbre a 120 ans. C'est mon arrière-grand-père qui l'a planté.
― Il est vigoureux.

―この木は樹齢120年で，ひいおじいさんが植えたものです．
―生命力が強いですね．

　使い方：人，樹木，植物，動物の健康について言う．

5- 限定詞 + 特定の名詞 + vigoureux

Madame Chapuis a supporté des maux qui auraient tué des femmes plus jeunes et plus vigoureuses. 自分よりも若く，元気のよい女性たちさえ命を失ったような病気に，シャピュイ夫人は堪えた．

Il a toujours eu une santé vigoureuse. 彼はいつも健康そのものだった．

　特定の名詞：homme, femme, santé, bras, main など
　同　　意：solide, robuste

6- sain

1) La comparaison des données recueillies chez les dames atteintes de cancer du sein et chez les dames saines peut apporter des informations utiles. 乳ガンにかかった女性と，健康な女性について集められたデータの比較は，有益な情報をもたらし得る．

Est-il permis de faire l'étude des effets d'un médicament nouveau sur des personnes saines ? 健康な人に新しい医薬品の効果の試験を施すのは，許されるだろうか．

　使い方：1) 人について言う．
　　　　　2) 医学に関する文章で．
　慣　用：Les psychiatres l'estiment sain d'esprit.

精神科医たちは，彼の精神が健全であると認めています。

2) À 800 m d'altitude, l'air devient plus sain.
高度800メートルでは，空気はずっと体に良い。

使い方：天気，気候，空気について言う。
反意：malsain, pollué
慣用：Un milieu sain, l'exemple des adultes valent toutes les leçons.
いい環境に恵まれ，手本となる大人たちがいれば何よりの勉強となる。

3) Vous avez des dents saines, ne vous inquiétez pas.
健康な歯をしていますから，心配いりません。

Avec les jeunes, nous tentons d'instaurer des rapports sains entre garçons et filles.
青少年に対しては，男女の健全なつきあいをさせるように努めましょう。

使い方：歯，食事，生活について言う。
説明：医学的な見地から言う場合。
慣用：Un esprit sain veut dire un corps sain. C'est presque aussi simple que cela.
健全な精神とは，健全な肉体という意味だ。これはごく当り前のことだ。

298 sauf / excepté / à part / mis à part / à l'exception de

確認問題

次の文の誤りを正しなさい。

A. Je rentre tard à la maison, sauf samedi.
土曜日以外は，僕はいつも遅く家に帰ります。

B. Tu ne trouveras ce livre nulle part, à part à la Bibliothèque nationale.
パリの国立図書館を除いて，その本はどこにも見つからないよ。

C. Mis à part le Musée d'Orsay, il n'a visité aucun musée à Paris.
オルセー美術館を除いて，パリでは彼はどの美術館にも行っていない。

解答：A. sauf samedi → sauf le samedi, さらに à la maison の後に tous les jours を入れるのが望ましい。cf. 2 B. à part → sauf または excepté cf.3
C. Mis à part le Musée d'Orsay → Le Musée d'Orsay mis à part または Sauf le Musée d'Orsay または Excepté le Musée d'Orsay または À part le Musée d'Orsay cf.1

1- | Sauf
　　Excepté
　　À part
　　SN + mis à part
　　À l'exception de | + SN (文頭で)

| Sauf la pétanque,
| La pétanque mise à part, | je ne pratique
aucun sport. | ペタンク以外には，私は何のスポーツもやらない．

Excepté la jeune fille vêtue d'une robe vert pâle, je les connais toutes. 　　青緑のワンピースを着た若い女性を除けば，私は彼女たち全部を知っている．

À part les touristes, il n'y a personne à Paris au mois d'août. 　　旅行客を別にすれば，8月のパリには誰もいない．

　　使い方：**1〜3**, sauf, excepté, à part が用いられる文においては，以下のような表現が使われているか，含意されていることが多い．
　　　　　　tout, tous, nulle part, partout, aucun + 名詞
　　慣　用：Ma grand-mère est à l'hôpital. À part ça, tout va bien à la maison.
　　　　　　私の祖母は入院している．それ以外は，家ではすべてがうまく行っている．

2- | sauf
　　excepté
　　à l'exception de
　　à part | + SN

Tout le monde était de bonne humeur, sauf elle. 　　彼女以外は皆，上機嫌だった．

Tous étaient là, sauf le directeur. 　　部長以外の人はみんなそこにいた．

Personne ne voulait de la guerre du Golfe, à part ceux pour qui elle était une source d'enrichissement, d'honneurs. 　　誰も湾岸戦争など望んでいなかった．あの戦争が富や名誉の源であった人々を別にすれば．

À la maison, tout le monde sait nager à l'exception de ma mère. 　　家では，母以外は皆泳げます．

　　使い方：SN が人称代名詞の場合は sauf, excepté, à part のいずれかを用いる．

3- | sauf
　　excepté | + 前置詞 + SN

Il y avait de la poussière partout, sauf sur la table de travail. 　　仕事机の上以外は至る所ほこりだらけだった．

Tu ne trouveras ce livre nulle part, excepté peut-être à Kanda.
神田以外では，たぶんこの本はどこにも見つからないでしょう．

Il n'y avait pas de lumière, sauf chez les Kato.
加藤さんの家以外には明かりが灯っていなかった．

La région est assez déserte, sauf en hiver quand il y a beaucoup de skieurs.
スキーをする人がたくさんいる冬を除けば，この地方は人があまりいない．

使い方：à part の後には前置詞句を続けることはできないので，sauf か excepté を用いる．

299 savoir ＋ 疑問詞 ＋ 節

― 確認問題 ―

次の文に誤りがあれば正しなさい．
A. La chose la plus importante, c'est de savoir qu'ils s'aiment vraiment ou non.
一番大事なのは，彼らが本当に愛し合っているかどうかだ．
B. Mes parents se soucient peu de savoir avec qui je me marierai.
両親は私が誰と結婚するのかをほとんど心配していない．

解答：A. qu'ils → s'ils cf.1　B. ○ cf.4

1- | le problème / la question / la chose | est / , c'est | de savoir ＋ | si ＋ 節 / 疑問詞 ＋ 節 |

Le problème, c'est d'abord de savoir si le projet est réalisable [ou non].
問題はまずその計画が実現可能かどうかということだ．

La question, c'est de savoir ce que l'on va faire pour la sécurité routière.
問題は交通安全のために何をするかということだ．

使い方：1〜5，動詞 savoir は省略できない．

2- il s'agit de savoir ＋ | si ＋ 節 / 疑問詞 ＋ 節 |

D'abord, et avant tout, il s'agit de savoir comment [nous devons] nous y prendre pour mener l'enquête.
まず，何よりも，調査を続けていくためにどうやるかが問題だ．

Pour faire le bilan de Tchernobyl, il s'agira de savoir combien de cancers il y aura.	チェルノブイリを総括するには，どのくらいのガンが生じるかを知ることが重要だ．

3- [il] reste à savoir + | si + 節
疑問詞 + 節

Nous sommes maintenant au XXIe siècle. Il reste à savoir si les problèmes de l'environnement seront résolus.	もう21世紀だ．環境問題が解決されるかどうかが課題だ．
C'est tout un programme, reste à savoir si et comment il sera réalisé.	これは一仕事だが，実現可能かどうか，またどうやってやるかはまだわからない．

4- 特定の動詞 + 前置詞 + savoir + | si + 節
疑問詞 + 節

On s'inquiète de savoir si c'est le même crocodile qui a mangé douze personnes depuis 1970.	1970年以来12人の人間を食い殺してきたのが同じワニの仕業なのかどうか，皆気にしている．
Avant d'acheter quelque chose, je réfléchis pour savoir si c'est vraiment une chose dont j'ai besoin.	私は物を買う前に，それが本当に自分に必要な物かどうかよく考える．

  特定の動詞：réfléchir pour, s'inquiéter de, s'interroger pour, se soucier de, se préoccuper de, hésiter pour など

5- 不定冠詞 + 特定の名詞 + pour savoir + | si + 節
疑問詞 + 節

Les policiers mènent une enquête pour savoir qui s'est rendu coupable du meurtre d'Alice Vercruse.	警察は，アリス・ヴェルクリューズ殺しの犯人が誰なのか，捜査中である．
Il m'a posé une question pour savoir si je serai libre jeudi prochain.	彼は私に今度の木曜は空いているか聞いてきた．

  特定の名詞：enquête, recherche, question など

6- savoir + | si + 節
疑問詞 + 節

Je ne sais pas s'il est encore malade.	彼がまだ病気なのか，僕は知らない．
Personne ne sait ce qu'il est devenu.	彼がどうなったか誰も知らないんだ．

Nous ne savions pas à quelle heure vous allez arriver...　あなたが何時にお着きになるのか存じませんでしたので……

比　較：
Je ne savais pas s'il était encore malade.
Je ne savais pas qu'il était encore malade.
彼がまだ病気なのかどうかわからなかった．
彼がまだ病気だとは知らなかった．

300　savoir / connaître

―― 確認問題 ――

次の文の（　）の中から適切な語を選びなさい．

A. Elle veut changer de job. Tu le (savais/connaissais)?
彼女は転職したいんだって．知ってた？

B. Je le (sais/connais) de vue seulement, je ne lui ai jamais parlé.
彼なら顔だけしか知りません．彼とは一度も話したことがないんです．

解答：A. savais cf.1　B. connais cf.8

1- savoir + 特定の言葉 [+ de / sur + SN]

Je ne sais rien, absolument rien.　私は何も，全く何も知らないのです．

- Je sais tout, Alice.　―全部知っているよ，アリス．
- Mais quoi?　―何を知っているというの？

Comme vous le savez, il y a de nombreux volcans au Japon.　ご存知のように，日本には数多くの火山があります．

Je ne sais qu'une chose d'elle, c'est qu'elle a vécu aux États-Unis.　彼女について知っていることは一つだけだよ．つまり彼女がアメリカに住んでいたということだけさ．

Elle s'appelle Flora, c'est tout ce qu'on sait sur elle.　彼女はフローラという．彼女について私たちが知っているのはそれが全てです．

特定の言葉：tout, ne ... rien, quelque chose, ne ... pas grand-chose, le, beaucoup de choses, ce que ... , peu de choses など

慣　用：1) Vous en savez quelque chose, puisque vous étiez à Moscou en 91.
あなたは，それについては何かご存知ですよね．だって91年にあなたはモスクワにいたのですから．

2) - Préparer l'examen national de médecine, c'est difficile?

― Je n'en sais rien, je n'ai jamais essayé.
―医師の国家試験のための勉強は難しいのですか？
―全くわかりません。やってみたことがないから。
3) ― L'opération a réussi ?
― Je ne sais pas.
―手術はうまく行きましたか？
―わかりません。

参 考：**1～12**, (E) know

2- savoir + SN

Il ne sait pas le japonais. Il faut lui parler en français.	彼は日本語ができない。フランス語で話してあげなければならない。
― Je ne sais que trois mots en népalais. ― Lesquels ?	―ネパール語の単語は3つしか知らないんだ。 ―言ってみて。
Pour un Chinois, il sait bien l'orthographe.	中国人にしては彼はつづりを間違わない。
Il sait mal ses tables de multiplication.	彼は九九がおぼつかない。
Qu'est-ce qui se passe ? D'habitude elle sait bien ses leçons !	どうしたのかしら？ふつうあの子はちゃんと暗記してるのにね。
Il me faut deux semaines pour savoir mon rôle par cœur.	私の台詞を暗記するには2週間必要だ。

説　明：この場合、習い覚えたこと（授業の内容、暗記すべきものなど）が、記憶として残っているという感じに近い。

慣　用：Si vous saviez le nombre de voitures qui passent devant mon appartement !
私の家の前を通る車の数と言ったら！

3- savoir que + 節

Je sais que vous êtes tous bien fatigués, mais je vous demande encore quelques minutes d'attention.	皆さんが疲れてきているのはわかりますが、あと何分か頑張って下さい。
Je ne savais pas qu'elle attendait un bébé.	彼女が妊娠しているとは知らなかった。
Tu savais qu'il avait tant d'argent ?	彼がこんなにお金持ちだって知ってた？

4- savoir + SN + 形容詞（あらたまって）

Je ne les savais pas si doués pour la musique.	彼らにこれほど音楽の才能があるとは知らなかった。

Je la savais menteuse mais pas à ce point. 彼女は嘘つきと知っていたが、これ程とは思わなかった。

使い方：この表現よりも、savoir que ＋ SN ＋ est ＋ 形容詞の方がよく用いられる。

5- savoir ＋ 疑問詞 ＋ 節

Personne ne sait quelle est sa nationalité. 彼女の国籍は誰も知らない。

- Tu sais quel est son numéro de téléphone ?
- Oui, je l'ai dans mon calepin.

―彼女の電話番号、知ってる？
―うん、手帳に書いてあるよ。

Vous savez où il habite ? 彼がどこに住んでいるかご存じですか？

Vous savez à quelle heure il rentre ? 彼が何時に戻るか、おわかりですか？

Je ne sais absolument pas comment je vais faire pour y arriver. 私は、そこまでできるようになるにはどうしたらいいか、さっぱりわからない。

On ne sait toujours pas qui sera candidat pour le parti socialiste aux prochaines élections présidentielles. 次期大統領選の社会党候補が、誰になるのか、まだわからない。

慣 用：Si tu savais comme ils s'aiment !
どれほど彼らが愛しあっていることか！

6- savoir si ＋ 節

Est-ce que tu sais si elle est sortie de l'hôpital ? 彼女が退院したかどうか知ってる？

On ne sait pas s'ils pourront venir [ou non] mais on les a tout de même invités. 彼らが来られるかどうかはわからないが、それでも招待はしてある。

Elle s'est inquiétée de savoir si nous aurions le temps de faire des courses. 皆が買い物をする時間があるのか、彼女はそれがわからなくて気にかけていた。

7- savoir ＋ SN（物）（あらたまって）
　 connaître ＋ SN（物）

Dieu dit à l'ange de Smyrne : "Je sais tes œuvres, tes labeurs, et ta persévérance." 神はスミルナの天使に言われた。「私はあなたの所業、仕事、忍耐力を知っています。」と。

Je connais sa conduite : elle est irréprochable. 私は彼女の行いを知っています：非の打ち所がありません。

使い方：1) savoir は、非常にあらたまった文章中でしか用いられない。
　　　　2) 目的補語は抽象語に限られる。

|×Je sais ta demeure.
|Je sais où tu demeures.
　　　私は君の住所を知っている.
3) 上の1つめの例文の引用部分を通常の言い方で言うと，次のようになる.
　　Je sais ce que tu as fait, comme tu as travaillé et que tu as persévéré.

8- connaître + SN (人)

Je connais la mère mais pas le père.	私は，母親の方は知っていますが，父親の方は知りません.
Je connais un bon spécialiste des maladies cardiaques.	私は心臓病の名医を知っています.
Je connais une Vietnamienne qui parle très bien le japonais.	私は日本語のとても上手なヴェトナム人を知っています.
- Vous connaissez Monsieur François? - Je le connais de nom, mais je ne l'ai jamais rencontré. - Venez, je vais vous le présenter.	―フランソワさんをご存知ですか？ ―名前は知っていますが面識はありません. ―いらっしゃい，ご紹介します.
Je la connais de nom, mais je ne lui ai jamais parlé.	彼女なら名前は知っていますが，話したことはありません.
Je ne le connais pas personnellement, mais je connais son frère.	彼のことは個人的には知らないが，お兄(弟)さんなら知っている.
Vous ne connaîtriez pas quelqu'un qui pourrait donner des leçons de mathématiques à ma fille?	娘に数学を教えて下さる方を誰かご存知ありませんか.
Je n'ai pas connu de cas d'enfants dyslexiques qui n'aient pu être rééduqués.	失語症の子で，リハビリが効かなかった症例は聞いたことがない.

比　較：|Rumi ne connaît personne à Lyon.
　　　　|×Rumi ne sait personne à Lyon.
　　　ルミは，リヨンでは誰も知っている人がいない.
　　　- Ta mère ne souhaite qu'une chose : ta guérison.
　　　- Oui, |je [le] sais.
　　　　　　|×je le connais.
　　―お母さんの望みはただひとつ，君が治ることだよ.
　　―ええ，わかっています.
　　　Monsieur Dulac, vous|le connaissez?
　　　　　　　　　　　　　|×le savez?
　　　デュラックさんを，あなたはご存知ですか？

注　意：**8～11**, savoir は用いられない。
説　明：**8～11**, 場所や人，その他体験した事物について用いられる。

9- connaître + SN (場所)

Je connais à peine Himeji, je n'y suis allé que deux fois, il y a trente ans.
— 私は姫路はほとんど知りません。30年前に2度行ったことがあるだけです。

Il connaît bien Kobe, il y a vécu pendant dix ans.
— 彼は神戸をよく知っています。10年間住んでいました。

— Tu connais Singapour?
— Non, je n'y suis jamais allé.
— シンガポールは知っているの？
— いいや，一度も行ったことがないよ。

— Il est hospitalisé à l'hôpital Sanraku à Ochanomizu.
— Je ne connais pas cet hôpital.
— 彼はお茶の水の三楽病院に入院しています。
— 私はその病院は知りません。

Je connais un bon petit restaurant à Akasaka. Un jour, je t'inviterai.
— 赤坂にあるおいしいレストランを知っているんだ。いつか君を連れて行くよ。

— Tu connais la librairie "Sous la lampe"?
— "Sous la lampe"?... Voyons...
— 君は「スー・ラ・ランプ」という本屋を知っているかい？
— 「スー・ラ・ランプ」だって？　えーと……

比　較：Excusez-moi, vous ×connaissez / ×savez / savez où se trouve / est le bureau de Monsieur Martin?

すみませんが，マルタンさんのオフィスはどこか，ご存知ですか？

10- connaître | bien / mal | + SN (物)

Henri connaît bien sa voiture.
— アンリは自分の車のことをよくわかっているよ。

Il connaît mal la géographie de son quartier.
— 彼は自分の住んでいる町の地理にまるで暗い。

Je connais bien | les œuvres de Simenon, je les ai toutes lues. / Simenon, j'ai lu toutes ses œuvres.
— 私はシムノンの作品をよく知っています。全部読みましたから。

11- connaître + SN (物)

Quels sont les romans de Tolstoï que vous connaissez ?	あなたの知っているトルストイの小説にはどんなのがありますか？
Je ne connais pas du tout la nourriture vietnamienne.	私は、ヴェトナム料理のことは全く知りません。
Tu connaîtrais un remède contre l'obésité ?	君は、やせる薬を知っているんだって？
– Vous connaissez le steak tartare ?	―タルタルステーキってご存知ですか？
– Oui, j'en ai mangé une fois chez Arlette.	―ええ、アルレットという店で一度食べました。
En vivant à l'étranger, on peut connaître une culture différente.	外国に住むと、異なった文化を知ることができます。
Vous connaissez le jour de son anniversaire ?	彼(女)の誕生日を知っていますか？
La capucine, vous connaissez ? Vous en avez déjà mangé en salade ?	ノウゼンハレンをご存知ですか？ サラダで、もう食べたことがあるでしょう？

比　較：1) À l'époque, personne | ne connaissait | ses sentiments.
　　　　　　　　　　　　　　　 | ×ne savait
　　　　　　　　　　　　　　　 | ne savait quels étaient ses sentiments.

　　当時は、| 彼(女)の気持ちは誰も知らなかった。
　　　　　　| 彼(女)の気持ちがどうであったか，誰も知らなかった。

2) Dans le texte, il y avait beaucoup de mots que je
　　| ne connaissais pas.
　　| ne savais pas.

　　このテキストの中には，私の知らない語がたくさんあった。

301　savoir + inf. / pouvoir + inf.

― 確認問題 ―

次の文の(　)の中から最も適切な語句を選びなさい。
Il s'est marié avec une femme qui (ne pouvait pas/ne savait pas/ne connaissait pas) faire la cuisine.

彼は料理のできない女性と結婚した。

解答：ne savait pas cf.1

1- savoir + inf.

Je ne sais pas conduire.	私は運転ができない。

- Il sait piloter un avion mais il ne sait pas faire marcher la machine à laver !
- Quelle affaire !

―彼は飛行機の操縦ができるけど，洗濯機の使い方を知らないの．
―何ということだ．

- Dessine-moi un mouton.
- Mais je ne sais pas dessiner !

―羊の絵を描いて．
―僕は絵は描けないんだよ．

Si Sylvie ne sait pas lire les caractères chinois, il lui sera difficile de vivre au Japon.

もしシルヴィーが漢字を読めないなら，日本で生活するのは困難でしょう．

Il ne sait rien faire de ses dix doigts, il est tellement maladroit !

彼は自分の十本の指で何もできないほど，ひどく不器用だ．

使い方：connaître は用いない．また pouvoir は意味が異なるので注意 cf.**4-1**).
説　明：savoir + inf. は何らかの知識や技術の習得を前提とする．

2- ne savoir (条件法) + inf. (あらたまって)

- Monsieur Ida est ici ?
- Je regrette, je ne saurais vous [le] dire.

―井田さんはいらっしゃいますか．
―申し訳ございませんが，わかりかねます．

- C'est un amateur intéressé.
- On ne saurait mieux dire.

―お金をもらうアマチュアだね．
―それはうまい言い方だね．

Il ne saurait y avoir de meilleur remède, croyez-moi.

これ以上の良薬はありませんよ．本当です．

On ne saurait avoir plus d'intelligence que lui, vous ne croyez pas ?

彼よりも賢くはなれませんよ．そう思いませんか．

3- | savoir | + inf.
　　| pouvoir |

Cette fois-ci, il a pu se dominer.

今度は彼は自分を抑えることができた．

Il n'a pas su convaincre ses électeurs.

彼は有権者たちを納得させられなかった．

　　比　較：Émilie | ne sait pas | mentir.
　　　　　　　　　 | ne peut pas |
　　　　　エミリーは嘘は | つかないよ．
　　　　　　　　　　　　 | つけないよ．

4- pouvoir + inf.

1) Avec cette main, je ne peux pas soulever plus d'un kilo.

私のこの腕では1キロ以上のものを持ち上げられない．

| Je suis trop vieux, je ne peux plus jouer au basket. | 私は年を取りすぎているので、もうバスケットボールはできない。 |

比　較：Je ne | peux pas chanter "Plaisir d'amour". J'ai une laryngite.
 | sais pas chanter "Plaisir d'amour". Je ne connais pas l'air.

私は「プレジール・ダムール(愛の喜び)」を歌えない。| 咽頭炎にかかっているので。
 | メロディーを知らないので。

2) Malgré cette traduction, je ne peux pas comprendre ce que l'auteur veut dire.	ここに翻訳があるのですが、私は著者が何を言いたいのか理解できません。
Je ne peux pas vous dévoiler ce secret.	この秘密をあなたに打ち明けることはできない。
Je suis sûr que vous pourriez faire ce travail si vous saviez comment vous y prendre.	どう手をつけたらよいのかあなたにわかっているなら、あなたはきっとこの仕事をやることができるのだろうが。

5- pouvoir savoir ＋ 名詞節

| Tu ne peux [pas] savoir comme tu m'as fait plaisir. | わからないだろうけど、おかげでとっても嬉しかったよ。 |
| Qui peut savoir ce que l'avenir lui réserve ? | 彼(女)の未来に何が待ち受けているか、誰が知り得ようか。 |

302　sciences / science

───── 確認問題 ─────

次の文に誤りがあれば正しなさい。
A. Les sciences ont fait d'immenses progrès ces dix dernières années.
　科学はこの十年で飛躍的に発展した。
B. J'ai un peu étudié les sciences au lycée.
　私は高校で少し理科を勉強した。

　　　　　　　解答：A. Les sciences ont fait → La science a fait cf.2　B. ◯ cf.3

1- 限定詞 ＋ sciences ＋ 特定の語句

| – Qu'est-ce que c'est que les sciences humaines, Monsieur ? | —先生、人文科学とは何ですか？ |
| – Ce sont les sciences qui ont pour objet l'étude de l'homme. | —人間の研究を目的とする学問です。 |

Jean-Pierre fréquente l'Institut des Sciences politiques de la rue Saint-Guillaume.　ジャン=ピエールはサン=ギヨーム通りの政治学院に通っている．

Plus tard, Anne-Marie voudrait devenir professeur de sciences sociales.　アンヌ=マリーは将来，社会科学の先生になりたいと願っている．

Lorsqu'il s'agit du mental, les sciences physiques sont désarmées.　精神的な事柄については，自然科学は役に立たない．

　　特定の語句：sociales, appliquées, humaines, morales, expérimentales, physiques, exactes, naturelles, de la nature, occultes, politiques, marines など

2- la science

Si nous vivons convenablement, c'est grâce au progrès de la science, cher Monsieur. Ne l'oublions pas.　私たちが快適に生きられるのは，科学の進歩のおかげなんですよ．このことを忘れないようにしましょう．

　　使い方：総称的用法

3- les sciences

C'est un garçon très doué pour les sciences, c'est indéniable.　あの少年は理科系の才能がすごくあることは間違いないね．

Pardon, Mademoiselle, où est situé le bâtiment de la faculté des sciences ?　ちょっとすみません．理学部の建物はどこにありますか．

303　soi

確認問題

次の文の誤りを正しなさい．
A. Tout le monde ne travaille que pour eux, ici.
　ここではみんなが自分のためにのみ働いている．
B. Chacun pour lui, c'est ma devise !
　各自は自分のためにあるというのが私のモットーだ．
　　　　　　　　　　解答：A. eux → soi cf.1　B. lui → soi cf.1

1- 前置詞 + soi

Personne n'avait d'argent sur soi.　誰もお金を持ち合わせていなかった．

Souvent, de toute façon, on ne pense qu'à soi-même. / いずれにせよ、人は自分自身のことしか考えない場合が多い。

Aux États-Unis, il est défendu de faire de l'alcool chez soi. / アメリカ合衆国では、自家製のアルコール飲料を作るのは禁止されている。

Il vaut mieux l'avoir avec soi que contre soi. / 彼(女)と敵対するより、味方につけた方がよい。

Je regrette beaucoup qu'on n'ait pas eu assez de temps pour soi. / 各自が自分のための時間が十分にもてなかったことを私はとても残念に思う。

- 使い方：soi は以下のような主語を受けている。on, chacun, tout le monde, personne ... ne, quiconque
- 強　調：soi-même
- 比　較：En Afrique,
  - tout le monde cultive le blé ou le manioc soi-même.
  - les gens cultivent le blé ou le manioc eux-mêmes.
  - アフリカでは、麦やマニオクを自ら栽培する人が多い。
- 慣　用：Chacun pour soi et Dieu pour tous.
  - 各人は自分のために、神は万人のために。

2- soi-même

Ah ! Quand on est pauvre soi-même, il n'est pas facile d'aider les autres. / ああ、自分自身が貧しいと、他人の手助けなんて無理だ。

- 使い方：主語を強調する。
- 反　意：les autres

3- on ＋ 代名動詞 ＋ soi-même

On doit profiter des voyages pour s'enrichir soi-même. / 旅を利用して、自分自身を豊かにしなければならない。

Il faut se connaître soi-même. / 自分自身を知らなければならない。

- 使い方：再帰代名詞を強調する。
- 比　較：
  - On devait s'approvisionner soi-même.
  - On devait s'approvisionner nous-mêmes.
  - Elle devait s'approvisionner elle-même.
  - 人々は／私たちは／彼女は 自分自身で買い出しをしなければならなかった。

確認問題

次の文の(　)の中から最も適切な語句を選びなさい．

A. (Ce soir/Cette nuit/Cette soirée), couchons-nous tôt.
　今晩は，早く寝ましょう．

B. – Oh, il est tard. Je dois rentrer préparer le dîner.
　– Alors, au revoir et (bon soir/bonne nuit/bonne soirée).
　—あら，もうこんな時間，帰って夕飯作らなくちゃ．
　—それじゃ，さようなら．

C. Papa est revenu tard, (hier soir/hier soirée/hier nuit).
　パパは昨日の晩，遅く帰ってきた．

解答：A. Ce soir cf.3　B. bonne soirée cf.9　C. hier soir cf.2

1- 限定詞 + soir

Le soir, avant de se coucher, on jouait aux cartes.	夜は，寝る前にトランプをしたものだ．
Prenez un cachet d'aspirine trois soirs de suite avant de vous coucher.	三日間続けて，寝る前にアスピリンを1錠飲みなさい．
Angèle boit du café n'importe quand sauf le soir.	アンジェールは，夜以外はいつでもコーヒーを飲む．
Après 9 h du soir, on ne doit pas faire de bruit avec des instruments de musique.	夜9時以降は，楽器を鳴らしてうるさくしてはいけない．
Ma mère me racontait une histoire chaque soir avant que je m'endorme.	私が寝入るまで，母は毎晩お話をしてくれたものだ．
Ça s'est passé le soir du bal annuel de l'école.	それは学校の毎年恒例のダンスパーティーの夜に起こった．
Tous les soirs, avant de m'endormir, je prends une tisane.	毎晩寝る前に，私はハーブティーを飲むんです．

2- 特定の言葉 + soir

Hier soir, je me suis couché exténué.	昨夜，私は疲れきって寝てしまった．
Est-ce que tes parents te permettent de sortir demain soir ?	君のご両親は，明日の夜出かけることを許可してくれますか？
J'ai rendez-vous avec elle vendredi soir.	私は金曜日の晩，彼女と約束がある．

Hier [au] soir, le téléphone a bien sonné au moins dix fois.	昨日の夜，電話が確かに少なくとも10回は鳴った．
Le lendemain soir, nous étions déjà rendus à Amsterdam.	翌日の夜，私たちはすでにアムステルダムに着いていた．

　　特定の言葉：hier, avant-hier, demain, après-demain, le lendemain, lundi など
　　参　考：(E) night
　　慣　用：La veille au soir, ils s'étaient donné rendez-vous.
　　　　　　前の晩，彼らは会う約束をしていた．

3- ce soir

Tu es libre ce soir?	今晩，ひま？
Ce soir, qu'est-ce qu'il y a comme émissions à la télévision?	今晩，テレビの番組は何があるのかな？

4- 限定詞 + soirée

Impossible de terminer ma dissertation en une soirée.	一晩で作文を仕上げるのは，不可能だ．
J'ai perdu une soirée à essayer de réparer sa moto.	私は彼(女)のオートバイを直そうとして，一晩無駄にした．

5- 特定の前置詞 + la soirée

Dans la soirée, notre quartier est presque désert.	夜になると，私たちの住んでいる地区はほとんど人通りがない．
Mon beau-frère travaille tard dans la soirée.	私の義兄は夜遅くまで働いている．
Au cours de la soirée, nous avons discuté de vivisection.	夜会の間中，私たちは生体解剖について話し合ったのです．

　　特定の前置詞：dans, pendant, au cours de など

6- passer + 限定詞 + soirée

Merci, nous avons passé une agréable soirée.	ありがとう．今晩は楽しかったです．
Je ne peux pas passer une soirée sans rien faire.	私は何もせずに夜を過ごすことはできない．

Hier, j'ai passé la soirée à préparer mon examen de philosophie. 昨日の晩は哲学の試験の準備にかかりきりだった.

Je ne me sens pas le courage de passer une soirée sans téléphoner à quelqu'un. 私は誰かに電話しないで夜の時間を過ごす自信がない.

費用 : – Alors, ça va mardi ?
– C'est entendu, je te réserve la soirée.
―じゃあ, 火曜日は大丈夫？
―了解. 夜は君のためにあけておくよ.

7- soirée

Ta soirée d'anniversaire, c'est quand ? 君の誕生パーティー, いつ？

On voudrait lui organiser une petite soirée amicale. 彼(女)のためにちょっとしたパーティーを開けたらと思っている.

– Comment a été votre soirée ?
– Superbe !
―昨日の晩の会はどうでしたか？
―とてもよかった.

Notre club organise une soirée vendredi prochain, tu viens ? 僕たちのクラブは, 来週の金曜日の夜にパーティーを開くけど, 来るかい？

8- en soirée

Il y a une seule représentation en soirée, mais deux en matinée. 夜の上演は一回だが, 昼間には二回公演がある.

反意 : en matinée

9- 限定詞 + nuit

– Il doit se lever deux ou trois fois toutes les nuits.
– Il souffre d'insomnie ?
―彼は一晩に二, 三回必ず起きる.
―彼は, 不眠で悩んでいるの？

Le chien du voisin se met à hurler toutes les nuits vers 2 h. 隣りの犬は, 毎晩2時頃吠えます.

Nous avons eu une nuit bien orageuse. ひと晩中ひどい嵐だった.

Après une nuit et une demi-journée d'avion, il est arrivé fatigué de Paris. 飛行機に一晩と半日乗って, 彼はくたくたになってパリから着いた.

Soudain, le téléphone s'est mis à sonner en pleine nuit. 突然, 真夜中に電話が鳴り出した.

Même les nuits sont humides. 夜でもむしむしするんです.

参　考：(E) night
比　較：Il y a deux jours, | à 11 h du soir, | Arnord était presque ivre.
　　　　　　　　　　　　　 | à 1 h du matin,
　　　　　　　　　　　　　 | à 5 h du matin,

　　　二日前，|夜の11時に　 |アルノールはほとんど酔っぱらっていた．
　　　　　　　|夜中の1時に
　　　　　　　|朝の5時に

Il passe | toutes ses nuits　| à écouter de la musique.
　　　　 | toutes ses soirées
　　　　 | ×tous ses soirs

彼は，|毎日夜中じゅう |音楽を聴いて過ごす．
　　　|毎晩

- Hier, où as-tu passé | la nuit ?
　　　　　　　　　　　| la soirée ?
　　　　　　　　　　　| ×le soir ?
- Chez Hisashi.

一|昨日，どこで夜を　 |過ごしたの？
　|昨日の夕方はどこで|
一久志君の家で．

Alors, bonne soirée. Vous allez rentrer à quelle heure ?
Alors, bonne nuit. Dormez bien.

じゃ，よい夜を．何時に帰ってきますか？
じゃ，おやすみなさい．ぐっすり眠ってください．

慣　用：- Cette semaine, Patrick travaille de nuit.
　　　　- De quelle heure à quelle heure ?

一今週，パトリックは夜勤です．
一何時から何時まで？

10- cette nuit

Cette nuit, j'ai travaillé jusqu'à 3 heures pour préparer l'examen de sciences politiques.

昨日の夜，政治学の試験勉強で朝方3時まで勉強しました．

比　較：Regarde, | cette nuit, | on peut voir la Grande Ourse !
　　　　　　　　 | ce soir,

見てごらん，|今夜は|おおぐま座が見えるよ．
　　　　　　|今晩は

11- [pendant] la nuit

Mais, enfin, les lettres, les coups de télé- とにかく、昼も夜も手紙やら電話ばかり
phone le jour et la nuit, ce n'est pas de la だ。これは嫌がらせじゃないだろうか。
persécution ?

- Il dort le jour et travaille la nuit. ―彼は昼間寝て、夜仕事をしている。
- Ce n'est pas une bonne habitude. ―それは、良い習慣ではないね。

La nuit, Emi a des cauchemars, à ce qu'elle 恵美の言うところによれば、彼女は悪夢
dit. を見るらしい。

12- passer + 限定詞 + nuit

Takeshi a passé la nuit de dimanche à lundi 武は、日曜から月曜にかけて徹夜して試
à préparer son examen. 験の準備をした。

Nous allons passer deux nuits et trois jours 私たちは志賀で二泊三日する予定だ。
à Shiga.

比　較 : Si j'allais retrouver Amandine ce soir, afin de passer la soirée et la
　　　　 nuit avec elle ?
　　　　 夕方アマンディーヌに会いに行って夜から朝まで一緒にいようかな。

慣　用 : J'ai passé une nuit blanche à surveiller Jacquot.
　　　　 ジャックちゃんを看病するために私は徹夜した。

13- ne ... pas de la nuit

Ses parents m'ont dit qu'elle n'était pas 親が言うには彼女は夜家に帰ってこなか
rentrée de la nuit. ったらしい。

Elle n'a pas dormi de toute la nuit. 彼女は夜じゅう眠れなかった。

　　強　調 : ne ... pas de toute la nuit

305　hier soir / la nuit dernière / cette nuit / la veille [au soir]

― 確認問題 ―

次の文の誤りを正しなさい。
A. La veille, j'ai mal dormi.
　　昨夜、私はよく眠れなかった。
B. La nuit dernière, je me suis couché tôt.
　　昨夜、私は早く寝た。
C. Quand j'allais à l'école, les enfants parlaient des programmes qu'ils
　　avaient vus hier soir.

> 私が小学生の頃には，子供たちは前の晩に見たテレビの番組の話をしていたものだ．
> 解答：A. La veille → La nuit dernière cf.2　B. La nuit dernière → Hier soir cf.1
> 　　　C. hier soir → la veille au soir cf.4

1- hier soir

Nous parlions du programme de télé que nous avons vu hier soir.
私たちは，昨日の晩に見たテレビ番組について話し合っていた．

Il a mal à l'estomac depuis hier soir mais il ne l'a dit que ce matin.
彼は昨夜から胃が痛かったが，今朝になって初めてそう言った．

Je pensais finir mon courrier hier soir mais je n'ai pas pu.
私は昨夜手紙を書いてしまおうと思っていたが，できなかった．

Si tu m'avais parlé de cette question hier soir, j'aurais eu le temps d'y réfléchir.
君がもし昨日の晩にその問題について私に話してくれていたら，私はそれについて考える時間があっただろうに．

　使い方：「今」に対して，「昨日の晩」のこと．
　参　考：(E) last night; yesterday evening

2- la nuit dernière / cette nuit

La nuit dernière, il s'est agité.
彼は昨日は一晩中（寝苦しそうに）動き回っていた．

Cette nuit, Arnaud a été transporté à l'hôpital d'urgence.
昨夜アルノーは救急病院に運ばれた．

Ce n'est pas la nuit dernière qu'ils ont été cambriolés; c'est il y a trois jours.
彼らが泥棒に入られたのは，昨夜ではなく，3日前だ．

　使い方：普通は，昨日の晩の，人が眠っている時間．
　参　考：(E) last night
　比　較：Hier soir, j'ai dîné avec Antoine.
　　　　　La nuit dernière, je n'ai pas pu dormir.
　　　　　昨晩私はアントワーヌと夕食を食べた．
　　　　　昨夜私は眠れなかった．

3- cette nuit

J'espère que cette nuit je vais pouvoir dormir un peu.
今晩は少しは眠れるといいんだが．

　同　意：ce soir
　参　考：(E) tonight

4- la veille [au soir]

Voulez-vous confirmer notre rendez-vous la veille au soir du 24 ?
私たちの24日の約束を，前の晩に確認してくれますか。

C'est la veille au soir de son mariage qu'il s'est aperçu qu'il avait oublié d'acheter les alliances.
彼が結婚指輪を買うのを忘れていたことに気づいたのは，結婚式の前日であった。

使い方：「前の晩」のこと．la veille は話題となったり，基準となっている日の前日を指す．
参　考：(E) the day before
比　較：J'ai rêvé hier soir.
　　　　J'avais rêvé la veille.
　　　　私は昨日の晩，夢を見た．
　　　　私は前日の晩，夢を見たのだった．

306　souvenir / mémoire

――― 確認問題 ―――

次の文に誤りがあれば正しなさい．
A. Ce séjour m'a laissé une mémoire désagréable.
　この滞在には，嫌な思い出が残った．
B. J'ai peu de souvenirs, j'oublie les noms des personnes.
　私は物覚えが悪くて，人の名前を忘れてしまいます．
C. Je garde de mauvaises mémoires de cette rencontre.
　あの出会いには嫌な思い出がある．

解答：A. une mémoire désagréable → un souvenir désagréable cf.1　B. souvenirs → mémoire cf.2　C. de mauvaises mémoires → de mauvais souvenirs cf.1

1- souvenir

Il me reste peu de souvenirs de mon séjour en Angleterre.
イギリスでの滞在の思い出はほとんど残っていない。

Teruo dit qu'il n'a pas de souvenir précis de cet incident.
輝男は，その事故のことをはっきりとは覚えていないと言う。

Mes grands-parents gardent de mauvais souvenirs de la Deuxième Guerre mondiale.
祖父母には第二次世界大戦の嫌な思い出がある。

参　考：(E) memory; memories

2- mémoire

- Il s'appelle ... Fumio Koike.　　　　　　　—彼の名前は…小池文夫だね.
- C'est bien ça ! Tu as une bonne mémoire.　—そのとおり！ 記憶力がいいね.

Il perd la mémoire, peu à peu.　　　　　　彼は次第に記憶力が衰えてきている.

D'après les spécialistes, on peut améliorer sa　専門家によれば，記憶力は向上できると
mémoire, mais il faut de la patience.　　　　いうが，根気がいることだ.

説　明：記憶能力をさす場合にのみ用いられる.
参　考：(E) memory (単数形のみ)

307　sport

―― 確認問題 ――

次の文の誤りを正しなさい.
A. Ma grand-mère aime sortir, faire des sports, des voyages et tricoter.
　　私の祖母は，外出したり，スポーツしたり，旅行したり，編み物をするのが好きだ.
B. Il y a du sport qui demande plus d'énergie que d'autres.
　　スポーツの中には，他と比べて多くのエネルギーを必要とするものがある.

　　　　　　　　　　　解答：A. faire des sports → faire du sport cf.1
　　　　　　　　　　　　　　B. du sport qui demande → des sports qui demandent cf.3

1- faire du sport

Je suis rouillé, je n'ai pas fait de sport depuis　体がなまっている．ここ一週間スポーツ
une semaine.　　　　　　　　　　　　　　をしていないのだ.

Par cette chaleur, il est dangereux de faire　この暑さでは，屋外でスポーツをするの
du sport à l'extérieur.　　　　　　　　　　は危険だ.

使い方：1) faire du sport は，決まった表現であって，複数形では用いられない.
　　　　2) 1〜2，日本語での「スポーツ」はフランス語では普通，単数形である.

2- sport

Pour ta santé, pratique au moins un sport.　健康のために，何か一つはスポーツをや
　　　　　　　　　　　　　　　　　　　　　りなよ.

Le sport préféré des Américains, c'est le　アメリカ人が好きなスポーツは野球か
base-ball ?　　　　　　　　　　　　　　　　な？

3- sports

Xavier pratique plusieurs sports : l'escrime, le judo et le tennis.　グザヴィエは，フェンシング，柔道，テニスというように，いくつもスポーツをやっている．

使い方：複数形を用いるのは，種類を述べる時などである．

308　strict / exigeant / astreignant / dur / sévère

― 確認問題 ―

次の文の（　）の中に，strict, exigeant, astreignant, dur, sévère の中から適当な語を選んで入れなさい．

A. Le gouvernement a imposé un couvre-feu très (　　).
　政府は非常に厳しい夜間外出禁止令を課した．

B. Je ne suis pas (　　) en matière de nourriture.
　食物に関しては，僕はうるさくないよ．

C. Il est (　　) pour les parents de penser que les souffrances de leur fils ont été vaines.
　親にとっては自分の息子の苦しみが無駄であったと考えるのはつらいことだ．

D. Ces parents croient qu'en étant (　　), ils font du bien à leurs enfants.
　こうした親たちは厳しくすることが子供たちのためになると思っている．

解答： A. strict cf.1　B. exigeant cf.3　C. dur cf.5　D. sévères cf.10

1- strict （特定の物に関して）

En Arabie Saoudite, la loi est très stricte dans ces cas.　サウジアラビアでは，こうした場合，法が非常に厳格である．

Les règlements sont stricts : pas un bar n'est ouvert le dimanche.　規則が厳しいんだよ．日曜には一軒もバーが開いていないよ．

　特定の名詞：loi, règlement, réglementation, couvre-feu など
　参　考：**1～2**, (E) strict

2- strict （人に関して）

- J'avais des parents stricts, ils ne me laissaient jamais sortir le soir.
- Ils avaient raison.

―私の両親は厳しくて，夜は決して私を外出させてくれなかったのです．
―ご両親は正しかったのですよ．

Monsieur Latourelle était très strict pour la ponctualité.

ラトゥーレル先生は，時間厳守という点に関しては非常に厳しかった．

3- exigeant (人について)

Madame Landry est exigeante avec ses assistants.

ランドリー先生は，自分の助手たちに対して厳しい(要求が多い)．

De nos jours, les consommateurs sont devenus exigeants.

今日では，消費者は口やかましくなった．

Je ne suis pas exigeant : 4 000 yens, cela suffira.

無茶を言ってるんじゃないよ．4000円でいいんだよ．

参　考：**3～4**, (E) demanding

4- | dur
astreignant | (特定の名詞に関して)

Le travail des infirmières est très dur, physiquement et moralement.

看護婦の仕事は，肉体的にも精神的にもとてもハードだ．

En troisième année, le travail devient plus dur. Nous aurons plus d'heures de laboratoire.

3年生になると勉強はいっそう大変になるよ．僕らは実験の時間が多くなるんだ．

Au lycée, nos cours étaient beaucoup plus astreignants qu'on ne le croyait.

高校で私たちが受けた授業は，思っていたよりずっと厳しかった．

L'an dernier, les expériences au laboratoire étaient astreignantes mais elles étaient très utiles.

去年，研究所での実験はきつかったが，とても有益だった．

特定の名詞：travail, préparation, cours, expérience, conditions [de travail] など

使い方：学業，仕事やその方法に関して．

注　意：travail をはじめとするこれらの語に sévère は用いられない．cf.**11**

比　較：La préparation à l'examen d'entrée à l'université est | très dure.
　　　　　　　　　　　　　　　　　　　　　　　　　　　　　　　| astreignante.
　　　　　　　　　　　　　　　　　　　　　　　　　　　　　　　| ×exigeante.

大学入試の準備はとてもきつい．

5- | c'est dur de + inf.
| il est dur de + inf. (あらたまって)

C'est dur de se lever tous les matins à 4 h 30, surtout en hiver.

毎朝4時30分に起きるのはつらい．特に冬はね．

Il est dur de travailler de 9 h du matin à 9 ou 10 h du soir. 朝の9時から夜の9時か10時まで働くのはきつい。

Quand on travaille en usine, c'est dur d'avoir à supporter le bruit et la cadence. 工場で働く時は、騒音と(作業の)テンポに耐えなければならないのがつらい。

Pour livrer la commande à temps, les ouvriers ont travaillé trois semaines sans prendre un seul jour de repos. Ils ont dit que c'était si dur qu'ils ne le referaient plus jamais. 期日に間に合わせて注文品を配達するために、工員たちは一日の休みもとらずに三週間働き続けた。工員たちは、それがあまりにもきつかったので、もう二度と同じことはやらないと言った。

参 考：(E) it's hard to + inf.; it's tough to + inf.

6- dur

Nous avons passé des moments très durs. 私たちはとてもつらい時期を過ごした。

Sa mort a été un coup dur. 彼(女)の死は打撃だった。

使い方：moments や coup には dur が用いられる。
参 考：(E) hard

7- | dur / sévère | + | avec / pour / envers | + SN (人)

Il a toujours été dur avec ses inférieurs. 彼は、自分の部下に対していつも厳しかった。

La loi est sévère envers les trafiquants d'armes. 法律は、武器密売者に対して厳しい。

— Il est dur envers lui-même, mais indulgent envers les autres.
— C'est l'idéal.
—彼は自分には厳しいけれど他の人には寛大だよ。
—それは理想的だね。

Les parents se demandent toujours : "Sommes-nous trop sévères ou trop indulgents pour nos enfants ?" 親というものはいつもこう自問しているんだ。「自分は子供に厳しすぎるだろうか、それとも甘過ぎるだろうか」とね。

参 考：(E) be harsh with + SN (人) ; be tough with + SN (人)
比 較：Mon père était un homme dur et exigeant.
父は厳格で口うるさい人でした。

8- 限定詞 + 特定の名詞 + | dur / sévère

Il nous a lancé un regard très dur. 彼は私たちをとても厳しい目つきで睨んだ.

　　特定の名詞: regard, voix, visage, œil など

9- 限定詞 + **dur** + 特定の名詞
　　　限定詞 + 特定の名詞 + **sévère**

Il a écrit une dure critique à propos de leur article. 彼は彼らの記事に関して，手厳しい批評を書いた.

Les gens qui consomment de l'héroïne s'exposent à des peines sévères. ヘロインをやる人々は，厳罰に処せられる恐れがある.

　　特定の名詞: critique, peine, punition など

10- **sévère** (人に関して)

En cinquième, j'avais une dame sévère : elle nous punissait pour des riens. 第5学年(中学1年に相当)の時，厳しい女の先生がいた。彼女は，ささいなことで私たちを罰していたものだ.

　説　明: strict や exigeant に比べて, sévère は，罰を加えたり, 誰かを非難するというニュアンスがある.

　比　較: Monsieur Raymond est un professeur | sévère.
　　　　　　　　　　　　　　　　　　　　　　　　 | strict.
　　　　　　　　　　　　　　　　　　　　　　　　 | exigeant.

　　　　レーモン先生は | 厳しい　　　| 先生である.
　　　　　　　　　　　　| 厳格な　　　|
　　　　　　　　　　　　| 要求の多い |

11- **sévère** (物に関して)

Les examens étaient nombreux et sévères. 試験は数も多く，きついものだった.

Le juge Rindeau a la réputation de prononcer des sentences sévères. ランドー判事は，厳しい判決を言い渡すという評判だ.

Je ne suis pas loin de penser que le verdict est trop sévère. 判決が厳しすぎると考えなくもないんです.

　使い方: 次のような語とともに用いられる. sentence, disposition, règlement, verdict, examen, éducation, jugement, attitude など

　参　考: (E) severe

確認問題

次の文の( )の中に sucré か doux を入れなさい．

A. Un vin ( ) irait bien avec ton dessert.
　君のデザートには甘いワインが合うでしょう．

B. Leurs gâteaux sont trop ( ) à mon goût.
　彼らの作ったお菓子は，私には甘すぎる．

解答：A. doux cf.2　B. sucrés cf.1

1- sucré

- Tu voudrais un chou à la crème ?
- J'en prendrais bien un, pourvu qu'il ne soit pas trop sucré.

―シュークリームをいかが？
―一つもらいたいな．ただ，甘すぎるのは困るけど．

使い方：gâteau, pâtisserie, thé, café, biscuit, chocolat, confiserie, fruit などの語に用いる．

参　考：1～2, (E) sweet

2- doux

Je fais toujours mes tartes avec des pommes douces.

私は，いつも甘いりんごでタルトを作ることにしている．

使い方：vin, pomme, orange, cidre, champagne, miel, patate などの語に用いる．

注　意：patate douce は「さつまいも」のこと．

310　être suffisant / être assez nombreux / il y a assez de + 名詞 / suffire

確認問題

次の文に誤りがあれば正しなさい．

A. Ils n'étaient pas assez pour faire un match de base-ball.
　野球の試合をするほどの人数はいなかった．

B. Cet été, l'eau ne suffit pas.
　今年の夏は水不足だ．

解答：A. assez → assez nombreux cf.2
　　　B. l'eau ne suffit pas → il n'y a pas assez d'eau cf.3

1- SN (物) + être suffisant (あらたまって)

Je ne crois pas que notre aide financière aux pays en voie de développement soit suffisante.
発展途上国に対する我が国の援助は不十分だと思う。

Ces gens ne sont jamais contents : ou bien leur salaire est juste suffisant ou bien il est très insuffisant.
これらの人々は決して満足していない。給料はぎりぎりか、とても足りないと思っている。

La pension qu'il reçoit est plus que suffisante.
彼が受け取っている年金は十分すぎる程だ。

2- SN (人) + être assez nombreux

Le match a été remis; nous n'étions pas assez nombreux.
試合は延期になった。僕たちの人数が足りなかったからね。

使い方：1) 主語になるのは、可算名詞の複数形。
　　　　2) この場合 être assez のみでは用いられない。

3- il y a assez de + 名詞 [+ pour + inf.] (会話)

Dans mon école, il y a assez de jeunes qui s'intéressent à la musique classique.
私の学校には、クラシック音楽に関心がある若者が結構いる。

À mon avis, il n'y a pas assez de chocolat dans ce gâteau.
私が思うに、このケーキにはチョコレートが足りない。

比較：Cette année, | il n'y a pas assez de neige pour skier.
×la neige	n'est	pas assez		pour skier.
×		pas assez nombreuse	
×		ne suffit pas.	

今年は、スキーをするのに十分な雪がない。

4- SN (物) + suffire [pour + inf.]

Deux petites pincées de sel vont suffire.
塩は二つまみの十分でしょう。

Dix dollars vont suffire, j'ai l'impression.
10ドルで十分だと、私は思うけどね。

Ses économies suffiront largement pour acheter un appartement.
彼(女)の貯金で十分アパルトマンが買えるだろう。

Ce que tu manges ne suffit pas, voyons. Tu auras encore faim dans une heure.
そのくらい食べたって足りっこないよ。1時間したらまたお腹が空いてくるよ。

Une allumette suffit pour provoquer un incendie.
1本のマッチでも火事は起きてしまう。

Le temps alloué pour mener cette étude statistique de l'opinion publique ne suffit pas.　　この世論調査をするのに充てられた時間は十分じゃない．

311　sur / dans

> **― 確認問題 ―**
>
> 次の文の（　）の中に，sur か dans を入れなさい．
>
> A. Nous avons appris son décès (　　) le journal de ce matin.
>   私たちは，彼の死を，今朝の朝刊で知った．
> B. Tu as servi le potage (　　) les assiettes ?
>   スープはお皿に入れて出したの？
> C. Tu es où (　　) la photo ?
>   この写真で君はどこにいるの？
> D. Je suis rentré au Japon (　　) un appareil de la JAL.
>   私はJALの便で日本にかえって来ました．
> E. Qu'est-ce qui se passe (　　) la rue ?
>   通りで何があったの？
> F. Il y a beaucoup d'accidents (　　) cette autoroute.
>   この高速道路では事故がよく起こる．
>
>   解答：A. dans cf.3-1)　B. dans cf.3-7)　C. sur cf.2-1)　D. dans cf.3-5)
>   　　　E. dans cf.3-2)　F. sur cf.2-2)

1- 特定の動詞 ＋ sur ＋ 限定詞 ＋ 特定の名詞

Assieds-toi sur cette chaise.　　この椅子にかけてね．

J'ai déposé mes affaires sur la table.　　私は荷物をテーブルの上に置いた．

Après son déjeuner, Mélanie s'installe sur le sofa pour faire sa sieste.　　昼食後，メラニーはソファで昼寝をする．

Couchez-vous sur le divan.　　長椅子に横になって下さい．

　特定の動詞：poser, mettre, s'asseoir, s'installer など
　特定の名詞：chaise, tabouret, banquette, table, bureau, canapé, sofa, lit, divan, banc など

2- sur ＋ 限定詞 ＋ 特定の名詞

1) Cherchons ensemble sur la carte où se trouve Nankin. 南京がどこにあるのか，地図で一緒にさがしましょう．

Quelle adresse il avait écrite sur l'enveloppe ? 彼が書いた封筒の住所はどうなっていましたか？

Le jeune homme sur cette photo, c'est toi ? 写真のこの青年が君かい？

Sur le mur, au-dessus du sofa, il y avait une reproduction de Modigliani. 私ソファの上の壁に，モジリアーニの複製が掛かっていた．

  特定の名詞：enveloppe, photo, mur, pan de mur, carte, pancarte, affiche, carte postale, page, poster, dessin, image など
  慣　用：J'ai une mauvaise vue; c'est à peine si je peux voir ce qui est écrit sur le tableau.
    目が悪くて，黒板に何が書いてあるのかほとんど見えない．

2) Au retour, il y avait des embouteillages partout sur la route. 帰路は，道路がいたるところで渋滞していた．

J'aime bien m'asseoir et regarder les gens flâner sur l'avenue des Champs-Elysées. 私は腰をかけて，人々がシャンゼリゼ大通りをそぞろ歩くのを眺めているのが好きだ．

  特定の名詞：route, avenue, boulevard, autoroute, chemin

3) Il devient très agressif sur le court de tennis. 彼はテニスコート上ではとても攻撃的になる．

C'est un magasin qui se trouve sur la rive gauche. それはセーヌの左岸にある店だ．

Il y avait beaucoup de bruit dans la classe, mais quand elle est montée sur l'estrade, tout le monde s'est tu. 教室はひどくうるさかったが，彼女が教壇に上がると，みんな黙った．

C'est une habitude japonaise de dormir sur les tatamis. 畳の上で寝るのが，日本の習慣だ．

Le préposé m'a dit de prendre mon train sur le quai 10. その係員は，10番ホームで列車に乗るようにと言った．

À peine monté sur la tour Eiffel, il voulait [en] redescendre. 彼はエッフェル塔の上まで登るやいなや降りたくなった．

  特定の名詞：court, rive, bord, plancher, tatami, parquet, trottoir, terrasse, chaussée, estrade, quai, berge, pont, toit, tour, bateau など
  比　較：Nous avons passé une semaine sur le Queen Mary et deux jours dans le train.

私たちはクインメアリー号に一週間乗り，列車で二泊した．

4) Il y a encore trop d'eau sur le terrain de base-ball.
野球場はまだ水びたしだ．

Ils se sont rencontrés pour la première fois sur le campus de leur université.
彼らは大学のキャンパス内で初めて出会ったんだ．

Les gens crachent partout sur le sol de la gare.
人々は，駅構内の床のどこにでも唾を吐く．

L'armée tout entière était dispersée sur un territoire plus vaste que la Belgique.
全軍は，ベルギー一国より広い地域に分散していた．

Ils n'habitent pas sur la base mais tout près.
彼らは，基地内ではないが，基地のすぐ近くに住んでいる．

Shinano-Oiwake est un petit village situé près de Karuizawa, sur le plateau d'Asama.
信濃追分は，軽井沢に隣接する村で，浅間高原にある．

特定の名詞：terrain, territoire, base, plateau, sol, campus, étendue, place [publique] など

5) Après avoir visité plusieurs étoiles, il est revenu sur la terre.
彼は，いくつもの星を訪ねてから，地球に帰還した．

Pensez-vous que la vie existe sur d'autres planètes?
他の惑星にも生命が存在すると思いますか？

特定の名詞：lune, soleil, planètes など

比　較： Armstrong a été le premier homme à marcher sur la lune.
C'est un garçon qui est toujours dans la lune.
アームストロングは，初めて月面を歩いた人だ．
あの少年はいつもボーっとしている．

6) Mets cette crème sur ton nez.
このクリームを鼻につけてごらん．

Qu'est-ce que c'est que cette bosse sur ton front?
額のこのこぶはどうしたの？

J'ai un bouton sur le menton. Ça m'agace beaucoup.
あごに吹き出物があるのでとても気になっているんだ．

使い方：身体の部位について用いられる．

比　較： Annie a des taches de rousseur sur le visage.
Georges lui a flanqué son poing dans le visage.
アニーの顔にはそばかすがある．
ジョルジュは彼の顔をなぐりつけた．

7) Je ne suis jamais monté sur une moto. 　私は一度もバイクに乗ったことがない。

　　特定の名詞：cheval, moto, bicyclette, vélo

8) Il y a eu un accident sur la ligne de Yokosuka. 　横須賀線で事故があった。

J'ai réservé votre billet sur le vol 208 d'Air India. 　インド航空の208便に、あなたの航空券を予約しました。

　　特定の名詞：ligne, vol

9) Ne manque pas de voir ce film mardi sur la chaîne 2. 　火曜日、2チャンネルで、この映画を見るのを忘れないでね。

　　特定の名詞：chaîne

3- dans ＋ 限定詞 ＋ 特定の名詞

1) – Dans ce numéro, il y a un article sur la main-d'œuvre féminine.
   – Je voudrais le lire.
　―この号には、女性の労働力についての記事が載っていますよ。
　―読んでみたいですね。

J'ai trouvé cette citation dans un livre de La Rochefoucauld. 　私はこの引用文を、ラ・ロッシュフーコ―本の中でみつけた。

Il a joué le premier rôle dans la pièce, "Cyrano de Bergerac". 　彼は『シラノ・ド・ベルジュラック』の劇で主役を演じた。

　　特定の名詞：journal, numéro, revue, publication, livre, dictionnaire, lettre, brochure, catalogue, pièce など

2) Partout dans les rues de Tokyo, il y a beaucoup de circulation. 　東京の道路はどこでも車が多い。

Il est défendu de garer sa voiture dans cette ruelle. 　この路地は駐車禁止。

Ce matin, il y avait beaucoup de neige dans la cour de récréation. 　今朝、校庭にたくさん雪が積もっていた。

　　特定の名詞：rue, ruelle, allée, cour

　　比　較：Il est défendu de rouler à plus de 60 km | dans cette rue.
　　　　　　　　　　　　　　　　　　　　　　　　　　 | sur cette route.

　　　　　この | 通り | では、60キロ以上で走行するのは禁止されている。
　　　　　　　 | 道路 |

311 sur / dans

3) Asseyez-vous dans ce fauteuil, Monsieur Lecomte. Vous serez à votre aise.　この肘掛け椅子におかけ下さい、ルコントさん。お楽でしょうから。

Prends-le dans tes bras. Il ne faut pas le laisser pleurer dans sa poussette.　その子を抱いて。ベビーカーの中で泣かせておくべきじゃないわ。

　特定の名詞：fauteuil, lit, parc, carrosse, poussette など
　比　較：1) J'avais hâte de me recoucher dans mon lit.
　　　　　　 J'étais tellement fatigué, je me suis couché tout habillé sur mon lit.
　　　　　　　私は、早くまた自分のベッド（の中）で寝たかった。
　　　　　　　とにかく疲れていたので、服を着たままベッド（の上）に寝てしまった。
　　　　　2) Asseyez-vous donc | dans ce fauteuil.
　　　　　　　　　　　　　　　 | sur cette chaise.
　　　　　　 Attention, tu vas renverser du jus d'orange sur le fauteuil !
　　　　　　　この肘掛け椅子に | どうぞお座り下さい。
　　　　　　　この椅子に
　　　　　　　気をつけて。肘掛け椅子にオレンジジュースをこぼしちゃうよ！

4) Leur maison se trouve un peu plus bas, dans la vallée.　彼らの家は、もうちょっと下の方で、谷合いにあります。

　特定の名詞：vallée, plaine, gorge など

5) Je vais vous attendre dans la voiture.　車の中で待っていましょう。

Tu avais retenu une place dans le Shinkansen ?　新幹線の予約は取ってあったの？

Avant de monter dans son avion, le président a salué tout le monde.　飛行機に乗る前に、大統領は皆に挨拶した。

　特定の名詞：avion, voiture, tramway, train, autobus, bateau, métro, appareil, taxi, T.G.V. など
　比　較：Nous n'avons pas pu monter | dans | + | l'avion　　| avant 18 h.
　　　　　　　　　　　　　　　　　　 | ×sur | | l'appareil |
　　　　　　 Est-ce qu'il y a encore des billets pour le vol 103 ?
　　　　　　　私たちは18時前に飛行機に搭乗することはできなかった。
　　　　　　　103便の切符はまだありますか？

6) Les autorités défendent de monter dans les arbres.　当局により、木に登ることは禁じられている。

　特定の名詞：arbre
　比　較：Germain, ne monte pas | dans l'arbre !
　　　　　　　　　　　　　　　　 | sur le toit !

ジェルマン，｜木に　｜登っちゃだめ！
　　　　　　｜屋根に｜

7) Il n'y a plus de lait dans ton verre. Tu en veux encore ?　君のコップにはもう牛乳がないね．もっと欲しいかい？

　特定の名詞：tasse, verre, assiette, bol, casserole など
　比　較：Tu as servi ｜le potage dans les assiettes ?
　　　　　　　　　　　　　｜le gâteau sur les assiettes ?
　　　　　スープはお皿にいれて｜出したの？
　　　　　お菓子はお皿にのせて｜
　　　　　Ensuite, mettre le poisson ｜dans la casserole.
　　　　　　　　　　　　　　　　　　　｜sur le plat.
　　　　　次に魚を｜鍋｜に入れて下さい．
　　　　　　　　　｜皿｜

8) Nana passe son temps à se regarder dans son miroir.　菜々は鏡でいつも自分の姿を見てばかりいる．

　特定の名詞：miroir, glace など
　比　較：Regarde-toi dans le miroir. Tu vas voir comme tu es sale !
　　　　　　　Il y a une tache sur le miroir.
　　　　　鏡で自分を見てごらん．どれだけ汚いかわかるよ．
　　　　　鏡に汚れがついている．

312　動詞 + tard / 動詞 + en retard / retarder

――― 確認問題 ―――

次の文の（　）から中に適切な語句を選びなさい．

A. L'élève a remis son devoir (tard / en retard).
　その生徒は宿題の提出が遅れた．

B. Le train aura (du retard / retarde), semble-t-il.
　電車は遅れるようだ．

C. Un embouteillage (nous a retardés / nous a eu du retard).
　渋滞のために私たちは遅れた．

D. De toute façon, (on est en retard / c'est trop tard) pour aujourd'hui.
　いずれにせよ，今日は間に合わないよ．

E. Le concert a fini (en retard / tard) : à 2 h du matin.
　コンサートが終わったのは遅くて，午前2時だった．

F. Excusez-moi : je rentre, (il est tard / je suis tard).

申し訳ありません。失礼します。もう遅いですから。
解答：A. en retard cf.7　B. du retard cf.10　C. nous a retardés cf.14
D. c'est trop tard あるいは il est trop tard も可 cf.3　E. tard cf.4　F. il est tard cf.1

1- il est tard
il se fait tard (あらたまって)

Il est tard, rentrons.　　　　　　　　　　夜も遅い．帰ろう．

使い方：1〜3，主語にくるのは il か ce であり，決して名詞を主語としない．
反　意：1〜4，tôt
参　考：1〜4，(E) late

2- c'est tard (会話)

- En France, le théâtre commence à 20 ou 21 h.　　　—フランスでは，芝居は夜の8時か9時に始まる．
- C'est bien tard, tu ne penses pas ?　　　—随分遅いですね．

3- il est trop tard [pour + inf.]
c'est trop tard

Il est trop tard pour les appeler.　　　　彼らに電話するにはもう遅すぎる．

Je ne veux pas y aller, c'est déjà trop tard.　　　私はそこには行きたくない．もう遅すぎる．

4- 動詞 + tard

Ce matin, je me suis levée tard, à 11 h.　　　今朝は遅くて，11時に起きたのよ．

Vous m'amenez cet enfant bien tard !　　　この子を連れて来るのが，随分遅くなりましたね．

Monsieur Durand rentre toujours très tard.　　　デュラン氏はいつも帰りがすごく遅い．

説　明：適当と考えられる時刻よりも後であることを示す．

5- plus tard

Je vous reverrai plus tard si vous le voulez bien.　　　またあとでお目にかかりましょう．もしよろしかったら．

Les Saint-Denis vont arriver beaucoup plus tard.　　　サン＝ドゥニ夫妻はずっと後で到着するでしょう．

反　意：plus tôt
慣　用：Nous avons remis notre projet à plus tard.

私たちは計画の実行を延期しました.

6- 特定の動詞 + **en retard**

Ce professeur arrive toujours en retard. あの先生はいつも遅れて来る.

Nous sommes partis en retard de Chiba. 私たちは千葉から出発するのが遅れた.

特定の動詞：arriver, partir
注　意：aller や venir とともには用いられない.
反　意：**6～7**, en avance; à l'heure

7- **en retard**

Ce locataire paie toujours son loyer en retard. この借家人はいつも家賃の支払いが遅れる.

Je ne peux pas sortir : j'ai du travail en retard. 僕は出かけられないよ. 滞っている仕事があるんだ.

8- SN (人) + **être en retard**

Excusez-moi d'être en retard. 遅れて申し訳ありません.

- Il manque Jean-Paul. —ジャン＝ポールがいないよ.
- Il est toujours en retard. —あいつはいつも遅れるんだ.

Le directeur n'aime pas que les employés soient en retard et il le leur fait sentir. 所長は, 所員の遅刻を快く思っておらず, 所員にもそうほのめかしている.

比　較：|Excusez-moi : je rentre bien tard.
　　　　|Excusez-moi de rentrer si tard.
　　　　すみません. 遅く帰ってきました.
　　　　こんなに遅く帰ってきてすみません.
　　　　Excusez-moi |d'être si en retard.
　　　　　　　　　　|d'être arrivé si en retard.
　　　　Excusez-moi : je rentre, il est bien tard.
　　　　こんなに遅れて申し訳ありません.
　　　　こんなに遅く着いて申し訳ありません.
　　　　申し訳ありません. 失礼します. もう随分遅いですから.

反　意：**8～9**, être en avance; être à temps, être à l'heure
参　考：**8～10**, (E) be late

9- SN (季節) + **être en retard**

Cette année, le printemps est en retard. 今年は春になるのが遅い.

10- SN (交通機関の名) + avoir / prendre / être en retard | du retard

Le train aura du retard, semble-t-il. 　　電車は遅れるようだ．

Notre avion a pris du retard à New Delhi. 　　私たちの乗った飛行機はニューデリーで遅れた．

反　意：SN (交通機関の名) + avoir de l'avance
使い方：**10〜11**, 電車，飛行機，船について言う．

11- SN (交通機関の名) + avoir un retard / être en retard | de + 数形容詞 + 名詞

On vient d'annoncer que l'avion de Bruxelles aura un retard de vingt minutes. 　　ブリュッセル発の飛行機は20分遅れるだろうと放送があったところだ．

Les trains de la JR ont la réputation de ne jamais avoir de retard. 　　ＪＲの電車は決して遅れないので有名だ．

反　意：SN (交通機関の名) + avoir une avance de + 数形容詞 + 名詞

12- 限定詞 + 特定の名詞 + retarder de + 数形容詞 + 名詞

Ma montre retarde de dix minutes par jour. 　　私の腕時計は日に10分遅れる．

特定の名詞：montre, réveil, horloge
反　意：限定詞 + 特定の名詞 + avancer de + 数形容詞 + 名詞

13- SN (人) + retarder + SN

À cause de la maladie de son père, il a retardé son départ d'une semaine. 　　父親の病気のため，彼は出発を一週間遅らせた．

14- SN (物) + retarder + SN

Un accident de train m'a retardé de vingt minutes. 　　電車の事故のため，私は20分遅れた．

15- SN + être retardé

Nous avons été retardés par la circulation. 　　渋滞で遅れてしまった．

L'avion a été retardé d'au moins deux heures. 　　飛行機は少なくとも２時間遅れた．

参　考：(E) be delayed

16- SN + prendre du retard

Nous avons pris du retard, j'ai l'impression. 我々は遅れをとってしまった。そんな気がする。

313 tellement / si / tant

― 確認問題 ―

次の文の（　）の中から，最も適切な語を選びなさい。
A. Le spectacle ne lui a pas (tellement/tant/si) plu.
そのショーは，それほど彼女の気には入らなかった。
B. Elle avait (tellement/tant/si) soif quand elle est rentrée à la maison !
彼女は家に帰った時，とても喉が渇いていた。

解答：A. tellement cf.1　B. tellement cf.3

1- ne ... pas tellement

Je n'aime pas tellement leur interprétation de Mozart. 私は，彼らのモーツァルトの演奏はそれほど好きじゃない。

- Les nouveaux ordinateurs se vendent bien ?
- Pas tellement.

―新しいコンピュータはよく売れていますか。
―そうでもないんです。

注　意：ne ... pas très beaucoup という表現は用いられない。
同　意：ne ... pas beaucoup
参　考：(E) not so much

2- tellement + | 特定の副詞
　　　　　　　　　 | 特定の形容詞

Prenons le métro, ce sera tellement plus rapide. 地下鉄に乗ろうよ。その方がずっと速いから。

Achetons un billet de saison, cela revient tellement moins cher. シーズンチケットを買いましょう。その方がずっと安くなるから。

特定の副詞：plus, moins, mieux
注　意：2～6, si beaucoup や tellement beaucoup という表現は用いられない。
同　意：beaucoup + | 特定の副詞
　　　　　　　　　| 特定の形容詞

3- avoir tellement + 特定の名詞

Tout le monde a eu tellement peur.	誰もが非常に恐れた.
J'ai tellement honte de ce que j'ai fait : je te promets de ne plus recommencer.	自分の行いが本当に恥ずかしい. もう二度としないって約束するよ.
Il a eu tellement mal qu'il n'a pas pris son dîner.	あまりの痛さに彼は夕食をとれなかった.
Il faut reconnaître qu'il n'a pas tellement tort.	彼もあながち間違っているわけではないと, 認めなければならない.
Je regrette, je n'ai pas tellement envie d'y aller.	せっかくですが, そこへはそれほど行きたくないんです.

　特定の名詞：envie, tort, peur, soif, faim, honte, raison, mal など
　同　　意：avoir très + 特定の名詞（肯定文においてのみ）

4- | tellement | + | 形容詞
　　　| si 　　　 | 　 | 副詞

– Il est si diligent ! – Oui, il ne manque jamais un cours !	—彼は実に勤勉だね. —うん, 授業を一度も休まないもの.
Laisse-le, il chante tellement bien.	やめさせないで. 彼はものすごく歌が上手だから.
Il était si tard quand tu m'as téléphoné.	君が電話してきたのは, 夜もかなり遅かった.
Elle est tellement populaire qu'on s'arrache ses photos.	彼女はとても人気があって, 皆彼女の写真を奪い合うほどだ.
Il faisait si chaud ce jour-là !	あの日は本当に暑かったね.

　参　考：(E) so

5- ne ... pas | tellement | + | 形容詞
　　　　　　　| si 　　　 | 　 | 副詞

Ton bureau de travail n'est plus tellement solide.	君の勉強机はもうガタがきはじめてるね.
Ma prémonition n'était pas si fausse !	私の予感はあながち間違ってはいなかった.
Julien ne travaille pas si fort.	ジュリアンはそれほど一生懸命には勉強しない.

　参　考：(E) not that + 形容詞
　　　　　　　　　　　　　副詞

6- 特定の名詞 + **tellement**

Il pleut tellement ces jours-ci !　　　　　ここ数日は，ひどい雨降りだね．

Quelle journée, il fait tellement beau !　　なんという日だ．すごくいい天気だ．

> 特定の表現：il fait beau (mauvais, meilleur, noir, sombre など), il pleut, il neige, il grêle, il vente など.
>
> 注　意：6～7, que + 節を伴わない場合，tant は用いられない．

7- | **tellement** + 動詞 [+ **que** + 節]
　　　| **tant** + 動詞 + **que** + 節

Elle a tellement changé depuis la dernière fois que je l'ai vue.　　彼女は最後に会った時に比べると，まるで変わってしまった．

Elle lui prépare son casse-croûte tous les jours. Elle l'aime tellement.　　彼女は毎日彼に弁当を作っている．彼のことをそれほど愛しているんだね．

Il parle tant qu'il ne se rend pas compte qu'on ne l'écoute pas.　　彼はあんまりよくしゃべるから，人が聞いていないことに気がつかない．

J'ai tellement aimé ce film que je suis allé le voir une seconde fois.　　僕はその映画がとっても気に入ったので2回見に行ったんだ．

Il a tant plu la semaine dernière qu'on a craint une inondation.　　先週相当雨が降ったので洪水が懸念された．

> 注　意：7～8, que + 節を伴う場合は，tant も可能だが，あまり用いられない．
>
> 比　較：J'ai tant marché que j'ai usé ma paire de chaussures.
> 　　　　J'ai marché tant que j'ai pu.
> 　　　　たくさん歩いたので，靴がすり減ってしまった．
> 　　　　可能な限り歩いた．

8- | **tellement de** + 名詞 [+ **que** + 節]
　　　| **tant de** + 名詞 + **que** + 節

Le lundi, il faut tellement d'énergie pour recommencer à travailler.　　月曜は，また仕事に取りかかるのに，すごくエネルギーが要る．

Il y a tellement de jeunes qui admirent les Beatles.　　ビートルズを愛する若者は実に多い．

Il y avait tant de monde qu'on pouvait à peine avancer.　　人が多くて，ほとんど前に進めなかった．

Ils ont une piscine derrière la maison, comme il y en a tellement aux États-Unis.　　アメリカでよくあるように，彼らの家の裏手にプールがある．

Je les avais pourtant avertis tant de fois ! / でも僕は彼らにさんざん言ったんだよ．

On n'aurait pas eu besoin de tellement de monde. / こんなにたくさんの人間は必要なかったかもしれない．

Il a tant de livres qu'il ne sait plus où les mettre. / 彼は非常にたくさんの本を持っているので，置き場所に困っている．

C'est une personne comme on en rencontre tellement dans les banlieues des grandes villes. / その人は，大都市近郊でよく出くわすようなタイプの人です．

Aujourd'hui, je n'ai pas tellement d'argent sur moi. / 今日は私はあまり現金を持ち合わせていない．

9- 節 + |tellement| + 節
        |tant|

Joëlle m'énerve, tant elle est bavarde. / ジョエルにはいらいらするよ．彼女は本当におしゃべりなんだから．

Nous y avons renoncé, tellement il y avait du monde. / 私たちはあきらめた．それほど人が多かったんだ．

使い方：この場合，tellement, tant は理由を示す文の文頭に置かれる．

10- ce n'est pas |tellement| + |SN(1) + 関係詞節 + que + SN(2)|
                  |tant| |SN(1) + que + SN(2) + 関係詞節|

Ce n'est pas tant le courage qui me manque que le temps. / 私に足りないのは，やる気というよりもむしろ時間なのです．

Ce n'est pas tant l'argent que l'amour qui fait le bonheur. / 幸福をもたらすのは，お金というよりもむしろ愛情である．

Ce qui m'inquiète, ce n'est pas tellement de me faire opérer que de rester allongé pendant plusieurs semaines sur un lit d'hôpital. / 私が不安に思うのは，手術を受けることではなく，むしろ何週間も病院で寝たきりになることです．

11- tant + 特定の動詞（過去分詞）

Enfin, le jour tant attendu est arrivé. / ついに待ちに待った日がやって来た．

Ils ont eu ce fils tant désiré dans leur quarantaine. / 彼らは40代になってあれほど待ちわびたこの息子を授かった．

特定の動詞：attendu, désiré, souhaité など

12- ne + 動詞（命令法）+ pas tant

Silence ! Ne parlez pas tant !
静かに！ そんなにおしゃべりするのはやめなさい。

Julie, ne mange pas tant, tu vas grossir.
ジュリー，そんなに食べちゃだめだよ。太っちゃうから。

13- ne + 動詞 + pas tant de + 名詞 + que ça （会話）

Il n'y avait pas tant de spectateurs que ça dans la salle.
会場にはそれほどは観客がいなかった。

Je n'ai pas tant d'argent que ça, tu sais.
私はそんなにお金を持っていないんだよ。

314 avoir le temps / avoir du temps

― 確認問題 ―

次の文に誤りがあれば正しなさい．
A. Elles n'ont pas le temps libre.
彼女たちは暇な時間がない．
B. ― Tu reviendras ici tout à l'heure ?
― Je regrette, mais je n'ai pas le temps.
―君は後でここにもう一度戻ってくるの？
―残念ながら，時間がないんだ．

解答：A. le → de cf.3　B. ○ cf.1

1- avoir le temps

Demain, si tu as le temps, nous irons voir l'exposition de Marc Chagall.
明日，もし時間がとれたら，マルク・シャガール展を見に行きましょう。

Pas besoin de nous presser, nous avons le temps.
急ぐ必要はない。時間はあります。

On pourra discuter à loisir de la chose un jour où vous aurez le temps.
あなたが時間がある時に，そのことについてゆっくりと話し合いましょう。

J'aurais bien voulu assister à sa conférence, mais je n'avais pas le temps.
できれば彼(女)の講演会に参加したかったがその時間がなかった。

説　明：temps の後に続く de + inf. が省略された形． cf. 項目 **315** の 1

2- avoir tout le temps + 特定の言葉

J'ai tout le temps | qu'il faut / nécessaire |. Nous n'avons pas besoin de nous presser.　私には必要なだけの時間がある。急ぐ必要はない。

Vous avez tout le temps voulu pour arriver à l'heure à l'aérogare.　十分時間がありますから、エアターミナルには時間どおりに着きますよ。

特定の言葉：nécessaire, qu'il faut, voulu, requis

3- avoir du temps [libre]

Il est à la retraite, il devrait avoir du temps libre.　彼は退職しているので自由な時間があるにちがいない。

4- avoir du temps devant + 人称代名詞（強勢形）

Nous n'avons pas à nous presser, nous avons du temps devant nous.　急ぐ必要はないよ。時間には余裕があるんだ。

5- avoir + 特定の副詞 + de temps pour + inf.

Je n'ai pas assez de temps à moi pour lire, pour me reposer, pour réfléchir.　私には、本を読んだり、体を休めたり、ゆっくり考えたりする自分の時間が十分にない。

特定の副詞：trop, assez, suffisamment, peu

315　le temps de + inf. / du temps pour + inf. / du temps à + inf. / 限定詞 + temps à + inf.

---- 確認問題 ----

次の文の（　）の中から最も適切な語を選びなさい。

A. Vous auriez du temps (à/de/pour) m'accorder lundi prochain ?
来週の月曜日、私にお時間をとって頂けますか？

B. Tu as assez de temps (à/de/pour) lire ?
君は読書をするのに十分な時間がとれる？

C. Je n'ai même pas eu le temps (à/de/pour) leur dire au revoir.
彼らにさよならを言う時間さえなかった。

解答：A. à cf.8　B. pour cf.4　C. de cf.1

1- 特定の動詞 + le temps de + inf.

Je n'ai pas eu le temps de me faire coiffer, excusez ma coiffure. 髪をセットしに行く時間がなかったのです。こんな髪でごめんなさい。

Prenez au moins le temps de vous asseoir un moment. ちょっと座るくらいの時間は、とにかく取って下さい。

Quand tu passeras à Osaka, donne-moi un coup de fil, si tu [en] as le temps. 大阪を通る時、もし時間があれば、私に電話を一本かけてね。

Chut ! Laissons-lui tout le temps de placer un mot. シー！彼(女)に一言言わせる時間をあげようよ。

　　特定の動詞：avoir, prendre, laisser, donner など

2- il est temps de + inf.

Il est 11 h. Il est temps de nous coucher. 11時だ。寝る時間だね。

3- il est temps que + 節（接続法）

10 h. Déjà ! Je crois qu'il est temps que nous partions. もう10時！ 出かける時間じゃないか。

4- 特定の動詞 + du temps pour + inf.

Depuis que j'ai pris ma retraite, j'ai du temps pour flâner. 私は退職してから散策する時間がある。

Il faut du temps pour pouvoir aller à la piscine trois fois par semaine. 週3回プールに通うには暇が要る。

　　特定の動詞：avoir, donner など
　　比　較：Laissons-la, ça lui donnera | du temps pour réfléchir.
　　　　　　　　　　　　　　　　　　　　 | le temps de réfléchir.
　　　　彼女をそっとしておこう。そうすれば考える時間ができるだろう。

5- 特定の動詞 + de temps pour + inf.

Il a besoin de temps pour prendre cette décision. 彼がそうした決断をするには時間が必要だ。

Je manque de temps pour faire tout ce que je voudrais faire. 僕のやりたいことをすべてやるには時間が足りないんだ。

Certaines personnes ont besoin de temps devant elles pour agir. 行動を起こすのに時間がかかる人がいる。

　　特定の動詞：avoir besoin, manquer など

6- SN (人) + mettre du temps à + inf.

Son concert sera un succès, il a mis beaucoup de temps à le préparer. 　　彼のコンサートは成功するよ。準備にずいぶん時間をかけたからね。

Serge a mis énormément de temps à se rétablir après son opération. 　　セルジュは手術の後回復するのにひどく時間がかかった。

7- SN (物) + prendre du temps à + inf.

Ta lettre a pris du temps à arriver. 　　君の手紙はなかなか着かなかった。

Sa plaie n'a pas pris de temps à guérir. 　　彼女の傷はすぐ治ったよ。

8- avoir du temps à + inf. (特定の動詞)

Vite, vite. Il n'y a pas de temps à perdre. 　　早く、早く。ぐずぐずしている暇はないよ。

― Elle collectionne les sacs en papier.
― Elle a du temps à gaspiller. 　　―彼女は紙袋をコレクションしているよ。
―暇なんだね。

Vous auriez du temps à me consacrer? 　　私のためにお時間を割いていただけますか？

　特定の動詞：perdre, donner, accorder, gaspiller, consacrer など
　説　明：du temps は inf. の直接目的補語

9- passer + |le / 所有形容詞| temps à + inf.

Il passe son temps à jouer au poker. 　　彼はポーカーばかりして過ごしている。

Madoka passe tout son temps libre à faire de la peinture. 　　まどかは暇さえあれば絵を描いている。

Tu passes ton temps à faire des remarques désagréables. 　　君はいつだって人を不快にさせるような指摘ばかりしているね。

10- le temps de + inf.

Une minute! Le temps de bien fermer les fenêtres et j'arrive. 　　ちょっと待って下さい。窓を閉める間だけ。そしたらすぐ行きますから。

Nous nous sommes arrêtés chez Madame Lechevalier, juste le temps de la saluer. 　　私たちはルシュヴァリエ夫人の家へ、挨拶だけしようと立ち寄った。

　使い方：inf. の主語は主文の主語と同じ。
　強　調：**10〜11**, juste le temps de + inf.

11- le temps que + 節（接続法）

Attendez-moi, le temps que je prenne mon parapluie.

待っていて下さい。ちょっと傘をとってきますので。

Donnez-moi encore cinq minutes, le temps que je finisse ma lettre.

あと5分だけ時間を下さい。手紙を書き終えてしまいますから。

使い方：動詞の主語が主文の主語と異なる場合。

316　temps libre / libre / le temps de + inf. / loisirs

―― 確認問題 ――

次の文の（　）の中から文意に合うものを選びなさい。

A. En France, le problème (du temps libre / des loisirs) s'est officiellement posé dès 1936.
フランスでは余暇の問題が早くも1936年に公的レベルで提起されました。

B. Laurent dit que son père a toujours (le temps / du temps) de lui expliquer ce qu'il ne comprend pas.
ロランは、わからないことがあればいつでもお父さんが時間をとって自分に説明してくれると言っている。

C. J'ai mes samedis (de libres / de libre / libres).
私は土曜日はいつでもあいています。

D. Pas (le temps libre / de temps libre) du tout, c'est dur.
暇な時間が全然ないんだ。きついなあ。

解答：A. des loisirs cf.7　B. le temps cf.5　C. de libres あるいは libres cf.4　D. de temps libre cf.1

1- avoir du temps libre

Je m'arrange toujours pour avoir du temps libre.

僕は、自由時間が持てるようにいつでも工夫しています。

Tu as un peu de temps libre aujourd'hui ? J'aurais à te parler.

今日、ちょっと時間がありますか。話したい事があるんだけど。

参　考：(E) have some free time

2- temps libre

Si le nombre d'heures de travail diminue, le temps libre augmentera.

労働時間が減少すれば、余暇が増えるよね。

参　考：(E) free time

3- SN (人) + être libre

Cet après-midi, je ne suis pas libre. 今日の午後は暇じゃないんだ．

- En France, les écoliers sont libres quel jour ?
- Le mercredi.

―フランスの小学生は何曜が休みなんですか．
―水曜です．

Vous êtes libre demain ? 明日，あなたは時間がありますか．

4- 時の名詞 + [de] libre

On nous accorde une heure de libre pour déjeuner. 昼食のために1時間の自由時間が与えられています．

Si j'ai un moment [de] libre, je passe chez toi. 時間があいたら，君の家に寄るよ．

　　使い方：通常，形容詞 libre の前に de を入れる．

5- | le loisir | de + inf.
　　| le temps |

Tous les matins, Christine trouve | le loisir | le temps | de se regarder un long moment dans la glace. 毎朝，クリスティーヌはたっぷり時間をかけて鏡の中の自分をながめます．

　　参　考：5～7, (E) leisure / spare time

6- SN (人) + avoir des loisirs

Autrefois, seuls les gens de la noblesse avaient des loisirs. かつては，貴族階級の人々だけが余暇をもっていました．

En tant que chercheur médical, il a peu de loisirs. 医学研究に従事している者として，彼にはほとんど余暇がありません．

7- loisirs

Elle passe tous ses loisirs devant la télé. 彼女は暇さえあればテレビを見ている．

- Qu'est-ce que vous faites pendant vos loisirs ?
- Oh, un peu de bricolage et du golf.

―暇な時は何をなさっているのですか．
―日曜大工やゴルフです．

317 terrain / terre

確認問題

次の文に誤りがあれば正しなさい．

A. Les pommes de terre poussent bien dans une terre noire.
じゃがいもは黒土ではよく育つ．

B. J'ai trouvé une belle terre à dix minutes à pied de la gare.
駅から歩いて10分のところに，よい土地(宅地)を見つけた．

C. Est-ce qu'il y a une terre de camping près d'ici ?
この近くにキャンプ場がありますか．

解答：A. ○ cf.3　B. une belle terre → un beau terrain cf.1-2)
C. une terre → un terrain cf.2

1- terrain

1) Le prix des terrains à Chiyoda-ku et à Ginza est faramineux quand on pense qu'un mètre carré coûte bien cent millions de yens !

1平方メートルあたり1億円もするとは，千代田区と銀座の地価は桁はずれだ．

参　考：(E) land

2) Où a-t-il bien pu trouver l'argent pour acheter un terrain de 500 tsubos ?

500坪の土地を買うだけの金を，一体どこで都合したのだろう．

Sacha a acquis un terrain de 190 m² pour se faire bâtir une maison.

サシャは，家を建てるために190m²の土地を手に入れた．

説　明：この場合は宅地の意．
参　考：(E) piece of land
慣　用："Terrain à vendre"「売地」

3) Par ici, le terrain est aride, rien ne pousse.

このあたりは土地が乾燥していて，何も生えてこない．

Sur des terrains plus plats, les machines peuvent circuler plus librement.

土地がもっと平坦なら，機械はもっと自由に動ける．

使い方：以下のような形容詞とともに用いられる．boisé, aride, fertile, plat, accidenté, caillouteux, vallonné, déboisé, couvert, découvert, pierreux, marécageux, sablonneux など
参　考：(E) ground

2- 限定詞 + **terrain de** + 特定の名詞

- On parle d'aménager un terrain de golf à deux kilomètres d'ici.
- Et qu'en pensent les gens des environs ?

　—ここから2キロのところにゴルフ場を建設するという話だよ．
　—近くの住民はどう言ってるの？

Si les enfants pouvaient avoir un terrain de sport dans le quartier ...

　この界隈に子供のために運動場があったらなあ．

　　特定の名詞 : jeux, sport, aviation, golf, camping, exercice, tir, chasse, foot, base-ball など

3- **terre**

1) Il a acheté une terre à un fermier du Hokkaido.

　彼は北海道の農民から農地を購入した．

Mon grand-père possédait deux grandes terres au Brésil.

　祖父はブラジルに二つの大きな農地を所有していた．

En Amérique du Sud, les grands propriétaires possèdent des terres immenses.

　南米では，大地主たちは広大な農地を所有している．

Autrefois, les terres donnaient moins qu'aujourd'hui parce qu'on ne connaissait pas les engrais.

　その昔は，今日よりも収穫が少なかった．まだ肥料というものがなかったからだ．

　　説　明 : 1)〜2)，田園地帯での耕作可能な土地を指す．
　　比　較 : Le voisin veut vendre | sa terre.
　　　　　　　　　　　　　　　　　　　| du terrain.
　　　　　　　隣の人は | 自分のうちの農地を | 売りたがっている．
　　　　　　　　　　　 | 土地を　　　　　　 |

2) C'est une terre fertile où la betterave pousse facilement.

　肥沃な土地で，ビート栽培が容易だ．

Quand la terre est rouge, cela signifie qu'elle contient du fer.

　土が赤いということは，鉄分を含んでいるということだ．

Madame, ce qu'il faut à vos mimosas, c'est de la terre fine et légère.

　お宅のミモザに必要なのは，細かくてさらさらした土ですよ．

C'est de la bonne terre que vous avez là, père Michotte.

　ミショットおじさん，良い畑をお持ちですね．

Regarde-moi cette bonne terre noire.

　ほら，この上質の黒土をごらんよ．

　　使い方 : 以下の形容詞とともに用いられる．aride, inculte, stérile, noire, brune, riche, calcaire, végétale, compacte, volcanique, argileuse, sablonneuse, cultivée, labourée, ensemencée, fertile, ferrugineuse, arable など

説　明：耕作可能な土壌という意．

比　較：C'est une terre volcanique.
C'est un terrain volcanique.
これは火山灰質の土だ．
これは火山灰質の土地だ．

慣　用：Les jeunes ne veulent plus travailler la terre; c'est dur et ça ne rapporte pas beaucoup.
若者たちはもう野良仕事をしたがらない．きついうえに割が合わないからだ．

4- 限定詞 + 特定の名詞 + de terre

Sur un petit lopin de terre, il cultive des légumes.　　猫の額ほどの小さな畑で，彼は野菜を作っている．

特定の名詞：lopin, morceau, coin, bande, langue など
説　明：畑に対して使う．

318 le ... tout / le tout

― 確認問題 ―

次の文に誤りがあれば正しなさい．
- Tu connais les romans de Natsume Soseki ?
- Oui, bien sûr, j'ai tous lus.
―夏目漱石の小説知ってる？
―もちろんさ，全部読んだよ．

解答：j'ai tous lus → je les ai tous lus cf.1

1- le ... tout

Ta pomme, tu l'as toute mangée ?　　君のりんご，全部食べちゃったの？
Finalement, je les ai toutes convaincues.　　ついに私は彼女たちみんなを説得した．
Elle a gagné beaucoup d'argent pour tout le dépenser à Paris.　　彼女は大金を稼いだが，それもすべてパリで使い果たした．

使い方：1) この場合，tout は直接目的補語 le, la, les の同格として用いられ，性数一致する．
　　　　2) この場合，tout は不定代名詞である．

2- le tout

Le tout nous est revenu à 32 000 euros. 　全部で32000ユーロにつきましたよ．

Vous mettez le tout dans une casserole et faites mijoter pendant une quinzaine de minutes. 　鍋に全部入れて，15分くらい弱火でゆっくり煮て下さい．

　　比　較：– Vous en voulez combien ?
　　　　　　–｜Je les prends tous.
　　　　　　　｜J'en prends deux.
　　　　　　　｜Je prends tout.
　　　　　　　｜Je prends le tout.
　　　　　　—どのくらいお入り用ですか？
　　　　　　–｜全部いただきます．（tout は不定代名詞）
　　　　　　　｜2つにします．
　　　　　　　｜全部いただきます．（tout は不定代名詞）
　　　　　　　｜それ，全部いただきます．（tout は名詞）

319　tout / tout ce ＋ 関係代名詞 / toute chose

――― 確認問題 ―――

次の文に誤りがあれば正しなさい．

A. Merci, ce sont tout ce que je voulais savoir.
　　ありがとう．私が知りたかったのはそれですべてです．

B. Hier soir, je ne vous ai pas dit tout.
　　昨夜，僕はすべてをあなたに言ったわけではありません．

C. Notre professeur connaissait toutes les choses.
　　僕たちの先生は何でも御存知だった．

D. Toutes les choses ne sont pas bonnes à dire.
　　何でも言ってもよいというわけではありません．

　　　　　解答：A. ce sont → c'est cf.4　B. dit tout → tout dit cf.2
　　　　　　　　C. toutes les choses → tout, あるいは toute chose cf.2,6
　　　　　　　　D. → Toute chose n'est pas bonne à dire. cf.6

1- tout（主語として）

1) À Tokyo, tout est hors de prix. 　東京ではすべてのものが法外に高い．

Avec un garçon comme lui, tout peut arriver. 　彼のような少年となら，何があってもおかしくない．

Tout était nouveau pour moi, même la nourriture.	何もかも、食べ物ですら、私には目新しいものばかりでした.
2) L'entrée, la viande, le dessert, le fromage, tout était excellent.	前菜、肉料理、デザート、チーズ、すべて最高でした.
– Dans sa chambre, tout est rouge : le bureau, la chaise, les rideaux...	―彼の部屋は何もかも、机も椅子もカーテンも赤い.
– Il est membre du parti communiste ?	―彼は共産党員ですか？
La façon de manger, de dormir, de penser, tout est différent.	食べ方、寝方、考え方、すべてが違う.

使い方：1) 列挙した後か、その前で用いる.
　　　　　2) **1~4**, ここでは、toutes choses, toutes les choses の形は用いない.
説　明：**1~4**, 意味上は複数だが、文法上は単数扱い.
参　考：**1~3**, (E) everything

2- tout (直接目的補語として)

1) Tu n'as pas besoin de me le dire, je sais tout.	そのことを言う必要はないよ. 僕は何もかも知ってるんだから.
C'est un enfant très intelligent, il comprend tout.	この子はとても頭がいい. 何でもわかるんだよ.
Il en va des désastres comme de la guerre : ils détruisent tout.	大災害も戦争と同じだよ. 何もかも破滅させてしまう.
2) Attendez, je vais tout vous expliquer.	待ってください. 何もかもあなたにご説明しましょう.
– Maman, il reste quelque chose du dîner ? – Non, Takashi a tout mangé.	―お母さん、夕飯の残り、何かある？ ―いいえ、孝が全部食べちゃったわ.
On ne peut pas tout savoir, n'est-ce pas ?	何もかも分かるわけないよね.
Fortune, amour, je t'ai tout donné. Qu'est-ce que tu veux que je fasse encore ?	富も愛も、おまえにすべてをあげたというのに、一体これ以上どうしろと言うのだ.

使い方：過去分詞や inf. と tout の語順に注意

3- 前置詞 + tout

Descartes a douté de tout, sauf de Dieu.	デカルトは神以外のすべてを疑った.
Il a pensé à tout : rien ne manquait.	彼はすべてを考慮しておいた. 何も手落ちはなかった.
Jeanne consulte ses amies sur tout.	ジャンヌは何でも友達に相談する.

Le conseil municipal fonctionne sur un modèle stalinien. Il décide de tout.　　市議会はスターリン方式で動いている。何もかも決めてしまうんだ。

Ma sœur est bonne en tout, alors que moi …　　姉は何でも上手なの。それなのに私ときたら……。

　反　意：ne … rien
　比　較：Mika s'est intéressée à tout et à tous.
　　　　　美香は何にでも，誰にでも興味を持った。

4- tout ce + 関係代名詞 + 節

Les enfants peuvent obtenir tout ce qu'ils veulent.　　子供たちは欲しい物は何でも手に入る。

À vrai dire, je n'ai pas compris tout ce que le professeur d'anglais a dit.　　実を言うと，私は英語の先生が言ったことが全部分かったわけじゃありません。

Tout ce qui me reste, c'est 100 yens.　　僕に残っているのは100円だけです。

Dans sa vie, il a fait tout ce qu'il a voulu.　　生きているうちに彼はやりたいことを全部やった。

Achète tout ce dont tu as envie.　　欲しい物を全部買いなさい。

　参　考：(E) everything + 関係代名詞 + 節

5- toutes + 限定詞 + choses + 関係代名詞 + 節

Marianne aime toutes ces choses qui font le charme de la vie.　　マリアンヌは，人生を楽しくしてくれるこうしたすべてのものが好きである。

Dieu vit que toutes les choses qu'il avait créées étaient bonnes.　　神は，御自分が創造されたすべてのものが良きものであることを見てとられた。

6- | toute chose ｜（あらたまって）
　　　 | toutes choses |

Dieu connaît toute chose.　　神は一切をご存知です。

La théorie de la relativité d'Einstein a mené au développement d'un nouveau paradigme qui met l'accent sur l'interrelation fondamentale de toutes choses.　　アインシュタインの相対性理論は，あらゆる物体には基本的な相互作用があるとする新たなパラダイムの展開を導いた。

Le Bouddha a dit d'apprendre qu'il n'y a point d'autres principes de toutes choses que le Vide et le Néant.　　ブッダは，すべてのものにおいて，空と無以外の原理はないと知れ，と言われた。

　使い方：1) 限定詞なしで用いる。

2) toute chose, toutes choses は tout の強調形で，tout がひとまとまりの語群の最後にくる時に，tout の代わりに用いられる．
On ne peut manquer de rien quand on attend
| de Dieu | ×tout.
| | toutes choses.
| tout de Dieu.

神からすべてを待ち望む時，何も不足するものはない．

同　意：n'importe quelle chose

比　較：
| ×Toutes les choses ont été détruites.
| Tout a été détruit.
| Toutes les vitres ont volé en éclats.

| すべてが破壊された．
| すべての窓ガラスが砕け散った．

Dieu a | tout créé.
       | ×créé tout.
       | créé | toutes choses.
       | | toutes les choses qu'il a voulues.
       | | ×toutes les choses.

神は | すべて | を創られた．
     | すべてのもの |
     | 望まれたすべてのもの |

慣　用：
| Avant toute[s] chose[s], | il faut de la patience.
| Avant tout, |

何よりも忍耐力が必要だ．

320　tout / ne ... rien

――― 確認問題 ―――

次の文に誤りがあれば正しなさい．

A. Il n'a rien voulu savoir.
　彼は何も知りたがらなかった．

B. Aujourd'hui, le journal ne m'a rien appris de nouveau.
　今日の新聞は，私には目新しいことは何もなかった．

C. Il est mort sans laisser rien à ses enfants.
　彼は子供たちに何も残さずに死んだ．

解答：A. Il n'a voulu rien savoir. cf.2-3)　B. ○ cf.2-3)　C. sans rien laisser cf.3

1- ［助動詞／準動詞 ＋］ tout ＋ | inf.
　　　　　　　　　　　　　　　　 | 過去分詞

1) À tout prendre, c'est une bonne décision.	すべてを考え合わせると，それはよい決定だ．
Pourquoi ne pas tout abandonner ?	どうして何もかもやめてしまわないのか？
2) Il faut tout manger, si tu veux guérir.	治りたいのならみんな食べなければいけませんよ．
Les touristes ont parcouru à toute pompe le terrain d'exposition pour pouvoir tout voir en peu de temps.	旅行者たちは，わずかの時間で全部見られるよう，展覧会場を大急ぎでかけまわった．
Je ne peux pas tout savoir, je ne suis pas un génie.	何でも知っているわけじゃないさ．天才じゃないのだから．
Tu ne peux quand même pas tout te permettre !	何やってもいいってもんじゃないんだよ．
3) Il paraît que le criminel a tout avoué.	犯人はすべてを自白したらしい．
Il n'a pas tout compris.	彼はすべてを理解したわけではない．
– Vous avez tout fini ? – Non, pas tout.	―全部終わりましたか？ ―全部じゃありません．
Je ne lui ai pas tout raconté, tu sais.	彼(女)に全部話したわけじゃないんだよ．

2- ne + [助動詞／準動詞 +] rien + inf.
　　　　　　　　　　　　　　　　　　　　過去分詞

1) Il passe son temps à ne rien faire.	彼は無為に時を過ごしている．
2) – Je ne voudrais rien lui cacher. 　– Vous avez raison.	―彼(女)には何も秘密にしておきたくないのです． ―もっともです．
J'ai l'intention de ne rien lui offrir pour son anniversaire.	彼(女)の誕生日には何もあげないつもりだ．
Monsieur Jean est autoritaire : il ne laisse rien faire à ses inférieurs.	ジャン氏は横暴だ．部下には何もやらせないのだ．
3) Madame, je n'ai rien fait, ce n'est pas moi.	先生，私は何もしてないのです．私じゃありません．
Il ne m'a rien dit de cette affaire.	この件に関しては彼からは何も聞いていない．

　　比　較：Espèce de paresseux, | tu ne fais rien !
　　　　　　　　　　　　　　　　| tu n'as rien fait !

|この怠け者め、|何もしないんだな！
| |何もしなかったんだな！

3- sans rien + inf.

Il a bu son café sans rien dire. 彼は何も言わずにコーヒーを飲んだ。

Christel nous a quittés il y a deux ans sans rien nous dire. クリステルは二年前、私たちに何も言わずにいなくなってしまった。

Hier, Madame Lemercier est restée chez elle toute la journée sans rien faire. 昨日、ルメルシエ夫人は一日中何もしないで家にいた。

参 考：(E) without + 動詞 (動名詞) + anything
比 較：Il est mort |sans rien laisser |à ses enfants.
| |en ne laissant rien|
| |en laissant tout |

彼は子供たちに |何も残さずに |死んだ。
 |何も残さずに |
 |何もかも残して|

321 tous / tout le monde / personne ... ne / aucun ... ne

―― 確認問題 ――

次の文の誤りを正しなさい。

A. À la fin, tout le monde ont applaudi.
　　終わりに、皆が拍手喝采した。

B. Tout le monde ne s'est pas plaint.
　　誰も不平を言わなかった。

解答：A. tout le monde → tous, あるいは ont → a cf.1
B. Tout le monde ne s'est pas → Personne ne s'est cf.5

1- |tout le monde (会話)| + 動詞
　　|tous |

Tous ont été malades à cause de ce punch. このパンチを飲んだせいで、みんな具合が悪くなった。

Il y a beaucoup d'étudiants intelligents, mais tous n'ont pas le génie de Hiroshi. 頭の良い学生は多いが、皆が浩のような天才ではないさ。

Et maintenant, tout le monde reprend en chœur après moi. 今度はみんな一緒に私について繰り返して。

J'ai invité plusieurs personnes et toutes sont venues.　　私は何人も招きましたが，その全員が来ました．

使い方：1) 会話においては tous よりも tout le monde の方が使われる．
　　　　　 2) tout le monde が文の主語である場合，動詞は単数扱い．
　　　　　 3) tous は不定代名詞であり，前出の名詞を受ける場合には性数変化する．
強　調：tous sans exception
反　意：**1**〜**2**, ne ... personne
参　考：(E) all, everybody, everyone

2- ［前置詞］+ tout le monde

Kervin, c'est un garçon qui s'entend bien avec tout le monde.　　ケルヴァンは誰とでもうまくやっていける少年だ．

- Il est impossible de plaire à tout le monde.　　―皆に気に入られるなんて無理です．
- Tu as bien raison.　　―まったくその通り．

- Tu vois tout le monde dans ton objectif ?　　―カメラにみんなおさまってる？
- À peu près.　　―だいたいね．

Il veut être ami avec tout le monde et c'est assez désagréable.　　彼はみんなと友達でいたいのだが，それも困ったもんだ．

使い方：前置詞を伴う場合や，直接目的補語として用いる場合は，tous よりも tout le monde の方を用いる傾向がある．

3- ne ... pas ［+ 前置詞］+ tout le monde

Sa remarque n'a pas plu à tout le monde.　　彼(女)の指摘は全員に気に入られたわけではない．

La pêche sous-marine, ce n'est pas fait pour tout le monde.　　潜水漁は万人向きではない．

Ce n'est pas donné à tout le monde de pouvoir jouer de la harpe.　　誰もがハープを弾けるわけではない．

比　較：Je n'en ai pas parlé à tout le monde.
　　　　　Je n'en ai parlé à personne.
　　　　　そのことを皆に話したわけではありません．
　　　　　そのことを誰にも話しませんでした．

4- ce n'est pas tout le monde qui + 節

Ce n'est pas tout le monde qui pourrait être Edison.　　誰もがエジソンになれるはずがない．

使い方：一種の強調構文

5- personne ne + 動詞

Personne n'a voulu passer par cette route. あの道を行こうと言う者はいなかった．

Personne n'a pu donner le renseignement nécessaire. 誰も必要な情報を与えることができなかった．

使い方：1) 動詞は三人称単数扱い．
2) この場合，tout le monde は使わない．

6- tous + 限定詞 + 名詞 (複数)

Tous les participants étaient d'accord. すべての参加者が同意していた．

Toutes mes amies étaient là. 私の友人が皆，そこにいた．

使い方：tous は不定形容詞であり，後続の名詞に合わせて性数変化する．

7- aucun + 名詞 (単数) + ne ...
ne ... aucun + 名詞 (単数)

Aucun meuble n'a pu être sauvé. 家財道具は何も持ち出せなかった．

Aucune participante n'a osé le contredire. 女性の参加者は誰も彼に逆らえなかった．

Tu n'as aucun souci à te faire. 君は何も心配することはない．

Il n'y a aucune différence entre ces jumeaux. この双子は見分けがつかない．

比　較：Gaston ne passe aucun jour sans téléphoner à sa mère.
Gaston téléphone à sa mère tous les jours.
ガストンは，母親に電話せずには一日たりともいられない．
ガストンは，毎日母親に電話する．

322　travail / travaux / tâche

― 確認問題 ―

次の文の誤りを正しなさい．

A. J'ai eu beaucoup de travaux, cette semaine. J'ai besoin de tout le week-end pour récupérer.
今週は仕事がつまっていたんだ．この週末はしっかり休んで体力回復しなきゃ．

B. Dans cette ferme, il y a un homme à tout faire; il fait le gros travail.
この農場には下働きの男がいて，彼が力仕事をしています．

解答：A. travaux → travail cf.2　B. le gros travail → les gros travaux cf.3

1- 限定詞 + **travail**（単数）

Ma mère aime son nouveau travail : il est varié et elle a beaucoup de contacts avec le public.
母は新しい仕事が気に入っています。その仕事は多岐にわたり、人と接する機会も多いのです。

Le travail d'un professeur n'est pas monotone : il enseigne, parle avec les élèves, lit, écrit et fait beaucoup d'autres choses.
教師の仕事は単調ではない。授業、生徒との語らい、読書、執筆のほか、様々なことをする。

Mon père et ma mère sont instituteurs. Ils sont tous les deux pris par leur travail.
父も母も教員である。二人とも仕事にかかりきりだ。

Monsieur Mourier connaît le travail de chaque service de son entreprise; il est capable de faire n'importe quel travail dans son entreprise.
ムーリエ氏は、会社の各部局の仕事をよく知っている。だから会社の仕事なら何でもできる。

- Qu'est-ce que tu fais comme travail ?
- Je suis employée de bureau.
―仕事は何をしてるの？
―事務員です。

Travailler avec la machine à traitement de texte, ce n'est qu'une partie de mon travail; le reste [de mon travail] consiste à prendre des rendez-vous pour mon patron, l'accompagner, lui servir de secrétaire, d'interprète, etc. J'adore ce travail.
ワープロを打つのは、私の仕事のほんの一部です。その他に社長の面会予約を決めたり、社長に同行したり、秘書や通訳の役目をしたり。この仕事は大好きです。

説　明：**1～2**、やらねばならない仕事がいくつかある場合でも travail は単数で用いる。
参　考：**1～2**, (E) work

2- 特定の動詞 + **du travail**（単数）

Il y a beaucoup d'immigrants qui viennent à Tokyo pour y chercher du travail.
仕事を求めて東京に来る移民労働者が多い。

Une manière d'accueillir les étrangers, c'est de leur donner du travail.
外国人を受け入れる方法のひとつは、彼らに仕事を与えることである。

特定の動詞：avoir, chercher, donner, proposer, trouver など
比　較：- Tu as beaucoup de travail aujourd'hui ?
　　　　- Oui, deux réunions, une dizaine de lettres, des coups de téléphone, des rendez-vous.
　　　　- Tu vas arriver à finir tout ce travail ?
　　　　―今日、仕事がたくさんあるの？

―うん，会議が2つ，手紙を10通ほどと電話が何本か，あとは何人かの人と会う．
―その仕事，全部やり終えられるの？

3- 限定詞 ＋ travaux ＋ 特定の形容詞
特定の形容詞 ＋ travaux

Les travaux [manuels] que font les ouvriers sont souvent durs et dangereux.
職工たちがしている[肉体]労働は，しばしばきつく，危険である．

Ma femme déteste les travaux domestiques: ménage, lavage, repassage, etc., mais elle aime les travaux de dames : couture, broderie, etc.
私の妻は，掃除，洗濯，アイロンがけなどの家事が大嫌いですが，裁縫や刺繍などの針仕事は好きなんです．

C'est grâce aux travaux scientifiques des Frères Lumière que le cinématographe a été inventé.
シネマトグラフが発明されたのは，リュミエール兄弟の科学的業績のおかげです．

En plus de conférences dans les amphithéâtres, les étudiants ont des séances de travaux pratiques.
階段教室での講義に加えて，学生たちには実習の時間がある．

特定の形容詞：manuels, domestiques, ménagers, maritimes, publics, scientifiques, scolaires, pratiques, gros など

慣　用：J'ai passé beaucoup de temps à faire des petits travaux pour gagner un peu d'argent.
私は少しばかりのお金を稼ぐためにずいぶんアルバイトに時間をかけました．

比　較：Le ministère des Travaux publics est chargé de cette réalisation.
Le ministère du Travail a proposé une nouvelle législation.
建設省がその仕事を請け負っている．
労働省は新しい法案を提出した．

4- 限定詞 ＋ travaux de ＋ 特定の名詞

Ralentis, il y a des travaux [de réfection] sur la route.
徐行，この先道路[改修]工事中．

Le tremblement de terre de la région du Hanshin a été suivi de gros travaux de reconstruction.
阪神大震災の後，大がかりな復興工事がそれに続いた．

特定の名詞：voirie, amateur, entretien, réfection, construction, reconstruction, couture, rénovation など

注　意：しかし，travaux des champs (野良仕事) のように travaux de ＋ 限定詞 ＋ 名詞 となることもある．

5- tâche

1) 特定の動詞 + 限定詞 + tâche

Il a mené cette tâche à bien pendant 40 ans. 彼は40年間その仕事をやり遂げた.

On lui avait demandé d'être interprète pendant tout le voyage. Elle s'est très bien acquittée de sa tâche. 彼女は旅行中通訳を頼まれたのだった. 彼女は自分の仕事をしっかりこなした.

特定の動詞：mener à bien, remplir, acquitter, s'acquitter de, accomplir, assigner, faciliter など

2) une tâche [+ 形容詞]

Bien enseigner le chinois, c'est une tâche très difficile. 中国語をきちんと教えること、それは大変難しい仕事です.

C'est une tâche énorme d'avoir à payer les dettes de ce pays. この国の債務を返済することは、大変な責務です.

使い方：しばしば désagréable (不快な), pénible (つらい) などの形容詞と共に用いられる.

323 très / bien / beaucoup

確認問題

次の文に誤りがあれば正しなさい.

A. Les enfants regardent trop beaucoup la télévision.
   子供たちはテレビを見すぎています.
B. Vous êtes très merveilleux.
   あなたはとても素晴らしい方ですね.
C. C'est bien mieux comme ça.
   この方がずっといいね.

解答：A. trop beaucoup → beaucoup trop cf.III-2 B. très をとる. cf.I-1 C. ○ cf.III-1

I- très / bien

1- très / bien + 形容詞

C'est une chanteuse très populaire. 彼女はとても人気のある歌手ですよ.

Une personne très polie fait toujours bonne impression. 礼儀がとても正しい人はいつも印象がよいものです.

S'il se croit très intelligent, moi, je le crois très imbu de sa personne. 彼が自分のことを相当頭がいいと思っているとしても，僕は彼を思い上がったやつだと思うよ.

Faire l'ascension de l'Everest, c'est un exploit très difficile. エヴェレストに登頂するのは大変困難な偉業です.

Quand son entreprise a fait faillite, il était bien découragé. 自分の会社が倒産した時には，彼はとても落胆していました.

Ils étaient très contents de nous revoir. 彼らは私たちにまた会えてとても喜んでいました.

使い方: 1) très, bien は，どの形容詞と共にでも用いられるが，もともと最上級の意味のある形容詞は除く.
　　　Éric, tu es | formidable.
　　　　　　　　| ×très formidable.
　　エリック，君はすごいよ.
2) beaucoup は用いられない.
3) 1〜5, très だけは，繰り返して使える.

参　考: (E) very

比　較: Anne est | très mignonne.
　　　　　　　　| bien mignonne.
　　　　　　　　| ×beaucoup mignonne.
　　アンヌはとてもかわいらしい.

C'est un problème | très compliqué.
　　　　　　　　　| beaucoup trop compliqué.
それは | とても複雑な問題だ.
　　　| あまりにも複雑な問題だ.

2- | très | + 副詞
　　　| bien |

Il m'a expliqué ce problème bien clairement. 彼は私にこの問題をとてもわかりやすく説明してくれました.

Cette maîtresse parle toujours très doucement à ses élèves. この女の先生はいつも生徒たちに大変ゆっくり話をします.

Il habite bien loin d'ici. 彼が住んでいるのはここからとても遠く離れた所です.

Sa blessure lui fait très mal. 彼(女)は傷がとても痛むんだよ.

Il attend toujours très patiemment qu'on lui donne la parole.
彼はいつも自分のしゃべる番をとても我慢強く待っています。

3- | très | peu de ＋ 名詞
       | bien |

Leur père a tenu bien peu de place dans leur vie.
彼(女)らの父は彼(女)らの生活にはほとんど重要な役割を務めていなかった。

Sophie a bien peu de chances de trouver du travail.
ソフィーには仕事を見つけられるチャンスはほとんどないよ。

4- être | très | ＋ 特定の過去分詞
         | bien |

J'ai été bien gâté par ma grand-mère dans mon enfance.
私は子供の頃、祖母に随分甘やかされました。

Être très aimé, c'est important pour un enfant.
うんと愛されることが子供には大切なんです。

Son mari est très apprécié de ses supérieurs.
彼女の夫は上司たちからの評価がとても高いんです。

　特定の過去分詞：gâté, aimé, apprécié, encouragé など
　注　意：1) 受動態には bien が用いられるのが普通。
　　　　　2) ただし、上記の過去分詞のように très, bien のいずれでも可能な場合や、adoré, adulé, admiré, respecté などのように、très が好んで用いられる場合もある。
　　　　　Sadate était très adoré par le peuple égyptien.
　　　　　サダトはエジプト国民にとても敬愛されていた。

5- | avoir très | ＋ 特定の言葉
       | avoir bien |

Quand la terre a tremblé, j'ai eu bien peur.
地震があった時、私はとても怖かったわ。

Il est midi. J'ai très, très faim.
お昼だ。僕はお腹ペコペコだよ。

Je me suis couchée à 2 h du matin, j'ai très sommeil.
午前2時に寝ました。とても眠いです。

- J'ai bien envie d'une glace.
- Moi aussi.
―できればアイスクリームが欲しいのですが。
―僕も。

　特定の言葉：faim, soif, sommeil, chaud, froid, peur, honte, mal, envie など
　使い方：avoir raison では bien だけが用いられる。

Vous avez | bien | raison de vous plaindre.
| ×très |

ご不満をおっしゃるのも本当によくわかります．

II- bien

1- bien + 特定の形容詞（会話）

Elle est bien brave, ta copine.	君の友達のあの娘は，わりと勇敢だね．
Vous êtes bien gentil de m'aider à porter ma valise.	私のスーツケースを運ぶのを手伝って頂けますか．
Merci, tu es bien bon.	ありがとう，君はとってもいい人だね．
C'est un garçon bien sympathique.	あの子はわりと感じのよい青年だ．
Max, c'est une personne bien vivante.	マックスはとても活発な人だよ．
Les résultats ont été bien supérieurs à ceux auxquels nous nous attendions.	結果は，私たちが予期していたよりもずっとよかった．

 特定の形容詞：brave, bon, gentil, aimable, sympathique, supérieur, inférieur, vivant など
 使い方：人について用いる．
 説　明：上記の形容詞は，très と共にも用いられるが，bien を用いた場合には，それほど意味が強くない．

2- bien + 特定の形容詞 / 名詞

– Daisuke n'a pas été accepté. – C'est bien dommage.	―大助は受からなかったよ． ―それはとても残念だ．

 特定の形容詞 / 名詞：dommage, regrettable, sûr
 慣　用：– Vous viendrez ?
     – Bien sûr !
    ―あなたも来ますか？
    ―もちろん．

3- bien + 特定の副詞

Ses résultats sont bien meilleurs que ceux de l'an dernier.	彼(女)の結果は昨年よりもずっと良い．
La confiture aux framboises est bien meilleure que la confiture aux fraises, je trouve.	フランボワーズジャムはストロベリージャムよりずっとおいしいと思うね．

 特定の副詞：meilleur, pire

III- bien / beaucoup

1- bien / beaucoup ＋ 比較表現

Elle sera bien plus heureuse avec Sébastien.
彼女はセバスティアンと一緒ならもっとずっと幸せになるだろう．

Pour les Français, le japonais est bien plus difficile que l'anglais.
フランス人にとっては日本語の方が英語よりもずっと難しい．

Il y avait beaucoup moins de monde, cette fois-ci.
今回はずっと人が少なかった．

Elle fait bien mieux la cuisine que sa sœur.
彼女は，彼女の姉(妹)よりもずっと料理がうまい．

Son explication n'est pas beaucoup plus claire.
彼(女)の説明も同様にはっきりしません．

2- beaucoup trop

Elles bavardent beaucoup trop.
彼女たちはおしゃべりしすぎだよ．

Il y a beaucoup trop de chiens à Paris, tu ne crois pas ?
パリには犬が多すぎると思わない？

注 意：trop beaucoup および si beaucoup は用いられない．
参 考：(E) too much; too many

324　動詞 ＋ bien / 動詞 ＋ beaucoup

--- 確認問題 ---

次の文に誤りがあれば正しなさい．
A. Il a vraiment beaucoup aimé sa femme; elle l'a quitté quand même.
　彼は本当にとても妻を愛していた．だが，彼女の方はそれなのに彼と別れた．
B. Elle n'aime pas bien les animaux.
　彼女はあまり動物が好きではありません．

　　　　　　　解答：A. ○ cf.II-1　B. bien → beaucoup cf.II-1, III-2

I- bien

1- 動詞 ＋ bien

Si on fait bien tout ce qu'on a à faire, on se sent valorisé.	しなくちゃならないことをちゃんとすると気持ちがいいね。
Leur maison est très bien située.	彼らの家は場所がとてもいいんです。
Christian a bien traité son sujet.	クリスティアンは自分の主題をうまく扱いました。
Paul Blanc, je l'ai très bien connu ! C'était un ami de mon frère.	ポール・ブランのことはとてもよく知っていました。兄の友達の一人でしたから。
C'est un garçon qui est bien dans sa peau.	この少年は随分くつろいでいますね。
Jean a été très bien soigné par les médecins et les garde-malades.	ジャンは医者や付き添い人たちによって手厚い看病を受けた。
Il a été très bien accueilli par ses amis mexicains.	彼はメキシコ人の友人たちから大変歓迎された。

説　明：1) 意味は用例によって、「見事に」「立派に」「巧みに」「丁寧に」「注意深く」などになる。
　　　　2) bien は、皮肉な意味で用いられることもあるが、それは文脈と状況から理解できる。

強　調：動詞 + très bien
反　意：動詞 + mal

2- 動詞（条件法）+ bien

J'aurais bien envie d'une bière froide.	冷たいビールを是非一杯いただきたいところですよ。
J'aurais bien aimé les saluer.	できればあの方たちにご挨拶がしたかったのですが。
Nous lui aurions bien demandé de nous reconduire en voiture, mais il n'avait pas le temps.	彼に車で私たちを送って下さいと頼みたかったのですが、彼にはその時間がなかった。
Si tu lui en avais parlé, ça l'aurait bien fait souffrir.	もし君が彼にそのことを話していたら、きっと彼は随分苦しんだと思うよ。

3- 特定の動詞 + bien

Je sens bien que Rosa n'est plus la même.	ローザはもはや昔の彼女ではないと、確かに感じますね。
Écoutez bien, je vais répéter encore une fois.	よく聞いて下さい。もう一度繰り返して言います。

Il a, je crois bien, des difficultés à s'adapter aux coutumes américaines. 彼はアメリカの風習に適応するのに四苦八苦しているようですね。

– Comment faire pour bien choisir le meilleur mode de vie qui nous convient? ―自分に適した最良の生活様式をきちんと選ぶにはどうしたらよいでしょう？
– Bien réfléchir, bien se renseigner, bien observer les autres; je crois que ça suffit. ―よく考え，ちゃんと情報を得て，他の人たちをよく観察すること．私はそれで十分だと思います．

特定の動詞：réfléchir, croire, penser, imaginer, espérer など

II- bien / beaucoup

1- 動詞 + bien / beaucoup

Le quartier a bien changé. この辺は随分変わった。

Yoshiko ne s'est même pas excusée. Cela m'a bien surpris. 淑子は謝りもしなかった．私はそのことにとても驚いた．

J'aime bien le style de Marguerite Duras, elle a des phrases courtes et incisives. 私はマルグリット・デュラスの文体が好きです．彼女の文は短く鋭いのです．

J'aimerais bien qu'il songe à son avenir. 彼が自分の将来のことを考えてくれたらうれしいのですが．

Madame Takeuchi voudrait bien que son fils entre à l'Université du Tohoku. 竹内夫人は，息子が東北大学に入ってくれればと願っている．

– Vous aimez bien les lentilles, Monsieur Suzuki? ―レンズ豆はお好きですか，鈴木さん？
– Oui, j'aime bien surtout lorsqu'elles sont préparées à l'huile. ―ええ．特に油で炒めたものが好きです．

À la soirée chez Victor, on a bien dansé, bien mangé. ヴィクトールの家のパーティーでは，ずいぶん踊ったし食べたね．

Ça m'a fait beaucoup / beaucoup fait souffrir. それで私は随分苦しみましたよ．

Il est nécessaire de beaucoup s'entraîner pour participer à une compétition sportive. スポーツ競技に出るには相当練習が必要です．

Kaoru a dû bien étudier pour réussir au concours d'entrée à l'université. 薫は大学入試に受かるために随分勉強したに違いない．

Mon père m'a bien / beaucoup encouragé. 父は私を随分励ましてくれました．

使い方：否定文では beaucoup が用いられる．

比較：1) J'ai été | très / bien / beaucoup | encouragé par mon père.

私は父から随分励まされました．

2) Elle | aime | beaucoup / bien | les chiens.
　　　| n'aime pas | beaucoup / ×bien | les chiens.

彼女は | とても／まあまあ | 犬が好きだ．
彼女はあまり犬が好きではない．

3) Je t'aime beaucoup.
　 Je t'aime bien, tu sais, surtout quand tu es sage.
　 Je t'aime !

大好きだよ．（一般的に用いられる）
ねえ，お利口さんにしていると，大好きよ．（子供に）
愛しているよ．（恋人に）

III- beaucoup

1- 肯定文 + beaucoup

Dans ce bureau, on travaille beaucoup, mais on s'amuse beaucoup aussi.

この事務所では，仕事もしっかりするけれど遊びも相当にしますよ．

Dans cette classe, les élèves rient beaucoup et, tout en s'amusant, ils apprennent beaucoup.

この授業では，生徒たちは随分笑います．そして楽しみながら多くのことを学びます．

Vous devriez vous servir de cette grammaire, elle vous aiderait beaucoup, j'en suis sûr.

できればこの文法書を使うべきですよ．とても役に立ちますよ．絶対に．

Christian a été obligé de beaucoup lire pour écrire une thèse.

クリスティアンは博士論文を書くのにたくさん本を読まなければならなかった．

Est-ce que beaucoup dormir est bon pour la santé ?

たくさん眠ることは健康に良いのですか？

Vous dites que vous avez beaucoup voyagé, vous avez dû beaucoup apprendre.

あなたは随分旅行したと言うのですからきっと色々と学んだに違いありませんね．

2- 否定文 + beaucoup

Je n'ai pas beaucoup réfléchi à la question, je l'avoue.

実を言うと，私はその問題をそれほどじっくり考えませんでした．

Jeanne n'aime pas beaucoup le rythme du jazz. ジャンヌはあまりジャズのリズムが好きじゃないんだ。

Je n'aime pas beaucoup ses chansons. 私は彼(女)の歌はあまり好きじゃないな。

- Il n'est pas plus beau qu'un autre, mais il a du succès auprès des femmes. ―彼は他の人ほどハンサムじゃないけど女の人にもてるんだよ。
- Peut-être, mais moi, je ne l'aime pas beaucoup. ―そうかも知れないけど、私はあの人はあまり好きじゃないわ。

使い方：一般に否定文では bien よりも beaucoup が好まれる。

325　très / absolument / tout à fait / vraiment

確認問題

次の文の誤りを正しなさい。
A. Leur crème bavaroise est très délicieuse.
　　あの店のババロワは絶品です。
B. Cette nouvelle salle de concert est beaucoup plus immense que la salle de concert Suntory.
　　その新しいコンサートホールは、サントリーホールよりもずっと広い。

　　解答：A. très délicieuse → vraiment délicieuse cf.2,3　B. plus immense → plus grande cf.2

1- très ＋ 形容詞

C'est un garçon très poli. とても礼儀正しい少年です。

Il s'est montré très distant envers nous. 彼は私たちにはとても冷ややかな態度を示した。

Shinichiro est très américanisé. 伸一郎はひどくアメリカかぶれしている。

2- 特定の形容詞の場合

Nous avons passé une soirée merveilleuse. 私たちはすばらしい夜を過ごしました。
Au sommet du mont Blanc, le spectacle était grandiose. モンブランの頂上での光景は雄大だった。

Il y avait des lasers qui se croisaient dans le ciel. C'était grandiose. 空にレーザー光線が行き交っていました。壮大なものでしたよ。

　　特定の形容詞：délicieux, excellent, unique, grandiose, merveilleux, préféré, génial, fantastique, extrême, extraordinaire, exceptionnel, stupéfiant, supérieur, parfait, immense, sensationnel, formidable, sublime, épouvantable, impossible, horrible, magnifique, terrible, superbe, prépondérant, principal, prodigieux, effrayant, faux, ridicule, essentiel など

使い方：1) これらの形容詞には，比較級や最上級もなく，また très という副詞もつかない．
2) 上記の形容詞の意味を強調したい場合は，普通 **3** のような形になるが，形容詞の最初の母音を長くのばして発音することもできる．（会話）
例えば，Maman, ton gâteau est délicieux.（下線部を強調）
あるいは，形容詞を繰り返すことでも意味は強調される．
例えば，Maman, ton gâteau est délicieux, délicieux.
3) bon の比較級は meilleur，最上級は 定冠詞 + meilleur.

説　明：以上の形容詞は非常に強い意味を有するか，もともと最上級の意味があり，すでに非常に高い段階であることを示している．

3- | tout à fait / absolument / vraiment | ＋ 特定の形容詞

Le spectacle était absolument fantastique.　その劇はとっても素晴らしかった．

Sandrine a montré un courage vraiment stupéfiant.　サンドリーヌは本当に驚くほどの勇気を見せた．

特定の形容詞：fantastique, extraordinaire, stupéfiant, merveilleux, faux, génial, ridicule, délicieux, grandiose, réussi など

比　較：Leur crème bavaroise est | délicieuse !
　　　　　　　　　　　　　　　　　| vraiment délicieuse.
　　　　　　　　　　　　　　　　　| ×très délicieuse !
　　　　　　　　　　　　　　　　　| ×la plus délicieuse au monde !

あの店のババロワは絶品です．

326　se tromper

―― 確認問題 ――

次の文の中で正しいものを選びなさい．
A. Je me suis trompé de la gare.
B. Je me suis trompée de vous.
C. Je me suis trompée de route.
D. Je me suis trompé de son nom.
E. Je me suis trompé de l'heure.

解答：C

se tromper de + 名詞 (無冠詞)

Je me suis trompé de porte et j'ai sonné chez la voisine.
ドアを間違えて，隣の家のベルを鳴らしてしまった．

Je me suis trompé de parapluie ; par erreur j'ai pris celui de Madame Uritani.
傘を間違えてしまった．うっかり瓜谷さんの傘を持ってきてしまたのだ．

- Tu te trompes souvent de numéro de téléphone.
- Ça arrive à tout le monde.
—よく電話をかけ間違えるんだねえ．
—誰にでもあることだよ．

Sur l'autoroute, nous étions tellement pressés que nous nous sommes trompés de sortie.
高速道路で，私たちは焦ったあまりに，降り口を間違えてしまった．

Aline s'est trompée de jour : elle pensait que c'était mardi.
アリーヌは曜日を勘違いした．今日が火曜日だと思ったんだ．

使い方：限定詞のない，具体的な名詞しか伴わない．

参　考：(E) get the wrong + 名詞；come to the wrong + 名詞；take the wrong + 名詞など

327　trop

確認問題

次の文の誤りを正しなさい．

A. Cela n'a aucun sens de travailler trop : on se rend malade.
働きすぎは意味がない．病気になるだけだ．

B. Il a trop soucis. Ça le rend malade.
彼は心配しすぎだ．病気になっちゃうよ．

C. Nous passons trop beaucoup de temps à l'étude de la grammaire.
私たちは文法の勉強に時間を割きすぎている．

解答：A. de travailler trop → de trop travailler cf.2　B. trop soucis → trop de soucis cf.4
　　　C. trop beaucoup de temps → beaucoup trop de temps cf.4

1- 動詞 + trop

Il mange trop : à 4 ans, il pèse 40 kilos !
あの子は食べ過ぎだよ．4才なのに40キロもある．

Annie parle trop : quand on est avec elle, on ne peut pas placer un mot.
アニーはしゃべり過ぎだ．一緒にいると一言も口をはさめない．

Je vous en prie, ne vous inquiétez pas trop.
お願いです．あんまり心配しないで下さい．

Elle a trop joué au badminton hier et, aujourd'hui, elle a mal au poignet.
彼女は昨日バドミントンをし過ぎた．それで今日手首が痛いんだ．

Shinsuke a trop chanté au karaoke hier soir, il a mal à la gorge.
伸介は昨日の夜，カラオケで歌いすぎた．喉が痛いんだって．

強　調：**1〜7**, beaucoup trop, bien trop, un peu trop
反　意：**1〜7**, assez
参　考：**1〜2**, (E) too much
比　較：Il dépense | beaucoup trop.
　　　　　　　　　| ×trop beaucoup.
　　　　He spends far too much money.
　　　　彼は浪費しすぎる．

2- trop + inf.

Je ne veux pas trop m'engager dans ce projet.
この計画にはあまり関わりたくないな．

Trop exiger de soi-même, est-ce une bonne chose ?
自分に厳し過ぎるのは良いことだろうか？

3- trop + 形容詞 (句) / 副詞

Il fait trop chaud pour la saison.
この時期にしては暑すぎる．

Trois mille euros ? C'est trop cher pour une robe.
3000ユーロだって？　ドレス１枚にしては高過ぎる．

Il y a trop peu de médecins dans les pays en voie de développement, et c'est regrettable.
発展途上国には医者が少なすぎる．これは残念なことだ．

Ce professeur donne toujours des devoirs trop compliqués.
あの先生の出す宿題はいつも難し過ぎる．

Vous roulez trop vite : sur cette route, la vitesse maximum est de 60 kilomètres à l'heure.
スピードの出し過ぎですよ．この道は制限速度60キロですよ．

Ma grand-mère se plaint que, ces dernières années, le monde a changé trop rapidement pour qu'elle puisse suivre.
祖母は，ここ数年世の中の変化が速すぎてついていけないとこぼしている．

Il veut toujours trop bien faire.	彼はいつも完璧にやろうとしすぎる.
On lui reproche de trop bien parler.	皆は彼（女）が言葉使いが良すぎると言う.
Épouser Robert ? Jamais de la vie ! Il est bien trop tête en l'air !	ロベールと結婚するなんて，あり得ないわ．あまりにも軽薄なんだもの.
Cette voiture est un peu trop chère.	この車はちょっと高すぎる.
Cette explication est beaucoup trop simple.	この説明は簡略すぎる.
Cette année, la neige a fondu beaucoup trop vite et on n'a pas pu faire de ski.	今年は雪どけがあまりに早すぎたので，スキーができなかった.

参　考：(E) too ＋ 形容詞 ; too ＋ 副詞

4- trop de ＋ 名詞
en ... trop

De l'argent, on n'en a jamais trop, vous savez !	お金なら，ありすぎるということはないですよね，ほんとに.
J'ai trop de travail, ne m'en donnez plus.	僕は仕事をかかえすぎているんだ．もうこれ以上，仕事を増やさないで.
Dans les villes, il y a trop de gaz d'échappement, trop de bruit, en un mot, trop de pollution.	都市には過度の排気ガスと騒音，一言で言って，公害がありすぎです.
Si tu veux mon avis, je trouve qu'il en fait trop !	私の意見では，彼はやりすぎだと思う.
Hum ! Il y a un peu trop de sel dans ton potage.	ねえ，このポタージュには塩がちょっと多すぎるよ.
Il a des ennuis et il en a beaucoup trop.	彼には心配事がある．いや全くあり過ぎる.

参　考：4, 8, (E) too much; too many

5- avoir trop ＋ 特定の名詞

Françoise a refusé de se présenter à l'examen; elle a dit qu'elle avait bien trop peur.	フランソワーズは試験を受けなかった．受けるのが怖かったのと彼女は言った.
Je ne peux pas continuer, j'ai trop sommeil.	もう続けられないよ．眠すぎてね.

　特定の名詞：peur, faim, soif, honte, sommeil, envie など
　使い方：この場合，特定の名詞の前に de は不要．

参　考：(E) too much
慣　用：1) C'en est trop, Georges qui s'amuse avec une grenouille !
いい加減にしてほしいわ、ジョルジュったらガマガエルと遊ぶなんて！
2) – Je viens te rendre les mille euros que tu | m'avais | prêtés.
　　　　　　　　　　　　　　　　　　　　　　　| m'as |

– Ce n'est pas trop tôt !
―君が貸してくれた例の1000ユーロを返しに来たんだ．
―やっとだね．

6- SN (人) (複数) + être trop nombreux

Nous étions trop nombreux; et il n'y a pas eu assez de temps pour la discussion.
私たちはあまりにも大勢だったので、議論する時間が十分なかった．

Vous êtes trop nombreux, il faut vous diviser en deux groupes.
あなた方は人数が多すぎるので、2つのグループに分ける必要があります．

使い方：くだけた表現では、次のように nombreux を省略することもある．
On était trop [nombreux].
人数が多すぎた．

7- il y a trop de + 名詞

Les Japonais se plaignent qu'il y a beaucoup trop d'étrangers qui veulent venir travailler au Japon.
日本人は、日本に働きに来たがる外国人が多すぎると言っている．

Il y a trop de monde dans ce musée, on ne peut pas voir les peintures.
この美術館には人が多すぎる．絵が見えないよ．

使い方：この trop de の形では、動詞 être と一緒には用いない．
Il y a trop de voitures sur l'autoroute.
×Trop de voitures sont sur l'autoroute.
高速道路には車が多すぎる．

8- 否定語 + trop

– Vous avez faim ?
– Pas trop.
―おなかがすいていますか？
―あまりすいていません．

慣　用：Trop, c'est trop !
もうたくさんだよ．

328　trouver / penser / croire / estimer / pour moi / selon moi / à mes yeux / d'après moi / à mon avis

確認問題

次の文の誤りを正しなさい．
A. J'ai pensé son dernier roman vraiment excellent.
   僕は彼の新しい小説はすごくいいと思ったよ．
B. À mes yeux, je pense que la situation ne s'améliorera pas.
   私の見るところでは，状況は良くならないだろうと思います．

解答：A. pensé → trouvé cf.3 B. À mes yeux を取る／Je pense que を取る cf.9

1- trouver que ＋ 節（直説法）
節, ＋ je trouve（挿入節）

J'ai trouvé qu'il avait bonne mine.	彼は顔色がよいと私は思ったわ．
Ton copain, il est sympathique, je trouve.	君の友達は感じがいいと思うよ．
Richard trouve que les Giants sont plus en forme cette année.	ジャイアンツは今年は去年よりも調子がいいと，リシャールは思っている．
Je trouve que le mot "fleur" est difficile à prononcer.	"fleur" という単語は発音しにくいと思うなあ．
Il m'a toujours répété qu'il trouvait que l'anglais était facile à apprendre.	英語を学ぶのは簡単だと思う，と彼はいつも繰り返し私に言った．

使い方：1〜3，主観的な印象，個人的判断を述べるために用いる．
参　考：1〜8，(E) think that
比　較：Il trouve que l'espagnol est facile à prononcer.
　　　　L'espagnol est facile à prononcer pour les Japonais.
　　　　スペイン語は発音しやすいと彼は思っている．
　　　　スペイン語は日本人にとっては発音しやすい．

2- trouver ＋ 形容詞 ＋ que ＋ 節（接続法）

J'ai trouvé bizarre qu'un parfait inconnu m'ait parlé sur ce ton.	全く見ず知らずの人がそんな調子で私に話しかけたのは変だと思いました．
Mon ami John trouve ridicule qu'il faille faire tellement de démarches pour obtenir un visa.	私の友達のジョンは，ビザをとるためにこれほどの手続きが必要だなんてばかげていると感じている．

3- trouver ＋ SN ＋ 形容詞
　　　　　　　　　 形容詞句

Il trouve tout ce projet absurde.	彼はその計画全体がばかげていると思っている．

– Comment l'avez-vous trouvé ?	―彼はどんな様子でしたか？
– Très, très en forme pour son âge.	―年のわりにはとっても元気でしたよ。
– C'est la photo de ma petite-fille. Comment la trouves-tu ?	―これは私の孫娘の写真ですよ。どうですか？
– Elle est ravissante.	―とてもかわいいですね。
Tous les candidats ont trouvé l'examen trop difficile.	受験者たちの誰もが、試験が難しすぎると思った。
Je le trouve casse-pieds, mais vraiment casse-pieds.	あいつはうるさいやつだと思うよ。本当にうるさいんだよ。
Tu trouves ça normal, toi ?	君、それ普通だと思うかい？

4- | croire / penser | que + 節

Il a peut-être pensé que nous ne viendrions pas.	おそらく彼は、私たちが来ないだろうと思ったのでしょう。
Osamu ose à peine croire qu'il a obtenu sa bourse de recherches.	修には研究奨学金がとれたなんて信じ難い思いだ。

5- | croire / penser / estimer que + 節（あらたまって）

Je pense que Séverin a raison, après tout.	セヴランが結局正しいと思います。
Si tu crois que tu me fais peur, tu te trompes !	僕が君を怖がっているとでも思っているなら大間違いさ。
J'estime, pour ma part, que c'est un candidat très valable.	私としては、その人はとても有力な候補だと考えています。
Les savants estiment que l'homme pourra vivre sur la lune dans vingt ans.	学者たちは、人類が20年後には月で生活できるようになるだろうと考えている。
Je pense que les Américains sont en avance sur nous sur ce point.	アメリカ人は、この点に関しては私たちよりも進んでいると思います。
Je crois que, dans vingt ans, le problème cambodgien sera réglé.	20年後には、カンボジア問題は解決していると思います。

使い方：**5〜6**, estimer は、あらたまった表現に用いられる傾向がある。

説　明：**5〜6**, estimer は、penser や croire より確実な場合や客観的見解を述べる場合に、特に一人称で用いられる。

6- croire + inf.
penser
estimer + inf.（あらたまって）

Il croit avoir fait tout ce qu'il devait faire.	彼はやるべきことは全てやったと思っている．
Je crois avoir trouvé la solution.	解決策が見つかったような気がする．
Il pense pouvoir finir sa thèse pour le mois d'avril.	彼は博士論文を4月までには終えることができると考えている．
La police estime avoir suffisamment de preuves pour l'arrêter.	警察は，彼を逮捕するのに十分なだけの証拠があると考えている．

7- ne pas croire
ne pas penser

Je ne crois pas que le prix du riz va encore monter.	米の値段がまだ上がるとは思わない．
Nous ne pensons pas pouvoir arriver pour midi.	正午には着けないと思います．
Je ne pense pas que les Anciens Chinois étaient athées.	昔の中国人が無神論者だったとは思いません．
Il dit qu'il ne croit pas que la difficulté soit insurmontable.	彼は，困難が克服不可能だとは思わないと言っている．

使い方：「…と思わない」という意味では trouver も estimer も否定形で用いられない．ただ否定形の疑問文は可．
Ne trouvez-vous pas qu'il fait chaud, ces jours-ci ?
最近暑いと思いませんか？

8- je pense,（挿入節）
je crois,（挿入節）

Puisqu'on connaît les causes du choléra, on pourrait, je crois, enrayer son expansion.	コレラの原因はわかっているのだから，伝染は食い止められるだろうと，私は思います．
Il pourrait, pensait-il, réussir à son examen du premier coup.	彼は一度で試験に受かるかもしれないと思っていた．

使い方：挿入節として用いられる．

9- à mes yeux,
   selon moi,
   pour moi,
   d'après moi,
   à mon avis,

Selon moi, sa décision est irréversible.　　私の考えでは，彼の決心はもう変えられないでしょう。

Pour moi, un petit ulcère, ce n'est pas dramatique.　　私には小さな潰瘍など大したことではありませんよ。

À mon avis, les choses finiront bien par s'arranger.　　私の意見では，最終的には事態が収拾されることになると思います。

　使い方：多くの場合，文頭に用いられる．

329　unique / seul

---確認問題---

次の文の（　）の中から，最も適切な語を選びなさい．

A. Elle habite (unique/seule/seulement) à Tokyo.
　彼女は東京で一人暮らしをしている．

B. Pierre est le fils (unique/seul/seulement) de Monsieur et Madame Duval.
　ピエールはデュヴァル夫妻の一人息子です．

解答：A. seule cf.4　　B. unique cf.1

1- 特定の名詞 + unique

Elle est fille unique.　　彼女は一人娘です．

C'est une enfant unique.　　彼女は一人っ子です．

　特定の名詞：fils, fille, enfant
　参　考：(E) the only + 特定の名詞

2- | 定冠詞　　 | + | unique | + 名詞
       | 所有形容詞 | | seul |

C'est l'unique enfant qu'ils ont.　　その子は彼らのたった一人の子供です．

Sa seule ambition, c'est d'être accepté à [l'Université de] Hitotsubashi.　　彼のたったひとつの願望は，一橋大学に合格することなのです．

C'est l'unique raison pour laquelle nous étions en désaccord.　それが，私たちの意見が対立した唯一の理由です．

Son unique passion, c'est la peinture.　彼(女)が唯一情熱を傾けているのは絵なんです．

3- 限定詞 + seul + 名詞

La seule chose qui m'inquiète, c'est l'avenir d'André.　ただ一つ心配なのはアンドレの将来のことだ．

C'est le seul endroit où je peux rencontrer mes amis.　そこが，友達と会うことのできるたった一つの場所です．

4- seul（副詞的に）

Elle va en Europe seule. Il y a des risques.　彼女一人でヨーロッパに行くんです．危ないね．

C'est un enfant qui aime bien jouer seul.　一人で遊ぶのが好きな子なんです．

Il a pu retrouver son chemin tout seul.　彼は自分で元の道にもどることができた．

注　意：この場合，seulement は用いられない．
強　調：tout seul
比　較：Le matin, Annie prend | du thé toute seule.
　　　　　　　　　　　　　　　　| seulement　　| du thé.
　　　　　　　　　　　　　　　　| uniquement

　　　毎朝，アニーは | ひとりで紅茶を飲む．
　　　　　　　　　　 | 紅茶しか飲まない．

5- 限定詞 + seul et unique + 名詞

Georges a été la seule et unique personne à savoir ce qui s'était passé.　ジョルジュだけが，何が起こったかを知っているただ一人の人だった．

330　université / faculté / lycée / collège / école

確認問題

次の文に誤りがあれば正しなさい．
A. (À un étudiant): À quelle date commencent les cours de l'école ?
　(大学生に)何月何日に学校は始まるのですか？
B. Il est professeur d'anatomie de l'Université de Tohoku.
　彼は東北大学の解剖学の教授だ．

> 解答：A. l'école → la faculté あるいは l'université cf.1
> B. de l'Université de Tohoku → à l'Université du Tohoku cf.4

1- université
faculté
fac (会話)

- Il a été renvoyé de l'université.　　　—彼は大学を退学になったよ．
- Pour une raison grave ?　　　　　　　—ひどいことでもしたの？

- Il part à 7 h 15 pour la faculté.　　　—彼は大学に行くのに7時15分に家を出
- C'est bien tôt.　　　　　　　　　　　　るんだ．
　　　　　　　　　　　　　　　　　　　—わりと早いんだね．

Quand j'étais | en fac, | j'avais beaucoup　大学生の頃は自由な時間がたくさんあっ
　　　　　　　| à la fac, |　　　　　　　　　た．
de temps libre.

使い方：フランス語では普通 faculté を使う．fac は学生の間でよく使われる略語．
参　考：短期大学は institut universitaire [du 1er cycle]. (E) junior college

2- lycée
collège

Junichi ne veut pas poursuivre ses études au　純一は高校で勉強を続けたくないと思っ
lycée.　　　　　　　　　　　　　　　　　ている．

J'ai oublié mon parapluie au collège.　　私は傘を学校(中学校)に忘れてきた．

説　明：1) collège は中等教育，lycée はそれに続くバカロレアまでの中等教育をさす．
　　　　　2) フランスでは，lycée は主に公立の教育機関，collège は公立，私立のいずれの
　　　　　　場合もある．
参　考：(E) 1) アメリカで college とよく言われるものが，フランスでは大学となること
　　　　　　もある．
　　　　　　例えば，The City College of New York は，l'Université
　　　　　　métropolitaine de la ville de New York (ニューヨーク市立大学)
　　　　　　のことである．
　　　　　2) junior high school＝collège
　　　　　　senior high school＝lycée

3- 限定詞 + école [primaire]

Les enfants vont à l'école primaire de 6 à 11　子供たちは，6才から11才まで小学校に
ans.　　　　　　　　　　　　　　　　　通う．

Les instituteurs et institutrices des écoles primaires doivent savoir un peu de tout. 小学校の先生は何でも広く知っていなければならない．

Dans beaucoup d'écoles primaires en France, il y a de petits étrangers qui ne savent pas le français. フランスの多くの小学校には，フランス語が分からない外国の子供がいる．

Saburo reste à l'école pour jouer. 三郎は学校に残って遊んでいる．

Les enfants déjeunent tous à l'école. 子供たちは皆，学校で昼食をとる．

使い方：日本語では総称として「学校」と言うが，フランス語では école が単独で総称的に「中学」，「高校」，「大学」を指すことはない．

4- 限定詞 + | université | [de + 定冠詞 + 名詞] + de + 名詞（地域の名など）
　　　　　　　　| lycée
　　　　　　　　| école

1) Il voudrait entrer au Lycée de Shinjuku. 彼は新宿高校に入りたがっている．

Il sera étudiant à l'Université de Lyon III. 彼はリヨン第三大学の学生になるだろう．

Son mari est professeur à l'Université de Kyoto. 彼女の夫は京都大学の教授だ．

Wakana va à l'école primaire numéro 3 de Shinjuku. 若菜は新宿第三小学校に通っている．

2) Ma femme a terminé ses études au Lycée du Lys Blanc de Kudan. 私の妻は九段の白百合高校の出身だ．

5- 限定詞 + | université | + 名詞（固有名詞）
　　　　　　　　| lycée
　　　　　　　　| école

Je vais étudier à l'Université Waseda. 僕は早稲田大学で勉強するんだ．

Tout près de là, il y a le Lycée Voltaire. そのすぐ近くにヴォルテール高校がある．

比　較：Elle a le choix entre l'Université Keio et l'Université de Chiba.
　　　　彼女は慶應大学か千葉大学のどちらかを選べる．

6- 限定詞 + | université | de jeunes filles
　　　　　　　　| lycée
　　　　　　　　| école

Son mari enseigne à l'Université de jeunes filles d'Osaka. 彼女の夫は大阪女子大学で教えている。

331 valise / bagages

確認問題

次の文の(　)の中から適切な語句を選びなさい。
A. (Ce bagage est trop lourd / Cette valise est trop lourde) pour moi.
　　私にはこの荷物(スーツケース)は重すぎます。
B. Appelle un porteur pour (le bagage / les bagages).
　　荷物があるからポーターを呼びなさい。
C. J'ai trois (bagages / valises).
　　私には荷物が3つある。
　　　　　　解答：A. Cette valise est trop lourde cf.1　B. les bagages cf.3　C. valises cf.1

1- valise

Elle s'est rendue à l'aérogare seule avec une grosse valise. 彼女は大きなスーツケースをひとりでかかえて空港に向かった。

J'aurai besoin de deux valises pour mettre toutes mes affaires. 私の荷物を全部入れるにはスーツケースが2ついるだろう。

Nous mettrons nos trois valises à la consigne. 我々の3つのスーツケースを手荷物預かり所に預けよう。

　参　考：(E) suitcase

2- 特定の動詞 + 所有形容詞 + | valises
　　　　　　　　　　　　　　　　 | bagages

J'ai dû faire mes bagages à la dernière minute. 土壇場になって荷物をまとめなければなりませんでした。

　特定の動詞：faire, préparer

3- bagages (複数)

Mes bagages pèsent 18 kilos en tout. 私の荷物はしめて18キロだ。

Quand mes beaux-parents partent en vacances, ils ont beaucoup de bagages. 義理の父母は、ヴァカンスに出かけるとなると、大そうな荷物になる。

Qu'est-ce que vous avez comme bagages, Madame ?　荷物は何をお持ちですか？

J'ai pas mal de bagages : une petite valise, un sac de voyage et mes clubs.　私には荷物が結構ある．小さなスーツケースと旅行用のバッグ，それとゴルフクラブだ．

使い方：普通，複数形で用いられる．数形容詞と共に用いることはできない．

説　明：前項の valise よりも総称的な語で，スーツケース，トランク，バッグ，スポーツ用品，その他，旅行に持っていくものをまとめて指し示す．

参　考：(E) luggage

慣　用：次のような特殊な場合では単数形も用いられる．

1) Est-ce que vous avez un bagage, Monsieur ?
　　お荷物はありますか？(空港などで)
2) Pour tout bagage, elle n'avait qu'un petit sac à dos.
　　荷物といっても，彼女には小さなリュックサックひとつしかなかった．
3) Ils ont plié bagage et ils sont partis sans nous remercier.
　　彼らは荷物をまとめて，私たちにお礼も言わずに行ってしまった．

332　venir / aller

―― 確認問題 ――

次の文の誤りを正しなさい．
A. Allons au restaurant avec moi.
　　私と一緒にレストランに行きましょう．
B. La mère de Nora a dit que pour venir à l'école, Nora prend le métro.
　　ノラは通学に地下鉄に乗るとノラのお母さんは言ってたよ．

解答：A. Allons → Venez cf.4　B. venir → aller cf.7

1- venir

Je ne vous entends pas, venez plus près.　声が良く聞こえません．もっと近くに来て下さい．

Venez vite ! Il y a une étoile filante !　早くおいで．流れ星だよ．

Ils étaient invités mais ils ne sont pas venus.　彼らは招かれていたのですが，来ませんでした．

使い方：1～3，話し手は，言及している場所に実際にいたか，またはいるか，あるいはそこに行こうとしている．

2- venir + 前置詞 + SN (場所)

Les Lalonde sont déjà venus en Italie plusieurs fois, m'a dit Maria-Anna.	ラロンド夫妻はすでにイタリアに何度も来たことがあると，マリア＝アンナは私に言った．
Marcelle n'est pas venue au bingo. Est-elle malade ?	マルセルはビンゴをやりに来なかったわ．病気かしら．
Georges est venu ici il y a une heure et il est reparti.	ジョルジュは，ここに1時間前に来たがまた行ってしまった．
L'autre jour, plusieurs de mes étudiants ne sont pas venus au cours.	先日，学生が数人授業に来なかった．

3- venir + inf.

Oncle Paul et tante Marianne ont promis de venir déjeuner à la maison dimanche.	ポールおじさんとマリアンヌおばさんは家に日曜にお昼を食べに来ると約束しました．
Ne viendriez-vous pas passer une de ces soirées à la maison ?	そのうちに，晩に家に来て下さいませんか？
– Tu as passé une bonne journée, chéri ? – Oui, très bonne. À propos, Michel Chevalier est venu me voir au bureau.	—今日は良い一日でしたか？ —うん．ところで，ミッシェル・シュヴァリエが僕に会いに会社に来たよ．

4- |viens / venez| avec |moi / nous| （命令文）

Venez donc avec nous au café.	じゃ，私たちと喫茶店に行きましょう．
Viens faire des emplettes avec moi.	私と買い物に行こう．

使い方：誰かと一緒にどこかに行きたい時に用いる．
注　意："Va au café avec moi", "Allons au café avec moi", "Allez au café avec moi"とは言わない．
参　考：(E) come with + SN

5- |venir / aller| ＋ 前置詞 ＋ SN （場所）

Si vous |venez / allez| en France l'an prochain, ne manquez pas de me téléphoner.	来年フランスに来るのなら，絶対私に電話して下さい．
S'ils |viennent / vont| à New York, qu'ils prennent une chambre près de la Gare Centrale.	彼らがニューヨークに来るのなら，中央駅の近くに泊まるといいですよ．

説　明：Si vous venez à Kamakura, ne manquez pas de me le faire savoir.
　　　　鎌倉にいらっしゃるのなら，私に必ず知らせて下さい。
　　　　この文は次の二つの状況で使われる。
　　　　1) 話し手が現在鎌倉にいる場合。
　　　　2) 話し手は鎌倉に住んでいる（あるいは何らかの関係がある）が，現在鎌倉にはいない場合。この場合は aller という動詞も用いることができる。

慣　用：Vous voulez que | je vienne | avec vous, Monsieur Colin?
　　　　　　　　　　　　| j'aille
　　　　コランさん，私がご一緒した方がいいですか？

6- tu または vous + | venir | avec | moi
　　　　　　　　　　　| y aller |　　　| nous

Samedi prochain, ils ont l'intention de nous inviter à une soirée. Vous | y allez | avec nous?
　　　　　　　　　　　　　　　　　　　　　　　　　　　　　　　　　　　| venez |

次の土曜日に，彼らは私たちをパーティーに招待したいんだって。一緒に行きますか？

Dis donc, tu | n'irais | pas au cinéma avec moi?
　　　　　　 | ne viendrais |

まさか，私と映画に行かないっていうの？

N'iriez-vous | pas avec nous voir l'exposition de Chagall?
Ne viendriez-vous |

シャガール展を私たちと一緒に見に行きませんか？

参　考：(E) go with + SN

7- aller + 前置詞 + SN（場所）

Si on allait à Giverny dimanche? Il y a la maison de Monet.

日曜日にジヴェルニーに行かない？モネの家があるんだ。

- Où est-ce que tu vas en vacances?
- Je vais toujours en Lorraine.

―夏休みにどこへ行くの？
―いつもロレーヌ地方に行くんだ。

Si vous n'êtes jamais allé en Corse, il faut y aller; c'est très beau.

今までにコルシカ島に行ったことがないなら，行くべきです。とてもきれいですよ。

Pour aller à son travail, il prend l'autobus et le train.

通勤に彼はバスと電車に乗る。

使い方：1) 話し手は言及されている場所にいない。
　　　　2) aller は必ず目的地を伴って用いられる。
参　考：(E) go
比　較：1) Cette année, ils vont en vacances à l'étranger; ils ne viendront

pas chez nous.
今年，彼らは休暇に外国に行くんだって．私たちのところには来ないわ．

2) Je vais au cinéma. Tu viens avec moi ?
映画に行くんだけど一緒に行く？

3) Je suis allée en Europe toute seule mais, au début, une de mes amies devait | venir | avec moi.
                                                                               | y aller |
私はひとりでヨーロッパに行ったんだけど，最初は友達が一緒に行くはずでした．

4) Si vous | allez | en France l'année prochaine, il faut absolument
           | venez |
que vous passiez quelques jours à la maison.
もし来年フランスに | 行く | のなら，必ず何日か家に寄っていって下さいね．
                  | 来る |

5) Tu viens avec moi ? On y va ensemble ?
私と一緒に来る？ 一緒に行く？

8- aller + inf.

Pour les vacances de Noël, ils veulent aller faire du ski.
クリスマスの休みに，彼らはスキーをしに行きたがっている．

Je ne suis pas encore allé jouer au tennis avec eux.
彼らとはまだ一緒にテニスをしに行ったことはありません．

比 較：Ils veulent | aller | passer un week-end en Haute-Savoie.
                  | venir |
彼らはオート＝サヴォワに週末を過ごしに | 行き | たいと思っている．
                                    | 来 |

333 venir / arriver

---- 確認問題 ----

次の文の(　)の中から適切な語を選びなさい．

A. Il y avait tellement d'embouteillages sur la route qu'il m'a fallu une heure pour (venir/arriver).
道がひどく渋滞していたので，来るのに一時間かかりました．

B. Hier, pourquoi vous n'êtes pas (venus/arrivés) à l'heure ?
昨日，どうしてあなたがたは時間通りに来なかったのですか？

解答：A. venir cf.1　B. arrivés cf.6

1- venir

Venez vite, les enfants, c'est presque l'heure de la séance. 早くおいで, みんな. もう上演時間ですよ.

Tiens! Maman qui vient à notre rencontre. ほら, お母さんが迎えに来たよ.

参 考：(E) come

2- venir + inf.

Téléphone-lui et demande-lui de venir dîner. 彼(女)に電話して, 夕食を食べに来るように言ってよ.

Il est venu donner une conférence à notre université. 彼は私たちの大学に講演をしに来ました.

Viens nager avec nous à la piscine universitaire. 大学のプールに僕らと一緒に行って泳ごうよ.

参 考：(E) come and + inf.

3- SN (人) + | venir / arriver

Ils avaient bien dit qu'ils viendraient à 3 h. 彼らは3時に来ると確かに言ったのだった.

Attends-moi, j'arrive, j'arrive [tout de suite]. 待って下さい. (すぐに)行きます, 行きます.

Vous êtes arrivé au Japon quand, Monsieur Bellemarre? ベルマールさん, 日本にはいつ着いたのですか？

Francis est arrivé à 7 h et il est reparti immédiatement. フランシスは7時に着いて, すぐまた出かけてしまった.

慣 用：Tiens, les voilà qui arrivent!
ほら, 彼らが来たよ.

4- SN (時) + arriver

Bah, le premier janvier sera vite arrivé. うーん, お正月がすぐ来ちゃうね.

Cette année, le printemps est arrivé très tôt. 今年は春の訪れが早かった.

比 較：Noël tant attendu est enfin arrivé et le Père Noël va venir.
待ち望んだクリスマスがやっと来た. もうすぐサンタクロースが来るよ.
Quand un été si chaud et si gai arrive, on ne pense pas que, quelques mois plus tard, l'hiver viendra.
こんなに暑くて楽しい夏を過ごしていると, もう何か月かすると冬になるなどとは, 考えもしないね.

5- SN (乗り物) + arriver

Pardon, Monsieur, à quelle heure est-ce que le train de Berlin arrive ?	すみません。何時にベルリンからの列車は到着しますか？
Regardons le tableau d'affichage pour voir si l'avion est arrivé.	飛行機が着いたかどうか、表示板を見てみよう。
Le prochain train va arriver dans sept minutes.	次の列車はあと7分で到着です。

反　意：**5～6**, partir
比　較：L'avion qui vient de Tokyo en passant par Moscou est arrivé à Paris avec une heure de retard.
東京発モスクワ経由の飛行機は、パリに1時間おくれで到着した。

6- arriver + 特定の言葉

Hier soir, à peine arrivée chez moi, elle a commencé à pleurer.	昨日の晩、僕の家に来るとすぐに彼女は泣き出したんだ。
– Tout le monde est là ?	—みなさん、そろってますか？
– Non, les Mouret ne sont pas encore arrivés.	—いいえ、ムーレさん一家がまだ来ていません。
Thierry ne devrait pas tarder à arriver.	ティエリーは、まさか遅れて着くことはないだろう。
Il arrive toujours à la dernière minute.	彼はいつも時間ぎりぎりにやってきます。
Je n'aime pas les gens qui arrivent en retard.	私は時間に遅れて来る人はいやだ。

特定の言葉：ne ... pas encore, déjà, à peine, tôt, en retard, à l'heure, vite, presque, à la dernière minute, bientôt, tout de suite など

比　較：1) Georges n'est pas encore arrivé. On commence sans lui ?
ジョルジュはまだ来ていない。彼抜きで始めようか？
Georges avait promis de nous faire une visite mais il n'est pas encore venu.
ジョルジュは私たちを訪れると約束したが、まだやって来ていない。

2) Masanori est bien venu à la réunion, mais il est arrivé tellement en retard qu'elle était déjà finie.
正則は集まりに来たことは来たが、随分遅れて着いたものだから、集まりはもう終っていたんだ。

3) Encore une heure, et nous | arrivons | à l'aéroport de Narita.
　　　　　　　　　　　　　　| serons arrivés |

慣　用： － Maurice ! Maurice !
　　　　－ Bon, bon, | j'arrive, j'arrive.
　　　　　　　　　　| j'arrive tout de suite !
　　　　　　　　　　| (E) I'm coming !

あと一時間もすれば、私たちは成田空港に | 着きます。
　　　　　　　　　　　　　　　　　　　　| 着いているでしょう。

―モーリス！　モーリス！
―はいはい、今行くよ。

334　en venir à ＋ inf. / en arriver à ＋ inf. / arriver à ＋ inf. / parvenir à ＋ inf. / réussir à ＋ inf.

―――確認問題―――

次の文の誤りを正しなさい。

A. Je suis devenu à penser qu'il fallait changer de parti politique.
　　私は支持政党を変えなければと考えるようになった。

B. Lui qui était la bonté même, depuis qu'il s'est mis à boire, il est parvenu à battre sa femme.
　　彼はあんなにいい人だったのに、お酒を飲むようになってから、とうとう奥さんに暴力をふるうようになっちゃったの。

　　解答：A. Je suis devenu → J'en suis arrivé あるいは J'en suis venu cf.1
　　　　　B. il est parvenu → il en est arrivé あるいは il en est venu cf.1

1- | en venir | à ＋ inf.
　　　| en arriver |

Depuis qu'il a perdu la santé, il en est venu à en apprécier l'importance.
健康を害して、やっと彼は健康の大切さがわかるようになった。

Il a tellement joué à la roulette qu'il en est venu à perdre toutes ses économies.
彼はルーレットに夢中になって、ついには貯金をぜんぶなくしてしまった。

Mes grands-parents se souviennent du temps où tout le pays en était arrivé à manquer de vivres.
国中で食糧が不足してしまっていた時代のことを祖父母は思い出す。

Au bout de quatre ans, les étudiants en viennent à penser sérieusement à leur avenir.
4年たつと、学生たちは自分の将来を真剣に考えるようになります。

Avec l'âge, j'en viens à me dire que la vie vaut la peine d'être vécue.
年と共に、私は人生は生きる価値があると思うようになっています。

使い方：1) 肯定形でのみ用いる．
　　　　　2) **1〜2**，しばしば複合過去で用いられる．
注　意：**1〜2**, devenir à + inf. は用いられない．
参　考：(E) come to + inf.

2- arriver / réussir / parvenir à + inf.

Arnaud a perdu le premier match mais il a réussi à gagner le second.	アルノーは最初の試合に負けたが，次の試合には勝つことができた．
Simone est parvenue à entrer à la Banque d'Indochine et de Suez, mais ça n'a pas été sans peine.	シモーヌはインドシナ・スエズ銀行に就職できたのだけれど，それも大変だったのよ．
Je voudrais savoir de quelle manière il faut s'y prendre pour parvenir à parler couramment le français.	どういうふうに取り組めばフランス語をペラペラ話せるようになるのか，知りたいのですが．
Il s'est exercé, exercé, exercé et il est parvenu à obtenir le premier prix.	彼は練習に練習を重ねた末に，ようやく1等賞を取ることができた．
Siméon a réussi à se faire nommer en poste à l'étranger.	シメオンは努力のかいあって外国勤務を命じられた．
À 15 ans, Marie-Claude réussit à faire de la très bonne cuisine.	マリー＝クロードは15才でとてもおいしい料理が作れるようになった．

使い方：ここでの不定法は，よい結果を意味としてもたらす．
参　考：(E) succeed in + 現在分詞

Dupont... Duron... Dumont... j'ai beau chercher, je n'arrive pas à me rappeler son nom.	デュポン，デュロン，デュモン…いろいろ考えたんだけれど，どうしても彼(女)の名前を思い出せない．
Zut, c'est ennuyeux, je ne parviens plus à me concentrer.	いやあ，困ったな．もう集中できないや．
Sanae n'arrive pas à prononcer le mot "fleur" malgré tous ses efforts.	早苗は，頑張ってみるものの，どうしても"fleur"という単語の発音ができない．
Je n'ai pas réussi à le joindre par téléphone.	私は電話で彼に連絡がとれなかった．
Raoul n'a pas réussi à maîtriser son cheval. Résultat: deux fractures.	ラウルはうまく馬を乗りこなせなかった．その結果は2か所の骨折だよ．

J'ai beau chercher, je ne réussis pas à retrouver mes lunettes.

いくら探してみても眼鏡を見つけることができない。

Je ne parviens pas à comprendre ce que Tolstoï veut dire dans son roman.

僕にはトルストイがその小説で言いたいことが、どうしても分からないよ。

335 vieux monsieur / monsieur âgé / vieille dame / dame âgée / vieil homme / vieille femme / gens âgés / vieilles personnes / personnes âgées / vieilles gens / gens du troisième âge / gens du quatrième âge / homme âgé / femme âgée / vieillard / vieux / vieille

---

確認問題

次の文に誤りがあれば正しなさい。

A. Le 15 septembre, c'est la fête des gens âgés.
   9月15日は敬老の日だ。

B. Ce sont les vieux hommes et les vieilles femmes de ce village.
   あの人たちは、この村の老人たちだ。

解答：A. ○ cf.3
　　　B. les vieux hommes et les vieilles femmes → les personnes âgées あるいは les gens âgés cf.3

1- 限定詞 + vieux monsieur / monsieur âgé / vieille dame / dame âgée

Une vieille dame est venue m'ouvrir. C'était ta grand-mère ?

老婦人が来て、玄関を開けてくれたんだけど、君のおばあちゃんだったのかな。

C'est une dame âgée qui m'a vendu le billet gagnant.

私に当たりくじを売ったのは老婦人だった。

Monsieur Lafrance, c'est un vieux monsieur très sympathique.

ラフランス氏はとても感じのよい老紳士だ。

Deux dames âgées se sont assises près de nous.

二人の老婦人が私たちの近くに腰をおろした。

使い方：日常語だが、ていねいな感じがある。

2- 限定詞 + | **vieil homme**　（単数）（くだけた表現）
　　　　　　　| **vieille femme**
　　　　　　　| **homme âgé**　（単数）（あらたまって）
　　　　　　　| **femme âgée**
　　　　　　　| **vieillard**

À cinquante ans, il avait déjà les traits d'un homme âgé.　50才にして，彼は既に老人のような顔つきになっていた．

Pour une femme âgée, elle est encore alerte.　老人にしては，彼女はまだかくしゃくとしている．

Un vieil homme m'a remis la clé.　一人の老人が私に鍵を返した．

Une vieille femme a voulu me vendre des fleurs.　一人の老婆が私に花を売りつけようとしてきた．

En peu de temps, Monsieur Chaumet est devenu un vieillard.　わずかの間にショメ氏は老人くさくなった．

　使い方：1) 日常語だが，敬意は含まれていない．
　　　　　2) vieil homme に複数形はない．
　　　　　3) vieillard に女性形はない．

3- 限定詞 + | **gens âgés**　（複数）
　　　　　　　| **vieilles personnes**
　　　　　　　| **personnes âgées**
　　　　　　　| **vieilles gens**（あらたまって）

Beaucoup de monde, particulièrement les personnes âgées, adorent Hibari Misora.　多くの人，特に年配の人たちは，美空ひばりが大好きだ．

Les gens âgés ne comprennent plus la mentalité des jeunes.　年をとると若者の心がわからなくなる．

Monsieur Basile cherche une maison de retraite pour les personnes âgées.　バジル氏は，退職者用の老人ホームを探している．

Les personnes très âgées sont susceptibles d'attraper la grippe.　高齢者は流感にかかりやすい．

Si l'on en croit les spécialistes, la population des personnes âgées augmente.　専門家によれば，老齢人口は増大している．

Il y aura à peu près deux ou trois fois plus de vieilles personnes dans 30 ans.　30年後には，老人の数は今の2倍から3倍ほどになろう．

　使い方：1) 日常的な用法．

2) vieilles personnes, vieilles gens は，あまり使われなくなってきている．

3) personnes âgées は，次項 **4** の表現とともに最近では社会福祉上の一つの分類として用いられている．

4- 限定詞 + gens du troisième âge / quatrième âge

1) Chaque année, la ville organise trois excursions pour les gens du troisième âge.　　市は年に3回，高齢者(60才～70才)向けの小旅行を企画している．

2) La proportion des gens du quatrième âge continue à augmenter.　　老齢者(75才以上)の割合が増え続けている．

5- les vieux / les vieillards (あらたまって)

La communication entre les jeunes et les vieux est très importante pour créer une société équilibrée.　　若者と老人の間のコミュニケーションはバランスのとれた社会を作りあげるのに大変重要である．

Je constate que, aujourd'hui, les vieux ne comprennent pas les jeunes.　　今日，老人は若者が理解できなくなっているのだよ．

On a d'abord songé à évacuer les vieillards, les femmes et les enfants.　　老人と女性と子供をまず避難させるべきだと考えた．

La société moderne a tendance à marginaliser les vieillards.　　現代社会は老人を疎外する傾向がある．

使い方：vieux は，軽蔑的となることもある．

6- 限定詞 + vieux / vieille (くだけた表現)

Tout le monde aime bien saluer le vieux du coin qui nous vend des cigarettes.　　街角で煙草を売るあのおじいちゃんに，誰もが好んで挨拶する．

Tu as remarqué le visage ridé de la petite vieille qui fait les chambres de l'hôtel ?　　ホテルの部屋係をしているおばあちゃんの，しわだらけの顔を見たかい？

À Roscoff, j'ai vu une vieille qui portait encore le costume breton.　　ロスコフで，いまだにブルターニュ地方の衣装をまとっている老女を見た．

C'est autour de cette table que les vieux du village se réunissent pour jouer aux cartes.　　このテーブルのまわりに，村の老人たちは集まりトランプをする．

使い方：1) くだけた調子で，時として敬意に欠けるが，情緒のこもる場合もある．

2) 使用にあたっては，慎重の上にも慎重に．

強　調：petit や bon と共に用いられる．

336　vif / vivant / en forme / plein de vie / plein de vitalité

確認問題

次の文の(　)の中から最も適切な語句を選びなさい．
A. Qu'est-ce que tu as, Takeshi ? Tu n'es pas (vif/vivant/en forme) ces derniers temps.
　どうしたの，武．最近元気よくないね．
B. Regardez ces enfants qui jouent avec entrain, ils sont (en forme/ pleins de vie/pleins de vitalité).
　元気に遊んでいるあの子供たちをごらんなさい．はつらつとしているよ．

　　　　　解答：A. en forme cf.2　B. pleins de vie あるいは pleins de vitalité cf.3

1- 特定の名詞 ＋ | vif
　　　　　　　　　 | vivant

C'est un enfant vif, il n'arrête pas de bouger.
　この子は活発な子供で，じっとしていないのです．

Quel plaisir de voir des enfants si vivants !
　これほど生き生きとした子供たちを見るのは，何とうれしいことか！

　特定の名詞：personne, enfant, jeune fille など
　使い方：1)「生き生きとした」，「活発な」という意味で vivant が用いられる場合，必ず si, tellement, vraiment, bien などの副詞を伴う．
　　　　 2) vif は，属詞として用いる場合「才気煥発な」という意味になる．
　　　　　　Pierrot est vif et enjoué.
　　　　　　ピエールちゃんは，才気煥発で快活だ．
　注　意：例えば，Il est vif. は，健康であるという意味ではない．
　参　考：(E) lively
　慣　用：Jeanne d'Arc a été condamnée à être brûlée vive.
　　　　　ジャンヌ・ダルクは火あぶりの刑に処せられた．

2- en forme（会話）

Ce matin, je me sens en pleine forme.
　今朝私は，元気いっぱいです．

- Qu'est-ce qui vous maintient en forme ?
- Le jogging.
　―体調を維持するのに何をしていますか？
　―ジョギングです．

使い方：1) forme は, grande, bonne, pleine, excellente, meilleure, mauvaise などの形容詞を伴うこともある.
　　　　2) 大人について用いられる.
説　明：「調子がよい」という肉体的健康に関して用いられる.
参　考：(E) in + 形容詞 + shape

3- plein de | vie
　　　　　　　| vitalité

- Où sont les enfants ?　　　　　　　　　　―子供たちはどこ？
- Ils sont sortis dès qu'ils ont vu la neige.　―雪を見るとすぐに外に行ったよ.
- Ils sont pleins de vie.　　　　　　　　　　―元気ねえ.
- Madame Gillette est encore pleine de　　―ジレットさんはまだはつらつとしている.
  vitalité.
- Oui, c'est une chose surprenante à son　　―ええ, あのお年では驚きね.
  âge.

　　参　考：(E) full of life

337　rendre visite / faire une visite / visiter / aller voir / passer voir / venir voir / aller à l'étranger

―― 確認問題 ――

次の文の誤りを正しなさい.
A. Je l'ai visitée trois fois quand elle était à l'hôpital.
　　私は彼女の入院中に3回お見舞いに行った.
B. M. Tanaka visite souvent les pays étrangers.
　　田中氏はよく外国を訪れる.
C. Guillaume, viens voir un de ces jours.
　　ギヨーム, いつか会いにおいで.

　　　　　　　　　解答：A. Je l'ai visitée → Je suis allé (あるいは passé) la voir cf.5
　　　　　　　　　　　　B. → M. Tanaka va souvent à l'étranger. cf.7
　　　　　　　　　　　　C. viens voir → viens me voir cf.6

1- | rendre visite à　　| + SN (人) (あらたまって)
　　 | faire une visite à |

Le jour de l'An, nous avons l'habitude de　　元旦には, 祖父母を訪問するならわしになっている.
faire une visite à nos grands-parents.

M. et Mme Vergenne qui ont acheté le château de Rouvrey l'année dernière sont venus nous rendre visite.	去年ルーヴレーの城を買ったヴェルジェンヌ夫妻が、私たちを訪問した。
Lors de son passage à New York, le président Chirac fera une visite au secrétaire général des Nations Unies.	シラク大統領は、ニューヨークに立ち寄った際に、国連事務総長を訪問する予定だ。
Le roi et la reine d'Espagne ont rendu visite au Pape avant de se rendre au Quirinal.	スペイン王御夫妻は、首相官邸(イタリアの)を訪問する前に法王のもとを訪れた。
À chacune des visites qu'elle nous rendait, elle se plaignait du bruit de la ville.	彼女は私たちの所を訪れるたびに、町の騒音がひどいと嘆いていた。

使い方：1) **1〜2**、主に、公式訪問、表敬訪問を言うのに用いられる。
　　　　2) **1〜2**、この2つの動詞句は、前置詞 chez + SN (人) とは併用されない。
参　考：(E) pay a visit to + SN (人)

2- faire une visite + 特定の言葉 + à + SN (人)（あらたまって）

Lors de son passage à Bruxelles, le Prince Impérial a fait une visite de courtoisie au roi Beaudoin.	ブリュッセルに立ち寄った際、皇太子はボードワン国王を表敬訪問された。
Ils ont profité de leur passage dans notre quartier pour nous faire une courte visite.	彼らは、この界隈を通りかかった折に、ちょっと我々のところに立ち寄った。

特定の言葉：petite, courte, de sympathie, de courtoisie など

3- visiter + SN (場所・建物)

Je n'ai pas encore visité la Chine.	私はまだ中国を訪れたことがない。
Quand vous étiez à Paris, vous avez visité le Musée d'Orsay ?	パリにいた時、オルセー美術館を見学しましたか？
Le château de Rambouillet est intéressant à visiter.	ランブイエ城を見学するのは興味深い。
Plusieurs fois de suite, j'ai visité les nouveaux locaux avec lui.	何回も続けて、彼と一緒に新しい部屋をいろいろと見に行った。
J'ai le grand honneur de vous annoncer que Monsieur le Ministre va nous faire l'honneur de venir visiter notre école.	大臣が我が校をご訪問になるとご報告できますのは光栄の至りであります。

使い方：1) 必ず、国、都市、学校、美術館、病院、建物、城、部屋などを示す名詞を伴って用いられる。

Hier, |×j'ai visité | mon ami, Yvon.
      |je suis allé chez |

昨日，友達のイヴォンの所へ行った．

2) 必ず，直接目的語を伴って用いられる．

Je n'ai aucune envie | de visiter | l'Europe.
                     | | ×en Europe.
                     | d'aller en Europe.

私はヨーロッパ | を訪れたい | とは全く思わない．
               | に行きたい |

Je n'ai pas encore visité | Lyon.
                          | ×à Lyon.
Je ne suis pas encore allé à Lyon.

私はまだリヨンを訪ねたことがない．

Quels endroits tu as visités | en Amérique ?
Tu es allé où
×Tu as visité où

アメリカでは | どんな場所を訪れましたか？
             | どこへ行きましたか？

4- | visiter | ＋限定詞＋特定の名詞
      | rendre visite à |

Le docteur Samson visite assidûment ses malades.　　サンソン先生は，足しげく彼の患者たちを往診に行く．

Elle fait du bénévolat : elle rend régulièrement visite aux prisonniers.　　彼女はボランティアで定期的に受刑者たちを訪問している．

特定の名詞：malade, prisonnier, captif
使い方：1) 上記の特定の名詞以外の人を示す名詞には用いない．
2) 前置詞 chez ＋人，à ＋ SN, partout, quelque part, partout où と共には，用いられない．
3) 公式訪問あるいは職業上の訪問である．

5- | aller | voir ＋ SN（人）
      | passer |

Je suis allé la voir plusieurs fois lorsqu'elle était hospitalisée.　　彼女の入院中に私は何度も会いに行った．

— Martine s'est blessée à la jambe et elle ne peut pas sortir de la maison.　　—マルティーヌは足を怪我して外出できないんだ．
— Pauvre Martine ! Je vais passer la voir chez elle.　　—かわいそうに．家まで様子を見に行こう．

Je me demande si cela fera plaisir à mon oncle que nous allions le voir.

みんなで会いに行ったら，おじさんは喜ぶかなあ．

使い方：**5～6**, voir は，必ず直接目的補語を伴う．
参　考：(E) call on + SN (人)

6- venir voir + SN (人)

Quand vous passerez à Kobe, venez nous voir.

神戸にいらしたら遊びに来て下さい．

Les Giraudet venaient souvent nous voir lorsque nous étions à Bruxelles.

私たちがブリュッセルにいた時，ジロデ家の人たちはよく遊びに来た．

7- aller à l'étranger

− On ne peut pas aller à l'étranger sans avoir de passeport.
− Evidemment.

―パスポートがないと外国に行けない．
―当たり前さ．

使い方：visiter les pays étrangers とは言わない．
参　考：(E) go abroad

338　vitre / carreau / fenêtre

――― 確認問題 ―――

次の文に誤りがあれば正しなさい．

A. Qui a cassé la fenêtre ?
　誰が窓ガラスを割ったんだ？

B. Il faudra laver les fenêtres.
　窓ガラスを洗わなきゃね．

C. Il regardait le paysage par la vitre.
　彼は窓越しに風景を眺めていた．

　解答：A. la fenêtre → le carreau あるいは la vitre cf.2
　　　　B. les fenêtres → les vitres あるいは les carreaux cf.2　C. par la vitre → par la fenêtre cf.4

1- vitre

Baisse la vitre pour avoir un peu d'air.

窓を開けてちょっと風を入れてくれよ．

使い方：車，列車，建物について用いられる．
参　考：**1～4**, (E) window

2- vitre / carreau

Il va encore falloir remplacer un des carreaux de la cave. / また地下室の窓ガラスを一枚取り替えねばならない。

Si on se mettait ensemble pour laver les vitres ? / みんなで窓拭きをしないか？

- Il existe des sociétés qui se spécialisent dans le lavage des vitres d'un building. / ―ビルの窓拭きを専門にやる会社があるんです。
- On trouve de tout de nos jours. / ―昨今は何でもあるんですね。

3- vitre / fenêtre

Regarde Jeannot, le nez collé à la fenêtre. / ジャン君を見てごらん。鼻を窓にくっつけてるよ。

4- fenêtre

C'était une chambre très petite sans fenêtre. / それは窓のないとても小さな部屋だった。

On a besoin d'air : ouvre la fenêtre. / 換気しよう。窓を開けてくれ。

Ferme la fenêtre : j'ai froid. / 窓を閉めてくれ。寒いんだ。

Regarde le mont Fuji par la fenêtre ! / 窓から富士山をみてごらん。

注意：「窓ガラスを割る」という場合, casser une (la) fenêtre とは言わない。
Qui a cassé la vitre d'une des fenêtres de ma chambre ?
誰が私の部屋の窓ガラスの一枚を割ったのだろう？

339 prendre le volant / être au volant / conduire

---確認問題---

次の文の誤りを正しなさい。

A. J'ai bien mon permis mais je n'ai pas conduit de voiture depuis cinq ans.
免許は確かに持っているのだけれど、ここ5年は運転をしていない。

B. Mon mari a refusé de me donner le volant.
夫は私にハンドルを握らせなかった。

解答：A. de voiture を取る。cf.3　B. donner → laisser prendre cf.1

1- prendre le volant

Je conduis depuis Paris et je suis fatigué. Tu veux bien prendre le volant ?

パリからずっと運転して疲れたよ．運転を代わってくれないか．

　参　考：(E) take the wheel

2- être au volant / conduire

En allant de Périgueux à Limoges, Monsieur Martin a eu un malaise alors qu'il était au volant.

ペリグーからリモージュへ行く途中，マルタンさんは運転中に具合が悪くなった．

Quand sa femme conduit, Monsieur Joubert ne peut s'empêcher de lui donner des conseils.

奥さんが運転すると，ジュベールさんはいろいろ口を出さずにはいられなくなる．

3- conduire

Il n'a son permis que depuis trois mois, mais il conduit très bien.

彼は免許を取ってまだ3か月だが，実に運転がうまい．

Monsieur Leclerc aime qu'on lui parle quand il conduit : ça l'empêche de s'endormir.

ルクレールさんは，自分が運転している時は人から話しかけてほしいと思っている．そうすれば眠らないで済むからだ．

　使い方：フランス語では「車を運転する」という場合，普通直接目的補語なしで conduire と言い，conduire une voiture などとは言わない．

　参　考：(E) drive

340 vouloir / vouloir de / en vouloir

――― 確認問題 ―――

次の文に誤りがあれば正しなさい．

A. Tu ne me veux pas de t'avoir menti ?
　君に嘘をついたことを怒ってない？

B. Nous ne voulons pas vos excuses !
　あなたの言い訳なんか聞きたくありませんよ．

C. On ne veut plus d'elle comme secrétaire.
　秘書として彼女はもう必要ないよ．

解答：A. me → m'en cf.4　B. vos excuses → de vos excuses cf.2　C. ○ cf.3

1- vouloir + 部分冠詞 + 名詞

- Tu voudrais du pain, Charles ? ―シャルル，パンはどう？
- Oui, un morceau, s'il te plaît, Maman. ――一切れちょうだい．

S'il reste du fromage de chèvre, j'en voudrais. 山羊のチーズが残ってるなら，欲しいな．

Quelqu'un veut-il encore du potage ? ポタージュをもっと欲しい人はいる？

2- vouloir de + 指示形容詞 + 名詞

- Tu voudrais de cette tarte ? ―このタルト少し食べる？
- Oui, s'il te plaît. ―ええ，いただくわ．

Tu en veux, de ce jus de pamplemousse ? このグレープフルーツジュースを少し飲む？

Vous voulez [un peu] de ce gâteau aux fruits ? このフルーツケーキ，少し召し上がりますか？

　使い方：de は部分を表す小辞で，具体的な物の一部分を要求する場合に用いられる．
　強　調：en vouloir de + 指示形容詞 + 名詞 (会話)

3- SN (人) + ne pas vouloir de + | 指示形容詞
| 所有形容詞
| 人称代名詞強勢形
| SN (人)

Pouah ! Je ne veux plus de ce café. Il est infect ! ゲッ！こんなコーヒーもういらないよ．すごくまずいよ．

Je ne veux pas de votre argent. Vous pouvez le garder ! あなたのお金なんていりません．しまっておいて下さい．

- Arlette dit qu'elle n'en veut plus de ses chaussures. ―アルレットはもうあの靴なんかいらないと言っているよ．
- Mais elle les a achetées il y a deux semaines ! ―二週間前に買った物なのにね！

On ne veut plus de lui à la chorale. 合唱団には，もう彼はいらない．

Va dans ta chambre. On ne veut pas de toi ici ! 自分の部屋へ行きなさい．ここはお前のいる所じゃないよ．

　使い方：「～などいらない；受け入れない」という嫌悪感を込める場合に用いられる．
　比　較：Je ne veux pas | de ce roman policier !
　　　　　　　　　　　　 | ce roman policier.
　　　こんな推理小説なんかいらないよ．
　　　この推理小説はいりません．

4- SN (人) + en vouloir à + SN (人)

J'en veux à Séverin. Il ne rend jamais l'argent qu'il m'emprunte.　　セヴランには恨みがある。あいつは僕に借りた金を決して返さないんだ。

Ne lui en veux pas d'être en retard.　　彼(女)が遅れることを悪く思わないで。

Depuis cette affaire, Jeanne m'en a toujours voulu.　　あの一件以来，ジャンヌは私のことをずっと恨んでいる。

　強　調：SN (人) + en vouloir à + SN (人) + jusqu'à la mort
　　　　Je lui en veux jusqu'à la mort de m'avoir joué ce vilain tour !
　　　　彼(女)があんなひどい仕打ちをしたことを，すごく恨んでいるんだ。

341　week-end

> **確認問題**
>
> 次の文の(　)の中に最も適切な語句を入れなさい。
> A. Je ne peux pas lire (　) week-end, mon frère amène toujours des camarades.
> 　週末は本が読めない。いつも弟が仲間を連れてくるから。
> B. Ils iront à Rome (　) week-end.
> 　彼らは週末にはローマに行くでしょう。
>
> 解答：A. pendant le cf.1　B. en cf.2

1- pendant le week-end

Je devais terminer ma composition pendant le week-end dernier, mais je n'ai pas pu.　　この週末の間に作文を仕上げなければならなかったのに、できなかった。

　参　考：(E) during the weekend

2- 特定の動詞 + en week-end

Nous partons en week-end dans le Nasu et nous reviendrons lundi matin.　　週末は那須に出かけて、月曜の朝に戻る予定だ。

　特定の動詞：partir, aller
　参　考：(E) for the weekend

3- le week-end

Nous passerons le week-end à Karuizawa.　　私たちは週末を軽井沢で過ごします。

Le dernier week-end a été plutôt pluvieux.　先週末はむしろ雨模様だったよ.

慣　用：La semaine prochaine, nous aurons un long week-end.
来週は週末は連休だよ.

342　部分冠詞 / 不定冠詞 / 定冠詞 ＋ 不可算名詞

― 確認問題 ―

次の文の(　)の中に最も適切な冠詞を入れなさい.

A. Dans mon café, je ne mets pas (　　) sucre mais (　　) lait.
　私はコーヒーに砂糖は入れないが, ミルクは入れる.

B. (en regardant la carte du restaurant) Nous prenons (　　) soupe à l'oignon, (　　) sole meunière et (　　) Châteauneuf-du-Pape 86.
　(レストランのメニューを見ながら)オニオングラタンスープ, 舌平目のムニエルと, 1986年産のシャトーヌフ・デュ・パップを頼もう.

C. Passez-moi (　　) sel, s'il vous plaît.
　塩を取って下さい.

D. Il aime beaucoup (　　) fromage.
　彼はチーズが大好きだ.

E. Les Takahashi prennent (　　) riz et (　　) soupe de soja le matin.
　高橋家では, 朝はごはんとみそ汁を食べる.

解答：A. de, du cf.1　B. la, la, le cf.5-3)　C. le cf.5-2)
D. le cf.5-1)　E. du, de la cf.1

1- 動詞 ＋ 部分冠詞 ＋ 不可算名詞

Au petit déjeuner, je prends du pain avec du beurre et de la confiture.　私は, 朝食にパンにバターとジャムをつけて食べる.

Je voudrais de l'eau. J'ai bien soif.　水が欲しいんですが. のどがとても渇いているんです.

Chez les Leduc, à la fin du repas, on nous a servi du café et du cognac.　ルデュックさんの家では, 食事の後でコーヒーとコニャックを出してくれた.

Yasuko ne prend jamais de sucre dans son café.　安子はコーヒーには決して砂糖を入れない.

Dans ce cas-là, il faut mettre de la teinture d'iode.　こうした場合, ヨードチンキをつけなければならない.

Je vais prendre du thé au citron.　レモンティーを頂きましょう.

— Monsieur Ueda, vous voudriez peut-être de la vodka ?　　　―上田さんはウォッカがよろしいでしょう？
— Un doigt tout simplement.　　　―ほんの少しお願いします。

Maman, donne-moi encore de la salade, s'il te plaît.　　　お母さん、もっとサラダをちょうだい。

使い方：食べ物や薬に関する名詞とともに。

説　明：**1～3**, 1) 直接目的補語につく部分冠詞, 不定冠詞は一般に否定文中で de に変わる。

Je ne bois pas de lait.
私は牛乳は飲みません。

Pouah ! ce n'est pas du sucre, c'est du sel ! (属詞につく場合は不変)
なんだこりゃ、砂糖じゃない、塩だ。

2) ただし、形は否定文でありながら意味内容が肯定的であったり、否定が部分的である場合は de に変わらない。

Vous n'auriez pas de la bière allemande, par hasard ?
もしかしてドイツのビールはありませんか？

Madame, vous ne voudriez pas une salade verte avec votre bifteck ?
ステーキと一緒にグリーンサラダはいかがですか？

Oh ! je regrette ! Je me suis trompée. Je ne t'ai pas servi du café, mais du thé.
あっ、ごめんなさい。間違えちゃった。コーヒーじゃなくてお茶を出しちゃった。

注　意：部分冠詞がついた名詞が主語に置かれるのは、非常に限られた用法である。また、その場合、動詞は未来形か条件法となる。

Du lait chaud lui ferait du bien.
あの方に温かい牛乳でも少し差し上げたら落ち着かれるでしょう。

比　較：Tu devrais prendre | de l'aspirine.
　　　　　　　　　　　　　　 | un cachet d'aspirine.

君は | アスピリンを　　　　　| 飲まなきゃだめだよ。
　　 | アスピリンを一錠　　　|

Maman, donne-moi encore | du jambon,　　　　　　　| s'il te plaît.
　　　　　　　　　　　　 | une tranche de jambon, |

お母さん、| もっとハムをちょうだい。
　　　　　| ハムをもう1切れちょうだい。

2- 動詞 ＋ 数形容詞 ＋ 不可算名詞

Trois bières pression, s'il vous plaît.　　　生ビール3つ下さい。

— Et toi, Hélène ?　　　―で、エレーヌ、君は？
— Je prendrai un thé au citron.　　　―レモンティーにするわ。

Deux tartes aux amandes, s'il vous plaît.　　　アーモンドタルトを2つ下さい。

Vous prendriez bien une autre tasse de tisane, Madame Lussier ?　　リュシエさん、もう一杯ハーブティーはいかがでしょうか。

Monsieur Hiyoshi, vous voudriez peut-être un whisky ?　　日吉さんはウィスキーがよろしいでしょうか？

使い方：何かをすすめたり，注文したり，買う場合．
説　明：一杯の〜，一瓶の〜，一切れの〜と同意になる．
注　意：2〜3, 1の場合と異なり，部分冠詞は用いない．
比　較：1) Il aime | prendre | un | cognac après le dîner.
　　　　　　　　　　　　　| du
　　　　　　　　　　| le cognac.

　　彼は | 夕食後に | コニャックを一杯飲むのが | 好きだ．
　　　　　　　　　| コニャックを飲むのが
　　　　　 | コニャックが

2) | Je voudrais | du Cinzano.
　　　　　　　　 | un Cinzano.
　 | J'adore le Cinzano.

　チンザノが　　　| 欲しいのですが．
　チンザノを一杯　|
　私はチンザノが大好きです．

3- 不定冠詞 ＋ 不可算名詞 ＋ 形容詞句

Est-ce que vous n'auriez pas par hasard un vin blanc très sec ?　　ひょっとしてすごく辛口の白ワインはありませんか。

On nous a fait goûter à un vin du pays. Il était vraiment bon.　　その地方特産のワインを試飲させてもらった．それは本当においしかった．

Le tout a été arrosé d'un petit cognac pour finir.　　最後にコニャック一杯でしめくくった．

C'était la première fois que je mangeais un soufflé au fromage aussi léger.　　あんなに軽いチーズスフレを食べたのは初めてだった．

比　較：Apportez-moi | un café très fort, s'il vous plaît.
　　　　　　　　　　　 | du café, s'il vous plaît.
　　　　　　　　　　　 | un café, s'il vous plaît.

　すごく濃いコーヒーを | 持ってきて下さい．
　コーヒーを
　コーヒーを一杯

4- 定冠詞 ＋ 不可算名詞 ＋ 動詞

Le citron contient beaucoup de vitamine C.　　レモンにはビタミンCが沢山入っている．

En Asie, le riz remplace le pain. アジアでは米がパンの代わりだ.
C'est le courage qui a dû lui manquer. 彼(女)に欠けていたのは，きっと勇気だろう.
D'après lui, l'argent mènerait le monde. 彼によると，金があれば世の中は動くということになる.

使い方：不可算名詞でも，総称として用いられる場合，定冠詞がつく.
比　較：Le crabe est difficile à manger.
On nous a servi du crabe.
カニは食べにくい.
カニが出された.

5- 特定の動詞 + 定冠詞 + 不可算名詞

1) J'aime bien le fromage. 私はチーズが大好きだ.
Annie adore la mousse au chocolat. アニーはチョコレートムースが大好きだ.
Je préfère le sorbet au citron. 私はレモンシャーベットの方がいいです.
J'aime beaucoup le fromage blanc. 私はフロマージュ・ブランが大好きだ.

特定の動詞：aimer, aimer mieux, adorer, détester, haïr, préférer など
使い方：この場合も，総称的用法.

2) Passe-moi le vin, s'il te plaît. ワインを取ってちょうだい.
Versez le café dans les tasses. コーヒーをカップに入れて下さい.
Ne laisse pas le beurre sur la table. テーブルの上にバターを置いておかないで.
Apporte-moi la moutarde, s'il te plaît. マスタードを取って来てよ.

特定の動詞：passer, verser, apporter など
説　明：1) この場合，不可算名詞がどれを指すか特定されているため，定冠詞を用いる.
2) 家庭やレストランで用いられる表現.

3) Je prends les œufs mimosa. 私はミモザ風ゆで卵を頼もう.
[Donnez-moi] la mousse au chocolat, s'il vous plaît. チョコレートムースを下さい.
Apporte le camembert [que tu as acheté hier]. [昨日買った]カマンベールを持って来て.

特定の動詞：prendre, donner, apporter, commander など
説　明：メニューに書かれた料理，または指で指し示すことのできる料理を注文する場合.

4) Ça sent le brulé. Pierrette, as-tu laissé quelque chose sur la cuisinière ?

何だかこげくさいぞ. ピエレット, レンジに何かかけたままにしてない ?

Ça puait le poisson pourri.

腐った魚のいやなにおいがした.

特定の動詞：sentir, puer
使い方：この場合, 主語は ça.

6- 定冠詞 + 不可算名詞　[＋ 形容詞]　[＋ 関係詞節]

C'est à Athènes que j'ai découvert le pain grec. Jamais, jusqu'alors, je n'avais réfléchi au pain que je mangeais.

私がギリシャのパンを初めて食べたのはアテネでだった. それまでは, 自分が食べているパンについて考えたことは一度もなかった.

Le vol-au-vent marinière [que nous avons mangé ce soir au restaurant] était délicieux.

[今晩レストランで私たちが食べた]ヴォローヴァン（白ワイン蒸しパイ包み料理）はとてもおいしかった.

C'est l'heure du thé, venez.

お茶の時間ですよ. どうぞ.

使い方：この場合, 文脈や状況などによって特定されているため, 定冠詞を用いる.
比　較：Un jour, venez prendre le thé à la maison.
　　　　　Il est 3 h, prendriez-vous du thé ?
　　　　　いつか家にお茶を飲みにいらして下さい.
　　　　　3時です. お茶を召し上がりますか.

343　部分冠詞 / 不定冠詞 / 定冠詞 ＋ 特定の抽象名詞

確認問題

次の文の（　）の中に最も適切な冠詞を入れなさい.

A. Elle n'a pas (　　) force de soulever ses bagages.
　　彼女には自分の荷物を持ち上げる力がない.

B. Avec (　　) patience, on obtient ce qu'on veut.
　　根気よくやれば, 欲しいものは手に入る.

C. Il nous a montré (　　) énergie surprenante.
　　彼は驚くほどのエネルギーを見せた.

解答：A. la cf.4　B. de la cf.1　C. une cf.2

1- 部分冠詞 ＋ 特定の抽象名詞

Il faut de l'énergie pour entreprendre des études de médecine.

医学をやるには体力がいる.

Chez les patients souffrant de la maladie d'Alzheimer, j'ai pu voir le pouvoir du courage et de l'amour.
アルツハイマー病患者にも，勇気と愛の成せる業を見ることが私にはできました．

Dommage, il n'a pas de volonté ni de courage.
残念ながら，彼にはやる気も覇気もない．

特定の抽象名詞：**1〜4**, force, courage, persévérance, haine, amour, énergie, ambition, intelligence, volonté, patience など

使い方：**1〜4**, これらの抽象名詞につける限定詞の用法は，ハム，バター，ウィスキー，水，金，銀など不可算名詞につける限定詞の用法と同様である．

慣　用：Allons ! Du courage ! Du courage !
さあ，がんばって，がんばって！

2- 数量副詞 + de + 特定の抽象名詞

Avec beaucoup d'ambition, on peut aller très loin.
大志を抱けば，相当なことができる．

Vous auriez assez de force pour marcher jusque-là ?
そこまで歩いて行くだけの体力がおありですか．

Ginette a très peu de patience.
ジネットは全く辛抱が足りない．

慣　用：Robin des Bois a montré bien du courage. Je l'admire.
ロビンフッドは大変な勇気を発揮した．すごいと思う．

3- 不定冠詞 + 特定の抽象名詞

Elle a un courage à toute épreuve.
彼女は何にでも耐えられる勇気を持っている．

Chez lui, il y a une persévérance qui étonne tout le monde.
彼には，皆を驚かすほどの辛抱強さがある．

使い方：形容詞(句，節)とともに用いる．

4- 定冠詞 + 特定の抽象名詞

Le courage peut mener à l'héroïsme.
勇気は英雄的行為に通じる．

Dans les prisons, la haine est probablement l'émotion dominante.
刑務所では，憎悪が主たる感情だろう．

À mon avis, Christine a montré la patience qu'il fallait.
私の考えでは，クリスティーヌは我慢できるだけ我慢したと思うよ．

L'ambition les a perdus.
野心が彼らの命取りとなった．

使い方：おもに主語として用いられる．

344 定冠詞 / 部分冠詞 + スポーツ，学科，娯楽などを示す名詞

確認問題

次の文の（　）の中から適切な語を選びなさい．
A. Sophie ne fait (le/du) ménage que le dimanche.
　ソフィーは日曜日にしか掃除をしない．
B. Ma sœur aime faire (le/du) lèche-vitrines.
　姉はウインドーショッピングをするのが好きだ．
C. Hier soir, j'ai lu (la/du/de la) Duras.
　昨日の夜，私はデュラスを読んだ．
D. À l'université, j'ai fait (le/du) français, mais je l'ai oublié.
　大学でフランス語をやったが忘れてしまった．
E. Il aime beaucoup (le/du) français.
　彼はフランス語が大好きだ．

解答：A. le cf.1-4)　B. du cf.2　C. du cf.3　D. du cf.2　E. le cf.1-3)

1- 定冠詞 + 名詞（スポーツ，学科，娯楽などを示す名詞）

1) Le foot devient de plus en plus populaire.　サッカーの人気が上がっている．
Ce sont les mathématiques qui l'intéressent.　彼（女）が興味あるのは数学だ．
La musique, c'est un bon délassement, tu ne trouves pas ?　音楽は格好の息抜きだと思わない？
Le base-ball ne m'a jamais intéressé.　野球は一度も面白いと思ったことがない．
Il prétend que la philosophie mène le monde.　彼は哲学が世界を動かすと主張している．

2) Il enseigne le karate à des lycéens.　彼は高校生に空手を教えている．
Sa fille apprend le ballet avec Madame Shirane.　彼（女）の娘は白根先生にバレエを習っている．
Ma mère a appris la cérémonie du thé avant de se marier.　母は結婚前に茶道を習った．
- Je n'ai pas étudié l'anglais depuis dix ans.
- Mais tu le parles très bien.　―ここ10年，英語を勉強してないんだ．―でもとても上手に話すね．

3) Je n'aime pas tellement les sciences naturelles.　私は自然科学があまり好きではない．

Il adore le base-ball, c'est le moins qu'on puisse dire.	彼は野球が大好きだ．少なくともそれは言える．
Je préfère la chimie à la physique.	私は，物理よりも化学が好きだ．
4) Le dimanche, c'est papa qui fait la cuisine.	日曜日に料理をするのはパパだ．
Repose-toi, laisse-moi faire la vaisselle.	あなたは休んでね．私に皿洗いをやらせて．
Mon mari n'aime pas faire la lessive.	夫ったら，洗濯するの嫌いなの．

2- faire + 部分冠詞 + 名詞（スポーツ，学科，娯楽などを示す名詞）

Elle a fait du ski quatre fois l'hiver dernier.	彼女は去年4回スキーに行った．
Je fais de la poterie au centre culturel de mon arrondissement.	私は，区の文化センターで焼きものをやっている．
John n'a pas fait de judo depuis deux ans.	ジョンは2年前から柔道をしていない．
Il a fait de la physique et de la chimie pendant ses quatre années d'université.	彼は大学の4年間物理と化学をやった．
Ma femme adore faire du shopping.	私の妻はショッピングをするのが大好きだ．

比　較：1) J'ai fait de l'allemand comme seconde langue étrangère.
　　　　　 J'ai commencé à étudier le latin il y a six mois.
　　　　　　私は第二外国語としてドイツ語をやった．
　　　　　　私は6カ月前にラテン語の勉強を始めた．

　　　 2) Je n'aime pas │faire du sport.
　　　　　　　　　　　　│le sport.
　　　　　　私は│スポーツをするのが│好きではない．
　　　　　　　　│スポーツが　　　　│

　　　 3) J'aimerais faire de la voile, à l'université.
　　　　　 La voile, c'est son sport favori.
　　　　　　大学ではヨットをやりたいと思っている．
　　　　　　ヨットが彼のお気に入りのスポーツだ．

慣　用：Avec leur commerce, ils se font de l'argent comme de l'eau.
　　　　　彼らは商売で非常にたくさんの金を儲けている．

3- 特定の動詞 + du + 固有名詞（作家，作曲家など）

Tu vas nous jouer quoi ? Du Chopin ?	私たちに何を弾いてくれるの？ショパン？
Je vais vous chanter du Georges Moustaki.	ジョルジュ・ムスタキの歌を歌ってあげましょう．

Il faut se concentrer pour pouvoir lire du Yourcenar. 集中しないとユルスナールは読めない．

Aline, récite-nous du Victor Hugo. アリーヌ，ヴィクトル・ユゴーの一節を暗唱してよ．

特定の動詞：lire, chanter, jouer, réciter など
説　明：「〜の小説」，「〜の作品」，「〜の曲」と同意．作家，作曲家などが女性であっても du を用いる．

345　定冠詞 ＋ 役職名 ＋ 固有名詞

確認問題

次の文の誤りを正しなさい．

A. Président Lincoln, ce n'est pas n'importe qui.
リンカーン大統領はひとかどの人物だ．

B. C'est docteur Falardeau qui a pris soin de Maman quand elle était malade.
ママが病気の時診てくれたのはファラルドー先生だ．

解答：A: Président Lincoln → Le président Lincoln
　　　B: docteur Falardeau → le docteur Falardeau

定冠詞 ＋ 特定の名詞 ＋ 固有名詞

― Qui a obtenu le prix Nobel de la Paix en 1990 ?
― C'est l'ancien président Gorbatchev.
―1990年にノーベル平和賞を取ったのはだれですか．
―ゴルバチョフ元大統領だ．

L'ex-Premier ministre Miyazawa a dû donner sa démission. 宮沢元首相は，辞職せざるを得なかった．

L'empereur Alexandre rêvait d'unifier le monde. アレクサンダー大王は，世界を統一することを夢見ていた．

L'empire britannique a atteint son zénith sous la reine Victoria. 大英帝国は，ヴィクトリア女王の治下に頂点に達した．

Pendant longtemps, la princesse Diana a patronné beaucoup d'œuvres de charité. ダイアナ妃は，長い間慈善事業を支援した．

Tu y crois au père Noël, toi ? 君はサンタクロースがいると思う？

C'est le père Rondeau qui a béni notre mariage. 私たちの結婚を祝ってくれたのは，ロンドー神父です．

特定の名詞：président, roi, reine, prince, princesse, empereur, impératrice, comte, comtesse, Premier ministre, recteur, docteur, professeur, père, directeur, procureur de la République, juge, avocat など

使い方：普通これらの名詞は呼びかけには用いられないが，père, docteur は冠詞なしで呼びかけに用いられる。

| Docteur, est-ce que sa maladie est grave ?
| Le docteur Simon | dit que la maladie de Marie-France est grave.
| ×Docteur Simon |

先生，彼女の病気は重いのですか。
シモン医師は，マリー＝フランスの病気が重いと言っている。

注　意：英語ではこの場合，定冠詞を用いないが，フランス語では必要である。

346　外来語の性

―― 確認問題 ――

次の文の（　）の中に最も適切な冠詞を入れなさい。
A. Il a décidé de s'acheter (　　) Ferrari ou (　　) Porsche.
　彼はフェラーリかポルシェを買うことに決めた。
B. On ne peut pas facilement imaginer ce que c'est que (　　) giri-ninjo.
　義理人情が何なのかなんて簡単には分からないさ。

解答：A. une, une cf.1　B. le cf.3

1- 限定詞 ＋ 外来の固有名詞

1) – Quelle voiture tu vas acheter ?　　　―どの車を買おうと思っているの？
　– Une Mercédès, très probablement.　　―メルセデスだよ，きっとね。

J'ai ma [moto] Yamaha, tout près.　　僕のヤマハのバイク，すぐ近くに止めてあるよ。

Ils ont une Carola comme voiture.　　彼らの車はカローラだよ。

Je ne suis jamais monté sur le [mont] Fuji.　僕は富士山には一度も登ったことがないよ。

使い方：このように同種のものがフランスにある場合はその性に準じる。une Mercédès (＝une voiture de Mercédès)

比　較：限定詞は，定冠詞，不定冠詞，単数，複数，男性，女性などの区別によって，使われている語が何の名前なのかを示すことになる。

| | Je voudrais | une Asahi. (= une bière Asahi)
l'Asahi. (= le journal Asahi)
voir Asahi. (= Monsieur Asahi) |

私は｜アサヒ（アサヒビール）が欲しい．
　　｜朝日（新聞）が欲しい．
　　｜朝日さんに会いたい．

2) J'ai vu David Bowie au Tokyo Dome. 　　私，東京ドームでデヴィッド・ボウイを見たわ．

Le FBI est l'organisme qui a mis en place le meilleur système de poursuite des kidnappeurs. 　　ＦＢＩは誘拐犯捜査の最良の方法を備えた組織である．

Je voudrais bien aller au Disneyland, mais je n'ai pas le temps. 　　ディズニーランドに行ってみたいとは思うんだけど，その暇がないんだ．

- Où se trouve le | Building Sumitomo ?
　　　　　　　　 | Sumitomo Building ?
- À la sortie ouest de la gare de Shinjuku.
　　―住友ビルはどこにありますか？
　　―新宿駅の西口ですよ．

Je suis né dans la banlieue de Camdon, dans le New Jersey. 　　僕はニュージャージー州のキャンドン郊外に生まれました．

Son groupe imite les Beatles. 　　彼のバンドはビートルズをまねている．

使い方：1) のような場合を除いて，外来語の固有名詞は一般に男性名詞として扱う．
慣　用：Est-ce que tu préfères "Time" à "Newsweek" ?
　　　　　ニューズウィークよりもタイムの方が好きなの？

2- 限定詞 ＋ 外来の普通名詞

Son sport préféré, c'est le curling. 　　彼(女)の好きなスポーツはカーリングです．

Il a été condamné au goulag deux fois. 　　彼は二度[旧ソの]強制収容所送りになった．

Vous savez ce que c'est que le couscous ? C'est un plat arabe. 　　クスクスって何かご存じですか？アラブ料理ですよ．

L'espéranto a été inventé pour que les gens qui ne peuvent pas parler la même langue puissent communiquer aisément. 　　エスペラント語は，同じ言語を話さない人たちが容易に話し合えるように作られました．

J'aime tous les apéritifs sauf le vermouth. 　　私はヴェルモット以外ならどんな食前酒も好きです．

使い方：**2〜3**，外来の普通名詞は一般に男性名詞として扱う．

3- 限定詞 + 日本語

Le sumo reste toujours populaire.	相撲は相変わらず人気がありますね。
Autrefois, je suis souvent allé voir du rakugo.	以前はよく落語を聞きに行きました。
Le natto est excellent pour la santé, paraît-il.	納豆は健康にすごく良いらしいよ。
Ken Takakura joue souvent le rôle du yakuza dans des films populaires.	高倉健は大衆映画でやくざの役をよく演じます。
Je voudrais traiter le problème de l'onnagata ou de l'oyama du kabuki, c'est-à-dire le problème de l'acteur qui joue un rôle féminin.	私は歌舞伎の女形、あるいはおやまの問題、つまり女性の役を演ずる役者の問題を扱ってみたいと思います。
- Tsutomu a gagné dix mille yens au pachinko. - Il a eu de la chance.	―努はパチンコで1万円取ったんだって。 ―ついてね。
Teruo a dévoré une bonne quantité de sushis.	照夫は寿司をがつがつと山ほど食べた。
Demain, tu vas mettre ton kimono ?	明日、着物を着るつもり？
- Elle étudie aussi l'ikebana. Elle va se marier. - Oui, si elle trouve un mari...	―彼女も生け花習ってるの。彼女結婚するのね。 ―うん、相手が見つかればだけどね。
"Être tatamisé" se dit d'un étranger ou d'une étrangère qui a adopté toutes les coutumes japonaises comme vivre sur des tatamis.	"être tatamisé"（タタミ化される）とは、外国人が畳の上で生活するように、日本のありとあらゆる生活習慣を取り入れることを言う。

347　定冠詞 + 身体の名詞 / 所有形容詞 + 身体の名詞

―― 確認問題 ――

次の文の誤りを正しなさい。

A. Il a cassé sa jambe droite en descendant un escalier.
　　彼は階段を降りる時に右足を骨折した。

B. Son visage blême, il est revenu dans la pièce.
　　彼は青い顔をして部屋に戻ってきた。

C. J'ai secoué son épaule pour le réveiller.

347 定冠詞＋身体の名詞／所有形容詞＋身体の名詞

私は彼を起こそうとして、彼の肩を揺すった．
D. J'ai failli marcher sur ses pieds.
　私は危うく彼(女)の足を踏むところだった．

> 解答：A. Il a cassé sa jambe droite → Il s'est cassé la jambe droite cf.I-3
> 　　　　B. Son visage blême → Le visage blême cf.I-2
> 　　　　C. J'ai secoué son épaule → Je l'ai secoué par l'épaule cf.I-4
> 　　　　D. marcher sur ses pieds → lui marcher sur les pieds cf.I-5

I- 定冠詞を用いる場合

1- SN (人) ＋ 動詞 [＋ 前置詞] ＋ 定冠詞 ＋ 身体の名詞

Avec tout ce vacarme, je n'ai pas fermé l'œil de la nuit.	あの大騒ぎのせいで、私は夜眠れなかった．
Monsieur Sanada n'a pas ouvert la bouche de toute la réunion.	真田氏は会議の間中口を開かなかった．
Gardez les yeux grand ouverts, m'a dit le médecin.	目をしっかりと開けていて下さい、と医者は私に言った．
Tu as encore mal aux yeux ?	君はまだ目が痛いの？
Il saignait abondamment du nez.	彼は鼻血がたくさん出ていた．
Il a voulu pousser la chaise du pied mais il n'a pas réussi.	彼は足で椅子を動かそうとしたが、うまくいかなかった．
Avec tous ces soucis, pas étonnant qu'il ait attrapé des ulcères à l'estomac.	あれだけ心配事があっては、彼が胃潰瘍になるのも無理はないね．
Ce garçon-là n'a jamais eu froid aux yeux.	あの少年は、びびったことがない．
J'en ai par-dessus la tête, de cette histoire.	もううんざりだよ．そんな話．
- Je vis sur les nerfs depuis trois jours. - Qu'est-ce qui se passe ?	—この３日ばかり、もう気力で持ってるって感じなんだ． —どうかしたの？
J'ai pris froid aux pieds.	足元が冷えた．
Il nous a fait toucher le problème du doigt.	彼は私たちにその問題をはっきりと理解させた．
On peut communiquer par le cœur.	以心伝心．

使い方：1) **1～3**、定冠詞は主語の人の部位をさす．
　　　　2) **1～6**、この場合、日本語や英語とは異なり、フランス語では所有形容詞を使わない．

比　較：Essuie-toi les yeux avec ton mouchoir.
　　　　La représentation s'est déroulée sous nos yeux.

ハンカチで目をふきなさい．
その上演は，我々の目の前で行われた．

2- 状況補語, SN (人) + 動詞
SN (人) + 動詞, 状況補語

Il a filé, la tête droite.	彼は平気な顔で立ち去った．
La mort dans l'âme, nous leur avons dit au revoir en pleurant.	我々は悲嘆にくれ，泣きながら彼らに別れを告げた．
Deux lycéennes sont passées devant ma fenêtre, des livres plein les bras. / les bras pleins de livres.	二人の女子高生が，両手に本をいっぱいかかえて私の家の窓の外を通った．
La main tendue, les enfants quémandaient de l'argent.	手を差し出して，子供たちは金をうるさくせがむのだった．
Sylvain a dû marcher cinq kilomètres, le bras cassé.	シルヴァンは，腕の骨が折れているのに，5キロも歩かなければならなかった．

　　比　較：Après s'être battu avec ses copains, | les yeux pochés, / ×des yeux pochés, / avec des yeux pochés, | il est rentré à la maison.
　　　　　　友達とけんかした後，| 目を腫れ上がらせて / 腫れ上がった目をして | 彼は家に帰った．

3- SN (人・動物) + 代名動詞 + 定冠詞 + 身体の名詞

Maria se teint les cheveux en blond clair.	マリアは髪を明るい金髪に染めている．
Je te recommande de te brosser les dents trois fois par jour.	私は君に一日三回歯を磨くことをすすめるよ．
– Kuro se lèche les pattes. / – Il est en train de faire sa toilette.	―クロは足をなめている． / ―クロは身づくろいをしているところなんだ．
Il passe son temps à se lisser les cheveux.	彼はいつも髪をなでつけている．
Je me suis pris le doigt dans la porte.	私はドアで指をはさんだ．
Essuie-toi le visage avec ma serviette.	私のタオルで顔をふきなさい．
Il se laisse pousser la barbe, et je trouve que ça lui va très bien.	彼はあごひげをのび放題にしているが，よく似合うと私は思う．

4- SN (人・動物) + 人称代名詞 (直接目的補語) + 動詞 + 前置詞 + 定冠詞 + 身体の名詞

347　定冠詞＋身体の名詞／所有形容詞＋身体の名詞

Sa femme le mène par le bout du nez.　　　彼の妻は，彼を思いどおりに操っている．
Un chien l'a mordu au mollet.　　　彼は犬にふくらはぎをかまれた．
　使い方：上記の例の場合，定冠詞に続く身体の名詞は直接目的語となっている人の部位をさす．
　慣　用：Il m'a frappé en plein visage.
　　　　　彼は私の顔を正面から殴った．

5- SN＋人称代名詞（間接目的補語）＋動詞［＋前置詞］＋定冠詞＋身体の名詞

1) Après son accident, le médecin a dû lui faire quelques points de suture dans le cuir chevelu.　　　事故の後，医者は彼(女)の頭皮を何針か縫わなければならなかった．

Il n'entend pas bien, il va falloir lui faire examiner les oreilles.　　　彼は耳の聞こえが悪い．検査をしなければならないだろう．

Ne lui tords pas le bras comme ça ! Tu lui fais mal !　　　ひとの腕をそんなふうにねじるんじゃない．彼(女)，痛いってさ．

Sans sourciller, Martin lui a donné un coup de poing dans la figure.　　　マルタンは平然として，彼(女)の顔をげんこつで殴った．

　使い方：上記の例では，定冠詞に続く身体の名詞は間接目的語となっている人の部位をさす．

　　　｜Viens, maman va te laver la figure.
　　　｜Maman va [te] laver tes chaussettes.
　　　｜いらっしゃい．おかあさんがあなたの顔を洗ってくれるから．
　　　｜お母さんがあなたの靴下を洗ってくれる．

　　　　　Ne pleure pas,｜tes yeux sont gonflés et rouges.
　　　　　　　　　　　　｜tu as les yeux gonflés et rouges.
　　　　　　　　　　　　｜×les yeux sont gonflés et rouges.
　　　　　　　　　　　　｜×tu as tes yeux gonflés et rouges.
　　　泣かないで．君の目は腫れて赤くなっているよ．

　比　較：Le dentiste a dit qu'il allait lui｜examiner les dents.
　　　　　　　　　　　　　　　　　　　　　｜arracher｜une dent.
　　　　　　　　　　　　　　　　　　　　　　　　　　｜sa dent.
　　　　　　　　　　　　　　　　　　　　　　　　　　｜la dent qui lui faisait mal.
　　　　　　　　　　　　　　　　　　　　　　　　　　｜×la dent.
　　　　　歯医者は，彼(女)の｜歯を(全部)検査しましょう｜と言った．
　　　　　　　　　　　　　　｜歯を一本｜抜くつもりだ
　　　　　　　　　　　　　　｜例の歯を
　　　　　　　　　　　　　　｜痛い歯を

2) Je me suis fâché et le sang m'est monté au visage. 腹が立って，血の気で顔が赤くなった．

La sueur lui coulait dans les yeux. 彼(女)は汗が目に入った．

Une idée lui est passée par la tête. ある考えが，彼の頭に浮かんだ．

Cette nouvelle me brise le cœur. その知らせに私は心を引き裂かれる思いだ．

　使い方：主語が物の場合，所有形容詞が用いられるのは，所有者が間接目的補語として示されていない時である．
　比　較：La neige | tombait dans notre cou.
　　　　　　　　　 | nous tombait dans le cou.
　　　　　雪が私たちの襟元に落ちてきていた．

6- 定冠詞 ＋ 身体の名詞 ＋ 人称代名詞（間接目的補語）＋ 動詞

Le cœur me battait très fort. 私の心臓の鼓動は高まっていた．

Les yeux me piquent. 目がチカチカする．

　使い方：身体の部位が主語となる構文．あまり用いられない．
　比　較：Le cœur me battait et je sentais que mes forces m'abandonnaient.
　　　　　私は心臓がどきどきして，力が抜けて行くのを感じていた．

II- 所有形容詞を用いる場合

1- 動詞 ＋ 所有形容詞 ＋ 身体の名詞

Qu'est-ce que tu as ? Tu as avalé ta langue ? どうしたの？　何も言わないね．

Il a posé les mains sur ses épaules. 彼は両手を彼(女)の両肩に置いた．

Personne ne pouvait savoir ce qui se passait dans sa tête ni dans son cœur. 彼(女)の頭の中で，また心の中で何が起こっているのか，誰も知ることができなかった．

　使い方：所有形容詞が必要な場合（そうでないと意味があいまいになるので）．

2- 動詞 ＋ 所有形容詞 ＋ 身体の名詞 ＋ 形容詞

Il a plongé son regard troublé dans mes yeux. 彼は私の目に，困ったような視線を投げかけた．

3- 動詞 ＋ 所有形容詞 ＋ 身体の名詞 （強調）

1) Donne-moi | la | main, Aline. アリーヌ，手を貸して．
　　　　　　 | ta |

Il a plongé | les | mains dans l'eau.　　彼は両手を水の中につけた．
　　　　　　| ses |

2) Le cheval avançait cahin-caha en plon-　馬は，足を深い雪の中に埋めながら，ど
geant ses pattes dans la neige.　　　　　　うにかこうにか前に進んでいた．

Il avait déjà enfoui sa tête dans l'oreiller　私が彼の部屋に入った時，彼はすでに枕
quand je suis entré dans sa chambre.　　　に顔を埋めてしまっていた．

Il s'est laissé griser par le vent qui bourdon-　耳の中でうなり，鼻の穴をふくらますほ
nait dans ses oreilles et gonflait ses narines.　どの風の中で，彼は陶然とした．

4- 前置詞 ＋ 所有形容詞 ＋ 身体の名詞（強調）

Quand elle était infirmière, elle a transporté　彼女は看護婦だった時，重病人を自分の
des mourants dans ses bras.　　　　　　　腕にかかえて運んだ．

L'animal n'arrivait pas à frapper le sol de ses　その動物は自分の足で地面をけることが
pattes.　　　　　　　　　　　　　　　　できない状態であった．

Marianne se souleva sur ses propres jambes　マリアンヌは，誰の助けもなしに自分自
sans l'aide de personne.　　　　　　　　　身の足で立ち上がった．

348　月名

確認問題

次の文の誤りを正しなさい．
A. Le juin va bientôt finir.
　　6月がもうすぐ終わる．
B. Aux États-Unis, les nouveaux présidents entrent en fonction le mois de janvier.
　　アメリカでは，大統領は1月に就任する．
　　　　　　　解答：A. Le juin → Juin cf.1　B. le mois de janvier → au mois de janvier cf.2

1- 月名
　　le mois de ＋ 月名

Le mois d'octobre a été pluvieux cette　今年の10月にはよく雨が降った．
année.

On n'a pas vu passer le mois de décembre.　12月が過ぎるのはあっという間だった．

　注　意：月名は単独で用いるばあい，定冠詞をつけない．

J'aime tous les mois sauf | août.
| le mois d'août.
| ×l'août.

8月を除けば，どの月も好きだ．

2- | au mois de | + 月名
     | en

- Le Tour de France a lieu quel mois ?　　　―ツール・ド・フランスは何月にありま
- Au mois de juillet.　　　　　　　　　　　　すか．
　　　　　　　　　　　　　　　　　　　　　　―7月です．

La plupart des Parisiens prennent leurs　　パリの人たちは8月に休暇をとる人が多
vacances en août.　　　　　　　　　　　　　い．

- Quels mois y a-t-il le plus de neige pour　―スキーをするには何月に一番雪が多い
  skier ?　　　　　　　　　　　　　　　　　　のですか？
- En décembre, janvier et février.　　　　　―12月，1月，2月です．

　　注　意：1) au + 月名は用いられない．
　　　　　　2) quel mois の前には前置詞 en は不要．
　　強　調：en plein mois de + 月名

3- | au mois de | + 月名 + | prochain
     | en | | dernier

Il commence à travailler chez IBM en avril　彼はこの4月から IBM で働き始める．
prochain.

　　使い方：ce + 月名 + prochain は用いられない．

4- | de + 月名 + à + 月名
     | du mois de + 月名 + au mois de + 月名

Aux États-Unis, l'année scolaire va de　　　アメリカでは，一学年は9月から6月ま
septembre à juin.　　　　　　　　　　　　　でです．

Elle a voyagé en Australie du mois de mars　彼女は3月から9月までオーストラリア
au mois de septembre.　　　　　　　　　　　を旅行しました．

349　SN + 形容詞（国名）/ SN + de + 国名

―――― 確認問題 ――――

次の文の誤りを正しなさい．

A. Elle était fière d'avoir acheté une voiture du Japon.
   彼女は日本車を買って鼻高々だった。
B. Bien qu'il soit français, il est très fort en histoire japonaise.
   彼はフランス人なのに日本史にとても詳しいよ。
C. Pierre est spécialiste de l'histoire de la Chine et de Japon.
   ピエールは中国と日本の歴史の専門家です。

解答：A. du Japon → japonaise cf.1　B. japonaise → du Japon cf.3
　　　C. de la Chine → de Chine, および de Japon → du Japon cf.3

1- SN ＋ 形容詞 (国名)

1) Mon père m'a rapporté une montre suisse de son voyage.
父が旅行のおみやげにスイス製の時計を買ってきてくれた。

J'aime bien les films américains.
僕はアメリカ映画が好きだな。

Les voitures japonaises ont fait la renommée du Japon.
日本車のおかげで日本の名声は高まった。

説　明：製品や作品に用いる。

2) Vous n'auriez pas du café brésilien ?
ブラジルのコーヒーはありませんか。

― La cuisine thaïlandaise, ça vous plaît ?
― Oh oui, beaucoup.
―タイ料理はお好きですか。
―ええ。大好きです。

― L'okonomiyaki, qu'est-ce que c'est ?
― C'est un genre de pizza japonaise.
―お好み焼きって何？
―日本風のピザってところかな。

Ils m'ont servi un whisky irlandais.
彼らは私にアイルランドのウィスキーを出してくれた。

Nous allons être obligés d'importer du riz américain et thaïlandais.
わが国はアメリカとタイの米を輸入しなければならなくなるだろう。

説　明：食べ物や飲み物に用いる。

3) Les mères japonaises surveillent de près l'éducation de leurs enfants.
日本の母親たちは子供たちの教育をこと細かに見守っている。

Mon amie française m'écrit rarement.
私のフランス人の友だちは、滅多に手紙をよこさない。

Donnez-moi les noms de quelques compositeurs allemands célèbres.
有名なドイツ人作曲家の名前を何人か挙げなさい。

David est un des meilleurs peintres français.
ダヴィッドは、屈指のフランス人画家の一人だ。

説　明：人について用いる．

4) Allons prendre un repas dans un restaurant chinois. 　中華料理屋に食事に行こうよ．

Dans les universités japonaises, les cours commencent quand ? 　日本の大学では，授業はいつ始まりますか？

説　明：レストラン，学校などについて用いる．

5) J'ai plusieurs CD d'opéras italiens. 　私はイタリアオペラのCDを何枚も持っている．

Chante-nous donc un enka japonais. 　日本の演歌を歌ってよ．

Il joue aux échecs japonais depuis l'âge de 10 ans. 　彼は10才のときから将棋をやっている．

6) Lundi prochain, vous aurez un examen sur les verbes français. 　今度の月曜にフランス語の動詞の試験を行います．

D'après lui, la syntaxe japonaise n'est pas tellement compliquée. 　彼の話では，日本語の構文はそれほど複雑ではないという．

C'est un proverbe chinois ? 　それは中国の諺だっけ？

説　明：verbe, nom, syntaxe, proverbe, dicton, comptine などと共に用いる．

7) Aux IVe et IIIe siècles avant Jésus-Christ, la civilisation grecque était répandue sur tout le pourtour de la Méditerranée. 　紀元前3，4世紀に，ギリシャ文明は地中海沿岸一帯に広まっていた．

Il est né à Alexandrie, mais de langue et de culture françaises. 　彼はアレクサンドリア生まれだが，言葉も文化もフランス式だ．

C'est une des grandes réalisations de la technologie allemande. 　これはドイツのテクノロジーが生んだ逸品のひとつなのです．

説　明：civilisation, culture, langue, famille, technologie, société, art などと共に用いる．

8) Le Togo est une ancienne colonie française. 　トーゴは旧フランス植民地だ．

Donnez-moi les noms de quelques anciennes colonies anglaises. 　旧イギリス植民地をいくつか挙げてください．

説　明：région, province, possession, colonie, protectorat, nation などと共に用いる．

9) Au nom de son pays, le Premier ministre français a logé une protestation. 国を代表して，フランスの首相は抗議の声明を出した．

Louis XIV a épousé une princesse autrichienne. ルイ14世はオーストリア皇女と結婚した．

説　明：Premier ministre, ministre, prince, princesse と共に用いる．

10) Il est correspondant d'un journal coréen à Londres. 彼は，韓国の新聞社のロンドン特派員である．

La presse américaine a tout de suite répandu la nouvelle. アメリカの報道機関は，そのニュースを直ちに伝えた．

説　明：correspondant, journal, presse, revue, politique などと共に用いる．

2- 定冠詞 + 特定の名詞 + | 形容詞（国名） / du + 国名 / des + 国名

Le gouvernement | japonais / du Japon | a posé sa candidature pour devenir membre du Conseil de sécurité. 日本政府は，安全保障理事国に立候補した．

La proposition du gouvernement | des États-Unis / américain | a été bien accueillie. アメリカ政府の提案は歓迎された．

特定の名詞：gouvernement
使い方：国名が女性名詞の場合，形容詞しか用いられない．

Le gouvernement | français / ×de France | a offert d'envoyer des troupes pour l'ONG (Organisation Non-Gouvernementale).
フランス政府は，NGOのために軍を派遣することを申し出た．

Le gouvernement | chinois / ×de Chine | a rappelé son ambassadeur de Washington à Pékin.
中国政府は，ワシントン駐在の大使を北京に召還した．

3- 限定詞 + 特定の名詞 + du + 国名（男性）

1) Il me reste à écrire une composition sur la géographie du Canada. 僕はあとカナダの地理について作文を書かなきゃならないんだ．

Je t'ai montré mes photos du Brésil ? 僕がブラジルで撮った写真見せたっけ？

特定の名詞：histoire, géographie など
使い方：1)〜3)，国名が男性名詞の場合，必ず定冠詞を伴う．

2) Le roi du Luxembourg a présidé à l'ouverture de la Chambre des députés. ルクセンブルク王は議会の開会に臨席した．

L'empereur du Japon a reçu une invitation à se rendre en Belgique. 日本国天皇はベルギー訪問の招待を受けた．

特定の名詞：roi, empereur

3) Où est situé le consulat du Japon ? 日本領事館はどこにありますか？

– Et celui-là, c'est le drapeau de quel pays ? ―ではこれはどこの国の旗ですか．
– Du Luxembourg. ―ルクセンブルクのです．

特定の名詞：ambassade, consulat, drapeau など

4- SN + |de / de la| + 国名（女性）

Je viens de terminer un livre sur la géographie de la Chine. 中国の地理の本を読み終えたところだ．

L'histoire de Grande-Bretagne est liée à la conquête des mers. イギリスの歴史は七つの海の征服の歴史だ．

使い方：国名が子音で始まる女性名詞の場合，しばしば定冠詞が省略される．
ただし，国名が形容詞を伴う場合には，定冠詞は省略されない．
Je viens de terminer un livre sur l'histoire de la Grèce ancienne.
古代ギリシャの本を読み終えたところだ．

5- 限定詞 + 特定の名詞 + de + 限定詞 + 国名

Ici vous vous trouvez à peu près au centre de la France. このあたりはほぼフランスの中心になります．

Saint-Jean se trouve à l'est du Canada. サン＝ジャンはカナダ東部にある．

Tu peux me donner le nom de la capitale de la Hongrie ? ハンガリーの首都を言ってごらんなさい．

特定の名詞：nord, midi, sud, est, ouest, centre, capitale など

350　所有形容詞

確認問題

次の文の（　）の中から最も適切な語を選びなさい。

A. Les Sorel ne sortent jamais sans (le/leur/un) chien.
　　ソレル夫妻はいつも犬を連れて出かける。
B. Siméon mange (les/ses/ces) trois œufs chaque matin.
　　シメオンは毎朝決まって、卵を3個食べる。
C. Tu m'énerves avec (la/ta/une) Marguerite.
　　君のマルグリットの話にはいらいらするよ。

解答：A. leur cf.1　B. ses cf.5　C. ta cf.2

1- 所有形容詞 ＋ 名詞

Ton train est à quelle heure ?	（君の乗る）電車は何時？
Je prends toujours mon café sans sucre.	私はコーヒーをいつも砂糖を入れずに飲む。
Elle passe ses journées à regarder la télévision.	彼女は毎日テレビを見て過ごす。
Martin n'a pas encore passé son permis de conduire.	マルタンはまだ運転免許を取っていない。
Finalement, le dentiste a dû lui arracher sa dent.	結局歯医者は彼(女)のその歯を抜かなければならなかった。
J'ai beaucoup oublié mon français depuis le temps que je n'ai plus l'occasion de le pratiquer.	フランス語を使う機会がなくなってから、私はせっかく覚えたフランス語を随分忘れてしまった。
Bon, je m'en retourne à mon hôtel.	それでは、私は泊まっているホテルに戻ります。
Récemment, elle n'a fait que travailler son piano.	このところ彼女は(好きな)ピアノの練習しかしなかった。

　使い方：フランス語の所有形容詞の用い方は、日本語で具体的な名詞について用いる所有形容詞の用い方より広範囲にわたる。
　説　明：よく知っている物や場所、あるいはすでに話題となった物や場所を指すこともある。
　比　較：1) Ne la dérange pas. Elle est en train de lire │ son roman.
　　　　　　　　　　　　　　　　　　　　　　　　　　　　　　　│ un roman.
　　　　　　彼女の邪魔をしないで。彼女は │(読みかけの) 小説 │ を読んでいる最中だから。
　　　　　　　　　　　　　　　　　　　　　│ある小説　　　　　│
　　　　　2) J'ai entendu dire que Monsieur Mounin ne sort jamais sans

mettre | ses lunettes.
       | de lunettes.

ムーナン氏は | いつものメガネ | なしでは決して外出しないという話を聞いた．
           | メガネ

3) Je te suggère de travailler principalement | ton anglais.
                                              | l'anglais.

主に | (問題の)君の英語 | に精を出すことを勧めるよ．
    | 英語

2- 所有形容詞 + 固有名詞

Il est parti avec sa Mimi. 彼は愛するミミちゃんと行ってしまったぞ．

Tu as fini de m'en parler, de ton Saint-Exupéry? 君のお決まりのサン＝テグジュペリについて私に言うことは，もうそれだけかい？

Sur ces entrefaites, notre Jean-François s'amène. そうこうするうちに，あのジャン＝フランソワがやって来るよ．

使い方：愛情，尊敬，軽蔑，苛立ちなどを示す．

3- 所有形容詞 + 名詞（国籍・職業）

Je connais bien mes Argentins. Ils ne sont jamais à l'heure. 私はあのアルゼンチン人たちのことを良く知っている．彼らは決して時間を守らない．

Son médecin lui a dit de revenir dans une semaine. 彼のかかりつけの医者は，彼に一週間後にまた来なさいと言った．

Je viens de chez ma coiffeuse. 今，いつもの美容院に行ってきた．

4- 所有形容詞 + 名詞

Mon trésor, tu as mis une de ces robes! ねえ，君はとても素敵なドレスを着ているね．

Mes enfants, essayons de nous entendre. ねえ，お前たち．お互いにわかり合う努力をしようじゃないか．

Mon loulou, calme-toi. いい子だから，おとなしくしな．

使い方：1) 呼びかけとして用いられる．
       2) 愛情を示すために用いられる．

5- 所有形容詞 + 数形容詞 + 名詞

1) Il court ses dix kilomètres par jour. 彼は毎日決まって10キロ走る．

Papa travaille encore ses dix heures sans interruption.　　パパはいまだに，休憩なしでいつも10時間働いている．

2) Je leur ai demandé mes cinq jours de congé et ils ont refusé !　　私には権利のあるいつもの5日間の休暇を彼らに申し出たが，断わられた．

使い方：強調するために用いる．
　　1) 習慣を示す．「いつもの」「例の」
　　2) 文脈によるが，何かを強調する．

351　複合過去 / 半過去 / 大過去 / 単純過去

---確認問題---

次の文の誤りを正しなさい．
A. J'ai habité à Kamakura depuis mon enfance.
　　私は子供の頃から鎌倉に住んでいる．
B. Je ne vois pas mon grand-père depuis deux ans.
　　私は2年前から祖父に会っていない．
C. Ce magasin a été ouvert depuis dix ans.
　　この店は10年前から開いている．
D. Le chat a regardé ma mère comme pour lui dire qu'il a eu faim.
　　猫は，おなかが空いたとでも言いたげに，私の母を見た．
E. Il est venu de partir quand je suis arrivé.
　　私が着いたとき，彼はちょうど出発したところだった．

　　解答：A. J'ai habité → J'habite cf.II-3　B. Je ne vois pas → Je n'ai pas vu cf.II-3
　　　　C. a été ouvert → est ouvert cf.II-1　D. a eu → avait cf.III-2　E. est venu → venait cf.II-2

I- 複合過去

1- SN + avoir + 過去分詞

－ Il y a trois jours, grand-maman a failli tomber dans l'escalier de l'entrée.
－ Vraiment ?　　―3日前におばあちゃんが玄関の階段で転びそうになったんです．
　　―本当？

－ Vous avez pensé à mettre sa lettre à la poste ?
－ Zut ! J'ai oublié !　　―彼(女)の手紙をちゃんと出してくれた？
　　―あっ，しまった．忘れた！

Il y a à peu près trois ans que j'ai commencé à faire de la crosse.　　3年くらい前に私はラクロスを始めました．

Ça fait plus de dix ans que le Japon a introduit la TVA (= taxe à la valeur ajoutée). 日本が消費税を導入して10年以上になります。

− Tu as bien dormi ?
− Ah oui, j'ai dormi comme un loir.
―よく眠れましたか？
―ええ，ぐっすり眠りました．

C'est la faute des politiciens s'ils n'ont pas pu trouver un nouveau chef. 新たなリーダーを見出せなかったのは，政治家たちの責任だ．

Les malfaiteurs ont pu être arrêtés immédiatement. 犯罪者たちはすぐに逮捕されました．

2- SN + avoir été + 過去分詞

Au retour, nous avons été surpris par un violent orage. 帰りに，ひどい雷雨に出くわしてびっくりしました．

− Quand est-ce que l'espéranto a été inventé ?
− Vers 1887, par un Polonais.
―エスペラント語はいつ作られたのですか？
―1887年頃，あるポーランド人によってです．

À peu près vers la même époque, des monuments de l'époque d'Asuka ont été découverts. ほぼ同じ頃に，飛鳥時代の建造物が発見されました．

Il existe encore des animaux qui n'ont pas été découverts par les hommes. まだ人に発見されていない動物がいる．

Le fondateur de cette religion a aussi été trouvé mort. この宗教の創始者も死体で発見された．

On peut y voir un joli bâtiment qui doit avoir été construit pour les hôtes étrangers. そこでは，外国からのお客様用に建てられたらしい，美しい建物が見られますよ．

使い方：受動態の複合過去形では助動詞は avoir

1) Il est sorti à toute pompe dès que le cours | ×est fini.
　　　　　　　　　　　　　　　　　　　　　　　| a été fini.
　　　　　　　　　　　　　　　　　　　　　　　| a fini.

　授業が終わるや，彼は全速力で出て行った．

2) | ×Il est opéré ce matin.
　 | Il a été opéré ce matin.
　　彼は今朝手術を受けた．

3- SN + être + 過去分詞

Je suis né le 7 juillet 1985. 私は1985年7月7日に生まれました．

Laurence est morte ce matin à 3 h. ロランスは今朝3時に亡くなりました.

- Tu connais Miyajima?　―宮島って知ってる?
- Oh oui, j'y suis déjà allé deux fois. ―うん，もう二度も行ったよ.

Je ne suis jamais monté sur la tour de Tokyo. 東京タワーには一度も登ったことがないよ.

En 84, à Paris, la température est descendue jusqu'à -18°. 84年にパリでは気温が―18度まで下がりました.

Nous y sommes allés en omnibus, ce qui nous a permis une épargne de 500 yens. 私たちはそこに各駅停車で行きました．それで500円浮かすことができました.

使い方：助動詞として être を用いる動詞と共に.
　　　　Il a émigré au Pérou et il n'est jamais revenu.
　　　　彼はペルーに移住し，一度も戻って来ていない.

比　較：Sa mère | est morte | dans un accident de voiture.
　　　　　　　　　 | a été tuée |
　　　　彼女の母親は事故で死んだ.

4- SN + s'être + 過去分詞（代名動詞）

Tu t'es levé à quelle heure ce matin? 君は今朝何時に起きたの?

- Tu t'es promenée hier? ―昨日散歩した?
- Oui, Véronique et moi, on s'est promenées. ―うん，ヴェロニックとね．散歩したわ.

Il s'est fâché contre nous, sans raison. 彼ったら私たちのこと理由もなしに怒ったのよ.

Vous vous êtes bien amusés au pique-nique? ピクニックは楽しかったですか?

Il s'est noyé dans le lac d'Inawashiro, il y a deux ans. 彼は2年前に猪苗代湖で溺れて死にました.

Ma sœur s'est permis de mettre ma robe vert pâle sans m'en demander la permission. 姉(妹)ったら私にことわりもなしに，私の薄緑の服を勝手に着たのよ.

使い方：代名動詞は助動詞として être を用いる.

5- SN + 動詞（複合過去）+ 時間の表現

Hier, j'ai dormi toute la journée et, aujourd'hui, je me sens en forme. 昨日一日中寝ていたんだ．それで今日はすっかり元気だ.

Je t'ai attendu à la gare de Shibuya pendant une heure. 私はあなたを渋谷駅で1時間待ったのよ.

Nous avons habité à Kobe pendant trois ans. 私たちは神戸に3年間住んでいました.

 説　明：これらの動詞は意味に継続のニュアンスが含まれているが，その行為がすでに終わっていることを示すために複合過去が用いられる.

6- SN + 動詞 (複合過去) + SN + 動詞 (複合過去)

Il a pris son journal et il est sorti. 彼は新聞を手に取ると出かけました.

Quand nous sommes arrivés, je lui ai donné un pourboire. 私たちが着いた時に，私が彼(女)にチップをあげました.

J'ai entendu dire qu'il a refusé de donner sa démission. 彼が辞表を出すのを拒んだという話を僕は聞いたよ.

Dès qu'il a pu quitter l'hôpital, il a recommencé à travailler. 彼は退院するとすぐさままた働き出した.

II- 複合過去とならない場合

1- SN + être + 特定の過去分詞 (形容詞)

Quel jour ce grand magasin est-il fermé ? このデパートのお休みは何曜日ですか.

Je crois qu'il est marié. 彼は結婚していると思うよ.

La situation des cinémas est déplorable : les gens arrivent en retard ou bien il n'y a plus de place ou bien le film est déjà commencé. 映画館の現状はひどいものだ. 遅れて来る客はいるし，もう席がなかったり，映画がもう始まっていたりする.

Frank, tu es levé ? フランク，起きてるの？

La chaussée est mouillée aujourd'hui. 今日は車道が濡れている.

Jacques n'est pas encore levé. ジャックはまだ起きていません.

 特定の過去分詞：marié, fiancé, ouvert, fermé, commencé, terminé, fini, disparu, apparu, levé, assis, couché, parti, arrivé など
 説　明：現代フランス語ではこれらの語は形容詞としても用いられている.
 注　意：**1～3**, 複合過去はこうした文脈では用いられない.
 比　較：1) — Sylvie est mariée depuis combien de temps ?
     — Depuis trois ans.
     — Quand est-ce qu'elle s'est mariée ?
     — Il y a trois ans, en 1993.
    ─シルヴィーは結婚してどれくらいになるの？
    ─3年だよ.
    ─彼女はいつ結婚したの？
    ─3年前，1993年さ.

2) Le train est arrivé | depuis dix minutes.
　　　　　　　　　　　| il y a dix minutes.
　　列車は10分前 | から着いている．
　　　　　　　　| に着いた．
3) Le magasin | est ouvert depuis 10 h.
　　　　　　　| a ouvert à 10 h.
　　店は | 10時から開いています．
　　　　| 10時に開きました．
4) | Depuis que mon chien a disparu, je le cherche un peu partout.
　　| Pendant que mon chien avait disparu, je l'ai cherché un peu
　　| partout.
　　飼い犬が姿を消してから，あちこち探しています．
　　飼い犬が姿を消している間，あちこち探しました．
5) | La guerre est finie.
　　| Il allait partir pour l'Europe quand la guerre a fini.
　　戦争は終わっている．
　　彼がヨーロッパに出発しようとしていたとき，戦争が終わった．

2- SN + venir de / aller + 不定法

Jules? Mais il vient juste de partir.　　　ジュール？ ああ，ちょうど出たばかりだよ．

Je venais de lire un de ses articles.　　　私はちょうど彼の論文を1つ読んだところだった．

Quand son père est mort, elle allait avoir 18 ans.　　　お父さんが死んだとき，彼女は18才になろうとしていた．

使い方：近接未来と近接過去は，過去時制では複合過去にならず，半過去になる．

3- SN + 動詞（現在）+ 特定の語句（時間の副詞句）

Ils habitent la villa depuis peu.　　　彼らはその別荘に住むようになってまだ間がない．

Je les connais depuis de nombreuses années.　　　私は彼らのことを何年も前から知っています．

Elle est morte depuis un bon moment, j'ai l'impression.　　　彼女はもうずいぶん前に死んだように思いますよ．

C'est un problème sur lequel je travaille depuis huit mois.　　　これは私が8カ月前から取り組んでいる問題なんです．

Il essaie d'écrire son doctorat depuis deux ans.　　　彼は2年前から博士論文を書こうとしています．

特定の語句：depuis + 時間の表現, il y a + 時間の表現 + que ...

使い方：この用法では，肯定形では動詞は現在形になる．否定形の場合は複合過去を用いる．
　　　　│×Je ne vais pas à la disco depuis trois mois.
　　　　│Je ne suis pas allé à la disco depuis trois mois.
　　　　私は3カ月前からディスコに行っていません．
　　　　Ça fait bien deux semaines │×que je ne lui téléphone pas.
　　　　　　　　　　　　　　　　　　│que je ne lui ai pas téléphoné.
　　　　彼(女)に電話しなくなってからもう2週間になります．

参　考：1) (E) 動詞 (現在完了) + for + 時の言葉
　　　　Granddad has been dead for six years.
　　　　Mon grand-père est mort depuis six ans.
　　　　Il y a six ans que mon grand-père est mort.
　　　　祖父が亡くなってから6年になります．
　　　　2) (E) 動詞 (過去) + 時の言葉 + ago
　　　　Granddaddy died and was buried six years ago.
　　　　Papy est mort et a été enterré il y a six ans.
　　　　おじいちゃんは6年前に亡くなり，埋葬されました．
　　　　3) (E) 動詞 (過去完了)
　　　　In 1981, granddaddy had been dead for six years.
　　　　En 1981, il y avait six ans que mon grand-père était mort.
　　　　1981年には祖父が死んでから6年たっていた．

比　較：│Nous sommes mariés depuis vingt ans.
　　　　│Il y a vingt ans que nous sommes mariés.
　　　　│Nous nous sommes mariés il y a vingt ans.
　　　　│×Nous nous sommes mariés depuis vingt ans.
　　　　│×Il y a vingt ans que nous nous sommes mariés.
　　　　私たちは結婚して20年になります．
　　　　私たちは結婚して20年になります．
　　　　私たちは20年前に結婚しました．

III- 半過去

1- SN + 動詞 (半過去)

1) Ma grand-mère chantait admirablement. 私のおばあさんはすばらしい声で歌うのでした．

À l'époque, j'aimais beaucoup la pétanque. その頃僕はペタンクが大好きだった．

Martine avait un jeune frère qui s'intéressait aux papillons, tu te souviens ? マルティーヌには蝶の好きな弟がいたんだけど，覚えている？

Il manifestait déjà des talents pour le piano. 彼にはピアノの才能があることはすでに明らかだった．

Au début du siècle, il y avait peu de gens qui parlaient les langues étrangères. 今世紀の初めには，外国語を話す人はほとんどいませんでした．

- Tu peux me la décrire ? 　　　　　　　　　　—彼女どんなかっこうをしてたの？
- Elle portait un grand chapeau de paille et 　—大きな麦わら帽子をかぶって，青いサ
  avait une robe en satin bleu. 　　　　　　　　テンの服を着ていたよ．

Autrefois, les hommes vivaient dans des 　昔，人間たちは洞穴に住んでいました．
cavernes.

Incroyable, il y a trois semaines, il semblait 　信じられない．3週間前には彼は元気そ
en pleine forme. 　　　　　　　　　　　　　うだったのに．

比　較：1) Hier, j'étais très fatigué et je me suis couché tôt.
　　　　　　　昨日私はとても疲れていたので，早く寝ました．
　　　　2) Autrefois, il fumait mais il a arrêté.
　　　　　 Il fume mais il veut arrêter.
　　　　　　　以前彼は煙草を吸っていたけれど，止めました．
　　　　　　　彼は煙草を吸うけれど，止めたがっています．
　　　　3) Quand je t'ai téléphoné, personne n'a répondu. Tu n'étais pas
　　　　　 chez toi ?
　　　　　　　君のところに電話したら誰も出なかった．家にいなかったの？

2) Il y avait une fois une jeune fille qui 　むかしむかし，一人の女の子がおばあさ
vivait seule avec sa grand-mère. 　　　　　　んと二人きりで住んでいました．

Il ne faisait pas beau ce jour-là sur la mer : 　その日海は悪天候だった．風はうなり，
le vent sifflait, les éclairs déchiraient le ciel 　稲妻は暗い空を引き裂き，どしゃぶりだ
noir, la pluie tombait à torrents. Deux 　　　った．マルセイユの男が二人，出漁を決
Marseillais décidèrent d'aller à la pêche. Ils 　め，ガリグーの船に乗った．
prirent le bateau de Garrigou.

　説　明：物語などで描写のために用いられる．

3) Il venait à peine de finir son devoir que 　彼がちょうど宿題を終えたところで，す
son programme favori a commencé. 　　　　ぐに好きな番組が始まった．

- Qu'est-ce que tu faisais quand je t'ai 　—昨日の夜，僕が電話した時に何してた
  téléphoné hier soir ? 　　　　　　　　　　　の？
- J'étais en train de me maquiller. 　　　　 —お化粧していたわ．

À la sortie, j'ai rencontré Lucile qui pleu- 　出口で私，泣いているリュシールに会っ
rait. 　　　　　　　　　　　　　　　　　　たわ．

　説　明：2つの行為の同時性を示すために用いる．
　比　較：Je suis à peine arrivé à la gare que le train | est parti.
　　　　　　　　　　　　　　　　　　　　　　　　　　　| partait.
　　　　　　　私が駅に着くと間もなく列車は発車しました．
　　　　　　　私は列車が発車しているちょうどその時に駅に着いた．

4) Quand j'étais jeune, j'allais souvent à Kofu, chez mes grands-parents maternels.
幼い頃，私は母方の祖父母の家のある甲府によく行ったものです．

Chaque lundi matin, nous avions le cours de sciences naturelles.
毎週月曜日の朝に理科の授業がありました．

Il jouait rarement avec les enfants des voisins.
彼は殆ど近所の子供とは遊ばなかった．

Mon père me répétait chaque jour que la parole est d'argent mais que le silence est d'or.
父は私に毎日，言葉は銀だが沈黙は金だと，繰り返し言っていたものです．

Tous les ans, nous allions faire une visite au temple.
毎年私たちはそのお寺に行ったものです．

Un jour, on se disputait, un autre, on se réconciliait.
ある日言い争っていたかと思えば，別の日には仲直りしていた．

使い方：しばしば次のような副詞とともに用いられる：souvent, toujours, rarement, autrefois, quelquefois, habituellement, ordinairement, chaque matin, chaque soir, tous les ans, un jour..., un autre...

説　明：反復や習慣を示す半過去と呼ばれる．

比　較：
1) Mon père me disait souvent que la vie est courte.
　　Un jour, mon père m'a dit : "Tu sais, la vie est courte".
　　父は私によく人生は短いと言っていたものです．
　　ある日，父は私に「おいおまえ，人生は短いんだよ．」と言った．

2) Autrefois, j'avais / j'ai eu beaucoup de migraines.
　　以前　私はよく頭痛がしたものだった．
　　　　　私はよく頭痛がしました．

3) Autrefois, je laissais ma lampe de table allumée.
　　Hier soir, j'ai laissé ma lampe de table allumée.
　　以前はテーブルの上の電気をつけたままにしておいたものだ．
　　昨晩テーブルの上の電気をつけたままにしておいた．

5) Je croyais que son père travaillait dans une société d'import-export.
私は彼(女)のお父さんは貿易会社で働いていると思っていました．

– Il a reçu le prix Naoki.
– Je ne [le] savais pas.
―彼は直木賞を受賞したよ．
―知らなかったわ．

Je ne savais pas si mon cadeau allait lui faire plaisir.
私のプレゼントを彼(女)が喜んでくれるかどうかはわからなかった．

Je regrette, je croyais que vous aimiez le sukiyaki.
ごめんなさい．あなたがスキヤキが好きだと思っていたわ．

Nora s'imaginait qu'elle deviendrait chanteuse professionnelle sans faire d'efforts. ノラは自分が苦もなくプロの歌手になるものと思っていた。

- 使い方： croire, penser, trouver, être d'avis, savoir, dire, affirmer, être sûr, douter などについては複合過去と半過去との使い分けに注意。
- 比　較： Je croyais qu'il habitait encore à Akita. C'est ce qu'il m'a dit.
  | J'ai cru
  | Pendant un certain temps, j'ai cru | qu'il habitait encore à Akita.

  私は彼がまだ秋田に住んでいると思っていました。彼が私にそう言ったのです。
  私は彼がまだ秋田に住んでいると思いました。
  しばらくの間，私は彼がまだ秋田に住んでいると思っていました。

2- | SN + 動詞（半過去）+ 接続詞 + SN + 動詞（複合過去）
   | SN + 動詞（複合過去）+ 接続詞 + SN + 動詞（半過去）

Nous habitions Kobe quand ma sœur est née. 妹が生まれた時に，私たちは神戸に住んでいました。

Sébastien dormait quand nous sommes montés à l'étage du dessus. セバスティアンは，私たちが上の階に上がった時には眠っていました。

Tu as beaucoup joué à cache-cache quand tu étais petit. お前は小さいときよくかくれんぼをやってたよ。

Sébastien est arrivé quand nous étions en train de dîner. 私たちが夕食を食べているときにセバスティアンはやって来た。

Lorsqu'il est arrivé au Japon, il ne connaissait pas un mot de japonais. 彼は日本に来たとき，日本語が一言もわからなかった。

Hier, j'étais tellement épuisé que j'ai dormi jusqu'à midi. 昨日はへとへとに疲れていたので，昼の12時まで寝た。

- 説　明： 半過去は継続する状態を表わし，複合過去は瞬間的な出来事を表わしている。
- 比　較： 1) Quand je lui ai apporté son petit déjeuner,
  | elle était assise dans son lit.
  | elle est sortie de son lit.

  私が彼女に朝食を持って行くと， | 彼女はベッドに座っていました。
  | 彼女はベッドから出ました。

  2) Ma sœur est née | le jour où j'ai eu 6 ans.
  | quand j'avais 6 ans.

  私の妹は | 私が6才になった日に | 生まれた。
  | 私が6才のときに |

IV- 大過去

1- 接続詞 + SN + 動詞（大過去）

Comme elle n'avait pas emporté de parapluie, elle est rentrée chez elle toute trempée.	彼女は傘を持ってきていなかったので、ずぶぬれになって帰宅した。
Ils ont fait quelque chose dont je n'avais jamais entendu parler auparavant.	彼らはそれまで私が聞いたこともなかったことをやった。
Sae était mariée à un jeune homme qui avait terminé ses études à Waseda.	沙江は早稲田を卒業した若者と結婚していた。
J'ai tout de suite vu qu'elle avait pleuré.	私には彼女が泣いた後だとすぐにわかった。

使い方：時制の一致のために大過去を用いるという規則は、厳密に適用されるわけではない。意味さえ明白ならば、特に会話では複合過去も用いられる。

Ginette m'a dit qu'elle | a / avait | vu ce film il y a deux ans.

ジネットはこの映画は2年前に見たと言った。

J'avais déjà remarqué qu'elle | a / avait | un tic un peu étrange.

私はすでに彼女には少し変なくせがあると気付いていました。

説　明：**1〜2**、過去における過去を表わす。

2- SN + 動詞（大過去）

– Demain, c'est ton anniversaire, n'est-ce pas ? – Oh ! J'avais oublié.	—明日は君の誕生日だよね？ —ああ！ 忘れていたよ。
Je ne m'étais pas aperçu que tu portes une alliance.	君が婚約指輪をしていたなんて気がつかなかったよ。
Sébastien ? On ne t'avait pas aperçu !	セバスティアンいたの？ みんな君に気づかなかったよ。
Remarque, elle avait déjà eu un premier enfant avec une césarienne.	言っとくけど、彼女の最初の子供は帝王切開だったのよ。
Deux mois auparavant, il avait déjà eu une première attaque cardiaque.	その2カ月前に、彼にはすでに最初の心臓の発作があった。
Hier, j'ai rencontré un vieil ami près de chez moi ; il y avait longtemps qu'on ne s'était pas vus.	昨日、家の近くで旧友に出会った。久しぶりだった。

比　較：Elle m'a dit que c'était dangereux d'aller jouer dans la rue parce que je risquais d'être renversé par une voiture. Je n'y avais jamais songé.
　　　　車にひかれるかもしれないから道路で遊ぶのは危険だと彼女は僕に言った。そんなことは考えたこともなかった。

V- 単純過去

Elle chercha machinalement son sac pour y prendre une cigarette.
彼女は煙草を取ろうとして無意識にバッグを探した。

Au Moyen Âge, les médecins musulmans firent faire d'énormes progrès à la médecine.
中世には，イスラム教の医者たちが医学を飛躍的に進歩させた。

Ce fut une journée interminable.
その日は終わりのないほど長かった。

Un samedi matin, beaucoup de gens du Nord se rendirent à Lille pour une manifestation.
ある土曜の朝，北部の人々はデモのためにリールに出かけた。

使い方：1) 点的な行為を表わす。
　　　　2) 文学的な文体であって，特に三人称で書かれた物語や，歴史的著述に用いられる。

比　較：Elle | me recommanda | un médecin qui avait la réputation d'être
　　　　　　 | m'a recommandé |
　　　　l'un des meilleurs de la ville.
　　　　彼女は私に町一番の名医という評判の医者をすすめてくれた。

352　動詞と副詞の位置

確認問題

（　）内の副詞を文中の適切な場所に入れなさい。

A. On est bien. (ici)
　　ここは居心地がいい。

B. J'aime le tennis. (beaucoup)
　　私はテニスが大好きだ。

C. Elle s'est rétablie. (un peu)
　　彼女はいくらか元気になった。

D. Il ne faut pas gâter les enfants. (trop)
　　子供をあまり甘やかしてはならない。

解答：A. Ici, on est bien. あるいは On est bien ici. cf.I
　　　B. J'aime beaucoup le tennis. cf.II-1

> C. Elle s'est un peu rétablie. cf.II-2
> D. Il ne faut pas trop gâter les enfants. cf.II-4

I- 副詞の位置が比較的自由な場合

特定の副詞（時・場所など）

| Un jour, je téléphonerai à ton cousin.
Je téléphonerai, un jour, à ton cousin.
Je téléphonerai à ton cousin, un jour. | 君のいとこにそのうち電話しよう． |

Demain, j'ai l'intention de faire la grasse matinée.　　明日は朝寝坊をしようと思っている．
J'ai l'intention de faire la grasse matinée, demain.

Il y a parfois des mots français que je ne comprends pas.　　ときおり，わからないフランス語がある．
Parfois, il y a des mots français que je ne comprends pas.

Il y a une autre voiture derrière.　　後ろにもう一台車があるよ．
Derrière, il y a une autre voiture.
Il y a, derrière, une autre voiture.

Heureusement, la police a arrêté le criminel.　　幸いにも，警察は犯人をつかまえた．
La police a arrêté le criminel, heureusement.

Généralement, on touche son salaire le 22 du mois.　　たいてい給料は毎月22日に出る．

特定の副詞：1) 時の副詞：hier, demain, avant-hier, après-demain, bientôt, parfois など
　　　　　　 2) 場所の副詞：devant, derrière, en haut, en bas など
　　　　　　 3) そのほか，文全体にかかわる副詞：heureusement, malheureusement, généralement など

使い方：1) 文全体にかかる時や場所の副詞の位置は比較的自由だが，文頭か文末に置かれることが多い．

　　　　　Hier soir, Mariko a trop bu.
　　　　　Mariko a trop bu, hier soir.
　　　　昨晩マリコは飲みすぎた．

　　　 2) しかし，この種の副詞が主語と動詞の間に置かれることはない．

Hier, il a plu.
Il a plu, hier.
×Il, hier, a plu.
×Il a, hier, plu.
昨日は雨が降った.

II- 副詞の位置が定まっている場合

1- 動詞（単純形）＋ 特定の副詞

Il chante souvent "Plaisir d'amour" en solo.	彼はよく「愛の喜び」を独唱する.
Fermez bien la porte à clé en partant.	出かけるときには，ドアの鍵をしっかり閉めて下さい.
Je n'ai plus souvent l'occasion de voir les Roussel.	ルーセル家の人に会う機会はあまりなくなった.
Il faut absolument qu'il cesse de fumer.	彼は絶対に煙草をやめなければならない.
Vous dormez toujours en classe mais vous vous réveillez dès que les cours sont terminés.	あなたは授業中いつも寝ているのに，授業が終わるとすぐ目がさめるんですね.
Il répond toujours à côté de la question.	彼の答はいつも的がはずれている.
Tout en y réfléchissant bien, je n'ai pas pu trouver la solution.	よく考えてはみたが，解答を見つけることはできなかった.
Il s'absente rarement des cours.	彼は授業をめったに休まない.

特定の副詞：1〜3, 時の副詞：souvent, toujours, parfois, rarement など
数量副詞：bien, mal, mieux, beaucoup など
否定の副詞：ne … pas, ne … plus, ne … jamais, ne … presque pas, à peine など

使い方：1) 日本語や英語と異なり，この種の副詞が主語と単純形の動詞の間に置かれることはない.

　　Your sister often plays the koto.
　　Ta sœur│joue souvent du koto.
　　　　　│×souvent joue du koto.
君の妹はよく琴を弾くね.

2) こうした副詞は動詞のすぐ後ろに置かれる．ただし文意を強調したい時には後ろに置くこともある.

Ta sœur joue très bien du koto.
Ta sœur joue du koto … très bien.
Ta sœur joue│vraiment très bien du koto.
　　　　　　│du koto vraiment très bien.

君の妹は琴が上手だね.
君の妹の琴は……とても上手だね.
君の妹は琴が本当に上手だね.

2- SN + |avoir / être| + 特定の副詞 + 過去分詞

Je t'ai souvent amusé quand tu étais jeune.	君が若い頃，よく君を笑わせたものだ.
En particulier, le feu d'artifice m'a beaucoup plu.	とりわけ花火が大いに気に入った.
S'il est fort en espagnol, c'est qu'il a bien travaillé.	彼がスペイン語が得意なのはよく勉強したからだ.
J'ai rarement vu un homme aussi sympathique.	あれほど感じのいい人はまず会ったことがない.
Qu'est-ce qu'ils font? Ils ne sont pas encore arrivés!	彼らは何してるんだろう．まだ着いていないなんて！
Il affirme qu'il n'a jamais menti.	彼は一度もうそをついたことがないと断言している.
Elle ne s'est pas bien soignée.	彼女はあまり健康に気をつけなかった.
Je l'ai revu après cinq ans d'absence. Il avait beaucoup changé.	彼には5年ぶりに会った．彼はすっかり変わっていた.
- Ta dissertation est prête?	—小論文はできたの？
- Je ne l'ai pas encore tout à fait finie.	—まだすっかり終わったわけじゃないんだ.

注　意：ただし，-ment で終わる様態を表わす副詞の位置は複合時制では普通以下のようになる．

　Il m'a répondu sincèrement.
　×Il m'a sincèrement répondu.
　彼は私に誠実に返答した.

比　較：1)　Il parle à peine l'anglais.
　　　　　×Il parle l'anglais à peine.
　　　　　Il le parle à peine.
　　　　　彼はほとんど英語を話せない.
　　　　　Je lui ai à peine parlé.
　　　　　×Je lui ai parlé à peine.
　　　　　彼(女)とはほとんど話したことがない.

2) Neil ne se plaignait jamais; finalement, il s'est suicidé.
　ネールは決してぐちをこぼさなかった．そして結局自殺してしまった.

3- 特定の動詞（単純形）＋ 特定の副詞 ＋ 形容詞

John reste toujours ouvert. ジョンは相変わらずざっくばらんなやつだ．

La chanson "Hey Jude" me rendait souvent mélancolique. 「ヘイ・ジュード」を聴くとよく物悲しい気持ちになったよ．

Il est toujours absent de chez lui. 彼はいつも家にいないんだ．

Avec les années, elle reste toujours jeune. 何年も経っているのに，彼女は相変わらず若いなあ．

　特定の動詞：être, rendre, devenir, rester, sembler, paraître
　注　意：これらの特定の副詞は形容詞の後には置かない．

4- 副詞 ＋ inf.

1) Il faut toujours faire attention à ne pas trop manger. 食べ過ぎないようにいつも気を付けないといけない．

Je pense qu'on ne peut pas bien parler une langue sans en savoir la grammaire. 文法を知らなくては言葉はうまく話せないと思う．

J'entends souvent dire que les Japonais savent très bien lire et écrire l'anglais, mais est-ce vrai ? 日本人は英語を読むのも書くのもとてもうまいとよく言われるが，それは本当だろうか．

De là, on peut très bien voir le mont Cervin. そこからマッターホルンが実によく見える．

Au refuge, tout le monde a pu bien se reposer. 山小屋で，誰もみなしっかり体を休めることができた．

　説　明：活用している動詞と不定法が並んでいる場合，副詞はその間に置かれる．

2) Bien écouter, voilà la clé du succès en langue étrangère. 人が話すのをよく聴くことが，外国語上達の鍵だ．

Il n'y a personne comme Takeshi pour bien parler italien. 武ほどイタリア語を上手に話せる者はいない．

Ne pas faire de compromis reviendrait à tout lâcher. 妥協をしないでいると，すべてを失うことになりかねない．

Si tu veux maigrir, tu n'as qu'à ne pas trop manger. やせたいのなら食べ過ぎないようにするだけさ．

Comment faire pour mieux parler français ? どうすればフランス語をもっと上手に話せるようになるのだろう．

Vous aurez tout le temps qu'il faut pour bien vous reposer.　　ゆっくり休む時間が、あなたにはたっぷりとありますよ。

Prière de ne pas fumer.　　喫煙はご遠慮下さい。

Pourquoi ne plus essayer ?　　またやってみればいいじゃないか？

　参　考：英語や日本語では動詞の位置は異なる。
　比　較：Trop fumer est mauvais pour la santé.
　　　　　Il fumait trop.
　　　　　Il a trop fumé dans sa vie.
　　　　　度を越した喫煙は健康に悪い。
　　　　　彼の喫煙は度を越していた。
　　　　　生前，彼の喫煙は度を越していた。

5- 副詞 ＋ SN ＋ 動詞（あらたまって）

Parfois, l'homme se prend pour un dieu.　　時として人は自らを神と思い込むことがある。

Jamais nous ne nous soumettrons à la dictature !　　我々は決して独裁政治に屈しない。

Rarement ai-je vu une personne aussi affolée.　　人があれほど逆上したのは、まず見たことがない。

　使い方：これは凝った文体であって，ごく稀にしか用いられない。

353　前置詞と前置詞句の反復

```
――― 確認問題 ―――
　次の文の（　）の中に，必要に応じて単語を入れなさい．
A. Il a assisté à l'ouverture et (　　) la fermeture du congrès.
　彼はその会議の開会式と閉会式には出席した．
B. Miki sort plus avec sa mère que (　　) son père.
　美紀は，父親とよりも母親と出かけることが多い．
C. Je l'aime beaucoup à cause de son intelligence, (　　) sa beauté
　et (　　) son élégance.
　彼女は頭はいいし，きれいだし，素敵だから，ぼくは彼女が好きなんだ．
　　　　　　　解答：A. à cf.1-1　B. avec (qu'avec となる) cf.1-1　C. de, de cf.1-3)
```

1- 前置詞の反復

353 前置詞と前置詞句の反復

1) La campagne est recouverte de fleurs et de petits étangs.
その田園は，花々と数々の小さな池におおわれている．

Quand j'écoute une chanson, j'attache de l'importance non seulement à son rythme et à son timbre, mais aussi au contenu de ses paroles.
私が歌を聴く時には，リズムと響きばかりでなく，歌詞の内容も重視します．

Je suis membre du club de tennis et de celui de squash.
僕は，テニスとスカッシュのクラブの会員です．

Ce serait mieux de garder le silence que de poser des questions stupides.
ばかげた質問をするくらいなら，黙っていた方がましだよ．

Il parle à tout le monde sauf à Reina.
彼はレイナ以外なら誰とでも話をするよ．

Je vais te présenter quelqu'un de gentil et de sportif.
君に，優しくてスポーツの好きな人を紹介しましょう．

Les Anglais ont l'habitude de prendre un parapluie ou de parler du temps quand ils se rencontrent.
イギリス人たちは，習慣として傘を持ち歩き，出会った時には天候の話をするものです．

— Comment se fait-il qu'il ait eu la mention "très bien" au bac ?
—バカロレアで「優秀」の成績を彼が取るなんていったいどうしてなの？

— Il est bon en philo, en anglais, en histoire et en géographie.
—彼は哲学，英語，歴史それに地理ができるんだよ．

使い方：1) 前置詞 à, de, en は一般に，目的補語，形容詞，不定法の前で，それぞれ繰り返し置かれる．その他の前置詞は普通反復しない．
Freinet a raison de dire que l'on peut aller plus loin avec d'autres méthodes et d'autres techniques pédagogiques.
別の教科書と別の教育法があれば，もっと効果が上げられるとフレネが言うのは正しいことだ．

2) ただし，強調や対立の意味を持つ場合，その他の前置詞でも繰り返されることがある．
Il y a des problèmes dans tous les pays, dans les grands comme dans les petits.
大きかろうと小さかろうと，どんな国にもそれぞれ問題はあるものだ．

2) Il va plus souvent en Argentine qu'au Brésil.
彼はブラジルよりもアルゼンチンによく行きます．

À Akita, il fait plus froid au printemps qu'en automne.
秋田では，秋よりも春の方が寒いんです．

- Je ne trouve pas mon porte-monnaie.　　　—僕の小銭入れが見つからないよ。
- Regarde sur la table ou dans le buffet.　—テーブルの上か食器棚の中を見てごらん。

　使い方：必要な前置詞が異なったものである場合，それぞれ用いなければならない。

3) Il y a beaucoup plus de jeunes filles que de jeunes gens dans ce restaurant.　このレストランには，若い男性よりも若い女性の方がずっとたくさんいる。

Patricia a plus de charme que d'intelligence.　パトリシアは，頭が良いというよりはかわいらしいという感じだよ。

Suzanne a pris l'habitude de regarder plus du côté du passé que de l'avenir.　シュザンヌは将来よりも過去の方を見てしまうくせがついた。

　使い方：de の付いた熟語や de の付いた量を表す副詞句の場合，de だけがそれぞれの補語の前で繰り返される。

2- 前置詞句

Grâce à ses talents et à son acharnement au travail, Jean-Marc a pu devenir avocat.　才能と熱心な勉強のおかげで，ジャン＝マルクは弁護士になることができた。

Il a fait tout cela dans le but d'obtenir un congé et de voyager en Europe.　彼は休暇を取ってヨーロッパ旅行をするために，それを全部したんですよ。

　使い方：一般に前置詞句の最後の前置詞以降が反復される。

354　助動詞の反復

―― 確認問題 ――

　次の文の（　）内の表現のうち誤っているものを記号で答えなさい。

A. Il s'est levé à 7 heures et (1. il est, 2. est, 3. なし) sorti à 7 heures et demie.
　彼は7時に起きて，7時半には出かけた。

B. Elle a fait sa chambre, elle a téléphoné à une amie, (1)(1. elle a 2. a 3. なし) regardé la télé, et (2)(1. elle est 2. est 3. なし) allée au lit.
　彼女は部屋を掃除し，友達に電話をかけ，テレビを見て，寝た。

C. Pierre a d'abord approuvé cette opinion, mais à la fin (1. il a 2. a 3. なし) changé d'avis.
　ピエールは初めその意見に賛同したが，結局考えを変えた。

　　　　　　　　　　　　　　解答：A. 2, 3 B. (1) 1, 2 (2) 2, 3 C. 3

1) Il est venu chez moi hier soir et il a mangé tout ce qui se trouvait dans le frigo. 彼は昨夜私の家へ来て，冷蔵庫にあったものを全部食べた。

Il s'est déchaussé et il est entré. 彼は靴をぬいで入った。

　使い方：現代の日常語では，助動詞が異なる場合，および普通の動詞と代名動詞が混在する場合には，主語から繰り返す。

2) Nous avons chanté, dansé et bien mangé. 私たちは，歌い，踊り，そしてお腹一杯食べた。

Elle a hoché la tête mais a quand même souri. 彼女は首を振ったが，それでもにっこりとした。

　使い方：現代の日常語においては，助動詞が同じで一連の行為を列挙する場合には，助動詞が省略される。ただし，助動詞が同じであっても対立を示す場合は，主語なしで助動詞が繰り返し用いられる。

355　疑問詞のある疑問文の語順（主語が名詞の場合）

---確認問題---

次の文に誤りがあれば正しなさい。

A. Quel âge a ton frère ?
　君の兄(弟)さんは何歳ですか？

B. Pourquoi rit Pierre ?
　なぜピエールは笑ってるの？

C. Que pense Charles de ce film ?
　シャルルはこの映画をどう思ってるの？

D. De quelle nationalité sont ces touristes ?
　これらの旅行者はどこの国の人だろう？

E. Quand est-ce que tes copines sont revenues ?
　君の友人たちはいつ戻って来たの？

F. Où sont vos parents ?
　ご両親はどこにいらっしゃいますか？

G. D'où vient ce bruit ?
　この物音はどこから来てるのだろう。

解答：A. ○ cf.2　B. Pourquoi [est-ce que] Pierre rit ?/Pourquoi Pierre rit-il ? cf.7
　　　C. ○ cf.3　D. ○ cf.2　E. ○ cf.1　F. ○ cf.2　G. ○ cf.2

1-　疑問詞 + est-ce que + SN（主語名詞）+ 動詞 ?

355 疑問詞のある疑問文の語順（主語が名詞の場合）

Quand est-ce que Jacques va revenir des États-Unis ?	ジャックはいつアメリカ合衆国から戻ってくるのですか？
Quel âge est-ce que tes parents avaient lorsque tu es né ?	君が生まれた時，ご両親はおいくつだったの？

使い方：est-ce que のあとは倒置しない．

注　意：話し言葉では est-ce que は省略される場合がある．

Pourquoi [est-ce que] Maurice n'a pas répondu à ta question ?	モーリスはなぜ君の質問に答えなかったのだろう．

2- 疑問詞 + 動詞 + SN（主語名詞）？（単純倒置）
　　疑問詞 + SN（主語名詞）+ 動詞 - 主語人称代名詞？（複合倒置）

— Où est Sylvie ?	—シルヴィーはどこ？
— Dans sa chambre, je crois.	—自分の部屋だと思うよ．
— Quel âge ont vos deux filles ?	—二人のお嬢さんはおいくつですか？
— L'aînée a 8 ans et la cadette 6.	—姉が8才で妹が6才です．
Combien de temps le typhon a-t-il duré ?	台風は何日間続いたのですか？
D'où viennent ces gens-là ?	この人たちはどこから来たんだろう．
Combien t'a coûté ce sac à main ?	このハンドバッグはいくらだったの？
Comment s'appelle cette église ?	この教会は何という名前ですか？
— Hier, c'était l'anniversaire de Michel.	—昨日はミッシェルの誕生日だった．
— Quel âge a eu Michel ?	—ミッシェルはいくつになったの？
Hier soir, à quelle heure Delphine est-elle rentrée ?	昨夜，デルフィーヌは何時に家に帰ったのですか？
— Comment va votre famille ?	—ご家族の方はお元気ですか？
— Très bien, très bien, je vous remercie.	—とっても元気ですよ，ありがとう．
De quelle couleur est ta nouvelle voiture ?	君の新車は何色ですか？
À ce compte-là, quand les étudiants peuvent-ils faire leurs devoirs ?	そういう状況なら，学生たちはいつ宿題をやることができるんだろう．

3- 疑問詞 + 動詞 + SN（主語名詞）？（単純倒置）

Qu'en dit la directrice ?	校長先生はそれについてどうおっしゃってますか？
Que pense Simone de Beauvoir du mariage et de la maternité ?	シモーヌ・ド・ボーヴォワールは，結婚と母性についてどう考えているのか．

Que veut nous montrer l'auteur de ce tableau ? この絵の作者は私たちに何を示したいのでしょう．

Qu'est devenu le fils de Monsieur Endo ? 遠藤さんの息子さん，どうなった？

Quel est ce poisson ? この魚，何？

Qui est cette dame, là-bas ? あの御婦人，どなたかしら？

使い方：直接目的補語の que, 属詞の qui, que, quel のあとは単純倒置のみ．

4- 疑問詞 + SN (主語名詞) + 動詞 - 主語人称代名詞？(複合倒置)

Qui le président invitera-t-il ? 社長は誰を招待するのだろう．

Où sa cousine a-t-elle vu Marie ? 彼(女)のいとこはどこでマリーに会ったの？

Quand le directeur est-il libre ? 部長はいつなら時間があるだろう．

使い方：直接目的補語の qui のあとや，動詞が直接目的補語を後ろに伴う他動詞の場合，また属詞を伴う自動詞の場合は複合倒置のみ．

比　較：Qui cette actrice aime-t-elle ? (qui は直接目的補語)
Qui aime cette actrice ? (qui は主語)
この女優は誰を好きなんだろう．
誰がこの女優を好きなんだろう．

5- SN (主語名詞) + 動詞 + 疑問詞？(会話)

Ça va nous coûter combien ? それにはいくらかかりますか？

Ce monsieur s'appelle comment ? あの男性は何というお名前ですか？

Ma mère parle avec qui au téléphone ? お母さんは電話で誰と話しているんだろう．

Le professeur nous a dit ça, pourquoi ? 先生はなぜ僕たちにあんなことを言ったのだろう．

使い方：疑問詞のイントネーションを上げて発音すること．

6- 疑問詞 + 動詞 - 主語人称代名詞，SN (名詞)？(会話)

Hier soir, à quelle heure est-elle rentrée, Pauline ? 昨夜，何時に戻ったの，ポリーヌは？

Comment font-ils pour manger, ces gens qui n'ont pas d'argent ? 食うためにどうするのか，お金のないこの人たちは？

Avec quoi cultivaient-ils la terre, les paysans d'autrefois ? 何で土地を耕していたのだろう，昔の農民たちは？

使い方：1) 会話で主語を強調するために，三人称について用いられる構文である．
2) 疑問詞のある疑問文の語順(主語が名詞の場合)をまとめると，次のようになる．
「アルフレッドは何年に死んだのですか」
1：一般的な語順
En quelle année | est-ce qu'Alfred est mort ?
        | est mort Alfred ?
        | Alfred est-il mort ?
2：会話でよく用いられる一般的な語順
Alfred est mort en quelle année ?
3：主語を強調した，会話で用いられる語順
Alfred, il est mort en quelle année ?
Il est mort en quelle année, Alfred ?
4：用いられない語順
×En quelle année | est Alfred mort ?
× | est-il Alfred mort ?
×Alfred est-il mort en quelle année ?
×En quelle année est-ce qu'Alfred est-il mort ?

7- Pourquoi + |SN (主語名詞) + 動詞 - 主語人称代名詞？(複合倒置)
　　　　　　　　|[est-ce que +] SN (主語名詞) + 動詞？

Pourquoi Sandrine est-elle sortie avec ce garçon ?	サンドリーヌはなぜあの男の子と出かけたのだろう．
Pourquoi Jacques s'est-il compromis à ce point ?	なぜジャックはあれほど悪い評判がたったのでしょう．
– Pourquoi les Philippines ont-elles été une colonie américaine ?	―フィリピンはなぜアメリカの植民地だったのだろう．
– Je n'en sais rien, sauf que ça a duré de 1898 à 1946.	―それが1898年から1946年まで続いたということ以外，知りませんね．

使い方：Pourquoi の場合は，est-ce-que を使うか，複合倒置にする．他の疑問詞に比べて，話し言葉では Pourquoi のあとの est-ce que は省略されることが多い．
|Pourquoi Marie pleure-t-elle ?
|Pourquoi [est-ce que] Marie pleure ?
|×Pourquoi pleure Marie ?
マリーはなぜ泣いているの？
|Pourquoi Paul ne viendrait-il pas avec nous ?
|Pourquoi [est-ce que] Paul ne viendrait pas avec nous ?
|×Pourquoi ne viendrait pas Paul avec nous ?
なぜポールは私たちと一緒に来ないの？
Pourquoi [est-ce que] Réjean est réfractaire à l'autorité ?
なぜレジャンは権威に逆らうのか．

356 間接疑問

> **確認問題**
>
> 次の文に誤りがあれば正しなさい.
> A. Tu sais il est quelle heure ?
>   今何時かわかる？
> B. On se demande qu'est-ce qui l'intéresse vraiment.
>   彼(女)が本当に興味を持っているのは何だろうね.
> C. Il ne sait pas où sa voiture est.
>   彼は自分の車がどこにあるのかわからない.
>
>   解答：A. il est quelle heure → quelle heure il est cf.1
>   B. qu'est-ce qui → ce qui cf.2
>   C. où sa voiture est → où est sa voiture cf.5

1- SN + 動詞 + 疑問詞 + SN + 動詞

Chaque fois qu'on sort ensemble, on ne sait pas quel temps il va faire. 　　一緒に出かけるといつも，どんな雲行きになるかわからないからね.

J'ignore combien ça va vous coûter. 　　それが(後で)あなたにとってどんなに高くつくか，私は知りませんからね.

Je me demande bien pourquoi elle a décidé d'abandonner son job. 　　いったいどうして彼女は仕事をやめてしまったんだろう.

説　明：Dis-moi comment tu t'es renseigné.
　　どのようにして情報を得たの？
　　この文の直接疑問は以下の通り.
　　| Tu t'es renseigné comment ?
　　| Comment est-ce que tu t'es renseigné ?
　　| Comment | tu t'es | renseigné ?
　　| | t'es-tu |

2- SN + 動詞 + | ce qui + 動詞
　　　　　　　　　| ce que + SN + 動詞

Calme-toi. Nous devons penser à ce que nous pouvons faire désormais. 　　落ち着いて. 私たちはこれから何ができるか考えなければならないよ.

Raconte-moi ce qui est arrivé à l'école. 　　学校で何があったのか話してごらん.

Je ne sais pas ce que j'ai fait de la bague qu'il m'a donnée. 　　私は彼がくれた指輪をどうしてしまったのかわからない.

Patricia m'a dit qu'elle avait quelque chose à me dire. Je me demande ce que c'est. パトリシアは私に話があると言った。何だろうか。

   説　明：Je me demande ce qu'il a.
           彼はどうしたんだろう。
           この文の直接疑問は以下の通り．
           | Qu'est-ce qu'il a?
           | Qu'a-t-il?
           | Il a quoi?（くだけた言い方）
   注　意：間接疑問では，qui est-ce qui, qui est-ce que, qu'est-ce qui, qu'est-ce que は用いない．

3- SN ＋ 動詞 ＋ | ce qu'est ＋ SN（主語）
               | ce que c'est que ＋ SN（主語）

Tu devrais lire des romans de Stendhal, tu comprendrais | ce qu'est l'amour. / ce que c'est que l'amour. 君はスタンダールの小説を読んだ方がいいよ．愛とは何なのかわかるんじゃないかな．

Face à la chute du régime communiste en U.R.S.S., nous avons dû repenser à ce que c'est que le communisme. ソ連の共産主義体制の崩壊に直面した今，我々は共産主義とは何かを再考しなければならなかった．

Nous, Japonais, ne sommes pas habitués à réfléchir à ce que c'est qu'une frontière. 私たち日本人は，国境の何たるかを考える習慣がない．

   説　明：直接疑問の Qu'est-ce que ＋ SN ＋ 動詞？に相当する．

4- SN ＋ 動詞 ＋ si ＋ SN ＋ 動詞

Tout le monde se demande s'il sera condamné. 彼が有罪になるかどうか，皆が自問している．

Je ne sais pas si j'aurai assez d'argent. お金が足りるかどうかわかりません．

   説　明：Je leur ai demandé s'il était célibataire.
           彼らに彼が独身かどうか尋ねた．
           この文の直接疑問は以下の通り．
           | Est-ce qu'il est célibataire?
           | Est-il célibataire?
           | Il est célibataire?

5- SN ＋ 動詞 ＋ 疑問詞 ＋ 特定の動詞 ＋ SN（主語）

Je ne sais pas où se trouvent mes lunettes. 私はめがねがどこにあるのかわからない．

Je me demande où est situé Kagoshima sur la carte par rapport à Nagasaki.　地図上で鹿児島は長崎のどちら側に位置するのだろう。

Ils ne savent pas exactement comment sont la vie étudiante et les cours à l'université.　彼らは大学での学生生活と授業がどんなものなのか正確にはわかっていない。

Je ne sais pas à quelle heure est la réunion.　会議が何時なのか，私は知りません。

特定の動詞：être, se trouver, avoir, aller, se situer, être situé など

注　意：この語順は，間接疑問の主語が名詞の場合のみ用いる(代名詞には使えない)。

| J'ignore où il est.
| ×J'ignore où est il.
| 私は彼がどこにいるのか知らない。

比　較：Je ne sais pas | qui aime ta fille. (qui は主語)
 | qui ta fille aime. (qui は直接目的補語)
 | qui est ton chanteur favori. (qui は属詞)
 | ×qui ton chanteur favori est.

誰が君の娘を好きなのか　　｜知らない。
誰を君の娘は好きなのか
君の好きな歌手は誰なのか

見出し語索引

* 複数の語からなる見出しは、原則として中心となる一語を選び、その項に載せた。ただし、成句等の場合など、いくつかの語で重複して載せたものもある。
* ( ) には、該当語句の前後に来る語や、補足説明を付した。
* [ ] は、[ ] 内の語句が入る可能性があることを示している。
* なお、末尾の数字は見出し語の項目番号である。

A

à + 限定詞 + 名詞（店） 76
à（場所を示す） 90
à cause de 54
à la + 名詞（時） 59
à l'aise 11
à la place de 251
à mes yeux 328
à mon avis 328
à partir de 103
abandonner 3, 4
absolument 325
(être) accepté 236
accepter 283
accident 179
accompagner 5
accoucher 36
accoucher de 36
actuel 6
(être) admis 236
affaire 7, 179
affaires 7
âge 8
âgé 335
agréable 9, 10, 11
ailleurs 128
aimable 9
aimer mieux 261
air 213
aller 12, 235, 332
(s'en) aller 235
(y) aller 12
aller à l'étranger 337
aller chercher 75
aller de mal en pis 107
aller de mieux en mieux 107
aller quelque part 12
aller voir 337
(s')allonger 86
amener 13
amusant 9, 10
(bien s')amuser 14
an 15, 35
(avoir + 数形容詞 +) an 35
année 15
appartenir 234
appeler 163
apporter 16
apprendre 17
approcher 18
(s')approcher 18
après 19, 20
arrêter 4
arriver 193, 333
arriver à + inf. 334
asseoir 21
(s')asseoir 21
(il y a) assez de + 名詞 310
(être) assez nombreux 310
astreignant 308
attendre avec impatience 22
au lieu de 251
（動詞 +) au lit 86
(ne ...) aucun 24, 215, 321
(d')aujourd'hui 6
auparavant 30
aussi 25, 26
autant 26
autre（形容詞） 27
autre（代名詞） 28
autre chose 29
autres choses 29

autrui 28
avancer 81
avant 30, 105, 106
avant + 時を示す表現 31
avant de + inf. 32
avant que + 節 32
(d')avant 105
avec 96, 131
avenir 33
avion 34
avis 223
(à mon) avis 328
avoir 36, 236
avoir (天候) 154
avoir besoin de 名詞 / SN 43
avoir du bon temps 14
avoir été chercher 75
avoir la bosse de 169
avoir le sens de 169
avoir l'habitude 176
avoir lieu 193
(en) avoir pour 155
avoir raison 279
avoir recours 124
avoir sommeil 119
avoir un don pour 169
avoir + 数形容詞 + an / mois 35
avoir + 定冠詞 / 不定冠詞 + 身体の名詞 37

B

bagages 331
bague 38
(se) baigner 39
(prendre + 限定詞 +) bain 39
baisser 40
basané 71
battre 41, 42
beau 47
beaucoup 323, 324
beaucoup de + 名詞 45
bébé 129
(avoir) besoin de 名詞 / SN 43
bibliothèque 44
bien 11, 47, 323, 324

bien des (du / de la / de l') + 名詞 45, 95
billet 46
(特定の名詞 + à) boire 1
boire 262
bon 47
bon marché 73
(avoir / se donner / se payer) (du) bon temps 14
(avoir la) bosse de 169
bruit 48
bruits 48
brun 71

C

ça 50
ça + 動詞 65
ça / ce / il (主語として) 49
ça / le (直接目的補語として) 51
cadeau 52
campagne 214
car 270
caractère 53
caractériser 53
caractéristique 53
carreau 338
carte d'identité 227
(à) cause de 54
causer 55, 56
ce + 名詞 (時) 59, 267
ce + 名詞 + -ci / -là 57
ce + 名詞 (時) + -ci / -là 58
ce / ça / il (主語として) 49
ce que 271, 272, 273
ce que c'est que 273
ce que + SN + dit 112
ce qu'est 273
ce qui suit 60
ceci 60
cela + 動詞 65
celui de + SN 61
ces derniers jours 282
ces derniers temps 282
ces jours-ci 282
ces temps-ci 282

c'est + 形容詞　65
(SN,) c'est + 形容詞 + à + inf.　62
c'est + 形容詞 + de + inf.　62
c'est + 限定詞 + 名詞　63
c'est + 限定詞 + 職業名、続柄、国籍など　64
(指示代名詞 + 関係代名詞 + 節 + 最上級,) c'est + SN　66
c'est + SN + 関係代名詞 + 節 + 最上級　66
c'est ce que　50, 190
c'est un + 形容詞 + 名詞（スポーツをやる人）　186
chacun　67
chance　68
changer　69
chanson　70
chant　70
chaque + 名詞（単数）　67
châtain　71
cher　72
(pas) cher　73
chercher　74
(aller / venir / envoyer / passer / avoir été) chercher　75
chez + 限定詞 + 名詞（職業）　76
chez + SN（人）　77
(特定の動詞 + un) choc　78
(recevoir un) choc　78
chœur　79
(être) choqué　78
choquer　78
chorale　79
choses à faire　7
cigarette　80
cinéma　161
circuler　81
classe　87
(sans) cœur　182
collège　330
combien　272
comme　82, 270, 272
comme + 指示代名詞　60
comme ça　50, 60
comme ceci　60

comme cela　60
comment　271
compagnie　135
composition　114, 213
compte rendu　114
conduire　5, 339
confortable　11
congé　83
connaître　300
consommer　123
content　178
contraire　84
copie　227
(être) correct　279
côté　85
(ne pas être) couché　292
coucher　86
(se) coucher　86
couler　81
(dans le) courant de　242
courir　81
cours　87
(au) cours de　242
(dans le) cours de　242
coûter　72
coûteux　72
croire　328
(je) crois　248
cuisine　89
(faire + 限定詞) + cuisine　88
(servir + 限定詞) + cuisine　88
cuisiner　88

D

dame　209
dans　20, 242, 311
dans + 所有形容詞 + 特定の名詞　241
dans（場所を示す）　90
dans + SN　230
d'après moi　328
de　96
(SN +) de + 言語名　97
de + 数形容詞 + 名詞　98
(数形容詞 +) de + 特定の名詞　98
(特定の言葉 +) de + 人称代名詞強勢形

見出し語索引　893

231
(数量を示す副詞 +) de + 名詞　95
(SN +) de + 名詞　95
de + inf.　91
(SN +) de + inf.　92
de + SN　230
(最上級 +) de + SN　232
(SN +) de + SN　95, 231, 232
de quoi + inf.　278
(動詞 +) debout　292
décider　99
dehors　148
déjà　100
(特定の動詞 + à) déjeuner　1
déjeuner　263
demain　101
(on) demande　222
demander　155, 275
demeurer　291
demoiselle　209
(最上級 +) d'entre + 人称代名詞　232
(特定の言葉 +) d'entre + 人称代名詞強勢形　231
département　102
dépenser　123, 238
depuis　103
depuis quand　104
depuis que　104
dernier　105
dernièrement　282
désirer　22
détendu　11
devant　106
devenir　107
devenir [+ 限定詞] + 名詞（職業・国籍・血縁関係）　143
devenir + 名詞（職業・国籍・血縁関係など）（品質形容詞などと共に）　144
devoir (名詞)　114
diamant　38
diète　286
dieu　108
différent　109
difficile　110
diminuer　40

dîner　263
(特定の動詞 + à) dîner　1
dire　111
discuter　113
dispraître　235
disputer　113
dissertation　114
distant　182
(ce que + SN +) dit　112
(on) dit　222, 228
divers　109
divorcer　115
docteur　199
document　227
(au) domicile de + SN　77
(c'est) dommage　116
(avoir un) don pour　169
(on) donne　117
donner　55
(se) donner　193
(se) donner du bon temps　14
donner une fessée　41
dont　118
dormir　119
(ne pas) dormir　292
(être) doué pour　169
doux　309
drôle de + 名詞　120
(ne ... pas) du tout　215
dur　308
durant　240
durer　155

E

école　330
économie　121
économie politique　121
(sciences) économiques　121
écouter　132
éditeur　44
(maison d')édition　44
(s')efforcer　122
effort　122
élancé　206
élevé　72, 172

émission 268
emmener 13
employer 123, 124
emporter 16
emprunter 125
en (中性代名詞) 126, 190
en (場所を示す) 90
en (... un + 形容詞) 61
en arriver à + inf. 334
(ne ... pas) encore 127
(s')endormir 119
endroit 128, 233
enfant 129, 246
(faire + 数形容詞 +) enfant 36
ennuyant 130
ennuyé 130
(s')ennuyer 130
ennuyeux 130
enseigner 17
ensemble 131
entendre 132
entendre dire 133
entendre parler 133
(s')entraîner 134
entre + SN 230
entreprise 135
entrer à / dans 136
environ 137, 248
envoyer 138
envoyer chercher 75
époque 207
(de notre) époque 6
épouse 157
épouser 197
espace 128
espérer 139
estimer 328
(s')étendre 86
(ça m')étonne 140
(être) étonné 140
(s')étonner 140
étranger 142
étranger (人に関して) 141
être (天候) 154
être [+ 限定詞] + 名詞 (職業・国籍・血縁関係) 143
être + 名詞 (職業・国籍・血縁関係など) (品質形容詞などと共に) 144
être + 形容詞 + en / pour + SN (教科、技術) 186
être + 形容詞 + que + SN + 動詞 (接続法 / 直説法) 145
(SN +) être + 形容詞 + à + inf. 62
(主語人称代名詞 +) être + 形容詞 63
étroit 146
étude 147
études 147
étudier 147
événement 179
(être) exact 279
excepté 298
(à l')exception de 298
(s')exercer 134
(faire de l')exercice 134
(prendre de l')exercice 134
exigeant 308
(ne ... jamais l')expérience 183
expliquer 17
extérieur 148

F

facile 149
façon 150
(de la) façon suivante 60
faculté 330
faire 55, 81, 134, 185
faire + 限定詞 + cuisine 88
faire + 数形容詞 + enfant 36
faire + 特定の言葉 288
faire (天候) 154
(se) faire 193, 283
faire de + SN + SN 288
faire + inf. 151, 288
faire + inf. (料理) 153
(se) faire + inf. 152
faire partie 234
faire une visite 337
faire + SN (料理) 153
(il) faut compter 155
(il) faut ... pour ... 155

faux 156
favori 260
femme 157
femme au foyer 158
femme de ménage 158
femme sans profession 158
fenêtre 338
(donner une) fessé 41
(la) fête de + 祝祭日の名前 159
feuille de papier 227
fille 129, 160
film 161
fils 129
fin 206
fixer 99
fleuve 162
(en) forme 297, 336
fort 163
frapper 41
froid 182
fumer 164
futur 33

G
gagner 42, 283
gai 178
garçon 184
gare 165
gens 166, 167, 168
goût 169
grand 172, 173
grand (人間・動物) 170
grand (物、身体の部位) 171
grave 174
gros (人間・動物) 170
gros (物、身体の部位) 171

H
(être) habillé 175
(s')habiller 175
habitants 166
(avoir l')habitude 176
(prendre l')habitude 176
(être) habitué 176
(s')habituer 176

haut 172
(tout) haut 163
(à) haute voix 163
heure 177
heureux 178
hier soir 305
hommes 166
hors de 148
(de bonne) humeur 178

I
idée 223
identique à 201
il / ça / ce (主語として) 49
il est + 形容詞 + de + inf. 62
il fait de moins en moins + 形容詞 107
il fait de plus en plus + 形容詞 107
il faut compter 155
il faut ... pour ... 155
il y a + 時を示す表現 30
incident 179
individu 167
individuel 180
(de +) inf. 91
(動詞 + 限定詞 +) influence 181
influencer 181
influer 181
informations 217
insensible 182
intéressant 9, 10
interroger 275
introduire 265

J
(ne ...) jamais 183, 215
jeune 246
jeune fille 160
jeune homme 184
jeunes 184
jeunes gens 184
jouer 185
jouer + 副詞 + SN (スポーツ) 186
journal 187
(de nos) jours 6
joyeux 178

jusqu'à + SN (時)　259
jusque + 時を示す表現　31
(être) juste　279

L

là où　233
laisser　3, 4, 188
(se) laisser + inf.　189
laisser tomber　3, 4
large　173, 190
le (中性代名詞)　190
le (補語人称代名詞)　51
le + 形容詞　62
le sien　61
leçon　87
lendemain　101
lequel　191
lessive　194
leur (所有形容詞)　192
leurs (所有形容詞)　192
lever　292
librairie　44
libre　316
lieu　128
(avoir) lieu　193
(au) lieu de　251
linge　194
(動詞 + au) lit　86
loisirs　316
long　195
long (物、身体の部位)　171
longtemps　195
longuement　195
louer　125
luncher　263
lycée　330

M

madame　209, 210
mademoiselle　209, 210
maigre　206
maigrir　206
maison　135
(前置詞 + 限定詞 +) maison　77
maison d'édition　44

(la / une) majorité　255
malheureux　253
manger　262, 263
(特定の動詞 + à) manger　1
manière　150
(de la) manière suivante　60
manquer de　196
marcher　81, 250
(être) marié　197
marier　197
(se) marier　197
marron　71
mathématiques　198
mauvais　156
médecin　199
meilleur　204
mélodie　213
membre　200
même que　201
mémoire　114, 306
ménage　202
ménagère　158
(tâches) ménagères　202
(travaux) ménagers　202
menu　89
mer　203
mettre　175
mettre au monde　36
mettre bas　36
mettre ... pour ...　155
mettre + SN + à + inf. (料理)　153
mieux　204
(aimer) mieux　261
mille　205
milliard　205
million　205
mince　206
(avoir + 数形容詞 +) mois　35
moment　207
(passer un bon) moment　14
(passer un) moment agréable　14
monde　168, 208
(mettre au) monde　36
monsieur　209, 210
mont　211

montagne 211
montrer (comment ...) 17
morceau 212, 213
mot 112
(pour quel) motif 280
musique 213

N

(名詞＋) natal 214
ne ... aucun 215
ne ... jamais 215
ne ... pas du tout 215
ne ... rien 215
neige 254
neuf 216
n'importe où 233
(être assez) nombreux 310
non plus 25
nouveau 216
nouvelle 217
nouvelles 217
nuit 304
(cette) nuit 305
(la) nuit dernière 305
nulle part 128, 233

O

obtenir 236, 283
occasion 68
(s')occuper 218
œuvre 213
on 219
on ＋ 動詞 ＋ 疑問詞 ＋ 節 221
on ＋ 動詞 ＋ SN 220
on ＋ 特定の動詞 ＋ que ＋ 節 221
on demande 222
on dit 222, 228
on donne 117
on permet 222
opinion 223
où 224, 225
où ＋ être 226
où ＋ être situé 226
où ＋ se trouver 226

P

papier 227
par 54
(il) paraît 228
parce que 270
parler 111
parler ＋ 限定詞 ＋ 言語名 229
parler [le] ＋ 言語名 229
parmi ＋ SN 230
(特定の言葉＋) parmi ＋ 人称代名詞強勢形 231
(最上級＋) parmi ＋ SN 232
parole 112
(à) part 298
(mis à) part 298
participer 234
particularité 53
particulier 180
(faire) partie 234
(la plus grande) partie 255
partir 235
(à) partir de 103
partout 233
parvenir à ＋ inf. 334
pas cher 73
passer 236, 237
(se) passer 193
passer chercher 75
passer prendre 75
passer un bon moment 14
passer un moment agréable 14
passer voir 337
pauvre 253
payer 238
(se) payer du bon temps 14
pays 142
pays étranger 142
pêcher 239
pendant 240, 242
pendant ＋ 所有形容詞 ＋ 特定の名詞 241
pendant ＋ 名詞 (時) 59
(je) pense 248
penser 243, 328
penser à 244
penser de 244

(se) perdre 245
(on) permet 222
(il est) permis 222
personne 167
personne (... ne) 321
personnel 180
personnes 168
petit 146, 246
peu 247
(un) peu 247
peuple 166, 167
peut-être 248
pièce 249
(動詞＋à) pied 250
place 128
(à la) place de 251
plaindre 252
(à) plaindre 253
(se) plaindre 252
plaisant 9, 10
plan 269
plat 89
pluie 254
(la) plupart 255
plus tard 20, 33
plus tôt 30
plusieurs 256
poisson 257
poissons 257
(bien) portant 297
porter 16, 175
pour 54
(動詞＋) pour＋人称代名詞（強勢形） 258
(SN＋) pour＋inf. 92
pour moi 328
pour＋SN（時） 259
pourquoi 280
(voilà) pourquoi 280
pouvoir＋inf. 301
(mettre en) pratique 134
pratiquer 134
précédent 105
préfecture 102
préféré 260

préférer 261
prendre 16, 262, 263
(passer) prendre 75
prendre＋限定詞＋bain 39
prendre l'habitude 176
prendre ... pour ... 82, 155
préparer 88
près 264
présent（形容詞） 6
présent（名詞） 52
présenter 265
(se) présenter 237
prêter 125
privé 180
probablement 248
problème 266
prochain 267
（名詞（時）＋）prochain 59
proche 264
procurer 55
produire 56
(se) produire 193
professeur 210
programme 268
projet 269
provoquer 56
puisque 270

Q

quand 225
que 224, 225, 272
quel 191, 271, 272
quel est 273
quelque 256
quelques 256
quelque part 128, 233
(aller) quelque part 12
quelqu'un 274
qu'est-ce que 271, 272, 273
qu'est-ce que c'est 273
(poser＋限定詞＋) question 275
questionner 275
qui 191, 277
qui（強調構文） 276
qu'il（非人称） 277

見出し語索引

quitter 3, 4
(se) quitter 3
(de) quoi + inf. 278

R

raccompagner 5
raconter 111
(avoir) raison 279
raison pour laquelle 280
(pour + 限定詞 +) raison 280
ramener 13
rapide 281
rapport 114
rapporter 16, 287
(se) rapprocher 18
récemment 282
recevoir 117, 283
reconduire 5
(avoir) recours 124
(être) reçu 236
rédaction 114
réfléchir 243
regarder 284, 285
régime 286
région 214
regrettable 116
(je) regrette 116
(s'en) réjouir à l'avance 22
rembourser 287
remporter 283
rendre 287, 288
rendre visite 337
renoncer à 4
rentrer 293
renvoyer 287
repas 89
répéter 134
(se) reposer 289
reprocher 290
(faire des) reproches 290
réservé 182
rester 291
(動詞 + en) retard 312
retarder 312
retourner 287, 293

retrouver 74
réussir 236
réussir à + inf. 334
réveiller 292
revenir 293
(ne ...) rien 24, 215, 320
rivière 162
rouler 81
rue 294
ruisseau 162

S

sain 297
sans 295
sans cœur 182
sans doute 248
santé 296
(en bonne) santé 297
sauf 298
savoir 300
savoir + 疑問詞 + 節 299
savoir + inf. 301
science 302
sciences 302
sciences économiques 121
selon moi 328
(il) semble 228
semblable à 201
(avoir le) sens de 169
sérieux 174
servir + 限定詞 + cuisine 88
(se) servir 124
seul 329
sévère 308
si 313
(le) sien 61
société 135
soi 303
soigner 216
soir 304
soirée 304
(avoir) sommeil 119
sommet 211
songer 243
sortir 235

souper 263
souvenir 52, 306
spécialité 89
sport 307
station 165
strict 308
subir 237
sucré 309
suffire 310
(être) suffisant 310
suivant 267
(de la manière / façon) suivante 60
suivre 237
sur 311
svelte 206

T

tabac 80
tâche 322
tâches ménagères 202
(動詞 +) tard 312
tant 313
tant pis 116
taper 41
téléviseur 268
télévision 268
tellement 313
tempérament 53
temps 207
(avoir du) temps 314
(avoir le) temps 314
(avoir / se donner / se payer du bon) temps 14
(du) temps 195
(限定詞 +) temps à + inf. 315
(du) temps à + inf. 315
(le) temps de + inf. 315, 316
temps libre 316
(du) temps pour + inf. 315
tenir à 22
(se) tenir 193
terrain 317
terre 317
théâtre 249
ticket 46

tomber + 特定の言葉 107
tôt 281
tous 321
tous les + 名詞 (複数) 67
tout 319, 320
(le) tout 318
(le ...) tout (不定代名詞) 318
tout à fait 325
tout ce + 関係代名詞 319
toute chose 319
tout le monde 321
trait 53
travail 322
travailler 134
travaux 322
travaux ménagers 202
très 323, 325
(se) tromper 326
trop 327
trouver 74, 328
(à) tue-tête 163

U

unique 329
université 330
user 124
utiliser 124

V

vacances 83
valise 331
vaste 173
(la) veille [au soir] 305
veiller 292
venir 332, 333
(les + 特定の名詞 + à) venir 33
(en) venir à + inf. 334
venir chercher 75
venir voir 337
vers 137
(plein de) vie 336
vieillard 335
vieux / vieille 335
vif 336
vigoureux 297

(faire une) visite 337
(rendre) visite 337
visiter 337
(plein de) vitalité 336
vite 281
vitre 338
vivant 336
vocabulaire 112
voir 284, 285
(à haute) voix 163
(être au) volant 339
(prendre le) volant 339

vouloir 340
(en) vouloir 340
vouloir (de) 340
vraiment 325

W
week-end 341

Y
y 190
y aller 12
(à mes) yeux 328

日本語による見出し項目（五十音順）

外来語の性 346
間接疑問 356
(au / en +) 季節名 23
疑問詞のある疑問文の語順 355
(SN +) 形容詞（国名） 349
(le +) 形容詞 61
(en ... un +) 形容詞 61
(SN +) 言語の形容詞 97
(SN + de +) 言語名 97
(特定の動詞 + en +) 言語名 229
(特定の動詞 + le +) 言語名 229
(parler [le] +) 言語名 229
(parler + 限定詞 +) 言語名 229
(SN + de +) 国名 349
(SN +) 固有名詞(地名以外) 93
最上級 + parmi / d'entre / de + SN 232
(c'est + SN + 関係代名詞 + 節 +) 最上級 66
(指示代名詞 + 関係代名詞 + 節 +) 最上級, c'est + SN 66
魚の名 257
(la fête de +) 祝祭日の名前 159
(le [jour de +]) 祝祭日の名前 159
(c'est + 限定詞 +)職業名、続柄、国籍など 64
所有形容詞 350

(定冠詞 / 所有形容詞 +)身体の名詞 347
(avoir + 定冠詞 / 不定冠詞 +) 身体の名詞 37
助動詞の反復 354
(de +) 数形容詞 (+ 名詞) 98
数形容詞 + de + 特定の名詞 98
数量を示す副詞 + de + 名詞 95
スポーツ/スポーツをやる人 186
前置詞と前置詞句の反復 353
大過去 351
単純過去 351
(SN + de+) 地名 93
月名 348
定冠詞 + 役職名＋固有名詞 345
特定の代名詞 + de + 形容詞 94
特定の動詞（〜になる） 107
動詞と副詞の位置 352
(à +) 人称代名詞（強勢形） 2
人称代名詞（間接目的補語） 2, 258
半過去 351
複合過去 351
(部分冠詞 / 不定冠詞 / 定冠詞 +) 不可算名詞 342
(部分冠詞 / 不定冠詞 / 定冠詞 +) 特定の抽象名詞 343
(定冠詞 / 部分冠詞 +) スポーツ、学科、娯楽などを示す名詞 344

キーワード索引

* 各項目に日本語のキーワードを付し、以下に五十音順で並べた。項目が日本語の文法用語からなる場合は「見出し語索引」(日本語)を、フランス語の構文だけが問題となる場合は「見出し語索引」(フランス語)を参照のこと。
* 各キーワードの末尾にある数字は、本文の項目番号である。
* 項目によっては複数のキーワードを付した。読者の便宜を考慮し、キーワードの順番を入れ替え重複して掲載したものもある。また、複数のキーワードの意味が大きく異なる場合に限り、各々を別個に配した。
* ( ) は前後のつながりを補足している。
* [ ] は前の語と入れ替え可能であることを表す。
* 〈 〉は誤解を避けるための注記である。

ア
(〜の) 間に 〈期間〉 240, 242
(人々の) 間に・中に 230
明日・翌日 101
新しい 216
(〜の) 後で 〈時間〉 19
(どれだけ) 後に 〈時間〉 20
甘い 〈味覚〉 309
あまりに 327
雨 [雪] の中で [に] [を] 254
歩く・歩いて 250

イ
言う・話す 111
(〜の) 家に [で] 76, 77
(〜) 以外は 298
行かせる 138
行く 12, 332
いくつも・いくつか 256
意見 223
医者 199
一番好きな 66
(〜と) 一緒に 131
田舎・故郷 214
(〜と) 言われている 221

ウ
(〜の) 上で [に]・(〜) で [に] 〈場所〉 311
受かる 236
(試験・授業・検査を) 受ける 237
(乗り物が) 動く・走る 81
歌 70

(〜の) うちの 231
海 203
産む 36
運転する 339

エ
映画 161
影響 (する) 181
駅 165
得る 283

オ
(人・動物が) 大きい 170
大きい 171, 172, 173, 174
多くの 45
大声で 163
起きている 292
起きる 292
(物事が) 起きる・行われる 193
贈り物・お土産 52
(人を) 送る 5
遅れる 312
起こす 292
教える 17
遅い 281, 312
驚く 140
(〜と) 同じ 201
同じくらい 26
思い出 306
(どう) 思う 244
(〜と) 思う 328
(人が) 面白い 9

キーワード索引

(物が) 面白い　10
音楽・曲　213
女の子　160

カ

外国　142
外国人　141
会社　135
快適な　11
返す　287
帰る　293
変える・変わる　69
科学　302
家事・掃除　202
貸す　125
勝つ　42
学校　330
合唱団　79
活発な・元気な　336
神　108
紙　227
(〜) から〈時間〉　103
(〜が〜して) から〈時間〉　104
(〜) から・(〜) だから〈理由〉　54
借りる　125
彼らの　192
川　162
かわいそうな・気の毒な　253
(〜の) 側に　85
(〜の) かわりに・(〜) ではなく　251
変わる・変える　69
考え　223
考える　243
(〜のことを) 考える　244
簡単な　149

キ

記憶力　306
機会・チャンス　68
(〜という話を) 聞く　133
聞く・聞こえる　132
季節　23
期待する　139
切符・チケット　46
気の毒だ　252
気の毒な・かわいそうな　253

厳しい　308
決める　99
休暇・休み　83
曲・音楽　213
着る・着ている　175
議論する　113
(〜することが) 禁じられている　222

ク

(〜) くらい〈近似値〉　137
栗色・茶色　71
来る　332, 333

ケ

計画　269
経済　121
結婚 (する・している)　197
決して [全く・何も・いかなる(〜)も] ない　215
県・県庁　102
元気だ・健康だ　297
元気な・活発な　336
研究 (する)・勉強 (する)　147
健康　296
健康だ・元気だ　297
現在の・現代の　6

コ

(〜) 語　97
口論する　113
故郷・田舎　214
個人的な　180
(〜) 毎　67
言葉・話　112
子ども　129
この・その・あの〈強調〉　57
この・その・あの〈時間〉　58
この [その] 前の〈時間〉　105
困る　130
(〜の) 頃　241
今度の・次の〈時間〉　59
こんな風に・そんな風に　50

サ

最近　282
最後の　105

903

最新の　105
（〜の）才能がある　169
探す　74
魚　257
下がる・下げる・減る・減らす　40
昨晩・昨夜　305
（〜）させておく・（〜のままに）しておく　188
（〜）させる　151
様々な・違う　109
（〜）される　189
（〜）さん〈敬称〉　209
参加する　234
残念だ　116

シ

幸せな　178
（〜の）仕方・やり方　150
（〜する）時間　315
時間がある　314
（〜する）時間・時刻　177
事件　179
事故　179
仕事　7, 322
思想　223
（〜）したことがない　183
知っている　300
質問する　275
（〜のままに）しておく・（〜）させておく　188
（〜）してもらう　152
芝居　249
自分　303
習慣がある　176
重大な　174
十分な　310
週末　341
授業　87
祝祭日　159
出発する　235
出版社　44
主婦　158
紹介する　265
（教科・スポーツが）上手だ　186
将来・未来　33
女性　157
ショック（を受ける）　78
書類　227

（〜なのかを）知る　299
新聞　187

ス

数学　198
数字（千・百万・十億）　205
好きな　260
少しの　247
すでに・もう　100
すべて　318, 319
スポーツ　307
（〜を〜に）する　288
（楽器・ゲーム・スポーツを）する・やる　185
（〜）すること　91
（〜）するもの　278
座る　21

セ

世界で〈最上級・強調など〉　208
節約　121
狭い　146
先生　210
洗濯（する）　194

ソ

掃除・家事　202
（〜だ）そうだ　228
外で　148
それぞれの（人・もの）　67
それほど　313

タ

ダイエット　286
大学　330
退屈する　130
大多数　255
高い〈値段〉　72
高い　172
（なぜなら〜）だから　270
（〜）だから・（〜）から〈理由〉　54
訪ねる　337
叩く・殴る　41
正しい　279
楽しい　178
楽しむ　14
煙草　80

煙草を吸う　164
多分　248
食べ物　1
食べる　262
（食事を）食べる　263
（人の）ために・（人）に　258
足りない　196
誰か　274
誰も（〜ない）　321

チ

小さい・若い〈年齢〉　246
近い　264
違う・様々な　109
近づく　18
チケット・切符　46
地名　93
茶色・栗色　71
チャンス・機会　68
貯金　121

ツ

使う・費やす　123
使う・用いる　124
次の　267
次のように　60
着く　333
妻　157
釣る　239
連れて行く・連れて来る　13

テ

（〜）で〈手段〉　96
（〜）で［に］〈場所〉　90
（〜）で［に］・（〜の）上で［に］〈場所〉　311
出かける　235
出来事　179
（〜することが）できる　301
テレビ　268
天候　154

ト

どう思うか　271
どうして　280
導入する　265
通り　294

（〜の）とき　207
特徴　53
どこかで　233
どこでも　233
（〜は）どこにある［いる］　226
年　15
（〜）としては　82
図書館　44
土地　317
とても　313, 323, 324
とても・本当に　325
取りに行く［来る］・迎えに行く［来る］　75
努力（する）　122
どんな（〜）・どちらの（〜）　191

ナ

長い間　195
（〜の）中で最も（〜）　232
（人々の）中に・間に　230
（〜）なしで　295
（〜とは）何か　273
何も（〜ない）　320
何も（〜ない）・どの（〜も〜ない）　24
（〜に）なる　107
（〜するように）なる　334
（〜に）なる・（〜で）ある　143, 144
慣れる　176
何でも（〜する）　320
なんと（〜）だろう！　272

ニ

（〜）に［で］〈場所〉　90
（〜）に［で］・（〜の）上に［で］〈場所〉　311
（人）に・（人の）ために　258
偽の　156
荷物　331
ニュース　217

ネ

眠る　119
寝る・寝かせる　86
年齢（〜歳まで・〜歳から）　8
年齢（〜歳だ）　35

ノ

（〜）の（〜）　95

（〜を）除いて 298
飲み物 1
飲む 262
（〜）のように 82

ハ

入る 136
場所 128
（乗り物が）走る・動く 81
話・言葉 112
（〜語を）話す 229
話す・言う 111
早い 281
払う 238
晩・夜 304
番組 268
反対・（〜に）反する 84

ヒ

引き起こす 55, 56
飛行機 34
（〜が）必要だ 43
（〜するのに〜が）必要だ 155
人 168
一切れ 212
人々 166
人々・人 167
非難する 290
広い 173

フ

太い 171
不平を言う 252
風呂に入る 39

ヘ

減る・減らす・下がる・下げる 40
勉強（する）・研究（する） 147
変な 120

ホ

他の・別の 27
他の人・他のもの 28
他のもの・他のこと 29
（〜が）欲しい 340
細い・痩せた 206

ほとんど（〜ない） 247
本当に・とても 325
本屋 44

マ

（どれだけ）前に〈時間〉 30
（〜する）前に 32
（〜の）前に〈場所〉 106
（〜も）また 25
まだ（〜）ない 127
間違える 326
間違った（〜） 156
待ち望む 22
（〜）までに〈期限〉 259
（〜）までに・（〜）まで〈時間〉 31
窓 338
（〜の）ままだ 291
迷う 245
満足している 178

ミ

見捨てる・別れる 3
見つける 74
未来・将来 33
見る 284
（テレビ・ビデオ・映画を）見る 285
みんな（〜する） 321

ム

迎えに行く［来る］・取りに行く［来る］ 75
難しい 110
娘 160

メ

面倒を見る・看病する 218
メンバー 200

モ

もう・すでに 100
もたらす 55, 56
持ち物 7
持って行く・持って来る 16
最もよい・最もよく 204
物音・騒音 48
もらう 117
問題 7, 266

キーワード索引

ヤ
安い 73
休み・休暇 83
休む・休憩する 289
痩せた・細い 206
山 211
やめる・放棄する 4
(～の) やり方 150
(楽器・ゲーム・スポーツを) やる・する 185

ユ
唯一の 329
指輪・ダイヤ 38
(～することが) 許されている 222

ヨ
良い 47
(～の) ようだ 228
余暇 316
翌日・明日 101
より好きだ 261

よりよい・よりよく 204
夜・晩 304

リ
離婚する 115
理由 280
料理 89
料理する 153
料理を作る 88

レ
冷淡な 182
練習する 134

ロ
老人 335
論文・作文・報告書 114

ワ
若い・小さい〈年齢〉 246
若者 184

著者紹介

Claude ROBERGE （クロード・ロベルジュ）
モントリオール大学文学部卒業。上智大学大学院神学研究科修士課程修了。パリ音声学研究所にて音声学を研究。モンス大学大学院言語学科修士課程終了。1958年から約40年間にわたって上智大学外国語学部フランス語学科で教鞭をとる。フランス政府より「教育功労賞」（Palmes académiques）を授賞。
現在：上智大学名誉教授、関東学園ヴェルボトナル研究所所長
業績等：『現代フランス語法辞典』『現代フランス類語辞典』『現代フランス前置詞活用辞典』（共著、大修館書店）『フランス語和仏表現辞典』（共著、上智大学出版会）など。

Solange 内藤 （ソランジュ・ないとう）
パリ第三大学博士課程修了（言語文化教授法専攻、第三課程博士号取得）。
現在：早稲田大学語学教育研究所教授
業績等：*Les tendances du français actuel*（早稲田大学語学教育研究所出版）など。

Fabienne GUILLEMIN （ファビエンヌ・ギユマン）
ポワチエ大学博士課程修了（外国語としてのフランス語教授法専攻、第三課程博士号取得）。ポワチエ大学外国人向けフランス語教育センター、上智大学外国語学部フランス語学科、上智大学公開学習センターほかで講師としてフランス語を教える。
現在：聖心インターナショナル・スクール講師
業績等：フランス語教科書『C'est à toi』（共著、伸興通商）など。

加藤　雅郁 （かとう　まさふみ）
早稲田大学大学院文学研究科フランス文学専攻博士課程単位取得。
現在：早稲田大学文学部ほかで講師
業績等：『分類フランス語単語集』（共著、大学書林）、『果物と野菜の文化誌』（共訳、大修館書店）、フランス語教科書『キャラント・サンク』『トラント・セット』（共著、駿河台出版社）など。

小林　正巳（こばやし　まさみ）
早稲田大学大学院文学研究科フランス文学専攻博士課程単位取得。
現在：文京学院大学外国語学部教授
業績等：『フランス語教育を考える――大学から外国語が消える？』（共著、富岳書房）、『レストランの誕生――パリと現代グルメ文化』『マンモスとネズミ――ミクロ歴史学と形態学』（翻訳、青土社）、フランス語教科書『ブリコラージュ』（共著、富岳書房）など。

中村　典子（なかむら　のりこ）
上智大学外国語学部フランス語学科卒業。東京都立大学人文科学研究科フランス文学専攻博士課程単位取得。
現在：甲南大学国際言語文化センター教授
業績等：«Le mythe du double dans *Amphitryon 38*» in *Giraudoux et les mythes* (Presses Universitaires Blaise Pascal)、フランス語教科書『〈例文中心フランス語初級文法〉エコー』『〈180の例文で覚えるフランス語文法〉エコー21』（共著、駿河台出版社）など。

21世紀フランス語表現辞典
―日本人が間違えやすいフランス語表現356項目―

著 者
© Claude ROBERGE
Solange 内藤
Fabienne GUILLEMIN
加藤 雅郁
小林 正巳
中村 典子

2002年6月1日 初版発行 2004年5月1日 2版発行

発行者　井 田 洋 二
製版・印刷　㈱フォレスト
発行所　㈱駿河台出版社
〒101-0062　東京都千代田区神田駿河台3丁目7番地
電話03(3291)1676代　FAX03(3291)1675
振替00190-3-56669
http://www.e-surugadai.com

Ⓡ〈日本複写権センター委託出版物〉
本書の全部または一部を無断で複写複製(コピー)することは、著作権法上での例外を除き、禁じられています。本書からの複写を希望される場合は、日本複写権センター(03-3401-2382)にご連絡ください。